Von dem bedeutenden jüdischen Philosophen der Aufklärung Moses Mendelssohn bis zu den großen Komponisten Felix und Fanny Mendelssohn Bartholdy, von Dorothea Schlegel, geb. Mendelssohn, bis zu dem Wirtschaftsmagnaten Franz von Mendelssohn und dem bedeutenden Bankier und Sammler Paul von Mendelssohn Bartholdy: Julius H. Schoeps schreibt eine so farbige wie lebendige Biographie dieser Familie und ihres Schicksals.
Schoeps stellt erstmals systematisch die Familienzweige Mendelssohn dar, schildert ihre Geschichte als Bankiers und Unternehmer mit internationalem Wirkungskreis bis Russland und Estland, untersucht ihre einzigartige Rolle als Sammler und Mäzene und beschreibt den von den Nationalsozialisten erzwungenen Niedergang der Familie in bislang unbekannten Details. Dank des Zugangs zu zahlreichen bisher unveröffentlichten Dokumenten und Materialien aus Privatnachlässen und Archiven können bislang umstrittene Sachverhalte geklärt werden. Eine ausführliche Zeittafel und ein Stammbaum ergänzen dieses Standardwerk.

»Mit seinem Buch hat Julius Schoeps der Mendelssohn-Dynastie und dem deutschen Judentum ein Denkmal gesetzt.« Deutschlandfunk

Julius H. Schoeps, geboren 1942 in Djursholm/Schweden, ist mütterlicherseits ein Nachfahre der Familie Mendelssohn-Bartholdy. Er studierte in Erlangen und Berlin Geschichte, Geistesgeschichte, Politische Wissenschaft und Theaterwissenschaft und promovierte 1969 in Neuerer Geschichte. Nach Tätigkeit im Verlagswesen von 1974 bis 1992 Professor an der Universität Duisburg, von 1992 bis 2007 Professor für Neuere Geschichte (Schwerpunkt: deutsch-jüdische Geschichte) an der Universität Potsdam. Seit 1992 Direktor des Moses Mendelssohn Zentrums für europäisch-jüdische Studien, von 1993 bis 1997 nebenamtlich Gründungsdirektor des Jüdischen Museums der Stadt Wien und der Moses Mendelssohn Akademie in Halberstadt.
Verfasser zahlreicher Veröffentlichungen zur deutsch-jüdischen Geschichte, u. a. der autobiographischen Notizen »Mein Weg als deutscher Jude«, Zürich 2003. Julius H. Schoeps lebt in Berlin.

Unsere Adresse im Internet: www.fischerverlage.de

Julius H. Schoeps

Das Erbe der Mendelssohns

Biographie einer Familie

Fischer
Taschenbuch
Verlag

Die Abbildungen entstammen dem Mendelssohn-Archiv der Musikabteilung der Staatsbibliothek zu Berlin, Preußischer Kulturbesitz, mit folgenden Ausnahmen:

Abb. 3: »Moses Mendelssohns Examen ...« (MMZ, Bildersammlung)
Abb. 4: Dorothea (von) Schlegel (Bildarchiv Preußischer Kulturbesitz)
Abb. 20: Ernst (von) Mendelssohn-Bartholdy (Privatbesitz)
Abb. 21: Franz von Mendelssohn und Marie (Privatbesitz)
Abb. 23: Paul von Mendelssohn-Bartholdy (Privatbesitz)

2. Auflage: März 2011

Ungekürzte Ausgabe
Veröffentlicht im Fischer Taschenbuch Verlag,
einem Unternehmen der S. Fischer Verlag GmbH,
Frankfurt am Main, November 2010

Mit freundlicher Genehmigung der S. Fischer Verlag GmbH

Druck und Bindung: CPI – Clausen & Bosse, Leck
Printed in Germany
ISBN 978-3-596-18034-9

Kapitel 7
Am Vorabend der Katastrophe

An der Spitze der deutschen Privatbanken 314
Der Fall Mannheimer 317
Franz von Mendelssohn 322
Wissenschaftspolitische Aktivitäten 326
Das Jubiläumsjahr 1929 331
Die Schauspielerin und der Bohemien 335
Unter dem Druck der Nazis 342
Paul von Mendelssohn-Bartholdy in Schwierigkeiten 351
Das Jahr 1935: Tod, Trauer und Vorsichtsmaßnahmen 356
Zwangsverkäufe von Grundstücken und Bildern 365
Das Ende von Mendelssohn & Co 376
Mehr Fragen als Antworten 382

Anhang

Anmerkungen 391
Abkürzungen 435
Zeittafel 437
Quellen- und Literaturverzeichnis 449
Personenregister 476

Kapitel 5
Der Aufstieg im Kaiserreich

Kredite, Pfandbriefe und Anleihen 215
Franz (von) Mendelssohn 218
Orden und Adelsprädikate 221
Kaufmann, Bankier und Politiker 225
Testamentarische Verfügungen 234
Der Kirchenmusiker Arnold Mendelssohn 236
Von der Agfa zur IG Farben 239
Sebastian Hensel: Vom Landwirt zum Kaufmann 242
Der Familienchronist und Schriftsteller 249
Robert und Franz von Mendelssohn 252
Die gute alte Zeit 258

Kapitel 6
Bauherrn, Sammler und Mäzene

Die Häuser in der Jägerstraße 262
Stiftertätigkeit und Mäzenatentum 266
Die Villa Falconieri 270
Kunstförderung und Vereinsaktivitäten 276
Der Kreis um Hugo von Tschudi 277
Die Mendelssohns und der französische Impressionismus 279
Robert von Mendelssohn, Eduard Arnhold und ihre Unterstützung der Moderne 283
Das Rittergut Börnicke 286
Die Residenz im Spreebogen 291
Paul und Lotte von Mendelssohn-Bartholdy als Stifter und Sammler 294
Der Verlust der Sammlungen 303

Das schwarze Schaf der Familie 97
Dorothea, Simon Veit, Friedrich Schlegel 103
Paris, Köln, Wien 108
Rom, die Frauenkommune und die Nazarener 112
Henriette »Jette« Mendelssohn 117

Kapitel 3
Fanny und Felix

»Meister, nicht Schüler« 123
Zelter und Goethe 128
Wilhelm Hensel und die Mendelssohns 134
Auf der Stufenleiter des Erfolgs 138
Der erste Englandaufenthalt 140
Im Schatten des Bruders 143
Auf Goethes Spuren in Italien 148
Rebecka, genannt »Beckchen« 154
Erste Anstellung in Düsseldorf 156
Die Heirat mit Cécile, geb. Jeanrenaud 159
Leipzig, Berlin und wieder Leipzig 163
Der Tod des Geschwisterpaares 169
Verdunkelter Nachruhm 173

Kapitel 4
Rund um Geschäft und Familie

Anfänge der Firma J & A Mendelssohn 176
Der »Berliner Cassen-Verein« 179
Prominente Privatkunden 183
Alexander Mendelssohn 187
Paul Mendelssohn-Bartholdy 191
Skepsis gegenüber dem Christentum,
Sympathie für das Judentum 195
Geschäfte in Deutschland, Geschäfte mit Russland 197
Die Anfänge des Eisenbahnbaus 199
Der Geograph und der Historiker 207

Inhalt

Einleitende Worte 13

1. Kapitel
Wie alles anfing

Mosche mi-Dessau 27
Die Anfänge in Berlin 32
Der Sokrates an der Spree 39
Lessing, Mendelssohn und »Nathan der Weise« 43
Der Philosoph und der König 47
»Allerliebste Fromet!« 53
Literaturkritik, Bibel- und Psalmenübersetzungen 59
Die Kontroverse mit Lavater 63
Im Bemühen um Toleranz und Gleichberechtigung 66
Mendelssohn und das deutsche Judentum 70

2. Kapitel
Söhne und Töchter

»Lieber Moses, Sie sehen so besorgt aus?« 75
Joseph Mendelssohn 77
Abraham Mendelssohn 84
Leipziger Straße Nr. 3 91
Nathan, der unauffälligste der Söhne 95

Das Erbe der Mendelssohns

Moses Mendelssohn
[1729–1786]
Kaufmann und Philosoph
∞ Fromet Gugenheim
[1737–1812]

Brendel/Dorothea Mendelssohn
[1764–1839]
∞ 1. Simon Veit [1774–1819] *Kaufmann*
∞ 2. Friedrich [von] Schlegel [1772–1829]
Philosoph

Recha Mendelssohn
[1767–1831] *Erzieherin*
∞ Mendel Meyer [gest. 1841] *Kaufmann*

Joseph Mendelssohn
[1770–1848] *Bankier*
∞ Henriette (Hinni) Meyer [1776–1862]

Jonas Veit
[1790–1854] *Maler*
∞ Flora Riess [1797–1862]

Philipp Veit
[1793–1877] *Maler*
∞ Caroline Pulini
[1806–1890]

Benjamin/Georg Mendelssohn
[1794–1874] *Geograph*
∞ Rosamunde Richter
[1804–1883]

Alexander Mendelssohn
[1798–1871] *Bankier*
∞ Marianne Seeligmann
[1799–1880]

Fanny (Cäcilia) Mendelssohn Barth
[1805–1847] *Komponis*
∞ Wilhelm Hensel
[1794–1861] *Maler*

Adolph Mendelssohn
[1826–1851] *Bankier*
∞ Enole Biarnez
[1827–1889]

Franz [von] Mendelssohn
[1829–1889] Bankier
∞ Enole Biarnez
[1827–1889]

Sebastian Hensel
[1830–1898]
Landwirt und Unternehmer
∞ Julie [von] Adelson
[1836–1901]

Carl Mendelssohn Barth
[1838–1897] *Historiker*
∞ 1. Bertha Eissenhard
[1848–1870]
∞ 2. Mathilde von Mer
[1848–1937]

Robert von Mendelssohn
[1857–1917] *Bankier*
∞ Giulietta Gordigiani
[1871–1955]

Franz von Mendelssohn
[1865–1935] *Bankier*
∞ Marie Westphal
[1867–1957]

Albrecht Mendelssohn Bartholdy
[1874–1936] *Völkerrechtler*
∞ Dora Wach [1875–1949]

Otto [von] Mendelssohn Bartholdy
[1868–1949] *Bankier*
∞ Cécile Mendelssohn Bartholdy [1870–1943]

Paul von Mendelssohn-Barth
[1875–1935] *Bankier*
∞ 1. Charlotte Reichen
[1877–1946]
∞ 2. Elsa von Lavergne
Peguilhen [1899–1986]

Eleonora von Mendelssohn
[1900–1951] *Schauspielerin*
∞ 1. Edwin Fischer [1886–1960] *Pianist*
∞ 2. Emmerich von Jeszensky [1893–1981] *Rittmeister*
∞ 3. Rudolf Forster [1884–1968] *Schauspieler*
∞ 4. Martin Kosleck [1904–1994]
Porträtmaler und Schauspieler

Francesco von Mendelssohn
[1901–1972]
Cellist und Regisseur

Margarethe von Mendelssohn
[1894–1961]
∞ Paul Kempner
[1889–1956] *Bankier*

Lili von Mendelssohn
[1897–1928]
∞ Emil Bohnke
[1888–1928] *Musiker*

…riette (Maria) Mendelssohn
…annt Jette) [1775–1831] *Erzieherin*

Abraham (Ernst) Mendelssohn [Bartholdy]
[1776–1835] *Bankier und Stadtrat*
∞ Lea (Felicia Pauline) Salomon [1777–1842]

Nathan (Carl Theodor Nathanel) Mendelssohn
[1781–1852] *Mechanikus und Verwaltungsbeamter*
∞ Henriette (Marianne) Itzig [1781–1845]

… (Jakob Ludwig) …delssohn Bartholdy
…–1847] *Komponist*
…cile Jeanrenaud
…–1853]

Rebecka (Henriette) Mendelssohn Bartholdy
[1811–1858]
∞ Peter Gustav Lejeune Dirichlet [1805–1859]
Mathematiker

Paul Mendelssohn-Bartholdy
[1812–1874] *Bankier*
∞ Albertine Heine
[1814–1879]

Arnold Mendelssohn
[1817–1854] *Arzt*

Wilhelm Mendelssohn
[1821–1866]
Maschinenmeister
∞ Louise Cauer
[1826–1894]

…delssohn Bartholdy
…–1880]
…ieunternehmer
…Else Oppenheim
…–1868]
…Enole Oppenheim
…–1939]

Gotthold Mendelssohn-Bartholdy
[1848–1903]
Rittergutsbesitzer
∞ Else Wentz [1857–1940]

Ernst [von] Mendelssohn-Bartholdy
[1846–1909] *Bankier*
∞ Marie Warschauer
[1855–1906]

Fanny Mendelssohn-Bartholdy
[1851–1924]
∞ Eugen Freiherr von Richthofen [1855–1906]
Offizier

Arnold Mendelssohn
[1855–1933] *Komponist*
∞ Maria Cauer [1861–1928]
Grafikerin

…e von …delssohn-Bartholdy
…–1956]
…lix Wach [1871–1943]

Charlotte von Mendelssohn-Bartholdy
[1878–1961]
∞ Eric Hallin [1870–1965]

Enole von Mendelssohn-Bartholdy
[1879–1947]
∞ Albert von Schwerin
[1870–1956]

Marie von Mendelssohn-Bartholdy
[1881–1970]
∞ Felix Busch, geborener Friedländer [1871–1938]
Landrat, Staatssekretär

Alexander von Mendelssohn-Bartholdy
[1889–1919] *Gutsbesitzer*
∞ Frieda Paech
[1881–1948]

…ert von …delssohn
…–1996] *Bankier*
…Lieselotte von Bonin
…–1997]
…Edeltraud Kistner
…1944]

Hugo von Mendelssohn Bartholdy
[1894–1975] *Bankier*
∞ Tilly Dorneich
[1913–1979]

Barbara Busch
[1906–1930]

[Marie] Charlotte Busch
[1908–1992]

Dorothee [Marie Margarete] Busch
[1915–1996]
∞ Hans-Joachim Schoeps
[1909–1980] *Historiker*

Einleitende Worte

Im Oktober 2007 lud Berlins Regierender Bürgermeister die Mendelssohn-Nachkommen ein, die Stadt ihrer Vorfahren zu besuchen. Mehr als erwartet folgten der Einladung. Rund 300 Personen reisten aus allen Teilen der Welt an; sie kamen aus den USA, aus Südamerika, Australien, der Schweiz und aus zahlreichen Städten Deutschlands. Die wenigsten kannten sich persönlich, wohl alle aber waren gespannt auf die Begegnung mit einer Verwandtschaft, von deren Existenz sie allenfalls über den gedruckt vorliegenden Stammbaum wussten.

Eine Zusammenkunft wie diese hatte es in der Familiengeschichte der Mendelssohns noch nicht gegeben. Bei einem Empfang im Roten Rathaus konnten erste Kontakte geknüpft werden, die sich im Laufe des Aufenthaltes vertieften, so auch auf dem »Weg in die Vergangenheit«, der zu den Lebens- und Arbeitsorten der Berliner Vorfahren fuhrte.

Spuren, das war jedermann klar, würde man am ehesten auf den Friedhöfen finden. Der Weg führte die Nachkommen deshalb zunächst in die Große Hamburger Straße, wo der Urahn Moses Mendelssohn 1786 seine Ruhestätte gefunden hatte. Der Friedhof, 1772 von Model Ries angelegt, existiert heute nicht mehr. Von den einstigen Grabsteinen steht nur noch der im Verlauf der Jahrzehnte viermal erneuerte Grabstein des großen Weltweisen Moses Mendelssohn, dem Verehrer ihre Reverenz erweisen, indem sie gemäß altem jüdischem Brauch kleine Steinchen auf der Grabsteinumrandung ablegen.

Die Reise in die Vergangenheit führte die Nachkommen weiter zum alten jüdischen Friedhof in der Schönhauser Allee, wo Joseph, der im Judentum verbliebene älteste Sohn Moses Mendelssohns, an der Rückmauer des 1827 eröffneten Friedhofs im Jahr 1848 begraben wurde. Bestattet sind dort auch seine Frau Henriette, geb. Meyer (1862), sein Sohn Alexander (1871) und seine Schwiegertochter Marianne, geb. Seeligmann. Im Beer'schen Familiengrab, an der Seitenmauer des Friedhofs gelegen, liegt seit 1850 Rebecka (Betty) Beer begraben. Die Enkelin Moses Mendelssohns war mit einem Bruder des Komponisten Giacomo Meyerbeer verheiratet.

Auf dem Friedhof sammelten sich die Gäste des Familientreffens vor vier schwarz verhüllten Steinen. Der Berliner Staatssekretär André Schmitz und eine Mendelssohn-Nachkommin enthüllten die Steine, und Andreas Nachama, der Berliner Rabbiner, rezitierte ein Gedicht, das Joseph zum 72. Geburtstag gewidmet worden war:

Steigt hinaus des Menschen Leben
Ist's vergleichbar dem Mittagstraum.
Nur des Weisen seelenvolles Streben
Dehnt zur Ewigkeit den engen Raum!
Wer stets hascht nach Tand und eitlen Dingen,
Nie bewegt und regt die Geistesschwingen
Bleibt vom wahren Lebensziele weit,
wirkt und schafft nur für die Spannezeit.[1]

Eine ganze Reihe getaufter Mendelssohns liegt auf dem Evangelischen Dreifaltigkeitsfriedhof am Halleschen Tor in Berlin. In Ehrengräbern ruhen hier nicht nur Abraham Mendelsohn Bartholdy (1835) samt seiner Ehefrau Lea, geb. Salomon (1842), sondern auch deren Kinder, die Komponisten Felix Mendelssohn Bartholdy (1847) und Fanny Hensel (1847), Letztere gemeinsam mit ihrem Ehemann, dem Maler Wilhelm Hensel (1861), und dem gemeinsamen Sohn, Sebastian Hensel (1898). Die Gräberreihen abschreitend, stellt der Besucher des Friedhofs fest, dass auch Felix' Bruder, der Bankier Paul Mendelssohn-Bartholdy (1874) sowie Franz (von) Mendelssohn (1889), der erste nobilitierte Mendelssohn, und einige seiner Nachkommen auf diesem Friedhof ihre letzte Ruhestätte gefunden haben.

Nicht weit außerhalb der Berliner Stadtgrenzen befinden sich die Gräber von Ernst (von) Mendelssohn-Bartholdy (1909), seiner Ehefrau Marie, geb. Warschauer (1906), sowie deren gemeinsamem Sohn Paul von

Mendelssohn-Bartholdy (1935). Sie wurden auf dem Friedhof an der Dorfkirche in Börnicke bei Bernau bestattet. Die Grabsteine sind zwar kürzlich restauriert worden, aber der Eindruck drängt sich auf, dass sich niemand mehr wirklich um das Erbe der Mendelssohn-Bartholdys kümmert. Die Zeit scheint über alles hinweggegangen zu sein.

Das Schloss, auf dessen Gelände sich die Dorfkirche samt Friedhof befindet, macht einen unwirtlichen Eindruck. Es wird dem Besucher nicht leichtgemacht, Spuren zu erkennen, die etwas über die ehemaligen Besitzer und ihren Lebensstil aussagen. Das Haus ist verfallen, die prachtvolle einstige Innengestaltung nur noch in Ansätzen erkennbar, und von den kostbaren Möbeln, mit denen die Räume ausgestattet waren, sowie von den Bildern, die an den Wänden hingen, wissen wir nur noch durch Fotografien und versteckte Hinweise in der Literatur.

Die Ruine mit ihren vernagelten Fenstern erweckt den Eindruck trostloser Verlassenheit. Den Besucher, der bemüht ist, sich ein Bild von dem Einst und dem Jetzt zu machen, erfüllt das, was er zu sehen bekommt, mit einem Gefühl tiefer Traurigkeit. Die Trümmerreste und die heruntergekommene Parkanlage, vor denen er steht, lassen für ihn keinen anderen Schluss zu, als dass er Zeuge eines in diesen Tagen unwiderruflich zu Ende gegangenen Kapitels deutsch-jüdischer Kultur ist.

Auch in Berlin sind es nur noch wenige Gebäude und Orte, die an die einstige Präsenz der Mendelssohns in der Stadt erinnern. Das dreiflügelige Palais in der Alsenstraße wurde in der NS-Zeit abgerissen. Das Terrain – neben dem neuen Bundeskanzleramt und der Schweizer Botschaft – ist bis heute unbebaut und wird es wohl auch bleiben. Die Häuser in der Jägerstraße, in denen die Mendelssohns mehr als hundert Jahre residierten, stehen zwar noch, sind aber nicht mehr im Besitz der Familie.

In dem aufwendig restaurierten Gebäude Nummer 49/50, das 1939 mit der Liquidation der Bank zunächst an das Deutsche Reich gefallen war, hat heute die »Bundesvereinigung der deutschen Apothekerverbände« ihren Sitz. Die Häuser mit den Nummern 52 und 53 wurden 1913 beziehungsweise 1938 verkauft. Das Haus Nummer 53, in den Jahren 1882 bis 1884 errichtet, hatte Ernst (von) Mendelssohn-Bartholdy sich als sein Domizil gewählt. Heute stehen auf diesen Grundstücken Gebäude, in denen unter anderem die Belgische Botschaft untergebracht ist.

Dass in der Jägerstraße einst der Sitz des Mendelssohn'schen Bankhauses war, weiß heute kaum noch jemand. Die Tafeln auf der Straße informieren zwar über die Geschichte der Gebäude und seiner Bewohner, für den interessierten Passanten, der die Tafeln studiert, bleibt dennoch die Frage offen, warum die Familie Mendelssohn nichts mehr mit ihrem einstigen Besitz zu tun hat. In Berlin, der Stadt, deren Bild sie einst mitgeprägt und zu deren Prosperität sie maßgeblich beigetragen haben, sind die Mendelssohns nur noch Teil einer vergessenen Geschichte.

Eine Ausnahme ist das Hinterhaus des Jägerstraßen-Anwesens Nummer 51. Dort, in der sogenannten Remise, befindet sich heute die von ehrenamtlichen Mitarbeitern konzipierte Dauerausstellung »Die Mendelssohns in der Jägerstraße«. Der Besucher steht dort vor den Porträts von Familienmitgliedern, der Büste Moses Mendelssohns, aber auch derjenigen anderer Berühmtheiten, die in den Häusern der Mendelssohns verkehrten: Georg Wilhelm Friedrich Hegel, Christian Daniel Rauch, Alexander von Humboldt, Clara Schumann.

Die im Oktober 2007 nach Berlin angereisten Mendelssohn-Nachkommen standen vor den Vitrinen, studierten die ausgestellten Dokumente, stellten Fragen und fotografierten sich gegenseitig vor den Porträts ihrer Vorfahren. Der Höhepunkt des Besuchs in der Remise war die szenische Uraufführung eines Singspielfragments des dreizehnjährigen Felix Mendelssohn Bartholdy, ein Erlebnis, das wohl alle Familienmitglieder gleichermaßen begeistert hat.

In den Gesprächen, die am Rande der Aufführung in der Remise geführt wurden, gab es eine Reihe erheiternder Szenen. Ein angereister Achtzigjähriger beispielsweise beugte sich zu einem Zweiundachtzigjährigen herunter, der vor ihm auf einem Stuhl saß, und raunte diesem zu: »Jemand meint, wir würden uns ähnlich sehen.« Der Angesprochene wandte sich um, schaute den zwei Jahre Jüngeren freundlich-nachsichtig an und erwiderte: »Sind Sie von uns oder angeheiratet?«

Die Stadt Berlin und die Bundesrepublik Deutschland bemühen sich heute zwar, so gut sie können, um die Pflege des Mendelssohn'schen Erbes. Doch diesen Bemühungen sind enge Grenzen gesetzt, denn nur noch wenig erinnert an die einst so präsente Familie. In der NS-Zeit wurden nicht nur Sachwerte zerstört, sondern auch das ideelle Erbe einer Familie beschädigt, die so eng mit der Geschichte Berlins der letzten 250 Jahre verknüpft ist wie kaum eine andere.

Eine Ahnung von der einstigen glanzvollen Präsenz der Mendelssohns in Berlin vermittelt eine liebevoll zusammengestellte Ausstellung in der Berliner Staatsbibliothek, die Porträtgemälde von Moses bis Franz (von) Mendelssohn sowie Autographe und Graphiken aus den Sammlungen des Mendelssohn-Archivs präsentiert. Die Bestände des Archivs, das auf eine Stiftung Hugo von Mendelssohn Bartholdys (1894–1975) zurückgeht, werden durch regelmäßige Ankäufe der Staatsbibliothek und durch Leihgaben der von Cécile Lowenthal-Hensel, einer Mendelssohn-Nachkommin, gegründeten Mendelssohn-Gesellschaft ergänzt.

Abgesehen von der Ausstellung und dem Archiv in der Staatsbibliothek, in dem das Mendelssohn-Erbe heute gehütet wird, weist kaum noch etwas auf die einstige Gegenwart der Familie in Berlin und seinem Umland hin – allenfalls sind es Erinnerungszitate oder nachträgliche Verbeugungen wie das nach Moses Mendelssohn benannte Forschungszentrum in Potsdam, die Moses Mendelssohn Gesellschaft in Berlin, der U-Bahnhof Mendelssohn-Bartholdy-Park oder der von der Stadt seit 1980 alle zwei Jahre verliehene Moses-Mendelssohn-Preis.

Mit diesem Preis ehrt der Berliner Senat Personen, Gruppen und Institutionen, die sich besondere Verdienste auf geistig-literarischem oder religiös-philosophischem Gebiet zur Verwirklichung und Förderung der Toleranz gegenüber Andersdenkenden erworben oder durch ihre Aktivitäten zur Völkerverständigung beigetragen haben. Der Preis wurde 1979 anlässlich des 250. Geburtstags von Moses Mendelssohn gestiftet und wird alle zwei Jahre verliehen. Bisherige Preisträger sind unter anderem Eva G. Reichmann (1982), Sir Yehudi Menuhin (1986) und Teddy Kollek (1990).

Aber es gibt nicht nur den Berliner Preis, sondern auch eine Medaille, die seit 1993 im Gedenken an Moses Mendelssohn verliehen wird, und zwar an Persönlichkeiten, die sich im Sinne und in der Tradition der Gedanken von Moses Mendelssohn für Toleranz und Völkerverständigung engagieren. Die Medaille, gestiftet vom Potsdamer Moses Mendelssohn Zentrum, wurde bisher an die folgenden Persönlichkeiten vergeben: Manfred Stolpe (1994), Ignatz Bubis (1994), Ernst Benda (1995), Kurt Biedenkopf (1998), Arno Lustiger (1999), Ari Rath (2002), Manfred Lahnstein (2006), Charlotte Knobloch (2008) und Daniel Barenboim (2009).

Auch die Berliner Industrie- und Handelskammer (IHK) hat sich dem Gedenken an die Mendelssohns nicht entzogen. Im neu gebauten Ludwig Erhard Haus in der Fasanenstraße, in dem die IHK residiert, wurde 1999 ein Saal nach dem langjährigen Präsidenten der IHK Franz von Mendelssohn benannt. In einer öffentlichen Verlautbarung zur Einweihung des Saales bekannte sich die Berliner IHK zu ihrer historischen Verantwortung und erklärte, dass sie einen »unrühmlichen Anteil« an den Geschehnissen in den NS-Jahren gehabt habe.

Nicht gänzlich in Vergessenheit geraten ist Felix Mendelssohn Bartholdy. Seine Musik erfuhr eine Wiederentdeckung, auch wenn bis in die Nachkriegszeit hinein Richard Wagners antisemitische Hetze die Rezeptionsgeschichte beeinflusst und den Blick auf den Komponisten verstellt hat. Noch 1959 erklärte der Musikschriftsteller Heinrich Eduard Jacobs: »Die Musik Felix Mendelssohns ist keines natürlichen Todes gestorben. Sie wurde ermordet!« Inwieweit das heute noch zutrifft, darüber kann man streiten. Vorbehalte, wenn auch abnehmend, gegenüber Felix Mendelssohn Bartholdy und seiner Musik gibt es nach wie vor.

Allerdings, und das ist erfreulich, gibt es gegenwärtig sogar so etwas wie eine Mendelssohn-Renaissance in Deutschland. So wird nicht nur an der Sächsischen Akademie der Wissenschaften seit 1992 die »Leipziger Ausgabe der Werke Felix Mendelssohn Bartholdys« erarbeitet, sondern seine Musik ist auch wieder in die Konzertsäle zurückgekehrt. Eines seiner Frühwerke, die Ouvertüre zum Sommernachtstraum beispielsweise, stößt wieder auf ein verstärktes Interesse ebenso wie das Oratorium Elias, das unbestritten zu den wichtigsten Kompositionen der traditionellen Kirchenmusik gehört; sein Trio für Pianoforte, Violine und Violoncello (op. 49) ist heute eines der meistgespielten Werke der Kammermusik.

Doch abgesehen von diesen Gedenkaktivitäten muss eingestanden werden, dass es nach wie vor Probleme gibt. Einen bitteren Nachgeschmack hinterlässt beispielsweise der Umstand, dass man es verabsäumt oder nicht für nötig erachtet, jenes Unrecht, das den Mendelssohn-Bartholdys in der Nazi-Zeit und unmittelbar nach 1945 widerfahren ist, zu korrigieren. Als die Mendelssohn-Bartholdy-Erben nach der Vereinigung der beiden deutschen Staaten in den neunziger Jahren auf die Rückgabe des einst Paul von Mendelssohn-Bartholdy und der Familie gehörenden

Rittergutes Börnicke drängten, wurde ihnen das unter fadenscheinigen Vorwänden verweigert.

Die zuständigen Ämter nutzten dabei jedes Mittel, um die mögliche Rückgabe des Schlosses zu hintertreiben. Das Gebäude und das dazugehörige Gelände mit Wiesen, Äckern und Wäldern wurden als »junkerlicher« Großgrundbesitz eingestuft, womit das Anwesen der Mendelssohn-Bartholdys unter die Bodenreformmaßnahmen der SBZ in den Jahren 1945–48 fiel. Eine Rückgabe des Schlosses war damit ausgeschlossen. Auch der von den Erben angeführte Beleg, dass es sich nicht um »junkerlichen«, sondern um »jüdischen« und zudem auch noch um zu restituierenden ausländischen Besitz handele, hatte auf die Bewertung des Falles keinerlei Auswirkungen.[2]

Die angerufenen Gerichte folgten den politischen Vorgaben und waren nicht bereit, die Argumente der Mendelssohn-Bartholdy-Erben auch nur im Ansatz zu prüfen, geschweige denn eine Entscheidung zugunsten der Erbengemeinschaft zu fällen. Die am Prozesstag, dem 18. März 1999, in Frankfurt an der Oder anwesenden Familienangehörigen mussten sich anhören, wie ihr Antrag mit nicht nachvollziehbaren Begründungen abgewiesen wurde.

Zutiefst geschockt durch das Urteil, verließen sie den Gerichtssaal zwar erhobenen Hauptes, aber mit der bitteren Erkenntnis, dass das vereinte Deutschland nur bedingt bereit ist, in den Jahren der NS-Herrschaft begangenes Unrecht zu korrigieren. Auch die Medien, die den Prozess begleitet hatten, verzichteten darauf, das Urteil kritisch zu kommentieren.

Charlotte Busch, die Nichte Paul von Mendelssohn-Bartholdys und eine der Erbinnen des Schlosses Börnicke, die nach Versteck und Untergrund in Italien seit Ende der fünfziger Jahre unter sehr beschränkten Umständen als Staatenlose mit einem Nansen-Pass in Paris lebte und 1992 starb, lachte nur, als sie von den Bemühungen hörte, den Familienbesitz zurückerstattet zu bekommen. Dafür, so Charlotte Busch, kenne sie die Deutschen zu gut. Niemals würden diese eine einmal erbeutete Immobilie, ein Grundstück oder ein Kunstwerk, das sie in ihren Besitz gebracht hätten, freiwillig herausgeben.

Die Mendelssohn-Nachkommen sehen es trotz solcher Erfahrungen gewissermaßen als persönliche Verpflichtung an, ihre Ansprüche geltend zu machen. Das Rad der Geschichte können sie nicht zurückdrehen, aber sie können zur Klärung bestimmter Sachverhalte beitragen. Dazu gehören nicht nur historische Recherchen zur Frage, wie und warum es zum Niedergang der Familie in den dreißiger Jahren kam, sondern eben auch das Anmelden von Restitutionsansprüchen im vereinten Deutschland und in anderen Ländern.

Die Attacken, die solche Restitutionsansprüche häufig auslösen, werfen Fragen auf. So beispielsweise, wenn vorwurfsvoll geäußert wird: Warum melden sich die Erben erst jetzt? Ist es nicht reine Geldgier, die sie treibt? Die Kritiker sehen nicht ein oder unterschlagen bewusst, dass viele Verfolgte, so sie überhaupt mit dem Leben davonkamen, nach 1945 anderes zu tun hatten, als Immobilien, Bankkonten und Kunstwerken nachzuforschen. Sie waren mit dem alltäglichen Überleben beschäftigt. Viele wollten auch schlicht und einfach vergessen.

Dieses Buch führt auf eine Reise durch mehr als 250 Jahre und sechs Generationen Familiengeschichte, auf der wir immer wieder Paul von Mendelssohn-Bartholdy begegnen. Er war eine späte Schlüsselfigur des Clans und – typisch Mendelssohn – ein Traditionsbewahrer. In seinen künstlerischen Neigungen hingegen war er ein Aufbrechender, der Zukunft Zugewandter.

Wie wir heute wissen, war Paul von Mendelssohn-Bartholdy ein experimentierfreudiger Sammler Picassos, van Goghs, Rousseaus, Cézannes, Degas', Toulouse-Lautrecs, allesamt von der Mehrheit der Bevölkerung damals, wenn überhaupt, skeptisch wahrgenommene Künstler. Als er im Mai 1935 unter ungeklärten Umständen starb, war Paul von Mendelssohn-Bartholdy knapp sechzig Jahre alt. Im Spätherbst desselben Jahres erließen die Nationalsozialisten die Nürnberger Rassegesetze.

Das vom NS-Staat erzwungene Ende der Familie Mendelssohn als bedeutende bürgerliche Dynastie Deutschlands ist mein Ausgangspunkt, um über die klassische Familienbiographie hinaus die Rolle der Mendelssohns in der deutschen Geschichte zu beschreiben und zu deuten. Als preußische Patrioten, Eliten der Wirtschaft, Gelehrte, gefeierte Künstler, Mäzene und Sammler, Vermittler zwischen Deutsch- und Judentum. Als mit Talenten überdurchschnittlich gesegnete Großfamilie. Als Menschen mit Ecken und Kanten.

Wesentlich erschien es mir, in diesem Zusammenhang auch zu ergründen, warum der Familienzweig nach Joseph Mendelssohn sich so anders entwickelte als der nach seinem jüngeren Bruder Abraham Mendelssohn Bartholdy. Ich nahm mir vor, die Charakteristika der beiden Zweige herauszuarbeiten, die über die männlichen Nachkommen mit der gemeinsamen Bank verbunden waren und über die Generationenabfolge Kontakt zueinander hielten.

Zwischenzeitlich veröffentlichte, maßgeblich ergänzt um unpublizierte, von mir ausgewertete Korrespondenzen belegen, dass die Familienflügel sich zwar zusehends auseinanderentwickelten, sich jedoch stets zu ihrer Tradition bekannten. Das Andenken an ihren Ahnherrn Moses Mendelssohn war neben dem Bankhaus Mendelssohn & Co die Klammer, die die Familie über Generationen verband.

Familiensprecher waren in der Regel die jeweiligen Bankchefs. Jeweils ein Mendelssohn und ein Mendelssohn(-)Bartholdy teilten sich die Führung der Bank – das regelte ein verbindlicher, wenn auch niemals schriftlich festgehaltener Familienkodex, der auch besagte, dass die jeweiligen Familiensprecher in finanzielle Schwierigkeiten geratene Verwandte zu unterstützen hatten.

Die bisher vorliegenden Familienbiographien von Sebastian Hensel über Herbert Kupferberg und Eckhard Klessmann bis hin zu Thomas Lackmann haben, schon aufgrund der Quellenlage, ihre Schwerpunkte auf die frühen Jahre der Familiengeschichte gesetzt. Erst in jüngster Zeit ist es durch neue Quellenfunde möglich geworden, bestimmte Entwicklungslinien von Moses Mendelssohn über dessen Söhne und Enkel – unter ihnen der natürlich hinreichend beleuchtete Komponist Felix Mendelssohn Bartholdy – bis in unsere Gegenwart zu ziehen.

Dass es dazu kam, verdanken wir insbesondere dem Unternehmenshistoriker Wilhelm Treue, der in den siebziger Jahren des vergangenen Jahrhunderts den Anstoß zu weiteren Studien gab, hauptsächlich zu solchen, die sich mit der Geschichte der Mendelssohns als Bankiers und Unternehmer befassen. In welchem Radius sie operierten, ist jedoch noch zu klären. Waren ihre Aktivitäten nur auf Berlin und Preußen beschränkt, oder beeinflussten sie die gesamteuropäische Wirtschaft?

Vergleichsweise wenig wussten wir trotz Thomas Lackmanns wichtiger Bemühungen bisher auch über die Mäzenaten- und Sammlertätigkeit der Mendelssohns. Wann und unter welchen Umständen begannen sie, ihre Kunstsammlungen zusammenzutragen, von wem ließen sie sich dabei beraten, wann wurde daraus eine Leidenschaft? Was oder wen haben sie vorzugsweise mäzenatisch unterstützt? Und inwiefern hängt dies mit ihrem spezifischen deutsch-jüdischen Erbe zusammen?

Wer heute den Spuren der Mendelssohns nachgeht und ihren Ort in der deutsch-jüdischen Geschichte zu bestimmen versucht, ist in hohem Maße auf die im Auftrag der Berliner Mendelssohn-Gesellschaft herausgegebenen Mendelssohn-Studien angewiesen. Die seit 1972 veröffentlichten, bisher 16 Sammelbände enthalten wichtige wissenschaftliche Aufsätze, Briefe und Miszellen zur Familiengeschichte. Sie haben wesentlich dazu beigetragen, dem Bild der Mendelssohns schärfere Konturen zu verleihen, auch wenn sie sich in aller Regel in Seitenaspekte der Familiengeschichte vertiefen und die großen, vergleichenden Linien erst noch zu ziehen sind.

Den roten Faden im Familiendickicht der Mendelssohns zu finden und unterwegs nicht zu verlieren, ist nach wie vor *die* große Herausforderung an den Biographen. Er ist mit Puzzlesteinen konfrontiert, die ein hübsches, bunt gefärbtes Mosaik aus Geschichten und Geschichtchen, aber kein zusammenhängendes Bild ergeben. Stets sind es dieselben Familienmitglieder, um die diese Geschichten kreisen, Moses Mendelssohns Söhne Joseph und Abraham und deren Nachkommen.

Andere, wie etwa Moses' jüngster Sohn Nathan, den die Forschung in den vergangen drei Jahrzehnten langsam zu beachten begonnen hat, tauchen in den Darstellungen nach wie vor nur als Randfiguren auf. Das Interesse an den Frauen der Familie wie etwa Dorothea Mendelssohn und ihrer Nichte Fanny Mendelssohn Bartholdy ist überhaupt erst mit dem Siegeszug der Gender Studies richtig erwacht. Zahlreiche Arbeiten haben die Familiengeschichte inzwischen um wertvolle Facetten bereichert.

Wer den Spuren der Mendelssohns nachgeht, muss zudem durch die Verwandten-Ehen zu blicken lernen, die in der Familie eher die Regel als die Ausnahme waren. Jüdische Familien wie die Mendelssohns, Itzigs, Warschauers oder Wachs, die sich im 19. Jahrhundert hatten taufen lassen und sich familienintern unterschiedlich vehement dem Christentum zuwandten, zogen es schon aufgrund der äußeren Umstände vor, ja sahen sich gezwungen, »unter sich« zu bleiben. Sie lebten in einer Art Zwischenwelt, einer Welt zwischen Judentum und Christentum, einer Welt des Weder-Noch, einer Welt, die es für einen getauften Juden schwierig machte, sich zurechtzufinden.

Hinzu kommt, als weitere Herausforderung an den Biographen und den interessierten Leser gleichermaßen, das Mendelssohn-spezifische Namensphänomen: Jene Familienmitglieder, die sich von Joseph (1770–1848) und dessen jüngerem Bruder Nathan (1781–1852) ableiteten, nannten sich Mendelssohn – ohne Beinamen. Nach der Nobilitierung stellten einige Nachkommen Josephs ihrem Nachnamen ein »von« voran.

Josephs Bruder Abraham (1776–1835) begründete hingegen die Linie Mendelssohn Bartholdy. Er nahm, um sich als getaufter Mendelssohn möglichst deutlich von den jüdischen Verwandten abzugrenzen, den Namen seines Schwagers an.

Abrahams beide Söhne verkomplizierten die Namensfrage zusätzlich. Während der Komponist Felix Mendelssohn Bartholdy und seine Nachfahren ihren Doppelnamen ohne Bindestrich führten, entschied Felix' Bruder, der Bankier Paul, sich, um Verwechslungen zu vermeiden, für die Variante mit Bindestrich.

Dass es trotzdem häufig zur Verwechslung einzelner Familienmitglieder kommt, hat mit der Vorliebe beider Familienflügel für einige wenige Vornamen zu tun, die von Generation zu Generation weitergereicht wurden, etwa Franz, Paul, Robert oder Arnold und für die weiblichen Nachkommen Marie, Margarete oder Cécilie. Als Orientierungshilfe für den Leser habe ich dem Buch deshalb einen Stammbaum beigefügt, der die Generationenfolge der Mendelssohns berücksichtigt und Verwandtschaftsverhältnisse veranschaulicht.

Paul von Mendelssohn-Bartholdy, der Enkel Pauls, Ur-Enkel Abrahams und Ur-Ur-Enkel Moses Mendelssohns, nicht nur Bankier, sondern heute zunehmend auch als Mäzen und Kunstsammler entdeckt, verstand sich zeit seines Lebens als Berliner, Preuße und Deutscher. Selbst in den Jahren der NS-Verfolgung sah er Deutschland als seine Heimat an. Der Gedanke, dass man ihn, einen Mendelssohn, ächten würde, war für ihn nicht nachvollziehbar. Denn der Name Mendelssohn schien ihm gleichbedeutend mit dem Deutschland der Vernunft, der Toleranz und Kultur. Mit dem Deutschland Hitlers konnte er nur wenig anfangen.

Es gibt nur wenige Bilder von Paul von Mendelssohn-Bartholdy. Sieht man sich diese an, erkennt man die Ähnlichkeit mit seinem großen Vorfahren. Augen und Nasenpartie, die Kopfform erinnern an diesen. Als Max Liebermann 1909 den Auftrag erhielt, ein Porträt Paul von Mendelssohn-Bartholdys anzufertigen, wird er bei den Sitzungen für das Bild Moses Mendelssohn vor seinem geistigen Auge gesehen haben. Ob er sich mit Paul von Mendelssohn-Bartholdy über seinen Vorfahren unterhalten hat? Wir wissen es nicht.

Das Liebermann-Porträt ist heute verschollen. Es hatte zuletzt in einem der Zimmer des Paul von Mendelssohn-Bartholdy gehörenden Rittergutes Börnicke gehangen. Höchstwahrscheinlich ging das Gemälde verloren, als Einheiten der Roten Armee sich in den letzten Tagen des Zweiten Weltkrieges in Börnicke einquartierten. Es könnte sein, dass das Bild damals zusammen mit Möbeln und anderen wertvollen Einrichtungsgegenständen in die Sowjetunion verbracht wurde. Möglich auch, dass es Plünderungen der Bevölkerung zum Opfer fiel. Noch heute könnte es in einem der Häuser in oder um Börnicke an der Wand hängen. Gerüchte dieser Art halten sich in der Gegend hartnäckig.

Schon als junger Mann fühlte ich mich von der Persönlichkeit und der Weisheit Moses Mendelssohns stark angezogen. Zu meiner Bar-Mizwa hatte mein Vater mir Sebastian Hensels berühmte »Geschichte der Mendelssohns« überreicht. Ich weiß noch, dass ich die beiden Bände, mit blauen Leineneinbänden versehen und mit Goldlettern bedruckt, geradezu verschlang. Sie haben mich durch mein bisheriges Leben begleitet. Ab und zu nehme ich sie zur Hand, um das eine oder andere in ihnen nachzuschlagen oder einfach darin zu blättern.

Mein Vater war es auch, der mich als Erster auf einen Stammbucheintrag des Berliner Weltweisen Moses Mendelssohn aufmerksam machte. »Wahrheit erkennen,/Schönheit lieben,/Gutes wollen,/das Beste tun« nannte der Ahnherr unserer Familie die »Bestimmung des Menschen«. Wenn die Mendelssohns eine gemeinsame Maxime hatten, dann war es diese im 18. Jahrhundert formulierte Lebensweisheit. Die Nachkommen des Berliner Philosophen haben sie verinnerlicht. Wer sein Tun und Handeln an dieser Einsicht orientiere, sagte man sich noch nach Generationen, könne nicht schlecht fahren.

Bei der Arbeit an diesem Buch konnte ich mich auf eine Reihe eigener Vorarbeiten stützen, etwa auf eine bewusst populär gehaltene Moses-Mendelssohn-Biographie, die ich vor etwa dreißig Jahren anlässlich des

250. Geburtstags des Ahnherrn schrieb, sowie eine Reihe von Einzelstudien, die sich mit bisher vernachlässigten Aspekten der Geschichte der Mendelssohns, vor allem mit dem Niedergang ihres Bankhauses in der Zeit des Nationalsozialismus, befassten.

Für die vorliegende Darstellung wurden Dokumente, Briefe sowie verschiedene Materialien aus zahlreichen Archiven (siehe Quellen- und Literaturverzeichnis) durchgesehen und ausgewertet. Es haben sich dabei manche neuen Erkenntnisse ergeben, die der Mendelssohn-Forschung bisher nicht bekannt gewesen sind. So konnten beispielsweise, was die Stiftungs- und Sammlungstätigkeit der Mendelssohns betrifft, umstrittene Sachverhalte geklärt und eine Reihe falscher Provenienzzuschreibungen korrigiert werden. Eine große Hilfe dabei war, dass Materialien aus Privatbesitz zur Verfügung gestellt wurden und eingesehen werden konnten.

An dieser Stelle bleibt mir nur noch übrig, mich bei all denen zu bedanken, die mich beim Schreiben des Buches mit Rat und Tat begleitet und unterstützt haben. Zuallererst gilt mein Dank Sebastian Panwitz, wissenschaftlicher Mitarbeiter im Moses Mendelssohn Zentrum, der bereit war, seine Kenntnisse über die Mendelssohns mit mir zu teilen, und der mich an den Ergebnissen seiner Recherchen in den diversen Archiven teilhaben ließ. Ihm verdanke ich, dass ich bestimmte Sachverhalte verstehen konnte, die ich bis dahin missverstanden oder falsch interpretiert hatte.

Anna D. Ludewig und Beatrix Borchardt, beide exzellente Kennerinnen der deutschen Musikgeschichte, diskutierten mit mir nicht nur Probleme der Rezeption Fanny und Felix Mendelssohn Bartholdys, sondern auch das Schicksal der Stradivari-Geigen. Diese Instrumente befanden sich einst im Besitz der Mendelssohns. Ihr weiteres Schicksal hat meine Phantasie beflügelt.

Christoph Kreutzmüller, Spezialist für die Frühjahre des NS-Regimes, gab wichtige Hinweise zur wirtschaftlichen Situation von Paul von Mendelssohn-Bartoldy in den Jahren 1933 bis 1935. Und von Thomas Blubacher erhielt ich weiterführende Hinweise zu dem Geschwisterpaar Eleonora und Francesco von Mendelssohn, die im Berliner Leben der Weimarer Republik feste Größen waren und um die sich bis heute manche seltsame Gerüchte ranken.

Michael Graf Strasoldo führte mich in zahlreichen Gesprächen in manches für den Laien unverständliche Geheimnis des Bankengeschäftes ein, was mich davor behütete, in dem einen oder anderen Fall falschen Fährten zu folgen. Mit Bogomila Welsh-Ocharov, der ich wegen manches Hinweises zu großem Dank verpflichtet bin, führte ich stundenlange Telefongespräche, in denen ich lernte, dass manche Zusammenhänge in der Familiengeschichte sehr viel komplizierter sind, als ich zunächst annahm.

Dank gilt neben den beiden Bibliothekarinnen des Potsdamer Moses Mendelssohn Zentrums, Karin Bürger und Ursula Wallmeier, die bei der Literaturrecherche halfen und manche Probleme mit bibliothekarischem Sachverstand zu lösen hatten, vor allem auch Kurt Blank-Markard, der die Bildstrecke zusammenstellte und den Stammbaum zeichnete.

Ganz zum Schluss möchte ich mich bei all denen bedanken, denen ich Teile des Manuskriptes zum Lesen gab und die mir hilfreich zur Seite standen. Dazu gehört vor allem meine Frau, deren Anregungen und Ratschläge mir bei der Arbeit sehr geholfen haben.

Eine letzte Bemerkung: Irrtümer im Urteil oder im Tatsächlichen, das sei hier ausdrücklich vermerkt, gehen nicht zu Lasten anderer, sondern nur zu meinen Lasten.

Julius H. Schoeps
Berlin-Charlottenburg
Frühjahr 2009

Kapitel 1

Wie alles anfing

Mosche mi-Dessau

Moses Mendelssohn kam nach dem hebräischen Kalender am 12. Ellul 5489, also am 6. September 1729 in Dessau als jüngstes von drei Kindern von Mendel (Menachem) Heymann (ca. 1682–1766) und seiner Frau Bela Rachel Sarah (gest. 1756) zur Welt.[1] Überliefert ist, dass er in ärmlichen Verhältnissen aufwuchs. Der Vater konnte die Familie durch die eher schlecht bezahlte Tätigkeit eines Synagogendieners nur mühsam ernähren. Als »Schulklopfer« hatte er die Aufgabe, jeden Morgen an die Türen der Gemeindemitglieder zu pochen, um sie zum Gottesdienst zusammenzurufen.

Zusätzliche Einkünfte verschaffte Mendel Heymann sich als Elementarschullehrer in der Gemeindeschule, vor allem aber durch seine Arbeit als »Sofer« (Schreiber) der Gemeinde. Er schrieb Thorarollen und kopierte Passagen aus der Bibel auf Pergamentstreifen, die als »Mesusot« an Türpfosten Verwendung fanden. Moses und sein Bruder Saul halfen dem Vater bei der Kopierarbeit.

Es heißt, der junge Moses habe sich durch diese Tätigkeit eine feine kalligraphische Handschrift angeeignet, die zu einem auffälligen Familiencharakteristikum werden sollte. In den akkurat ausgeführten Buchungseintragungen seines Sohnes Abraham lässt sich dieser Zug ebenso erkennen wie in der exakten Notenschrift seines Enkels, des Komponisten Felix Mendelssohn Bartholdy.

Über die Beziehung des jungen Moses Mendelssohn zu seinem Vater ist kaum etwas bekannt. In den Briefen an seine Braut Fromet Gugenheim (1737–1812) erwähnt er mitunter den Vater, der damals schon nicht mehr der Jüngste war. Die Rede ist meist vom »alten Vater«, der »ein Mann aus der alten Welt« sei und »seine besonderen Grillen« (30. April 1762) habe. An Dankbarkeit für den Vater dürfte es Moses nicht gefehlt haben, doch sonderlich eng war das Verhältnis nicht. Die Biographen führen das auf den großen Altersunterschied zurück. Stichhaltiger ist ihr Argument, Mendel Heymann sei ein einfacher Mann gewesen, der den Sohn nach bestem Wissen gefördert und sein Bibel- und Talmudwissen an ihn weitergegeben, mit dessen Gelehrsamkeit jedoch nur wenig anzufangen gewusst habe.

Weniger noch ist über Moses Mendelssohns Mutter überliefert. Von ihr heißt es, sie sei eine »stille Frau« gewesen, die nicht viel Aufhebens von sich machte. Sie starb 1756, zehn Jahre vor ihrem Mann. Zu ihren Vorfahren zählen angeblich der berühmte Rabbiner und Verfasser zahlreicher Responsen Moses Isserles (vermutlich 1390–1460) und Saul Wahl (1541–1617), jene legendenumwobene Gestalt, die Ende des 16. Jahrhunderts einen Tag lang König von Polen gewesen sein soll.[2] Nach dem Tode Stefan Báthorys (1533–1586), als die polnischen Fürsten sich nicht einigen konnten, wer als dessen Nachfolger gewählt werden sollte, sollen sie den Unternehmer und Zollpächter Saul Wahl gebeten haben, sich für einen Tag die Krone aufzusetzen und als König von Polen zu amtieren. Inwieweit das tatsächlich geschah, ist unklar. Die Legende hat im Verlauf der Jahre jedenfalls ihre eigene Wirklichkeit entwickelt.

Das Judenviertel von Dessau, wo Moses Mendelssohn seine Kinderjahre verbrachte, galt als Zentrum jüdischer Gelehrsamkeit. Nachdem 1672 die Ansiedlung jüdischer Familien in Dessau gestattet worden war, hatte man 1674 eine Synagoge eingeweiht, einen Friedhof eingerichtet sowie ein Krankenhaus gebaut. 1685, so besagen die Quellen, lebten 26 jüdische Familien in Dessau, die meist aus der Gegend von Halberstadt stammten oder – wie Moses Mendelssohns Vorfahren mütterlicherseits – aus Polen zugewandert waren.

Mendel Heymann lag die Ausbildung seines Sohnes sehr am Herzen. Er bemühte sich, so gut er konnte, sein Bibel- und Talmudwissen an den Jungen weiterzugeben. Kaum fünf Jahre alt, soll sich der junge Moses bereits erste Kenntnisse des Hebräischen und das Verständnis der alltäglichen Gebete angeeignet haben. Isaac Abraham Euchel, der seinem Lehrer Moses Mendelssohn in einer hebräisch geschriebenen Biographie ein ehrendes Denkmal gesetzt hat,[3] wusste zu berichten, dass der junge Moses schon mit sechs Jahren in der Lage war, »Halacha« und »Tosafot«, also talmudische Texte, mit ihren subtilen Auslegungen und Glossen zu studieren.

Als der Vater den Sohn dem häuslichen Unterricht entwachsen glaubte, brachte er ihn in das Dessauer »Beth Hamidrasch« (Lehrhaus), wo die Ausbildung, die damals üblicherweise einem jüdischen Knaben zuteil wurde, vervollständigt werden sollte. Sein Lehrer Hirsch, ein Sohn des gelehrten Rabbinatsassessors Aron Hirsch, bezeugte in späteren Jahren die Frömmigkeit, den Fleiß und den klaren Verstand seines Schülers. Belegt wird das auch durch den Verleger und Mendelssohn-Freund Friedrich Nicolai, der in den Anmerkungen zu Mendelssohns Briefwechsel mit Gotthold Ephraim Lessing notierte: »Er lernte in seiner frühen Jugend auf talmudisch-scholastische Art zu disputieren, und erlangte Fertigkeit darin.«[4]

Moses, vermutlich klüger und aufnahmefähiger als die meisten seiner Mitschüler, begann bald, die Lektionen, die ihm im Lehrhaus vermittelt wurden, durch eigene Studien zu ergänzen. Er beschloss, Hebräisch nach der Grammatik statt – wie es die Mehrzahl seiner Jugendfreunde und Studiengenossen tat – durch Memorieren zu erlernen. Mit zehn Jahren beherrschte er das Hebräische so gut, dass er Gedichte in hebräischer Sprache schreiben konnte, derer er sich allerdings später offenbar schämte, so dass er sie im reiferen Alter vernichtete. An den Dichter Ephraim Kuh schrieb er vier Jahre vor seinem Tod: »Die Musen, diese Schwestern, die oft den jungfräulichen Eigensinn haben, dem Jünglinge günstig zu sein und dem Manne den Rücken zuzuwenden, diese Mädchen sind mir nie recht gut gewesen, und wie ich glaube, aus Eifersucht gegen ihre Schwester Kritik, der ich manchmal die Aufwartung gemacht habe.«[5]

Für den jungen Moses, der sich in seinen jüdisch-deutschen und hebräischen Briefen stets Mosche (Mausche) Dessau oder Mosche mi-Dessau (Moses aus Dessau) nannte (nur in den deutsch geschriebenen Briefen benutzte er seit ungefähr 1760 das Patronym »Mendelssohn«), war es ein ausgesprochener Glücksfall, dass er Schüler von David Fränkel (1707–1762) wurde, dem anhaltischen Landesrabbiner, der 1731 auf Betreiben des Hoffaktors Elia Wulff von Berlin nach Dessau berufen worden war.

David Fränkel, ein scharfsinniger, strenggläubiger und dennoch keineswegs bildungsfeindlicher Gelehrter, hatte großen Einfluss auf die geistige Entwicklung des Knaben, der wiederum seinen Lehrer schwärmerisch verehrte. In einer kurzen autobiographischen Mitteilung, die Moses Mendelssohn am 1. März 1774 dem Ansbacher Bibliothekar Johann Jacob Spiess für dessen »Brandenburgische historische Münzbelustigungen« übersandte, heißt es: »Unter Rabbi Fränkel, der damals in Dessau Oberrabbiner war, studierte ich Talmud.«[6]

Ein besonders günstiger Umstand war es, dass Mendelssohn in Fränkel auf einen Lehrer gestoßen war, der sich als Gelehrter von der damals vorherrschenden spitzfindigen »pilpulistischen« Methode der deutschen und polnischen Talmudisten abgewandt hatte und eine nüchterne Erklärungsweise bevorzugte. Im Unterricht berücksichtigte Fränkel nicht nur Bibel und Talmud, sondern gab seinem lernbegierigen Schüler auch die Kommentare derselben zu lesen.

Es gibt Hinweise, dass Fränkel bestrebt war, das Interesse seiner Schüler besonders auf Maimonides (1135–1204) zu lenken. Insbesondere führte er sie an dessen Werk »More Newuchim« (Führer der Verirrten) heran, das, mit den Kommentaren von Schemtow, Efodi und Crescas versehen, 1742 in der Wulff'schen Druckerei in Jeßnitz in einer Neuherausgabe erschienen war.

Dieser 1190 geschriebene Versuch, die Vereinbarkeit von Religion und Vernunft zu beweisen, war ein epochemachender Schritt in den Bemühungen des Menschen, die Gültigkeit überkommener religiöser Gesetze in einer sich wandelnden Welt zu bewahren. Für Moses Mendelssohns geistigen Werdegang und spätere Denkweise hat Maimonides' Werk, das in eigentümlicher Weise die Aristotelische Philosophie mit der jüdischen Offenbarungslehre verband, eine außerordentliche Rolle gespielt.

»Diesem Maimuni«, scherzte Mendelssohn einmal im Kreis seiner Freunde, »habe ich es zuzuschreiben, dass ich einen so verwachsenen Körper bekommen; er allein ist die Ursache davon; aber deswegen liebe ich ihn doch, denn der Mann hat mir manche trübe Stunde meines Lebens versüßt, und so auf der einen Seite mich zehnfach für das entschädigt, um was er mich in Betracht meines Körpers gebracht hat.«[7]

Als David Fränkel 1743, drei Jahre nach der Thronbesteigung des Preußenkönigs Friedrich II., auf den Posten eines Oberrabbiners in Berlin berufen wurde, war Moses in einem Alter, in dem er daran denken musste, was aus ihm einmal werden sollte. Ihm schien bestimmt zu sein, wie die meisten jungen Juden in Dessau Hausierer zu werden und mit dem Packen auf dem Rücken über Land zu ziehen, um Waren anzubieten. Ein solches Los widerstrebte ihm. In wochenlangen Erörterungen gelang es ihm schließlich, seine Eltern zu überreden, ihn aus Dessau ziehen zu lassen, damit er seine Studien bei Rabbi Fränkel am neu gegründeten Berliner Beth Hamidrasch fortsetzen konnte.

Im Oktober 1743 machte sich der Vierzehnjährige zu Fuß auf den Weg, um seinem Lehrer in die Hauptstadt Preußens zu folgen, die damals bereits rund 100 000 Einwohner zählte und auf dem Weg war, eine Metropole zu werden. Durch welches Tor Mendelssohn in die Stadt gelangte, ist nicht mit letzter Gewissheit zu ermitteln. Vertraut man den Berichten, oder sagen wir besser: glaubt man der Legende, dann war es das Rosenthaler Tor, durch das er in die Stadt gelangte. Von Dessau kommend, bedeutete dies einen erheblichen Umweg. Aber für Juden war das Rosenthaler Tor der einzige Zugang in die Stadt.[8]

Dort soll ein von der Jüdischen Gemeinde gestellter »Thor-Steher« (Torwächter) gestanden haben, von dem reisende Juden sich befragen lassen mussten, was sie in der Stadt wollten. Fielen die Auskünfte zufriedenstellend aus, wurden sie registriert und erhielten, wenn sie darüber hinaus noch den Nachweis führen konnten, dass sie nicht völlig mittellos waren, den für das Betreten der Stadt notwendigen Passierschein.

Apokryph ist allerdings die Geschichte, die in der deutsch-jüdischen Geschichtsschreibung vor 1933 von einer Generation zur nächsten tradiert wurde, der »Thor-Steher« sei vom bescheidenen Auftreten des jungen Mannes derart beeindruckt gewesen, dass er alle Bedenken zurückgestellt und ihn in die Stadt eingelassen habe. Zum positiven Eindruck beigetragen, so heißt es, habe unter anderem die Auskunft Mendelssohns, er folge seinem Lehrer David Fränkel, dem Berliner Oberrabbiner, um unter dessen Anleitung zu »lernen«, was zu jener Zeit noch als Ausweis von Gelehrsamkeit galt.

Die Anekdote, die den Eindruck vermittelt, der »Thor-Steher« sei in seinen Entscheidungen völlig frei gewesen und habe allein bestimmen können, wen er in die Stadt hineinlassen wollte und wen nicht, gehört vermutlich ebenso in den Bereich der Legende wie die Behauptung, es habe sich in den Journalen der Wache an diesem Oktobertag 1743 die Eintragung befunden: »Heute passierten das Rosenthaler Tor sechs Ochsen, sieben Schweine, ein Jude.«

Die Anfänge in Berlin

Als der junge Dessauer Talmudschüler 1743 nach Berlin kam, war er ein Rechtloser, der zur Gruppe derjenigen Juden gehörte, denen die Behörden in Brandenburg-Preußen Bürgerrechte und Rechtsschutz verweigerten und die jederzeit ohne Vorankündigung und Begründung aus der Stadt ausgewiesen werden konnten. In Berlin durfte Moses Mendelssohn anfänglich nur deshalb bleiben, weil die Gemeindeältesten sich bereiterklärt hatten, für ihn zu bürgen und, was vermutlich noch wichtiger war, für seine Unterkunft und Verpflegung aufzukommen.

Das jüdische Leben in Brandenburg-Preußen war zu jener Zeit weitgehend durch das vom Soldatenkönig Friedrich Wilhelm I. 1730 erlassene Edikt (»General-Privilegium und Reglement, wie es wegen der Juden in Sr. Königl. Maj. Landen zu halten«) reglementiert. Darin war festgelegt, was Juden tun durften und was sie zu lassen hatten. Als der vierzehnjährige Moses Berlin betrat, kam er in eine Stadt, die noch weitgehend unter dem Einfluss dieses Reglements stand, das Juden nur bedingt den Aufenthalt in Berlin gewährte.

Friedrich Wilhelm I. lebte zwar nicht mehr, aber nach wie vor waren die Regelungen des von ihm erlassenen Edikts in Kraft und bestimmten den Alltag der Juden. Der König, von dem die Zeitgenossen gemeint hatten, er sei von schlichtem Gemüt und besäße einen etwas beengten Gottesglauben, empfand eine tiefe Abneigung gegenüber seinen jüdischen Untertanen. Die Marginalien, die er an den Rand der Judenakten zu schreiben pflegte, sprechen eine unmissverständliche Sprache: »Soll man sie aus der Landes jagen …«[9], »Gottlob, dass sie weg seyn …«[10] oder »Mit den Juden will ich nits zu tuhn haben«.[11]

Moses Mendelssohn kam also in eine Stadt, von der er wusste, dass es für ihn äußerst schwer sein würde, hier Fuß zu fassen. Er durchlebte zunächst eine Zeit bittersten Elends. Der Hunger war, wie es heißt, sein ständiger Begleiter. Nur die Fürsorge seines Mentors David Fränkel, der sich, so gut er konnte, um ihn kümmerte, ließ ihn alle körperlichen Entbehrungen und Mühen überstehen. Fränkel verdankte er es, dass er eine Dachstube in der Probstgasse bei einem gewissen Heimann Bamberger beziehen konnte und bei verschiedenen Gemeindemitgliedern am Mittagstisch sitzen durfte.

In der Stadt lebten zu dieser Zeit etwa 330 jüdische Familien, die Gesamtzahl der Juden in Berlin wird auf zirka 1950 Seelen geschätzt. In den Listen der »Kurmärkischen Kriegs- und Domänenkammer« wurden 1743 120 Schutzjuden nebst Familien und Domestiken aufgeführt. Für das Jahr 1750 liegt eine Liste der »Berlinischen Schutz-Juden-Familien« vor, die bereits eine ansteigende Zahl in der Stadt lebender Juden ausweist. In dieser Liste sind 266 Namen von Schutzjuden verzeichnet, beginnend mit dem Namen Moses Levi Gumpert und endend mit David Isaac Opticus.

Wie viele Juden tatsächlich Mitte des 18. Jahrhunderts in der Stadt lebten, ist allerdings nur bedingt festzustellen. Das für Schutzjuden festgelegte Limit wurde praktisch immer überschritten. Es gibt Schätzungen, nach denen um 1750 die Zahl der Berliner Juden doppelt so hoch war, als sie nach offizieller Regelung hätte sein dürfen.

Das hing zum einen damit zusammen, dass häufig mehrere Personen ein Aufenthaltsrecht von ein und demselben Schutzbrief ableiteten, zum anderen mit der Zuwanderung, die dazu geführt hatte, dass zahlreiche Juden sich illegal in Berlin-Brandenburg aufhielten. General-Fiscal Uhden bemängelte am 27. März 1743, »daß er nicht im Stande sei, eine ordentliche, zuverlässige und accurate Liste von den hiesigen Juden zu verfertigen und allerunterthänigst abzuliefern«.[12]

Moses Mendelssohn, der sich wie alle Juden, die nach Berlin kamen, zunächst um das Aufenthaltsrecht in der Stadt bemühte, wusste anfangs nicht, wie er seinen Lebensunterhalt verdienen sollte. Vielleicht aus diesem Grund kümmerte er sich verstärkt darum, sein Wissen zu vertiefen und sich eine umfassendere Bildung anzueignen. Einer der ersten Schritte, die er unternahm, war es, Deutsch lesen und schreiben zu lernen.

Das musste heimlich geschehen. Die Rabbiner jener Zeit, die sich zumeist nur des jüdisch-deutschen Jargons bedienten, betrachteten jeden als Abtrünnigen, der sich deutsche Bildung aneignen wollte. Sie fürchteten, mit der deutschen Sprache dringe auch weltliches Wissen und damit Unglauben und Ketzerei in die frommen Gemüter ihrer Gemeindemitglieder. Sie bestraften jeden, der sich derartiger »Verbrechen« schuldig machte, mit Bann und Stadtverweisung. Das Recht dazu hatten sie von der weltlichen Obrigkeit erhalten.

Schon der Besitz eines deutschen Buches konnte zur Ausweisung aus der Stadt führen. Das hinderte junge Juden allerdings nicht, sich deutsche Bücher zu besorgen und so die deutsche Sprache zu erlernen. Der Großvater des in der Bismarck-Zeit bekanntgewordenen Bankiers Bleichröder berichtete: »Ich kam im Jahre 1746 als armer vierzehnjähriger Knabe nach Berlin und fand Moses Mendelssohn in der jüdischen Lehranstalt. Dieser gewann mich lieb, unterrichtete mich im Lesen und Schreiben und teilte oft mit mir sein kümmerliches Brot.«

»Aus Dankbarkeit«, so Bleichröder, »zeigte ich mich ihm durch kleine Dienstleistungen erkenntlich, und so schickte er mich unter anderem irgendwohin, um ein deutsches Buch zu holen. Mit diesem Buch in der Hand begegnete mir ein jüdischer Armenvorsteher, der mich mit den Worten anfuhr: ›Was hast du da? Wohl gar ein deutsches Buch!‹ Sogleich riß er es mir aus der Hand und schleppte mich zum Vogt, dem er den Befehl erteilte, mich aus der Stadt zu weisen. Mendelssohn, der Kenntnis von meinem Schicksal erhielt, gab sich alle Mühe, meine Rückkehr zu bewirken, allein vergeblich.«[13]

Hilfreich bei den ersten Schritten, sich weiter fortzubilden, war die Bekanntschaft mit dem aus Galizien vertriebenen Talmudisten Israel Samoscz (um 1700–1772). Dieser kluge Kopf und begabte Autodidakt war es, der Mendelssohns Interesse an der mittelalterlichen jüdischen Religionsphilosophie weckte und ihn in die Grundlagen der Mathematik sowie in die Gesetze der Logik einführte. Mendelssohns späterer berühmter Kommentar von Maimonides' »Millot Ha-Higgayon« (Logik) wäre ohne diese Schulung wohl kaum denkbar gewesen.

Die Beschäftigung mit der Mathematik und den jüdischen Philosophen des Mittelalters ließ in Mendelssohn den Wunsch erwachen, auch die klassischen Sprachen zu erlernen. Hinderlich war nur der Mangel an Geld. Mendelssohn wusste nicht, wie er sich die für das Studium notwendigsten Bücher beschaffen, geschweige denn einen Lehrer bezahlen sollte. Um sich wenigstens einige Bücher kaufen zu können, begann er, Groschen, die er durch Schreibarbeiten verdiente, beiseitezulegen.

Bei einem Antiquar erwarb er eine alte lateinische Grammatik sowie ein deutsch-lateinisches Wörterbuch. Abraham Kisch, ein junger Medizinstudent aus Prag, der sich im Jesuiten-Collegium seiner Vaterstadt gute Kenntnisse der alten Sprachen erworben hatte, gab Mendelssohn kostenlos Lateinstunden, so dass dieser in kurzer Zeit in der Lage war, Lockes »Essay Concerning Human Understanding« (1690) in lateinischer Übersetzung zu lesen.

Mendelssohn verfuhr dabei nach einer äußerst mühevollen Methode: Er schlug Wort für Wort in seinem Lexikon nach, schrieb diese Wörter auf und versuchte schließlich, den Sinn des ganzen Satzes zu entziffern. Auf diese Weise gelang es ihm, sich nicht nur den Inhalt dieses Werkes, sondern auch Aristoteles und Platon in lateinischer Übersetzung anzueignen. »Übrigens bin ich nie«, berichtete Mendelssohn in späteren Jahren, »auf einer Universität gewesen, habe auch in meinem Leben kein Collegium gehört. Dieses war eine der größten Schwierigkeiten, die ich übernommen hatte, indem ich alles durch Anstrengung und eigenen Fleiß erzwingen mußte.«[14]

Bedeutsam wurde für Mendelssohn die Bekanntschaft mit Aaron Salomon Gumpertz (1723–1769), dem Enkel des berühmten Elias Gumpertz aus Emmerich, der einst als Lieferant und Agent dem Großen Kurfürsten wichtige Dienste geleistet hatte. In der autobiographischen Notiz, die Mendelssohn 1774 niederschrieb, werden drei Männer namentlich erwähnt, auf die er, aus unterschiedlichen Gründen, große Stücke hielt: sein Vater, Rabbi Fränkel und besagter Aaron Salomon Gumpertz.

Ohne Gumpertz wäre Mendelssohn wohl kein berühmter Gelehrter geworden. Er war es, der Mendelssohn an die moderne Wissenschaft heranführte.[15] »Durch den Umgang mit dem nachherigen Doctor der Arzneigelartheit [= -gelehrtheit], Herrn Aron Gumperz«, schrieb Mendelssohn nach dessen Tod, »habe ich Geschmack an den Wissenschaften [gewonnen], dazu ich auch von demselben einige Anleitung erhielt.«[16]

Gumpertz war es auch, der Mendelssohn dazu brachte, sich Kenntnisse der englischen und französischen Sprache anzueignen. Er war es, der nicht nur Mendelssohns Interesse für Leibniz und Wolff weckte, die damaligen Häupter der jüngeren Philosophie, sondern ihn auch in die gebildeten Kreise Berlins einführte. Durch Gumpertz' Beziehungen lernte Mendelssohn den Marquis d'Argens kennen, aber auch Pierre Louis Maupertuis (1698–1759), den Präsidenten der Berliner Akademie, zwei herausragende Köpfe des damaligen intellektuellen Berliner Lebens.

Mendelssohn war in den Häusern der Männer, die ihn einluden, ein gerngesehener Gast. Man empfand seine Gesellschaft als angenehm und war besonders davon angetan, dass er nicht nur geistreich parlieren konnte, sondern zudem ein glänzender Schachspieler war. Gumpertz und dem Schachspiel war es zu verdanken, dass Mendelssohn 1754 bei einer solchen Gelegenheit den Dichter Gotthold Ephraim Lessing traf – eine Begegnung, die Mendelssohns Leben von Grund auf verändern sollte.

Die Juden, denen es in jenen Jahren gelang, sich in Berlin Aufenthaltsrechte zu sichern, hatten es in doppelter Hinsicht schwer. Sie hatten unter den Reglements zu leiden, die genau vorschrieben, was Juden in der Stadt zu tun und zu lassen hatten, genauso aber unter den Abschottungsmaßnahmen, die die Gemeindeältesten verhängten, da sie den angeblich verderblichen Einfluss der Umgebungsgesellschaft fürchteten und Kontakte zwischen Gemeindemitgliedern und ihrer christlichen Umwelt vermeiden wollten.

Dazu kam, dass Juden nur eingeschränkt Berufen nachgehen konnten. Ihr Leben war durch die Auflagen der Zünfte und durch die Verordnungen der Behörden strikt geregelt. Erlaubte handwerkliche Tätigkeiten waren allein die des Schächters, Fleischhackers, Bäckers, des Glas- und Diamantschleifers, des Gold- und Silberstickers sowie des Petschierstechers (Stempelschneiders) und des Medailleurs – allesamt Tätigkeiten, die nicht zunftgebunden waren. Nur in seltenen Ausnahmefällen war es Juden gestattet, ein zünftiges Handwerk auszuüben.

Es gab einige wenige, die als Fabrikanten und Unternehmer in der Seiden- und Tuchindustrie und im Geld- und Pfandhandel Fuß fassten. Die meisten Juden in der Stadt verdienten kaum genug zum Überleben. In den von den Behörden geführten Berufsstatistiken werden sie überwiegend als ambulante Kleinhändler geführt, als Hausierer, Vermittler, Agenten oder Kommissionäre, die ihren Lebensunterhalt dadurch bestritten, dass sie Handelsgüter von der Stadt auf das Land transportierten und umgekehrt Waren vom Land in die Stadt brachten.

Diejenigen, die sich im Geldhandel betätigten, konnten das tun, weil sie auf diesem Sektor mit der Duldung der Behörden rechnen konnten. Die Akten belegen, dass im Jahre 1737 in Berlin 18 Geldwechsler tätig waren, darüber hinaus sieben Pfandleiher und ein Makler. Bezogen auf die 120 Familien, die in der Stadt zu jener Zeit Aufenthaltsrecht hatten, war die Zahl von 18 Geldwechslern vergleichsweise hoch – allerdings relativiert sie sich, wenn man bedenkt, dass damals tatsächlich deutlich mehr Juden in Berlin lebten.

Der junge Moses Mendelssohn hatte das Glück, von dem Seidenwarenfabrikanten Isaak Bernhard (Bermann Zültz) eine Stelle als Hauslehrer für seine vier Kinder angeboten zu bekommen. Für Mendelssohn brachte diese Anstellung nicht nur ein regelmäßiges Gehalt mit sich, er hatte auch die Zeit, in den Abendstunden weiter seinen Studien nachzugehen. Das Gehalt reichte darüber hinaus noch aus, Musikunterricht zu nehmen und gelegentlich Konzerte und Theateraufführungen zu besuchen.

Vier Jahre lang blieb Mendelssohn in Bernhards Haus und unterrichtete dessen Kinder in jüdischen und weltlichen Fächern. Als die Kinder dem Schulalter entwachsen waren und keinen Hauslehrer mehr benötigten, machte Bernhard Mendelssohn das verlockende Angebot, als Buchhalter in sein Unternehmen einzutreten.[17] Mendelssohn nahm an. Es handelte sich, wie es sich bald darauf zeigen sollte, um eine Aufgabe, bei der er seine rasche Auffassungsgabe, seine rechnerischen Fähigkeiten und seine schöne Handschrift gut einsetzen konnte.

Die Einarbeitung in die neue Stellung fiel Mendelssohn nicht leicht. Es saß von morgens um acht bis abends um neun am Schreibtisch. Seine Lage besserte sich nur allmählich. Im April 1756 teilte er Gotthold Ephraim Lessing mit, dass im nächsten Sommer sein Leben eine grundlegende Veränderung erfahren werde: Er habe vor, im Comptoir nicht mehr länger als sechs Stunden zu arbeiten, und zwar nur noch von acht Uhr morgens bis zwei Uhr nachmittags. Die übrigen Stunden des Tages wolle er sich bilden und die knapp bemessene freie Zeit für sich und eigene Studien verwenden.

Mendelssohn machte Karriere in der Firma, er erlangte den Posten eines Prokuristen und stieg 1761 sogar zum Teilhaber der Bernhard'schen Seidenwarenmanufaktur auf.[18] Er wurde das, was man einen erfolgreichen Geschäftsmann nennt. Seit 1779 handelte er mit italienischer Rohseide, die er gemeinsam mit den Hamburger Kaufleuten Bovara & Greppi in Italien einkaufen ließ, um sie dann den Seidenunternehmern auf Kredit oder bar zu verkaufen.

Bis zu seinem Lebensende hatte Mendelssohn durch seine beruflichen Aktivitäten ein vergleichsweise gutes Auskommen. Begeistert von dieser Tätigkeit war er allerdings nie. »Die Geschäfte! die lästigen Geschäfte!«, beklagte er sich beispielsweise im Mai 1763 in einem an Lessing gerichteten Brief, »sie drücken mich zu Boden, und verzehren die Kräfte meiner besten Jahre.«[19]

Trotz solcher Klagen ist Mendelssohn nicht aus Bernhards Seidenwarenmanufaktur ausgeschieden. Nach dessen Tod im April 1768 führte er gemeinsam mit Bernhards Witwe und dessen Kindern »zur Allerhöchsten Zufriedenheit« die Potsdamer und Berliner Unternehmen fort und erweiterte diese derart, dass zeitweilig 120 Webstühle in Betrieb waren. Diese positive Entwicklung war dem unternehmerischen Geschick Mendelssohns zu verdanken, dem nachgesagt wurde, er wisse mit Stoffen umzugehen. Er habe, so David Friedländer später, »einen ungemein feinen Geschmack« besessen.

Als 1781 die Witwe Isaak Bernhards starb, übernahmen die Söhne Moses und Abraham Bernhard die Leitung der Manufaktur in »Sozietät« mit Moses Mendelssohn, der zu dieser Zeit bereits kränkelte, aber nach wie vor die Arbeit eines Buchhalters wahrnahm, wie ein von ihm geführtes Geschäftsjournal aus den Jahren 1779 bis 1781 belegt.[20] In diesem Journal tauchen nicht nur Verwandte Mendelssohns als Geschäftspartner auf wie beispielsweise Moses Selig Bacher (1744–1824), der als Silberhändler und Lotterieeinnehmer in Potsdam arbeitete und Blümchen, die Schwester von Mendelssohns Frau, geheiratet hatte.

Das Journal belegt, dass Mendelssohn auch zu anderen bekannten Namen der damaligen Berliner Geschäftswelt in Beziehung stand: David Friedländer beispielsweise, aber auch der Kattunfabrikant Isaak Benjamin Wulff, Isaak Daniel Itzig und der spätere preußische Oberhofbankier, der Neustrelitzer Hofagent Nathan Meyer, gehörten dazu. Mit Meyer entstanden noch zu Lebzeiten Moses Mendelssohns verwandtschaftliche Beziehungen, als Mendelssohns Tochter Recha 1785 Nathan Meyers Sohn Mendel (gest. 1832) heiratete. Später ehelichte Joseph Mendelssohn Henriette (1776–1862), die Schwester von Mendel Meyer.

Nach dem Tod der Witwe Bernhard sollte das Unternehmen als »Gebrüder Bernhard & Co« beziehungsweise als »Gebrüder Bernhard & Moses Mendelssohn« weitergeführt werden. Zunächst sah es so aus, als ob diese Pläne auch umgesetzt werden würden, da die Firma durch die Erfindung und Produktion von Stoffen in ostindischer Manier (Pampelusen) und bunten seidenen Tüchern auf Expansionskurs zu sein schien. Die Absatzmöglichkeiten, bedingt durch die allgemein schwierige wirtschaftliche Lage, verschlechterten sich jedoch zusehends, so dass das Unternehmen gezwungen war, sich zu verkleinern. 1783 waren in Potsdam noch 39, in Berlin 38 bis 40 Webstühle in Betrieb. Die Schließung der Seidenmanufaktur war nur noch eine Frage der Zeit.

Der Sokrates an der Spree

Die 1755 anonym erschienenen »Philosophischen Gespräche« galten lange Zeit als die erste Veröffentlichung Moses Mendelssohns, was jedoch nicht zutrifft. Mendelssohns erste Publikation war der »Kohelet musar« (Prediger der Moral), eine Schrift, die angeblich bereits 1750 erschienen ist.[21] Dennoch sind die »Philosophischen Gespräche« das erste bedeutende Werk Mendelssohns, seine erste Bemühung, die zeitgenössische Philosophie mit eigenen Überlegungen zu bereichern.

Die »Gespräche« waren der Versuch, Leibniz' »prästabilisirte Harmonie« auf die Lehre Spinozas zurückzuführen, was zwar nicht neu war, aber den Beifall seines Freundes Lessing fand. Einige Jahre später, als die »Gespräche« 1761 in einer Überarbeitung erschienen, äußerte Lessing allerdings Zweifel, ob beide Lehren überhaupt miteinander vereinbar seien. »Ich muß Ihnen gestehen«, schrieb er Mendelssohn in einem Brief am 17. April 1763, »dass ich mit Ihrem ersten Gespräche seit einiger Zeit nicht mehr so recht zufrieden bin.«[22]

Was dem heutigen Leser der »Philosophischen Gespräche« auffällt, ist vor allem die Einstellung ihres Verfassers, sein Bekenntnis zur deutschen Sprache und Kultur. Entgegen der damals allgemein verbreiteten Schwärmerei für französischen Geschmack und Literatur spricht sich Mendelssohn gegen die »Gallomanie« aus, gegen die »sklavische Nachäffung« all dessen, was aus Frankreich stammt. Heftig attackiert Mendelssohn den Einfluss der französischen Literatur und artikuliert seinen Widerwillen gegen das, wie er es nennt, »witzelnde und tändelnde Treiben« der Franzosen.

Den Zeitgenossen nötigte es einigen Respekt ab, dass ein rechtloser Jude in seiner Gesinnung nationaler war als die meisten Deutschen seiner Zeit. Dies und sein Ruf als junger Philosoph, der die deutsche Sprache und die deutschen Sitten formvollendet beherrschte, öffneten Mendelssohn die Türen der Berliner Salons. Er wurde herumgereicht und bestaunt. Hochgestellte Persönlichkeiten wollten den mittlerweile zu einiger Bekanntheit gelangten Mendelssohn kennenlernen.

Als sich 1755 in der bis dahin intellektuell recht öden preußischen Hauptstadt ein »gelehrtes Kaffeehaus« bildete, in dem neben Friedrich Nicolai, Aaron Salomon Gumpertz und Johann Albrecht Euler noch viele andere berühmte Männer verkehrten, war es fast selbstverständlich, dass die Initiatoren auch Mendelssohn die Mitgliedschaft antrugen. Alle vier Wochen fanden in dieser gelehrten Kaffeehaus-Gesellschaft Veranstaltungen statt, bei denen sich Mendelssohn durch geistreiche und schlagfertige Äußerungen den Ruf erwarb, ein Schöngeist zu sein, ein Bel Esprit, wie man es damals in den Salons nannte.

Bei einer der Abendveranstaltungen soll im »heiteren Gespräch« der Vorschlag gemacht worden sein, jeder der Anwesenden möge doch etwas zu den Fehlern der eigenen Person sagen. Mendelssohn, der bekanntlich verwachsen war, einen starken Höcker hatte und zudem stotterte, soll, als die Reihe an ihm war, sich folgendermaßen geäußert haben:

Groß nennt ihr den Demosthen,
Den stotternden Redner von Athen,
Den höckrigen Aesop haltet ihr für weise –
Triumph! Ich werd' in Eurem Kreise
Doppelt groß und weise sein,
Denn Ihr habt bei mir im Verein,
Was man bei Aesop und Demosthen
Hat getrennt gehört und geseh'n.

Es war die Schrift »Phädon oder Über die Unsterblichkeit der Seele«, die Mendelssohn zu einer europäischen Berühmtheit machte.[23] Keine seiner Abhandlungen hat Mendelssohn so lange und so intensiv beschäftigt wie diese 1767 erschienene Arbeit, die in vielen Nachdrucken und Übersetzungen erschienen ist. Im 19. Jahrhundert wurde sie in anthologische Serien (unter anderem »Cabinets-Bibliothek der Deutschen Classiker«, 1830; »Bibliothek der Deutschen Nationalliteratur«, 1869) aufgenommen und galt als »Klassiker«.

Als Mendelssohn das Phädon-Projekt in Angriff nahm, hatte er sich bereits mit einigen Problemen vertraut gemacht, die das Vorhaben mit sich bringen würde. In den seinerzeit berühmten »Literaturbriefen« (1759–1763) hatte er im Sommer 1760 Johann Georg Hamanns anonym veröffentlichte »Socratische Denkwürdigkeiten«, Jakob Wegelins »Letzte Gespräche des Socrates und seiner Freunde« sowie Denis Diderots Plan zu einem »Trauerspiel über den Tod des Socrates« besprochen und in diesem Zusammenhang mehrere Stellen aus den platonischen Dialogen übersetzt, unter anderem drei kürzere Stellen aus dem »Phaidon« und eine längere aus dem »Kriton«. Später hat Mendelssohn die Übersetzung der »Kriton«-Passage mit einigen nur geringfügigen Änderungen in die biographische Einleitung seines »Phädon« aufgenommen.

Der außerordentliche Erfolg des Mendelssohn'schen »Phädon« beim Publikum hatte verschiedene Gründe. Die gelehrte Welt kannte damals nur drei Juden, die als Schriftsteller in einer anderen Sprache als der hebräischen geschrieben hatten: Maimonides, Spinoza und Orobio. Dass ein jetzt lebender Jude ein philosophisches Werk schreiben konnte, und zwar in deutscher Sprache, die an Klarheit und Eleganz alles übertraf, was andere Schriftsteller zu Papier brachten – das war neu, das erregte Aufsehen.

Besonders wurde anerkannt, dass Mendelssohn sich um Verständlichkeit bei der Erörterung des Problems der Unsterblichkeit bemüht hatte. Man bewunderte die Form, vor allem aber seinen Stil. Auf die Idee, Platons »Phädon« umzudichten, war bis dahin niemand gekommen. Auch die Dialogform, der für die zeitgenössische Debatte ungewöhnliche Versuch, am Beispiel des Gesprächs zwischen Sokrates und seinen Schülern den Beweis für die Unsterblichkeit der Seele herauszuarbeiten, wurde als neuartig empfunden.

Warum Mendelssohn auf das historische Vorbild zurückgriff, hat er in der Vorrede seines »Phädon« begründet: »Nach dem Beyspiel des Plato habe ich den Sokrates in seinen letzten Stunden die Gründe für die Unsterblichkeit der menschlichen Seele seinen Schülern vortragen lassen. Das Gespräch des griechischen Schriftstellers, das den Namen Phädon führet, hat eine Menge ungemeiner Schönheiten, die, zum Besten der Lehre von der Unsterblichkeit, genutzt zu werden verdieneten. Ich habe mir die Einkleidung, Anordnung und Beredsamkeit desselben zu Nutze gemacht, und nur die metaphysischen Beweisthümer nach dem Geschmack unserer Zeiten einzurichten gesucht.«[24]

Auffällig ist die Bewunderung, die Mendelssohn Sokrates entgegenbrachte. Anspielungen auf die eigene Person sind nicht zu übersehen, wenn es über den »Charakter des Sokrates« heißt: »... Schwierigkeiten und Hindernisse standen dem Sokrates im Wege, als er den großen Entschluß faßte, Tugend und Weisheit unter seinen Nebenmenschen zu verbreiten. Er hatte ... seine eigenen Vorurtheile der Erziehung zu besiegen, die Unwissenheit anderer zu beleuchten, Sophisterey zu bestreiten, Bosheit, Neid, Verleumdung und Beschimpfung von Seiten seiner Gegner auszuhalten.«[25]

Mendelssohn nahm an Sokrates nur den moralischen Aspekt wahr, die historischen Lebensumstände des griechischen Philosophen vermochte er dagegen nur bedingt zu würdigen. Seine Schilderung der gesellschaftlichen Verhältnisse im Athen jener Zeit bleibt seltsam blass und lässt einen deutlichen Mangel an historischen Kenntnissen erkennen. Ihm selbst war das durchaus bewusst. In einem Brief vom 16. Februar 1765 an seinen Freund Thomas Abbt heißt es: »Was weis ich von der Geschichte? Was nur den Namen von Geschichte hat, Naturgeschichte, Erdgeschichte, Staatsgeschichte, gelehrte Geschichte, hat mir niemals in den Kopf kommen wollen.«[26]

Unterhielt sich Mendelssohn mit seinen Freunden und Vertrauten über Historisches, soll er häufig geschmunzelt haben, das Ganze sei »unnützer Kram«. Den Grund dafür, dass er das Studium der Geschichte vernachlässigt habe, gab er in einem Brief, den er Abbt am 22. Juli 1766 schrieb: »Ich habe bisher die Geschichte mehr für die Wissenschaft des Bürgers (Citoyen) als des Menschen gehalten, und geglaubt, ein Mensch, der kein Vaterland hat, könne sich von der Geschichte keinen Nutzen versprechen.«[27]

Mendelssohns »Phädon« entwickelte sich sehr bald zu einem Bestseller der deutschen und europäischen Aufklärung. So besonnen, so gründlich und so klar waren die Unsterblichkeitsbeweise bisher noch von niemandem vorgetragen worden. Die erste Auflage war bereits nach vier Monaten vergriffen, so dass nach einem Jahr eine zweite und dritte Auflage folgten. 1769 erschien eine niederländische Übersetzung, der 1772 zwei französische nachfolgten. Carlo Ferdinandi übertrug den »Phädon« 1773 ins Italienische. 1779 erschienen eine dänische und eine russische Ausgabe.

Überall wurde der »Phädon« als epochemachendes Werk gefeiert. »Sokrates«, erklärte der junge Herder, »führte die Weltweisheit unter die Menschen, Moses Mendelssohn ist der philosophische Schriftsteller unserer Nation, der sie mit Schönheit des Stils vermählt.«[28] Von überall erhielt Mendelssohn Zuschriften, in denen das Buch gerühmt und der Verfasser um weitere Erläuterungen gebeten wurde.

»Ich habe mich«, erklärte er im Anhang zur zweiten Auflage, »über keinen unbilligen Tadel zu beschweren, vielleicht eher über ein unbilliges Lob, davon mich die Selbsterkenntnis versichert, dass es übertrieben ist. Unmäßiges Lob pflegt mehr die Absicht zu haben, andere zu demüthigen, als den Gegenstand desselben anzuspornen. Ich habe mir niemals in den Sinn kommen lassen, Epoche in der Weltweisheit zu machen, oder durch ein eigenes System berühmt zu werden.«[29]

Lessing, Mendelssohn und »Nathan der Weise«

Aus der Bekanntschaft Mendelssohns mit Gotthold Ephraim Lessing (1729–1789) erwuchs mit der Zeit eine Freundschaft, und, was noch bedeutsamer ist, eine literarische Partnerschaft. Lessing schätzte den bescheidenen, vielfältig gebildeten und interessierten Mendelssohn. Und Mendelssohn, die Bedeutung Lessings erkennend, bewunderte in diesem den edlen Menschen, den tiefen Denker, den talentvollen Dichter und warmherzigen Judenfreund.

Dass Lessing ein Verfechter der Vorurteilslosigkeit und der Toleranz war, hatte er bereits in seinem 1749 entstandenen Lustspiel »Die Juden« bewiesen.[30] Das Stück, in dem er sich für die entrechteten und drangsalierten Juden einsetzte, sollte dem Publikum zeigen, dass es gute und schlechte Menschen überall gibt – unter Juden genauso wie unter Christen. Mendelssohn und den Juden seiner Zeit dürften solche Erkenntnisse aus der Seele gesprochen haben, nicht jedoch allen Christen, von denen manche sich regelrecht empört über Lessing und sein Stück äußerten.

Einer von ihnen war der Göttinger Orientalist Johann David Michaelis, der Lessings »Juden« im Juni 1754 im »Göttinger Gelehrtenanzeiger« heftig kritisiert hatte. Michaelis, seinerzeit ein einflussreicher Mann, verstieg sich zur Behauptung, er halte es für höchst unwahrscheinlich, dass sich unter den Juden ein »edler Charakter« befinden könne.

Mendelssohn empfand diese Bemerkung nicht nur als herablassend, sondern, mehr noch, geradezu als abwegig. In einem offenen Brief, den er vermutlich mit Lessing abgesprochen hatte und den dieser in der »Theatralischen Bibliothek« abdrucken ließ, fragte er: »Mit welcher Stirn kann ein Mensch, der noch ein Gefühl Redlichkeit in sich hat, einer ganzen Nation die Wahrscheinlichkeit absprechen, einen einzigen ehrlichen Mann aufweisen zu können?«[31]

Aber nicht nur Mendelssohn, auch Lessing leistete kleine Freundschaftsdienste. So war er es, der dafür sorgte, dass Mendelssohns »Philosophische Gespräche« überhaupt erscheinen konnten. Das Manuskript, das ihm Mendelssohn hatte zukommen lassen, hatte Lessing seinem Verleger gebracht, damit dieser es – vermutlich zunächst ganz ohne Wissen des Autors – zum Druck befördere.

In der Öffentlichkeit glaubte man zunächst, dass der Text aus der Feder Lessings stamme, bis Mendelssohn sich in einem Brief (7. September 1755) als Verfasser der »Philosophischen Gespräche« zu erkennen gab. Er sei, so bemerkte er, ein Jude, »deßen zeitliche Umstände es erfordern, niemandem außer sehr wenigen Freunden für etwas mehr als ein Buchhalter bekandt zu seyn«.[32]

Krönung der fast drei Jahrzehnte währenden Freundschaft war Lessings letztes Werk »Nathan der Weise«, das den Klassikern der deutschen Literaturgeschichte zugerechnet wird. In Nathan, der Hauptfigur des Stückes, erblickt man ein Porträt Mendelssohns. Immer wieder haben sich Literaturwissenschaftler bemüht, auf Parallelen zwischen Lessings Figur und ihrem Vorbild hinzuweisen. Diese gibt es zweifellos, doch es wäre falsch anzunehmen, Lessing habe den »Nathan« allein geschrieben, um dem Freund ein Denkmal zu setzen.

Man kann den »Nathan« durchaus als Fortsetzung des Lustspiels »Die Juden« bezeichnen, und bereits Kant hat dies getan. Was Lessing als Zwanzigjähriger begonnen hatte, führte er als gereifter Mann fort. Hatte er bereits in den »Juden« um Verständnis für das fremdartige Volk der Kaftanträger, Geldverleiher und Jahrmarkthausierer geworben, so war der »Nathan« Lessings vielbewunderter Versuch, einem breiteren Publikum das Prinzip der Humanität, der wahren Menschenliebe und der echten Toleranz darzustellen.

Lessings »Nathan«-Stück, das bei seinem ersten Erscheinen Mitte April 1779 einiges Aufsehen erregte, ist im Palästina des 12. Jahrhunderts angesiedelt, meint aber das Deutschland des 18. Jahrhunderts. Wie Moses Mendelssohn ist auch Nathan ein Kaufmann und Weiser, der vorsichtig agieren muss, will er nicht anecken. Wie jener ist auch er bemüht, seine Religion, seine Würde und seine Ehre inmitten einer feindlichen Umwelt zu bewahren.

Falls Mendelssohn tatsächlich wusste, dass er Lessing als Modell für seinen Nathan diente, so hat er das nicht zu erkennen gegeben. Für die Zeitgenossen allerdings stand außer Zweifel, dass Lessings Nathan in Jerusalem der Person Mendelssohn in Berlin nachempfunden war. Dafür spricht auch, dass noch andere Figuren, die in dem Stück auftreten, deutlich erkennbare Vorbilder in Zeitgenossen des 18. Jahrhunderts haben.

Der Patriarch (»Der Jude wird verbrannt«) beispielsweise, in dem das Publikum zum allgemeinen Vergnügen den Hamburger Hauptpastor Goeze zu erkennen glaubte, wird von Lessing als ein durchtriebener Bösewicht gezeichnet, der dem Tempelherren Gefälligkeit gegen Gefälligkeit, Geschäft gegen Geschäft anbietet. Und in der Figur der Christin erblickte man den Schweizer Diakon Lavater, an dessen Bekehrungsversuchen, seinem Streit mit Mendelssohn, man zuvor amüsiert Anteil genommen hatte.

Im Grundsätzlichen stimmte Mendelssohn mit seinem Freund Lessing überein: Wie dieser war er skeptisch gegenüber jeder Religion, die über die Vernunft hinausgreifende Glaubenslehren verkündete. Wie Lessing im »Nathan« war auch Mendelssohn zutiefst davon überzeugt, dass es jedem Menschen gestattet sein müsse, nach seiner Fasson selig zu werden sei er nun Christ, Moslem oder Jude.

Lessings Schauspiel »Nathan der Weise« hat für das deutsche Judentum eine bedeutsame Rolle gespielt. Das Stück lieferte nicht nur einen Toleranzbegriff, sondern auch die Formel für ein gleichberechtigtes Miteinander von Juden und Christen. Es war deshalb nicht nur ein außerordentliches Theaterereignis, sondern für viele ein Spiegel, in dem man sich selbst sehen und ein Bild von sich machen konnte.

Die in das Stück eingelassene Ringparabel lehrte, dass Gott-Vater dem Juden, dem Christen und dem Muslim in ihrer geschichtlichen Religion jeweils den echten Ring gegeben habe und jede der drei monotheistischen Religionen als Gottes Offenbarung gegenwärtig und zu respektieren sei – eine Botschaft, die von Generation zu Generation weitergegeben wurde.

Die Verehrung gegenüber dem Autor des »Nathan« führte dazu, dass es im deutsch-jüdischen Bürgertum geradezu zu einem Lessing-Kult kam,[33] der manch seltsame Blüte getrieben hat. »Aus Dankbarkeit für dieses hohe Lied der Duldung«, so erklärte der von den Nationalsozialisten ermordete Theodor Lessing die Herkunft seines Namens, »nahmen damals« – gemeint ist die erste Hälfte des 19. Jahrhunderts – »mehrere jüdische Familien in Preußen, Hannover und Bayern den Namen Lessing an.«[34]

Allerdings haben die Zeitgenossen nicht bemerkt, vielleicht auch nicht bemerken wollen, dass Lessings Konzeption in sich brüchig war, denn letztlich relativierte sie die Wahrheit. »Oh so seid ihr alle drei betrogene Betrüger!«, äußert im »Nathan« der Richter. »Eure Ringe«, so verkündete er weiter, »sind alle drei nicht echt. Der echte Ring ging vermutlich verloren. Den Verlust zu ersetzen, ließ der Vater diese drei für einen machen.«[35]

Den Juden zu Lessings Zeit und später ging es aber nicht um die Doppelbödigkeit in der Lessing'schen Ringparabel,[36] die Generationen von Literaturwissenschaftlern beschäftigt und so manchen von ihnen zu überaus gewagten Interpretationen angeregt hat. Wichtiger war den Juden die uns heute vielleicht etwas vordergründig erscheinende, aber seit dieser Zeit mit dem Namen Lessings verbundene Botschaft, dass der moderne Mensch stets vor die Frage gestellt ist, »ob er den Raum der geistigen Freiheit festhalten will, den ihm die Generation von 1800 erkämpft hat, als sie den Weg vom Dogmenstreit zum

Glaubensgespräch bahnte und damit eine neue Einschätzung auch des religiösen und weltanschaulichen Gegners durchsetzte« (Hans-Joachim Schoeps).[37]

Der Philosoph und der König

Als der Marquis d'Argens (1704–1771), der als philosophischer Gesellschafter Friedrichs II. in Potsdam lebte und mit Mendelssohn verkehrte, erfuhr, dass fremde Juden nicht im Lande bleiben durften, war er nicht wenig überrascht. »Aber«, so soll er gefragt haben, »notre cher Moise betrifft dieses jedoch nicht?« »Oh ja!«, war die Antwort, »er wird blos geduldet, weil er im Dienste des Fabrikanten Bernhard steht. Wenn dieser ihn heute entlässt, und er keinen anderen Schutzjuden findet, der ihn in Diensten nehmen will, so würde die Polizei ihn zwingen, noch heute die Stadt zu verlassen.«[38]

Der Marquis wollte nicht glauben, dass ein so weiser und gelehrter Mann täglich mit der Gefahr der Ausweisung zu rechnen hatte, und sprach darüber mit Mendelssohn. Dieser bestätigte, was d'Argens gehört hatte, und bemerkte: »Sokrates bewies ja seinem Freunde Kriton, dass der Weise schuldig ist zu sterben, wenn es die Gesetze des Staates fordern. Ich muss also die Gesetze des Staates, in welchem ich lebe, noch für milde halten, dass sie mich bloß austreiben, im Falle mich in Ermangelung eines anderen Schutzjuden auch nicht ein Trödeljude für seinen Diener erklären will.«

Auf das Drängen des Marquis, er solle eine Bittschrift aufsetzen, die er selbst übergeben wolle, antwortete Mendelssohn: »Es thut mir weh, dass ich um das Recht der Existenz erst bitten soll, welches das Recht eines jeden Menschen ist, der als ruhiger Bürger lebt. Wenn aber der Staat überwiegende Gründe hat, Leute von meiner Nation nur in gewisser Zahl aufzunehmen, welches Vorrecht kann ich von meinen übrigen Mitbrüdern haben, eine Ausnahme zu verlangen?«

Es war der Marquis d'Argens, der wenige Wochen nach dem Frieden von Hubertusburg Mendelssohn schließlich doch dazu bewegte, mit der Bitte um einen Schutzbrief an den König heranzutreten. »Ich habe seit meiner Kindheit«, hieß es in der Bittschrift vom April 1763, »beständig in

Ewr. Majestät Staaten gelebt, und wünsche, mich auf immer in denselben niederlassen zu können. Da ich aber ein Ausländer bin, und das nach dem Reglement erforderliche Vermögen nicht besitze, so erkühne ich mich aller unterthänigst, zu bitten, Ew. Königliche Majestät wollen allergnädigst geruhen, mir mit meinen Nachkommen Dero allerhöchsten Schutz neben den Freyheiten, die dero Unterthanen zu genießen haben, angedeihen zu lassen, in Betrachtung, dass ich den Abgang an Vermögen, durch meine Bemühungen in den Wissenschaften ersetze, die sich Ew. Maj. Protektion vorzüglicher Weise zu erfreuen haben«.[39]

Eine Antwort erhielt er nicht. Er musste noch einmal ein Schreiben aufsetzen, und zwar am 19. Juli 1763, in dem er die Bitte um die Erteilung eines Schutzbriefes wiederholte. D'Argens fügte dem Schreiben den berühmt gewordenen Nachsatz hinzu: »Un Philosophe mauvais catholique supplie un Philosophe mauvais protestant de donner le privilège à un Philosophe mauvais juif«.[40] Ein Philosoph, und damit war der König gemeint, sollte einem anderen Philosophen auf gleicher Augenhöhe begegnen. Die jeweilige Religionszugehörigkeit dürfe dabei keine besondere Rolle spielen.

Ob es die geistreichen Worte des Marquis oder der Bekanntheitsgrad Mendelssohns war, der König zeigte sich schließlich bereit, seinen Namen unter das Gesuch zu setzen. Aufgrund einer Kabinettsordre vom 24. Oktober 1763 erhielt Mendelssohn das Privilegium eines Schutzjuden.[41] Die Bitte, das Privilegium auch auf seine Nachkommen auszudehnen, wurde ihm später allerdings abgeschlagen. Friedrich II. schrieb die Randbemerkung an das Gesuch: »Vor seine Person wohl gratis, aber nicht vor seine Kinder.«[42]

Trotz aller Bedrängnisse und aller sein Leben erschwerenden Auflagen, Moses Mendelssohn hat den Preußen-König Friedrich II. durchaus geschätzt. Als Preußen 1756 die Feindseligkeiten gegenüber Österreich und Sachsen eröffnete, ließ Mendelssohn durchblicken, was er von ihm hielt. Am 25. November 1757 überraschte er seinen Freund Lessing mit der Neuigkeit, »dass es schon so weit gekommen [sei], dass ich eine Predigt schreibe und einen König lobe«.[43]

Bei dieser von Mendelssohn verfassten und von Oberrabbiner David Fränkel am 10. Dezember 1757 in der Synagoge gehaltenen Predigt handelte es sich um eine »Dankpredigt« auf den Sieg der Preußen bei Roßbach.[44] Das »Danklied« auf den »herrlichen« und »glorreichen« Sieg bei Leuthen,[45] das unter Fränkels Namen veröffentlicht wurde, stammte ebenfalls von Mendelssohn und gilt als Beleg für dessen patriotische Gesinnung in frühen Jahren.

Dieselbe Gesinnung zeigt sich auch in einer Predigt, die von einem gewissen Aron Mosessohn sechs Jahre später am 12. März 1763 anlässlich des Hubertusburger Friedens gehalten wurde.[46] Moses Mendelssohn, von dem die Übersetzung stammte, scheint allerdings von dieser Predigt nicht viel gehalten zu haben. »Indessen«, schrieb er Lessing im Mai 1763 in Anspielung auf die Lektüre von Laurence Sternes »Tristram Shandy«, »habe ich doch eine Predigt zur Welt gebracht, über welche Doctor Slop hätte einschlafen und sein Vetter Toby sein lillabulero noch zweymal so laut [hätte] pfeifen mögen.«[47]

Es hat nicht an Versuchen gefehlt, Mendelssohn und den Preußen-König als recht vertraut miteinander darzustellen. Beweise, die eine solche Behauptung stützen könnten, gibt es allerdings nicht. Wahrscheinlich ist sogar, dass der König und der Philosoph niemals aufeinandergetroffen sind. Dessen ungeachtet, rankt sich eine ganze Reihe von Legenden und Erzählungen um die Gespräche, die der König und Mendelssohn angeblich miteinander geführt haben sollen.

Eine dieser Geschichten beispielsweise besagt, Mendelssohn sei eines Tages eilig nach Potsdam gerufen worden, da der König dringend seinen Rat benötigte. Ein Hofbeamter, der dem buckligen, ärmlich gekleideten Juden das Tor öffnete, fragte ihn, wer er sei und was er vom König wolle. Mendelssohn antwortete: »Ich spiele aus der Tasche.« Als er dem König die Geschichte erzählte, fragte dieser: »Warum haben Sie ihm das gesagt?« Darauf Mendelssohn: »Weil es, wie ich weiß, für einen Jongleur einfacher ist, in das Schloss zu kommen, als für einen Philosophen.«

Nach einer anderen Anekdote, die noch unwahrscheinlicher klingt und dazu noch in verschiedenen Varianten erzählt wird, soll der König Mendelssohn eines Tages bei einem seiner Spaziergänge zufällig auf der Straße getroffen haben. »Guten Morgen, Herr Mendelssohn«, begrüßte ihn der König. »Wohin des Wegs?« »Ich weiß es nicht«, antwortete Mendelssohn. »Wie können Sie mir eine solche Antwort geben?«, schrie der König erbost: »Wache! Werft den Mann ins Gefängnis!« Darauf Mendelssohn, als die Soldaten sich anschickten, ihn abzuführen: »Sehen Sie, Majestät, wusste ich denn, dass ich ins Gefängnis gehen würde?«

Dass das Verhältnis zwischen Friedrich II. und Mendelssohn so eng nicht gewesen sein kann, wie diese Histörchen glauben machen, lässt des Königs Einspruch gegen Mendelssohns Wahl zum Mitglied der Akademie der Wissenschaften Anfang des Jahres 1771 erkennen. Darüber, welche Gründe der König hatte, ihm die Zustimmung zu verweigern, haben auch die Zeitgenossen nur rätseln können.

Schon damals war die Überzeugung weit verbreitet, der König habe die Wahl Mendelssohns zum Akademiemitglied hintertrieben, weil ihm die Berufung eines Juden zuwider war. Mendelssohn ahnte das wohl. In einem Schreiben an seinen Freund Herz Homberg, der gerade ganz ähnliche Erfahrungen gemacht hatte, klingt das an: »Ich habe, wie Sie wissen, ein ähnliches Schicksal gehabt. Die Akademie hat mich zum Mitgliede gewählt, des Königs Majestät aber die Wahl nicht bestätigt. Warum? Das weiß ich eben so wenig, als Sie jetzt wissen, warum Sie der Kaiser nicht zum Correpititor haben will.«[48]

Einige glaubten allerdings, dass der König Moses Mendelssohns Wahl zum Akademiemitglied aus ganz anderen Gründen nicht bestätigt habe.[49] Die Missachtung der französischen Philosophen, insbesondere aber die Kritik an seinen eigenen Gedichten habe Friedrich II. Mendelssohn nicht verzeihen wollen. Für diese Annahme spricht, dass Mendelssohn einige Jahre zuvor in den »Literaturbriefen« auch des Königs »Poésies diverses« besprochen hatte. Dies in der Tat mit gemischten Gefühlen.

Was Friedrich II. erbost haben wird, war Mendelssohns Kritik, dass er sich in seinen Schriften nicht der deutschen, sondern der französischen Sprache bediente. Die Kritik war zwar in ein Kompliment gekleidet, erschloss sich jedoch jedem Leser, der zwischen den Zeilen zu lesen verstand: »Welcher Verlust für unsere Muttersprache, dass sich dieser Fürst die französische geläufiger gemacht! Sie [die deutsche Sprache] würde einen Schatz besitzen, um den ihre Nachbarn Ursache hätten sie zu beneiden.«

Die Besprechung, die Lob mit Kritik verband, glich einem Balanceakt, war Mendelssohn doch bewusst, dass er aufpassen musste, was er sagte. Zum einen durfte er nicht gegen die Zensurbestimmungen verstoßen, zum anderen musste er sich davor hüten, den König durch allzu spöttisch-ironische Bemerkungen in der Öffentlichkeit bloßzustellen. Irgendwie gelang es ihm, auf diesem dünnen Grat zu balancieren und das Gleichgewicht zu halten. Der Leser der Besprechung hatte den Eindruck, dass Mendelssohn es durchaus verstand, die Person des Königs von dessen in den Gedichten ausgedrückten Ansichten zu trennen.

Die Kritik war dennoch unmissverständlich. Zum Gedicht »Epitre à Maupertuis« und den darin artikulierten philosophischen Ansichten des Königs führte er aus: »Was ich davon halte? Das, was ich überhaupt von der Philosophie in Gedichten zu halten pflege. Wenn sich die Dichter eine philosophische Larve vorziehen wollen, so nehmen sie mehrentheils die erste beste: eine cynische, stoische, epikureische oder peripathetische – was liegt daran?«[50]

Die Gründe, die der König wider die Unsterblichkeit der Seele vorgebracht hatte, hielt Mendelssohn für derart unerheblich, dass es ihm nicht lohnenswert schien, darauf einzugehen. Seine Kritik lässt er in Form eines geistreichen platonischen Lehrwortes offen spüren: »Mich dünkt, ein Friedrich, der an der Unsterblichkeit zweifelt, ist … eine bloße Chimäre, ein viereckiger Zirkel, oder ein rundes Viereck!«[51]

Doch folgt der Bemerkung gleich darauf ein überschwängliches, die Schärfe der Kritik kaschierendes Lob, das in der Bemerkung gipfelt: »Nein! lassen Sie uns immer den Dichter von dem Regenten, von dem Weltweisen, sogar von dem Menschen trennen. Jenem ist es erlaubt, zum Zeitvertreib Gedanken im Reime zu bringen, welche der Regent durch Thaten verläugnet, der Weltweise durch Gründe verspottet, und der Mensch selbst, der sich seines angeborenen Adels bewusst ist, anzunehmen sich weigern muß.«[52]

Es war der Nationalökonom Johann Heinrich Gottlob von Justi (1720–1771), dem Mendelssohns Einlassungen nicht passten und der ihn bei den Behörden denunzierte. In einem Schreiben beschuldigte er Mendelssohn, er habe den Hofprediger Cramer in Kopenhagen kritisiert, »die Gottheit Christi bestritten« und »die Ehrfurcht gegen des Königs Allerhöchste Person« vermissen lassen. Aus Gewissensgründen sehe er sich veranlasst, »diese Attentate des Juden der Allerhöchsten Behörde anzuzeigen«.[53]

Das war gefährlich, noch gefährlicher aber war, dass Mendelssohn zum Verhör zitiert wurde, und zwar beim General-Fiscal Uhden. Er hatte gute Gründe anzunehmen, dass dieses Verhör zu seiner Ausweisung aus Preußen führen würde. Einen Teil des Gesprächs, das sich zwischen Mendelssohn und dem General-Fiscal entwickelte, hat der Buchhändler Friedrich Nicolai nach Mendelssohns Bericht niedergeschrieben. Nach Nicolais Notizen lautete das Kernstück der Unterredung:

> Generalfiscal: Hör' Er, wie kann Er sich unterstehen, wider Christen zu schreiben?
>
> Mendelssohn: Wenn ich mit Christen Kegel schiebe, so werfe ich alle Neune, wenn ich kann.
>
> Generalfiscal: Untersteht Er sich zu spotten? Weiß Er wol mit wem Er redet?
>
> Mendelssohn: O ja! Ich stehe vor dem Herren Geheimen Rath und Generalfiscal Uhden, vor einem gerechten Manne.
>
> Generalfiscal: Ich frage Ihn noch einmal: wer hat Ihm erlaubt, wider einen Christen und noch dazu wider einen Hofprediger zu schreiben?
>
> Mendelssohn: Ich muß noch mal wiederholen und wahrlich ohne Spott: wenn ich mit Christen Kegel schiebe, wäre es auch ein Hofprediger, so werfe ich alle Neune, wenn ich kann. Das Kegelspiel ist eine Erholung für meinen Leib, wie die Schriftstellerei eine Erholung für meinen Geist. Jeder, welcher schreibt, macht es so gut, wie er immer kann. Uebrigens wüsste ich nicht, dass ich je wider einen Hofprediger, noch einen anderen Prediger geschrieben hätte.
>
> Generalfiscal: O ich merke, Er will leugnen. Man wird Ihm schon seine Künste abfragen. Er hat wider die christliche Religion geschrieben.
>
> Mendelssohn: Wer Ihnen dies gesagt hat, hat Ihnen eine große Unwahrheit gesagt.
>
> Generalfiscal: Leugne Er nur nicht, man weiß es schon besser. Dies ist wider das Judenprivilegium. Er hat den Schutz verwirkt.
>
> Mendelssohn: Ach, ich habe hier keinen Schutz zu verwirken, ich habe kein Privilegium, ich bin Buchhalter beim Schutzjuden Bernhard.
>
> Generalfiscal: Desto schlimmer! Die geringste Strafe für seinen Frevel wird sein, dass man Ihn aus dem Lande verweiset.
>
> Mendelssohn: Wenn man mich gehen heißt, so werde ich gehen. Ich habe mich nie den Gesetzen widersetzen wollen und der Gewalt kann ich mich noch weniger widersetzen.[54]

Mendelssohn wurde nicht bestraft und musste auch Berlin nicht verlassen. Das hatte er wohl dem Umstand zu verdanken, dass er mittlerweile eine europäische Berühmtheit war. Die Behörden haben sicherlich darüber nachgedacht, ob sie Mendelssohn bestrafen sollten. Man verzichtete darauf, weil man ahnte, dass das europaweit Kopfschütteln ausgelöst und den Preußen-König und seine Behörden der Lächerlichkeit ausgesetzt hätte.

»Allerliebste Fromet!«

Mendelssohn hat erst relativ spät geheiratet, und zwar im Alter von 32 Jahren. Eine Geschäftsreise für die Seidenmanufaktur Bernhard hatte ihn im April 1761 in das Haus des Hamburger Kaufmanns Abraham Gugenheim geführt, wo er dessen Tochter Fromet kennenlernte und sich in sie verliebte. Die Geschichte dieser Liebesbeziehung war wenig aufregend; sie war nicht von Leidenschaft, sondern von einer stillen und ernsten Zärtlichkeit bestimmt.

Lessing war der Erste, dem Mendelssohn von seiner Hamburger Liebe vorschwärmte. »Unser Briefwechsel«, schrieb er Mitte Mai 1761, »ist lange genug unterbrochen gewesen. Ich muß ihn nunmehr erneuern. Ich würde nimmermehr so lange habe schweigen können, wenn ich nicht eine Reise nach Hamburg gethan hätte, die mich in tausend Zerstreuungen verwickelt hat.«

»Ich habe«, bemerkte er weiter, »das Theater besucht, ich habe Gelehrte kennen gelernt, und was Sie nicht wenig befremden wird, ich habe die Thorheit begangen, mich in meinem dreyßigsten Jahre zu verlieben. Sie lachen? Immerhin! Wer weiß, was Ihnen noch begegnen kann? Vielleicht ist das dreyßigste Jahr das gefährlichste, und Sie haben dieses noch nicht erreicht. Das Frauenzimmer, das ich zu heyrathen Willens bin, hat kein Vermögen, ist weder schön noch gelehrt, und gleichwohl bin ich verliebter Geck so sehr von ihr eingenommen, daß ich glaube, glücklich mit ihr leben zu können.«[55]

Äußerte Mendelssohn sich Lessing gegenüber gewissermaßen von Mann zu Mann, so war sein Ton im Gespräch mit Fromet geradezu romantisch und lässt zugleich einigen Humor spüren. In einem Brief, den er am 28. Juli 1761 schrieb, kurz nachdem ihre Verlobung bekanntgegeben worden war, heißt es: »Allerliebste Fromet! Ich habe in Ihres Vaters Schreiben eine Entdeckung gemacht, die mich nicht wenig vergnügt. Der gütige Mann versichert mich, seine Tochter sei ebenso schön als tugendhaft. Was meinen Sie? Man kann doch einem ehrlichen Manne auf seinem Wort glauben? ... Der gute Herr Abraham Gugenheim muß doch wissen, daß die Philosophen auch gerne etwas Schönes haben.«[56]

Und in einem Brief vom 21. August 1761: »Liebste Fromet! Ich habe noch niemals gemerkt, dass in meinem Zimmer kein Spiegel ist, bis Sie mir in Ihrem letzten Schreiben befahlen, mich sogleich im Spiegel zu sehen. Sie können also [sich] leichtlich vorstellen, wie wenig ich mein Gesicht kenne, ob es freundlich oder trocken aussieht. Ich muss anderen Leuten glauben, und ich weis nicht, welcher niedliche Herr mich hat bereden wollen, ich sehe trocken aus. Nun da Sie mich das Gegentheil versichern, bin ich schon wieder gut.«[57]

Die Briefe an Fromet, die entweder mit »Mosche Dessau« oder mit »ha-koton Mausche mi Dessau« (der geringe Moses aus Dessau) unterschrieben sind, spiegeln Mendelssohns Leben mit all seinen Beschwerlichkeiten und Nöten. Die Brautbriefe, von denen nur diejenigen Mendelssohns erhalten sind, zeigen diesen nicht nur als tätigen Kaufmann, sondern auch als nachdenkenden Philosophen, der seiner Braut kaufmännische Ratschläge erteilt und Lebensweisheiten übermittelt.

So empfiehlt er Fromet beispielsweise das Erlernen des Französischen und die Lektüre von Rousseaus Roman »Héloise«. Fromet hat sich vermutlich an diese Empfehlung gehalten und Rousseaus Roman gelesen, allerdings nicht im französischen Original, sondern in deutscher Übersetzung, die 1761 erschien.

Die Briefe, die das Brautpaar wechselte, sind in hebräischen Lettern geschrieben und mit jüdisch-deutschen und hebräischen Ausdrücken durchsetzt. Sie sind im Stil jüdischer Familienbriefe gehalten, haben einen belehrenden Charakter und benutzen traditionelle jüdische Ausdrücke. Da wechseln hebräische Aussprüche wie »Ha-Schem jißborach boruch hu« (Gott, gesegnet sei er) mit Verneigungsformeln wie »chomi ha-m'juod sch-jiche« (mein vorbestimmter Schwiegervater, er bleibe am Leben) oder typischen Redewendungen im deutsch-jüdischen Jargon jener Zeit wie etwa »chaß w'cholilo« (Gott bewahre).

Die Briefe, die in regelmäßigen Abständen in Hamburg eintrafen, zeigen Mendelssohn rührend bemüht, seine künftige Frau zu belehren und sie an seinen Überlegungen und Gedanken teilhaben zu lassen. Er machte Fromet nicht nur mit Neuerscheinungen der zeitgenössischen Literatur bekannt, sondern schickte ihr auch seine gerade in zweiter Auflage erschienenen »Philosophischen Schriften«, die er mit einem Widmungsvers versah, der vermutlich ähnlich dem Text des Widmungsblattes für Lessing gehalten war: »Zueignungschrift an einen seltsamen Menschen.«[58]

In den Braut-Briefen taucht ein Teil der Namen auf, mit denen Mendelssohn zu jener Zeit korrespondierte oder persönlichen Umgang hatte: Aaron Salomon Gumpertz, Moses Wessely, David de Castro, Joseph Präger, Moshe Zülz, Josel Schwabach. Genannt wird aber auch Veitel Heine Ephraim, Oberältester der Judenschaft, ein damals einflussreicher Unternehmer, mit dem Mendelssohn ebenfalls in Kontakt stand.

Veitel Heine Ephraim wollte Mendelssohn damals als Disponent anwerben. Mendelssohn lehnte das Angebot jedoch ab. An einer Steigerung seines Einkommens war er zwar interessiert, nicht aber um den Preis irgendwelcher Abhängigkeiten, die er fürchtete, eingehen zu müssen, wenn er in das Haus Ephraim und Söhne einträte. Der eigentliche Grund war aber wohl der, dass er seinen Namen nicht mit den anrüchigen Münzgeschäften der Ephraims in Verbindung gebracht wissen wollte.

»Ich sehe täglich mehr«, schrieb er am 23. Februar 1762 Fromet, »daß mein Gemüth zu leicht nachgiebt, und danke ha-schem jißborach boruch hu (Gott, er sei gesegnet), daß ich von dem Münzen weg geblieben bin, wie leicht wäre ich mit dem Strom fortgeschwommen … Alle Welt beschuldigt mich, ich hätte mir die Gelegenheit zu Nutz machen sollen, ein reicher Kerl zu werden. Aber ich kenne meine Schwachheit, und weis[s], daß ich recht gethan habe.«[59]

Der Schriftsteller Berthold Auerbach (1821–1882) hat in dem von ihm herausgegebenen »Volkskalender« mehr als ein Jahrhundert später eine Erzählung »Wie der Weltweise Moses Mendelssohn seine Frau gewann« veröffentlicht, die mehr Dichtung als Wahrheit ist. Darin wird die Brautwerbung so geschildert:

Mendelssohn kommt nach Hamburg und besucht Gugenheim in seinem Kontor. Dieser sagt ›Gehen Sie hinauf zu meiner Tochter, sie wird sich freuen, Sie zu sehen, ich habe viel von Ihnen erzählt‹.

Anderntags geht Mendelssohn wieder zu Gugenheim und erkundigt sich, ›was die Tochter, die ein gar anmutiges Wesen sei, von ihm gesagt habe?‹

›Ja, verehrter Rabbi‹, sagt Gugenheim, ›soll ich's Ihnen ehrlich sagen?‹
›Natürlich‹
›Nun, Sie sind ein Philosoph, ein weiser, ein großer Mann. Sie werden es dem Kinde nicht übelnehmen; sie hat gesagt, sie wäre erschrocken, wie sie Sie gesehen hat, weil Sie – ‹
›Weil ich einen Buckel habe?‹
Gugenheim nickte.
›Ich habe es mir gedacht, ich will aber doch bei Ihrer Tochter Abschied nehmen.‹ Er ging hierauf in die Wohnung und setzte sich zu der Tochter, die nähte. Sie sprachen gut und schön miteinander, aber das Mädchen sah nicht von ihrer Arbeit auf, vermied, Mendelssohn anzusehen. Endlich, da dieser das Gespräch geschickt so wendet, fragt sie: ›Glauben Sie auch, daß die Ehen im Himmel geschlossen werden?‹
›Gewiß, und mir ist noch was Besonderes geschehen. Bei der Geburt eines Kindes wird im Himmel ausgerufen: Der und der bekommt die und die. Wie ich nun geboren werde, wird mir auch meine Frau ausgerufen, aber dabei heißt es: Sie wird leider Gottes einen Buckel haben, einen schrecklichen. Lieber Gott, habe ich da gesagt, ein Mädchen, das verwachsen ist, wird gar leicht bitter und hart, ein Mädchen soll schön sein, lieber Gott, gib mir den Buckel und laß das Mädchen schlank gewachsen und wohlgefällig sein.‹
Kaum hatte Moses Mendelssohn das gesagt, als ihm das Mädchen um den Hals fiel – und sie ward seine Frau, und sie wurden glücklich miteinander.[60]

Im Juni 1762 heirateten die beiden in Hamburg. Ein volles Jahr hatte Mendelssohn verstreichen lassen, bis er sich zu diesem Schritt entschloss. Eine Familie, meinte er, könne er erst dann gründen, wenn er für sich und seine Braut Niederlassungsrechte bewilligt bekommen habe und eine entsprechende Existenzgrundlage geschaffen sei. Den Zeitpunkt sah er für gekommen, als er seine Position in der Bernhard'schen Seidenmanufaktur Ende 1761 ausbauen konnte und die Niederlassungsrechte im März 1762 durch die Behörden »accordirt« wurden.

Das war das eine Problem, hinzu kamen zwei weitere, die mit den rechtlichen Bestimmungen zu tun hatten, die den Juden auferlegt waren. Wollte Mendelssohn heiraten beziehungsweise mit seiner Familie einigermaßen ungestört in Berlin leben, war er gezwungen, sich neben der Beantragung von Niederlassungsrechten einen Schutzbrief ausstellen zu lassen, der ihm durch Vermittlung des Marquis d'Argens im Oktober 1763 bewilligt wurde.

Neben den rigiden Bestimmungen des Judenreglements die Niederlassungsrechte betreffend, gab es noch ein Dekret des Königs, das Mendelssohn als besonders demütigend empfunden haben wird. Dieses Dekret erlegte jedem Juden, der um eine Heiratserlaubnis ansuchte oder um ein anderes Privilegium bat, die Verpflichtung auf, einen größeren Posten Porzellan aus der 1761 begründeten Königlich Preußischen Porzellanmanufaktur abzunehmen. Normalerweise waren das keine Tassen oder Teller, die man für den Haushalt hätte gebrauchen können, sondern Ausschussware, die zu nichts nutze war und als des Königs »Porzellansteuer« bekanntgeworden ist.

Auch Mendelssohn musste bei seiner Heirat die Auflagen des Dekrets erfüllen. Ob aber die Geschichte zutreffend ist, dass Fromet und Moses so zu zwanzig Porzellanaffen kamen, ist nicht bewiesen.[61] In der Liste der Juden, die vom Erlass des Dekretes bis zum 30. März 1787 Porzellan der Königlichen Porzellanmanufaktur in Berlin kauften, ist der Name Mendelssohn nicht verzeichnet. Auch in den historischen Modellverzeichnissen der Manufaktur sind große Affenfiguren nicht nachzuweisen.

Bestritten wird auch, dass die Affen, die sich im Besitz der Familie befanden, aus der Königlich Sächsischen Porzellanmanufaktur in Meißen stammten. Belegt ist allerdings, dass die Affen in der Familie existiert haben.[62] In einer handschriftlichen Notiz, die sich im Mendelssohn-Archiv befindet, heißt es: »Das letzte Stück dieser Porzellanfigur (die Familie M. besass deren St. 7) überlebte die schweren Kämpfe bei der Einnahme Berlins durch die Russen im April 1945 im Wechseltresor der Deutschen Bank, Berlin, Mauerstr., wo es im Juli 1946 – wenn auch mit zerbrochenen Armen – geborgen wurde.«[63]

Moses Mendelssohn und Fromet Gugenheim gelten in der Geschichte des deutschen Judentums als das erste moderne jüdische Brautpaar. Ihre Beziehung war nicht durch die Eltern oder einen Heiratsvermittler (»Schadchen«) gestiftet worden, wie es in jüdischen Familien zu jener Zeit üblich war, sondern entsprach dem freien Willen beider, sich zu binden und gemeinsam als Mann und Frau durchs Leben zu gehen.

Schon vor der Hochzeit hatte sich Moses Mendelssohn heftig dagegen gewehrt, die künftige Beziehung mit Fromet per Vertrag zu regeln. Er sah den Wunsch Abraham Gugenheims, der aus Fürsorgepflicht die Zukunft seiner Tochter absichern wollte, als geradezu beleidigend an. »Ich schäme mich fast«, schrieb er Fromet am 2. Juni 1761, »daß bei unserer Verbindung, die bisher so rein von allem gemeinem Verdacht gewesen, die fern von allen eigennützigen Absichten, fern von allem Zwang der Zeremonien und so sehr über die gemeine Denkungsart hinweggewesen, daß sich in diese Verbindung noch Misstrauen, Eigennutz und politische Vorsichtigkeit einschleichen soll.«[64]

Über Fromet weiß man vergleichsweise wenig. Die wenigen von ihr erhaltenen Briefe geben nur spärliche Auskünfte. Obgleich sie 24 Jahre mit Moses Mendelssohn verheiratet war, sind nur wenige Dokumente vorhanden, die unmittelbare Aufschlüsse über das gemeinsame Leben zulassen. Was Fromet dachte und wofür sie sich an der Seite ihres Ehemannes interessierte, darüber kann man nur Vermutungen anstellen, die sich in der Regel aus den beiläufigen Bemerkungen ergeben, die Mendelssohn Dritten gegenüber in Briefen machte.

In den vorliegenden Mendelssohn-Biographien wird Fromet denn auch nur am Rande erwähnt. Sie war, will man den spärlichen Angaben glauben, eine geistreiche Gastgeberin nicht nur für die Freunde, sondern auch für die zahlreichen auswärtigen Besucher, die im Mendelssohn'schen Haus in der Spandauer Straße Nr. 68 ein- und ausgingen. »War Moses die Sonne dieses Hauses«, bemerkte Ismar Elbogen, »so war Fromet sein leuchtender Trabant.«[65]

Auffällig ist, wie wenig Bilder von Fromet überliefert sind. Bekannt und deshalb immer wieder abgedruckt ist die vermutlich 1767 entstandene Miniatur eines Künstlers, die Fromet mit Spitzenhäubchen und Samtjacke zeigt, aber kaum etwas über sie aussagt. Aufschlussreicher ist da schon das 1856 entstandene Gemälde von Moritz Oppenheim, auf dem eine fiktive Zusammenkunft von Mendelssohn, seinem Freund Lessing und dem Kontrahenten Lavater zu sehen ist. Dieses Bild, das die drei ungleichen Geister beim Schachspiel sitzend zeigt, lässt im Hintergrund die Umrisse einer Frauenfigur erkennen, vermutlich Fromet, die auf einem Tablett Tassen ins Zimmer trägt.

Sollte es sich tatsächlich um die Darstellung Fromets handeln, so verkörpert sie in Oppenheims Genrebild die Rolle einer Frau, die zwar bürgerlich gebildet ist, die Fremdsprachen gelernt und ausländische Romane zu lesen vermag, dennoch aber in die Sphäre der Häuslichkeit verbannt ist. Dem Betrachter vermittelt sich der Eindruck, dass Fromet in erster Linie die treusorgende Ehefrau war, die sich um den Haushalt und die gemeinsamen Kinder zu kümmern hatte. Oppenheim war in seinem Gemälde »Lavater und Lessing bei Mendelssohn« sichtlich bemüht, Mendelssohns Fromet der Frauenrolle jener Zeit entsprechen zu lassen.[66]

Literaturkritik, Bibel- und Psalmenübersetzungen

Neben Lessing und Nicolai gilt Moses Mendelssohn als einer der Begründer der modernen Literaturkritik in Deutschland. Er selbst sah sich, obgleich er in den Jahren 1759 bis 1765 an den berühmten »Literaturbriefen« mitarbeitete, allerdings nicht als Literaturkritiker. Freimütig gab er zu, in der Literatur nicht zu Hause zu sein. Äußere er sich zu literarischen Themen, dann allein vom Standpunkt eines Philosophen oder, besser noch, vom Standpunkt des gesunden Menschenverstandes aus.

So bescheiden solche Bemerkungen klingen, die in den »Literaturbriefen« veröffentlichten Besprechungen beweisen, dass Mendelssohn durchaus als intimer Kenner nicht nur der zeitgenössischen deutschen, sondern auch der englischen und französischen Literatur gelten kann. Deutlich wird das beispielsweise, wenn er in einer Rezension, die sich mit Philipp Lorenz Witthofs »Aufmunterungen in moralischen Gedichten« befasst, Parallelen zieht und den Einfluss der Engländer Alexander Pope und Edward Young auf Witthof herauszustellen bemuht ist.

Viel Beachtung fand die Tatsache, dass Mendelssohn sich in den »Literaturbriefen« auch mit den Gedichten der »deutschen Sappho« Anna Louisa Karsch (1722–1791) auseinandersetzte. Unumwunden brachte er in der Besprechung ihrer Gedichte zum Ausdruck, dass er ihr den Rang einer großen Dichterin weder zuerkennen könne noch wolle. Ihr Werk werde maßlos überschätzt. »Man hätte ihr«, schrieb er, »die Kunst beibringen sollen, weniger zu dichten und mehr zu prüfen.«[67]

Mendelssohn kritisierte an den »Auserlesenen Gedichten« der Karschin, wie Anna Louisa Karsch von den Zeitgenossen genannt wurde, vor allem die Wiederholungen, die überflüssigen Beschreibungen, die Abweichungen vom Thema, die Kreisbewegungen in den Gedanken und die Nachlässigkeiten der Sprache. Besonders tadelte Mendelssohn unnatürliche und schwülstige Ausdrücke, Notreime, seltsame Inversionen und ungewöhnliche Wortbildungen, die keine Bereicherung, sondern eine Verunstaltung der Sprache darstellen würden.

Sein Grundsatz, dass man ein Werk als solches und nicht nach anderen Verdiensten seines Autors beurteilen müsse, war auch Grundlage seiner Besprechung von Rousseaus »Julie, ou la nouvelle Héloise« (1761), in der er Sprache und Ausdrucksweise Rousseaus als »spitzfindig, affectirt und voller Schwulst« kritisierte. Die Kritik, in der es unter anderem heißt, es sei »dem Herrn Rousseau mehr um seine philosophischen Materien, als um den Roman zu thun gewesen«,[68] hat Mendelssohn allerdings nicht abgehalten, seiner Braut die Lektüre des Buches zu empfehlen.

Auch wenn Mendelssohn allerdings ein exzellenter Kenner der zeitgenössischen Literatur und ein sorgfältiger Beobachter der Stücke, die auf den Bühnen Berlins zur Aufführung kamen, war, haben diese Arbeiten kaum etwas zu seinem Nachruhm beigetragen. Anders seine Bibel- und Psalmenübersetzungen, die sowohl in der jüdischen als auch in der christlichen Welt viel Beachtung fanden.

Diese Übersetzungen waren es, die Mendelssohn den Ruf einbrachten, nicht nur ein Gelehrter von Rang, sondern darüber hinaus auch ein Aufklärer zu sein, der sich vor die Aufgabe gestellt sah, etwas für seine Glaubensbrüder zu tun. Die von ihm ins Deutsche übersetzte Bibel, wenngleich in hebräischen Lettern gedruckt, half mit, diejenigen seiner Glaubensbrüder, die nur das Hebräische beziehungsweise nur die deutsch-jüdische Mundart beherrschten, an die deutsche Kultur heranzuführen. Es war ein Projekt, das vielerorts Bewunderung, aber auch Kritik auslöste.

Als er sich daranmachte, den Pentateuch, die fünf Bücher Mose, aus dem Hebräischen ins Deutsche zu übersetzen, war sich Mendelssohn durchaus der Tragweite des Unternehmens bewusst. »Nach dem ersten Plane meines Lebens«, schrieb er am 29. Juni 1779 an den mit ihm befreundeten Diplomaten August von Hennings (1746–1826), einem Schwager des Arztes und Popularphilosophen Johann Albert Heinrich Reimarus, »so wie ich ihn in meinen besseren Jahren entwarf, war ich weit entfernt, jemals ein Bibelherausgeber oder Übersetzer zu werden. Ich wollte mich blos darauf einschränken, des Tages seidene Zeuge verfertigen zu lassen und in Nebenstunden der Philosophie einige Liebkosungen abzugewinnen. Es hat aber der Vorsehung gefallen, mich einen ganz anderen Weg zu führen.«[69]

Wann Mendelssohn mit der Übersetzung begonnen hat, lässt sich nicht exakt bestimmen. Einiges deutet auf das Jahr 1774 hin. Dass er sich schließlich an die Arbeit machte, ist dem Drängen des Schriftstellers und des Grammatikers und Dichters Salomon Dubno (1738–1813) zu verdanken, der Mendelssohn überredete, die Übersetzung, versehen mit einem Kommentar, anzugehen.

Im Sommer 1778 erschien unter dem Titel »Alim Li-Terufa« (Blätter der Heilung) eine Leseprobe, mit der zur Subskription der in Arbeit befindlichen Bibelübersetzung eingeladen wurde. Dubno, der die »Vorrede« zu dieser Leseprobe verfasst hatte, nannte die Grundsätze, die den Übersetzer geleitet hatten, führte die Kommentatoren an und versicherte schließlich, dass der Übersetzer, der »weitberühmte Gelehrte Herr Moses Dessau«, jeden Vers, jeden Abschnitt, drei- bis viermal durchgesehen und überprüft habe, bis er an der Übersetzung nichts mehr auszusetzen gehabt habe.

Aus dem »Pränumerantenverzeichnis« geht hervor, dass 510 Personen aus zirka 82 Orten und Gemeinden die Bibelübersetzung kauften. Insgesamt kam so das Geld für 742 Exemplare zusammen. Es fällt auf, dass allein in Berlin 119 Personen die Bibelübersetzung im Voraus bestellten, was 43 Prozent aller »Pränumeranten« beziehungsweise 5 Prozent der jüdischen Gemeindemitglieder ausmachte.[70] Überproportional vertreten waren unter den Bestellern Seidenunternehmer (16) und Bankiers (17).[71]

Das Vorhaben erregte Aufsehen über die Grenzen Preußens hinaus. Nicht wenige Zeitgenossen waren davon überzeugt, dass man mit und durch diese Übersetzung die Unkundigen zum Erlernen der deutschen Sprache anregen könne. Freunde und Bewunderer unterstützten Mendelssohn, indem sie sich im Voraus zur Abnahme des Werkes verpflichteten. Aufgeklärte Rabbiner wie Hirschel Lewin (1721–1800), seit 1772 Berliner Oberrabbiner, äußerten sich zustimmend zu dem Vorhaben. Lewin schrieb sogar eine für Mendelssohn sehr schmeichelhafte »Approbation« und sprach darin die Hoffnung aus, dass die Übersetzung den Erfolg haben möge, der ihr zustehe.

Es gab allerdings auch Rabbiner, die sich abfällig äußerten, und zwar aus dem ganz einfachen Grund, dass Mendelssohn sie nicht um »Approbation« ersucht hatte. Wiederum andere Rabbiner, die traditioneller eingestellt waren, zeigten sich darüber empört, dass geheiligte Texte in eine profane Sprache übersetzt werden sollten. Die Rabbiner von Altona, Fürth und Prag beispielsweise hielten es für notwendig, Mendelssohn öffentlich zu rügen und das noch gar nicht erschienene Werk mit dem Bann zu belegen – ein für die damalige Zeit zwar nicht unerhörter, aber doch Aufsehen erregender Vorgang.

Mendelssohn hatte sich gegen zahlreiche Angriffe zu verteidigen, die keinen anderen Zweck hatten, als ihn in der Öffentlichkeit zu diffamieren und bloßzustellen. Aber selbst bösartigste Bemerkungen brachten ihn nicht aus der Ruhe. »So leicht«, schrieb er am 29. Juni 1779 seinem Freunde Hennings, »soll es keinem Zeloten gelingen, mein kaltes Blut in Bewegung zu setzen. Ich sehe das Spiel der menschlichen Leidenschaften als eine Naturerscheinung an, die beobachtet zu werden verdient. Wer bei jedem elektrischen Funken zagt und zittert, taugt nicht zum Beobachter.«[72]

Bei der Realisierung seines Projektes hatten Mendelssohn vier junge Gelehrte unterstützt, die ihm insbesondere bei den Übersetzungsarbeiten zur Hand gingen und auch die Ausarbeitung einzelner, hebräisch verfasster Kommentare übernahmen. Neben Salomon Dubno waren dies der Dichter und Sprachforscher Hartwig Wessely, der eine Zeit lang als Erzieher im Hause Mendelssohn tätige Herz Homberg sowie der Mendelssohn-Schüler Aron Secharja Jaroslaw [Friedenthal], dessen zweiter Vorname »Secharja« seine Eltern als gottesfürchtige Juden ausweist, die bei der Wahl dieses Vornamens vermutlich an die messianische Verheißung gedacht hatten.

Der Übersetzung der Fünf Bücher Mose, die mit ihren Kommentaren vollständig im Jahre 1783 vorlag, folgte die der Psalmen, an der Mendelssohn schon seit längerem gearbeitet hatte. Begonnen hatte er mit dieser Übersetzung bereits in der Zeit seiner Auseinandersetzungen mit Lavater. Gleichgültig welcher Beschäftigung Mendelssohn gerade nachging, stets trug er ein mit leeren Seiten durchschossenes Psalmen-Buch mit sich, aus dem er je nach Stimmung einen Psalm zur Übersetzung wählte, der ihn entweder durch seine Schönheit oder durch seine Schwierigkeiten reizte.

Die Übersetzungen, mit denen die Juden an die deutsche Sprache herangeführt wurden, waren ein Meilenstein im Akkulturationsprozess. Sie führten fast schon von allein die Aufklärung unter den Juden Deutschlands herbei. Was die Beurteilung ihrer Wirkung angeht, so gibt es, je nach Standpunkt, allerdings unterschiedliche Bewertungen. Heinrich Heine hatte vermutlich recht, wenn er meinte, die von Mendelssohn begonnene und von seinen Schülern zu Ende geführte Bibelübersetzung lasse sich ohne weiteres der Lutherischen gleichstellen. So wie Luthers Übertragung eine Revolution im Christentum zur Folge gehabt habe, stehe Mendelssohns am Anfang einer neuen Epoche im Judentum.

Für viele Juden, nicht nur in Deutschland, sondern auch im Osten Europas, die nur die jüdisch-deutsche Mundart beherrschten, wurde die Pentateuch-Übersetzung ein Hilfsmittel, mittels dessen sie einen Zugang zur deutschen Schriftsprache fanden. Mendelssohns Werk, vor allem der hebräisch verfasste Kommentar (»Biur«), leitete darüber hinaus eine Art Renaissance des Hebräischen ein. Das war insofern bedeutsam, als das Hebräische zu dieser Zeit ziemlich heruntergekommen war. Es wurde kaum noch gesprochen und war kaum noch mehr als eine Zusammenfügung widersprüchlicher biblischer, talmudischer, rabbinischer und kabbalistischer Redensarten.

Will man Mendelssohns Bedeutung für die Neubelebung des Hebräischen sowie seinen Einfluss auf die kulturelle Entwicklung der Juden mit wenigen Worten umreißen, kann man sagen, dass er es war, der dem hebräischen Schrifttum nach Jahrhunderten der Abschließung und der Versteinerung seinen universellen Inhalt wiedergab. Und dass er mit seinen Übersetzungen und Kommentaren die Schlacken des Talmudismus beiseiteräumte, was die notwendige Voraussetzung dafür war, dass das Judentum den ihm zustehenden Platz in der europäischen Kultur der Neuzeit finden konnte.

Die Kontroverse mit Lavater

Der Streitfall zwischen Moses Mendelssohn und dem Schweizer Diakon Johann Caspar Lavater (1741–1801) war ein Novum in der Geschichte der jüdisch-christlichen Auseinandersetzungen und für das jüdischchristliche Verhältnis von exemplarischer Bedeutung.[73] Zum ersten Mal war in einer Auseinandersetzung zwischen einem Christen und einem Juden mit dem Pathos des noch ungetäuschten Glaubens von »Toleranz«, von »Verstehen« und »gegenseitiger Anerkenntnis« die Rede – und zwar von beiden Seiten.

Kennengelernt hatten Lavater und Mendelssohn sich im Frühjahr 1763. In den Gesprächen, die sie damals miteinander führten, spielten nicht so sehr ästhetische und allgemein-metaphysische, sondern hauptsächlich theologische Probleme und Fragen eine Rolle. Lavater interessierte sich für Mendelssohns Judentum und seine Stellung zum Christentum. Gewisse Äußerungen Mendelssohns empfand Lavater als Zugeständnisse an das Christentum.

Für den jungen Lavater war Mendelssohn ein Rätsel: ein Jude, der sich nicht scheute, Äußerungen zu tun, die als Zugeständnisse an das Christentum angesehen werden konnten. Ein Jude, der an den Bräuchen der Väter festhielt, gleichzeitig aber sein Judentum mit seiner Philosophie in Einklang zu bringen und die Synthese zwischen Aufklärung und Judentum zu vollziehen suchte. All dies lag jenseits der Vorstellungswelt eines Lavater, der als tief im Religiösen verwurzelter christlicher Theologe der Überzeugung war, nur der Christ sei der wahre, ganze Mensch, der vollkommene Gottes-Mensch.

Lavater identifizierte das Christentum mit Humanität und Wahrheit. Von der Aufklärung, von der mit ihr verbundenen Tendenz der Nivellierung der Unterschiede zwischen Christentum und Judentum, dem Suchen nach einer kosmopolitisch-universellen Religion, war er weit entfernt. Für ihn war der »Jude« Mendelssohn ein existentielles Problem, das nur durch dessen Übertritt zum Christentum gelöst werden konnte.

Seit seiner Begegnung mit Mendelssohn wünschte sich Lavater nichts sehnlicher, als den Berliner »Weltweisen« für das Christentum zu gewinnen. Einen Juden, der Locke, Leibniz und Wolff studiert, der deutsche Werke verfasst hatte, mit christlichen Gelehrten umging und der dazu noch dem Christentum gegenüber tolerant war, einen solchen Juden zum Christentum zu »bekehren«, hielt Lavater nicht nur für seine Aufgabe, sondern geradezu für eine Pflicht.

Sechs Jahre nach der ersten Begegnung mit Mendelssohn gab das Erscheinen von Charles Bonnets »Palingénésie philosophique«[74] Lavater die Möglichkeit, den Berliner Gelehrten in der Öffentlichkeit herauszufordern. Von Bonnets Schrift, einer Verteidigung der geoffenbarten Religion, hatte Lavater einen Teil ins Deutsche übersetzt, sie mit einer »Zuschrift« versehen und diese Mendelssohn gewidmet. Allerdings war das mit einem Hintergedanken verbunden.

In der Zuschrift, einer »Widmungsvorrede«, forderte Lavater Mendelssohn auf, Bonnets Beweise für das Christentum zu widerlegen oder aber die Konsequenz zu ziehen und selbst Christ zu werden. Mendelssohn brachte dies in eine äußerst schwierige Lage. Religionsstreitigkeiten war er bis dahin aus dem Weg gegangen. In diesem Fall kam er nicht umhin, den ihm von Lavater hingeworfenen Fehdehandschuh aufzunehmen. Er sah sich gezwungen, auch wenn es ihm zutiefst widerstrebte, dem Schweizer Diakon zu antworten, und zwar öffentlich, da auch dieser seine »Zueignungsschrift« öffentlich verbreitet hatte.

Eine eindeutige Erklärung abzugeben, fiel Mendelssohn schwer. Einerseits musste er Lavaters Aufforderung mit aller Entschiedenheit und Offenheit zurückzuweisen. Andererseits nötigten ihn die Umstände, den Herausforderer nicht bloßzustellen. Mendelssohn war sich der Gratwanderung durchaus bewusst, die ihm gelingen musste. Wenn seine Antwort an Lavater allzu offen ausfiele, könnte dies als ein Angriff auf die christliche Religion aufgefasst werden. Und das wollte er keinesfalls.

Das Antwortschreiben, das er am 24. Dezember 1769 an Lavater sandte, war im Ton denn auch erstaunlich zurückhaltend, geradezu ein Muster an Beherrschtheit. »Ich bin völlig überzeugt«, heißt es darin, »daß Ihre Handlungen aus einer reinen Quelle fließen, und kann Ihnen keine andere, als liebreiche menschenfreundliche Absichten zuschreiben.«[75]

So freundlich das Antwortschreiben klang, so entschieden war Mendelssohn aber in der Sache. Keinesfalls, erklärte er, sähe er einen triftigen Grund, das Judentum zu verlassen und zum Christentum überzutreten. Auch das Judentum habe als Religion Schwächen, was ihn aber nicht bewegen könne, die Religion seiner Väter aufzugeben.

Vom »Wesentlichen« der jüdischen Religion sei er ebenso überzeugt wie Lavater und Bonnet vom Wesentlichen des Christentums. »Ich bezeuge hiermit«, bekannte er, »vor dem Gott der Wahrheit, Ihrem und meinem Schöpfer und Erhalter, bey dem Sie sich mich in Ihrer Zuschrift beschworen haben, daß ich bey meinen Grundsätzen bleiben werde, so lang meine Seele nicht eine andere Natur annimmt.«[76]

Mendelssohns Bemühungen, mit Lessing, Nicolai und anderen Aufklärern das deutsche Geistesleben zu erneuern, der deutschen Literatur und Philosophie neue Impulse zu geben, erfuhren durch Lavater und seine Anhänger einen Dämpfer. Mendelssohn erkannte, dass es der tiefere Sinn von Lavaters Bekehrungsversuch war, ihm zu verdeutlichen, dass die deutsch-europäische Kultur eine christliche Kultur sei und ein Jude keinesfalls eine führende Stellung im neuen deutschen Geistesleben einnehmen könne.

Vermutlich war es diese Einsicht, die einen grundlegenden Wandel in Mendelssohns Denken und Lebensführung einleitete. Bis zur Kontroverse mit Lavater war er – unabhängig von seinem Glauben – ein deutscher Schriftsteller und Philosoph. Nun hatte Lavater, der einen Christen aus ihm hatte machen wollen, ihn zur Erkenntnis geführt, dass er als Jude die moralische Verpflichtung habe, sich der Probleme seiner Glaubensbrüder nicht nur in Deutschland, sondern vielleicht sogar in ganz Europa anzunehmen.

Im Bemühen um Toleranz und Gleichberechtigung

Wohl noch folgenreicher als Pentateuch- und Psalmen-Übersetzung war Mendelssohns Eintreten für die politische und soziale Emanzipation der Juden. Seine Fürsprachen, um die man ihn bat, zu denen er sich aber auch in dem einen oder anderen Fall aus eigenem Entschluss durchrang, haben weit mehr bewirkt, als nur in einigen besonders offensichtlichen Fällen der Intoleranz Abhilfe zu schaffen.

Mendelssohn hat allerdings zeit seines Lebens Zweifel gehabt, ob es seine Aufgabe sei, sich um die Angelegenheiten seiner Glaubensbrüder zu kümmern. Es klingt wie eine Aufforderung an andere, zugleich wie eine Entschuldigung, was er am 18. Oktober 1785 an den Freiherrn von Hirschen schrieb: »Ich [habe] es jederzeit mit größerm Vergnügen gesehen, wenn das Vorurtheil der Christen wider die Juden von einem christlichen als von einem jüdischen Schriftsteller bestritten wird … Juden müssen sich … gar nicht einmischen, um die großmüthige Absicht zu befördern. Sobald dies geschiehet, sobald muß sie auch gemißdeutet und übel ausgelegt werden.«[77]

Als sich 1781 elsässische Juden mit der Bitte an Mendelssohn wandten, ihnen beim Verfassen eines Mémoire an den französischen Staatsrat zu helfen, um eine Besserung ihrer Lage zu erreichen, zögerte Mendelssohn. Er hatte vollauf mit der Pentateuch-Übersetzung zu tun, außerdem stand es mit seinem Gesundheitszustand nicht zum Besten. Helfen wollte er, doch er war überzeugt, es sei besser, wenn ein Nichtjude sich in dieser Angelegenheit engagieren würde.

Es gelang ihm, den mit ihm befreundeten Verwaltungsbeamten Christian Wilhelm Dohm (1751–1820) zu gewinnen, in der Sache der Elsässer Juden tätig zu werden und die Tatsachen in einer Denkschrift zusammenzustellen. Im Zuge dieser Beschäftigung entstand die Idee, sich nicht nur mit der Lage der französischen Juden zu befassen, sondern in einer selbständigen Schrift die politische und soziale Lage der Juden überhaupt zu erörtern.

Vermutlich in Absprache mit Mendelssohn veröffentlichte Dohm 1781 eine Schrift mit dem Titel »Über die bürgerliche Verbesserung der Juden«, in der vom Standpunkt des aufgeklärten Staates wie im Interesse der Juden für diese gleiche staatsbürgerliche Rechte und Pflichten gefordert wurden. Die Schrift, in der deutsch-jüdischen Geschichtsschreibung als »Bibel der Emanzipation« gefeiert, war insofern bedeutsam, als sich mit ihr eine christliche Stimme für die Belange der Juden zu Wort meldete.

Mendelssohn wusste diesen Sachverhalt richtig einzuschatzen. Es war deshalb nur folgerichtig, dass er in Dohm einen »philosophischen Staatskundigen« erblickte, von dem er meinte, er trage diese Ehrenbezeichnung zu Recht, und zwar deshalb, weil er sich nicht mit der Forderung nach Duldung begnügte, sondern in seiner Schrift die den Juden zustehenden Rechte einforderte.

Mendelssohn fühlte sich durch Dohms Ausführungen zu einer ausführlicheren Stellungnahme veranlasst. Er tat dies in einer »Vorrede« zu der 1783 auf seine Veranlassung in deutscher Übersetzung erschienenen Schrift »Rettung der Juden«[78] des Amsterdamer Rabbiners Menasse ben Israel. Die Schrift, bereits 1656 verfasst, war eine an Oliver Cromwell gerichtete Verteidigung der Juden gegen die vor dem englischen Parlament gegen sie erhobenen Anschuldigungen. Mendelssohn sprach sich in seinem Vorwort gegen den rabbinischen Bann aus, aber auch gegen jede Form von Kirchenzucht, und vertrat die Ansicht, weder Kirche noch Staat hätten ein Recht, Lehrmeinungen zu unterdrücken.

Gewisse Unzulänglichkeiten, die er glaubte, in der Schrift Dohms feststellen zu können, dazu noch die zu dieser Zeit erfolgte Proklamation des Toleranzediktes Josephs II. und die zahlreichen ablehnenden Reaktionen auf die »Vorrede« zur »Rettung der Juden« waren für Mendelssohn Anlass, sein naturrechtlich-politisches Bekenntnis zu präzisieren und die von ihm vertretenen Grundsätze über Staat und Religion in aller Offenheit darzulegen. Er tat dies in einem epochemachenden Buch, dem er den Titel »Jerusalem oder über religiöse Macht und Judentum« (1783)[79] gab.

Das Werk wurde sehr bald zum Tagesgespräch. Dass ein rechtloser Jude das Recht beanspruchte, sich für seine unterdrückten Glaubensbrüder einzusetzen, war schon ein ungewöhnliches Ereignis. Staunen und Bewunderung aber erregte es, dass dieser Jude es wagte, freimütig und ohne Hemmungen das Verhältnis von Staat und Kirche zu erörtern, und nicht davor zurückscheute, für Denk-, Glaubens- und Gewissensfreiheit, für Gleichheit aller vor dem Gesetz, für Toleranz und religiöse Duldung einzutreten.

Schon auf den ersten Seiten seines Buches wies Mendelssohn auf den Widerspruch hin, der sich zwischen Staat und Religion aufgetan habe. Beide hätten zwar, so Mendelssohn, ein gemeinsames Ziel, die Mittel, dieses Ziel zu erreichen, seien jedoch sehr unterschiedlicher Natur. Der Staat erreiche durch Gesetze, was er erreichen wolle, nicht jedoch die Religion. Sie kenne keine Handlung ohne Gesinnung, kein Werk ohne Geist, keine Übereinstimmung im Tun ohne Übereinstimmung im Sinn.

So fragte Mendelssohn, ob es dem Staat gestattet sei, sich in religiöse Streitigkeiten einzumischen und bestimmte religiöse Lehrmeinungen besonders zu begünstigen. Dem Staat gestand er zwar das Recht zu, in bestimmten Fällen einzuschreiten, aber nur dann, wenn seine ethischen und sozialen Grundlagen gefährdet und die Staatsautorität durch Atheismus, Epikureismus oder Fanatismus in Frage gestellt sein sollten.

Mendelssohn ging davon aus, dass sich der Staat in Fragen der Religion absolut neutral zu verhalten habe. Gesinnungen, Meinungen und Überzeugungen dürften weder durch den Staat noch durch die Kirche irgendwelche Einschränkungen erfahren: »Grundsätze sind frey, Gesinnungen leiden ihrer Natur nach keinen Zwang, keine Bestechung. Sie gehören dem Erkenntnißvermögen des Menschen [an], und müssen nach dem Richtmaß von Wahrheit und Unwahrheit entschieden werden ... Weder Kirche noch Staat haben also das Recht, Grundsätze und Gesinnungen der Menschen irgend einem Zwange zu unterwerfen.«[80]

In seinem Werk lässt sich eine ganze Reihe offensichtlicher Widersprüche feststellen, die bereits den Zeitgenossen auffielen. So wurde die von Mendelssohn propagierte Verbindung von Vernunftreligion und Gesetzestreue nicht verstanden, häufig sogar als ein unauflösbarer Gegensatz empfunden. Wenn die Sprache auf Mendelssohns »Jerusalem« kommt, ist meist von Zweideutigkeit und von einem Schwanken zwischen Philosophie und Rabbinismus die Rede.

Das sind Einwände, die keineswegs völlig abwegig sind, aber der Person und dem Werk Mendelssohns nicht gerecht werden. Wenn Mendelssohn seine Glaubensbrüder aufforderte, sich nach dem talmudischen Gebot »Dina demalchuta dina« (hebr. »Gesetze der Regierung sind für die Juden verbindlich«) an die Gesetze des Landes zu halten, in dem sie lebten, zugleich aber an den jüdischen Gesetzen und Bräuchen festzuhalten, so war das kein Widerspruch, schon gar kein bewusster »Zwiespalt seiner Seele«, wie ihm manche Kritiker unterstellt haben.

Mendelssohn war fest davon überzeugt, dass die Juden an den überkommenen Religionsgesetzen und Bräuchen festhalten, gleichzeitig aber loyale Bürger des Staates sein könnten, in dem sie lebten. Hinter dieser Überzeugung verbarg sich die Hoffnung, die Gesellschaft werde die Juden irgendwann als ihresgleichen akzeptieren. Als überzeugter Aufklärer war Mendelssohn zutiefst von der Möglichkeit überzeugt, die Hindernisse, die der politischen und gesellschaftlichen Emanzipation entgegenstehen, aus der Welt zu schaffen.

Mendelssohn konnte nicht voraussehen, dass die Begegnung zwischen Juden und Deutschen in der Zukunft schwersten Belastungen ausgesetzt sein würde. Hätte er nur in Ansätzen geahnt, was einst auf das deutsche und europäische Judentum zukommen würde, hätte er sich vermutlich zurückhaltender geäußert, zumindest hätte er die Haltung der Umgebungsgesellschaft gegenüber den Juden kritischer gesehen. Vielleicht hätte er sogar in seinen emanzipationspolitischen Forderungen den Sachverhalt berücksichtigt, dass Mehrheiten, wenn es um die Einstellungen gegenüber Minderheiten geht, häufig ein Problem damit haben, ihr Handeln an Vernunft- und Toleranzprinzipien zu orientieren.

Mendelssohn und das deutsche Judentum

In neueren Darstellungen der Geschichte der Philosophie wird Moses Mendelssohn, so er überhaupt Erwähnung findet, allenfalls am Rande gewürdigt. Es ist ganz offensichtlich, dass sein Ruhm als Philosoph ihn nicht überlebt hat. Es liegt, so hat Alfred Wiener einmal zu Recht festgestellt, eine gewisse Tragik darin, dass Mendelssohn – anders als etwa Maimonides – am Ausgang einer Zeitperiode stand, »so dass seine Werke beinahe das Abendrot einer versinkenden Epoche bedeuten«.[81]

Mendelssohn hat in der Philosophie nicht Epoche gemacht, wie Kant vorhergesagt hat, auch ist er, Lessings Prophezeiung zum Trotz, kein zweiter Spinoza geworden. Zeit seines Lebens blieb er der Leibniz-Wolff'schen Philosophie verhaftet, deren Grundzüge er bemüht war zu modifizieren, die er aber nicht konsequent weiterdachte. Zu mehr hat er sich wohl nicht in der Lage gefühlt. Dass er keine neuen Ideen zu entwickeln vermochte und sich außerstande sah, der neuen Philosophie Kants gegenüber Stellung zu beziehen, hat Mendelssohn sich ohne größeres Bedauern selbst eingestanden.

Mehr Einfluss als auf die Philosophie hatte Mendelssohn auf die Entwicklung der Ästhetik und der Literaturkritik; von ihm ist manche fruchtbare Anregung ausgegangen. Niemand wird bestreiten wollen, dass Mendelssohn mit etlichen seiner Schriften und Besprechungen zur Klärung der Frage beigetragen hat, welcher Geschmack der beste und welche Empfindung des Schönen der wahren Bestimmung des Menschen und damit dem Zweck seines Daseins am zuträglichsten ist.

Es ist viel gerätselt worden, was die außerordentliche Anziehungskraft ausmachte, die Mendelssohn auf viele seiner Zeitgenossen ausübte. Der Einfluss, den er nicht nur bei seinen Glaubensbrüdern, sondern ebenso bei vielen Christen gewann, wird seinem einnehmenden Wesen und seiner Persönlichkeit zugeschrieben. Allgemein verbreitet war die Auffassung, dass man es bei Mendelssohn mit einem ungewöhnlichen

Menschen zu tun habe – einem, wie es hieß, »in der höchsten Bedeutung des Wortes edlen und vortrefflichen Menschen« (Friedrich Nicolai), bei dem man sich schon »durch seinen Anblick erhoben und ermuntert«[82] (Karl Philipp Moritz) fühle.

Lavater war von Mendelssohn derart fasziniert,[83] dass er seiner Begeisterung freien Lauf ließ, als er in seinen »Physiognomischen Fragmenten« diesen folgendermaßen beschrieb: »Ich weide mich an diesem Umrisse! Mein Blick wälzt sich von diesem herrlichen Bogen der Stirne auf den scharfen Knochen des Auges herab ... in dieser Tiefe des Auges sitzt eine Sokratische Seele! Die Bestimmtheit der Nase; der herrliche Übergang von der Nase zur Oberlippe – die Höhe beyder Lippen, ohne daß eine über die andere hervorragt, o wie alles dies zusammenstimmt, mir die göttliche Wahrheit der Physiognomie fühlbar und anschaulich zu machen.« Und Lavater konnte sich auch die Erklärung nicht verkneifen: »Ja, ich seh ihn, den Sohn Abrahams, der einst ... erkennen und anbeten wird, den gekreuzigten Herrn der Herrlichkeit!«[84]

Mendelssohn galt bei seinen Zeitgenossen als ein guter und geistreicher Unterhalter. Kein Gespräch, dem er nicht eine Wendung zu geben wusste. Wenn er ein Urteil in einer Angelegenheit abgab, dann war es ausgewogen, keinesfalls unbedacht. Wenn es darauf ankam, so fehlte es ihm dabei nicht an Schlagfertigkeit. Bei einer Abendgesellschaft beispielsweise wandte sich Probst Wilhelm Abraham Teller (1734–1804), veranlasst durch die Kontroverse mit Lavater, mit einer spöttischen Anfrage in Versform an Mendelssohn:

An Gott, den Vater glaubt ihr schon,
So glaubt doch auch an Gott den Sohn.
Ihr pflegt doch sonst bei Vaters Leben
Dem Sohne schon Kredit zu geben.

Mendelssohn soll darauf geantwortet haben:

Wie sollen wir Kredit ihm geben,
Wird doch der Vater ewig leben.

Wenn die Zeitgenossen Mendelssohn mit Sokrates verglichen haben, war das so abwegig nicht. Wie Sokrates hatte auch Mendelssohn Vorurteile der Erziehung zu überwinden, wie dieser musste er sich mit der Unwissenheit anderer auseinandersetzen, wie dieser war er gezwungen, Bosheit, Neid, Verleumdung und Beschimpfung von seinen Gegnern zu ertragen. Beide wussten aus eigener Anschauung, was Armut bedeutet, beide lernten die Willkür der Macht kennen, und beide hatten in ihrer Zeit gegen Vorurteile und Aberglauben anzukämpfen.

Wie Sokrates wirkte auch Mendelssohn durch seine Persönlichkeit, durch seine sprichwörtliche Liebenswürdigkeit, der niemand widerstehen konnte, durch den Zauber, der von seinem Wesen ausging. Einer, der die Ähnlichkeit mit dem Athener Weisen sehr früh erkannte, war Friedrich Nicolai. »Ich habe ihn«, schrieb er in seinem in der »Allgemeinen deutschen Bibliothek« veröffentlichten Nachruf auf Mendelssohn, »seit 30 Jahren in so vielen Vorfällen des menschlichen Lebens thätig gesehen. Ich habe die außerordentlichen Beispiele seines Edelmuths, seiner unerschütterlichen Redlichkeit, seiner Wohlthätigkeit, seiner Uneigennützigkeit, seiner Menschenliebe, seiner Bereitwilligkeit Feinden zu vergeben, seiner Sanftmuth, seiner Freundschaft gesehen.«[85]

Das deutsche Judentum hat das Andenken an Moses Mendelssohn in Ehren gehalten. Teilweise nahm diese Verehrung fast schon groteske Züge an. Zahlreich sind die mit seinem Konterfei versehenen Tassen, Teller und Tabakdosen, die zur Bar-Mizwa oder ähnlichen Anlässen verschenkt, als Nippes in Wohnzimmerschränken jüdischer Familien aufbewahrt oder auf Konsolen aufgestellt wurden. Sie belegen, dass der Name Mendelssohn für den Anpassungsprozess der Juden an die deutsche Umgebungsgesellschaft stand und somit gewissermaßen Symbolcharakter hatte.

Zum Mendelssohn-Bild des deutschen Judentums dürfte die Marmorbüste beigetragen haben, die Freunde und Verehrer des Philosophen 1784 bei dem Hofbildhauer Friedrichs II., Jean Pieter Antoine Taessert (1727–1788), in Auftrag gegeben hatten. Die Büste, Anfang 1785 fertiggestellt, wurde seinerzeit in der Jüdischen Freischule aufgestellt. Der Sockel der Büste trug die Inschrift:

> Weise wie Sokrates,
> Treu dem Glauben seiner Väter
> Lehrend, wie er, die Unsterblichkeit
> und
> werdend, wie er, unsterblich

Die Büste hatte ein wechselvolles Schicksal.[86] Zeitweilig war sie im Besitz David Friedländers, dann wieder in dem der Familie Mendelssohn. In der Zeit des Nationalsozialismus verschollen, wurde sie erst in den sechziger Jahren wiedergefunden und steht heute in der Vorhalle des Jüdischen Gemeindehauses in der Berliner Fasanenstraße. Den Besucher, der das Gemeindehaus betritt, erinnert sie daran, welche Bedeutung Mendelssohn für das deutsche Geistesleben und das deutsche Judentum vor 1933 hatte.

Das Mendelssohn-Bild, das Taessert vermittelt hatte, löste zahlreiche ikonographische Assoziationen aus. In Gemälden und Stichen wurde es immer wieder kopiert oder als Vorlage genommen. Zur weiteren Verbreitung trug 1931 der Bildhauer Arnold Zadikow (1884–1943) bei, der im Auftrag von Franz von Mendelssohn eine Kopie von Taesserts Büste anfertigte.

Wer immer sich heute mit Mendelssohn beschäftigt, hat Taesserts Mendelssohn-Bild vor Augen, das Bild eines älteren Mannes mit Charakterkopf, dichtem Lockenhaar und spitzem Kinnbart. Der togaartige Umhang, in dem Taessert Mendelssohn präsentiert, war vermutlich von diesem bewusst als Anspielung auf das antike Vorbild Sokrates gewählt worden.

Bei den Jubiläen, die 1829, 1879 und 1929 anlässlich von Moses Mendelssohns 100.,150. und 200. Geburtstag stattfanden, feierte das aufgeklärte jüdische Bürgertum in Deutschland den Jubilar als Befreier, als denjenigen, der die Tore des Ghettos aufgestoßen und den Eintritt der Juden in die bürgerliche Gesellschaft der Neuzeit ermöglicht hatte. Man war stolz auf ihn. Der Berliner »Weltweise«, so meinte man, sei der Erste gewesen, der es verstanden habe, im Alltag vorzuleben, dass ein Ausgleich zwischen den Werten des Judentums und der sich ausbildenden modernen Welt- und Lebensanschauung möglich sei.

Dass der Eintritt in das deutsche Bürgertum für die Juden mit einem Preis verbunden war, war den Hellsichtigeren unter den Zeitgenossen durchaus bewusst. Auch Mendelssohn und der Kreis seiner Freunde und Schüler erkannten, dass für die Gewährung von Rechten eine Gegenleistung erbracht werden musste. Sie sahen ein, dass die Aneignung von Bildung, Wissen und Erziehung nicht reiner Selbstzweck war, sondern dass der Erwerb weltlicher Bildung ihre Glaubensbrüder erst in den Stand versetzen würde, den notwendigen Modernisierungsprozess im Judentum einzuleiten.

Als Moses Mendelssohn am 5. Januar 1786 überraschend im Alter von 57 Jahren starb, war das für die Zeitgenossen ein Schock. Von überall trafen Beileidskundgebungen ein. Denker, Schriftsteller und Staatsmänner aus ganz Europa bekundeten ihr Beileid und würdigten Mendelssohn nicht nur als bedeutenden Gelehrten, sondern auch als Ratgeber, Führer und Fürsprecher der Juden. Durch Karl Wilhelm Ramler, einen heute weitgehend vergessenen Dichter, ist überliefert, wie sehr man über sein Hinscheiden betroffen war. [87] Die Berliner Juden schlossen ihre Läden, hörten auf zu arbeiten und verhüllten ihre Häupter in Trauer.

Dem hölzernen Sarg, in dem man Moses Mendelssohn gemäß jüdischem Brauch am Tage nach seinem Ableben zu Grabe trug, folgte ein größeres Trauergeleit. Auf dem Friedhof, auf dem man ihn beisetzte, wurde ein schlicht gehaltener Stein aufgestellt. Neben den Geburts- und Sterbedaten des Verstorbenen und dem üblichen Segensspruch, dessen Anfangsbuchstaben ein Akrostichon ergeben, trug der Stein in hebräischen Lettern die Inschrift:

Hier ruht *Rabbi Moses aus Dessau.*

Kapitel 2

Söhne und Töchter

»Lieber Moses, Sie sehen so besorgt aus?«

Aus der Verbindung zwischen Moses und Fromet Mendelssohn sind insgesamt zehn Kinder hervorgegangen. Vier von ihnen starben früh. Sara, das erste Kind, nach Mendelssohns Mutter genannt, am 29. Mai 1763 geboren, überlebte die ersten Kindheitsjahre nicht, ebenso die Geschwister Chajim, Mendel Abraham und Susgen.

Wenn man davon ausgeht, dass Mitte des 18. Jahrhunderts die Kindersterblichkeit in Deutschland bei 50 Prozent lag, an manchen Orten sogar zwei Drittel betragen konnte (bei jüdischen Familien fiel die Kindersterblichkeitsquote etwas geringer aus als bei christlichen), so war der frühzeitige Tod von vier von zehn Kindern bei den Mendelssohns nichts Außergewöhnliches.

Mendelssohn, der sehr an seinen Kindern hing, empfand den Tod der vier Kinder als herben Verlust. Als Sara starb, schrieb er am 1. Mai 1764 an seinen Freund Thomas Abbt: »Der Tod hat an meine Hütte gepocht, und mir ein Kind geraubt.« Und nach dem Tod seines Jungen Chajim teilte er Abbt am 11. Juni 1766 mit: »Ich habe [ein] zartes Kind von einigen Monaten verloren« und »bin in Gefahr gewesen, meine Frau, die ich mehr als Vater und Kind liebe, zu verlieren.«[1]

In Mendelssohns Briefwechsel ist eine Reihe von Bemerkungen zu finden, in denen er sich stolz über den Werdegang seiner Kinder Brendel (*1764), Reikel (Recha) (*1767), Joseph (*1770), Yente (Henriette) (*1775), Abraham (*1776) und Nathan (*1781) äußert. »Meine Kinder«, schrieb er am 9. Februar 1773 an den befreundeten Hamburger Kaufmann Joseph Meyer (Schmalkalden), »Gott behüte sie, werden mit Gottes Hilfe täglich artiger und besser.«

Brendel, die Moses Mendelssohn Beniken nannte und die später als Dorothea Schlegel bekannt wurde, bezeichnete er Meyer gegenüber »als gar nit hübsch, aber klug und gut erzogen«.[2] Stolzer war er auf seinen Sohn Joseph, dessen Entwicklung er mit großem Wohlgefallen betrachtete und von dem er glaubte, er werde einst alle Geschwister übertreffen.

Ähnliche von deutlicher Zuneigung bestimmte Bemerkungen finden sich auch in Briefen Mendelssohns an Herz Homberg (1749–1841), der in den Jahren 1779 bis 1782 als Erzieher im Mendelssohn'schen Hause gelebt und den Knaben Joseph unterrichtet hatte. »Sie wollen wissen«, schrieb er Homberg am 4. Oktober 1782, »wie es mit meinem Sohne, Ihrem Schüler, steht? Ich muß Ihnen sagen, dass ich mit seinem Fleiße zufrieden bin; er macht auch ziemliche Progressen.«[3] Am 27. Juni 1783 teilte Mendelssohn Homberg mit: »Joseph macht gute Fortschritte im Denken. Im Schreiben bleibt er etwas zurück.«[4]

Die Briefe, die Mendelssohn an Fromet schrieb, wenn er auf Geschäftsreisen war oder sich zu einer Kur in Pyrmont aufhielt, belegen, dass er von tiefer Liebe und Zuneigung für seine Frau und seine Kinder erfüllt war. Da heißt es beispielsweise: »Küsse unsre libe Kinder, Gott erhalte sie uns! Gut Schabbes.« (16. Juli 1773) Oder: »Lebe wohl, meine beste Fromet, mein Herz sehnt sich über die Massen, nach Dir und unsern liben Kindern ...« (1. August 1773)[5] Unterschrieben sind die Briefe meist mit »Der kleine Mauscheh aus Dessau«, eine Formulierung, die in der Sprache Mendelssohns wohl als eine Art Kosename anzusehen ist.

Als der Vater 1786 starb, war Brendel 22, Reikel 19, Joseph 16, Yente elf, Abraham zehn und Nathan, der jüngste Sohn, gerade einmal vier Jahre alt. Mendelssohn, der keine größeren Reichtümer hatte anhäufen können, machte sich bereits zu Lebzeiten seiner Kinder Sorgen um deren künftiges Wohlergehen. Überliefert ist die Antwort an einen Freund, der ihn gefragt hatte, warum er so bedrückt wirke: »Was haben Sie, lieber Herr Mendelssohn? Sie sehen so besorgt aus!« – »Ja«, antwortete dieser, »ich bin es auch, ich denke daran, wie es meinen Kindern gehen wird nach meinem Tode, da ich ihnen nur wenig Vermögen hinterlasse.«

Wie sich später zeigen sollte, waren diese Sorgen unbegründet. Seine Kinder wussten selbst für sich zu sorgen. Joseph baute ein Bankhaus auf, Abraham wurde sein Teilhaber, und Nathan, der jüngste der Söhne, arbeitete zunächst als Techniker und Instrumentenbauer, bis er schließlich sein geregeltes Auskommen als Revisor bei der Haupt-Stempel- und Magazinverwaltung in Berlin fand.

Auch um die Zukunft der Töchter war es zunächst nicht schlecht bestellt. Dorothea, die Älteste, heiratete im April 1783 den wohlhabenden Kaufmann Simon Veit (1754–1819). Recha ging eine Ehe mit dem Sohn des mecklenburgischen Hofagenten Nathan Meyer ein, und Henriette, die unverheiratet blieb, war als Lehrerin tätig, um dann in Paris ein Mädchenpensionat zu eröffnen, eine Tätigkeit, die sie in die Lage versetzte, ihren Lebensunterhalt selbst zu verdienen.

Die Kinder waren später stolz darauf, dass der Vater sie nicht zu etwas gezwungen hatte, was sie nicht wollten und wozu sie nicht bereit waren. Sie mögen die Ausbildung, die sie erfuhren, als streng empfunden haben, begrüßten es jedoch, dass er auf eine solche bestanden hatte. Insbesondere schätzten sie, dass die Ausbildung sich nicht nur auf das Erlernen des Hebräischen und der Gebete beschränkte, sondern auch weltliche Fächer berücksichtigte, von denen sie meinten, sie seien nicht nur für die künftige Berufswahl, sondern auch für die Integration in die Gesellschaft von Nutzen.

Joseph Mendelssohn

Der älteste Sohn Moses Mendelssohns erhielt wie seine Geschwister eine solide Erziehung, ging allerdings sehr früh eigene Wege. Das hing nach Ansicht seines Vaters hauptsächlich damit zusammen, dass Joseph bestimmte Talente abgingen, die er für notwendig hielt, wollte man sich im »Pilpul« üben, der dialektischen Methode des Talmudstudiums. »Mein Joseph«, schrieb Mendelssohn am 15. März 1784 an Herz Homberg, »hat sein hebräisches Studium an den Nagel gehängt.«[6] Es klingt fast, als ob der Vater über die Entscheidung des Sohnes geradezu erleichtert war.

Nach Ansicht Mendelssohns war Joseph nach Hombergs Weggang aus Berlin einem Lehrer in die Hände gefallen, der es nicht verstanden habe, diesen für den Pilpul (»Scharfsinnigkeit«) zu begeistern. »Es gehört«, teilte Mendelssohn Herz Homberg mit, »eine ganz besondere Art des Unterrichts dazu, an dieser Geistesübung Geschmack zu finden, und wiewohl wir beyde diesen Unterricht selbst genossen haben, so kamen wir doch darin überein, dass Joseph lieber etwas stumpfsinniger bleibe, als ihn in einer so unfruchtbaren Art des Witzes zu üben.«

Moses Mendelssohn war fest davon überzeugt, dass Joseph seinen eigenen Weg gehen würde. Allerdings dürfte ihm bewusst gewesen sein, dass sein Sohn es schwer haben würde, und zwar seiner jüdischen Herkunft wegen. Doch glaubte er, dass es ihm dennoch gelingen werde, in der Gesellschaft Fuß zu fassen, da er von dessen Talenten und Anlagen überzeugt war.

In seinem Brief an Homberg führte Mendelssohn seine Bedenken aus, gab aber gleichzeitig zu verstehen, dass er der Meinung sei, Joseph solle tun, was er für richtig halte. »Als Jude«, heißt es dort, »aber kann er bloß Arzneykunst treiben, und zu dieser hat er weder Lust noch Genie. Ihn der Handlung zu widmen, ist, wie mich dünkt, noch zu früh. Er mag also vor der Hand alles lernen, wozu er Lust und Trieb empfindet. Zum Kaufmann wird er dadurch wenigstens nicht verdorben.«[7]

Kritisch vermerkte Mendelssohn, dass Joseph zwar einen Gedanken entwickeln könne, aber Probleme habe, ihn auch zu Papier zu bringen. »So gern er übrigens denkt, und so richtig, so träge und langsam ist er zum Schreiben. Gut und gründlich ist alles, was er aufsetzt. Er ergreift aber nur selten die Feder, nur alsdann, wenn er etwas hört oder selbst denkt, das ihm von Wichtigkeit scheint.«[8]

Es sind nicht viele private Briefe Josephs überliefert. Einer der wenigen erhaltenen ist von dem Fünfzehnjährigen am 15. September 1785 aus Hamburg an seine Schwestern geschrieben. Dieser Brief spricht insofern für sich, als er die Vermutungen des Vaters belegt, dass Joseph sehr zögerlich war, wenn es galt, den Eltern zu schreiben. »Ehrfurcht«, heißt es da, »hält mich zurük alles zu schreiben, was mir einfällt, und ich warte liber bis ich mit kälterem Blute das erwägen kann, was [ich] ihnen schreiben will.«[9]

Joseph stand seinem Vater von allen Kindern am nächsten, vermutlich weil sie ähnliche Ansichten teilten. So hatte Joseph mit seiner älteren

Schwester Dorothea im Kreise einiger anderer lernbegieriger Jünglinge zu Füßen des Vaters gesessen, als dieser morgendliche Vorlesungen hielt, in denen er sich bemühte, das Dasein Gottes vernunftgemäß zu beweisen. Diese Vorlesungen, aus denen die 1785 erschienenen »Morgenstunden oder Vorlesungen über das Daseyn Gottes« erwuchsen, gelten als Moses Mendelssohns »philosophisches Testament«. Verglichen mit seinen anderen Arbeiten stellen sie zweifellos die systematischste seiner Schriften dar.

Die »Morgenstunden«, die Joseph gewidmet sind, haben die Existenz Gottes als einziges, aber wohldurchdachtes Thema zum Inhalt. Schritt für Schritt wird es in 17 Vorträgen entwickelt. Auf die Frage »Was ist Wahrheit?« kommt der Verfasser zu dem Schluss, dass es letztlich zwei Arten von Wahrheit gebe – eine, die sich auf das Denkbare und das Nichtdenkbare, und eine andere, die sich auf das Wirkliche und Nichtwirkliche beziehe.

An den morgendlichen Vorlesungen im Hause Mendelssohn nahmen auch die Gebrüder Humboldt teil. Noch Jahrzehnte später erinnerten sie sich an diese Zusammenkünfte, die sie mit den Ideen der Berliner Aufklärung vertraut machten. Aus einzelnen Bemerkungen sind wir informiert, dass beide Brüder davon überzeugt waren, sie verdankten einen wichtigen Teil ihrer Erziehung Moses Mendelssohn.

Die Begegnung mit Juden war für die beiden Humboldts vor allem ein Berliner Erlebnis,[10] an das sie sich selbst noch im fortgeschrittenen Alter erinnerten. Wilhelm von Humboldt beispielsweise, den der Anpassungsprozess der Juden an die christliche Gesellschaft faszinierte, bemerkte 1818 in einem Brief an seinen Freund Gustav von Brinckmann: »Aber ich behaupte, dass gar keine rechten Juden mehr gebohrn werden. Sie bringen alle schon ein Stück Christentum mit auf die Welt, und die alten gehen aus nach und nach.«[11]

Und Alexander von Humboldt, der wie sein Bruder in jüdischen Kreisen verkehrte, schrieb diesem während einer Reise nach Russland, die ihn in die Gegend zwischen Königsberg und Riga führte: »Wenn Schinkel dort einige Backsteine zusammenkleben ließe, wenn ein Montagsklub, ein Zirkel von kunstliebenden Judendemoiselles und eine Akademie auf jenen mit Gestrüpp bewachsenen Sandsteppen eingerichtet würde, so fehlte nichts, um ein neues Berlin zu bilden.«[12]

Als Joseph Mendelssohn am 24. November 1848 überraschend starb und der wenig ältere Alexander von Humboldt davon erfuhr, schrieb er an Josephs Sohn Alexander: »Was konnte mir Erschütterndes begegnen als die Nachricht, die ich durch Sie, mein theurer Freund, soeben empfange … Ich war wie ein Glied Ihrer Familie und werde es künftig sein, die wenigen Tage, die ich noch auf dieser Erde wandeln werde.«[13]

Distanzierter urteilte August Varnhagen von Ense nach Josephs Tod: »Was man Geist nennt, hatte er gar nicht, aber Verstand, und da er wenig sprach und dabei stets das that, was ihm so beliebte, so traute man ihm mehr zu, als er hatte. Eitel war er in hohem Grade, und aus Eitelkeit sogar dumm.«[14]

Vermutlich führten der Einfluss des Vaters, die Gedankenwelt der Aufklärung, aber auch der Umgang mit den Humboldts und anderen dazu, dass Joseph nicht nur unternehmerisch tätig wurde, sondern auch literarisch-publizistische Interessen entwickelte. Es ist nur ein begrenztes Œuvre, das er hinterließ, aber es ist erwähnenswert.

So schrieb Joseph nicht nur die kurze, den »Gesammelten Schriften« seines Vaters vorangestellte Biographie, sondern beschäftigte sich auch mit dem wegen politischer Verfolgung aus Neapel geflohenen Dichter Gabrielle Rossetti (1783–1854), der 1826 einen Kommentar zum »Purgatorio« aus Dantes »Divina Commedia« herausgegeben und 1832 das Buch »Sullo spirito antipapale …« geschrieben hatte. Joseph Mendelssohn war bemüht, Rossetti gegen Kritik zu verteidigen. So verfasste er den »Bericht über Rossetti's Ideen zu einer neuen Erläuterung des Dante und der Dichter seiner Zeit. In zwei Vorlesungen« (1840), in dem er mit großer Sachkenntnis Rossettis Deutung der Tierfiguren in Dantes »Hölle« als Allegorisierungen politischer Parteien verteidigte.

Was die literarisch-publizistische Produktion Joseph Mendelssohns betrifft, so existieren eine Reihe verwirrender Zuordnungen. Für einige Irritationen sorgte beispielsweise ein Schriftsteller, der ebenfalls Joseph Mendelssohn (1817–1856) hieß und auch einen Vater mit Vornamen Moses hatte. Dies führte zu der irrigen, gleichwohl in zahlreiche Nachschlagewerke eingegangenen Annahme, der Sohn Mendelssohns sei der Verfasser einer Reihe von Gedichten, Novellen (»Blüten«, »Wilde Blumen«) und Dramen (»Er muss aufs Land«, »Ein Weib aus dem Volke«) gewesen.

Joseph Mendelssohn unterstützte die von seinem ältesten Sohn Georg Benjamin (Benni), Professor der Geographie in Bonn, besorgte Herausgabe von Moses Mendelssohns »Gesammelten Schriften«.[15] Erhalten sind die zahlreichen Briefe Josephs, die heute in der Bodleian Library in Oxford aufbewahrt werden und die Herausgabe der »Gesammelten Schriften« betreffen.

Die Anregung für die Herausgabe der Schriften Moses Mendelssohns hatte Josephs Neffe Felix Mendelssohn Bartholdy gegeben. Joseph dankte ihm am 2. August 1845 mit folgenden Worten: »Die Ausgabe der Mendelssohnschen Gesamtwerke verdankt dir gewiss ihre Entstehung u. es ärgert mich, dass ich nicht Gelegenheit gesucht habe, dir dafür öffentlich zu danken.«[16]

Joseph, der im Gegensatz zu den meisten seiner Geschwister nicht die Taufe nahm, verblieb bis zu seinem Tode im Judentum und hielt an der Mitgliedschaft zur Jüdischen Gemeinde Berlin fest. Das tat er nicht, weil er von der Wahrheit des Judentums überzeugt gewesen wäre, sondern weil er es als unanständig angesehen hätte, geradezu als einen Verrat, das Judentum ohne triftigen Grund zu verlassen.

Joseph und seine Frau Henriette, genannt Hinni, ahnten, dass sie auch nach einer Taufe als Juden angesehen würden. Ob sie wussten, dass selbst Menschen, mit denen sie häufig Umgang hatten, nicht frei waren von antijüdischen Vorurteilen, lässt sich nicht belegen. Ein Beispiel für die ambivalente Haltung mancher Freunde ist Karoline von Humboldt, die Frau Wilhelm von Humboldts, die sich gegenüber ihrem Mann immer wieder abfällig über dessen Sympathien für die Juden äußerte.

Man verkehrte miteinander, schrieb sich Briefe und tat so, als ob man gut miteinander auskomme. Die Wirklichkeit sah allerdings anders aus. »Du rühmst Dich«, schrieb Karoline von Humboldt beispielsweise ihrem Mann, der gerade Henriette in Paris besucht hatte, »die Juden nie zu verlassen, es ist der einzige Fehler, den ich an Dir kenne.« Und weiter: »Die Juden in ihrer Gesunkenheit, ihrem Schachergeist, ihrem angeborenen Mangel an Mut, der von diesem Schachergeist herrührt, sind ein Flecken der Menschheit.«[17]

Selbst wenn sie gewusst hätten, was die Umwelt über sie dachte, hätten Joseph und Henriette Mendelssohn sich nicht von ihrer Überzeugung abbringen lassen, dass ihre Mitmenschen im Kern gut und Argumenten der Vernunft gegenüber aufgeschlossen seien. Das dürfte wohl auch der Grund dafür gewesen sein, dass Joseph mit einer Gruppe junger Gleichgesinnter bereits 1792 die »Gesellschaft der Freunde« begründete, eine der ersten jüdisch geprägten karitativen Organisationen. Joseph Mendelssohn, der in seiner Gründungsrede das »Licht der Aufklärung« beschwor und die freier Denkenden aufforderte, sich zu verbrüdern, war zeitweilig der Vorsitzende der »Gesellschaft«, die heute zunehmend das Interesse der Historiker erweckt.[18]

Die »Gesellschaft der Freunde«, deren Mitglieder sich bezeichnenderweise verpflichteten, nur die deutsche Sprache und Schrift zu benutzen, bestand zunächst ausschließlich aus unverheirateten Männern, deren Ziel es war, die Ideen der Aufklärung zu verbreiten, gesellschaftliche Kontakte zu pflegen und für gegenseitige Hilfe in Fällen der Not vorzusorgen. Ihr Symbol war ein Bündel von Stäben, ihr Wahlspruch ein Wort Moses Mendelssohns: »Die Wahrheit suchen, das Schöne lieben, nach dem Guten streben, das Beste tun.«[19]

Fast anderthalb Jahrhunderte war die »Gesellschaft der Freunde« zentraler Bestandteil der jüdischen Vereinswelt in Berlin. Mitglieder der Gesellschaft waren Bankiers wie die Mendelssohns und Bleichröders, aber auch Industrielle wie die Liebermanns und Rathenaus, Kaufleute wie die Tietz und Israels und Verleger wie Carl Heymann, Moritz Veit, Rudolf Mosse und die Ullsteins. Im Verlauf seines Bestehens haben dem Berliner Verein über 2300 Mitglieder angehört.

Joseph Mendelssohn, der sich als Mann der Aufklärung verstand, förderte, was in irgendeiner Weise Fortschritt versprach. Das war nicht nur die »Gesellschaft der Freunde«, sondern auch die Naturwissenschaften ganz allgemein, deren Entwicklung ihn beschäftigte. Über viele Jahre unterstützte er Alexander von Humboldt,[20] dessen Forschungen ihn interessierten und dem er Kredite ohne Pfand und Bürgschaft einräumte.

Erzählt wird in diesem Zusammenhang, dass Alexander von Humboldt an einem Frühjahrstag des Jahres 1844 zu ihm kam und in großer Sorge um einen Rat bat. Wie sich herausstellte, ging es darum, dass der Eigentümer des Hauses Oranienburger Straße 67, in dem sich Humboldts Wohnung befand, diesem gekündigt hatte, weil er sich mit dem Gedanken trug, das Haus zu verkaufen. Humboldt, der nicht wusste, wohin mit seinen naturkundlichen Sammlungen, fragte den Freund, ob dieser ihm nicht einen Raum für die Sammlungen zur Verfügung stellen könne.

Joseph Mendelssohn soll einen Augenblick angestrengt nachgedacht und dann erklärt haben, er habe vielleicht eine Idee, die Abhilfe schaffen könne. Im Verlauf des Tages soll er dem Naturforscher dann eine Nachricht geschickt haben, von der man nicht weiß, ob sie wahr oder nur gut erfunden ist: »Lieber Humboldt! Bleiben Sie ungestört in Ihrem Haus, so lange sie wollen, Ich bin jetzt ihr Vermieter, ich habe das Haus gekauft.«[21]

Den Anspruch, ein Gelehrter wie sein Vater zu sein, hat Joseph Mendelssohn nicht erhoben. Doch er las naturwissenschaftliche Schriften, besuchte Vorlesungen an der Berliner Königlich Technischen Hochschule und beschäftigte sich mit eigenen technisch-naturwissenschaftlichen Versuchen. Überliefert ist, dass er noch einige Tage vor seinem Tod damit begann, sich in vertrackte Probleme der Algebra zu vertiefen, wozu er angeblich durch ein kurz zuvor erschienenes Schulbuch angeregt worden war.

Joseph Mendelssohn besaß auch eine besondere Fähigkeit, Menschen anzusprechen und um sich zu scharen. Besonders schätzte er es, prominente Gäste an seinen Tisch zu bitten. Zu ihnen gehörte neben dem Geographen Karl Ritter und dem Historiker Leopold von Ranke auch der Philosoph Georg Wilhelm Friedrich Hegel. Ein Billet, datiert vom 12. März 1828, gerichtet an »Herrn Joseph Mendelssohn Wohlgeboren«, hat folgenden Inhalt: »Es tut mir sehr leid, hochgeehrtester Herr, von Ihrer gütigen Einladung auf Freitag keinen Gebrauch machen zu können. Der Schluss einer meiner Vorlesungen, der auf diesen Nachmittag fällt, macht eine unumgängliche Abhaltung [notwendig]. Hochachtungsvollst Prof. Hegel.«

In diesen Zusammenhang gehört auch, dass er regelmäßig Freunde und Bekannte auf sein 1818 gekauftes Weingut im Koblenzer Vorort Horchheim einlud, wo er sich in den Sommermonaten regelmäßig mit seiner Frau Henriette geb. Meyer (1776–1862) aufhielt. Zu den Gästen, die das Ehepaar dort empfing und bewirtete, gehörten neben Alexander von Humboldt die Brüder Boisserée, aber auch der von Joseph geförderte Neffe Felix Mendelssohn Bartholdy, der ein herzliches Verhältnis zu seinem Onkel hatte und den Kontakt zu diesem pflegte.

Wo und wann Joseph Mendelssohn seine Ausbildung zum Kaufmann erhielt, ist nicht bekannt. Zunächst war er als Buchhalter in der Firma Itzig & Co. tätig, die von dem Gebrüderpaar Isaak Daniel (1750–1806), dem Oberhofbankier, und Benjamin Itzig (1756–1831) betrieben wurde. 1795, ein Jahr bevor die Itzig-Firma in Konkurs ging, entschloss sich der damals fünfundzwanzigjährige Joseph Mendelssohn, das Unternehmen zu verlassen, um sich selbständig zu machen.

Noch im selben Jahr eröffnete er im elterlichen Haus in der Spandauer Straße ein eigenes Wechsel- und Bankgeschäft, das sehr bald florierte. Geschäftsberichte oder irgendwelche Dokumente, die Aufschluss über das Unternehmen geben, existieren nicht. Vier Jahre später entschloss sich Joseph Mendelssohn, Moses Friedländer (1750–1834) als Teilhaber in das Unternehmen aufzunehmen. Dieser war ein Sohn David Friedländers, zu dem familiär-freundschaftliche Beziehungen bestanden, die schon auf die Zeit des Vaters zurückgingen.

Abraham Mendelssohn

Abraham Mendelssohn (1776–1835) ist der bekannteste der Söhne Moses Mendelssohns. Sechs Jahre jünger als sein Bruder Joseph, war er gerade einmal zehn Jahre alt war, als der Vater starb. Wie bei allen Geschwistern ist auch über seine Kindheitsjahre wenig bekannt. Einige versteckte Hinweise in den Briefen des Vaters sowie eine eher beiläufige Bemerkung der Schriftstellerin Sophie Becker (1754–1789), das ist schon mehr oder weniger alles. Die biographische Studie von Thomas Lackmann wirft ein erstes Licht auf den mittleren Sohn Moses Mendelssohns,[22] dessen Leben im Schatten seines berühmten Vaters einerseits, seines berühmten Sohnes andererseits stand.

Sophie Becker, die »theuerste Sophie«, wie sie Moses Mendelssohn nannte, hat ihre Eindrücke von dessen Kindern nach einem Besuch im Mendelssohn'schen Haus in ihrem Tagebuch festgehalten: »Er hat drei sehr artige Töchter, davon die mittelste ein recht schönes Mädchen ist, und drei Söhne, denen man den Geist aus den Augen sieht.«[23] Sie nennt keines der Kinder beim Namen, was darauf schließen lässt, dass ihr Interesse mehr dem Vater als diesen galt.

Auch in den Briefen, die sie an Moses Mendelssohn schrieb, werden nicht die Kinder erwähnt, sondern nur der Vater, den Sophie Becker als »Weltweisen« bewunderte. »Sie waren«, teilte sie ihm am 24. Dezember 1785 mit, »der Erste, von dem ich glauben konnte, Sie würden mich verstehen, oder da, wo ich mich selbst nicht verstehe, Licht hinhalten können.«[24]

Nach dem Tod ihres Mannes war Fromet Mendelssohn 1788 in das mecklenburgische Neustrelitz übergesiedelt, wo ihre Tochter Recha lebte, die im Herbst 1785 Mendel Meyer geheiratet hatte, den Sohn des einst mit ihrem Vater befreundeten Hofagenten Nathan Meyer. Mit der Mutter zog auch der zwölfjährige Abraham nach Neustrelitz. Später pendelte er zwischen dem Residenzstädtchen und der preußischen Hauptstadt hin und her.

Das kleinstädtische Milieu hat dem jungen Abraham im Gegensatz zu seiner Schwester Dorothea nicht sonderlich gefallen. Sie hatte, eben weil sie dort nicht leben musste, ein sehr viel positiveres Bild von Neustrelitz als ihr jüngerer Bruder. In einem Brief, den sie am 25. November 1832 an ihren Bruder Joseph schrieb, erinnerte sie sich »jener so fröhlichen kindlichen Zeit, wo wir in Alt-Strelitz im Haus der [Schwieger-]Eltern [des Bruders] so oft zur Sommerzeit aufgenommen waren«.[25]

Der heranwachsende Abraham war musikalisch äußerst begabt, was Carl Friedrich Zelter, der Goethe-Freund und spätere Direktor der Berliner Singakademie, sehr früh erkannte. Abraham, der mit seinen »unaufhörlichen Baßtrillern« seine Umgebung malträtierte und damit manchen seiner Mitmenschen auf die Nerven ging, ließ sich vom »Musikmachen«, wie er es nannte, nicht abhalten. So sang er in Zelters Laienchor Lieder, die teilweise von Zelter extra für ihn geschrieben worden waren.

Im Sommer 1797 reiste Abraham Mendelssohn, begleitet von dem jungen Arzt David Veit (1771–1814), einem Freund Rahel Varnhagens, über Jena und Frankfurt nach Paris. In Jena suchten sie Friedrich Schiller auf, dem Abraham einige von Zelter vertonte Lieder vorsang. In Frankfurt, der nächsten Station auf der Reise nach Paris, wurden beide vom »Dichterfürsten« Johann Wolfgang von Goethe empfangen, der sich gerade in der Stadt aufhielt.

»Meine im Anfang sehr traurige Stimmung in Frankfurt am Main«, schrieb Abraham Mendelssohn Zelter am 1. September 1797, »hat auf einmal eine günstige und für mich sehr glückliche Wendung genommen; ich habe ... einen Menschen gesehen, der mir eine Menschheit wert war, Goethe.«[26] Bei ihrer Unterhaltung fragte ihn Goethe: »Sind Sie ein Sohn von Mendelssohn?« Es war für Abraham das erste Mal, wie er Zelter gegenüber bekannte, »daß ich meinen Vater ohne Beiwort und so nennen hörte, wie ich es immer wünschte«. Goethe war von dem jungen Mann angetan, der wiederum meinte, er habe diesem gefallen, was man schon daraus ersehen könne, dass Goethe sich zu einem Gespräch mit ihm herbeigelassen habe.

In Paris, wo er die nächsten Jahre als Commis im Bankhaus Fould arbeitete, wohnte Abraham bei seiner Schwester Henriette, die ihm nach Frankreich gefolgt war und die Tätigkeit als Erzieherin der Fould-Kinder angenommen hatte. Aus dem steifen preußischen Berlin kommend, fühlte sich Abraham in Paris durchaus wohl. Er war ein regelmäßiger Besucher von Theater und Oper und genoss es, seinen musikalischen Neigungen nachzugehen. »Einstweilen lieber Z: höre und mache ich so viel Musik als möglich, ich bin mit manchen Frauenzimmern bekannt geworden, die recht hübsch singen und spielen.«

Die Briefe, die Abraham Mendelssohn an Zelter schrieb, belegen, dass er von der Stadt und ihren Menschen fasziniert war, sich zugleich aber auch abgestoßen fühlte. So meinte er, dass »barbarische Dummheit« und, was aus seiner Sicht noch erbärmlicher war, »Verstand ohne Freyheit« die Welt regierten. »Man muß«, heißt es im Brief an Zelter vom 18. Juli 1799, »die Menschen zwingen frey zu seyn, ist ein recht witziges Paradoxon aber weit wahrer kann man, für hier wenigstens sagen: die Menschen haben die Freyheit gezwungen sie zu Sclaven zu machen.«[27]

Die Zeit in Paris, die Abraham Mendelssohn als Lehrjahre ansah, war beendet, als Joseph ihn bat, als Teilhaber in seine Firma einzutreten, deren Sitz mittlerweile neben Berlin auch in Hamburg in der Großen Michaelisstraße war. Bestärkt im Beschluss, das Angebot anzunehmen, wurde Abraham vermutlich durch seine Braut Lea Salomon, eine Enkelin des Hofbankiers Daniel Itzig, von der ein Zeitgenosse meinte, sie sei nicht schön gewesen, »aber reizend durch ihr sprechendes, schwarzes Auge, durch ihren Sylphidenwuchs, durch ihr zartes bescheidenes Benehmen und ihre geistvolle Unterhaltung voll heller Verstandesblitze und treffendem, aber immer schonend geäußerten Witz«.[28]

Als das Paar am 26. Dezember 1804 heiratete, schienen die Weichen für die Zukunft gestellt. »Ich freue mich«, schrieb Abrahams Schwester Dorothea am 5. Januar 1805 an ihren geschiedenen Ehemann Simon Veit, »von meines Bruders Glück zu hören. Gott erhalte es ihm! Von der jungen Frau habe ich von jeher sehr gutes gehört, dass sie aber, wie Du so ausdrücklich bemerkst, so sehr oekonomisch ist, sollte bei einem Sprössling *dieser* Familie, welche die Oekonomie bis zur Virtuosität gebracht, eher etwas bange machen. Jedoch traue ich darin meines Bruders Genius der Liberalität, der diesen oekonomischen Genius etwas mildern, sowie dieser den ersten etwas einschränken wird, und so wird wohl alles ganz harmonisch werden.«[29]

Das junge Paar zog nach Hamburg, wo es zunächst mit Joseph Mendelssohn, dessen Frau Henriette und deren Söhnen Benjamin und Alexander in der Großen Michaelisstraße 14 zusammenwohnte. Zuvor hatte sich schon die Mutter, Fromet Mendelssohn, mit ihrer Tochter Recha in Hamburg niedergelassen. Recha, die vom Sohn des Strelitzer Hofagenten getrennt lebte, führte seit 1802 ein Erziehungsinstitut für weibliche Zöglinge in der Altonaer Palmaille.

Bedingt durch die beengten Verhältnisse scheint es in der Michaelisstraße drunter und drüber gegangen zu sein. Durch einen Brief, den Lea ihrer Schwester Rebecka Seeligmann schrieb, kann man sich ein ungefähres Bild von den Umständen machen, in denen das Paar lebte: »Du willst wissen, beste Schwester, wie es in meiner Wohnung und mit meinen häuslichen Einrichtungen aussieht? Rasend liederlich à dire le vrai, wie bei den tollsten Studenten; denn an kein Kämmerlein, an keine Wirtschaft und Berliner Bequemlichkeit ist hier zu denken, und wenn ich mein remue ménage betrachte, habe ich Mühe zu glauben, daß ich wirklich verheiratet bin.«[30]

Die beengten Verhältnisse waren denn wohl auch der Grund, dass sich Abraham und Lea Mendelssohn elbabwärts in Neumühlen ein Sommerhaus zulegten. In der »Martenschen Mühle« verbrachte das Paar mit den Kindern Fanny und Felix seine »ersten glücklichen Jahre«, worauf sich eine Anspielung bezieht, die Abraham in einem Brief anlässlich der Erfolge seines Sohnes Felix beim Düsseldorfer Musikfest 1833 machte. »Liebe Frau«, schrieb er damals an Lea, »wir erleben einige Freude an diesem jungen Mann, und ich denke manchmal Martens Mühle soll leben.«

Die glücklichen Jahre in Hamburg hatten jedoch bald ein Ende. 1811 verließen die Mendelssohns Hals über Kopf die Stadt, weil die Franzosen, die die Stadt im Gefolge der napoleonischen Kriege besetzt hatten, sie auf Schritt und Tritt zu drangsalieren begannen.[31] Der Grund dafür scheint gewesen zu sein, dass die französischen Behörden die Familie verdächtigten, sich in Schmuggelgeschäften und im illegalen Handel, der damals im besetzten Hamburg eine große Rolle spielte, zu betätigen.

In Berlin gelang es den Mendelssohns ohne größere Schwierigkeiten, die Bankgeschäfte wiederaufzunehmen und sogar weiter auszudehnen. Joseph und Abraham waren dadurch gemachte Leute, was unter anderem daraus abgelesen werden kann, dass Abraham in Berlin nicht nur zum Stadtrat bestellt wurde, sondern dass er auch Hauslehrer wie etwa Karl Wilhelm Ludwig Heyse, den Vater des Schriftstellers Paul Heyse, für die Kinder Fanny, Felix, Rebecka und Paul einstellen konnte.

Am 21. März 1816 ließ Abraham seine Kinder in der Neuen Evangelischen Kirche in Berlin taufen. Er selbst trat zusammen mit seiner Frau Lea allerdings erst im Oktober 1822 zum Christentum über. Als äußeres Zeichen für den Übertritt nahm die Familie den Beinamen Bartholdy an, wozu sie Jakob Salomon (1779–1825) anregte, der Bruder Leas, der sich ebenfalls diesen Namen zugelegt hatte.[32]

Dem Übertritt und der Namensänderung waren eine Reihe sehr ernster Überlegungen vorangegangen. »Du sagst«, schrieb der Schwager an Abraham, »Du seiest es dem Andenken Deines Vaters schuldig – glaubst Du denn etwas Übles getan zu haben, Deinen Kindern diejenige Religion zu geben, die Du für sie für die bessere hältst? Es ist geradezu eine Huldigung, die Du und wir alle den Bemühungen Deines Vaters um die wahre Aufklärung im allgemeinen zollen, und er hätte wie Du für Deine Kinder vielleicht wie ich für meine Person gehandelt.« Und weiter: »Man kann einer gedrückten, verfolgten Religion getreu bleiben; man kann sie seinen Kindern als Anwartschaft auf ein sich das Leben hindurch verlängerndes Märtyrertum aufzwingen – solange man sie für die alleinseligmachende hält. Aber sowie man dies nicht mehr glaubt, ist es eine Barbarei. – Ich würde raten, daß Du den Namen Mendelssohn Bartholdy zur Unterscheidung von den übrigen Mendelssohns annimmst.«

Obgleich vermutlich von Gewissensbissen geplagt, folgte Abraham den Ratschlägen seines Schwagers, war sich allerdings nicht sicher, ob die Entscheidung richtig war, die Kinder taufen zu lassen. Noch nach den Taufakten beschäftigte ihn diese Frage. Seiner Tochter Fanny schrieb er anlässlich ihrer Einsegnung 1820: »Ob Gott ist? Was Gott sei? Ob ein Teil unseres Selbst ewig sei, und, nachdem der andere Teil vergangen, fortlebe? und wo? und wie? – Alles das weiß ich nicht und habe Dich deswegen nie darüber gelehrt. Allein ich weiß, daß es in mir und in Dir und in allen Menschen einen ewigen Hang zu allem Guten, Wahren und Rechten und ein Gewissen gibt, welches uns mahnt und leitet, wenn wir uns davon entfernen. Ich weiß es, glaube daran, lebe in diesem Glauben und er ist meine Religion.«

Auch Abrahams Ehefrau Lea hat sich schon früh mit der Frage befasst, ob es für einen Juden oder eine Jüdin akzeptabel sei, die Taufe zu nehmen. In einem Brief, der sich mit dem Übertritt eines Cousins befasst, der sich später Julius Eduard Hitzig (1780–1849) nennen sollte, hatte sie am 26. August 1799 geschrieben: »Itzig hat seine Studien in Wittenberg beendet und ist seit einigen Wochen hier. Was werden Sie aber sagen, wenn ich Sie mit seinem Übergang zur christlichen Religion bekannt mache? Luthers Geburtsort und die heilige Stätte seiner Lehren hat auf ihn gewirkt, er konnte der Begierde, unter dem Bilde dieses großen Mannes getauft und gleichsam dadurch von ihm beschützt zu werden, nicht widerstehen und hat vermittelst dieses Schrittes zum Seelenheil dann nebenher den weltlichen Vorteil erlangt, nächstens in seinem Fach angestellt zu werden.«

Aufschlussreich ist die beiläufige, ironisch anmutende Bemerkung, der Cousin könne durch die Taufe nebenher noch einen »weltlichen Vorteil« erlangen. Sie belegt, dass Lea durchaus bewusst war, dass so mancher die Taufe nicht nur aus religiöser Überzeugung nahm, sondern dass er das aus ganz praktischen Erwägungen tat. Julius Eduard Hitzig gelang es tatsächlich, eine Anstellung im Staatsdienst zu erhalten und bis zum Direktor des Berliner Kammergerichts aufzusteigen – eine Stellung, die er als Jude niemals hätte erreichen können.

Abraham Mendelssohn war wie viele seiner Zeitgenossen, die sich für einen Übertritt zum Christentum entschieden hatten, Anhänger einer Vernunftreligion. Ganz in den Fußstapfen seines Vaters begriff er sich als ein Mann der Aufklärung, der in einfachen, aber »moralischen Kategorien von Entweder-Oder, von Vergangenheit und Gegenwart dachte«.[33]

Was für ihn zählte, war Wissen, nicht Glauben. Mit irgendwelchen christologischen Überlegungen konnte er genauso wenig anfangen wie mit jeder Art von Erlösungsgedanken.

Das Judentum war für Abraham Mendelssohn nicht mehr das, was es für seinen Vater noch gewesen war, also »geoffenbartes Gesetz«. Ihm ging es mehr um die Wahrheit, von der er meinte, es gebe nur eine und diese eine sei ewig. Die Form der Religion hielt er dagegen für vielfach und vergänglich. Letztlich, befand er, sei es also gleichgültig, ob die Entscheidung für das Judentum oder das Christentum erfolge. Es komme nur darauf an, sich zu einer Religion zu bekennen, deren Form den Anforderungen der Gegenwart entspreche.

Äußerungen in manchen Briefen, gerichtet an seine Frau, an seine Kinder und an Freunde, belegen, dass Abraham Mendelssohn nur noch wenig mit der Religion seines Vaters anfangen konnte. Ausdrücke wie »Schabbesgefühl« benutzt er zwar mitunter noch und gelegentlich zitiert er auch aus den »Sprüchen der Väter«. Das darf aber nicht darüber hinwegtäuschen, dass es ein distanzierter Blick war, mit dem er auf die Religion seiner Vorväter blickte.

Kam Abraham Mendelssohn direkt oder indirekt auf das Judentum zu sprechen, wurde deutlich, dass er es nicht ablehnte, das Christentum aber doch für dem Judentum überlegen hielt. Im Brief an seinen Sohn Felix vom 30. September 1833 beispielsweise spricht er von Christus als einem Vertreter des »geläuterten emporgehobenen Judentums«.[34] Aus seiner Sicht war das Judentum im Christentum aufgegangen, Christus nicht nur die personifizierte Lichtgestalt, sondern auch die Inkarnation des Befreiers und Erlösers.

Besonders aufschlussreich ist der Brief Abraham Mendelssohns an seine Londoner Brieffreundin Mary Alexander vom 23. Dezember 1834, in dem er vom Bild »Christus vor Pilatus« seines Schwiegersohns Wilhelm Hensel berichtet.[35] Das Bild, das viele lobende Erwähnungen fand, beispielsweise bei A. Bernstein[36] und Theodor Fontane,[37] hielt Abraham Mendelssohn für eine der bedeutendsten Produktionen der Zeit,[38] wobei er offensichtlich die Ansicht vertrat, der von Hensel porträtierte Christus, der von einer mit fanatischer Blindheit geschlagenen stupiden und stumpf wirkenden Menge umgeben ist, sei ein Jude, der alle Bindungen an das Judentum hinter sich gelassen habe.

Auffällig sei, so Abraham Mendelssohn, dass im Bild die umherstehenden Pharisäer polnischen Juden nachempfunden seien; in gewisser Weise, so meinte er, spiegele sich in der Darstellung das Schicksal des jüdischen Volkes, was sich auch am Beispiel der von Hensel in der rechten unteren Bildhälfte dargestellten jungen Frau, einer Jüdin, ablesen lasse. In dieser Frau, die ihr Kind klagend Christus entgegenstreckt, habe der Künstler, so Mendelssohn, den Ruf »Sein Blut komme über uns und unsere Kinder« (Matthäus 27, V. 24 und 25) Gestalt annehmen lassen.

Abraham Mendelssohn prägte das sarkastische Bonmot »Früher war ich der Sohn meines Vaters, jetzt bin ich der Vater meines Sohnes«. So sah er die Rolle, die ihm zukam: der Vater ein großer Philosoph, der Sohn ein bedeutender Komponist, er selbst, der sich keine besondere Wichtigkeit zumessen wollte, Sohn und Vater in einer Person, der gewissermaßen die Funktion des »Bindestrichs« zwischen der Welt des Moses Mendelssohn und jener Felix Mendelssohn Bartholdys wahrzunehmen habe.

Keinesfalls stimmt die Behauptung, Abraham Mendelssohn hätte weder den Rang seines Vaters noch den seines Sohnes besessen. Das käme einer Herabsetzung gleich, die Abraham Mendelssohn unrecht täte. Seine Verdienste sind unbestreitbar. Sie lagen allerdings auf anderen Feldern als auf denen der Philosophie oder der Musik. Als Bankier und Geschäftsmann unternehmerisch erfolgreich, sah er sich in erster Linie als ein Mittler, der zwischen Politik, Wirtschaft und Kultur Fäden spann und Netze knüpfte, die manches möglich machten, was ohne ihn im Preußen-Deutschland jener Jahre vermutlich nicht zustande gekommen.

Leipziger Straße Nr. 3

Als Abraham und Lea Mendelssohn 1811 mit ihrem Sohn Felix und seinen beiden Schwestern von Hamburg wieder nach Berlin übersiedelten, bezog die Familie zunächst eine Wohnung in der Markgrafenstraße 48, um dann 1820 in der Spandauer Vorstadt, in der Neuen Promenade 7, unterzukommen.

Einer der Bauhistoriker, die sich mit der Wohnsituation der Mendelssohns beschäftigt haben, vermutet, die Familie habe in der Beletage des dreigeschossigen Gebäudes gewohnt.[39] Viel Wohnraum scheint ihr dabei allerdings nicht zur Verfügung gestanden zu haben. Die Familie zählte damals sechs Mitglieder: die Eltern Abraham und Lea, beim Einzug 46 und 43 Jahre alt, die beiden Jungen Felix und Paul, der eine elf, der andere acht Jahre, sowie die beiden Mädchen Fanny und Rebecka, die eine 15, die andere neun Jahre alt.

Der Einzug in das Haus Neue Promenade 7 fiel zusammen mit dem Übertritt Abraham und Lea Mendelssohns zum lutherisch-evangelischen Glauben, aber auch mit der Namenshinzufügung Bartholdy sowie der Aufkündigung der Teilhaberschaft an der Bank. Abraham Mendelssohn hatte zu diesem Zeitpunkt offensichtlich keine Lust mehr, weiterhin tagaus, tagein im Kontor zu sitzen, sondern liebäugelte mit dem Gedanken, sich künftig mehr der musischen Ausbildung seiner Kinder anzunehmen.

Ein wirklicher Einschnitt im Leben der Familie Mendelssohn war der Umzug in die Leipziger Straße 3, der nach dem Tode Bella Salomons notwendig wurde. Sie war die Besitzerin des Hauses Neue Promenade 7 gewesen, und nach ihrem Ableben schien es nicht mehr angebracht, in diesem Haus wohnen zu bleiben. Abraham Mendelssohn, der sich nach dem Tod seiner Schwiegermutter nach einer anderen Unterkunft für seine Familie umsah, unterzeichnete im Februar 1825 einen Kaufvertrag über das Grundstück Leipziger Straße 3 und das darauf stehende Gebäude. Der Preis, den er für das Grundstück und das Gebäude zu entrichten hatte, betrug 56 000 Taler.

Das Anwesen wirkte von außen imposant, befand sich jedoch in einem jämmerlichen Zustand, »verfallen und vernachlässigt« (Sebastian Hensel), so dass im Sommer 1825 umfangreiche Umbauarbeiten notwendig wurden. Folgt man den Beschreibungen des Bauhistorikers Michael S. Cullen, bestand das Haus zur Zeit des Kaufes aus einem Vorderhaus, zwei Seitenflügeln und einem Quer- oder Gartenhaus. Allein im Keller des Vorderhauses befanden sich 15 Zimmer inklusive Küche, Wein- und Holzkeller, »auch für den Gärtner und seine große Familie war dort genügend Platz vorhanden«.[40]

Über die Beschaffenheit des Hauses und des Gartens sind wir unterrichtet durch die zahlreichen Hinweise und Beschreibungen in den Briefen Lea Mendelssohns,[41] die noch in der Umbauphase darauf gedrängt hatte, den Teil des Hauses zu beziehen, der zum Garten hinausging. »Eine ganze Reihe Zimmer«, schrieb sie ihrer Cousine Henriette Arnstein-Pereira (1780–1859), »geht nach dem Garten, den auch allenthalben Gärten umgeben, so daß man keine Wagen fahren hört, keinen Menschen sieht, ohne allen Staub ist, und sich doch mit wenigen Schritten in der elegantesten, lebhaftesten Straße Berlins befindet und aller Bequemlichkeiten des Stadtlebens teilhaftig wird.«

»In der Mitte des Gartenhauses«, beschrieb Lea Mendelssohn das Anwesen weiter, »ist ein selbst für Berlin selten großer Saal, mit einer ovalen imposanten Kuppel, auf Säulen ruhend. Vier Stufen führen in den Garten hinab, von denen man eine Durchsicht von Baumgängen und Gruppen bis ans Ende hat.« Der Gartensaal, in dem später Wilhelm Hensel sein Atelier einrichtete, war ein zirka acht Meter hoher Raum von 14 x 7,5 Meter Fläche. Hensel ist dort erst ausgezogen, als das Haus 1851 an den preußischen Staat verkauft wurde.

Sehr stolz war die Familie auf den Baumbestand im Garten, zu dem Linden, Rüstern, Buchen, Kastanien und Akazien gehörten. Gepflegt wurde der Garten von Bediensteten, unter anderem dem französischen Gärtner Charles August Clément, der von 1838 bis 1848 im Souterrain des Vorderhauses wohnte. »Mit dem alten Clément«, so erinnerte sich Sebastian Hensel, habe er in jungen Jahren Schach gespielt, »und wir sprachen französisch zusammen, er war von der französischen Kolonie und hatte sein Französisch vergessen, ich konnte es noch nicht, und so wird wohl unsere Unterhaltung ebenso klassisch gewesen sein wie unser Schachspiel.«[42]

Von der Anlage des Hauses und des dazugehörigen Gartens kann sich der Interessierte heute sowohl durch Berichte von Lea Mendelssohn Bartholdy und Sebastian Hensel als auch durch die vom sechzehnjährigen Felix Mendelssohn Bartholdy angefertigten Skizzen ein ziemlich genaues Bild machen. Felix Mendelssohn Bartholdys Skizzenblätter sind heute im Besitz der Bodleian Library in Oxford. Diese Zeichnungen zeigen das Vorderhaus, und zwar aus der Blickperspektive vom Park her, aber auch den Konzertsaal, den Garten und Zimmereinrichtungen.

Wer in dem Mendelssohn'schen Haus in der Leipziger Straße seit Mitte der zwanziger bis Ende der vierziger Jahre lebte, ist von Historikern auf das Genaueste rekonstruiert und dokumentiert worden. In der Beletage hatte sich beispielsweise eine Zeit lang der Hannoversche Gesandte Franz von Reden eingemietet, samt Frau und zwei Töchtern, den »beiden Fräuleins«, wie die beiden von-Reden-Töchter von Lea Mendelssohn spöttisch-liebevoll genannt wurden. In den Gartenhäusern lebten ab Ende der zwanziger Jahre die Hensels, Wilhelm Hensel und seine Frau Fanny auf der einen, die Devrients, Eduard Devrient und seine Ehefrau, die Sängerin Therese, auf der anderen Seite.

Zeitweilig wohnte auch der Oberzeremonienmeister des Königs, Julius Heinrich Carl Friedrich Graf von Pourtalès (1779–1861) samt Familie in der Leipziger Straße 3. »Unser Haus«, schrieb Fanny am 15. November 1843 ihrer Schwester Rebecka, »ist jetzt ziemlich gefüllt, Pourtalès ist mit seinem fürstlichen Haushalt eingezogen, neunzehn Personen; wie würde sich Mutter über den Meldezettel amüsirt haben; er war wirklich zum Studiren.«[43]

Nach dem Tod Abraham Mendelssohn Bartholdys ging das Haus in der Leipziger Straße Nr. 3 zunächst in den Besitz seiner Witwe über, danach stehen abwechselnd die Söhne Felix und Paul im »Allgemeinen Wohnungsanzeiger« als Eigentümer vermerkt. Die Geschwister waren allerdings bereits 1845 übereingekommen, das Haus zu verkaufen, was 1851 geschah, als das Anwesen für 100 000 Reichstaler an den Preußischen Staat veräußert wurde. Die Verhandlungen, die dem Verkauf vorangingen, hatte Paul Mendelssohn Bartholdy geführt.

Von da ab diente das Haus Leipziger Straße Nr. 3 als Versammlungsort für das Preußische Herrenhaus, das im Zuge der oktroyierten Verfassung von 1848 eingerichtet worden war. Die erste Sitzung fand am 27. November 1851 statt. Die Mitglieder des Herrenhauses, deren Berufung durch den König erfolgen musste, waren bis auf wenige Ausnahmen konservativ eingestellte Adlige, die nach den Vorstellungen des Königs das Gegengewicht gegen das Abgeordnetenhaus und dessen Beschlüsse am anderen Ende der Leipziger Straße bilden sollten.

Rund um das Herrenhaus und seine Mitglieder kursieren zahlreiche Geschichten. Eine hat mit den Mendelssohn Bartholdys zu tun und wird von Sebastian Hensel erzählt. Es geht dabei um sein einst den Dönhoffs gehörendes Gut im ostpreußischen Groß-Barthen und das Herrenhaus in der Leipziger Straße.[44]

»Dönhoff«, berichtet Sebastian Hensel, »sagte mir herablassend: Nun, Sie sitzen in Barthen auf einem alten Wohnsitz meiner Väter. Ja, Herr Graf, erwiderte ich, dafür sitzen Sie in Berlin in einem alten Wohnsitz meiner Väter. Wieso? fuhr er auf. Nun, Sie sind Mitglied des Herrenhauses, und das Grundstück hat uns früher gehört. – Das hat er mir nie vergeben. Namentlich ärgerte ihn, daß ich von Vätern sprach. Ich hatte nur einen Vater. Väter kamen ihm zu.«[45]

Nathan, der unauffälligste der Söhne

Der jüngste der Mendelssohn-Brüder, der am 8. Dezember 1781 geborene Nathan, war auch der unauffälligste. Er ging andere Wege als seine beiden älteren Brüder. Naturwissenschaftlich interessiert und technisch begabt, hatte er sich nach dem Besuch des Joachimsthalschen Gymnasiums in Berlin in Paris und London zum »Mechanikus« ausbilden lassen.

Bereits als Dreiundzwanzigjähriger machte Nathan Mendelssohn Erfindungen, die in wissenschaftlichen Zeitschriften publiziert wurden. 1806 eröffnete er mit Hilfe Alexander von Humboldts in der Behrenstraße 60 eine Werkstatt für astronomische, geodätische und physikalische Instrumente.[46] »Auch Nathan Mendelssohn«, schreibt Humboldt am 22. April 1806 nach Rückkehr von einer seiner Forschungsreisen an seinen Jugendfreund Ephraim Beer (1764–1834) in Glogau, »ist hier und hat sich zu einem trefflichen Menschen gebildet.«[47]

Es war für Nathan Mendelssohn eine große Ehre, dass Humboldt ihn in die Berliner Akademie der Wissenschaften einführte, wo er seine Erfindungen (etwa Luftpumpen mit gläsernen Zylindern und Tellern) vorstellen konnte. Die Werkstatt ging jedoch nicht so wie erwartet, so dass er daran dachte, seine Aktivitäten nach Frankreich zu verlegen, was jedoch im Stadium der Pläne blieb. Andere Projekte zerschlugen sich und er war gezwungen, weiter in Berlin zu bleiben.

Nathan Mendelssohn, ein glühender Patriot, stellte 1813 den Werkstattbetrieb ein und meldete sich als Kriegsfreiwilliger zum 4. Churmärkischen Landwehr-Infanterie-Regiment, wo er es zum Seconde-Leutnant brachte und 1814 zur Inspektion von Gewehrfabriken und Büchsenmacherbetrieben in Thüringen abkommandiert wurde. Sein erhaltenes Reisetagebuch gibt Auskunft über das Denken und Fühlen eines selbstbewussten Mannes, der sich über all das, was er in den Befreiungskriegen erlebt, in nüchternen Worten Rechenschaft ablegt.[48]

Nach Aufenthalten an verschiedenen Orten ließ Nathan sich mit seiner Familie schließlich in Bad Reinerz nieder,[49] wo er plante, mit Unterstützung seines Bruders Joseph eine Eisenschmelzhütte aufzubauen. Nach einigen Anlaufschwierigkeiten, die in erster Linie mit den örtlichen Gegebenheiten zu tun hatten, kam es im Sommer 1823 zur Grundsteinlegung. Anwesend waren der Neffe Felix mit seinem Bruder Paul, der Vater Abraham und der Hauslehrer Heyse. Sie waren eigens aus diesem Anlass angereist. Felix richtete mit der dortigen Badekapelle eine Art Festkonzert aus, das, folgt man den Berichten von Ohrenzeugen, als »tolle Katzenmusik« empfunden wurde.

Während seines Aufenthaltes in Bad Reinerz soll Felix Mendelssohn Bartholdy die Melodie für das Eichendorff'sche Lied »Wer hat Dich Du schöner Wald« komponiert haben. Die Belege dafür sind allerdings äußerst dürftig. Fest steht nur, dass Felix während seines Sommeraufenthaltes 1823 in Bad Reinerz eine Reihe von Zeichnungen, etwa vom Markt, dem Schießhaus und der alten Papiermühle, anfertigte.

Die Tätigkeit des »Industriellen« gab Nathan Mendelssohn zugunsten einer Anstellung als Steuereinnehmer im zwanzig Kilometer entfernten Glatz auf. Bei der Vorladung, die seiner Bewerbung auf den Posten folgte, erklärte er auf die Frage, ob er sich für den Posten für geeignet halte: »Die [Entscheidung] will ich dem Ermessen hoher Behörden gehorsamst anheim stellen, glaube aber einen Posten, wo technische und wissenschaftliche Kenntnisse in Verbindung erforderlich sind, am besten für mich geeignet.«[50]

Über die Gründe für seinen Berufswechsel kann nur spekuliert werden. Die Rede ist von Unwettern, die Ende der zwanziger Jahre Schäden am Betrieb anrichteten. Das mag der äußere Anlass für den Wechsel gewesen sein, wahrscheinlich aber fühlte er sich von den Anforderungen, die eine Eisenhüttenschmelze stellte, überfordert. Hinzu kam, dass er vermutlich einsah, dass er in Bad Reinerz seinen drei Kindern nicht die Ausbildung geben konnte, die ihm vorschwebte.

Im vorgerückten Alter zog Nathan Mendelssohn von Schlesien wieder in seine Geburtsstadt Berlin, wo er als Revisor der Haupt-Stempel- und

Magazinverwaltung bis zu seinem Tod 1852 tätig war. Es war dies eine Aufgabe, die unter seinen Fähigkeiten lag, von der er aber meinte, sie entspreche seiner »körperlichen Constitution« und sei nicht zum Nachteil seiner Gesundheit. Regelmäßiges Sitzen am Schreibtisch, bekannte er in einem anderen Zusammenhang einmal, ziehe er der »beweglichen Lebensart« vor, wie er die Tätigkeit des »Industriellen« charakterisierte.

Nathan Mendelssohn, der sich bereits 1809 hatte taufen lassen, war mit Henriette Itzig (1781–1845) verheiratet, der Tochter des Gerbereibesitzers Elia Daniel Itzig auf dem Tornow bei Potsdam und Schwester des Kriminalrats und E.T.A.-Hoffmann-Freundes Hitzig. Aus der Ehe, einer Liebesehe wie es heißt, sind zehn Kinder hervorgegangen, von denen sieben im Säuglings- beziehungsweise Kindesalter starben und nur drei das Erwachsenenalter erreichten, nämlich Arnold Mendelssohn (1817–1854), Ottilie Mendelssohn (1819–1848) und Wilhelm Mendelssohn (1821–1866).

Das schwarze Schaf der Familie

An die beiden Söhne Arnold und Wilhelm, von denen der eine den Beruf des Arztes wählte, der andere in die Fußstapfen des Vaters trat und ebenfalls den Beruf eines »Mechanikus« ergriff, würden wir uns kaum noch erinnern, wenn sie nicht in Zusammenhängen auftauchten, die noch heute Interesse zu wecken vermögen.

Arnold, der ältere Sohn Nathan Mendelssohns, war schon in frühen Jahren ein überzeugter Demokrat, der sich mit den Zuständen, in denen die unteren Klassen lebten, nicht abfinden wollte. In einem seiner Briefe heißt es: »Ich konnte mich mit der einfachen Tatsache, dass diese Menschen arm seyen, viel ärmer als man überhaupt glauben sollte, dass ein Mensch in einem civilisierten Lande seyn könnte, nicht begnügen.«

Arnold, der eine Zeit lang als Armenarzt im Vogtland arbeitete, war bemüht, überall dort zu helfen, wo er konnte. Seinen Onkel Joseph ging er verschiedene Male um Geld und Rat an. Dieser, etwas »frappiert« von den Darstellungen über die Lage der Vogtländer Textilarbeiter, stellte die erbetenen Mittel zur Verfügung, gab aber zu bedenken, dass die Verteilung der Mittel an Bedürftige nur ein Tropfen auf den heißen Stein sei.

In der Familie schüttelte man den Kopf über Arnolds Aktivitäten, ließ ihn aber gewähren. Manche sympathisierten sogar mit ihm. Sein Cousin Paul, der Sohn Abrahams und jüngere Bruder des Komponisten, gab ihm sogar »subversive« Literatur zu lesen, beispielsweise Lorenz von Steins Schrift »Der Socialismus und Communismus des heutigen Frankreichs« (1842). Arnold las das Buch, hielt allerdings nicht viel davon.

Von seinem Cousin Paul Mendelssohn-Bartholdy meinte Arnold, er sei ein guter Mensch, der »gern fühlen lässt, wie gut er ist«. Als dieser einmal, sich »in seinen fürstlich eingerichteten Zimmern umsehend«, sagte: »Siehst Du, ich frage mich manchmal, wie ich zu dem Allem berechtigt bin«, konnte sein Neffe nicht umhin, ihm spitz zu antworten: »Die Anderen fangen auch schon an danach zu fragen.«[51]

Wilhelm, der jüngere Bruder, war der Vater des Komponisten Arnold Mendelssohn (1855–1933), der erkennbare Spuren in der deutschen Chor- und Kirchenmusik hinterlassen hat. Von ihm stammen unter anderem zahlreiche Kirchenlieder, Vertonungen von Goethe-Gedichten und die Musik zur Oper »Der Bärenhäuter«. Das von ihm vertonte Gedicht des Kirchenlieddichters Rudolf Alexander Schröder »Deutscher Schwur« wurde im Ersten Weltkrieg mit Vorliebe von Chören angestimmt:

Heilig Vaterland! In Gefahren
Deine Söhne sich um Dich scharen
Von Gefahr umringt, heilig Vaterland!
Alle stehen wir Hand in Hand

Vielleicht noch bedeutsamer ist es, dass Arnold und Wilhelm Mendelssohn in jungen Jahren Bewunderer und Parteigänger Ferdinand Lassalles waren, der eine mehr, der andere weniger. Kennengelernt hatten sie Lassalle im Verlauf der Jahre 1844 und 1845. In den überlieferten Briefen finden sich bemerkenswerte Aussagen über den späteren Arbeiterführer und Begründer der deutschen Sozialdemokratie.

In einem Schreiben, datiert vom 9. März 1845 und gerichtet an seinen Schwager, den Mathematiker Ernst Eduard Kummer, den Mann seiner Schwester Ottilie, teilt Arnold Mendelssohn mit, dass er sich mit Lassalle angefreundet habe und trotz dessen an den Tag gelegter Arroganz große Stücke auf ihn halte: »Wer dieser Lassal nun ist, ist schwer zu sagen, vorläufig ist er hier Student, übrigens ist er aber der bedeutendste der jetzt lebenden Menschen, er ist der neue Lichtbringer.«[52]

Weniger hymnisch klingen die Bemerkungen von Arnolds jüngerem Bruder Wilhelm, der den jungen Ferdinand Lassalle den »Unheimlichen« oder noch beziehungsvoller die »Klapperschlange« nannte. Sein Urteil war distanziert, wenn er Anfang 1845 an Kummer schrieb: »Lassal ist ein Mensch, der mit einer ungewöhnlichen Geistesschärfe begabt ist, die bis in das kleinste Detail der Dinge dringt, von denen man oft meint, sie müßten ihm sehr entfernt liegen. Er hat eine außerordentliche Gewalt über die Menschen, weil er die Triebfedern ihrer Handlungen erkennt, bevor sie Jenen noch selbst klar geworden sind, und daher dies nach Belieben nutzen kann. Du kannst Dir davon keinen Begriff machen, wenn Du es nicht gesehen hast, und es würde allerdings dies zu sehn kein erfreulicher Anblick sein.«[53]

Die Begegnung Arnold Mendelssohns mit Ferdinand Lassalle ging in die Geschichte ein, hatte sie doch fatale, nicht voraussehbare Auswirkungen. Arnold Mendelssohn wurde nämlich in den Ehescheidungsprozess der Gräfin Sophie von Hatzfeldt (1805–1881) hineingezogen. In diesem Prozess, der seinerzeit die Gemüter in Deutschland stark erregte,[54] hatte sich Lassalle als Rechtsberater der Gräfin zur Verfügung gestellt, deren unangenehmer, herrischer und egoistischer Ehemann im Frühjahr 1847 Klage gegen seine Frau eingereicht hatte, in der er sie des »fortgesetzten ehebrecherischen Treibens« beschuldigte.

Im Deutschland des Vormärz war die Affäre ein außerordentlicher Skandal. Jedermann war bewusst, dass es sich nicht um eine persönliche Abrechnung, sondern um den Versuch einer Frau handelte, sich von Abhängigkeit, Willkür und Verfügungswahn der Männerwelt zu emanzipieren. Es ging, das war allen, die es wissen wollten, klar, nicht um Schuld und Unschuld der Angeklagten, auch nicht um die Zeugenaussagen bestochener Kammerdiener und Kammerzofen, sondern es ging um überholte Privilegien, um Unterdrückung und Ungerechtigkeit.

Lassalle, der sich für die Gräfin einsetzte, hatte seine Freunde Arnold Mendelssohn und Felix Alexander Oppenheim beauftragt, der Mätresse des Grafen Hatzfeldt nachzuspionieren. Als diese, eine Baronin Meyendorf,[55] im Verlauf einer Reise im Gasthof zum Mainzer Hof in Aachen abstieg, quartierten sich auch Mendelssohn und Oppenheim dort ein und entwendeten der Baronin eine Kassette, in der sie belastendes Material vermuteten. Der Diebstahl wurde entdeckt, und die beiden Freunde mussten Hals über Kopf in einer Droschke fliehen, wobei sie in ihrer Aufregung vergaßen, die Gasthof-Rechnung zu begleichen.

Arnold Mendelssohn begab sich von Aachen über Belgien nach Frankreich. In Paris suchte er den Schriftsteller Heinrich Heine auf, der ihm zwar Beistand gewährte, sich aber nicht an der Kampagne gegen den Grafen Hatzfeldt beteiligen wollte. Von Paris aus, wo er sich zunehmend für die Ideen des Sozialisten Proudhon zu begeistern begann, war Arnold Mendelssohn weiterhin bemüht, Lassalle zu unterstützen, indem er gemeinsam mit dem Schriftsteller Karl Grün in französischen Zeitungen Artikel über die Affäre Hatzfeldt in Deutschland veröffentlichte.

Der steckbrieflich Gesuchte stellte sich im Juli 1847 in Deutschland den Behörden und wurde in das Kölner Gefängnis Klingelpütz überführt. Am 10. und 11. Februar fand unter großer Beachtung der Öffentlichkeit die Assisenverhandlung statt, in der Arnold Mendelssohn des Diebstahls und der Hehlerei für schuldig befunden wurde. Das Urteil lautete auf fünf Jahre Zuchthausstrafe und war verbunden mit dem Verbot, den Arztberuf weiter auszuüben. Damit aber nicht genug: Nach vollzogener Strafe, so das Urteil, sollte der Verurteilte lebenslänglich unter Polizeiaufsicht stehen.

Erhalten ist ein Brief Arnold Mendelssohns vom 22. April 1849, in dem er auf die Bemühungen seiner Familie eingeht, ihn aus der Haft freizubekommen. Darin zeigt er sich dankbar dafür, dass der Vater gewillt sei, eine Kaution zu zahlen, und bekennt schuldbewusst, sich in Dinge eingelassen zu haben, die ihn eigentlich nichts angingen. Er entschuldigt es mit der »Krankheit des Revolutionsfiebers«. Gegenüber Lassalle, so führte er weiter aus, habe er die Selbständigkeit des Urteils verloren, was er im Nachhinein sehr bedauere: »Also, seid so gut und laßt mich jetzt aus dem Loch, es soll niemandem leid tun, es getan oder dazu geholfen zu haben.«[56]

Die Bemühungen Wilhelm Mendelssohns, der in Köln mehr als 200 Unterschriften für die Freilassung seines Bruders gesammelt hatte, sowie das vom Vater gestellte Gnadengesuch, das der Freund der Familie, Alexander von Humboldt, dem König übermittelt hatte, führten schließlich zur Entlassung des Inhaftierten aus dem Gefängnis. Gemäß den Kautionsauflagen, die er gezwungen war, zu unterschreiben, verließ Arnold Mendelssohn Preußen. Es war ein Abschied für immer.

Gesuche Arnold Mendelssohns, eine Einstellung als Arzt in österreichischen Diensten zu erwirken, wurden abgewiesen. Der Weg führte ihn deshalb weiter über Ungarn und Bulgarien in die Türkei, wo er schließlich Zuflucht fand. Die Geschichte seiner weiteren Aktivitäten liest sich wie ein Abenteurerroman; die Lebenszeichen, die er an den Vater, den Bruder und an eine gewisse »Madame« sandte, spiegeln das Leben eines aus der Bahn Geworfenen, der sich in fremder, ungewohnter Umgebung behaupten und durchschlagen musste.

In Stambul, dem heutigen Istanbul, erreichte ihn die Nachricht, dass in Berlin verfügt worden sei, ihn auszubürgern und ihm den preußischen Pass zu entziehen. Aus der Begnadigung war, wie er klagte, eine Art »hinterlistige« Deportation geworden. Mit Hilfe der Engländer, die ihn unter ihren Schutz nahmen, konnte er sich schließlich neu orientieren und eine Stellung südlich von Beirut annehmen. Zeitweilig trug er sich mit dem Gedanken, nach Amerika auszuwandern, wenn es ihm auf absehbare Zeit verwehrt sein würde, in die Heimat zurückzukehren. Inständig bat er die Verwandtschaft, ihn nicht ohne Nachrichten »hier im Land der Todten« sitzen zu lassen.

Im Frühsommer 1851 zog es Arnold Mendelssohn nach Jerusalem. Die Briefe, die er von dort an Vater und Bruder sandte, klingen zuversichtlich. »Ich bin«, schrieb er dem Vater, »jetzt ungefähr 2–3 Monate als Privatarzt hier in der heiligen Stadt wie die Araber und Juden sie nennen (El Chudds, Harodesch) und es geht mir ziemlich gut.« In Anspielung auf seine Lage schrieb er dem Bruder am 25. April 1852: »Glück auf, Bruder Schiffbrüchiger, und, was man in der Jugend wünscht, hat man im Alter die Fülle.«

Von der Stadt und den dort lebenden Menschen zeigte Arnold Mendelssohn sich fasziniert. »Da ich«, teilte er dem Vater nach Berlin mit, »in gewisser Weise anfange ein Levantiner zu seyn, z. B. 5–6 Sprachen mehr oder weniger geläufig spreche, nämlich deutsch, französisch, englisch, italiänisch, spanisch, u. ein bischen türkisch u. arabisch, so kann ich mich mit diesen Leuten allen unterhalten.«[57]

Im Oktober 1851 gründete Arnold Mendelssohn zusammen mit einem italienischen Priester und Missionar sowie einem französischen Konsulatsbeamten das noch heute bestehende, allerdings zwischenzeitlich erheblich erweiterte St. Louis French Hospital in der Jerusalemer Neustadt, gegenüber dem Neuen Tor der Altstadt. In die Zeit der Hospitalgründung fällt auch sein Übertritt zum Katholizismus. Dieser Schritt erfolgte offensichtlich nur, weil er sich davon Vorteile versprach – nicht für sich, sondern für das Hospital, das finanzieller Unterstützung bedurfte und diese von den Franziskanern in Jerusalem erhoffte.

Sehr ernst hat er den Übertritt, der im Beisein des Jerusalemer Patriarchen zelebriert wurde, allerdings nicht genommen. »Du kannst Dir denken«, teilte er am 13. Januar 1852 seinem Vater mit, »daß der französische Consul u. ich Katholiken von demselben Kaliber sind, d. h. daß unsere Bildung und Philosophie uns innerlich zu etwas anderem macht, als zu dem gläubigen Mitgliede irgendeiner Kirche. Aber hier zu Lande ist die Religion Politik, und da es zu meinen politischen Zwecken notwendig war, diesen Schritt zu tun … habe ich ihn gethan.«[58]

Arnold Mendelssohn, der noch in mancherlei Missionen kreuz und quer durch den Nahen Osten reiste, hat seine Eindrücke nicht nur Vater, Bruder und »Madame« mitgeteilt, sondern diese auch als Korrespondent für die »Kölnische Zeitung« niedergeschrieben.[59] Arnold Mendelssohn ist Opfer seines Berufes geworden. Auf einer seiner Reisen erkrankte er und starb, wann genau, ist ungewiss. Es gibt einen Hinweis, dass das bereits im Mai 1854 geschah. Aber das sind Vermutungen.

Ferdinand Lassalle, der bei seiner Orientreise 1856 auf die Spuren seines einstigen Gefährten stieß, teilte Sophie von Hatzfeldt die Umstände von dessen Tod mit, wobei er aus einem Schreiben des ungarischen Revolutionsgenerals Georg Kmety (Kiamal Pascha) zitierte: »Unser armer Freund Dr. Mendelssohn ist vor wenigen Wochen in Bajazid an der persischen Grenze an Typhus gestorben. Der arme Teufel, vom Schicksal gepeitscht und gehetzt, voll Empfindung und Phantasie, im ganzen ein ganz gewiß guter Kerl, angefeindet von seinen Kollegen, verdächtigt als Spion von Freund und Feind, mußte sich bis an den Fuß des Berges Ararat packen [begeben], um dort jung, von der ganzen Welt verlassen, in einem Loch wie ein Hund [sein Leben] auszuhauchen. Ruhe seiner Asche!«[60]

Dorothea, Simon Veit, Friedrich Schlegel

Brendel, die älteste der drei Mendelssohn-Töchter, die sich später Dorothea nannte, ist neben ihrem Bruder Abraham das wohl bekannteste der Mendelssohn-Kinder. Ähnlich wie später bei ihren Geschwistern, scheinen die Eltern auch bei Brendel größten Wert darauf gelegt zu haben, dass sie eine umfassende allgemeine Ausbildung erhielt. Ihre Briefe an Verwandte und Freunde, vor allem aber ihre späteren schriftstellerischen Arbeiten lassen auf ein umfangreiches Literaturstudium und den Erwerb guter französischer Sprachkenntnisse schon in frühen Jahren schließen.

Wenn Moses Mendelssohn auch als Aufklärer galt, so war er doch nicht so aufgeklärt, dass er seiner Tochter gestattet hätte, sich selbst einen Ehemann auszuwählen. Elternwille ging damals noch vor eigenen Willen. Der Vater bestand darauf, dass es ihm allein zustehe, den künftigen Schwiegersohn zu bestimmen. Aus Mendelssohns Sicht war der für die Tochter geeignete Ehemann Simon Veit (1754–1819), der Sohn des angesehenen Baruch Veit. Nicht nur war er gutsituiert, sondern über seinen Vater auch im Besitz eines Schutzbriefes. Vermutlich war Mendelssohn davon überzeugt, dass er sich nach einer Heirat Brendels mit Simon Veit um die Zukunft seiner Tochter keine Sorgen mehr machen müsse.

Die 1783 geschlossene Ehe stand allerdings unter keinem guten Stern. Brendel, ihrem Mann intellektuell weit überlegen, fand im Zusammenleben mit Simon Veit nicht die Erfüllung, die sie sich erträumt haben mag. Veit, der seinen Geschäften nachging, war ihr gegenüber korrekt und fürsorglich, teilte aber nicht ihr Interesse an Literatur und Theater. Die beiden Söhne Jonas (Johannes *1790) und Feibisch (Philipp *1793) erwiesen sich nicht als das verbindende Element, das die Ehe zusammengehalten hätte. Dorothea und Simon Veit entfremdeten sich zunehmend.

Den notwendigen Ausgleich fand Brendel bei den Soireen, zu denen sie regelmäßig in ihr Haus einlud. Es war kein Salon in dem Sinne, wie ihn die beiden Freundinnen Henriette Herz und Rahel Levin führten, aber ein Ort, an dem Leseabende stattfanden, zu denen vornehmlich jüdische Freunde geladen waren, wie etwa David Friedländer, Henriette und Marcus Herz, Rahel Levin, aber auch Karl Philipp Moritz, um gemeinsam »dramatische Szenen« zu deklamieren. Angeblich soll gelegentlich auch Moses Mendelssohn bei diesen Abenden erschienen sein.

Das vielgerühmte Dreigestirn Brendel Veit, Henriette Herz und Rahel Levin, die spätere Frau des Diplomaten August Varnhagen von Ense, gilt als der Anbeginn der Salonkultur in Berlin. Von den drei Frauen soll Henriette die schönste, Rahel die intelligenteste und Dorothea die romantischste gewesen sein. Sie waren noch keine Frauenrechtlerinnen, aber Frauen, die sich ihrer selbst bewusst geworden waren und in ihren Salons den freieren Umgang untereinander probten.

Brendel und ihr Freundeskreis waren unpolitisch in dem Sinne, dass sie zwar zusammenkamen, redeten, dabei aber nicht an gesellschaftliche und politische Veränderungen dachten. Die Welt, in der sie agierten und in der sie sich zu Hause fühlten, war die der Literatur und Künste. Mit Lessing konnten sie nur wenig anfangen, noch weniger mit der Mendelssohn'schen Aufklärung, deren rationalistische Grundlage ihnen fremd war.

Man las Iffland und Kotzebue, zeigte sich angetan vom jungen Goethe und besprach gemeinsam dessen »Werther«. Es heißt, die Frauen hätten aus ihren Salons wahre »Goethe-Tempel« (Carola Stern) gemacht. Damit nahmen sie in gewisser Weise eine Entwicklung vorweg, die Ende des 19. Jahrhunderts für jedermann sichtbar und deutlich werden sollte. Der Goethe-Kult ist nicht nur mit dem Namen des Literaturhistorikers Ludwig Geiger verbunden, sondern hat Wurzeln, die bis in die Salons der Berliner Jüdinnen Brendel Veit, Henriette Herz und Rahel Levin reichen.

Friedrich Nicolai, der weder von den Salons noch von den drei Gastgeberinnen viel hielt, spottete über deren Goethe-Begeisterung und nannte die Goethe-Verehrerinnen »Goethe-Sklaven« und »kriechende Lobhudeln«, die den »Wilhelm Meister« rückwärts läsen. Das antifeministische Ressentiment, versehen mit einem deutlichen antijüdischen Unterton, ist unverkennbar. Die Gastgeberinnen, suggerierte Nicolai, die nichts Besseres im Sinne hätten, als Salons zu führen und mit bedeutenden Zeitgenossen zu verkehren, könnten unmöglich gute Hausfrauen und Mütter sein. Nicolai sprach aus, was wohl die meisten Zeitgenossen dachten.

Brendel war 33 Jahre alt, als sie sich entschloss, mit den überkommenen Konventionen zu brechen. 1797 nahm sie sich einen Geliebten, der gerade einmal 25 Jahre alt war. Dass sich eine ältere Frau mit einem jüngeren Mann zusammentat, war zu dieser Zeit nichts Ungewöhnliches. Rahel Levin machte es einige Jahre später nach. Als sie am 27. September 1814 den Diplomaten August Varnhagen von Ense heiratete, war sie 43, er 29 Jahre alt. Der Altersunterschied war erheblich, doch in der Welt der Romantik spielte das keine Rolle.

In dieser Zeit der Neuorientierung änderte Brendel Veit auch ihren Namen. Sie nannte sich nun Dorothea. Mit diesem Schritt signalisierte sie der Umwelt, dass sie auch in der Frage des Namens für sich das Recht auf Selbstbestimmung in Anspruch nahm.

Der junge Mann, den Dorothea im Salon der Henriette Herz kennengelernt und in den sie sich Hals über Kopf verliebt hatte, war kein Geringerer als Friedrich Schlegel, der jüngere von zwei Brüdern, die sich zu jener Zeit einen Namen als Intellektuelle zu machen begannen. Spötter behaupteten damals, der ältere Bruder, August Wilhelm, ein Shakespeare-Übersetzer, habe Talent, sei aber kein Genie, Friedrich hingegen, der Geliebte Dorotheas, sei ein Genie, besäße aber kein Talent.

Die Affäre erregte Aufsehen. In den Berliner Salons wurde getratscht und getuschelt. Liebesverhältnisse waren zwar nichts Ungewöhnliches, in diesem Fall aber doch, da Brendel nicht irgendwer, sondern die Tochter des berühmten Moses Mendelssohn war und der Ehebruch von ihr in aller Öffentlichkeit begangen wurde. Das erregte Bewunderung wegen ihres Mutes, aber auch lautstark geäußerten Missfallen. Die Brüder und Schwestern waren empört und wollten, zumindest zeitweise, mit Brendel nichts mehr zu tun haben. Sie bemitleideten den verlassenen Ehemann und wunderten sich, mit welcher Gelassenheit und Ruhe er die Eskapaden seiner Frau zur Kenntnis nahm, selbst dann noch, als seine Ehefrau mit ihrem Geliebten Friedrich Schlegel in einer Wohnung in der Ziegelstraße am Berliner Stadtrand zusammenzog.

Die Veit'sche Ehe wurde am 11. Januar 1799 schließlich vor einem Berliner Rabbinatsgericht geschieden. Veit, der anfänglich nichts von einer Trennung hatte wissen wollen, willigte schließlich doch ein, als er erkannte, dass er Dorothea nicht würde halten können. Vereinbart wurde, dass Jonas beim Vater bleiben sollte, der sechsjährige Philipp bei der Mutter. Falls die Mutter allerdings noch einmal daran dächte zu heiraten oder auf die Idee käme, das Judentum zu verlassen, sollte das Sorgerecht für Philipp ebenfalls an den Vater fallen.

Im Oktober 1799 folgte Dorothea mit ihrem Sohn Friedrich Schlegel nach Jena, wo sie für die nächsten zwei Jahre bei August Wilhelm und Caroline Schlegel unterkamen. Das Verhältnis zu Schwager und Schwägerin war zunächst gut, was vermutlich damit zusammenhing, dass sich Dorothea und Caroline in der Erinnerung an ihre Väter verbunden wussten, die zu Lebzeiten Umgang miteinander gehabt hatten. Dorotheas Vater hatte die Schriften von Carolines Vater, dem Göttinger Theologen und Polyhistor Johann David Michaelis, rezensiert. Und Carolines Vater wiederum war, obgleich kein Freund der Juden, in vielfacher Hinsicht ein akzeptierter Gesprächspartner von Dorotheas Vater Moses Mendelssohn gewesen.

Dorothea Veit, spätere Schlegel, ist aus der deutschen Geistesgeschichte nicht wegzudenken. Durch ihren Lebensgefährten fand sie Anschluss an den Kreis der Frühromantiker in Jena, die sich um die Zeitschrift »Athenäum« (1798–1800) geschart hatten. Dieser Gruppierung gehörten neben den beiden Schlegels, die auch Herausgeber der Zeitschrift waren, Ludwig Tieck, Novalis und der junge Philosoph Friedrich Wilhelm Schelling an. Bei den Zusammenkünften diskutierte man über das Wesen der Natur und zerbrach sich den Kopf, ob es so etwas wie eine Weltenseele gebe.

Die Frühromantiker haben die überkommenen sozialen Konventionen in Frage gestellt, was beispielsweise bedeutete, dass sie nicht nur an die Emanzipation der Frau glaubten, sondern auch die freie Liebe propagierten. In Caroline Schlegel, der späteren Frau Schellings, hatte Dorothea Veit zunächst eine Bündnisgenossin – bis die Freundschaft an den allzu unterschiedlichen Charakteren der beiden Frauen zerbrach.

Aus den Briefen, die Dorothea aus Jena an Friedrich Schleiermacher schrieb, wird deutlich, wie froh und glücklich sie war, dass sie dem Joch der Ehe hatte entfliehen können. Sie bewies Humor, war geradezu übermütig und beschrieb Situationen in der ihr eigenen Art. »Erst wollte ich nicht sprechen«, schildert sie beispielsweise eine Begegnung mit Goethe: »Hol der Teufel die Bescheidenheit«, habe sie schließlich gedacht, »wenn er sich ennuyiert, so hab ich unwiederbringlich verloren!«[61]

In der Jenaer Zeit erschien Friedrich Schlegels Roman »Lucinde«, in dem er die Geschichte seines in den Augen der Umwelt illegitimen Liebesverhältnisses zu Dorothea Veit mit deutlich autobiographischen Anspielungen beschrieb. Der Leser konnte ohne weiteres in der Person des »Julius« Schlegel erkennen und in der Person der »Lucinde« Dorothea. Das Buch, eine Mischung aus Briefen, Dialogen, Allegorien und Bekenntnissen mit gelegentlich erotischem Einschlag, zog alsbald einen Skandal nach sich.

Schlegel war es mit einem literarischen Kunstgriff gelungen, dem Leser seine Vorstellung von der Gleichberechtigung der Geschlechter drastisch vor Augen zu führen. Das tat er, indem er in dem Roman Julius und Lucinde in ihrer Beziehung die Rollen tauschen ließ, Lucinde verkörperte den »maskulinen Angreifer«, während Julius »eine Haltung femininer Passivität« (Herbert Kupferberg) einnahm.

Von den Freunden waren es nur Henriette Herz, Johann Gottlieb Fichte und Friedrich Schleiermacher, die das Buch und das Paar gegen die von allen Seiten vorgetragene Kritik verteidigten. Mehrheitlich stieß der Roman auf Ablehnung. Schlegels Bruder nannte ihn eine »törichte Rhapsodie«, zwei Damen, denen Clemens Brentano den Roman vorgelesen hatte, äußerten sogar tiefe Abscheu gegen »Madame Veit«, wobei sie sich nicht verkneifen konnten, sie »das gemeine, häßliche Judenweib« zu nennen.[62]

Der Erfolg von Schlegels »Lucinde« war es wohl, der Dorothea anregte, selbst zur Feder zu greifen. Das war für die Zeit nicht ungewöhnlich, galt aber doch als unziemlich. Frauen sollten sich nicht sich selbst und ihren Interessen widmen, sondern ihre Männer unterhalten und erheitern. Sich öffentlich zu äußern, war den Männern vorbehalten.

Dorothea allerdings war nicht aus Profilsucht, sondern aus materieller Not am Schreiben interessiert; sie schrieb, weil sie glaubte, damit zum häuslichen Budget beitragen zu können. So ließ sie denn auch ihren Erstlingsroman »Florentin« 1801 nicht unter ihrem Namen erscheinen, sondern anonym, versehen mit dem erläuternden Zusatz: »Ein Roman, herausgegeben von Friedrich Schlegel«.

Von dem ursprünglich auf zwei Bände angelegten Roman ist nur ein Band erschienen. Das Werk war ganz offensichtlich als ironisches Gegenstück zu Friedrich Schlegels »Lucinde« gedacht. Der Leser konnte gar nicht anders, als in dem auf der Suche nach Glück durch das Land streifenden Künstler Friedrich Schlegel zu erkennen und in der Frau, der sich Florentin-Friedrich schließlich zuwendet, Dorothea Veit selbst zu erblicken.

Die literarischen Vorbilder, deren sich Dorothea Veit bedient hatte, lassen sich deutlich zuordnen. Einige der Motive im »Florentin« erinnern, wie Literaturhistoriker in sorgfältig belegten Vergleichen nachgewiesen haben, an Goethes »Wilhelm Meister« und an den eben erschienenen Künstlerroman »Franz Sternbald's Wanderungen« von Ludwig Tieck. Ein »Ragout aus anderen Romanen« urteilte Friedrich Schillers Frau Charlotte spitz – aber ein Roman, der besticht und »einen angenehmen Effekt«[63] macht.

Paris, Köln, Wien

Im Sommer 1802 ließ sich Dorothea Veit mit ihrem Sohn und ihrem Lebensgefährten in Paris nieder. Die Stadt faszinierte nicht nur sie, sondern ebenso Friedrich Schlegel, der allerdings Schwierigkeiten hatte, in der Stadt Fuß zu fassen. Was hatte er, ein deutscher Philosoph und Schriftsteller, dort zu suchen?

Dorothea Veit und Friedrich Schlegel besuchten die Museen der Stadt, aber auch Opern und Konzerte. In ihrem Haus in der Rue de Clichy Nr. 19 gingen vor allem durchreisende Deutsche ein und aus. Schlegels Hoffnungen, sich in Paris eine Existenz aufbauen zu können, zerschlugen sich jedoch. Lebensuntüchtig, wie er war, verließ Friedrich Schlegel sich ganz auf seine Gefährtin und deren Aktivitäten.

Während Friedrich Schlegel seinen Interessen nachging, sich mit der europäischen Malerei beschäftigte, Sanskrit und Hindu-Philosophie studierte, schrieb Dorothea Texte, die unter dem Namen ihres Mannes veröffentlicht wurden, und fertigte Übersetzungen an. Die Honorare, die sie für diese Arbeiten erhielt, waren allerdings kärglich.

Eine der Arbeiten, die sie in Angriff nahm, war die Übersetzung und Bearbeitung des Merlin-Stoffes. Die Gestalt des Zauberers und Wahrsagers Merlin, der der Legende nach aus der Vereinigung eines Teufels mit einer Jungfrau stammt, war von den Romantikern wiederentdeckt und wiederbelebt worden. Sie waren von Merlins Zwielichtigkeit fasziniert und sahen in dem keltischen Magier eine literarische Bezugsgestalt. In der Literaturgeschichte wird Friedrich Schlegel als Wiederentdecker des Merlin genannt, Dorothea Veits Bearbeitung des Stoffes jedoch zumeist verschwiegen.

In Paris ließ sich Dorothea in der evangelischen Kapelle der schwedischen Botschaft taufen. Direkt im Anschluss fand die Trauung mit Friedrich Schlegel statt. Der Schwägerin schrieb sie, sie möge niemanden, ausgenommen Ludwig Tieck und August Wilhelm Schlegel, davon in Kenntnis setzen, dass sie die Taufe genommen und geheiratet habe. Offenbar befürchtete sie, die Nachricht würde unnötigen Klatsch und Tratsch nach sich ziehen.

Dorothea hatte sich den Schritt der Taufe genau überlegt. Ihrem Vertrauten Friedrich Schleiermacher hatte sie mitgeteilt, sie lese die Bibel in der Übersetzung von Martin Luther. »Ich lese mit Aufmerksamkeit beide Testamente«, hieß es in dem Brief an Schleiermacher, »und finde nach meinem Gefühl jetzt das protestantische Christenthum doch reiner und dem Katholischen weit vorzuziehen; dieses hat mir zu viel Äehnlichkeit mit dem alten Judenthum, daß ich sehr verabscheue. Der Protestantismus dünkt mich aber ganz die Religion Jesu zu sein und die Religion der Bildung; im Herzen bin ich ganz, so viel ich aus der Bibel verstehen kann, Protestantin.«[64]

Das Ehepaar hat sich in Paris nicht besonders wohl gefühlt. Die politische Stimmung war angespannt und gab zu keinem Optimismus Anlass. Der 18. Brumaire und die napoleonischen Eroberungskriege führten dazu, dass sich die Schlegels zusehends in eine deutlich antifranzösische Haltung hineinsteigerten. Dorothea hielt die Franzosen für »leere Sklavenseelen«, denn, so teilte sie Schleiermacher mit, »wie dumm die Franzosen sind, das ist unglaublich«.[65]

Von Paris führte Dorothea und Friedrich Schlegel der weitere Weg nach Köln, wo sie zwar gut aufgenommen wurden, sich aber dennoch nicht sehr wohl fühlten. Wie zuvor schon in Jena und Paris quälte sie die permanente Geldnot. Sie gingen Freunde und Verwandte um Unterstützung an, die auch bereitwillig halfen, obgleich sie nur selten mit einer termingerechten Rückzahlung rechnen konnten. Dorotheas einstiger Ehemann Simon Veit unterstützte die beiden vermutlich mehr als alle anderen.

In Köln traten die Schlegels zum Katholizismus über. Ihre einstigen Vorbehalte gegenüber der römischen Kirche galten nicht mehr; sie gewann für sie zunehmend an Attraktivität, wozu die Vorliebe des Paares für die frühromantische Lebens- und Weltanschauung beigetragen haben dürfte. Im Verlauf der Jahre entwickelten sich die Schlegels zunehmend zu Propagandisten des Katholizismus, den sie dem Protestantismus als überlegen ansahen.

Von wem der Anstoß zum Übertritt ausging, ist nicht mit letzter Gewissheit zu ermitteln. Einmal heißt es, es sei Friedrich, der den Übertritt gewollt, dann wieder, es sei Dorothea gewesen, die gedrängelt habe, diesen Schritt zu machen. Als beide am 16. April 1808 in St. Maria im Pesch, einer Nebenkirche des Kölner Doms, das katholische Glaubensbekenntnis ablegten und zwei Tage später die Heilige Kommunion empfingen, fragten sich viele, warum sich die beiden ohne Not der römischen Kirche in die Arme geworfen hatten. Freunde und Verwandte wussten nicht viel mit dem Sinneswandel des Paares anzufangen.

Im Rückblick erklärt sich diese Entscheidung dadurch, dass Friedrich Schlegel, der den Protestantismus als Religion der Aufklärung ablehnte, wohl gehofft hat, in der katholischen Frömmigkeit eine Heimat zu finden, die seinem Bedürfnis nach Trost und Geborgenheit entgegenkomme. Die Hinwendung zum Katholizismus, die nach dem Scheitern der Französischen Revolution eine ganze Reihe von Menschen vollzogen, dürfte im Übrigen damit zusammengehangen haben, dass nicht wenige auf Sinnsuche waren und glaubten, in der Wiedergewinnung der religiösen Einheit Erfüllung finden zu können.

Auf Köln folgte als nächste Station des Ehepaares Wien, wo es Friedrich Schlegel nach einigen Mühen gelang, sich den Posten eines Sekretärs am kaiserlichen Hof zu verschaffen. Wien war dann auch die Stadt, in der die Schlegels die beiden nächsten Jahrzehnte zubrachten. Die berufliche Laufbahn Friedrich Schlegels verlief zwar nicht sonderlich erfolgreich, aber im Schlegel'schen Hause trafen sich wie einst in Paris und Jena Literaten und Künstler: Clemens Brentano, Justinus Kerner, Theodor Körner, Joseph von Eichendorff und manch andere Berühmtheit.

Der auf das fünfzigste Lebensjahr zugehenden Dorothea wurde in Wien schließlich die Anerkennung zuteil, die sie sich immer gewünscht hatte. »Madame Schlegel«, wie man sie allgemein nannte, und ihr Mann suchten und fanden Anschluss im katholischen Milieu der Stadt, obwohl man dem Konvertitentum des Paares mit einem gewissen Misstrauen begegnete.

Regelmäßig eingeladen wurden die beiden zu den Soireen der aus der Berliner Itzig-Familie stammenden Fanny von Arnstein. In deren Haus, von dem Friedrich von Gentz am 11. August 1802 meinte, es sei das »größte und gewissermaßen die einzige Ressource aller hier ankommenden Fremden«,[66] verkehrten während des Wiener Kongresses Gäste von nah und fern.

Dorothea erlebte in Wien hautnah mit, wie im Frühjahre 1814 die Herrschaft Napoleons beendet wurde und wie die Majestäten, Minister und Gesandten, die sich in Wien aufhielten, um über die Neuordnung Europas zu verhandeln, sich auf Festen und Bällen vergnügten. Die Schlegels hatten zwar eine Reihe von Kontakten, gehörten aber nicht zu den inneren Kreisen der Gesellschaft. Nur ab und zu standen die Schlegels auf den Einladungslisten.

Eine dieser Ausnahmen war das Praterfest zum ersten Jahrestag der Leipziger Völkerschlacht, bei dem ein Gottesdienst stattfand, an dem nicht nur Kaiser Franz I., sondern auch der russische Zar Alexander teilnahm. Am Tag danach schrieb Dorothea ihrem Sohn noch ganz unter dem Eindruck des Gesehenen und Erlebten: »O welch ein Fest war das.«[67]

Dorothea war nach ihrem Übertritt zum Katholizismus bemüht, auch ihre beiden Söhne zu diesem Schritt zu bewegen. Sie sorgte für einen entsprechenden Religionsunterricht, und im Sommer 1810 nahmen beide Söhne in Wien die Taufe. Simon Veit, der Vater, der lange Widerstand gegen diesen Schritt geleistet hatte, fügte sich schließlich. »Ich werde Euch beide nicht aufhören zu lieben«, schrieb er seinem Sohn Philipp, »und das Mögliche tun, wenn wir auch in Rücksicht auf Religion nicht einerlei Meinung sind ... Also, mein lieber Sohn, solange wir nur verschieden in der Religion, in unsern moralischen Grundsätzen aber eins sind, so wird nie eine Trennung zwischen uns vorfallen.«[68]

Das Verhältnis der geschiedenen Ehegatten war sehr viel besser, als es in der Literatur kolportiert wird. Simon Veit war nicht nachtragend, im Gegenteil, er zeigte sich nachsichtig und großzügig gegenüber der Mutter seiner Söhne. Das rechnete ihm Dorothea hoch an. Kurz vor Simon Veits Tod schrieb sie ihm einen Brief, in dem sie dem kränkelnden Ex-Ehemann versicherte, er müsse sich keine Gedanken über die einstige Trennung machen, denn nicht er, sondern sie sei schuld am Geschehenen. »Ich weiss nur zu wohl«, heißt es in diesem Brief, »dass meine

Starrköpfigkeit, mein Eigensinn, meine Heftigkeit, Leidenschaftlichkeit, meine unseelige Unruh, Unzufriedenheit und Phantasterey, ein gewisses schwächliches Treiben nach etwas fremden, unbekanntem mich herumtrieb, und ich allein bin Schuld an unserer Trennung und an Allem, was Gott mir verzeihen wolle, wie Du mir verziehen hast.«[69]

Rom, die Frauenkommune und die Nazarener

Im Sommer 1818 begab sich Dorothea Schlegel nach Rom. Dort lebten nicht nur ihre beiden Söhne, sondern auch ihr Schwager Jakob Bartholdy, ein vielgereister und kunstsinniger Diplomat, der an den Befreiungskriegen teilgenommen hatte und zeitweise im Büro von Staatskanzler Hardenberg angestellt gewesen war. Bartholdy amtierte seit 1815 als preußischer Generalkonsul in Rom und galt als Förderer der römischen Kunstszene.

Dorotheas Söhne Johannes (1790–1854) und Philipp Veit (1793–1877), beide studierte Maler, beide talentiert und auf religiöser Sinnsuche, waren nach Rom gezogen, um sich dort den Nazarenern unter Johann Friedrich Overbeck (1789–1869) anzuschließen, die in Rom das Kloster San Isidoro auf dem Monte Pincio bezogen hatten, dort in einer »Kunstbruderschaft« zusammenlebten und so etwas wie eine Einheit von Kunst und Leben propagierten. Die Nazarener, eine Art studentische »Aussteigergruppe«, hatten sich 1809 an der Wiener Akademie der bildenden Kunst zusammengeschlossen und sich das Ziel gesetzt, die Gegenwart mit den Mitteln der Kunst aus der Rationalität und der Sinnentleerung zu befreien.

An den Romantikern orientiert, begriffen sich die Nazarener als künstlerische Bewegung gegen den Zeitgeist, von dem sie meinten, er sei von Rationalität und Gleichmacherei bestimmt und stelle eine Gefährdung der Gesellschaft dar.[70] Sie träumten davon, durch eine »katholische Restauration« die Wiederbelebung des christlichen Glaubens bewirken zu können, ganz im Sinne des romantischen Schriftstellers Novalis, der bereits 1799 in »Die Christenheit oder Europa« erklärt hatte: »Nur die Religion kann Europa wieder aufwecken und die Völker sichern.«[71]

Philipp Veits Großonkel Jakob Ludwig Salomon Bartholdy (1779–1825) beauftragte seine Neffen und dessen Freunde, in der Casa Zuccari, die später Casa Bartholdy heißen sollte und in der heute die Bibliotheca Hertziana (Max-Planck-Institut für Kunstgeschichte) untergebracht ist, die Lünetten eines Zimmers auszumalen. Die Maler nutzten den Auftrag, das ganze Zimmer mit Freskobildern auszustatten, einer Technik, die damals kaum bekannt war. Philipp nahm sich bei dem Projekt zweier Bilder aus der biblischen Josefs-Geschichte an und malte die sieben fetten Jahre als Gegenstück zum von Johann Friedrich Overbeck geschaffenen Bild der sieben mageren Jahre.

Bartholdy, der die Arbeiten an den Fresken aufmerksam begleitete, äußerte sich zufrieden gegenüber seinem Schwager Abraham Mendelssohn. »Von Veit«, schrieb er diesem am 25. Dezember 1816, »kann ich Dir nichts als Gutes sagen. Er ist ein tüchtiger und zugreifender Mensch; er arbeitet jetzt am zweiten Karton für mein Zimmer, und es ist ganz unglaublich, was er seit den paar Monaten, daß er das erste Freskobild gemacht, gelernt hat.«[72]

Die Wirkung des 1817 fertiggestellten Freskenzyklus, selbst auf Zeitgenossen, die den Nazarenern nicht nahestanden, war außerordentlich. Barthold Georg Niebuhr beispielsweise, Nachfolger Bartholdys als preußischer Gesandter in Rom, zeigte sich sehr angetan. Später wurden die Bilder der Stanza Bartholdy vom preußischen Staat angekauft, sorgfältig von den Wänden gelöst und 1887 in die Nationalgalerie nach Berlin gebracht. Dort wurden sie im Oberlichtsaal der Nationalgalerie unter musealen Gesichtspunkten gerahmt und entsprechend präsentiert.

Auf die Römer machte die Gruppe aus Deutschland und Österreich stammender Künstler einen merkwürdig verschrobenen Eindruck, traten ihre Angehörigen doch auf mit langem, in der Mitte gescheiteltem Haar, wilden Bärten und Sturmhüten, begleitet von großen Hunden. Man sah sie auf den Straßen und diskutierend auf der Piazza di Spagna und fragte sich, was diese seltsamen Heiligen eigentlich in Rom wollten.

In ihren Werken unterschieden sich die Brüder Johannes und Philipp kaum, allenfalls in Nuancen. Krasser Realismus und sentimentale Mystik mischen sich bei beiden. Es ist auffällig, dass die Brüder, von denen Philipp zweifellos der bekanntere geworden ist, sich an den Präraffaeliten orientierten, insbesondere am italienischen Maler Pietro Perugino, dessen Wand- und Tafelbilder sie offensichtlich als Vorbild für ihre eigene Malerei nahmen.

Dorothea Schlegel, begeistert von den Freiräumen, die sich in Rom für die Kunst auftaten, begriff vermutlich, dass das von Malern propagierte katholische Nazarenertum auch ihren Söhnen die Möglichkeit bot, den Fesseln und Bedrängnissen der Existenz in Deutschland zu entfliehen und einen eigenen individuellen Stil zu finden. »Es ist«, schrieb sie Friedrich Schlegel am 11. Juni 1818, »ein sehr schönes Leben hier«.[73]

Die Briefe an Friedrich Schlegel belegen, dass sie Rom genoss. Sie schwelgte in Beschreibungen der Schönheit der italienischen Landschaft, der Farben des Himmels, des Lichts, der Sonnenuntergänge, der Abende und des Mondscheins. Sie machte Ausflüge, ritt auf Eseln zu entlegenen Sehenswürdigkeiten und bekannte, dass Rom für sie nicht nur ein sinnlicher Genuss, sondern auch intellektuell anregend war. Rom schien ihr, wie sie erklärte, ein »geistiger Ort«, eine »Gemeinde gleichgesinnter Seelen«.[74]

Für sich selbst sah Dorothea in Rom die Chance, die Geburt einer neuen deutschen Kunst unmittelbar mitzuerleben. Sie zog, analog den malenden Nazarenern, mit ihren Freundinnen Henriette Herz, Karoline von Humboldt, Augustine Klein und der Malerin Louise Seidler in eine Art »Frauenkommune«, eine »Kommunität«, wie sie die Gruppe nannte. Im Gegensatz zur nazarenischen Männergruppe, die man belächelte, aber irgendwie doch akzeptierte, zogen die Männer über die Frauengruppe mit Ironie und Spott her.

»Es soll hier in Rom«, bemerkte der schwedische Dichter Per Daniel A. Atterborn, »eine ganze Colonie von deutschen Frauen errichtet werden, und alle diese Damen wollen zusammen wohnen, in Einem Hause. Die Minerva dieses wunderlichen Olymps wird wohl die Frau von Schlegel vorstellen; den Platz der Juno wird wohl keine der Frau von Herz streitig machen wollen. Schade, daß die alte Cybele, Frau von Humboldt, bald nach England abgeht! Fräulein Seidler muß sich sputen, damit sie ja ihre Aufnahme in diesen allerliebsten Frauenstaat nicht verfehle. Es sind schon zwei junge Fräulein dort, und Auguste Klein die dritte, die sich mit Malerei beschäftigen.«[75]

Als Friedrich Schlegel im Frühjahr 1819 an der Seite des Fürsten Metternich in Rom auftauchte, war Dorothea erfreut, ihren Mann wiederzusehen. Das Ehepaar, das sich zuvor auf eine Trennung auf Zeit verständigt hatte, verlebte glückliche Tage. Belegt ist allerdings auch, dass jeder, dem Schlegel in Rom begegnete, über sein Aussehen erschrocken war. Er war dick geworden, unförmig und aufgeschwemmt. Man hörte ihn fortwährend von Essen und Trinken reden – und sah ihn das auch ständig tun. Von seinem einstigen Charme war nicht viel geblieben.

»Je mehr ich mich darauf gefreut hatte, ihn zu sehen«, erinnerte sich Louise Seidler, »desto bitterer ward ich durch seine Erscheinung enttäuscht.« Der Dichter der »Lucinde«, mäkelte Seidler, gliche einem »in Schwelgereien sich behaglich fühlenden Sybariten«.[76] Nicht viel anders urteilte der Dramatiker Franz Grillparzer, der Schlegel in Begleitung Philipp Veits in Neapel getroffen hatte, diesen »Hauptapostel des neuen Katholizismus« aber ausgesprochen unsympathisch fand.

Dorothea hatte sich des weltfremden Malervölkchens in Rom angenommen und gehörte zu den Organisatoren der legendären Nazarener-Ausstellung im Palazzo Caffarelli, in dem damals das preußische Konsulat in Rom untergebracht war. Der Ausstellung, die anlässlich des Besuches des österreichischen Kaisers und des ihn begleitenden Fürsten Metternich im Frühjahr 1819 stattfand, war jedoch nicht der Erfolg beschieden, den man sich erhofft hatte.

Die Deutschtümelei der Nazarener ging nicht wenigen auf die Nerven. Die Vorbehalte der Bruderschaft gegenüber wurden auch dadurch nicht abgemildert, dass Dorothea auf die Maler einredete, möglichst auf ihre Bohemeattitüde zu verzichten und sich in einem halbwegs bürgerlichen Habitus zu präsentieren. Geholfen hat das nicht. Die Gäste eilten durch die Säle, ohne ein Bild zu kaufen. Was sie sahen, interessierte sie nicht sonderlich.

Schlimmer aber war noch, dass in der »Allgemeinen Zeitung« ein Verriss der Ausstellung erschien,[77] dessen Verfasser, wie sich sehr bald herumsprach, Dorotheas Schwager war, Jakob Ludwig Salomon Bartholdy. Als Dorothea davon erfuhr, war sie so empört, dass sie kaum noch an sich halten konnte; sie forderte Friedrich Schlegel auf, gebührend zu antworten – nicht ironisch und mit Witz, sondern »diesmal muß hinlänglich grob und tüchtig geschlagen werden, daß dem Affen die Lust vergeht so bald wieder über die deutschen Künstler zu schreiben und ihren guten Ruf zu beschmutzen«.[78]

Nach ihrer Rückkehr aus Italien begann Dorothea Schlegel zu kränkeln. Sie litt an Gicht, an Wassersucht und hatte Probleme mit der Leber.

Sie zog, nachdem Friedrich Schlegel 1829 im Alter von 56 Jahren gestorben war (angeblich hatte er sich überfressen), nach Frankfurt, wo sie fortan im Hause ihres Sohnes Philipp lebte, der dort 1830 zum Direktor des Städelschen Kunstinstitutes berufen worden war.

Den Tod Friedrich Schlegels hat Dorothea nur sehr schwer verwunden. Sie hatte dreißig Jahre mit ihm zusammengelebt und immer zu ihm gehalten, auch wenn er mitunter über die Stränge schlug. Nach seinem Tod kümmerte sie sich um sein geistiges und literarisches Erbe, so gut sie konnte. So vertraute sie seinen schriftlichen Nachlass dem Bonner Philosophen Karl Joseph Windischmann an, dessen letzte Tätigkeit vor seinem Tod 1839 die Herausgabe der »Philosophischen Vorlesungen« Schlegels war.

Die alternde Dorothea suchte in ihren letzten Lebensjahren wieder in Kontakt zu ihrer Familie zu kommen. Das gelang nur bedingt, da sie im Familienkreis als verschroben galt und wegen ihrer bigotten katholischen Überzeugungen gemieden wurde. Dessen ungeachtet war sie sich ihrer jüdischen Herkunft stets gegenwärtig. Das lässt sich an zahlreichen beiläufigen Bemerkungen ablesen, die sie in Briefen und Gesprächen machte.

Im September 1835 anlässlich der Fertigstellung des Gemäldes »Die Mutter bei der Aussetzung Moses«[79] ihres Sohnes Philipp Veit verfasste sie beispielsweise ein Gedicht, dessen letzte Verse lauteten:

Einst wird ein Retter unseres Stammes,
Der Sohn der Jungfrau
Im Tode, blutend, zum Leben es erlösen
Für alle Zeiten, ewige Zeiten!
Fortan wird keine Tochter Israels
Des Herrschers Grimm-Gebot gehorchend
Den Sohn dem Tode opfern müssen;
Nicht in der Welle Grab,
In Deinen Arm, o Herr
Leg' ich vertrauensvoll den Sohn;
Der Du das Wehgeschrei
Der Tochter Jakobs nicht verschmähst
Gelobt seist Du zu allen ew'gen Zeiten
Jehovah unser Gott[80]

Dorothea starb zehn Jahre nach ihrem Ehemann am 3. August 1839. In den letzten Lebensjahren fühlte sie sich alt, müde und krank. Die österreichische Pension, die ihr für die Dienste ihres Mannes ausbezahlt wurde, reichte gerade zu einem bescheidenen Auskommen. Ihrer Jugendfreundin Henriette Herz, in deren Salon sie Friedrich Schlegel einst kennengelernt hatte und die über ihr Alter geklagt hatte, teilte sie kurz vor ihrem Tod mit, sie lebe in Ruhe und Heiterkeit, sehne sich aber danach, bald alles hinter sich zu lassen.

Henriette »Jette« Mendelssohn

Sie wurde als Yente geboren, trug den Namen Henriette und nahm später, als sie sich zur katholischen Kirche bekannte, zusätzlich den Namen Maria an. Von ihren Verwandten und Freunden wurde sie meist Jette genannt. Die Rede ist von der jüngsten Tochter Moses Mendelssohns, die, 1775 geboren, wie ihre Schwestern eine gründliche und systematische Erziehung erhielt. Rahel Levin, die spätere Rahel Varnhagen, seit frühester Jugend mit ihr befreundet, hielt sie für die »aufrichtigste und nachdenklichste« der Mendelssohn-Töchter.

Zeit ihres Lebens blieb Henriette Mendelssohn unverheiratet. Angeblich hatte sie eine angeborene Scheu vor Männern, die sie nur als intellektuelle Gesprächspartner zu akzeptieren bereit war. Folgt man dem, was über sie berichtet wird, so war sie keine Schönheit, um die sich die Männer gerissen hätten. Sie hätte nichtsdestotrotz Bernhard Eskeles, einen wohlhabenden Finanzmakler in Wien, heiraten können, schlug dessen Angebot aber aus. Angebliche lesbische Veranlagungen, wie in der Literatur angedeutet, sind nicht belegt.

Henriette, die ihrem Bruder Abraham 1802 nach Paris gefolgt war, arbeitete zunächst als Erzieherin der Kinder des Bankiers Fould. Mit ihrem Bruder wohnte sie eine Zeit lang im Stadthaus der Foulds in der Rue Richer. Vermutlich in dieser Zeit brachte sie Abraham mit Lea Salomon zusammen, einer alten Freundin aus Berliner Tagen. Das gemeinsame Interesse an Musik und Kunst, das Abraham und Lea verband, führte dazu, dass sie sich ineinander verliebten.

Ganz wohl schien Henriette sich in ihrer ersten Pariser Zeit nicht gefühlt zu haben, wozu die unsicheren politischen Zustände beigetragen haben mögen. In einem Brief an Nathan vom 3. November 1803 klagte sie über die Bedrücktheit der Menschen: »Klagen über Verlust und Theuerungs-Geseier und kein Ende.« Andererseits zeigte sie sich vom Kulturleben der Stadt angetan: »Das beste, was ich Dir von hier sagen kann ist, daß unsere Strinosante in zwölf Vorstellungen 4 mahl die Italiana u. 8 mahl Matrimonio gesungen hat, unübertrefflicher denn je.«[81]

Die Bekanntschaften, die sie im Haus der Foulds machte, brachten Henriette Mendelssohn auf den Gedanken, eine Mädchenschule zu eröffnen. Da sich im Haus in der Rue Richer zahlreiche leerstehende Räume sowie ein schattiger Innengarten befanden, waren die Foulds damit einverstanden, dass Henriette einen Teil des Hauses für ihre Schule nutzte. Die Eltern, die ihre Kinder in die Obhut Henriettes gaben, waren froh und glücklich darüber, diese einer Erzieherin anvertrauen zu können, die den Vorzug hatte, nicht nur umfassend gebildet, sondern auch die Tochter des berühmten Moses Mendelssohn zu sein.

Zeitgenossen wie August Varnhagen von Ense, der Henriette bei einem Parisaufenthalt 1810 kennengelernt hatte, beschrieben diese als sanft, bescheiden und zuverlässig in ihrem ganzen Wesen. Sie bezeugten, dass sie einen scharfen Verstand besaß, sich durch ein gewinnendes Auftreten auszeichnete und eine freundliche Art zu sprechen hatte. Henriette beherrschte Englisch und Französisch fließend und war in den Literaturen beider Sprachen zu Hause. Deutsche, die Paris besuchten, bemühten sich, bei ihr vorsprechen zu dürfen.

Der Kreis, den Henriette Mendelssohn um sich scharte, war bunt und illuster. Zu ihm gehörten unter anderem Madame de Staël, die sie regelmäßig besuchte und eine gute Freundin wurde, der Staatstheoretiker Benjamin Constant und der Komponist Gaspare Spontini, der zu dieser Zeit mit seiner Oper »Die Vestalin« gerade einen großen Erfolg gefeiert hatte und es schätzte, abends im Garten des Hauses in der Rue Richer zu sitzen und über den Lauf der Welt zu sinnieren.

Wir verdanken August Varnhagen von Ense zahlreiche Einblicke in das Leben Henriettes im Paris jener Jahre. Offensichtlich hatte sie sich bei dessen Pariser Aufenthalt in ihn verliebt. Verräterisch sind manche Passagen des Briefes, den sie dem zehn Jahre jüngeren Varnhagen am 30. September 1810 nach dessen Abreise schrieb und in dem sie bekannte:

»... laß mich's nur immer noch einmal sagen, Deine Liebe, ein Glück für mich.« Und dann einige Zeilen weiter: »... so lange ich Dich am Abend erwarten konnte, war alles besser, nun aber dehnt sich mein Leben wieder wie eine endlose Sandfläche vor meinem Gemüt aus.«[82]

Dafür, dass es ein Liebesverhältnis war, wenn auch nur ein kurzes, spricht neben eifersüchtigen Bemerkungen über Rahel Levin, die künftige Frau Varnhagens, die Tatsache, dass beide sich duzten und Henriette in ihrem Brief Formulierungen gebrauchte, die nur den Schluss zulassen, dass Henriette Mendelssohn und August Varnhagen von Ense sich während dessen Pariser Aufenthalt nähergekommen waren. Die Behauptung, sie sei Frauen zugeneigt gewesen, scheint jedenfalls durch diesen Brief nicht belegt werden zu können.

»Ich schäme mich nicht«, schreibt sie am Ende ihres Briefes, »eine Bitte an Dich zu tun, die ich Dir recht ans Herz lege. Laß nämlich meine Briefe nicht sehn, keinen ohne Unterschied! Du kannst diese Bitte nicht verkennen, da ich meine ausschließende Neigung zu Dir nie verhehlt habe, aber es ist ein unerträglicher Gedanke, für jemanden anderen zu schreiben als den, an welchen ich denke, und ich rechne auf Deine Nachsicht hierin, als hättest Du mir sie versprochen. Leb wohl, lieber Freund, ich umarme Dich wie so oft, denk an mich!«[83]

Varnhagen und Henriette sahen sich noch einmal 1814 in Paris, wo Henriette zwei Jahre zuvor die Tätigkeit einer Erzieherin im Hause des napoleonischen Generals Horace-François Sébastiani angenommen hatte. Die Begeisterung, die sie einst füreinander entwickelt hatten, war inzwischen abgeflaut, was Varnhagens Hochachtung für Henriette aber nicht schmälerte. »Sie selbst«, bemerkte er in seinen »Denkwürdigkeiten«, »war unansehnlich, etwas verwachsen, aber dennoch eine Erscheinung, von der man sich angezogen fühlte, so sanft und doch so sicher, so bescheiden und doch zuverlässig war ihr ganzes Wesen. Sie hatte scharfen Verstand, ausgebreitete Kenntnisse, helles Urteil und dabei die feinste Weltsitte, den erlesensten Takt.«[84]

Nach dem Tod ihrer Mutter war Henriette Mendelssohn 1812 zum Katholizismus übergetreten, nachdem sie sich noch kurz zuvor darüber erregt hatte, dass ihre Schwester Dorothea und deren Mann Friedrich Schlegel konvertiert waren. Der Grund für Henriettes Sinneswandel dürfte allerdings sehr profaner Natur gewesen sein. Die Stelle im Haus der katholischen Sébastianis setzte voraus, dass die Gouvernante katholisch sein musste. Später ist Henriette, wie viele Konvertiten, eine überzeugte Katholikin geworden.

Die Aufgaben einer Erzieherin im Hause Sébastiani übernahm Henriette Mendelssohn schon deshalb gern, weil sie, wie es hieß, für diese Tätigkeit fürstlich entlohnt wurde. Hinzu kam, dass sie im Sébastiani'schen Haus in der Rue du Faubourg Saint-Honoré eine prachtvoll eingerichtete Suite von vier Zimmern beziehen konnte, »die alle«, wie sie ihrer Schwägerin Lea schrieb, »Aussicht nach den Champs Elysées und unendlichen daran stoßenden Gärten haben«.

Sie hatte keine Schwierigkeiten, sich der Tochter des Hauses anzunehmen, deren Mutter bereits 1807 im Kindbett gestorben war. Ihre Tätigkeit als Erzieherin der Sébastiani-Tochter Fanny hat sie in den ersten Jahren durchaus ausgefüllt. »Sie«, schrieb sie Lea nach Berlin, »wird täglich schöner, besser und bedeutender, wenn auch nicht unterrichteter.« Der Eindruck, dass die von ihr betreute Fanny vielleicht doch nicht ganz so begabt war, wie zunächst allseits angenommen wurde, begann sich im Verlauf von Henriettes zwölfjähriger Gouvernantentätigkeit zu verstärken.

In einem anderen von Sebastian Hensel in seiner »Familiengeschichte« abgedruckten Brief Henriettes an Lea Mendelssohn Bartholdy heißt es: »Überhaupt ist die einzige Virtuosität dieses Mädchens das eigentliche Sein. Ihr Gemüt, ihre Manier sind liebenswürdig! Aber sie ist ganz ohne Talent und Neigung zum Lernen.« Was Fannys Musikalität betrifft, so äußert sie sich geradezu abfällig: »Fanny hat eine gute Stimme, aber Gott weiß, sie singt im Schweiße *meines* Angesichts, denn sie ist von Grund auf unmusikalisch.«[85]

In den Briefen, die Henriette ihrer Familie schrieb,[86] klingt an, dass sie sich zu langweilen begann und von einem anderen Leben träumte. Sie war fast nur mit der ihr Anbefohlenen zusammen, in Paris oder in Viry, einem Städtchen auf dem Lande, wo die Sébastianis einen Landsitz besaßen. Bei ihrer Nichte Fanny und ihrer Schwägerin Lea Mendelssohn Bartholdy beklagte sie sich des Öfteren, dass die Pariser Welt ihr nicht mehr zusage und sie sich nach Berlin und zu den Berlinern zurücksehne.

Als Fanny Sébastiani einen französischen Hochadligen mit Namen Charles-Laure-Hugues-Theobald Duc de Choiseul-Praslin (1805–1847) zu heiraten gedachte, zeichnete sich ab, dass Henriette Mendelssohns Gouvernantentätigkeit im Haus Sébastiani ihrem Ende entgegenging. In einem Schreiben an ihren Bruder Abraham bat sie darum, in Paris abgeholt zu werden. Finanziell musste sie sich für die Zukunft keine Sorgen machen; sie war durch Zusagen ihres Arbeitgebers weitestgehend abgesichert.

Sébastiani, der schon einige Jahre zuvor aus dem Militärdienst ausgeschieden und 1819 als Abgeordneter in die Kammer gewählt worden war, hatte ihr eine Pension in Höhe von 3000 Franc ausgesetzt. Diese Pension ermöglichte es Henriette, im Mai 1825 Paris zu verlassen und nach Berlin zurückzukehren, wo sie die letzten sechs Jahre ihres Lebens im Haus ihres Bruders Abraham und ihrer Schwägerin Lea verbrachte.

Henriettes Pariser Jahre hatten eine traurige Nachgeschichte. Die Ehe zwischen ihrem Zögling Fanny und dem neunzehnjährigen Duc de Choiseul-Praslin entwickelte sich alles andere als glücklich. Der Ehemann, der sich zunehmend von seiner Frau abgestoßen fühlte, die im Verlauf der Jahre immer unförmiger geworden war und schließlich angeblich über 200 Pfund gewogen haben soll, suchte anderswo Trost, wie es heißt – bei der Gouvernante der neun ehelichen Kinder, einer gewissen Henriette Deluzy-Desportes.

Es soll daraufhin zu unerquicklichen Szenen zwischen den Eheleuten gekommen sein, die schließlich dazu führten, dass eines Abends, es war der 17. August 1847, der Duc das Zimmer der bereits schlafenden Fanny mit dem Vorsatz betrat, sie mit einem Messer zu töten. Seine Frau erwachte und schrie um Hilfe; es kam zum Kampf, der Duc stach blindlings mehrfach auf Fanny ein und erschlug sie schließlich mit einem Leuchter, der auf dem Kamin gestanden hatte. Von der Polizei festgenommen, entzog er sich der Verurteilung einige Tage später durch Selbstmord.

Der Fall Praslin machte im Frankreich jener Jahre Schlagzeilen. Angeblich hat er sogar mit zum Sturz des Bourbonen-Königs Louis-Philippe beigetragen, dessen Regierung man unterstellte, sie habe durch ihr zögerliches Verhalten den Selbstmord Praslins ermöglicht, und zwar, um eine öffentliche Gerichtsverhandlung und damit die Verurteilung des Täters zu vermeiden. Ob dies zutrifft, ist nicht erwiesen – die Hintergründe des Falles sind mysteriös und bis heute nicht restlos aufgeklärt.

Die Affäre erregte noch Jahrzehnte später die Gemüter. Der Autor Albert Savine beispielsweise, der sich eingehend mit dem Fall beschäftigt hat, unterstellte Henriette Mendelssohn, die er abschätzig nur »Mademoiselle Mendelssohn« nannte, sie habe als Erzieherin einen schlechten Einfluss auf Fanny Sébastiani, die spätere Duchesse Praslin, ausgeübt. Sie trage, so Savine, die Verantwortung dafür, dass Fanny mit dem »Keim des Lasters« infiziert worden sei.[87] Für Henriette Mendelssohn, die im Alter von 56 Jahren 1831 in Berlin starb, war es vermutlich ein Segen, dass sie durch ihren frühen Tod davon verschont blieb, in diesen Frankreich aufwühlenden Gesellschaftsskandal verwickelt zu werden.

Kapitel 3

Fanny und Felix

»Meister, nicht Schüler«

Die männlichen Nachkommen Moses Mendelssohns wussten, was sie ihrem Ahnen schuldig waren. Sie erzogen ihre Kinder, so gut sie konnten, in dessen Geist, wobei allerdings nur Joseph am Glauben der Väter festhielt. Bei seinen Söhnen sah das schon anders aus. Der jüngere Sohn Alexander, der wie sein Vater den Beruf des Bankiers wählte, verblieb im Judentum, nicht jedoch der ältere Sohn Georg Benjamin, der schon früh die Taufe nahm, wohl weil er wie viele seiner Zeitgenossen in ähnlicher Situation hoffte, so besser Karriere machen zu können.

Nathan und Abraham, von denen der eine 1809, der andere 1822 zum Christentum übertrat, machten sich im Gegensatz zu ihrem Bruder Joseph nicht viel aus dem Glauben der Väter. Sie hielten es nicht mehr für notwendig, ihre Kinder jüdisch zu erziehen, ihnen ging es in erster Linie darum, dass die den Kindern vermittelte Erziehung es diesen künftig erleichtern möge, die auf sie noch zukommenden Probleme des Lebens zu meistern.

Fanny und Felix Mendelssohn (Bartholdy) erhielten eine solide Ausbildung, wie sie in Familien der jüdischen Oberschicht nach 1800 üblich war. Auf eine traditionelle jüdische Erziehung legten die Eltern keinen sonderlichen Wert mehr. Abraham und Lea Mendelssohn (Bartholdy) ging es vor allem darum, dass ihre Kinder die »Realien« vermittelt bekamen, wie man jene Fächer (unter anderem Rechnen, Erdkunde, Geschichte, Naturkunde, Naturlehre, Sprachen) nannte, von denen man sich erhoffte, sie würden zu einer »gemeinnützigen Lebenstüchtigkeit« beitragen.

Von Abraham Mendelssohn (Bartholdy) ist bekannt, dass er sich dieser Aufgabe zunächst selbst gemeinsam mit seiner Frau Lea annahm. So brachte er den Kindern Mathematik und Französisch bei, während seine Frau Lea bemüht war, diese in Deutsch, Literatur und Kunst zu unterrichten. »Die Erziehungsweise Abraham's«, heißt es in Sebastian Hensels Familienchronik, »war streng, es herrschte noch etwas jüdischer Despotismus darin.«[1]

Sehr bald fühlten sich die Eltern jedoch von den selbst gesetzten Erziehungsaufgaben überfordert. Sie stellten deshalb einen Hauslehrer ein, wie das in jener Zeit in den wohlhabenden Familien üblich war. Nach einigem Hin und Her wurde zunächst ein gewisser Gustav Harald Stenzel (1792–1854) engagiert, 1819 dann der Philologe Karl Wilhelm Ludwig Heyse (1797–1855), dem später der Historiker Johann Gustav Droysen (1808–1884) nachfolgte,[2] der damals Lehrer am Gymnasium am Grauen Kloster in Berlin war und bis zu Fannys und Felix' Tod engen Kontakt zu dem Geschwisterpaar gehalten hat.

Heyse war es, der den Mendelssohn-Kindern eine altsprachliche Ausbildung vermittelte. Der Unterricht war streng und begann in der Regel bereits vor dem Frühstück. Felix, seine jüngere Schwester Rebecka und Paul, der jüngere Bruder, erwarben, wie es heißt, durch den Unterricht Heyses eine gediegene Kenntnis der alten Sprachen,[3] insbesondere des Griechischen. Rebecka soll noch in ihren späten Jahren Homer und Platon mühelos im Original gelesen haben.

Schon sehr früh zeigte sich, dass Felix und seine beiden Schwestern Fanny und Rebecka ausgeprägtes musikalisches Talent besaßen. Die Eltern erkannten das schnell. Bereits einen Tag nach Fannys Geburt schrieb Abraham Mendelssohn an seine Schwiegermutter: »Lea findet, [das Kind] habe Bachsche Fugenfinger.«[4]

Die Eltern sorgten dafür, dass Felix und Fanny schon im Kindesalter Klavierunterricht erhielten. Felix war damals sechs, seine Schwester zehn Jahre alt. Die überlieferten Berichte belegen, dass sich beide sehr anstellig zeigten und Freude am Musizieren hatten.

Rebecka, später verheiratet mit dem Mathematiker Peter Gustav Lejeune Dirichlet (1805–1859), reichte nicht an das Talent von Fanny und

Felix heran, obwohl ihr Schärfe des Verstandes, Geist und sprudelnder Witz attestiert wurden. Rebecka, schreibt die Komponistin und Schriftstellerin Johanna Kinkel in ihren Erinnerungen, sei eine auffallend begabte Musikerin gewesen, habe aber immer im Schatten ihrer Geschwister gestanden. »Meine älteren Geschwister«, erklärte Rebecka einmal, »haben mir meinen Künstlerruhm weggestohlen. In jeder anderen Familie würde ich als Künstlerin hoch gepriesen worden sein und vielleicht als Dirigentin einen Kreis beherrscht haben. Neben Felix und Fanny konnte ich zu keiner Anerkennung durchdringen.«[5]

In Paris, wo sich der Vater 1816 aus geschäftlichen Gründen aufhielt und wohin ihn seine Familie begleitete, erteilte die berühmte Pianistin Marie Bigot de Morogues (1786–1820), die zum Kreise um Ludwig van Beethoven gehört hatte und als bedeutende Mozart-Interpretin galt, den Geschwistern den Klavierunterricht.

Unter den Lehrern, die der Vater in Paris anwerben konnte, war auch der französische Violinvirtuose François Baillot (1771–1842), mit dem der junge Felix Bach'sche und Beethoven'sche Sonaten spielte. »Es war«, erinnerte sich der Komponist, Dirigent und Musikpädagoge Ferdinand Hiller (1811–1885) später, »ein kleiner, aber musikalisch sehr gebildeter Kreis«, der sich im Baillot'schen Hause zum Musizieren versammelte und »dem Gebotenen mit einer Art andachtsvoller Frömmigkeit lauschte«.[6]

Wieder zurück in Berlin, engagierte der Vater 1816 Ludwig Berger (1777–1839), der Felix Klavier- und Kompositionsunterricht erteilte. Durch diesen lernte der Junge die Werke Beethovens, Fields und anderer Größen der Musikwelt kennen. Bergers Kontakte waren es auch, die 1818 den ersten öffentlichen Konzertauftritt des jungen Felix ermöglichten.

Ludwig Berger, eine musikalische Autorität und einer der gesuchtesten Klavierpädagogen seiner Zeit, war überzeugt von Felix' Talent. Seiner ehemaligen Schülerin Jenny Sieber schrieb er am 21. April 1822 nach Wien: »Felix wird gewiß einer der bedeutendsten Componisten und Phantasten, die je componirt und phantasirt, und ist jetzt glücklicher Weise so weit, daß er durch schlechte oder doch einseitige Lehrer nicht mehr verdorben werden kann.«[7]

Ihren musikalischen Horizont konnten Felix und Fanny dadurch erweitern, dass die Eltern es ihnen ermöglichten, bei einigen in Berlin gastierenden Virtuosen zu lernen. Zu denen, die ihnen dabei halfen, gehörten Johann Nepomuk Hummel (1778–1837) und der damals bereits international gefeierte Pianist Ignaz Moscheles (1794–1870), der sich auf einer Konzertreise im Oktober 1824 in Berlin aufhielt und häufiger Gast im Hause Mendelssohn Bartholdy war.

Es heißt, Moscheles sei, als er Fanny und Felix zum ersten Mal traf, sehr beeindruckt von den musikalischen Talenten der beiden gewesen. Auf Drängen der Mutter erteilte er Felix Klavierstunden, meinte jedoch, diese Lektionen seien eigentlich überflüssig, da der Fünfzehnjährige im Klavierspiel schon alles beherrsche. In sein Tagebuch notierte er, er habe »keinen Augenblick« verkannt, dass er »neben einem Meister, nicht neben einem Schüler saß«.

Eine andere Tagebucheintragung, nach einem seiner Besuche im Hause Mendelssohn niedergeschrieben, lautet: »Das ist eine Familie, wie ich noch keine gekannt habe; der fünfzehnjährige Felix, eine Erscheinung, wie es keine mehr giebt! Was sind alle Wunderkinder neben ihm? Sie sind eben Wunderkinder und sonst nichts; dieser Felix Mendelssohn ist schon ein reifer Künstler und dabei erst fünfzehn Jahre alt!«[8]

»Wir blieben«, heißt es in Moscheles' Tagebuch weiter, »gleich mehrere Stunden beieinander, ich musste viel spielen, wo ich eigentlich hören und Compositionen sehen wollte, denn Felix hatte mir ein Concert in C-Moll, ein Doppelconcert und mehrere Motetten zu zeigen und Alles war genialisch und dabei wie correct und gediegen! Seine ältere Schwester Fanny, auch unendlich begabt, spielte Fugen und Pascaillen von Bach auswendig mit bewundernswerther Genauigkeit; ich glaube, sie ist mit Recht ›ein guter Musiker‹ zu nennen.«[9]

Abraham und Lea Mendelssohn investierten viel in die musikalische Ausbildung ihrer Kinder, verlangten ihnen dafür aber auch Höchstleistungen ab. Das blieb nicht ohne Widerspruch. In der Familie wurden Bedenken über die allzu rigiden Unterrichtsmethoden geäußert. Man befürchtete, die Kinder würden überfordert.

Als beispielsweise die dreizehnjährige Fanny von ihrer Mutter dazu gebracht wurde, die 24 Präludien des »Wohltemperierten Klaviers« von Johann Sebastian Bach auswendig zu lernen, mahnte Abrahams Schwester Henriette ihre Schwägerin, die Tochter nicht zu überfordern. »Man sollte das außerordentliche Talent [der] Kinder bloss leiten, nicht treiben.«[10]

Die Sonntagsmatineen, die Abraham Mendelssohn in seinem Haus einrichtete, waren Teil des Erziehungsprogramms. Bei den regelmäßigen Zusammenkünften, die »Sonntagsmusiken« genannt wurden, erwarben Fanny und Felix Routine im Auftreten vor einem Publikum. Bei diesen Anlässen konnten sie ihre eigenen Kompositionen hören, aber auch das Dirigieren üben. Die Sänger und Instrumentalisten, die sich im Mendelssohn'schen Hause zusammenfanden, waren meist Mitglieder der Berliner Hofkapelle und sahen es als große Ehre an, bei den Mendelssohns aufzutreten und gemeinsam mit Felix und Fanny zu musizieren.

Ignaz Moscheles, der Felix und Fanny vierhändig die Ouvertüre zu »Ein Sommernachtstraum« hatte spielen hören, war auch bei einer der »Sonntagsmusiken« zugegen, die zunächst in beengten Verhältnissen in der Neuen Promenade, später in der Leipziger Straße stattfanden. Das Programm der Zusammenkunft am 28. November 1824 ist durch ihn überliefert: »Quartett in c-Moll von Felix, Symphonie in D-Dur, Konzert von Bach, Fanny, Duo in d-Moll für zwei Klaviere von Arnold.«[11]

An den häufig geselligen Zusammenkünften im Hause Mendelssohn in der Leipziger Straße 3 nahmen Freunde und Bekannte teil,[12] aber auch andere Interessierte, zumeist intelligente und gebildete jüngere Männer, die das Talent von Felix bewunderten und Fanny ihrer Schönheit und ihrer Liebenswürdigkeit wegen zu Füßen lagen.

Zu denen, die die Nähe des Geschwisterpaares suchten, gehörte der schon erwähnte Historiker Johann Gustav Droysen, der stimmungsvolle Gedichte verfasste, die Fanny und Felix vertonten. Mitunter anwesend bei diesen Zusammenkünften waren auch der Bruder Rahel Varnhagens, der Dichter Ludwig Robert (1778–1832), seine ebenfalls Gedichte schreibende Frau Friederike (1795–1832) sowie der Jurist Ludwig Heydemann (1805–1874) und dessen Bruder, der Historiker Albert Heydemann (1808–1877).

Zum Kreis gehörte zeitweilig auch der Dichter Heinrich Heine, mit dem die Mendelssohns jedoch nicht sehr viel anfangen konnten. Sie schätzten sein Talent, aber nicht sein Auftreten, das sie als blasiert und hochmütig empfanden. »Heine«, schrieb Fanny 1829 an Karl Klingemann, einen Freund der Familie, »ist hier und gefällt mir gar nicht.«[13]

Anders Heine, der die Mendelssohns durchaus schätzte, wie einem Brief zu entnehmen ist, den er nach einem seiner Besuche im »Palazzo Bartholdi« an Droysen schrieb: »... der Stadträtin [gemeint ist Lea Mendelssohn Bartholdy] lasse ich mich ehrfurchtsvoll empfehlen, mit etwas weniger Ehrfurcht grüße ich Fräulein Fannys schöne Augen, die zu den schönsten gehören, die ich jemals gesehen. Die dicke Rebekka, ja, grüßen Sie mir auch diese dicke Person, das liebe Kind, so lieb, so hübsch, so gut, jedes Pfund ein Engel.«[14]

Zelter und Goethe

Abraham Mendelssohn gelang es auch, den Goethe-Freund Carl Friedrich Zelter (1758–1832) für den Unterricht seiner beiden ältesten Kinder zu engagieren. Mit Zelter, einem musikalischen Autodidakten, der als Komponist aber durchaus bekannt war, stand Abraham Mendelssohn bereits seit Anfang der 1790er Jahre in freundschaftlichem Kontakt. Obwohl der Musikus als Raubein galt, dessen Grobheiten bei den Zeitgenossen geradezu sprichwörtlich waren, ging er als gerngesehener Gast im Hause Mendelssohn ein und aus.

Zelter, der Abraham Mendelssohn in der von ihm seit 1800 geleiteten Singakademie eingeführt hatte, erteilte Fanny und Felix ab 1818 Theorie- und Kompositionsunterricht. Auf erhaltenen Musik-Autographen von Fanny und Felix finden sich Bleistifteintragungen, die Zelters korrigierende Hand zeigen. Ihm, der sich um das Fortkommen der Geschwister kümmerte, verdankten Fanny und Felix die Heranführung an die Werke Johann Sebastian Bachs. Felix' erste Kompositionen der Jahre 1820 bis 1824 lassen erkennen, dass Zelters Vorliebe für Bachs Musik an »seinem Zögling nicht spurlos vorübergegangen ist«.[15]

Anfang Oktober 1820 traten auch Fanny und Felix der Singakademie bei, wo sie beide mit dem Prädikat »brauchbar« zugelassen wurden. In der Akademie, die zu jener Zeit über zahlreiche erstrangige Solisten wie Anna Milder-Hauptmann, Heinrich Stürmer, Heinrich Blume, Johanna Eunicke und andere verfügte, sang Felix zunächst Sopran, dann Tenor,

Fanny Alt. Beide waren keine herausragenden Sänger, wohl deshalb übertrug Zelter ihnen häufig die Klavierbegleitung seiner Proben und bat sie zu seinen »Freitagsmusiken«.

Es sind zahlreiche Geschichten über das Schüler-Mentor-Verhältnis zwischen dem jungen Felix und Zelter im Umlauf. Eine davon soll sich an Felix' 15. Geburtstag am 3. Februar 1824 zugetragen haben. An diesem Tag fand die erste Orchesterprobe von Felix' Oper »Die beiden Neffen« statt. Die Gelegenheit nutzte Zelter, wie Sebastian Hensel in seiner Familienchronik berichtet, um während der anschließenden Feier Felix bei der Hand zu nehmen und der anwesenden Gesellschaft mit folgenden Worten vorzustellen: »Mein lieber Sohn, von heut ab bist Du kein Junge mehr, von heut an bist Du Gesell. Ich mache Dich zum Gesellen im Namen Mozart's, Haydn's und im Namen des alten Bach.«[16]

Zelters Unterricht endete 1826 nach der Aufführung der Ouvertüre zum »Sommernachtstraum«. Abraham Mendelssohn hatte den »Durchbruch der Selbständigkeit in des Sohnes Talent« (Eduard Devrient) erkannt und war der Ansicht, Felix müsse seine musikalische Zukunft selbst in die Hand nehmen. Bestärkt worden war er noch dadurch, dass Luigi Cherubini, der berühmte Direktor des Conservatoire in Paris, dem der Sechzehnjährige ein Jahr zuvor vorgespielt hatte, bestätigte, dass Felix für eine Musikerlaufbahn geeignet sei. Abraham Mendelssohn war über Cherubinis Beurteilung hoch beglückt und zufrieden.

In der Öffentlichkeit stieß der junge Felix mit seinen Kompositionen überwiegend auf Beifall, musste aber auch Kritik einstecken. Diese ließ ihn jedoch unberührt. Am 15. März 1828 schrieb der Neunzehnjährige seiner Mutter einen Brief, in dem er sich in Versen über Kritikerverrisse mokierte:

Schreibt der Komponiste ernst,
Schläfert er uns ein;
Schreibt der Komponiste froh,
Ist es zu gemein.
Schreibt der Komponiste lang,
Ist es zum Erbarmen;
Schreibt der Komponiste kurz,
Kann man nicht erwarmen.

Schreibt der Komponiste klar,
Ist's ein armer Tropf;
Schreibt der Komponiste tief,
Rappelt's ihm im Kopf,
Schreib er also wie er will,
Keinem steht es an.
Darum schreib' ein Komponist
Wie er will und kann.[17]

Kritik konnte den jungen Felix nicht aufhalten. Die Konzertsäle öffneten sich ihm, er wurde in Salons eingeladen und lernte bedeutende Persönlichkeiten kennen. Zelter war es, der ihn mit Johann Wolfgang von Goethe in Weimar zusammenbrachte. Am 26. Oktober 1821 hatte Zelter Goethe einen Brief geschrieben, in dem er seine Ankunft in Weimar ankündigte und mitteilte, er werde von seiner Tochter und einem »12jährigen munteren Knaben« begleitet werden, der musikalisch hochbegabt sei und den er Goethe in Weimar vorstellen wolle.

Über die erste Begegnung mit dem damals dreiundsiebzigjährigen Goethe schreibt Felix am 6. November 1821 nach Berlin: »Jetzt hört Alle, Alle zu ... Jeden Morgen erhalte ich vom Autor des Faust und des Werther einen Kuss, und jeden Nachmittag vom Vater und Freund Göthe zwei Küsse. Bedenkt!! ... Nachmittag spielte ich Göthen zwei Stunden vor, theils Fugen von Bach, theils phantasirte ich.«[18]

Es gibt eine Reihe von Zeugen dieses Zusammentreffens. Der Dichter und Musikkritiker Ludwig Rellstab (1799–1860) beschreibt in seinen »Erinnerungen« den denkwürdigen Abend, an dem Felix sich einem Kreise von »Damen und Herren« der Gesellschaft mit »erstaunenswürdigem Spiel« vorstellte. »Goethe blieb«, wie Rellstab sich erinnert, »fortdauernd lauschend am Instrument stehen, die Freude glänzte in seinen Zügen.«[19]

Aus dem Bericht geht hervor, dass Goethe immer heiterer, immer freundlicher wurde. »Bis jetzt«, sagte er, »hast du mir nur Stücke gespielt, die du kanntest, jetzt wollen wir einmal sehen, ob du auch Etwas spielen kannst, was du noch nicht kennst. Ich werde dich einmal auf die Probe stellen.«

Goethe ging aus dem Zimmer und kehrte bald darauf mit einigen Notenblättern in der Hand zurück. Es handelte sich um Noten Mozarts, die sich im Besitz Goethes befanden. Felix, freudig erregt, als er einen Blick auf die Blätter geworfen hatte, spielte das Stück auf dem Flügel mit »vollster Sicherheit, ohne nur den kleinsten Fehler zu machen«.

Nach dem Vortrag spendete Goethe Beifall, meinte aber: »Das ist noch nichts!« Er habe ein Manuskript Beethovens, und Felix möge zeigen, ob er die schwer lesbaren Noten (es handelte sich um ein liniertes, mit Tinte bespritztes, an unzähligen Stellen verwischtes Blatt) spielen könne. Wie Rellstab berichtet, meisterte Felix auch diese Aufgabe mit Bravour.

Bemerkenswert ist der Eindruck, den Goethe auf den jungen Felix machte. »Von seiner Güte und Freundlichkeit macht Ihr Euch gar keinen Begriff«, schrieb er am 10. November 1821 an Vater und Schwester. »Daß seine Figur imposant ist, kann ich nicht finden, er ist eben nicht viel größer als Vater. Doch seine Haltung, seine Sprache, sein Name, die sind imposant. Einen ungeheuren Klang der Stimme hat er, und schreien kann er wie 100 000 Streiter. Sein Haar ist noch nicht weiß, sein Gang ist fest, seine Rede sanft.«[20]

Goethe, der in Felix ein Genie, einen zweiten Mozart erblickte, bedankte sich für die Zuneigung, die ihm von dem »Wunderkind« und dessen Familie entgegengebracht wurde, mit einem Gedicht für Fanny, die er wie ihren Bruder ins Herz geschlossen hatte:

Wenn ich mir in stiller Seele
Singe leise Lieder vor,
Wie ich fühle, dass sie fehle,
Die ich einzig mir erkor.
Möcht' ich hoffen, dass sie sänge
Was ich ihr so gern vertraut –
Ach! aus dieser Brust und Enge
Drängen frohe Lieder laut.[21]

Auch ihr Bruder wurde mit bewundernden Verszeilen bedacht, die Goethes Wertschätzung erkennen lassen. Am 20. Januar 1822 erhielt Felix ein Stammbuchblatt mit der Zeichnung eines geflügelten Steckenpferdes, auf dem ein kleiner Genius reitet:

Wenn über die ernste Partitur
Quer Steckenpferdlein reiten
Nur zu! Auf weiter Töne Flur
wirst manchen Lust bereiten
wie Du's getan mit Lieb' und Glück
Wir wünschen Dich allesamt zurück
Goethe.[22]

Aus der ersten Begegnung mit Goethe 1821 entwickelte sich ein dauerhafter Kontakt, der sich in Korrespondenzen und zwei weiteren Besuchen in Weimar niederschlug. Es war eine gegenseitige Wertschätzung. Goethe legte Felix gegenüber ein liebevoll-freundschaftliches Verhalten an den Tag und überschüttete ihn geradezu mit Aufmerksamkeiten.

»Ich komme eben«, schrieb Felix am 13. März 1825 aus Weimar an seine Eltern, »von einem Diner bei Göthe zurück, wo es gar nicht steif herging. Das fürchterliche ›Sie‹, womit er mich gestern empfing, war heute wieder ins vormalige ›Du‹ verwandelt; wenn einem Göthe Champagner anbietet, und einschenkt, darf man ihn doch nicht ausschlagen? Und beim Dessert langte er ein Papier, mit einem rosa Bändchen umwickelt, aus der Tasche und sagte mir, es mir über den Tisch reichend; er wolle mir auch eine Leckerei schenken. Ich fand ein rotes Kästchen, mit der Aufschrift: Herrn Felix Mendelssohn. 1825; und darin Goethes wohlgetroffenes Porträt auf einer Silbermedaille von [Antoine] Bovy. Das heiße ich ein Geschenk.«[23]

Seinen letzten Besuch bei Goethe im Mai 1830 hat Felix Mendelssohn in einem Brief an seine Eltern geschildert. Den Weimarer Dichterfürsten beschreibt er darin als eine Person, die für sein Leben eine außerordentliche Bedeutung habe. Die Gespräche, die sie bei ihrer letzten Begegnung führten, hätten um alles Mögliche gekreist, um Gott und die Welt, wie man zu sagen pflegt – und Felix Mendelssohn bekannte rückblickend, dass ihm diese Gespräche mehr gegeben hätten, als er zunächst gedacht habe.

»Nach ein[er] Spazierfahrt des Morgens«, schreibt er den Eltern, »fand ich den alten Goethe sehr heiter; er kam in's Erzählen hinein, gerieth von der ›Stummen von Portici‹ von Walter Scott, von den Mädchen auf die Studenten, auf die ›Räuber‹ und so auf Schiller ... und als ich ihm danken wollte, meinte er: ›Ist ja nur zufällig, das kommt Alles so beiläufig zum Vorschein, hervorgerufen durch ihre liebe Gegenwart.‹«[24]

Die Beziehung zu Goethe blieb bis zu dessen Tod 1832 ungetrübt; so vertonte Felix auch einige Texte des von ihm so verehrten Dichters. Heftige Irritationen bei den Mendelssohns löste allerdings der Briefwechsel zwischen Goethe und Zelter aus, der nach beider Tod veröffentlicht wurde.

So mussten die Mendelssohns zu ihrem Erstaunen zur Kenntnis nehmen, dass der von ihnen bewunderte und verehrte Zelter nicht frei gewesen war von antijüdischen Ressentiments. Felix' Schwestern beispielsweise hatte er als »die jüngsten Großmütter des Alten Testaments« bezeichnet. Verärgert waren die Mendelssohn vermutlich auch durch Zelters Bemerkung über Felix: »Er ist zwar ein Judensohn, aber kein Jude.« Und weiter: »Es wäre wirklich einmal eppes Rores [etwas Rares], wenn aus einem Judensohne ein Künstler würde.«[25]

In verschiedenen Familien-Briefen ist nachzulesen, was die Mendelssohns von der »unangenehm fatalen Gesinnung« Zelters hielten. Henriette (Hinni) Mendelssohn, die Frau von Joseph Mendelssohn bemerkte, was sie »Zeltern nicht verzeihen« könne, »das sind die groben und oft hämischen Äußerungen über Personen, die sich von ihm sehr geehrt glauben mussten«.[26] Fanny ging noch weiter, wenn sie ihrem Bruder Felix gegenüber bemerkte, sie sei empört über die Taktlosigkeit und Bosheit des einstigen Lehrers. Mit den Worten »Pfui baba!« machte sie gegenüber ihrem Bruder der Verärgerung über Zelter Luft.

Der einstige Lehrer, räumte Fanny ein, habe ihr zwar in seinen Briefen zahlreiche Komplimente gemacht, insbesondere was ihre kompositorischen Fähigkeiten betreffe, und sich zu ihrer Art, Bach zu interpretieren, lobend geäußert. Andererseits könne man über bestimmte Äußerungen in seinen Briefen nicht hinwegsehen. »Genug von diesem unsauberen Gegenstande«, so Fanny in einem Brief an Felix am 1. Dezember 1833, »mir hat dieses Buch [gemeint ist der Briefwechsel] das Andenken an einen Mann, den ich lieb gehabt habe, u. gern geachtet hätte, ganz und für immer getrübt.«[27]

Wilhelm Hensel und die Mendelssohns

Umstritten ist, wann und unter welchen Umständen die Mendelssohn Bartholdys auf den Maler Wilhelm Hensel (1794–1861) trafen. Den Berichten nach geschah dies am Rande oder im Vorfeld des legendären Hoffestes »Lalla Rookh«, das zu Ehren des russischen Thronfolgerpaares 1821 in Berlin ausgerichtet wurde und das Hensel in Zeichnungen festgehalten hat. Die Porträts, die dabei entstanden, machten den Maler über Nacht bekannt.

Angeblich fand die erste Begegnung der Mendelssohn Bartholdys mit Hensel in dessen Atelier statt. Auch wann und wo Wilhelm Hensel und Fanny sich ineinander verliebten, wissen wir nicht. Fest steht nur, dass Hensel sich im Sommer 1822 in das Notenalbum der siebzehnjährigen Fanny mit einem Gedicht eintrug:

Ich weiß es nicht, wie mir geschieht
muß ich dein Weinen seh'n
Ach weine nicht
ach weine nicht
und laß mich stille geh'n.[28]

Wer aber war dieser Wilhelm Hensel, an den Fanny ihr Herz verlor? Sein Vater, ein Landprediger, der mit seiner Familie in einfachen Verhältnissen lebte, starb bereits 1809, vermutlich an einer Tuberkuloseerkrankung. Der Sohn war danach mehr oder weniger auf sich selbst gestellt. Schon früh äußerte er den Wunsch, Künstler zu werden.

Es gibt eine erstaunliche Parallele zwischen einerseits dem Geschwisterpaar Fanny und Felix, andererseits Wilhelm Hensel und dessen Schwester Luise (1798–1876). Auch Luise stand im Schatten ihres Bruders. Auch sie war begabt, schrieb Gedichte und stand ihrem Bruder in kaum etwas nach. Ihr in den Kanon der Kirchenlieder aufgenommener Text »Müde bin ich geh' zur Ruh, schließe beide Augen zu …« ist noch heute jedem Kind bekannt, aber kaum jemand weiß, dass die Schöpferin dieser Strophen die Schwester von Wilhelm Hensel war.

Hensel, der zunächst auf Wunsch der Familie in Berlin Bergbau studierte, widmete sich bald ausschließlich der Malerei und bezog mit Hilfe von Förderern und Gönnern die Königliche Akademie der Künste, die damals von Johann Christoph Frisch (1738–1815) geleitet wurde. Auf der Akademie-Ausstellung von 1812 war Hensel bereits mit zwei Ölgemälden, fünf Skizzen und »Einigen Miniatur-Porträten« vertreten. Das ist insofern bemerkenswert, als es nicht üblich war, die Werke junger und noch weitgehend unbekannter Maler auszustellen, wie Hensel damals einer war.

Das Porträtzeichnen wurde bald zur Leidenschaft Hensels. Nach der Rückkehr aus den Freiheitskriegen, zu denen er sich als Freiwilliger gemeldet hatte, verdiente er sich zunächst seinen Lebensunterhalt mehr schlecht als recht mit dem Verfassen von Gedichten und dem Anfertigen von Illustrationen, die in damals sehr beliebten »Taschenbüchern« und »Kalendern« erschienen.

Den ersten größeren Auftrag erhielt der mit Brentano, Chamisso, Arnim und Tieck befreundete Hensel durch Karl Friedrich Schinkel (1781–1841), der ihn 1821 mit der Aufgabe betraute, einen Raum des 1817 abgebrannten Schauspielhauses am Gendarmenmarkt auszumalen – eine Tätigkeit, die Hensel hauptsächlich aus finanziellen Gründen annahm.

In den Jahren 1822 und 1823, als Hensel bei den Mendelssohns ein- und auszugehen begann, entstanden zahlreiche Porträts der Familienmitglieder. Hensel zeichnete nicht nur Fanny, Felix und Rebecka, sondern auch Alexander Mendelssohn, den späteren Chef des Bankhauses, sowie dessen damalige Braut und spätere Frau, Marianne Seeligmann. Daneben porträtierte er Persönlichkeiten, die zu dieser Zeit im Mendelssohn'schen Haus verkehrten, wie etwa Karl August Varnhagen von Ense und dessen Frau Rahel.

Als Hensel von König Friedrich Wilhelm III. ein Stipendium für einen mehrjährigen Aufenthalt in Rom erhielt, konnte er nicht abreisen, ohne sich der Zuneigung seiner Angebeteten zu vergewissern. Es existiert ein Konvolut von Briefen aus dieser Zeit, die zeigen, was die beiden bewegte. »Ich muß noch zu Ihnen sprechen«, heißt es in einem der Briefe, der das Datum vom 5. März 1823 trägt, »und schon die Hingebung an diesen Gedanken beruhigt den Sturm in mir!«[29]

Fannys Eltern waren zunächst gegen eine Ehe mit Wilhelm Hensel, da ihnen ein mittelloser Künstler, der zudem noch wesentlich älter als ihre Tochter war, keine gute Partie zu sein schien. Sie waren froh, als dieser nach Italien abreiste, und hofften, dass sich das Verhältnis zwischen Fanny und ihm abkühlen würde. Lea Mendelssohn fand Hensel keineswegs unsympathisch, schätzte ihn auch als Künstler, wollte aber nicht, dass Fanny und er miteinander korrespondierten. Sie ist ganz besorgte Mutter, wenn sie Hensel schreibt: »Ein Mann darf nicht daran denken, sich zu verheiraten, bis seine Verhältnisse *einigermaßen* geklärt sind.«[30]

Fünf Jahre hielt sich Wilhelm Hensel in Rom auf. Im Oktober 1828 kehrte er zurück, sehnlichst erwartet von Fanny. Am 23. Januar 1829 fand die Verlobung statt, am 3. Oktober die Hochzeit. Abraham und Lea Mendelssohn Bartholdy hatten ihren Widerstand gegen den Schwiegersohn in spe aufgegeben, der mit seinen aus Italien mitgebrachten Gemälden inzwischen allerhöchste Anerkennung gefunden hatte und zum königlichen Hofmaler ernannt worden war. Die Bedenken der Eltern waren damit gegenstandslos geworden, wenn auch unterschwellig weiterhin Ressentiments gegen Hensel bestanden.

Das war wohl auch der Grund, dass der Verlobung ein »Ehegelöbnis« voranging, das vertraglich die Einwilligung der Eltern festhielt und in gewisser Weise eine Art Gütertrennung vereinbarte. Festgehalten war in diesem Vertrag, dass das Vermögen der »Demoiselle Braut« in Höhe von 18613 Talern und neunzehn Silbergroschen nicht von Wilhelm Hensel, sondern vom Vater der Braut verwaltet werden sollte. Später hat das Ehepaar ein gemeinsames Testament aufgesetzt, in dem sie sich gegenseitig und ihren Sohn Sebastian Hensel zu Erben einsetzten.[31]

Wilhelm Hensel, glücklich, endlich am Ziel seiner Wünsche zu sein, verfasste am Tag der offiziellen Verlobung ein Gedicht, in dem er seiner Freude mit den Worten Ausdruck gab:

Gesprenget ist die Hülle,
Ist des Schweigens dunkles Thor,
Und es bricht in heiliger Fülle
Frei der Liebe Glanz hervor.[32]

Die Freude war allerdings dadurch getrübt, dass nach wie vor zwischen ihm und seiner künftigen Schwiegermutter Spannungen bestanden.

Für Hensel war es nicht ganz einfach, Zugang zum Freundeskreis um Fanny und Felix zu finden. Mit dem in diesem Zirkel üblichen »witzigen Koterieton« konnte er wenig anfangen. In einer im Sommer 1829 angefertigten Zeichnung mit dem Titel »Das Rad« hat der Maler seine Außenseiterposition innerhalb des Freundeskreises bildlich wiedergegeben.

In der Nabe, die das Zentrum der Zeichnung bildet, sieht man Felix in schottischem Kostüm, auf einem Musikinstrument spielend. Die Speichen des Rades sind Felix' Schwestern Fanny und Rebecka sowie eine größere Anzahl von Personen aus dem Freundeskreis. Sich selbst zeichnete Hensel als einen Fremden, der bemüht ist, sich in das Rad zu schwingen. Die Symbolik ist unverkennbar.

Nach der Heirat bezog das junge Ehepaar eine Wohnung im Gartentrakt des Mendelssohn'schen Anwesens in der Leipziger Straße 3, wo die Hensels bis zu Fannys Tod 1847 lebten. Abraham hatte seinem Schwiegersohn im Gartentrakt ein Atelier eingerichtet, das dieser im Januar 1831 bezog.

In diesem Atelier sind zahlreiche Gemälde mit religiösen und historischen Bildthemen entstanden, zum Beispiel das berühmte Werk »Christus vor Pilatus« (1832–1838), das als seine beste Arbeit angesehen wird.[33] Im Verlauf der Jahre schuf Hensel hier auch die meisten seiner Bleistiftporträts, die schon von den Zeitgenossen geschätzt und bewundert wurden.

Insgesamt sind über 1100 Zeichnungen erhalten, die Wilhelm Hensels Nachruhm als »Chronist seiner Zeit« begründet haben. Seine Alben, ein »europäisches Bilderbuch«, sind eine Fundgrube für Historiker und Kunsthistoriker geworden.[34] Theodor Fontane, der Hensel selbst noch gekannt hat und ihm später eine große Begabung attestierte, kommt in seinem autobiographischen Buch »Von Zwanzig bis Dreißig« und an verschiedenen anderen Stellen seines Werkes auf ihn zu sprechen. Als Maler hielt er ihn nicht für bedeutend,[35] war aber durchaus von seiner Porträtsammlung angetan, die er als einen »Bibliothekenschatz« bezeichnete, der einen Wert repräsentiere, »wie die Initialenbücher des Mittelalters, aus denen berühmte Städte und Persönlichkeiten allein zu uns sprechen«.[36]

Auf der Stufenleiter des Erfolgs

Im Jahr 1829, als Wilhelm Hensel Fanny heiratete, wurde auch Musikgeschichte geschrieben. Denn am 11. März 1829 wurde unter Felix Mendelssohns Leitung Johann Sebastian Bachs hundert Jahre zuvor uraufgeführte Matthäuspassion in der Berliner Singakademie wiederaufgeführt. Das Werk des Leipziger Thomaskantors hatte Felix seit jeher fasziniert. Ihm und seiner Schwester war Bachs Musik von frühester Jugend an vertraut, waren doch sowohl ihre Eltern wie ihr Lehrer Zelter große Bach-Verehrer und hatten sich der Pflege seines Werks verschrieben.

Die Wiederaufführung der Matthäuspassion war eine Sensation, denn das Werk galt als schwierig und nur schwer spielbar. Bach hatte das Werk mit zwei Chören, Soli und Orchester angelegt, was bislang alle diejenigen abgeschreckt hatte, die das Werk später wiederaufführen wollten. Hinzu kam, dass die Widerstände Carl Friedrich Zelters überwunden werden mussten, der im Vorfeld Bedenken gegenüber einer Wiederaufführung der Passion in der Singakademie geäußert hatte.

In seinen »Erinnerungen« hat der mit Felix Mendelssohn befreundete Sänger Eduard Devrient beschrieben, wie es schließlich doch gelang, Zelter von dem Vorhaben zu überzeugen. Zelter, der sich zunächst darüber verärgert gezeigt hatte, dass ein »paar Rotznasen« ihn belehren wollten,[37] hat sich später korrigiert. Am 9. März 1829 teilte er Goethe mit, er sei stolz darauf, dass er seinen Segen zu dem Vorhaben gegeben habe: »Felix hat die Musik unter mir eingeübt und wird sie dirigiren, wozu ich ihm meinen Stuhl überlasse.«[38]

Aufgrund eines erhaltenen Stimmensatzes, der in der Bodleian Library aufbewahrt wird, wissen wir, wie Felix die Bach'sche Matthäuspassion in der Singakademie angelegt hat. Zur Verfügung stand ihm ein Chor mit 47 Sopranistinnen, 36 Altistinnen, 34 Tenören und 41 Bässen, also insgesamt 158 Sängerinnen und Sängern. Die Violinen waren mit drei Pulten zu jeweils zwei oder drei Spielern besetzt, »die Secco-Rezitative begleitete Mendelssohn am Flügel, und statt der im 19. Jahrhundert nicht mehr ohne weiteres verfügbaren Oboi d'amore und da caccia spielten Klarinetten«.[39]

Die Aufführung der Matthäuspassion machte Felix Mendelssohn über die Grenzen Berlins hinaus bekannt. Seine Kompositionen wiesen ihn als

Ausnahmetalent aus, mit dieser Aufführung hatte er auch seine Fähigkeiten als Dirigent bewiesen. Felix selbst war stolz auf das Geleistete und ließ sich gegenüber Devrient zur vieldeutigen Bemerkung hinreißen, ein »Judenjunge« müsse kommen, um »den Leuten die größte christliche Musik wieder[zu]bringen!«[40]

Die Singakademie war für Felix eine Stätte des Triumphs, aber auch einer herben Enttäuschung. Als er sich nach dem Tode Zelters um dessen Nachfolge als Direktor bemühte, wollte man ihn dort nicht haben.[41] Antisemitische Ressentiments waren bei der Ablehnung spürbar. Die für die Besetzung Verantwortlichen entschieden sich gegen Mendelssohn und stattdessen für den Zelter-Freund und langjährigen Zelter-Adlatus Carl Friedrich Rungenhagen (1778–1851), bei dessen Benennung insbesondere das Argument zählte, es handele sich bei der Singakademie um eine »christliche« Institution und für die Besetzung des Direktorenpostens sei Rungenhagen deshalb einem »Judenjungen« vorzuziehen.

Die Mendelssohns waren über diese Entscheidung empört und fühlten sich zutiefst in der Familienehre gekränkt, zumal sie meinten, auf Verdienste pochen zu können. Sie dachten dabei an den Erfolg, den Felix mit der Wiederaufführung der Matthäuspassion in der Singakademie einige Jahre zuvor gehabt hatte, und wohl auch daran, dass Abraham Mendelssohn kostbare Originalmanuskripte von Johann Sebastian und Carl Philipp Emanuel Bach erworben und der Singakademie zum Geschenk gemacht hatte.[42]

Verärgert über den Affront, zog die Familie die Konsequenz und verließ geschlossen und unter Protest die Singakademie. Eduard Devrient, der die Vorgänge in seinen »Erinnerungen« ausführlich beschrieben hat, behauptete später, die Entscheidung für Rungenhagen sei falsch gewesen und habe letztlich dazu geführt, dass die Akademie »für eine lange Reihe von Jahren« zur »Mittelmäßigkeit verdammt« gewesen sei.[43]

Im Gegensatz zu seiner Familie hat Felix Mendelssohn die Ablehnung seiner Bewerbung für den Posten des Direktors der Singakademie nicht sonderlich betrübt. Auf die Stelle hatte er sich, wie er Dritten gegenüber bekannte, nur halbherzig beworben, weil er glaubte, seinem Vater einen Gefallen schuldig zu sein. Abraham Mendelssohn war davon überzeugt, es sei für seinen Sohn das Beste, sich um eine Anstellung in einer Institution des bürgerlichen Musiklebens zu bemühen, anstatt ein unstetes Wanderleben durch die Konzerthäuser Europas zu führen. Felix sah das allerdings anders. Berlin war nicht unbedingt die Stadt, in der er leben und arbeiten wollte.

Bereits im Juli 1831 hatte er Eduard Devrient erklärt, ihm komme es nicht so sehr auf eine feste Anstellung an, in Berlin oder anderswo, sondern es ginge ihm nur darum, sein Auskommen zu haben, »so lange ich … nicht gerade verhungere«.[44] Dass er nicht sonderlich an dem Posten in Berlin interessiert war, kam auch in einem Brief an seinen Freund Karl Klingemann am 5. September 1832 zum Ausdruck, in dem er sich über das »ganze still stehen gebliebene Berliner Nest« mokierte und Klage über »die Verhandlungen wegen der Akademie« führte. Aber sei's drum, man wolle ihn quälen, »um am Ende doch ihren Rungenhagen oder Gott weiss wen zu wählen«.[45]

Der erste Englandaufenthalt

Am 10. April 1829, kurz nach den beiden Berliner Aufführungen der Matthäuspassion, trat Felix Mendelssohn eine Bildungsreise nach England an. Die Reise führte ihn zunächst nach Hamburg, dann folgte eine viertägige Schiffsüberfahrt, deren Umstände allerdings nicht nach Felix' Geschmack waren.

In einem seiner ersten nach Hause gesandten Briefe bemerkt er, die Überfahrt sei alles andere als schön und für seinen Geschmack zu lang gewesen. Die durchlittenen Beschwerlichkeiten seien allerdings durch den herzlichen Empfang aufgewogen worden, den ihm seine Freunde Ignaz Moscheles und Karl Klingemann in London bereitet hätten.

Die Stadt machte auf Mendelssohn einen außerordentlichen Eindruck; verwirrend, aber auch beeindruckend. »Es ist entsetzlich! Es ist toll! Ich bin konfus und verdreht«, schrieb er seiner Familie nach Berlin: »London ist das grandioseste und komplizierteste Ungeheuer, das die Welt trägt. Wie kann ich in einen Brief zusammendrängen, was ich in drei Tagen erlebt habe.«[46]

Felix Mendelssohn erhielt aufgrund seiner Empfehlungsschreiben eine Einladung nach der anderen. Nach Berlin berichtete er, er verkehre in Häusern des englischen Hochadels und knüpfe dort wichtige Kontakte. War er irgendwo eingeladen, bereitete er sich sorgfältig vor. So wissen wir aus einem Brief an seine Familie, dass er besonderen Wert auf seine Kleidung, sein Aussehen und überhaupt auf sein äußeres Erscheinungsbild legte.

Belegt wird das unter anderem auch durch das von James Warren Childe 1830 gemalte Porträt. Es zeigt Felix als jungen Mann, der geradezu etwas Dandyhaftes an sich hat. Der Eindruck wird unterstrichen durch die goldene Uhrkette, das schwarze Halstuch, den Gehrock und den Zylinder, den er lässig in der Hand hält.

Der Umgang, den Felix in London pflegte, löste bei dem einen oder anderen seiner Freunde Befremden aus. »Indessen«, bemerkte Eduard Devrient, »gefiel Theresen und mir im Allgemeinen nicht, daß er in London ein Gesellschaftsmöbel zu werden drohe.«[47] Felix, der diese Bedenken durchaus spürte, versicherte dem Freund umgehend, dass er sich um ihn keine Sorgen machen müsse, er habe sich nicht verändert – »wahrhaftig, Devrient, wenn ich mich bessere oder verschlechtere, so schicke ich Dir einen Expressen«.[48]

Das erste Mendelssohn-Konzert fand am 25. Mai in London statt. Gespielt wurde die c-moll-Symphonie, op. 11 (1824), die der Komponist selbst dirigierte. »Der Erfolg«, schrieb er am Tag danach nach Hause, »war grösser, als ich ihn mir je hätte träumen lassen ... Das Adagio verlangten sie da capo, ich zog vor, mich zu bedanken und weiter zu gehen, aus Furcht vor Langerweile; das Scherzo wurde aber so stark noch einmal verlangt, dass ich es wiederholen mußte, und nach dem letzten applaudierten sie fortwährend, so lange ich mich beim Orchester bedankte und hands shakte, bis ich den Saal verlassen hatte.«[49]

Felix Mendelssohn trat während dieses ersten Londoner Aufenthalts noch mehrere Male öffentlich auf. Zur Aufführung gelangten die Sommernachtstraum-Ouvertüre (1826), als Pianist spielte er Stücke von Carl Maria von Weber und Beethoven. Am 13. Juli 1829 leitete er ein Wohltätigkeitskonzert, das als Höhepunkt der Londoner Konzertsaison 1828/29 angesehen wurde und seinen Ruf als Dirigent und Komponist weiter festigte.

In die Zeit des Londoner Aufenthaltes fällt auch eine Meinungsverschiedenheit mit dem Vater, Abraham Mendelssohn Bartholdy, der sich beklagt hatte, dass sein Sohn nicht den Namen Bartholdy führe. Er selbst habe sich seinerzeit bewusst für den Beinamen entschieden, um damit sein Bekenntnis zum Christentum zu dokumentieren.

Am 8. Juli 1829 bat Abraham Mendelssohn Bartholdy seinen Sohn in einem Brief, der mit »Dein Vater und Freund« unterschrieben war, darüber nachzudenken, ob er nicht den Namen »Mendelssohn« ablegen und stattdessen nur den Namen »Bartholdy« führen wolle: »Ich wiederhole Dir, einen christlichen Mendelssohn gibt es so wenig als einen jüdischen Confucius. Heißt du Mendelssohn, so bist du eo ipso ein Jude, und das taugt nichts, schon weil es nicht wahr ist.«[50]

Der Sohn nahm den Ratschlag des Vaters vermutlich achselzuckend zur Kenntnis. In seinem Antwortbrief, der das Datum vom 16. Juli 1829 trägt, war er jedoch um eine Erklärung bemüht, warum bei seinen Konzerten in London auf den Programmzetteln der Philharmonic Society nur der Name Mendelssohn gestanden habe. Die Verantwortung dafür, meinte er, sei allein den »Journalschreibern« und »Concertgebern« anzulasten, die auf die Nennung des Doppelnamens verzichtet hätten, weil ihnen die volle Ausschreibung des Namens »Mendelssohn Bartholdy« zu lang erschienen sei.[51]

Auf den Kern des Problems, das der Vater angesprochen hatte, ging Felix nicht ein. Ganz offensichtlich passte ihm dessen Einmischung in seine Angelegenheiten nicht. Er sah keinen Anlass, sich des Namens Mendelssohn zu schämen. Im Gegenteil, es gibt sogar Hinweise darauf, dass er stolz darauf war, diesen Namen zu tragen. Er hatte keinen Grund, den Namen Mendelssohn nur noch als »M.« zu führen oder gar gänzlich abzulegen.

Die Ängste und Zweifel seines Vaters teilte Felix nicht. Vor die Wahl gestellt, hätte er vermutlich auf den Namen Bartholdy verzichtet. Dafür spricht unter anderem auch die Einstellung seiner Geschwister, die deutlich zu erkennen gaben, dass sie sich als Mendelssohns begriffen und Schwierigkeiten mit dem Beinamen Bartholdy hatten. Rebecka Mendelssohn beendete beispielsweise Ende April 1825 einen Brief mit dem Zusatz: »Zur Erinnerung an Deine Freundin Rebecka Mendelssohn, u. medèn [griechisch für ›nie‹] Bartholdy.«[52]

Fanny und Paul hingegen wollten ihren Vater nicht kränken und benutzten deshalb den Namen Bartholdy. Fanny signierte Manuskripte mit Fanny Mendelssohn, geb. Mendelssohn Bartholdy. Paul, der Jüngste und im Vergleich zu Felix und seinen Schwestern der am wenigsten Bekannte, war der Konsequenteste, denn er setzte bewusst einen Bindestrich zwischen die Namen Mendelssohn und Bartholdy. So paradox es klingt, dieser Sachverhalt ist heute insofern hilfreich, als er dazu dient, die Familienzweige der Mendelssohns besser auseinanderzuhalten.

Von der kleinen Meinungsverschiedenheit mit dem Vater abgesehen, lassen Felix Mendelssohns Briefe während seines ersten Englandaufenthaltes erkennen, dass er sich seiner Familie in Berlin eng verbunden und in Liebe zugetan fühlte. In den Briefen, die die Eindrücke wiedergeben, die er in London und auf seiner Schottland-Reise gesammelt hatte, prahlte er mit dem Gesehenen und Erlebten, neckte aber auch seine beiden Schwestern, nannte sie wiederholt »Geren« [Gören] und fragte, wie es ihnen in Berlin gehe. Kein Brief, in dem er nicht regen Anteil an den Vorbereitungen der anstehenden Heirat seiner Schwester Fanny mit dem Maler Wilhelm Hensel nahm.

Ursprünglich wollte Felix zur Hochzeit zurück in Berlin sein, aber ein Unfall verzögerte seine Abreise. »Dies ist denn also der letzte Brief«, schrieb er am 25. September 1829 seiner Schwester, »der vor der Hochzeit nach Euch gelangt, und zum letzten Male rede ich Fräul. Fanny M. B. an, und wohl viel hätte ich zu sagen … Lebt und webt, heirathet Euch und seid glücklich.«[53]

Am Tag vor der Hochzeit, die am 3. Oktober stattfand, schrieb Felix dem Vater, wie sehr er bedauere, nicht dabei zu sein, und dass er niedergeschlagen sei, dass sein extra für die Trauung komponiertes Orgelwerk[54] nicht aufgeführt werden könne. »Seid glücklich!«, heißt es, und »bald sehn wir uns, so Gott will, fröhlich wieder.«[55]

Im Schatten des Bruders

Fanny Hensel wurde bis in die jüngste Gegenwart in der Literatur kaum beachtet. Die Biographik beschäftigte sich vorrangig mit dem Bruder Felix. Die Schwester porträtierte man als kluge Frau und brillante Briefschreiberin, befand aber, sie habe »sich trotz hoher musikalischer Begabung in ihre [Frauen-]Rolle« gefügt und den Bruder als überlegenen Künstler akzeptiert.[56]

Diese Beschreibung ist durchaus zutreffend, verschweigt aber, dass die am 18. November 1805 in Hamburg geborene Fanny sich durchaus mit ihrem Bruder messen konnte. Sie war talentiert, ihrem Bruder durchaus ebenbürtig und hätte als Konzertpianistin vielleicht Karriere machen können, wenn auch nicht als Komponistin. Ihren Möglichkeiten waren in der ersten Hälfte des 19. Jahrhunderts durch die starren bürgerlichen Konventionen deutliche Grenzen gesetzt.

Abraham Mendelssohn unterschied sich in seinen Ansichten in jenen Jahren nicht von anderen Vätern. »Was Du mir«, schrieb er am 16. Juli 1820 seiner Tochter aus Paris, »über Dein musikalisches Treiben im Verhältnis zu Felix ... geschrieben, war eben so wohl gedacht als ausgedrückt ... Beharre in dieser Gesinnung und diesem Betragen, sie sind weiblich, und nur das Weibliche ziert die Frauen.«[57] In einem anderen Brief, am 14. November 1828 anlässlich von Fannys 23. Geburtstag verfasst, heißt es: »Dich mehr zusammennehmen, mehr sammeln; Du mußt Dich ernster und emsiger zu Deinem eigentlichen Beruf, zum *einzigen* Beruf eines Mädchens, zur Hausfrau, bilden.«[58]

Doch obwohl Abraham Mendelssohn für Fanny einzig den Beruf der Hausfrau vorgesehen hatte, ist diese ihren eigenen Weg gegangen. Sie komponierte und brachte es im Klavierspiel zu großer Virtuosität. Mit ihrem Bruder »erprobte« sie sich bei den regelmäßig stattfindenden Sonntagsmusiken. Überliefert ist ein Brief an Zelter, in dem sie diesem am 9. Dezember 1823 stolz mitteilt, sie habe gemeinsam mit ihrem Bruder ein Doppelkonzert bei einer der sonntäglichen Matineen gegeben. »Das Concert«, heißt es, »ist schön gearbeitet, und von sehr brillantem Effekt.«[59]

Fannys Ziel war es, mit ihren Konzertveranstaltungen gegen »die Geschmacklosigkeit der Zeit« zu wirken. Bereits 1825 hatte sie einen »Vorschlag zur Errichtung eines Dilettantenvereins für Instrumentalmusik« formuliert. In den Sonntagsmusiken glaubte sie, die Möglichkeit gefunden zu haben, ihre Ideen umzusetzen.[60]

Über die Beziehung zwischen Fanny und ihrem Bruder Felix ist viel gerätselt worden. Sie waren sich, wie Sebastian Hensel in seiner Familiengeschichte bemerkt, in einer »innigen, neidlosen Freundschaft« zugetan, die ungetrübt blieb bis zu ihrem Lebensende. Felix bewunderte und verehrte seine Schwester, während diese sich mit ihrem Bruder derart identifizierte, dass man sie als dessen »weibliches Alter Ego« bezeichnet hat. Sie war, will man es verkürzt auf den Begriff bringen, nicht nur Vertraute und Ratgeberin, sondern in gewisser Weise auch die Geliebte ihres Bruders.

Ein inzestähnliches Verhältnis war diese Bruder-Schwester-Beziehung allerdings nicht, auch wenn der Felix-Mendelssohn-Bartholdy-Biograph Eric Werner dies zwischen den Zeilen andeutet, wenn er die in der Verlobungszeit Fannys an Felix geschriebenen Briefe als in manchen Passagen »geradezu hysterisch« bezeichnet und von »dunkleren, manchmal das Abnormale streifenden Trieben«[61] spricht.

Fanny liebte ihren Bruder, wie dieser sie geliebt hat. Das ist unbestritten. Letztlich war es jedoch eine Liebe, die dem starken Geschwisterzusammenhalt entsprach, der typisch für das Zeitalter der Romantik war, in dem schwülstige Liebeserklärungen unter Paaren, aber auch zwischen Schwester und Bruder keine Seltenheit waren.

Wohl zutreffender ist es, die Beziehung zwischen Fanny und Felix gleichsam als zwei Seiten einer Medaille zu behandeln, »zuerst komplementär als Zwillingstalente, dann, im Laufe der Jahre, als gegensätzlich«.[62] »F in Dur und F in Moll«, hat Cécile Lowenthal-Hensel diese Beziehung beschrieben.[63] Felix ist demzufolge Dur und Fanny Moll, wobei Dur die dominierende, Moll die abhängige Tonart darstellt.

Die Frage, wer auf wen mehr angewiesen war, lässt sich allerdings nicht ohne weiteres beantworten. Liest man den Briefwechsel des Geschwisterpaares, so kommt man zu dem Schluss, dass beide sich überaus stark miteinander identifizierten. Es ist schwer zu trennen, wer wofür stand und welche Position einnahm. Meist kam es auf die Situation und die jeweiligen Umstände an. Dem Geschwisterpaar war das durchaus bewusst.

Für Felix war Fanny die dringend benötigte Ansprechpartnerin, der er stolz über die Komposition von Liedern, Kammermusik und symphonischen Werken berichtete; sie war diejenige, der er Mitteilungen über seine Auftritte als Konzertpianist machte und bei der er Klage darüber führte, dass er bei den Versuchen, eine Oper zu schreiben, kläglich gescheitert sei.

Fanny wiederum sah sich in der Rolle der älteren Schwester, die das Vertrauen des Bruders besaß und ein offenes Ohr für dessen künstlerische und private Sorgen hatte. Bei anstehenden Entscheidungen, ob sie nun kompositorische Probleme oder persönliche Angelegenheiten betrafen, sah sie es als ihre Aufgabe an, dem Bruder zu helfen. Ihre Ratschläge waren meist so gehalten, dass ihr Bruder sie ohne weiteres annehmen konnte.

Obwohl es ihr versagt blieb, ihre dem Bruder ebenbürtigen Talente als Berufsmusikerin zu entfalten und in europäischen Konzertsälen unter Beweis zu stellen, fand Fanny doch einen Weg, sich als Pianistin zu betätigen. Belegt sind drei Auftritte: ein Konzert am 19. Februar 1838 im Concert-Saal des Königlichen Schauspielhauses, ein zweites am 4. März 1841, bei dem sie Felix Mendelssohns Trio (op. 49) spielte, und ein drittes am 21. Februar 1847, bei dem sie die blinde Sängerin Bertha Bruns bei ihrem Auftritt in der Singakademie begleitete.[64]

Meist zeigte Fanny ihr Können im privaten Kreis. Unterstützt wurde sie dabei von Wilhelm Hensel, ihrem Mann, der Fanny als Künstlerin verehrte und sich angeblich außerstande fühlte zu malen, wenn sie nicht am Klavier saß oder komponierte. In ihren Briefen schreibt sie immer wieder von Konzerten, die sie im Hause ihrer Eltern organisierte, und von den Erfolgen, die sie damit hatte. Ihr Ehemann war in der Regel anwesend.

Diese »Sonntagsmusiken« waren gesellschaftliche Ereignisse ersten Ranges,[65] bei denen diejenigen, die im Berlin jener Jahre etwas auf sich hielten, zusammenkamen, um zu reden, zu musizieren oder musikalischen Darbietungen zu lauschen. Es war eine große Ehre für die Mitglieder der Hofkapelle, für die Sänger der Königlichen Oper, aber auch für jeden durchreisenden Künstler, eine Einladung zu einer der Matineen im Mendelssohn'schen Haus zu erhalten.

Als Felix von den »Sonntagsmusiken« und den Aktivitäten seiner Schwester in der Leipziger Straße 3 erfuhr, schrieb er aus Rom: »Ich kann Dir gar nicht sagen, liebe Fanny, wie sehr mir der Plan mit den neuen Sonntagsmusiken gefällt; das ist ein brillianter Einfall, und ich bitte Dich um Gotteswillen, laß es nicht wieder einschlafen, sondern gib vielmehr Deinem reisenden Bruder Auftrag, für Euch einiges Neues zu schreiben.«[66]

Bei den Konzerten kamen abwechselnd Instrumentalwerke und Vokalmusik zur Aufführung. In ihrem Tagebuch listete Fanny am 28. Oktober 1833 die Programme von fünf Matineen auf, die in der Leipziger Straße stattgefunden hatten, und vermerkte dazu, welche Komponisten wie oft in ihren Konzerten aufgeführt wurden: »6 mal Beethoven, 2 mal Bach, 2 mal Mozart, 4 mal Weber, 3 mal Felix, 1 mal Gluck, 1 mal Spohr, 1 mal Moscheles, 1 mal ich.«[67]

Es gab Musikstücke, die erst durch Fanny Hensel in Berlin bekannt wurden. Eine Aufführung im Juni 1834 beispielsweise, an der mehr als hundert Gäste teilnahmen, unter ihnen der Diplomat Christian Carl Josias von Bunsen (1791–1860), scheint besonders gelungen gewesen zu sein. Fanny schrieb darüber: »Ich habe im vorigen Monat eine wunderschöne Fete gegeben: Iphigenie in Tauris von der [Pauline] Decker, [Carl] Bader und Mantius gesungen. Es war wirklich etwas so Vollkommenes, wie man nicht leicht wieder hören wird.«[68]

In den letzten Jahren hat sich die Musikforschung des Werkes von Fanny Hensel intensiver angenommen und konnte feststellen, dass Fanny nicht nur Lieder, sondern auch bedeutende Kammermusikwerke komponiert hat. Dazu gehören beispielsweise der Klavierzyklus »Das Jahr«, aber auch andere Werke wie ein Oratorium und die Symphoniekantaten »Hiob« und »Lobgesang«.

Der Bruder hat mitunter die Texte kritisiert, die Fanny ihren Kompositionen unterlegt hat, gleichzeitig aber zum Ausdruck gebracht, dass er besonders die musikalische Ausführung der Kantaten bewundere: »Was aber Deine Musik und Komposition betrifft, so ist sie sehr gut für meinen Magen; der Frauenzimmerpferdefuß guckt nirgends hervor, und wenn ich einen Kapellmeister kennen würde, der die Musik könnte gemacht haben, so stellte ich den Mann an meinem Hofe an.«[69]

Fanny Hensel selbst hat sich sehr spät durchgerungen, ihre Kompositionen im Druck erscheinen zu lassen. Es war wohl der Einfluss des jungen, aus begüterter Familie stammenden Robert von Keudell (1824–1903), der sie dazu bewegte, sich über die einstigen Bedenken des Vaters und die Vorbehalte des Bruders hinwegzusetzen und sich um die Publikation ihrer Werke bei den Musikverlagen Bote & Bock und Schlesinger zu bemühen.

Bei Bote & Bock kamen 1846 die »Sechs Lieder op. 1« heraus, ebenfalls in diesem Jahr die »Vier Lieder für das Pianoforte op. 2«, 1847 schließlich die »Gartenlieder«, »Sechs Gesänge für Sopran, Alt, Tenor und Baß op. 3«. Bei Schlesinger erschienen »Six Mélodies pour le piano op. 4 (1 bis 3) und op. 5 (4 bis 6)«. Opus 6 (»Vier Lieder für das Pianoforte«) und 7 (»Sechs Lieder für eine Stimme mit Begleitung des Pianoforte«) erschienen erst nach Fannys Tod.

In den zeitgenössischen Besprechungen wurde Fanny gelobt, mitunter aber auch schulmeisterlich von oben herab kritisiert. In der »Neuen Zeitschrift« beispielsweise vermerkte ein Kritiker, Fannys Musikstücke hätten zwar durchaus Qualitäten, doch seien ihr als Frau natürliche Grenzen gesetzt. Sie besäße nicht die Empfindung, die »aus der Tiefe der Seele quillt«. Angesichts solcher Vorbehalte verwundert es nicht, dass Fanny Hensel zu Lebzeiten die ihr gebührende Anerkennung ausschließlich in privaten Zirkeln fand, nicht jedoch dort, wo sie es verdient hätte, in der breiten Öffentlichkeit. Diese Anerkennung wird ihr erst in unseren Tagen zuteil.

Auf Goethes Spuren in Italien

Nach seiner Rückkehr aus England Anfang Dezember 1829 und nach einem kurzen Aufenthalt in Berlin begab sich Felix Mendelssohn auf eine der damals üblichen bürgerlichen Bildungsreisen nach Italien. Damit nahm er eine Familientradition auf,[70] waren doch bereits vor ihm Verwandte wie beispielsweise die Söhne seiner Tante Dorothea, Johannes und Philipp Veit, dorthin gereist und hatten dort auch gelebt. Zu denen, die ihr Herz an Italien verloren hatten, gehörte auch Jakob Ludwig Salomon Bartholdy, der Bruder seiner Mutter, der lange Jahre als Diplomat in preußischen Diensten in Rom tätig und den Künsten gegenüber aufgeschlossen war.

Zunächst war eine Familienreise geplant, ähnlich der von 1822, als sich Eltern, Schwestern und die dazugehörige Entourage auf den Weg in die Schweiz gemacht hatten. Diesmal jedoch waren Fanny und Wilhelm Hensel nicht dabei; erst 1839 wurde es ihnen möglich, gemeinsam mit ihrem inzwischen neunjährigen Sohn Sebastian die Reise in den Süden anzutreten.

Das Italienerlebnis der Mendelssohns war geprägt durch das Bild Italiens, das Goethe in seiner »Italienischen Reise« entworfen hatte. Heinrich Heine spottete in seinen Reiseberichten »Die Reise von München nach Genua« und »Die Bäder von Lucca« (1828) über die philiströsen und kleingeistigen Italien- und Rom-Schwärmer, die nichts Besseres zu tun hätten, als auf Goethes Spuren durch Italien zu wandeln.

Felix hat das nicht abgehalten, Goethes »Reise«-Briefe in sein Gepäck aufzunehmen. In einem seiner Briefe aus Rom, geschrieben am 8. November 1830, bemerkt er, dass es zu seinen »Hausbehaglichkeiten« gehöre, Goethes »Reise«-Briefe zu lesen: »Alles was er beschreibt, habe ich genauso erlebt, und das ist mir lieb.«[71]

Felix hatte sich zunächst in Venedig aufgehalten, dann in Florenz Zwischenstation gemacht und sich von dort auf den Weg nach Rom begeben. Zelter kommentierte die Reise seines Schützlings in einem an Goethe geschriebenen Brief mit den Worten: »Felix wird wahrscheinlich jetzt in Rom sein, worüber ich sehr froh bin.« Auch in diesem Brief bemerkt man einen antisemitischen Unterton, wenn Zelter seiner Hoffnung Ausdruck verleiht, Felix werde dort »die letzte Haut des Judentums abstreifen«.[72]

Anders als auf Goethe machte die Stadt am Tiber keinen sonderlichen Eindruck auf den damals einundzwanzigjährigen Felix Mendelssohn Bartholdy. Das »Bildungserlebnis«, das er sich bei der Lektüre von Goethes »Reise«-Briefen versprochen hatte, scheint sich nicht eingestellt zu haben. Eine zweite Reise nach Italien hat er jedenfalls nicht erwogen. Mit der italienischen Musik konnte er nicht sehr viel anfangen, mehr schon mit den Kulturdenkmälern der Antike und vor allem mit Tizian, dessen Motive er auf dieser Reise für sich entdeckte.

Einquartiert nicht weit vom Café Greco, in der Piazza di Spagna Nr. 5, fühlte Felix sich in Rom einsam, geradezu isoliert, wie er gegenüber seinem Freund Klingemann klagte. Die in Rom ansässigen »Nazarener« stießen ihn mit ihrem aufgesetzten Gehabe ab. »Schwächliche heilige Milchbärte« nannte er die Künstlergruppe, zu der auch sein Cousin Johannes Veit gehörte.

Anders einige Düsseldorfer Maler um Wilhelm Schadow (1788–1862), die Felix in Rom kennenlernte und die ihn das Gefühl der Isoliertheit vergessen ließen. Unter ihnen waren der Schlesier Julius Hübner und Eduard Bendemann (1806–1882), mit dem sich Felix während seines Rom-Aufenthaltes anfreundete. Bendemann gehörte zusammen mit Karl Sohn (1805–1867), ebenfalls einem Schüler Schadows, zu der Reisegesellschaft, mit der Felix im Mai 1831 von Neapel aus mehrtägige Ausflüge in die Umgebung machte.

Die Lebenswege von Felix Mendelssohn Bartholdy und Eduard Bendemann sollten sich immer wieder kreuzen, zunächst in Rom, später in Düsseldorf und Leipzig. Bendemann, Sohn des Bankiers Aron Hirsch Bendix, verheiratet mit einer Tochter Schadows, hatte in Rom noch die Spätzeit des Nazarenertums miterlebt und gehörte zu jener Generation, die in der literarischen Welt »Junge Deutschland« genannt wird.

Vergleichsweise spät hatte sich Eduard Bendemann der Malerei zugewandt. Wegen seiner monumentalen Arbeiten wurde er allseits geschätzt. Sein Hauptwerk, das Gemälde »Die trauernden Juden« (1831/32),[73] das heute im Kölner Wallraf-Richartz-Museum hängt,[74] erregte wegen seiner dem Zeitgefühl entsprechenden melancholischen Stimmung einige Aufmerksamkeit. Im Berlin der dreißiger Jahre nannte man Bendemann den »Mendelssohn der Malerei«, was eine Anspielung auf seine Freundschaft mit Felix Mendelssohn Bartholdy gewesen sein dürfte.

Während seines Aufenthaltes in Rom verlegte Felix Mendelssohn sich auf das Komponieren und das gelegentliche Zeichnen. So entstand in dieser Zeit beispielsweise »Die Ripetta«, eine Bleistiftzeichnung, eine berühmte Ansicht Roms wiedergebend, die heute nicht mehr existiert: ein kleiner Hafen mit einer Stufenanlage, die der Kirchenfassade S. Girolamo degli Schiavoni vorgelagert war und zum Tiber hinabführte. Die 1704 entstandene Anlage ist Ende des 19. Jahrhunderts abgerissen worden und einer Neubebauung gewichen.

Die Kirchenmusik, die er in der päpstlichen Kapelle kennenlernte, schätzte Felix nicht sonderlich. »Sie singen nicht besonders«, schrieb er Zelter am 28. Dezember 1830, »die Compositionen taugten nichts.«[75] Vielleicht war das auch der Grund, sich auf das eigene Komponieren zu konzentrieren. In Rom entstanden Chorstücke, aber auch Motetten »für die Stimmen der Nonnen auf S. Trinità de' Monti«, Bearbeitungen von Chorälen Luthers, Choralkantaten, die Konzertouvertüre »Die Hebriden op. 26« sowie die Vertonung von Goethes Ballade »Die erste Walpurgisnacht op.[60]«.

Anders als ihr Bruder hatte Fanny schon als junges Mädchen von einem längeren Aufenthalt in Italien geträumt. Bei der Schweizer Reise, die sie 1822 als Siebzehnjährige unternommen hatte, kam die Familie allerdings nur bis zum Urner Loch, wo angeblich der Übergang zum Süden beginnt. Dort vertonte sie Goethes berühmte Verse »Kennst Du das Land, wo die Zitronen blühen« und nannte das Stück »Sehnsucht nach Italien«. Auf die Realisierung ihres Reisewunsches musste sie allerdings noch fast zwei Jahrzehnte warten.

Als sie sich 1839 von Leipzig aus mit ihrem Mann und dem Sohn Sebastian auf den Weg in den Süden machte, führte der Weg sie über Mailand, Venedig und Florenz nach Rom. Für das Ehepaar war es im Wesentlichen eine Kunstreise, der Höhepunkt zweifellos der Aufenthalt in der »Ewigen Stadt«. Sie besuchten Gemäldegalerien, sahen sich Bilder in Kirchen an und trafen Freunde und Bekannte. Vor allem Wilhelm Hensel, der in den zwanziger Jahren in Rom gelebt hatte, fühlte sich durch das Wiedersehen mit der Stadt beflügelt.

Liest man die Briefe und Tagebucheinträge Fannys und studiert darüber hinaus die Porträts Wilhelm Hensels, die ebenfalls den Rom-Aufenthalt des Ehepaars dokumentieren, stellt sich der Eindruck ein, dass die Monate in Rom zu den glücklicheren im Leben Fanny und Wilhelm Hensels gehört haben müssen. Angeregt durch die lebendige Atmosphäre, durch das helle Licht, die klare Luft, aber auch durch die Gesellschaft, in der sie verkehrten, begann Wilhelm zu zeichnen[76] und Fanny zu komponieren. Beide gerieten in Rom geradezu in einen Schaffensrausch.

Unter dem Datum des 3. Mai 1830 notierte Fanny Hensel in ihrem Tagebuch: »Ich kann es nicht sagen, wie unbeschreiblich glücklich ich mich hier fühle, ich bin lange schon in einer fast fortwährend erhöhten Stimmung und habe das reinste Gefuhl von Lebensgenuss im höchsten Sinne. Die einzige Bitterkeit dabei ist die Notwendigkeit, dieses Paradies so bald verlassen und meinem Wilhelm nicht mehr lange die Freude gönnen zu dürfen, mit Lust und Behagen nach dieser schönen Natur zu arbeiten. Ach, wer hier leben könnte und dürfte!«[77]

Wilhelm Hensel zeichnete in Rom unter anderem das bekannte Drei-Personen-Porträt, auf dem sein Schüler August Kaselowsky (1810–1891) sowie der Familienporträtist der Mendelssohns Eduard Magnus (1799–1872) und Friedrich August Elsasser (1810–1845) zu sehen sind. In den Skizzenbüchern finden sich aber auch Porträts von einem »halb Dutzend Kardinälen«, einer Reihe schöner Frauen und von Freunden und Künstlerkollegen, die sich zu jener Zeit in Rom aufhielten.

So porträtierte Hensel den Emaillemaler Abraham Constantin (1785–1855), den spanischen Bildhauer Antonio Sola (1787–1861) und den englischen Maler Joseph Severn (1793–1879), der vor einem Bild Raffaels ausgerufen haben soll: »Anche io sono pittore!« (Auch ich bin ein Maler). Mit dieser Bemerkung hat er dann auch ein von ihm gezeichnetes Porträt Wilhelm Hensels signiert.

Fanny, die gern länger in der Stadt geblieben wäre, nutzte die Zeit ihres Aufenthaltes und komponierte hier nachweislich neun Stücke, unter anderem das Terzett a cappella »Sage mir, was mein Herz begehrt« und das Duett für zwei Singstimmen und Klavier »Das holde Tal«. »Ich habe«, schrieb sie am 4. Mai 1840 an ihre Schwester Rebecka, »in letzter Zeit mehreres komponiert, und meinen Clavierstückchen, die ich hier gemacht, Namen von hiesigen Lieblingsplätzen gegeben.«[78]

Einer ihrer Lieblingsorte in Rom war die Villa Medici auf dem Pincio, die 1803 von Napoleon erworben und zum Sitz der Académie de France in Rom bestimmt worden war. Der Direktor, der Maler Jean-Auguste-Dominique Ingres (1780–1867), berühmt geworden mit seinem Bildnis des »Ferdinand-Philippe de Bourbon-Orléans, Herzog von Orléans« (1842), das als Meisterwerk der Porträtkunst gilt und heute im Louvre hängt, lud Fanny ab und zu ein, damit sie dort vor den »Pensionären«, wie die Gäste der Académie in der Regel genannt wurden, ihr Können vorführte. Zu diesen »Pensionären« gehörten der Maler Isidor Pils, der Bildhauer Nicolas Villain, der Architekt Toussain Uchard und die Kupferstecher Victor Pollet und Charles Normand.

Freundschaftliche Kontakte entwickelte Fanny insbesondere zu dem jungen Komponisten Charles Gounod (1818–1893), der sie als Pianistin und Komponistin bewunderte und den sie wiederum für einen »talentvollen Menschen« hielt. Das Klavierstück »Villa Medici«, Anfang Mai 1840 entstanden, dessen Reinschrift in Fannys »Reise-Album 1839–1840« enthalten ist, ist in gewisser Weise der künstlerische Versuch, die Besuche in der Villa auf dem Pincio musikalisch zu beschreiben. »Himmlische Luft, Glockengeläut, Sonntagsgefühl«, notierte sie nach einem Besuch in ihr Tagebuch. »Ich kann es nicht sagen, wie unbeschreiblich glücklich ich mich hier fühle.«[79]

Ihren Abschied aus Rom feierten Fanny und Wilhelm Hensel in der Villa Wolkonsky im Südosten der Stadt, heute Sitz der britischen Botschaft. Die Hensels hatten die Erlaubnis erhalten, im Garten der Villa mit ihren Freunden eine »Fete« zu veranstalten. Am Morgen des 20. Mai brachen sie mit einem Karren, bespannt mit einem Esel, auf, um Geschirr und Esswaren dorthin zu bringen.

An dem Fest, das an einem »poetischen Tag« bei sommerlichen Temperaturen stattfand, nahmen außer dem Komponisten Georges Bousquet und der Pianistin Charlotte Thygeson die Maler Charles Dugasseau, Eduard Magnus, August Kaselowsky sowie die Brüder Friedrich August und Julius Elsasser teil.[80] »Wir haben«, schrieb Fanny ihrer Mutter und den Geschwistern, »einen Tag erlebt, wie er wohl in Romanen vorkommt, in der Wirklichkeit aber gewiß nur einmal im Leben gelingt.«[81]

Den Ablauf dieses Tages hatte Fanny, die »Königin des Festes«, wie sie selbst sich nannte, phantasievoll geplant. Die Gäste hatten sich gegenseitig Aufgaben zu stellen und zu lösen. Fanny beispielsweise hatte Bousquet ein italienisches Gedicht mitgebracht, das dieser vertonen sollte. Er habe, meinte Fanny, daraus »ein recht hübsches Duettchen« gemacht.

Bousquet wiederum hatte einen Band mit Versen von Lamartine im Gepäck, aus dem Fanny »ein paar Strophen« (»L'ame triste«) vertonte. Wie wir aus Fannys Bericht über diesen denkwürdigen Tag wissen, fertigten Friedrich August Elsasser ein Aquarell,[82] Wilhelm Hensel ein Ölbild, Kaselowsky und Dugasseau Zeichnungen.[83] Schließlich »setzten wir uns«, heißt es in Fannys Tagebuch-Bericht, »im Schatten der Ruinen vor eine Rosenhecke und probierten zwei-, drei und vierstimmige Lieder von Felix und mir.«[84]

Anders als ihrem Bruder fiel es Fanny außerordentlich schwer, Rom adieu zu sagen. Sie verließ die Stadt schweren Herzens, aber in der Hoffnung, bald zurückkehren zu können. In dem in E-Dur gehaltenen Klavierstück »Allegro molto quasi presto« gab sie ihrem Schmerz über den Abschied von der geliebten Umgebung Ausdruck. »Das letzte Lebewohl von St. Pietro in Montorio«, notierte sie in ihrem Tagebuch, »wurde uns nicht leicht. Aber ich habe ein ewiges, unvergängliches Bild in der Seele, das vor keiner Zeit verblassen wird. Ich danke Dir, o Gott!«[85]

Rebecka, genannt »Beckchen«

Rebecka, das dritte Kind von Abraham und Lea Mendelssohn (Bartholdy), stand schon früh im Ruf, sich durch Schärfe des Verstandes und durch einen sprühenden Geist auszuzeichnen. Ihre erhaltenen Briefe zeigen sie nicht nur als witzige und schlagfertige Person, sondern auch als politisch interessierte Frau. Wie ihr Bruder Felix begriff sie sich als Liberale, als Republikanerin – anders als ihre Schwester Fanny, die sich zwar an den Diskussionen in der Familie und im Freundeskreis beteiligte, aber keiner erkennbaren politischen Richtung zuneigte.

Rebecka, im Familienkreis zärtlich Beckchen genannt, nahm regen Anteil am Leben ihrer Geschwister und pflegte in zahllosen Briefen ein weitverzweigtes Netz von Freundschaften etwa mit Rahel und Karl August Varnhagen von Ense sowie mit der Schriftstellerin und Publizistin Ludmilla Assing (1821–1880). Schon als junge Erwachsene hatte sie eine Reihe Verehrer, zu denen nicht nur der Dichter Heinrich Heine, sondern auch der angehende Historiker Johann Gustav Droysen und der für die Gleichberechtigung der Juden kämpfende Jurist Eduard Gans gehörten, der bei den Mendelssohns in der Leipziger Straße ein- und ausging.

Zeitweilig schien es so, als ob Gans das Rennen der Verehrerschar für sich entscheiden würde. »Er kommt viel zu uns«, schrieb Fanny an Klingemann am 22. März 1829, »und findet großen Geschmack an Rebekka, der er auch eine griechische Lehrstunde aufgezwungen hat, in der diese beiden gelehrten Personen den Plato lesen. Groteskeres kenne ich nicht. Daß man aus dieser platonischen Verbindung keine reele macht ... versteht sich von selbst.«[86]

Die vielsagende Bemerkung Fannys, dass an eine solche Verbindung nicht zu denken sei, macht deutlich, dass Eduard Gans in den Augen der Familie wohl nicht der Richtige war. Gans hatte zwar einen Namen, ein geeigneter Ehemann für Rebecka schien er aber nicht zu sein. Dafür, so meinte man, verhalte er sich zu egozentrisch.

So Eduard Gans überhaupt ein erkennbares Interesse an Beziehungen zum weiblichen Geschlecht hatte, erschöpfte sich dieses in einem engen Verhältnis zur Mutter, die mit ihm den Haushalt im Parterre des Eckhauses Charlottenstraße, Behrenstraße teilte, und zu Rahel Varnhagen, die als intellektuelle Mutter der »Chorführer des jungen Deutschland«[87] (Gans, Heine, Börne) galt und dementsprechend von ihm hofiert wurde.

Engere Beziehungen pflegte Rebecka zum Bruder Rahel Varnhagens, Ludwig Robert, und zu dessen Frau Friederike.[88] Als die beiden im Sommer 1832 im Abstand von wenigen Wochen in Baden-Baden an Typhus starben, endete eine bemerkenswerte Freundschaft. Die Briefe und Billets, die Rebecka und Friederike Robert in den letzten Jahren austauschten, belegen eine Vertrautheit im Umgang miteinander, die weit über das Maß freundschaftlicher Geselligkeit hinausging.

Rebecka nennt Friederike Robert in diesen Mitteilungen liebevoll »Rike«, neckt sie wegen ihrer Schönheit und berichtet über dies und jenes, das in der Familie gerade vorgeht. Am 19. November 1831 teilte sie ihrer Freundin mit, dass sie Braut geworden sei. »Mit wem? wirst Du fragen, denn das gehört auch dazu, u. da antworte ich denn, mit keinem Andern als Deinem langen Freunde, dem Professor Dirichlet.«[89]

Auch der Umgang mit Karl August Varnhagen von Ense entwickelte sich zu einer dauerhaften Freundschaftsbeziehung. Varnhagen nannte sie, nachdem sie 1832 den Mathematiker Gustav Lejeune Dirichlet (1805–1859) geheiratet hatte, zunächst »Verehrteste Frau«, später, als die Beziehung sich auch auf Dirichlet und dessen Freundeskreis ausdehnte, »verehrte« oder »hochverehrte Freundin«.

Das Verhältnis der vier Geschwister war zeit ihres Lebens sehr eng. Sie liebten die Musik, lasen Lessing, Schiller und Goethe, schätzten Jean Paul und Shakespeare und waren schließlich in ein Alter gekommen, in dem junge Menschen, um eine Äußerung Rebeckas zu zitieren, sich nicht gerne älter werden sehen und es vorziehen, jung zu sterben – »aber nur auf kurze Zeit«.[90]

Die Liebe zu Italien teilte Rebecka mit ihrer Schwester Fanny. Mit Mann und Kindern reiste sie im Sommer 1843 nach Rom, um dort, wie sie es nannte, zu »überwintern«. Die Familie verkehrte dort hauptsächlich in einem geselligen Kreis von Malern, zu denen schon die Hensels drei Jahre zuvor freundschaftliche Kontakte geknüpft hatten: Julius Elsasser, August Kaselowsky und Charles Dugasseau.

Die ersten Italieneindrücke der Dirichlets ähnelten denen der Hensels.[91] »Du weiß ja«, so Rebecka an Fanny, »wie pianissimo Italien anfängt, und wie es crescendo al fortissimo zugeht, je länger man drin bleibt«

(6. Oktober 1843). Auch die Liebe zu Rom teilte Rebecka mit ihrer Schwester. »Rom«, hatte ihr diese geschrieben, »ist wirklich ein langsames Gift, oder eine langsame Medizin, wie du willst, es denke nur Keiner, so geschwind damit fertig zu werden, je mehr man es kennen lernt, um so wunderbarer zieht es an.« (30. März 1840)

Erste Anstellung in Düsseldorf

Im März 1833 nahm Felix Mendelssohn Bartholdy das ehrenvolle Angebot an, das zu Pfingsten in Düsseldorf stattfindende Niederrheinische Musikfest zu leiten. Die dafür notwendigen Proben wurden für den 20. Mai festgesetzt. Zuvor hatte er sich in London aufgehalten, wo er die Uraufführung seiner A-Dur-Symphonie, in seinen Reisebriefen die »Italienische« genannt, mit großem Erfolg in der Philharmonie dirigiert hatte.

Am 20. Mai 1833 kam er in Düsseldorf an und quartierte sich zunächst im Hause Wilhelm von Schadows ein, der 1826 die Leitung der Düsseldorfer Kunstakademie übernommen hatte. Schadow kümmerte sich nicht nur um ihn, sondern sorgte auch dafür, dass der Vierundzwanzigjährige von der Düsseldorfer Gesellschaft herzlich aufgenommen wurde.

Das Düsseldorfer Bürgertum wusste Mendelssohns Talente zu schätzen und war stolz, dass man ihn für das Musikfest hatte gewinnen können. Bereits in den ersten Tagen seines Aufenthaltes in der Stadt lernte er den Schriftsteller Karl Immermann (1796–1840) kennen, aber auch den Historiker Heinrich von Sybel (1817–1895), in dessen Hause er vor einem Musik liebenden Publikum auf dem Flügel selbst komponierte Stücke spielte.

Über das Musikfest, bei dem unter der Stabführung Mendelssohns unter anderem Händels Oratorium »Israel in Ägypten« (26. Mai 1833) zur Aufführung gelangte, hat Felix' Vater Abraham, der eigens angereist war, in einer Reihe von begeisterten Briefen an seine Frau Lea nach Berlin berichtet. »Wann mich etwas gereuet«, teilte er ihr beispielsweise am Pfingstsonntag 1833 mit, »so ist es nicht, hierhergekommen zu sein, sondern keinen von Euch bei mir zu haben, denn ein Musikfest am Rhein ist ein schönes und eigenes Ding.«[92]

Die Begeisterung über Mendelssohns Auftritt bei dem Musikfest schlug hohe Wellen. Immermann notierte in seinem Tagebuch: »Mendelssohn dirigirt sehr gut, erntet Lorbeeren ein.«[93] In den Zeitungen konnte man überschwängliche Lobeshymnen lesen, so in der »Düsseldorfer Zeitung«, in der das Gedicht »Impromptu« eines Unbekannten abgedruckt wurde, dessen zweite Strophe lautete:

Der Name Mendelssohn – ehrfürchtig Schweigen!
Ein junger Zweig des hohen Stamm's erblüht,
Am schönen Rhein durft' er die Blüthe zeigen,
Die Blüthe, welche reiche Früchte zieht.[94]

Das Komitee des Niederrheinischen Musikfestes überreichte Mendelssohn einen Siegelring als Anerkennung und Dank für seine Verdienste. In einem Schreiben an den damaligen Düsseldorfer Oberbürgermeister Joseph von Fuchsius bedankte Mendelssohn sich für das »herrliche Geschenk« und erklärte, die Erinnerung an das Musikfest gehöre »zu den liebsten« seines »musikalischen Lebens«.[95]

Während der Proben zum Musikfest hatte Wilhelm von Schadow im Auftrag der Stadt einen Vertrag mit Mendelssohn ausgehandelt. In der auf drei Jahre terminierten Vereinbarung war nicht nur geregelt, dass Mendelssohn der künstlerisch Verantwortliche für das Musikleben der Stadt am Rhein werden sollte, festgelegt war auch die Zahl der von ihm jährlich zu absolvierenden Konzerte. Für diese Tätigkeiten wurde das für die damalige Zeit durchaus respektable Jahresgehalt von 600 Talern festgesetzt und ein Urlaubsanspruch von drei Monaten pro Jahr zugestanden.

Bevor er Anfang Oktober 1833 das Amt des Musikdirektors antrat, unternahm Felix Mendelssohn in Begleitung seines Vaters erneut eine Reise nach London. Es war sein vierter Englandaufenthalt, bei dem er, wie bei seinen früheren Aufenthalten, Konzerte gab, auf der Orgel der St.-Pauls-Kathedrale spielte, Freunde traf und es sich nicht nehmen ließ, einer Parlamentsverhandlung beizuwohnen, in der die Judenemanzipation in England verhandelt wurde.

Als Städtischer Musikdirektor war er mit verschiedensten Aktivitäten befasst, zum Beispiel mit der Ausgestaltung der musikalischen Feierlichkeiten anlässlich eines Besuchs des preußischen Kronprinzen und späteren Königs Friedrich Wilhelm IV. Der Kronprinz, der ihn später nach Berlin holte, schüttelte Mendelssohn lange die Hand und nannte ihn »lieber Mendelssohn«, was diesen mit einigem Stolz erfüllt hat, wie er seiner Schwester Rebecka gegenüber bekannte.

Düsseldorf war vermutlich nicht das, was Mendelssohn vorschwebte, aber er verstand es, sich in der Stadt am Rhein halbwegs komfortabel einzurichten. Er hielt sich ein Reitpferd, schwamm, komponierte und probte. Über Anflüge von Unzufriedenheit half der Verkehr mit befreundeten Malern wie Theodor Hildebrandt, Julius Hübner, Johann Wilhelm Schirmer und Eduard Bendemann hinweg, aber auch die Besuche auf dem Weingut seines Onkels Joseph Mendelssohn in Horchheim bei Koblenz.

Der Konzertbetrieb nahm Felix stark in Anspruch, vor allem die Proben zu Beethovens »Egmont«-Ouvertüre, zu Händels »Alexanderfest« und zu seinem g-Moll-Klavierkonzert, dessen Solopart er selbst bestritt. Hinzu kam, dass er auch mit der gottesdienstlichen Musikpflege in der Stadt betraut wurde und sich zusätzlich um die musikalischen Belange des Düsseldorfer Theaters zu kümmern hatte.

Zu Spannungen kam es allerdings mit Immermann, mit dem er sich zunächst provisorisch die Intendanz des Düsseldorfer Theaters teilte. Immermann war zuständig für die Sparte Schauspiel, Mendelssohn zeichnete verantwortlich für die Sparte Oper. Was gut begann, endete jedoch im Krach, vermutlich in Fragen der Kompetenzverteilung. Die Auseinandersetzungen waren heftig und letztlich für beide Seiten peinlich.

Was hinter dem Streit der beiden steckte, lässt sich nur mutmaßen. Vielleicht waren es die Neidgefühle Immermanns, der die Erfolge seines jungen Mit-Intendanten nicht ertrug, vielleicht aber auch die Mimosenhaftigkeit Mendelssohns, der sich vom älteren Immermann bevormundet und von oben herab behandelt fühlte. Der Streit verleidete Mendelssohn zunehmend den Aufenthalt in Düsseldorf, und er begann darüber nachzudenken, ob es nicht das Beste für ihn sei, die Stadt zu verlassen und seine Dienste anderswo anzubieten.

Hinzu kam, dass die zwischen ihm und Immermann vereinbarten »Musteraufführungen« vom Publikum nicht angenommen wurden. Als »Generalmusikdirektor von Pempelfort« habe er große Sorgen, teilte Mendelssohn Eduard Devrient nach Berlin mit,[96] vermutlich eine Anspielung auf die erste Aufführung von Mozarts »Don Juan«, die zu einem handfesten »Theaterskandal« ausgeartet war. Das Publikum hatte getobt und gebrüllt, wobei sich allerdings später herausstellte, dass es nicht die

Qualität der Aufführung war, die zu solcher Erregung führte, sondern die erhöhten Eintrittspreise, die das Düsseldorfer Publikum nicht widerspruchslos hinnehmen wollte.

Mendelssohn, der bei diesem Vorfall am liebsten den »Kerls den Taktstock an den Kopf« geworfen hätte, reagierte auf das Verhalten des Düsseldorfer Publikums ähnlich jähzornig wie bei der Probe zu Beethovens »Egmont«-Musik, die im Schauspielhaus zu Goethes Stück aufgeführt werden sollte. »Eben«, schrieb er der Familie nach Berlin, »komme ich aus der Egmont-Probe, wo ich zum erstenmale in meinem Leben eine Partitur entzwei geschlagen habe, vor Aerger über die dummen Musici, die ich mit dem 6/8 Takt förmlich füttere, und die doch immer noch mehr Lutschbeutel brauchen.«[97]

Abraham Mendelssohn, bemüht, seinem Sohn mit Rat und Tat zu unterstützen, kannte dessen schwache Seiten und war sich wohl bewusst, dass Felix für den Posten eines Intendanten nur bedingt geeignet war. In verschiedenen Briefen riet und mahnte der Vater, gab aber auch konkrete Hinweise für die Interpretation verschiedener Stücke.

Abraham Mendelssohn Bartholdys Briefe belegen, dass er stolz auf den Sohn und dessen Leistungen war, aber auch dazu neigte, diesen zu rügen, wenn er glaubte, er habe sich in einer bestimmten Situation falsch oder missverständlich verhalten. »Das Ideal der Tugend«, bemerkte er beispielsweise in einem seiner Briefe, »hat der am wenigstens erreicht, der am unerbittlichsten von anderen fordert.« (5. Dezember 1834). Damit wollte er seinem Sohn klarmachen, dass nur der wirklich akzeptiert wird, der bereit ist, seinem inneren Kompass zu folgen und sich und seine Arbeit gegebenenfalls selbst in Frage zu stellen.

Die Heirat mit Cécile, geb. Jeanrenaud

Felix Mendelssohn Bartholdy, mittlerweile einer der umworbensten Komponisten Deutschlands, entschloss sich 1836 nach dem Tod des Vaters, sich im Alter von 27 Jahren auf Freiersfüße zu begeben. Seine Geschwister waren zu diesem Zeitpunkt bereits allesamt verheiratet. Fanny hatte 1829 Wilhelm Hensel, Rebecka 1832 Peter Gustav Lejeune Dirichlet und Paul, der jüngere Bruder, 1835 Albertine Heine (1814–1879) geheiratet.

Felix Mendelssohn, der gut aussah und den die Frauen anhimmelten, war kein Casanova. Im Verlauf der Jahre machte er zwar die Bekanntschaft einiger jüngerer, ihn anziehender Frauen, aber es waren in der Regel nur Freundschaftsbeziehungen, angefangen von seiner Berliner Jugendliebe Betty Pistor, über Mary Alexander,[98] deren Liebe Felix allerdings nicht erwiderte, bis hin zur Pianistin Delphine von Schauroth, die er 1830 in München bei seiner Durchreise nach Italien kennengelernt und für die er sein g-moll-Klavierkonzert geschrieben hatte.

Dass Felix Mendelssohn Bartholdy neben seinen beruflichen Verpflichtungen überhaupt noch Zeit fand, privaten Umgang zu pflegen, grenzte für alle Beobachter schon an ein Wunder. Seine Tage waren ausgefüllt mit Auftritten unter anderem in Düsseldorf, in Elberfeld und Barmen, aber auch mit Begegnungen mit Kollegen wie Ferdinand Hiller und Frédéric Chopin, die er am Rande des Aachener Musikfestes traf. Mit Hiller entwickelte sich zunächst eine enge Zusammenarbeit, bis ein Zerwürfnis wegen irgendeiner Nichtigkeit die Freundschaft beendete.

Mendelssohns Briefe aus jener Zeit belegen, dass er in den Städten, in denen er sich aufhielt – wie beispielsweise in Leipzig, wo er im Herbst 1835 eine Stelle als Kapellmeister der Gewandhauskonzerte angetreten hatte – sich kaum mehr um etwas anderes kümmerte als um die Mühen des täglichen Geschäftes. Dazu gehörten das Orchester, anstehende Proben beziehungsweise die nächste in Aussicht stehende Konzertverpflichtung.

Sehr viel anders sah es auch bei seinem erneuten Aufenthalt in Düsseldorf nicht aus. Dort, wo Mendelssohn im Frühsommer 1836 wieder die Leitung des Niederrheinischen Musikfestes übernommen hatte, bei dem es zur triumphalen Uraufführung seines Oratoriums »Paulus« kam, blieb ebenfalls kaum Zeit für Privates. Man munkelte damals zwar von der Beziehung zu einer verwitweten Aristokratin, aber das Verhältnis, wenn es denn eines war, kann nur ein flüchtiges gewesen sein. Um wen es sich bei der angeblichen Dame seines Herzens in Düsseldorf gehandelt hat, ist nicht bekannt. In der Literatur werden nur Vermutungen geäußert.

Von Juni bis September 1836 hielt sich Mendelssohn in Vertretung des schwer erkrankten Leiters des Cäcilienvereins in Frankfurt am Main auf. Während seines Aufenthaltes dort traf er nicht nur seinen Freund Ferdinand Hiller wieder, sondern lernte durch diesen auch den italienischen Komponisten Giacchino Rossini (1792–1868) kennen. Wichtiger aber war noch, dass er dort seiner späteren Frau, Cécile Charlotte Sophie Jeanrenaud (1817–1853), begegnete, die er schon im Frühjahr bei einem Frankfurt-Aufenthalt kennengelernt hatte.

Cécile, die Sopran im Cäcilienverein sang, war die Tochter eines früh verstorbenen Predigers der Frankfurter französisch-reformierten Gemeinde. Vom Augenblick der ersten Begegnung an hatte Cécile es Felix angetan. Die erhaltenen Briefe belegen, dass er sich Hals über Kopf in sie verliebt hatte und sich dazu auch bekannte. Seiner Schwester Fanny schrieb er, »daß es solch ein liebes, gutes Kind noch in der Welt geben könnte, daran hatte ich ganz den Glauben verloren«.[99] Und seiner Mutter teilte er mit, dass Cécile ihm »gar gut gefällt«.[100]

Die erhaltenen Porträts von Cécile zeigen, dass sie eine ausgesprochene Schönheit war. In Erinnerungen von Zeitgenossen wie Elise Polko wird sie als »eine mittelgroße, schlanke Gestalt, von etwas vorgeneigter Haltung, an eine thauschwere Blume erinnernd«[101] beschrieben. Das berühmte Gemälde von Eduard Magnus, um 1845 entstanden, zeigt Cécile in der Pose einer gut gekleideten jungen Frau, die nicht nur weiß, dass sie gut aussieht, sondern dazu auch noch eine gehörige Portion Selbstbewusstsein ausstrahlt.

Die Beziehung scheint von Anfang an sehr intensiv gewesen zu sein. Felix' Tante Dorothea Schlegel, die bei ihrem Sohn Philipp Veit in Frankfurt lebte und die Familie der Braut kannte, schrieb am 20. September 1836 an Felix' Mutter Lea, dass sie entzückt sei über die Braut. Sie sei sehr hübsch, sehr wohlerzogen, sehr »gracieus« und Felix »ein sehr glücklicher Bräutigam«.[102]

Kurz nach den spektakulären Aufführungen des »Paulus« in Leipzig und Boston, dort allerdings nicht in Anwesenheit des Komponisten, fand am 28. März 1837 die Hochzeit Felix' mit Cécile in Frankfurt am Main statt. Die Verwandtschaft Céciles, die in und um Frankfurt lebte, war vollzählig anwesend, während die Mendelssohns nur durch Felix' Tante Dorothea Schlegel vertreten waren.

Dass sonst niemand aus der Mendelssohn-Familie erschien, war kein Affront und ist keinesfalls ein Beleg dafür, dass die Familie diese Ehe ablehnte. Der Mutter bekam das Reisen nicht, Bruder Paul, der gerne zu den Festlichkeiten gekommen wäre, war geschäftlich verhindert, und die beiden Schwestern Rebecka und Fanny konnten nicht anreisen, weil sie beide zur fraglichen Zeit in anderen Umständen waren und sich deshalb den Mühen einer Fahrt nach Frankfurt nicht unterziehen wollten.

Noch am Abend der Trauung, die in der französisch-reformierten Kirche in Frankfurt am Main stattfand, begab sich das frisch vermählte Paar auf die Hochzeitsreise in Richtung Süddeutschland. Sie reisten gemächlich von Ort zu Ort, ohne festgelegte Route. Über Mainz, Worms und Speyer gelangten sie nach Straßburg und schließlich nach Freiburg, wo sie drei Wochen blieben, um dann wieder nach Frankfurt am Main zurückzukehren.

Die Eintragungen im »Hochzeitstagebuch«, einige Wochen nach Antritt der Reise begonnen, stammen in der Regel von Cécile, wobei es zwischendurch auch Notate von Felix gibt, die einiges über seine Befindlichkeiten aussagen. Die den Text illustrierenden etwa drei Dutzend Federzeichnungen scheinen in der Mehrzahl von Felix, einige aber auch von Cécile zu stammen, deren eigenwillige Handschrift schwer zu entziffern ist. »Das Ausmaß der Arbeitsteilung zwischen den beiden in diesen Zeichnungen«, bemerkt Peter Ward Jones, »ist nur schwer abzuschätzen.«[103]

Die neue Lebenssituation nach der Eheschließung beflügelte Mendelssohn ungemein. Das »Hochzeitstagebuch« belegt, dass er zeitweilig geradezu in eine Art Schaffensrausch geriet und während der Aufenthalte auf der Reise entlang des Rheins eine Reihe von Werken komponierte. »Es arbeitet sich«, schrieb er der Familie aus Freiburg am 10. April, »jetzt gar zu schön und lustig.«[104]

Folgt man den vorliegenden biographischen Darstellungen, so arbeitete er auf der Hochzeitsreise nicht nur an dem Allegretto A-Dur und den »Liedern ohne Worte« (drittes Heft), op. 38, sondern auch an den Präludien und Fugen für Klavier, op. 35, sowie den drei Präludien und Fugen für Orgel, op. 37, und der Vertonung des 42. Psalms »Wie der Hirsch schreit nach Wasser« für Chor und Orchester, die er selbst für eines seiner gelungensten Sakralmusikstücke hielt.

Die Ehe zwischen Felix und Cécile kann nach heutigen Maßstäben als glücklich gelten. Beide waren um ein harmonisches Beisammensein und Miteinander bemüht. Hielt sich Felix ohne seine Frau zu Konzertauftritten im In- und Ausland auf, fühlte er sich allein. In verschiedenen Briefen teilte er seiner Ehefrau mit, er sehne sich nach ihr und warte nur darauf, nach Hause zurückkehren zu können.

Aus Birmingham beispielsweise, wo Mendelssohn auf dem Musikfest einen seiner bis dahin größten Erfolge feiern konnte, schrieb er am 1. September 1837 an Ferdinand Hiller: »Jetzt sind's neun Tage, daß ich mich in Düsseldorf von Cécile trennte ... ich wollte, ich säße bei meiner Cécile und hätte Birmingham Birmingham sein lassen.«[105]

Die Heirat hatte bei Felix Mendelssohn die Sehnsucht nach Ruhe und Häuslichkeit entstehen lassen. Diese Sehnsucht verstärkte sich noch, als am 7. Februar 1838 das erste Kind geboren wurde, ein Sohn, der auf den Namen Carl Wolfgang Paul getauft wurde und Felix' jüngeren Bruder Paul zum Paten hatte. Felix war unsäglich stolz auf den Neugeborenen, dessen »Gequäke«, wie er seiner Schwester Fanny miteilte, ihn froh und glücklich stimmte.

Aus der Verbindung von Felix und Cécile Mendelssohn entstammten insgesamt fünf Kinder, drei Söhne und zwei Töchter. Die Söhne Carl (der sich später Karl nannte) und Paul (der dritte der Söhne war bereits im Alter von acht Jahren gestorben) wurden nach dem Tod der Eltern im Hause ihres Onkels Paul Mendelssohn-Bartholdy erzogen, während die beiden Töchter bei ihrer Großmutter Henriette Souchay, »Grand' mère« genannt, in Frankfurt unterkamen.

Karl, der Älteste, wurde Historiker, Paul, der Zweitälteste, Kaufmann und Mitbegründer der Agfa. Von den Töchtern heiratete Marie den in London lebenden Viktor Benecke, den Sohn eines Fabrikanten, der mit der Schwester von Henriette Souchay verheiratet war. Und Elisabeth wiederum, Lili genannt, die zum Freundeskreis von Johannes Brahms gehörte, wurde 1870 die Ehefrau des Juristen Adolf Wach (1843–1926), mit dem sie sechs Kinder hatte, drei Söhne und drei Töchter.

Leipzig, Berlin und wieder Leipzig

Die Zeit, in der Mendelssohn das Gewandhausorchester in Leipzig leitete, damals das wohl begehrteste Engagement in Mitteleuropa, war eine Periode großer Erfolge. Mitte Februar 1838, kurz nach der Geburt seines ersten Sohnes, begann Mendelssohn mit den »Historischen Konzerten«, in denen den Leipziger Musikfreunden die »berühmten Meister« der letzten hundert Jahre präsentiert wurden. Zu hören waren Bach, Händel,

Gluck, Mozart, Haydn, Beethoven, aber auch weniger bekannte Komponisten wie Viotto, Righini, Naumann und Vogler.

Es waren aber nicht nur künstlerische Fragen, mit denen sich Mendelssohn während seiner Leipziger Tätigkeit beschäftigte. In der Position des Gewandhaus-Kapellmeisters fühlte er sich auch verpflichtet, für die sozialen Belange seiner Mitarbeiter einzutreten. Er forderte für diese höhere Gehälter und setzte sich beispielsweise für einen in Not geratenen Orchesterpensionär ein.

»Mein Steckenpferd«, schrieb Mendelssohn in einem Brief an Ignaz Moscheles, »ist jetzt unser armes Orchester und seine Verbesserung. Ich habe ihnen mit unsäglicher Lauferei, Schreiberei und Quälerei eine Zulage von 500 Thaler ausgewirkt, und ehe ich von hier weggehe, müssen sie mehr als das Doppelte haben« (30. November 1839).[106]

1842 bekam Felix das Thomaskantorat angetragen, was er jedoch ablehnte. Er wollte Herr seiner Zeit und vor allem seiner Entscheidungen bleiben. So entschied er sich, gemeinsam mit Julius Rietz im Mai 1842 erneut das Niederrheinische Musikfest in Düsseldorf zu leiten und mit seiner Frau eine weitere Reise nach England anzutreten.

Es war sein siebter Aufenthalt dort, bei dem er in London, was eine große Ehre war, von Königin Victoria und Prinz Albert zweimal im Buckingham-Palast zum gemeinsamen Musizieren empfangen wurde. Seine »Schottische Symphonie«, bereits auf der Schottlandreise 1829 begonnen, aber erst 1842 vollendet, eignete er der Queen zu.

In die Zeit der Bemühungen um die Aufbesserung der Bezüge für das Orchester in Leipzig fiel auch der Plan zur Errichtung eines Denkmals für Johann Sebastian Bach. Mendelssohn, der von dem Denkmal immer als »Denkstein« sprach, brachte mit Benefizkonzerten des Gewandhausorchesters den Großteil der Mittel auf, die dafür benötigt wurden.

Unterstützung für das Projekt erhielt er von seinem damals seit 1838 in Dresden an der Kunstakademie lehrenden Freund Eduard Bendemann, der zusammen mit einem Kollegen die Vorlage schuf, nach der der Bildhauer Hermann Knauer die Porträtbüste Bachs realisierte. Die Stadt übernahm die Herrichtung der Promenadenanlagen an der Thomaskirche und sorgte für das Legen der Fundamente, damit der Stein mit der Büste unterhalb der Fenster von Bachs Zimmern in der Thomasschule aufgestellt werden konnte.

Das Bach-Denkmal, das erste seiner Art in Deutschland, wurde am 23. April 1843 feierlich enthüllt.[107] Zu diesem Anlass fand im Gewandhaus ein großes »All-Bach-Konzert« statt, das ausschließlich den Werken des berühmten Thomaskantors gewidmet war. Mendelssohn, einige Tage zuvor zum Ehrenbürger der Stadt Leipzig ernannt, hatte das Programm zusammengestellt: die »Ratswahlkantate«, das Cembalo-Konzert in d-Moll, das D-Dur-Präludium für Violinsolo und das »Sanctus« aus der h-Moll-Messe.

Wenige Wochen vor der Einweihung des Denkmals hatte in Leipzig das neu gegründete Konservatorium seine Pforten geöffnet. Mendelssohn, der spiritus rector des Instituts, hatte nicht nur die künstlerische Leitung übernommen, sondern gab in diesem selbst Unterricht. Eine der Aufgaben, die er sich selbst auferlegt hatte, war es, Freistellen für bedürftige Schüler zu schaffen. Als Lehrer hatte er unter anderem Robert Schumann, Ferdinand David und Moritz Hauptmann gewinnen können. Später kam noch Ignaz Moscheles hinzu, den Mendelssohn überredete, von England nach Leipzig umzuziehen.

Das Unterrichtsangebot des Konservatoriums entsprach durchaus dem Standard einer heutigen Musikhochschule. Gelehrt wurden nicht nur die gängigen Orchesterinstrumente, Orgel und Klavier, Solo- und Orchestergesang, Harmonie-, Formen- und Kompositionslehre, sondern auch Partiturspiel und Dirigieren. In den Winterhalbjahren wurden Vorlesungen in Musikgeschichte, Ästhetik und Akustik angeboten. Der Besuch dieser Vorlesungen war für jeden Schüler verpflichtend.

Einer der ersten Schüler, die in das Konservatorium aufgenommen wurden, war der im ungarischen Pest geborene Joseph Joachim (1831–1907), der sich zu einem der bedeutendsten Geigenvirtuosen des 19. Jahrhunderts entwickeln sollte.[108] Mendelssohn erkannte frühzeitig Joachims Talent und förderte ihn, indem er ihn zu Auftritten bei Gewandhauskonzerten veranlasste. Der Schüler wurde dadurch alsbald zu einer lokalen Berühmtheit.

Als Mendelssohn sich im Frühsommer 1844 auf den Weg nach London machte, ließ er sich von dem dreizehnjährigen Joachim begleiten und erwirkte für diesen eine Ausnahmegenehmigung, damit er bei den Londoner Philharmonischen Konzerten auftreten konnte. Mit dem Violinkonzert von Beethoven unter der Leitung von Mendelssohn am

27. Mai 1844 feierte Joachim bei den Londonern einen beachtlichen Erfolg.

Am 25. November 1843 zog Felix Mendelssohn zum zweiten Mal »mit Sack und Pack, mit Frau und Kindern nach Berlin«. Er tat es nur ungern, sah sich aber gegenüber dem Preußenkönig Friedrich Wilhelm IV. in der Pflicht. Dieser hatte Mendelssohn am 4. Dezember 1842 per Dekret zum Generalmusikdirektor ernannt und ihm die Oberaufsicht über den gesamten Bereich der Sakralmusik übertragen,[109] wohl in der Hoffnung, ihn so in seinen Diensten halten zu können.

Obgleich er mit der ihm zugedachten Rolle als königlicher »Hauskomponist« nicht viel im Sinn hatte, entschied sich Mendelssohn zunächst für Berlin, obwohl er die Möglichkeit hatte, nach Leipzig oder London zu gehen. In beiden Städten machte man ihm Avancen.

Mit Frau und Kindern bezog Mendelssohn in Berlin das Haus der Familie in der Leipziger Straße. Die Berliner staunten nicht schlecht über die Aktivitäten, die der neue Generalmusikdirektor entwickelte: Sieben Symphonie-Soireen mit der Königlichen Staatskapelle, Konzerte im Berliner Dom, aber auch ein Mammut-Konzert in der Berliner Garnisonkirche, wo er mit 450 Mitwirkenden und Orgel am 31. März 1844 Händels »Israel in Ägypten« dirigierte.

Absoluter Höhepunkt aber war, folgt man Fannys Briefen, eine Sonntagsmatinee, bei der Felix mit seiner Schwester in Anwesenheit von Liszt und acht Prinzessinnen die Ouvertüre der »Ersten Walpurgisnacht« spielte. 22 Equipagen hätten, berichtet Fanny stolz ihrer Schwester Rebecka, im Hof gestanden; es sei die brillanteste Sonntagsmusik gewesen, die jemals im Hause Mendelssohn stattgefunden habe.[110]

Der Aufenthalt in Berlin war jedoch nur sehr bedingt nach Felix Mendelssohns Geschmack. Man überhäufte ihn zwar mit Beifall und Ehren, das änderte aber nichts daran, dass er die Stadt und ihre Bewohner nicht mochte.[111] Das Haus, schreibt er in seinen Briefen, verlasse er in Berlin nur, wenn es unbedingt notwendig sei. »Je weniger ich von Berlin und den Berlinern zu sehen bekomme, desto rechter ist es mir«,[112] heißt es zum Beispiel in einem Brief an den Leipziger Bankier Woldemar Frege vom 28. August 1841.

Es kam hinzu, dass Mendelssohns Argwohn gegenüber dem sich entfaltenden reaktionären Regime des Preußenkönigs zunahm. Am 19. Januar 1844 schrieb er an Droysen: »Daß meines Bleibens hier lange sein werde, halte ich für unmöglich.«[113] Und als sein Freund Devrient, der Neffe des berühmten Schauspielers Ludwig Devrient, sich nach Dresden verpflichten lassen wollte und Mendelssohn um Rat fragte, ob er das Angebot annehmen solle oder nicht, antwortete dieser: »Der erste Schritt aus Berlin ist der erste Schritt zum Glück.«[114]

Ende 1844 bat Mendelssohn den König, ihn aus seinen Berliner Verpflichtungen zu entlassen, worauf sich dieser nach einigem Hin und Her schließlich einließ, weil er offenbar einsah, dass er den Musiker nicht halten konnte. »Er läßt mir«, frohlockte Mendelssohn gegenüber seinem Freunde Klingemann am 5. November 1844, »die frühere Freiheit in der Wahl meines Wohnortes, so dass ich von meinen Verbindlichkeiten nur die für ihn zu komponieren, und keine anderen königlichen Dienste anzunehmen, behalte, gibt mir dafür ein Drittel meines bisherigen Gehaltes, und seitdem ich diese Kabinettsordre in Händen habe, ist mir wahrlich, als sei mir ein Stein vom Herzen, als könnte ich seit langer Zeit zum erstenmal wieder frei und mit guten Gewissen atmen.«[115]

Mendelssohn, seine Frau und seine vier Kinder gingen wieder zurück nach Leipzig, in die Stadt an der Pleiße. Dort bezogen sie eine nahe der Promenade gelegene Wohnung in der Königstraße. Wenig später, am 19. September 1845, wurde Tochter Lili geboren, im Oktober folgten die ersten beiden Gewandhaus-Konzerte unter der Leitung Mendelssohns. Dann, im Dezember des Jahres, fand der erste Auftritt von Jenny Lind (1820–1887) in Leipzig statt.

Mendelssohn hatte die »schwedische Nachtigall« im Herbst 1844 bei einer Meyerbeer-Aufführung in Berlin kennengelernt. Schon damals zeigte er sich begeistert von ihren sängerischen Talenten. »Ich wäre wirklich froh«, schrieb er ihr in einem seiner Briefe, »wenn ich bald … etwas dramatisches schreiben könnte, ganz besonders für Sie … Wenn es mir nicht gelingen sollte, eine gute Oper jetzt und für Sie zu schreiben, wird es mir wohl nie gelingen.«[116]

Nach dem zweiten Konzert in Leipzig am 6. Dezember 1845 überreichte Mendelssohn Jenny Lind als Geschenk ein Musikmanuskript, überschrieben »Im Frühling«, ein Lied für eine Singstimme und Pianoforte, nach einem Gedicht von Adolf Böttger:

Ich hör' ein Vöglein locken, das wirbt so süß, das wirbt so laut,
beim Duft der Blumenglocken um die geliebte Braut.
Und aus dem blauen Flieder ruft ohne Rast und Ruh
Ihm tausend Liebeslieder die Braut als Antwort zu.
Ich hör' ein leises Klagen
So liebebang, so seelenvoll
Was mag die Stimme fragen, die in den Wind verscholl?[117]

Man hat versucht, Mendelssohn ein Liebesverhältnis mit Jenny Lind anzudichten. Betrachtet man die bekannten Porträts von J.L. Asher und Eduard Magnus, kann man durchaus verstehen, dass die Männer der jungen Sängerin schmachtend zu Füßen lagen und auch Mendelssohn Sympathien ihr gegenüber empfand. Jenny fühlte sich durch Mendelssohns Aufmerksamkeiten geschmeichelt, wird aber vermutlich nicht so recht gewusst haben, ob der »Meister«, wie man ihn allseits nannte, in ihr nur die Künstlerin oder auch die attraktive Frau sah.

Der zweite Leipziger Auftritt der Lind vor begeistertem Publikum fand am 12. April 1846 statt. Das Programm, das unter Mendelssohns Leitung zur Aufführung kam, enthielt Stücke von Mozart, Beethoven und Giovanni Pacini. Clara Schumann, die sich zufällig an diesem Tag in Leipzig aufhielt, hatte Mendelssohn dazu überreden können, bei dem Konzert einige seiner »Lieder ohne Worte« zu spielen.

Die Pianistin Clara Schumann (1819–1896), mit der Mendelssohn schon seit den frühen dreißiger Jahren bekannt war, hat dessen Lebensweg mehrfach gekreuzt. Clara Wieck, wie ihr Mädchenname lautete, konzertierte mit Mendelssohn und Franz Liszt und hatte in Weimar vor dem zweiundachtzigjährigen Goethe gespielt, was den Dichter Franz Grillparzer dazu veranlasst hat, der Künstlerin mit dem Gedicht »Clara Wieck und Beethoven« ein Denkmal zu setzen.

Clara nahm nicht nur regen Anteil an Mendelssohns Arbeit, sondern auch an seinem Privatleben. Als dieser im Sommer 1846 Jenny Lind beim Niederrheinischen Musikfest in Aachen traf und mit ihr anschließend eine romantische Rheinreise unternahm, vermutete sie ein Liebesverhältnis zwischen den beiden. In Mendelssohns Briefen findet sich darüber keine Andeutung. Seiner Frau Cécile hat er über die Reise nur beiläufig berichtet, vermutlich weil er geahnt hat, dass diese darüber nicht sonderlich erfreut reagieren würde.

Im Verlauf der Rheinfahrt zeigte Felix Jenny Köln, Bonn, den Drachenfels und Königswinter. Es waren Tage und Wochen, in denen er sich glücklich fühlte, allseits anerkannt und bewundert, dazu noch von einer jungen Frau hofiert, die nicht nur schön war, sondern dazu noch als begabte Sängerin gefeiert wurde. Clara Wieck versuchte sich damals vorzustellen, wie es wäre, wenn die beiden verheiratet wären.

Ob Felix, fragt sich die Clara-Schumann-Biographin Eva Weissweiler, eine Ehefrau Jenny genau so bewundert hätte wie die Geliebte und Sängerin?[118] Fest steht, dass Mendelssohn davon überzeugt war, in Jenny Lind die beste Interpretin seiner Lieder gefunden zu haben. Seinem Freund Franz Hauser, dem späteren Direktor des Münchener Konservatoriums, hatte er noch einige Wochen zuvor, als Jenny sich in Wien aufhielt und ihr dortiges Debüt gab, geschrieben: »Sag ihr, daß kein Tag vergeht, an dem ich mich nicht freue, daß wir beide zur gleichen Zeit leben … und, daß wir Freunde sind … und …«[119]

Der Tod des Geschwisterpaares

Die Verpflichtungen in Aachen, Lüttich, Köln und schließlich in Birmingham, wo sein letztes großes Werk, das Oratorium »Elias«, am 26. August 1846 uraufgeführt wurde, zehrten an Mendelssohns Kräften. Anzeichen der Überarbeitung waren unverkennbar. »Ich kann mich bis jetzt«, schrieb er gleich nach seiner Rückkehr nach Leipzig seiner Schwester Fanny am 29. September 1846, »noch weder zu einer Reise, *noch zu irgend etwas anderem* entschließen, sondern vegetire wie ein Strauch nach dem anstrengenden Sommer.«[120]

Das Gefühl ständiger Überanspruchung führte dazu, dass er seine öffentlichen Auftritte einzuschränken begann. Hinzu kam, dass er immer wieder an den Rand der physischen Erschöpfung geriet, so auch, als er Mitte April 1847 erneut in Begleitung des Geigers Joseph Joachim zu Aufführungen des überarbeiteten »Elias« nach England reiste.

Innerhalb eines Zeitraums von nur zwei Wochen dirigierte Mendelssohn sechsmal den »Elias«, hinzu kamen noch eine Reihe anderer anstrengender Verpflichtungen, darunter ein Konzert der Philharmonie in London, Privatkonzerte, eines in der Preußischen Gesandtschaft, ein anderes im Buckingham Palace vor der Königin und dem Prinzen Albert. Für das Abschiedskonzert wählte Mendelssohn als letztes Stück die Arie »Sei getreu bis in den Tod« aus seinem »Paulus« und beendete das Konzert mit den Worten: »Wir wollen hiermit schließen.«

Wieder in Deutschland, konnte er nicht lange Ruhe und Geborgenheit im Schoß der Familie in Frankfurt genießen. Er war noch keine zwei Tage zurück, als er vom Tod seiner Schwester Fanny erfuhr, die während einer Probe zu seiner »Walpurgisnacht« bewusstlos zusammengebrochen und am 14. Mai an den Folgen des erlittenen Hirnschlages gestorben war.

Die Nachricht kam wie ein Schock über die Mendelssohn-Familie. »Ja wir alle sind noch tief gebeugt durch Fanny's Tod«, liest man in einem Brief, den Alexander Mendelssohn an Karl Klingemann nach London schrieb.[121] Fannys Bruder Felix, so heißt es, sei, als er die Nachricht erhielt, in Ohnmacht gefallen. Der Tod seiner Schwester nahm ihn sehr viel mehr mit, als er sich eingestehen wollte, mehr jedenfalls als der Tod seiner Mutter, die fünf Jahre zuvor, am 12. Dezember 1842, ebenfalls an den Folgen eines Hirnschlags gestorben war.

»Gott helfe uns allen«, schrieb Mendelssohn am 19. Mai 1847 in einem Postskript zu einem Brief seiner Frau Cécile an seine Schwester Rebecka – »weiter weiß ich nichts zu sagen und zu denken, seit gestern – Du meine liebe Schwester. An Paul [Mendelssohn-Bartholdy] u. an [Wilhelm] Hensel habe ich geschrieben, aber heute u. gestern u. in vielen, vielen Tagen werde ich nicht mehr zu schreiben wissen, als eben – Gott helfe uns, Gott helfe uns!«[122]

Mendelssohn verließ mit seiner Familie Frankfurt und reiste nach Baden-Baden, wo er seinen Bruder Paul samt Familie sowie Wilhelm Hensel traf, den der Tod seiner Frau bis in das Innerste getroffen hatte. »Der Sturm Gottes ist durch mein Haus gefahren«,[123] heißt es in einem Brief, den Hensel seiner Schwester Luise am 28. Mai 1847 schrieb.

Gemeinsam reisten Hensel und die Mendelssohns in die Schweiz, wo sie hofften, im Anblick der Berge und Seen den notwendigen Abstand zu gewinnen. Die Bemühungen Felix Mendelssohns, sich durch kompositorische Arbeit vom Schmerz über den Verlust der geliebten Schwester freizumachen, waren allerdings vergebens.

Während des Aufenthaltes in der Schweiz malte und zeichnete Mendelssohn zwar noch einige Landschaftsmotive, aber Pläne, wie beispielsweise für das Oratorium »Christus«, op. 97, für das einige Rezitative und Chöre entstanden, oder die Oper »Loreley«, für die Emanuel Geibel den Text geschrieben hatte, blieben im Entwicklungsstadium stecken, was vermutlich mit der tiefen Niedergeschlagenheit zusammenhing, die ihn erfasst hatte. Freunde und Familienangehörige berichten, dass er nach dem Tode seiner Schwester merklich verändert ausgesehen habe. Er, der sonst Rastlose, der immer mit neuen Plänen Beschäftigte, wirkte gealtert, blass und abgespannt.

In der Schweiz und nach Mendelssohns Rückkehr nach Leipzig entstanden noch einige kleinere Werke wie beispielsweise das tieftraurige Streichquartett f-Moll, op. 80, und die drei Motetten für Soli und Chor, op. 69, aber Mendelssohns Schaffensdrang war gebrochen. Seine Trauer um die Schwester fand Ausdruck in einem traurigen »Altdeutschen Frühlingslied«, dessen letzter Vers heißt:

Nur ich allein, ich leide Pein,
Ohn' Ende werd' ich leiden,
Seit Du von mir und ich von Dir,
O Liebste, mußte scheiden.[124]

Felix Mendelssohn hat seine Schwester Fanny nur um wenige Monate überlebt. Er schmiedete in seinen letzten Lebensmonaten noch den einen und anderen Plan, aber als Virtuose und Dirigent wollte er nicht mehr öffentlich auftreten. Er träumte vom Rückzug ins Private, davon, nicht mehr zu dirigieren, sondern künftig nur noch zu komponieren. In den ersten Oktobertagen, er hatte noch an den Aufnahmeprüfungen am Konservatorium teilgenommen, klagte er über starkes Unwohlsein. Am 28. Oktober erlitt er wie seine Schwester einen Schlaganfall, dem wenige Tage später, am 3. November, ein zweiter folgte.

In den Abendstunden des 4. November 1847 starb der achtundreißigjährige Mendelssohn an den Folgen der beiden Schlaganfälle. Seine Ehefrau Cécile hat einen mehrseitigen Bericht über die Ereignisse geschrieben, an deren Ende das Ableben Felix' stand. »In der letzten halben Stunde«, so Cécile, »wurde der Athem immer sanfter, leiser und seltener.«[125]

Felix hatte zuvor noch seinen Bruder Paul gesehen, der von Berlin angereist war, sowie den Maler Eduard Bendemann, der dem Sterbenden mit seiner Anwesenheit einen letzten Freundschaftsdienst erweisen wollte. Am Tag nach Mendelssohns Tod fertigte Bendemann, wie es in jener Zeit üblich war, eine Zeichnung, die diesen auf dem Totenbett zeigt. »Der Ausdruck des Gesichtes«, schrieb Bendemann an Droysen, »war von einer unbeschreiblichen Freundlichkeit und Ruhe.«[126]

Überliefert ist auch der Eindruck, den Robert Schumann von seinem Freund auf dem Totenbett hatte. Am 6. November 1847 notierte er in seinem Tagebuch: »In Mendelssohns Haus – seine Kinder unten mit Puppen spielend – oben Schleinitz – das Publikum – der edle Tote – die Stirn – der Mund, das Lächeln darum – gegen den Lebenden wie etwa um 20 Jahre älter – zwei hoch geschwollene Adern am Kopf – die Lorbeerkränze und Psalmen.«[127]

Am 7. November fand in Leipzig eine Trauerfeier statt, an der rund tausend Menschen teilnahmen, unter ihnen fast alle Honoratioren der Stadt und des Landes. Anschließend wurde der Sarg mit dem Leichnam per Eisenbahn nach Berlin überführt, wo er von einem großen Geleit empfangen und zum Dreifaltigkeitsfriedhof gebracht wurde. Dort wurden die sterblichen Überreste Mendelssohns bei seinen Eltern und neben Fanny bestattet. Es erklang viel Musik bei diesem Begräbnis, allerdings keine von Mendelssohn komponierte. Manche der bei der Trauerfeier Anwesenden empfanden das als einen Affront – durchaus zu Recht, wenn man bedenkt, dass mit Mendelssohn einer der wohl der berühmtesten Komponisten seiner Zeit zu Grabe getragen wurde.

Fanny und Felix sind beide jung gestorben. Fanny war 41 Jahre, Felix gerade einmal 38 Jahre alt. Ihre Schwester Rebecka starb einige Jahre später, 1858, im Alter von 47 Jahren. Paul, das jüngste der vier Geschwister überlebte Fanny und Felix um 27, Rebecka um 16 Jahre. Auch Rebecka ist, wie ihre Geschwister, an einem Schlaganfall gestorben. Nach ihrem Tod schrieb Paul seinem Neffen Sebastian Hensel am 10. Dezember 1858 aus Rom: »Du hast eine gute Tante verloren – ich mein letztes Geschwister. Dieser Schlag wird uns beide unvorbereitet, unbegreiflich betäubend getroffen haben. Nie hatte ich ein solches Ende auch nur im entferntesten für möglich gehalten.«[128]

Verdunkelter Nachruhm

Mendelssohn wurde zu Lebzeiten als großer Komponist gefeiert, über seinem Nachruhm aber liegen Schatten. Schon Friedrich Nietzsche nannte ihn den »schönen Zwischenfall der deutschen Musik«, worin ein abschätziger Ton mitklingt. Die antijüdische Stimmung im deutschen Bürgertum schlug sich im Mendelssohn-Bild nieder. Doch die Ablehnung Mendelssohns hatte auch mit der sich verändernden musikästhetischen Auffassung des 19. und beginnenden 20. Jahrhunderts zu tun, dergemäß »ein Komponist in Werk und Person im idealistischen Sinne einheitlich strukturiert«[129] zu sein hatte.

Einer »einheitlichen Zuordnung« entzieht sich ein Komponist wie Mendelssohn, dessen Werk die gesamte Bandbreite zwischen »Salonmusik« und großen Konzertwerken umfasst. In seinem Standardwerk »Geschichte der Musik seit Beethoven« konstatierte Hugo Riemann eine nahezu triviale »Hinneigung zur Sentimentalität«[130] in Mendelssohns Werk und fällte damit ein Urteil, das die Rezeptionsgeschichte bis heute nachhaltig beeinflusst hat.

Erschwerend kommen antisemitische Diffamierungen hinzu, die bereits zu Felix Mendelssohn Bartholdys Lebzeiten erhoben wurden. Nicht unwesentlich hat dazu Richard Wagner beigetragen, der zunächst die Mendelssohns devot umschmeichelt hatte, nach Felix' Tod aus seinem Hass diesem gegenüber aber keinen Hehl mehr machte – und das, obwohl Mendelssohn ihn gefördert und beispielsweise seine »Tannhäuser«-Ouvertüre im Gewandhaus zur Aufführung hatte bringen lassen.[131]

Dem Konzert war allerdings kein Erfolg beschieden, was Wagner später einer falschen Programmgestaltung Mendelssohns angelastet hat. Das war genauso ungerecht wie seine Behauptung, Mendelssohn habe sich nie für ihn eingesetzt. Auffällig ist allerdings, dass sich Wagner zu Lebzeiten Mendelssohns zurückhielt und erst nach dessen Tod zu offener Schmähkritik überging.

In seinem 1850 unter dem Pseudonym K. Freigedank erschienenen Pamphlet »Das Judentum in der Musik« sprach Wagner Mendelssohn zwar Talentfülle, Bildung und Ehrgefühl zu, bezweifelte aber, dass dieser Herz und Seele der Deutschen ansprechen könne. Das Fehlen von Herzensempfindungen, das Wagner den Juden unterstellte, konstatierte er auch bei Mendelssohn, den er trotz seines christlichen Bekenntnisses für einen Juden hielt, der alles getan habe, um die Musik der Zeit aus den einmal erreichten Höhen wieder herunterzuholen.

Obwohl die deutsche Musikwissenschaft Wagners Unterstellungen nicht grundsätzlich folgte, haben die antisemitischen Angriffe das Mendelssohn-Bild in der zweiten Hälfte des 19. Jahrhunderts in starkem Maße geprägt. Man sah in ihm damals nicht den »erzprotestantischen Komponisten«, sondern in erster Linie den Juden, dessen Musik man für flach und sentimental hielt. Es hieß, Mendelssohns Musik passe keinesfalls zur »Seele der Deutschen«, die Ludwig van Beethoven und Richard Wagner in ihrer Musik sehr viel besser zu verkörpern wüssten.

Die völkische Musikwissenschaft vor und nach 1933 wies immer wieder auf das »Jüdische« im Werk Mendelssohns hin. Dieses glaubte man beispielsweise in seinem »Paulus«, insbesondere aber im »Elias« und in »Die erste Walpurgisnacht« erkennen zu können. Bis heute gibt es Mendelssohn-Kritiker, die davon überzeugt sind, sie könnten »jüdische« Spuren im Werk Mendelssohns belegen. Manche versteigen sich gar zu der Behauptung, in Mendelssohns Kirchenkompositionen ließe sich etwas »formalistisch Distanziertes« – sprich: Undeutsches – nachweisen.[132]

Trotz der Ablehnung, die Felix Mendelssohn Bartholdy hervorgerufen hat, gehört er heute zu den meistgespielten romantischen Komponisten. Insbesondere seine einst als »Trivialmusik« geschmähten »Lieder mit und ohne Worte« erfreuen sich inzwischen wieder großer Beliebtheit, die Oratorien »Paulus« und »Elias« gehören zum Standardrepertoire geistlicher Musik. Und das Violinkonzert e-moll gilt heute als zentrales Instrumentalwerk der 1840er Jahre.

Der oft wiederholte Vorwurf von der »Glätte« und »Gleichförmigkeit« der Mendelssohn'schen Musik ist inzwischen einer breiten Anerkennung gewichen, die ihr ein hohes ästhetisches Niveau bescheinigt, gerade weil sie »ihren eigenen Ton wahrt, auch wo sie sich verändert«.[133] Es scheint also, dass die Rezeptionsgeschichte Felix Mendelssohn rund 150 Jahre nach seinem Tod langsam Gerechtigkeit widerfahren lässt.

Seine jüdischen Wurzeln hat Mendelssohn trotz der Hinwendung zum Protestantismus nicht verleugnet. In seinem Werk finden sich durchaus Hinweise auf eine Auseinandersetzung mit dem Judentum. Der mit ihm befreundete Komponist Ferdinand Hiller, wie Mendelssohn jüdischer

Herkunft und wie dieser getauft, widmete ihm daher auch sein im Winter 1839/40 in Leipzig uraufgeführtes Oratorium »Die Zerstörung Jerusalems«.

Der Text des Oratoriums stammte von dem Philosophen und Schriftsteller Salomon Ludwig Steinheim (1789–1866). Vermutlich wollte Hiller, indem er das Werk eines »jüdischen« Philosophen und Schriftstellers vertonte und seinem Freunde Mendelssohn widmete, zeigen, dass man sich zum Judentum und zu jüdischen Traditionen bekennen könne, selbst wenn man, wie er und Mendelssohn, die Taufe genommen habe.

Bestärkt wurde er in dieser Ansicht durch Steinheim selbst, der eine explizit jüdische Position vertrat und vermutlich auch von Hiller angenommen hat, er sei fest in der jüdischen Tradition verwurzelt. In dem Brief, den Steinheim nach der Leipziger Aufführung des Oratoriums am 6. April 1840 an Hiller schrieb, heißt es: »Es macht mir zwiefache Freude, daß auf dem Boden alt- auch echtjüdischer Kultur endlich einmal ein ernsteres Werk zustande gekommen ist. Wir haben die Aufgabe, uns vor der Welt, die uns so feindlich behandelt hat, mit Glanz zu rechtfertigen.«[134]

Beide, Hiller wie Mendelssohn, hat ihre jüdische Herkunft zeit ihres Lebens stark beschäftigt. Das Christentum war für sie Bekenntnis, aber das bedeutete nicht, dass sie durch ihre Konversion zum Christentum zu Gegnern des Judentums geworden wären. Was sie, jeder auf seine Weise, in ihrer Person verkörperten, war die Sichtweise und Gefühlswelt des getauften Juden, für den das Judentum nach wie vor ein wichtiger Teil seiner Identität bleibt.

Die Mendelssohns wie auch die Mitglieder einer Anzahl anderer getaufter Familien in Berlin sahen oder begriffen sich selbst als Christen, mussten aber die bittere Erfahrung machen, dass ihr Christentum mit Argwohn betrachtet wurde. Die Umwelt nahm ihnen ihre Konversion nicht oder nur bedingt ab. Man glaubte, sie würden eine Art verborgenes Judentum leben, ähnlich den Marranen in Spanien und Portugal, die in den Jahren 1391 bis 1497 zwangsweise dem Christentum zugeführt worden waren, ihrer jüdischen Abstammung und Religion aber dennoch im Verborgenen treu geblieben sind.

Kapitel 4

Rund um Geschäft und Familie

Anfänge der Firma J & A Mendelssohn

Als sich Joseph Mendelssohn und sein sechs Jahre jüngerer Bruder Abraham mit dem Unternehmen J & A Mendelssohn im Ephraim-Palais in der Berliner Poststraße etablierten, war es die Zeit der französischen Besetzung der Stadt und der einsetzenden Reformen in Preußen. Letztere, die bekanntlich die Grundlagen für die Bauernbefreiung (1807) legten, die Stein'sche Städteordnung (1808) und die Gewerbefreiheit (1810/1811) einführten, brachte auch den Juden in Preußen die staatsbürgerliche Emanzipation und rechtliche Gleichstellung.

Mit dem Edikt vom 11. März 1812, das die Schutzjudenschaft aufhob, den Sonderabgaben ein Ende bereitete und die preußischen Juden zu »Einländern« und »Staatsbürgern« erklärte, glaubten die Juden, das Ende aller Diskriminierungen erreicht zu haben. Das Edikt, dem die Bemühungen von Moses Mendelssohn, Christian Wilhelm Dohm und anderen vorangingen, verpflichtete die preußischen Juden zum Erwerb des Staatsbürgerrechtes, hob gleichzeitig alle Ausnahmegesetze auf und gestand ihnen das Recht zu, städtische und akademische Ämter zu bekleiden.

Das Zeitalter der Reformen eröffnete für die Mendelssohns geschäftlich neue Perspektiven. Das Berliner Bankhaus war allerdings zunächst kein sonderlich florierendes Unternehmen.[1] Das dürfte damit zusammengehangen haben, dass die Gebrüder Mendelssohn ihr Hauptaugenmerk in jenen Jahren auf ihre Hamburger Geschäfte richteten und an dem Berliner Bankhaus zunächst nur ein nachrangiges Interesse zeigten.

Über die Aktivitäten der Mendelssohns in Hamburg informiert ein erhaltenes Geschäftsjournal aus dem Jahre 1807. Darin kann man nachlesen, dass die Mendelssohns sich hauptsächlich mit Versicherungen für den Transport von Gütern zu See befassten. Typisch waren beispielsweise der Abschluss von Versicherungen wie etwa für Schiffsfrachten von Husum nach Harwich oder ein Schiffstransport von 16 Ballen Hopfen auf einem Schiff namens Aurora, das unter schwedischer Flagge von Wismar nach Königsberg fuhr. Die Police war auf einen gewissen Johann Georg Eggeling ausgestellt, einen der ständigen Geschäftspartner der Mendelssohns in ihrer Hamburger Zeit.[2]

Nach der Rückkehr der beiden Brüder nach Berlin konzentrierten sie sich auf ihre dortigen Geschäfte. Die wirtschaftliche Lage der Familie schien sich dadurch allmählich zu konsolidieren. 1811 wurde das Hamburger Unternehmen aufgelöst und eine neue Vereinbarung am 8. Januar 1812 getroffen, in der die beiden Brüder Mendelssohn und ihr damaliger Partner Joseph Maximilian Fränckel festhielten, dass »vorzunehmende Geschäfte« gemeinschaftlich zu besprechen seien – soweit »die Umstände es erlauben«.[3]

Soweit »die Umstände es erlauben« war eine Formulierung, die auf die unsicheren Zeiten anspielte; man wusste nicht, wie sich die Zukunft gestalten würde. Dass man sich bestimmten Verpflichtungen nicht entziehen konnte, zeigte sich beispielweise daran, dass die preußische Regierung zur Finanzierung des ihr auferlegten Kostenanteils an der Aufrüstung von Napoleons russischem Feldzug im März 1812 eine Zwangsanleihe erhob.

Damals wurden auch die Mendelssohns zur Kasse gebeten. Mendelssohn & Fränckel wurden zur Zahlung von 15 000 Talern veranlagt, zahlten jedoch nur 10 000 Taler und lehnten, als wiederum Zahlungsaufforderungen eintrafen, eine weitere Beteiligung an der Zwangsanleihe ab. Die Folge war, dass das Unternehmen von Kanzler Hardenberg mit einer Strafe belegt wurde und statt 15 000 jetzt 25 000 Taler zu entrichten hatte, was dem Höchstsatz der auferlegten Zwangsanleihe entsprach.

Anfang 1815 zog die Firma Mendelssohn & Fränckel von der Poststraße in das Haus in der Jägerstraße 51, in dem bis dahin die Apotheke zum König Salomon residiert hatte. Damit befand sich das Unternehmen in unmittelbarer Nähe zu den damals wichtigsten staatlichen Geldinstituten, der Königlichen Bank und der Seehandlung, die ihre Sitze ebenfalls in der Jägerstraße hatten. 1840 konnte Joseph das Haus Jägerstraße 51 für 70 000 Reichstaler erwerben; das Gebäude war bis 1938 Sitz des Unternehmens, wobei im Verlauf der Jahre noch die Nachbargrundstücke 49/50, 51, 52 und 53 erworben werden konnten.[4]

Nach den Befreiungskriegen bildete die Firma J & A Mendelssohn mit den Frankfurter Bankhäusern M.A. Rothschild und F. Gontard & Söhne ein Bankenkonsortium, um Mittlertätigkeiten in der Frage der französischen Kriegsentschädigung an Preußen zu übernehmen. In erster Linie ging es dabei um die Leistung von Vorschüssen und deren Verrechnung auf die aus Frankreich einzuziehenden Zahlungen in Höhe von insgesamt 700 Millionen Francs. Das Konsortium, das mit dem Verkauf der Staatsschuldscheine (»Inscriptions sur le grand Livre de la dette publique«) beauftragt war, wurde von den Mendelssohns geleitet. J & A Mendelssohn konnte bei diesen Geschäften erhebliche Provisionen einstreichen.

Die Mendelssohns unterhielten in Paris wegen der Kriegsentschädigungs-Angelegenheiten zeitweise ein »Abwicklungs-Comptoir«; Joseph Mendelssohn war mehrfach zu Verhandlungen in Paris, und sein Bruder Abraham hielt sich samt Familie vom Frühjahr 1819 bis zum Herbst 1820 dort auf. Auf welchen der Brüder die Bemerkung Hardenbergs über »unseren dort anwesenden Banquier, Herrn Mendelssohn« gemünzt ist, konnte bisher nicht eindeutig geklärt werden.

Dafür, dass Joseph Mendelssohn gemeint war, spricht, dass er es war, der die Geschäfte der Bank führte. Ihm war im Übrigen auch daran gelegen, die Privatbanken bei der Platzierung von Staatsanleihen stärker zu berücksichtigen. Wobei er meinte, es sei sinnvoll, diese nicht im Ausland, sondern im Inland aufzunehmen, um die einheimische Wirtschaft zu stärken und auch dem Staat einen Vorteil zu verschaffen.

Für die Mendelssohn-Bank, die an einem Konsortium beteiligt war, das für die Beschaffung von Geldern für den preußischen Staat ins Leben gerufen worden war, hat Joseph damals verschiedene Geschäftsvereinbarungen getroffen. In der Regel waren sie mit der Regierung abgestimmt, deren Vertrauen Joseph besaß und die ihn mit Millionenbeträgen nach verschiedenen Seiten gleichzeitig arbeiten ließen.

Joseph Mendelssohn, der in enger Verbindung zu Staatskanzler Hardenberg und dem Präsidenten der Seehandlung Christian Rother stand, hat, als ein geplantes Anleihengeschäft sich den Rothschilds zuneigte, Hardenberg daran erinnert, dass man ihm, der die ganze Angelegenheit überhaupt erst in Bewegung gebracht hatte, eine Beteiligung von 300 000 Pfund bei der aufzulegenden englischen Anleihe zugesagt habe. »Ich brauche«, bemerkte er, »jetzt wahrlich Verdienst, es ist mir in letzter Zeit manches schiefgegangen, und in dieser Angelegenheit habe ich doch meinen Eifer wenigstens an den Tag gelegt.«[5]

Als Abraham Mendelssohn 1821 der Firma den Rücken kehrte, weil ihm die tägliche Kontorarbeit nicht mehr behagte, trat als dritter Teilhaber Joseph Mendelssohns jüngster Sohn Alexander (1798–1871) in das Unternehmen ein. »Unsere Association«, heißt es in dem zwischen den Teilhabern geschlossenen Vertrag, »erstreckt sich auf jede Art von Geschäften, die wir zu machen gut finden.« Die Verteilung der Gesellschafteranteile sah vor, »daß Jos. Mendelssohn und Jos. Fränckel jeder Zwey Fünftheile und Alexander Mendelssohn ein Fünftheil des resultierenden Gewinns oder Verlustes genießt oder trägt«.[6]

Der »Berliner Cassen-Verein«

In das Gebiet Joseph Mendelssohns fielen eine Reihe von Unternehmungen von allgemeiner und bleibender Bedeutung. So war das Haus Mendelssohn & Fränckel maßgeblich an der Gründung des »Berliner Cassen-Vereins« beteiligt, zu dem sich die Firma 1823 mit zehn anderen nach englischem, holländischem und Hamburger Vorbild zum Zweck der Herausgabe von Banknoten und der Wertpapierverwaltung zusammengeschlossen hatten.

Nach Joseph Mendelssohns Tod wurde der Verein, der ab 1850 als »Bank des Berliner Cassen-Vereins« firmierte, am 1. Oktober 1850 in eine Aktiengesellschaft umgewandelt. Im vom König damals genehmigten Statut war festgehalten, dass die Bank die Aufgabe habe, »Handel und Gewerbe zu unterstützen und zu beleben, den Geldumlauf zu befördern und Kapitalien nutzbar zu machen«.

Bei der Urversammlung der Aktionäre gedachte Friedrich Martin Magnus der großen Verdienste Joseph Mendelssohns für den Cassen-Verein und begründete damit die Gestalt des Siegels der neuen Bank, das einen

Kranich zeigte, der einen Apfel umklammert und dessen Devise »Ich wach« lautete. Auf den dann von der Bank des Berliner Cassen-Vereins herausgegebenen Banknoten fand das Siegel später Verwendung.

Das Institut fungierte später als Sammel- und Hauptabrechnungsstelle der Berliner Banken. Im Januar 1882 kam noch das Effekten-Giro-Geschäft hinzu. Der Berliner Cassen-Verein wurde 1942 mit den anderen elf bestehenden Kassenvereinen von der Reichsbank übernommen, in deren Verantwortung fortan die Wertpapiersammel- und Abrechnungsgeschäfte lagen.

Von Bedeutung waren auch die 1824 von Mendelssohn & Fränckel unterstützten Pläne, in Berlin eine Nationalbank nach dem Vorbild der 1800 gegründeten Banque de France und der 1816 errichteten Österreichischen Nationalbank zu errichten. Dem lag der Gedanke einer vom Staat unabhängigen und zur Papiergeldausgabe befugten Bank zugrunde. Dadurch erhoffte man sich neue Möglichkeiten für die staatliche und private Mittelbeschaffung. Die Pläne, an deren Ausarbeitung Joseph Mendelssohn mitgewirkt hatte, scheiterten jedoch am Widerstand der Königlichen Bank und anderer staatlicher Stellen.

Der Gedanke, dass eine Preußische National- oder Landesbank für den Staat und das Geschäftsleben von Vorteil sein könnte, hat Joseph Mendelssohn sein Leben lang beschäftigt. Noch im hohen Alter befasste er sich mit dem Für und Wider einer solchen Bankengründung. In der 1846 veröffentlichten Broschüre »Ueber Zettelbanken«[7] führte er die Argumente für und wider eine solche Institution aus und plädierte für die Einführung von Papiergeld, von dem er meinte, es sei kein Kapital, aber eine »Anweisung auf Capital, jedem Vorzeiger zahlbar«.

Die Widerstände gegen die Gründung einer Bank, die dem Staatseinfluss entzogen sein sollte, waren enorm. Aufseiten des Staates befürchtete man, den staatlichen Banken, also der preußischen Hauptbank und der Seehandlung, würde dadurch eine Konkurrenz erwachsen und dem Staat und seinen Banken damit die Übersicht über den Geldmarkt und die Kreditverhältnisse verlorengehen.

Es war das Verdienst von weitsichtigeren Persönlichkeiten wie Christian Rother (1778–1849), dass es schließlich doch noch zur Gründung der Preußischen Bank kam, die an die Stelle der Königlichen Bank trat. Joseph Mendelssohn hatte wesentlich zu dieser Gründung beigetragen, die weitere Entwicklung der Institution nahm allerdings einen anderen Verlauf, als er sich das als einer der Hauptinitiatoren vermutlich gedacht hatte.

Weniger umstritten als die Errichtung einer National- oder Landesbank waren eine Reihe anderer Aktivitäten, die mit den üblichen Bankgeschäften allerdings kaum etwas zu tun hatten. So handelte Joseph Mendelssohn, der mittlerweile zu einer der bedeutendsten Unternehmerpersönlichkeiten in Berlin aufgestiegen war, in den dreißiger Jahren nicht nur mit Schafswolle, sondern gehörte 1838 auch zu den Mitbegründern der Preußischen Renten-Versicherungsanstalt.

Darüber hinaus war Joseph Mendelssohn Mitbegründer des Berliner Königstädtischen Theaters (1824), einer der Initiatoren des Freihandelsvereins 1847 und Mitbegründer der Gemeinnützigen Baugesellschaft zur Herstellung von Kleinwohnungen. Letzteres war eine Unternehmung, die das Ziel hatte, die sich im Vorfeld der Revolution von 1848 aufbauenden sozialen Proteste zu kanalisieren.

Kein sonderlich einträgliches Geschäft war zunächst die Beteiligung von Mendelssohn & Fränckel an der »Hagel-Assekuranz-Gesellschaft«. Dieses von Joseph Mendelssohn initiierte Unternehmen, bereits 1822 begründet, bestand zunächst nur bis 1830 und wurde dann mit Unterstützung Friedrich Wilhelms III. 1832 neu begründet.[8] In Paragraph 1 der Gründungsurkunde war die Aufgabe der Gesellschaft formuliert: »Die neue Berliner-Hagel-Assekuranz-Gesellschaft übernimmt den Ersatz des Schadens, welchen die Feldfruechte durch Hagelschlag erleiden, gegen Einzahlung einer bestimmten Praemie.«[9]

Der Berliner Hagel-Assekuranz-Gesellschaft, die im Verlauf der Jahre mit verschiedenen anderen Hagelversicherungen fusionierte, gehörten die Mendelssohns bis in die dreißiger Jahre des 20. Jahrhunderts als Aufsichtsratsvorsitzende oder als Mitglieder des Aufsichtsrates an. Joseph Mendelssohn war von 1840 bis 1848, Alexander Mendelssohn von 1861 bis 1870, Robert von Mendelssohn von 1909 bis 1917 und Otto (von) Mendelssohn Bartholdy ab 1929 Vorsitzender des Aufsichtsrates. Die Akten belegen, dass auch Paul von Mendelssohn-Bartholdy 1932 Mitglied des Aufsichtsrates war.

Aufschlussreich ist, dass alle Mendelssohns, die dem Aufsichtsrat der Berliner Hagel-Assekuranz-Gesellschaft angehörten, gleichzeitig auch

Mitglieder der »Gesellschaft der Freunde« waren – ob Zufall oder nicht, sei dahingestellt. Sicher scheint allerdings, dass die Mendelssohns bis in die Zeit des Nationalsozialismus Aktienpakete der Hagel-Assekuranz-Gesellschaft besaßen. Das würde erklären, warum sie durch die Jahrzehnte im Aufsichtsrat vertreten waren.

Mitte des 19. Jahrhunderts hatten Missernten, die der 48er Revolution vorangegangen waren, zu einer schweren Wirtschaftskrise geführt, die Kursstürze und Bankrotte zur Folge hatte. An der Berliner Börse gehandelte Papiere beispielsweise hatten im März 1848 Einbußen von 30 bis 45 Prozent, der Wechsel- und der Lombardzins wurde auf fünf beziehungsweise sechs Prozent erhöht. Die Ältesten der Kaufmannschaft und der Verwaltungsrat der Preußischen Bank, der früheren Königlichen Bank, baten den König dringend, dafür Sorge zu tragen, dass die notwendigen Mittel zur Verfügung gestellt würden, denn wenn das nicht geschehe, müssten nicht nur zahlreiche Bankrotte die Folge sein, sondern auch der Stillstand fast aller Fabriken sei unvermeidlich.

Am 30. März 1848 richteten 32 Berliner Kaufleute, unter ihnen auch Joseph Mendelssohn, ein Schreiben an Rother mit dem Vorschlag, eine Diskontbank zu errichten, die unabhängig von der Hauptbank sein sollte. Als Vorsteher sollten fünf namhafte Berliner Fabrikanten und Kaufleute benannt werden, »die genaue Kenntnisse von den Verhältnissen der kleinen Fabrikanten und Zwischenhändler besitzen«. Wenn diese Bank ihre Tätigkeit aufnähme, würde »alsbald das Vertrauen wiederkehren und die jetzt verstopften Quellen der Circulation wieder zu fliessen beginnen«. Schleunige Hilfe sei notwendig, »denn schon in wenigen Tagen dürfte es zu spät sein!«[10]

Auf diesen Vorschlag mochte sich die Staatsregierung nicht einlassen. Stattdessen wurden Anfang April 1848 auf Antrag des Staatministeriums der Preußischen Bank eine Million Taler überwiesen und dem Finanzminister eine weitere Million Taler zur Verfügung gestellt, damit dort geholfen werden konnte, wo Fabrikanten für ihren Betrieb kurzfristige Darlehen benötigten.

Joseph Mendelssohn, der bei all diesen Aktivitäten im Hintergrund mitwirkte, erfreute sich bei Geschäftspartnern und Politikern großer Sympathien. Wenn er Geschäfte machte, war er bemüht, diese mit Augenmaß zu tätigen. »Ich ärgere mich wenig«, schrieb er am 26. Mai 1830 an seinen Geschäftspartner Salomon Heine, »ein gutes Geschäft nicht gemacht zu haben, wenn Gott nur behütet, daß ich kein schlechtes mache«. Und im selben Brief an anderer Stelle heißt es: »Wenn die ganze Welt gewaltig hitzig nach einem Geschäft ist, so fühle ich in mir einen gewissen Widerwillen dagegen. Wenn keiner will, bekomme ich Lust.«[11]

August Friedrich Bloch, der Nachfolger Christian Rothers in der Leitung der Preußischen Seehandlung, zollte Joseph Mendelssohn großen Respekt. »Er ist der einzige«, schrieb er am 17. August 1743 an Rother, »welcher sich von Geschäften, die ihm nicht zusagen, fernhalten kann, und so gern er selbst gewinnen möchte, doch Festigkeit genug hat, gleichsam zuzusehen, wie die anderen Geschäfte machen.«[12]

Prominente Privatkunden

Das Bankhaus Mendelssohn legte großen Wert auf das Privatkundengeschäft. In den Büchern der Bank sind zahlreiche wohlklingende Namen verzeichnet. Sie reichen von Jakob Ludwig Salomon Bartholdy, dem Schwager Abraham Mendelssohns, über Carl Friedrich Zelter bis hin zu Clara Schumann, deren nicht unbeträchtliches Vermögen Mendelssohn & Co über Jahrzehnte verwaltete.

Die wohl prominentesten Kunden waren die beiden Brüder von Humboldt, die Mendelssohn & Co eng verbunden waren. Erhalten ist beispielsweise nicht nur eine Aufstellung des von der Bank für Wilhelm von Humboldt geführten Guthabens, sondern auch eine Reihe von Anfragen und Ansuchen an die Bank.

Als der preußische Staat 1820 eine zu vier Prozent verzinste Staatsanleihe auflegte, die von den Berliner Banken als »Staats-Schuldscheine« verkauft wurden, wollte Humboldt einen Teil der Anleihe für sich zeichnen. »Ich habe den Plan der neuen Anleihe«, schrieb er am 8. September 1820 an Joseph Mendelssohn, »jetzt genau durchgelesen und würde gerne für 30 000 Rth. daran Anteil nehmen.«[13]

Erhaltene Unterlagen wie beispielsweise Quittungen von Hermann Ludwig Heinrich von Pückler-Muskau (1785–1871), der durch seine Gartenanlagen in der Oberlausitz berühmt wurde, und Zahlungsanweisungen des Goethe-Freundes Carl Friedrich Zelter, der darum bat, dass die »Herrn Gebrüder Mendelssohn« 5000 Reichstaler an seinen Sohn, den Amtmann Zelter, »auf ein von ihm ausgestellten Wechsel gütigst auszugeben belieben«,[14] belegen die außerordentliche Bedeutung des Bankhauses in der damaligen Zeit.

In einem »Geschäftlichen Notizbuch«, in dem Briefe an das Pariser Comptoir aus den Jahren 1822 bis 1824 verzeichnet sind, findet sich 1822 eine Eintragung mit einer Briefnotiz an den Philosophen Arthur Schopenhauer, der mit Joseph Mendelssohn locker befreundet war. Die Eintragung lässt den Rückschluss zu, dass die Geschäfte, die Schopenhauer mit der Bank machte, von gegenseitigem Vertrauen bestimmt waren. So heißt es in der Briefnotiz vom 7. Februar 1822, Schopenhauer sei »ein exacter Mann« und der von diesem eingezahlte Betrag sei der Bank zu dem Zweck übergeben worden, »damit wir ihm dafür Rente sollen kaufen lassen«.[15]

Als der prominenteste Privatkunde der Mendelssohns über die Jahre kann wohl Wilhelm von Humboldts Bruder Alexander gelten, der mit Joseph und dessen Familie in freundschaftlichem Umgang stand.[16] Die Humboldts, obwohl nicht unvermögend, waren immer wieder auf Kredite und Bürgschaften angewiesen. Insbesondere Alexander von Humboldt befand sich immer wieder in Geldnöten.[17] »Alexanders Finanzen«, schrieb sein Bruder an seine Frau Karoline, »sind zum Verzweifeln.«[18]

Die Mendelssohns haben im Verlauf der Jahre mehrfach für die Humboldts gebürgt und ihnen bankenüblich verzinste Kredite bewilligt, die von diesen auch fristgerecht zurückgezahlt wurden. Es kam allerdings auch vor, dass aufgelaufene Schulden mit anderen Geschäften verrechnet wurden. Eine Legende ist allerdings die Behauptung, die Mendelssohns hätten von den Humboldts das Grundstück Jägerstraße 22 erworben und diesen Erwerb mit anderen Schulden verrechnet. Die Grundbuchakten belegen, dass das Haus in der Jägerstraße 1824 zunächst von einer Familie namens Stech erworben wurde, erst später kam es in den Besitz der Mendelssohns.

In dem Haus in der Jägerstraße, das lange Jahre im Besitz der Mendelssohn-Familie blieb, hatte Joseph Mendelssohns Sohn Alexander von 1825 bis 1865 eine Wohnung, der, wie sein Vater, Alexander von Humboldt unterstützt hat – was damals fast schon so etwas wie eine Familientradition geworden war. Alexander von Humboldt war nicht nur ein Kunde der Mendelssohns, sondern fast schon ein Familienmitglied, dem zu helfen geradezu als moralische Verpflichtung angesehen wurde.

Im Lauf der Jahre gewährte das Bankhaus Alexander von Humboldt eine Reihe von Krediten, deren Bedingungen in der Regel sehr großzügig bemessen waren. Den Kreditrahmen, den die Mendelssohns ihm einräumten, nutzte Humboldt, um seinen diversen finanziellen Verpflichtungen nachzukommen. So finden sich in den Akten nicht nur Zahlungsanweisungen Humboldts, mit denen Einrichtungskosten für seine Wohnung in der Oranienburger Straße 67 beglichen wurden, sondern auch solche, die der Bezahlung von Mieten und Versicherungskosten sowie der Anschaffung von wissenschaftlichen Instrumenten, Herbarien und ähnlichem dienten.

Auch aus mancher Bredouille haben die Mendelssohns Humboldt, dessen nachlässiger Umgang mit Geldangelegenheiten sprichwörtlich war, geholfen. Mendelssohn & Co übernahm beispielsweise eine fällige Schuld Humboldts bei der Preußischen Staatsbank; in einem anderen Fall erklärte sich das Haus bereit, die Risiken zu übernehmen, wenn es Humboldt formal nicht gedeckte Vorschüsse auf künftige Staatsgehälter und Manuskripthonorare gewährte. Letzteres kam häufiger vor. Die Mendelssohns machten davon kein besonderes Aufheben.

Als Alexander von Humboldt der Ehrenbürgerbrief der Stadt Berlin verliehen wurde, lud er neben zwei Verwandten, dem General August von Hedemann, verheiratet mit einer Tochter seines Bruders, und Leopold Freiherr von Loën, Ehemann der Enkelin seines Bruders, auch Alexander Mendelssohn ein. Im Einladungsbrief spielt Alexander von Humboldt auf die Beziehungen zu Joseph Mendelssohn, den Vater Alexander Mendelssohns, an, wenn es heißt, »eine Erinnerung der Zartheit des edlen Sohnes eines edlen Vaters«.[19]

In finanzieller Hinsicht war der Kunde Alexander von Humboldt für das Bankhaus kaum von Bedeutung. Dennoch war die Beziehung für die Mendelssohns nicht ohne Nutzen. Humboldt versorgte sie mit Informationen vom Hofe oder wusste bei seinen regelmäßigen Besuchen Klatsch und Neuigkeiten zu berichten, die meist nur von begrenztem Interesse, mitunter für die Politik des Bankhauses aber doch von strategisch-politischer Bedeutung sein konnten.

So erfuhren die Mendelssohns beispielsweise im März 1855 durch Humboldt, dass Zar Nikolaus I. an einer lebensbedrohlichen Lungenentzündung erkrankt sei. In seinem Schreiben spekulierte Humboldt, ob das zu erwartende Ableben des Zaren nicht Auswirkungen auf die Kursnotierung russischer Fonds haben könne, und warnte vor der Annahme, ein etwaiger Thronwechsel würde die Beendigung des Krimkrieges und damit eine Hausse russischer Wertpapiere zur Folge haben. Die Prognose Humboldts traf ein. Der Krieg wurde erst elf Monate später beendet.

Auch der Hinweis, dass Friedrich Wilhelm IV. nicht einverstanden war mit dem Antrag einiger Konservativer, die Rechte der Juden wieder zu beschneiden,[20] kam von Alexander von Humboldt. In einem Schreiben an Alexander Mendelssohn zitierte er den König, der ihm gegenüber erklärt hatte: »Sie können sich ganz beruhigen. Die Regierung wird sich solchem Antrag widersetzen.«[21] Der Antrag, vom Chefredakteur der Neuen Preußischen Zeitung, der sogenannten »Kreuzzeitung«, initiiert, scheiterte aber schon deshalb, weil keine Mehrheiten im Preußischen Abgeordnetenhaus zusammenkamen.

Dass die Beziehungen von Mendelssohn & Co zur Privatkundschaft nicht nur geschäftlicher Natur, sondern häufig auch persönlicher Art waren, zeigte sich nicht nur im Umgang mit Alexander von Humboldt, sondern auch bei anderen Kunden wie beispielsweise bei Clara Schumann, die der Witwe Albertine kondolierte, als Paul Mendelssohn Bartholdy starb: »Wie kann ich«, schrieb sie dieser, »so ganz das Gefühl der plötzlichen Vereinsamung mit Ihnen empfinden – in dem Manne begraben wir ja unseren treuesten Freund!«[22]

Dass Clara Schumann darüber hinaus sehr geschäftstüchtig war und sich mit Anleihen und Wertpapieren aller Art auskannte, wird deutlich in einem an Franz (von) Mendelssohn gerichteten Schreiben vom 12. Dezember 1871, in dem sie erklärt, sie sei, bedingt durch die allgemeinen Entwicklungen, ängstlich geworden. Sie bitte deshalb, die in ihrem Depot befindlichen polnischen Papiere in deutsche umzutauschen. In einem Postskriptum fragt sie: »In meinem Verzeichniß sah ich, daß ich auch noch 3 ½ % Papiere habe (Preuß.), wäre es nicht gut, Diese auch wegzugeben.«[23]

Alexander Mendelssohn

Nach dem Tod Joseph Mendelssohns übernahm dessen Sohn Alexander (1798–1871) die Leitung der Bank. Alexander Mendelssohn, verheiratet mit Marianne Seeligmann (1799–1880), der Tochter des Maklers Bernhard Seeligmann, hatte den einjährigen Militärdienst beim Freiwilligen-Detachement des 20. Landwehr-Regiments abgeleistet und war nach Beendigung der Militärdienstzeit 1822 als Sozius in die Bank eingetreten.

Nach dem Ausscheiden Joseph Fränckels, den Joseph zunächst als Teilhaber in die Firma geholt hatte, wurde die Bank von Vater und Sohn allein geführt. In dem von beiden unterzeichneten Societäts-Kontrakt erklärten sie, »unbegränztes Vertrauen« ineinander zu haben, sie hätten sich aber wegen »unserer künftigen Erben« für die Unterzeichnung eines Vertrages entschlossen, damit die Bedingungen festgehalten seien, »unter welchen wir jene Societäts-Handlung führen«.[24]

Ein neuer Vertrag wurde notwendig, als Paul (1812–1874), der jüngere Sohn Abrahams und Bruder Felix Mendelssohn Bartholdys, in das Bankhaus eintrat. In dem Vertrag, der aus diesem Anlass geschlossen wurde, war auf das Genaueste geregelt, in welcher Weise die Gesellschafter künftig an Gewinn und Verlust beteiligt sein sollten. Joseph und Alexander Mendelssohn waren dabei mit jeweils drei Siebteln beteiligt, Paul Mendelssohn-Bartholdy mit einem Siebtel. Einige Jahre später, 1849, nach dem Tod Josephs und dem Eintritt von Alexanders Sohn Adolph (1826–1851) in die Bank, mussten die Beteiligungsquoten neu festgesetzt werden. Ob und vor allem wann im Verlauf der Jahre der Anteil Pauls erhöht worden ist, lässt sich aus den erhaltenen Akten nicht mehr ermitteln.

Nach dem frühen Tod von Alexanders Sohn Adolph leiteten die Vettern Alexander und Paul allein die Bank. Sie hatten sich darauf verständigt, dass durch sie die beiden Familienzweige vertreten sein sollten, deren einer auf Joseph, deren anderer auf Abraham zurückging. Von diesem Zeitpunkt an lag die Leitung der Bank immer in den Händen von Angehörigen beider Familienzweige, wobei abwechselnd die Mendelssohns, dann wieder die Mendelssohn-Bartholdys das Sagen hatten.

Mitte des 19. Jahrhunderts war das uneingeschränkt möglich, später nur noch bedingt. Es muss irgendwann eine Aufteilung der Besitzanteile gegeben haben. Nach welchen Kriterien die Quoten festgelegt wurden, ist jedoch nicht belegt. Die letzten bekannten Gesellschafterverträge stammen aus den 1870er Jahren. Darin war expressis verbis vereinbart worden, dass bei Erbstreitigkeiten nicht die Gerichte angerufen, sondern eine außergerichtliche Einigung gesucht werden sollte.[25]

Die Mendelssohns sprachen nicht oder nur am Rande darüber, wer welche Anteile an der Bank besaß. Die Familie, gleichgültig ob der Familienzweig Mendelssohn-Bartholdy oder nur Mendelssohn hieß, empfand es als unfein, über Geld und Besitzquoten zu sprechen, und schon gar nicht tat man das in der Öffentlichkeit. »Ein guter Bankier«, so ein typisches und über die Generationen tradiertes Motto der Familie, »ist einer, über den man nicht spricht.«

Dieser ungeschriebene Verhaltenskodex, bereits Mitte des 19. Jahrhunderts von der Familie verinnerlicht, wurde bis in die Zeit des Nationalsozialismus und selbst darüber hinaus gepflegt. Eine Folge war und ist, dass bis heute nicht genau gesagt werden kann, ob, wann und wie die Vorfahren die Besitzverhältnisse innerhalb der Familie unter sich geregelt haben.

Alexander und Paul teilten sich Anfang der fünfziger Jahre die Leitung der Bankgeschäfte. Wer sich dabei die größeren Verdienste erwarb, ist nur schwer zu beantworten. Beider Geschick und Weitsicht ist es jedenfalls zu verdanken, dass Mendelssohn & Co einen rasanten Aufstieg nahm. Dazu beigetragen haben dürfte, dass man bemüht war, Geschäft und Politik zu trennen – ein Prinzip, das nur schwer durchzuhalten war. In bestimmten Fällen waren bei genauer Abwägung des Für und Wider Kompromisse notwendig.

Seniorchef des Bankhauses war nach dem Tod Josephs sein Sohn Alexander Mendelssohn. Der ausgezeichnete Ruf, den er sich in jenen Jahren in Kreisen der Berliner Wirtschafts- und Finanzwelt erwarb, lässt sich unter anderem daran ablesen, dass ihm für seine Verdienste nicht nur der Titel »Geheimer Kommerzienrat«,[26] sondern auch der Preußische Rote Adlerorden 4. Klasse und der St. Anna- sowie der St. Stanislaw-Orden von Russland verliehen wurden.

Alexander Mendelssohn engagierte sich neben der Banktätigkeit besonders auf dem Feld der Wohltätigkeit und der Wohlfahrtspflege. Dabei dürfte eine Rolle gespielt haben, dass er sich der jüdischen Tradition der Zedaka verpflichtet fühlte, der planmäßigen Wohltätigkeit im Sinne ausgleichender sozialer Gerechtigkeit also, die in der Regel dadurch geübt wird, dass finanzielle Mittel zum Wohl wirtschaftlich Schwacher bereitgestellt werden.

Ein anderer Grund dürfte der gewesen sein, dass er wie so mancher andere Vertreter jüdischer Familien glaubte, durch Wohltätigkeit Dank abstatten zu können, und zwar gegenüber der Umgebungsgesellschaft, die es ihnen ermöglicht hatte, zu Reichtum und Einfluss zu gelangen. Die Mendelssohns sahen es jedenfalls über die Generationen hinweg als eine Familienverpflichtung an, sich für Arme und Schwache, für Waisenkinder und Alte einzusetzen.

Alexander Mendelssohn, der einen ausgeprägten Wohltätigkeitssinn besaß, knüpfte in dieser Hinsicht auch an die Aktivitäten seines Vaters Joseph Mendelssohn an, der beispielsweise 1836 die »Moses Mendelssohnsche Waisen-Erziehungs-Anstalt« der Berliner jüdischen Gemeinde zu Berlin mitbegründet und 1840 die Gans'sche Stipendienstiftung ins Leben gerufen hatten, die mittellose Studenten unterstützte, »ohne Unterschied der Herkunft, der Religion und der Facultät«.[27]

Alexander Mendelssohn hat sich auf unterschiedlichsten karitativen Feldern betätigt. Ende der sechziger Jahre kaufte er beispielsweise in der Charlottenburger Scharrnstraße Nr. 5 (später 7) ein Grundstück, auf dem er ein Gebäude errichten ließ, in dem ein Heim für »weibliche ausnahmsweise männliche Personen in vorgerücktem Lebensalter« untergebracht werden sollte. Das Heim, nach Alexanders Ehefrau »Mariannenstift« benannt, existierte bis in die Zeit des Nationalsozialismus. Die Stiftung wurde, wie manch andere jüdische Einrichtung, die einen ähnlichen Zweck verfolgt hatte, von den NS-Behörden in den Jahren nach 1933 liquidiert. Laut Berliner Adressbuch war von 1938 bis 1943 die »Stiftsverwaltung der Stadt Berlin« Eigentümerin des Stifts.

In den erhaltenen Akten ist penibel aufgelistet, welche betagte Charlottenburgerin wann und zu welchen Bedingungen in das Heim aufgenommen wurde. Wer sich bewarb, musste sich in der Regel im Witwenstand befinden oder unverheiratet sein. Die Aufnahme, die ohne Angabe von Gründen abgelehnt werden konnte, setzte einen schriftlichen Antrag an das Kuratorium voraus, dem zumeist Familienmitglieder der Mendelssohns angehörten. Die Aufnahmebewilligung war fast immer mit der Unterschrift des jeweiligen Kuratoriumsvorsitzenden versehen.[28]

Das Grundstück in der Scharrnstraße grenzte an das Grundstück Schloßstraße 55, das Alexander Mendelssohn 1845 erworben und auf dem er die »Villa Sorgenfrei« hatte errichten lassen. Lange Jahre war die Villa Sorgenfrei der Sommerwohnsitz von Alexanders Familie. Später, nach dem Tod Alexander Mendelssohns, hat dessen Schwiegersohn, der Jurist Otto Georg Oppenheim (1817–1909), die Villa abreißen lassen und an deren Stelle 1881/82 ein zweigeschossiges Haus mit einer eindrucksvollen Ziegel- und Sandsteinfassade bauen lassen.

Das Gebäude, das bis in die Gegenwart den Namen Villa Oppenheim trägt, wurde 1910 von Hugo Oppenheim, dem ehemaligen Teilhaber des Berliner Privatbankhauses Robert Warschauer & Co, an die Stadt Charlottenburg veräußert. Nach 1911 wurden alle Nebengebäude der Villa (Gartensaal, Kegelbahn und Treibhäuser) abgerissen, um dort eine noch heute existierende Schule einzurichten. Die Charlottenburger Kommunalpolitiker beschlossen damals, das Gartengelände der Villa zu einem Park umzugestalten, der bis in die Gegenwart für die Öffentlichkeit zugänglich ist.

Gemeinsam mit seinem Bruder Georg Benjamin (1794–1874) errichtete Alexander 1863 im Andenken an die Mutter die Henrietten-Stiftung, deren Erträge dazu benutzt wurden, verwaisten Mädchen, die heiraten wollten, einen Aussteuer-Zuschlag zur Verfügung zu stellen. Die Stiftung wurde der zur Jüdischen Gemeinde gehörenden Moses-Mendelssohnschen Waisenerziehungsanstalt zugeordnet, in deren Kuratorium Alexander Mendelssohn wirkte.[29]

Aber auch um das Wohl der eigenen Familie war man bemüht. Die beiden Brüder riefen 1868 eine Moses Mendelssohn'sche Familien-Stiftung[30] ins Leben, die drei Jahrzehnte später Vorbild für die Ernst und Marie von Mendelssohn-Bartholdy'sche Familienstiftung wurde. Zweck der Stiftung sollte es sein, aus dem Stiftungskapital von 20 000 Talern Nachkommen Moses Mendelssohns, die bedürftig waren oder sich in Vermögensverhältnissen befanden, die eine Unterstützung wünschenswert erschienen ließen, Hilfe zu gewähren.

Anders als sein Bruder Georg Benjamin, der sich 1816 hatte taufen lassen, verblieb Alexander Mendelssohn bis zu seinem Tod im Judentum.

1847 arbeitete er in einer vom Vorstand der Berliner Jüdischen Gemeinde einberufenen Kommission mit, die eine Bittschrift zum damals erörterten Judengesetz verfasste. In den 1860er Jahren wirkte er zudem als Mitglied der Repräsentantenversammlung, war Begründer der Alter-Versorgungs-Anstalt der Berliner Jüdischen Gemeinde[31] und unterstützte die 1871 gegründete Zacharias-Frankel-Stiftung.[32] Alexander Mendelssohn war der Letzte der Mendelssohns, der bis zu seinem Tod dem Judentum angehörte.

Paul Mendelssohn-Bartholdy

Dem Kompagnon Alexanders in der Bank, dem um einige Jahre jüngeren Paul Mendelssohn-Bartholdy (1812–1874), einem der Söhne Abraham Mendelssohn Bartholdys, werden neben kaufmännischen Fähigkeiten auch Umsicht, Weitblick, unbedingte Ehrlichkeit und Solidität nachgesagt. Sein besonnenes Urteil, seine Kenntnisse der wirtschaftlichen Zusammenhänge, dazu seine anerkannte Stellung innerhalb der Berliner Hochfinanz haben, so heißt es, Otto von Bismarck veranlasst, ihn zusammen mit Bleichröder einzuladen, um deren Ansichten darüber zu hören, wie die Wirtschaft und die Bankenwelt auf einen etwaigen Krieg mit Österreich reagieren würden.

Paul Mendelssohn-Bartholdy hatte, bevor er 1833 bei Mendelssohn & Co eintrat, eine Zeit lang in London als Volontär bei B.A. Goldschmidt & Co gearbeitet, um das Bankfach von der Pike auf zu erlernen. Die Londoner Tätigkeit und das Leben dort waren allerdings nicht nach seinem Geschmack. Die Stadt war ihm zu »immens«, den »Lärm und das Gewühl« auf den Straßen empfand er als lästig und sehnte sich nach dem damals vergleichsweise ruhigen Berlin zurück.

»Die Engländer«, so heißt es in einem Brief, den Paul am 9. August 1831 an seine spätere Frau Albertine Heine schrieb, »haben einen miserablen Geschmack was Kunst anbelangt«, vor allem über das Musikleben lohne es sich nicht, irgendwelche Worte zu verlieren: »Ordentliche Opern von Mozart, Beethoven und Gluck kennt man nicht, oder man findet die Ausführung und das Verstehen der Musik zu schwer. Ein Quartett zusammen zu bekommen, ist fast unmöglich.«[33]

Nachdem Paul in das Mendelssohn'sche Bankhaus eingetreten war, kümmerte er sich nicht nur um das Russlandgeschäft, sondern auch um Eisenbahnanleihen, insbesondere um deren Platzierungen an der Berliner Börse. Das waren keine einfachen Aufgaben, kam es doch nach dem Ende des deutsch-französischen Krieges und der Frankreich auferlegten Kriegsentschädigung von fünf Milliarden Francs in Deutschland zu einem wahren Gründerrausch, in dessen Folge in den Jahren 1870/71 allein in Preußen etwa 780 neue Aktiengesellschaften entstanden.

Seinem Neffen Sebastian Hensel gegenüber hat Paul die Zustände in Berlin damals als »höchst widerlich« bezeichnet. Mit den zahlreichen »Verrücktheiten« konnte er wenig anfangen, und dem Umstand, dass »jeder mehr oder weniger glaubte, er habe die Milliarden oder wenigstens einen erheblichen Teil davon zu bekommen«, begegnete er reserviert. Mendelssohn & Co hat es möglichst vermieden, riskante Geschäfte einzugehen. Als es im Verlauf der Gründerzeit zu zahlreichen spektakulären Zusammenbrüchen kam, geriet auch eine Reihe von Bankhäusern in Schwierigkeiten. Die Mendelssohns waren nicht dabei.

Paul ähnelte in gewisser Weise seinem Vater Abraham Mendelssohn Bartholdy, der geschäftlich durchaus erfolgreich war, aber Wert darauf legte, auch noch andere Interessen zu haben. So las er viel und beschäftigte sich mit Geschichte, Malerei und Musik. Seine im Laufe der Jahre aufgebaute Bibliothek enthielt eine Sammlung insbesondere historischer und staatswissenschaftlicher Werke deutscher, französischer und englischer Autoren. Die Sammlung, von der wir nicht wissen, ob sie katalogisiert war, ging im Zweiten Weltkrieg verloren.

Ein ähnliches Schicksal erfuhr Pauls Gemäldesammlung, zu der unter anderem Bilder von Karl Blechen (»Kloster Assisi«), Karl Begas (Porträt des zehnjährigen Felix Mendelssohn) und Eugène Delacroix (»Fischermädchen von der Flut überrascht«) gehörten.[34] Belegt ist, dass sich in dieser Sammlung auch ein von einem Familienmitglied, dem mit Anna Warschauer verheirateten Maler Ludwig Johann Passini (1832–1903), geschaffenes Familienporträt befand, von dessen Existenz nur noch eine Fotografie zeugt. Joachim von Elbe, ein Mendelssohn-Bartholdy-Nachkomme, erinnert sich, das Porträt in den zwanziger Jahren des letzten Jahrhunderts noch in der Wohnung seiner Großmutter gesehen zu haben.[35]

Das Bild, geschaffen als Hochzeitsgeschenk für Pauls Tochter Katharine, in der Familie nur »Käthe« genannt, zeigte im Vordergrund im Halbprofil Paul Mendelssohn-Bartholdy, mit übergeschlagenem Bein auf einem Stuhl sitzend, links neben ihm seine Frau Albertine, mit Häubchen, auf dem Sofa. Hinter dem Vater auf die Stuhllehne gestützt war der Sohn Ernst porträtiert, ihm gegenüber an die Tischkante gelehnt der Sohn Gotthold und neben einer Portiere, die den Ausblick in ein anderes Zimmer eröffnet, mit verschränkten Armen stehend die Tochter Fanny in einem langen weißen Krinolinenkleid.

Von Eduard Magnus, gewissermaßen der Familienporträtist der Mendelssohns, ließ Paul Mendelssohn-Bartholdy sich selbst (um 1842) und seine Ehefrau Albertine (um 1855) malen. Das Porträt Pauls, ein Brustbild, zeigt ihn leicht nach links gewandt; Kopf en face, dunkler Rock, dunkle hohe Halsbinde, Kinn- und Backenbart, lockiges Haar. Das Bild befindet sich heute in Privatbesitz. Bei dem Porträt Albertines, einem Kniestück, sieht man diese nach links gewandt, Kopf en face, sitzend, auf einem grün gepolsterten Sessel mit geschwungenen Holzlehnen; die linke Hand im Schoß, die rechte hält einen Schal aus schwarzer Spitze, der um die Hüften gelegt ist; sie trägt ein weit ausgeschnittenes Kleid aus schwarzem Samt, am rechten Arm einen Goldreif, am Ausschnitt eine Perlenbrosche, auf dem Kopf eine weiße Spitzenhaube.[36]

Paul Mendelssohn-Bartholdy war nicht nur ein passionierter Bildersammler, der Porträts von sich und seiner Familie in Auftrag gab, sondern auch ein Musikliebhaber, der sehr am musikalischen Schaffen seiner Geschwister interessiert war und Musik, wie er einmal bekannte, »fast immer nötig« hatte. Nach dem Urteil der Komponistin und Schriftstellerin Johanna Kinkel war er zudem ein »sehr guter Violincellist«. Überliefert ist, dass Paul mit dem Diplomaten Karl Klingemann, der in seiner Londoner Zeit dort hannoverscher Gesandter war, Duette für Klavier und Cello einstudierte.

Nach dem Tod von Felix Mendelssohn und seiner Frau Cécile 1853 wurde Paul zum Vormund der Söhne Karl und Paul bestellt, während die Töchter Marie und Elisabeth der Obhut der Großmutter Jeanrenaud in Frankfurt übergeben wurden. In Sebastian Hensels »Die Familie Mendelssohn« werden Pauls ausgeprägter Familiensinn und sein Verantwortungsbewusstsein besonders hervorgehoben.

Paul sah es nach dem Tod des Bruders als seine Verpflichtung an, sich um dessen schriftliches Vermächtnis zu kümmern. Ende der fünfziger Jahre nahm er sich zunächst der Herausgabe von Felix' Reisebriefen an. Im Vorwort zur 1861 erschienenen Veröffentlichung bemerkte er, wer sich seinen Bruders »lebendig vergegenwärtigen«[37] und wissen wolle, wer dieser tatsächlich gewesen sei, was er gedacht und gefühlt habe, der solle dessen Briefe zur Hand nehmen und studieren.

Zwei Jahre später erschienen Felix Mendelssohn Bartholdys »Briefe aus den Jahren 1833 bis 1847«.[38] Der Band, den Paul gemeinsam mit seinem Neffen Karl Mendelssohn Bartholdy (1838–1897)[39] herausgegeben hatte, führte zu einem unerquicklichen Streit. Karl, ein ausgebildeter Historiker, war weder mit der Auswahl der Briefe einverstanden noch zeigte er sich mit den Kürzungen einverstanden, die sein Onkel bei der Edition der Briefe seines Vaters vorgenommen hatte.

Angesichts der nach Erscheinen der Briefe einsetzenden Fachkritik bekannte sich Karl Mendelssohn Bartholdy nur ungern zu dieser Edition, auf deren Titelei er als Mitherausgeber geführt wurde, obwohl er an der Bearbeitung der Briefe kaum Anteil gehabt hatte. Die Korrespondenz zwischen ihm und seinem Onkel lässt deutlich die zwischen ihnen bestehenden Spannungen erkennen. Da ist zum einen die Rede davon, dass man »verwandtschaftliche Rücksichten«[40] nehmen müsse, dann wieder warnt der Onkel den Neffen, er möge um Gottes willen nichts publizieren, nur »um eine Handvoll Louis d'or zu gewinnen«.[41]

Der Pflege des Vermächtnisses von Felix Mendelssohn Bartholdy haben sich nach dem Tod von Paul Mendelssohn-Bartholdy Adolf Wach und seine Frau Lilli angenommen.[42] Adolf Wach, der eine Universitätskarriere machte,[43] und seine Frau Lilli, die jüngste Tochter Felix Mendelssohn-Bartholdys, haben die »Familienbriefe« unter Verschluss gehalten, wohl weil sie fürchteten, die Sammlung könnte auseinandergerissen werden. Erst die Enkel-Generation entschloss sich, die Sammlung der Familien-Briefe – es handelte sich um rund 500 Briefe – der New York Public Library zu überlassen, womit sie der Wissenschaft zugänglich gemacht wurden.

Auch der Teil des Mendelssohn'schen Nachlasses, der die 26 Bände umfassende Sammlung der an Felix Mendelssohn Bartholdy gerichteten Briefe enthielt, die sogenannten »Grünen Bücher« (Grün war Mendelssohns Lieblingsfarbe für Einbände von Büchern und Musikalien), wurde dadurch vor dem Verkauf im Autographenhandel geschützt, dass er an die Bodleian Library in Oxford kam.

Dass dieser Teil des Nachlasses nach England und nicht nach New York gelangte, hängt mit einem Zufall zusammen. Oxford war der letzte Wohnsitz des Völkerrechtlers Albrecht Mendelssohn Bartholdy, des Enkels des Komponisten, der mit Adolf Wachs Tochter Dora verheiratet war und die »Grünen Bücher« im Gepäck hatte, als er mit seiner Frau auf der Flucht vor den Nationalsozialisten Deutschland verließ.

Skepsis gegenüber dem Christentum, Sympathie für das Judentum

Durch einen Brief an seinen Neffen Sebastian Hensel wissen wir, dass Paul Mendelssohn-Bartholdy sich bei einer seiner beiden Reisen nach Italien mehrere Monate lang in Rom aufgehalten hat. Ein Brief, den er von dort am 2. Februar 1859 schrieb, verdient besonderes Interesse, da er in diesem erstaunlicherweise ein distanziertes Verhältnis zum Christentum zu erkennen gibt.

»Eben komme ich«, heißt es in diesem Brief, »von der Candelara St. Peter. Mummenschanz – Puppenspiel – alles hohl, hohl! Gott weiss, woher es kommt; aber die prächtigsten Zeremonien in den Kirchen lassen mich auf eine Weise kalt – sie ekeln mich an – dass ich immer gern … unter die Erde fahren möchte. Lessing empfahl einmal an Moses Mendelssohn einen jungen Mann, welcher ein Land suchte, ›wo es weder Christen noch Juden gäbe!‹ – Und, möge mir Gott meinen Ungeschmack verzeihen, – im Ghetto fühle ich mich innerlich mehr zu Hause als in St. Peter, wenn der Pabst sein Wesen daselbst treibt. Müsste also eins oder das andere sein, so würde ich mich eher dem Hohepriester als dem Pabst anschliessen.«[44]

Die bewusst zitierte Formulierung vom »Land, wo es weder Christen noch Juden gibt«, deutet darauf hin, dass Paul Mendelssohn-Bartholdy nicht viel mit Religion im Sinn hatte. Andererseits gibt er zu erkennen, dass er, wenn er vor die Wahl gestellt würde, den Hohepriester dem Papst vorzöge. Das wiederum lässt den Schluss zu, dass er sich seiner

Herkunft nicht schämte und in bestimmten Momenten so ehrlich war, zu bekennen, dass er mit dem Judentum mehr anfangen konnte als mit dem Christentum – nicht weil er das Judentum für die bessere, sondern weil er es für die ehrlichere Religion hielt.

Berücksichtigt man, dass Paul nicht nur der Enkel Moses Mendelssohns war, seine Eltern Abraham und Lea im Judentum verwurzelt waren, bevor sie die Taufe nahmen, und dass er die Ehe mit der ebenfalls aus dem Judentum stammenden Albertine Heine einging, so ist der Schluss zulässig, dass ihm das Judentum doch noch etwas bedeutet hat. Er war zwar nicht mehr im Glauben der Vorväter verhaftet, aber er leugnete nicht die auf Moses Mendelssohn zurückgehende Familientradition, sondern war sogar stolz auf sie, was sich aus zahlreichen seiner Bemerkungen ableiten lässt.

Hinzu kam, dass er dem Judentum schon deshalb nicht vollkommen entfremdet sein konnte, weil er tagtäglich in der Bank mit seinem Cousin Alexander, dem Sohn Joseph Mendelssohns, Umgang hatte. Durch Alexander, der tätiges Mitglied der Berliner Gemeinde war, wird er das eine oder andere erfahren haben, was in jüdischen Kreisen vor sich ging. In seinen Briefen äußerte er sich zwar darüber nicht, auch nicht in den Vorworten der von ihm herausgegebenen Reise-Briefe seines Bruders Felix, aber das ist kein Hinweis darauf, dass ihm seine Herkunft gleichgültig gewesen wäre oder dass er sie vor sich und seiner Umwelt verleugnet hätte.

Paul Mendelssohn-Bartholdy war, so heißt es, ein guter und hilfsbereiter Mensch. Er selbst war der Ansicht, es sei kein Verdienst, wie er seinem Neffen Sebastian Hensel gegenüber einmal bekannte, »unter lauter Guten gut zu sein. Das Verdienst besteht darin, unter Schlechten gut zu bleiben!« Sein Wohltätigkeitssinn war keine Attitüde, sondern kam aus tiefstem Herzen. Nach einer mündlichen Überlieferung soll Pauls jüngster Sohn Gotthold, als der Lehrer ihn in der Religionsstunde einmal fragte: »Na, Gottchen, wer ist wohl der Geber alles Guten?«, geantwortet haben: »Papa!«[45]

»Unzählig sind die Werke der Liebe und Wohltätigkeit, die er ausführte«, erinnerte sich Sebastian Hensel; er wetteiferte geradezu mit seinem Neffen Alexander, Gutes zu tun. Beide haben sich dabei wohl in der Tradition ihres Vorfahren Moses Mendelssohn gesehen. Besonderen

Wert legten sie darauf, jungen aufstrebenden Talente, aber auch in Not geratenen Menschen jedes Standes zu helfen; nicht immer uneigennützig, sondern nach einem wohldurchdachten Konzept. »Beider Grundsatz war es, wenn sie unterstützten, daß eine Existenz wieder lebensfähig wurde«,[46] heißt es bei Sebastian Hensel treffend. Paul und Alexander ging es also darum, wie es im heutigen Sprachgebrauch heißt, Hilfe zur Selbsthilfe zu leisten.

Geschäfte in Deutschland, Geschäfte mit Russland

Mendelssohn & Co war um die Mitte des 19. Jahrhunderts unter der Leitung von Alexander Mendelssohn und Paul Mendelssohn-Bartholdy zum bedeutendsten Privatbankhaus in Deutschland aufgestiegen. Dazu hatte beigetragen, dass die Firma nach 1815 gute Kontakte nach Russland pflegte, insbesondere zu russischen Hofkreisen. Die Mendelssohns besaßen dadurch Marktkenntnisse in Russland und konnten schon sehr früh wichtige Geschäftsbeziehungen aufbauen.

Die Russland-Geschäfte florierten, als Mitte der fünfziger Jahre die beiden Bankhäuser Mevissen und Oppenheim sowie die Berliner Privatbanken Mendelssohn, Bleichröder, Warschauer und Gebr. Schickler die Berliner Handels-Gesellschaft gründeten, die unter anderem russische und polnische Anleihen an der Berliner Börse handelte. Zweck der Gesellschaft sollte der Betrieb von Bank-, Handels- und industriellen Geschäften aller Art sein.

In den Statuten der Berliner Handels-Gesellschaft, die noch heute als BHF-Bank fortexistiert, war festgelegt, dass die Aktivitäten des Unternehmens insbesondere »auf industrielle und landwirtschaftliche Unternehmungen, auf Bergbau, Hüttenbetrieb, Kanal-, Chaussee- und Eisenbahnbauten, sowie auf die Begründung, Vereinigung und Konsolidierung von Actiengesellschaften und die Emission von Actien oder Obligationen solcher Gesellschaften« ausgerichtet sein sollten.[47]

An der Gründungsversammlung im März 1856 am Pariser Platz Nr. 5 am Brandenburger Tor, bei der die neue Bank als »Kommanditgesellschaft auf Aktien« ins Leben gerufen wurde, hat auch Paul Mendelssohn-Bartholdy teilgenommen. Im ersten Verwaltungsrat, der die Interessen der Aktionäre gegenüber den Eigentümern vertrat, saßen neben einer Reihe anderer Privatbankiers (unter anderem Gerson Bleichröder, Robert Warschauer, Israel Hirschfeld, Abraham Oppenheim) mit Sitz und Stimme auch Alexander Mendelssohn und, nach dessen Tod, Paul Mendelssohn-Bartholdy.

Wie viele andere Privatbanken betätigte sich auch die Berliner Handels-Gesellschaft in den fünfziger und sechziger Jahren zunächst mit der Bearbeitung laufender Banktransaktionen und der Finanzierung von Warengeschäften, was wohl auch, wie Carl Fürstenberg, der langjährige Chef des Hauses, in seinen Lebenserinnerungen schreibt, »der etwas irreführende Name der Bank zum Ausdruck bringen sollte«.[48]

Im zweiten Jahrzehnt des Bestehens der Berliner Handels-Gesellschaft nahmen die Umsätze zu. Das Geschäft wurde lebhafter. Man begann, sich mehr dem Finanzierungs- und Emissionsgeschäft zuzuwenden. Insbesondere sah man in den Eisenbahnfinanzierungen eine Art »Konjunkturschlüssel«, von dem man annahm, er werde Mobilisierungseffekte im Handel und in der Wirtschaft zur Folge haben. Zunehmend wandte man in diesen Jahren den Blick nach Russland, wo sich die Bankiers einträgliche Geschäfte versprachen.

Russland, Mitte des 19. Jahrhunderts eine feudalagrarische Monarchie mit einem rückständigen Finanz- und Steuerwesen, bedurfte finanztechnischer und finanzieller Hilfe von außen. Als das Petersburger Bankhaus Stieglitz & Co, mit dem die Mendelssohns seit 1815 geschäftlich verbunden waren, 1854 und 1855 zwei Auslandsanleihen in Höhe von 15 Millionen Silberrubel zu fünf Prozent aufnehmen wollte, wurden sie bei ihren Bemühungen, die Anleihe an der Berliner Börse zu platzieren, von Mendelssohn & Co unterstützt.

Wie gut die Beziehungen von Mendelssohn & Co zu dem Petersburger Bankhaus damals waren, macht ein Schreiben von dessen Chef, Alexander Stieglitz, deutlich, das dieser Anfang Januar 1853 verfasst und nach Berlin gesandt hatte. Das Schreiben begann mit der Anrede »Verehrte Freunde«. Stieglitz erinnerte dankbar an ein halbes Jahrhundert guter Zusammenarbeit und erklärte schließlich, dass man bereit sei, künftig »ein noch engeres und vertrauteres Bündnis zwischen unseren Häusern zu schließen«.[49]

In Finanzkreisen sorgte das Mendelssohn'sche Engagement in Russland nicht nur für Aufmerksamkeit, sondern auch für Unruhe. Der preußische Gesandte in England, der die Entwicklung mit einiger Sorge betrachtete, schrieb am 28. Dezember 1855, dass »das Angebot der russischen Anleihe an der Berliner Börse durch Herrn Mendelssohn wieder manch böses Blut gemacht«[50] habe. Dies sei, so die Meinung vieler, eine Parteinahme zu Russlands Gunsten im Krimkrieg. Zutreffend oder nicht, die Mendelssohn'schen Aktivitäten brachten, wie so mancher glaubte, »Preußen die politische und Mendelssohn die wirtschaftliche Sympathie Russlands ein«.[51]

Fünfzig Jahre später hat der Wirtschafsjournalist Leo Jolles in einer Aufsatzsammlung mit dem Titel »Im Reich des Geldes« die Frage aufgeworfen, ob man den Mendelssohns daraus einen Vorwurf machen dürfe, dass sie über Jahrzehnte die Finanzgeschäfte der russischen Regierung besorgt hätten und nach wie vor besorgen würden. »Ich möchte wissen«, so Jolles, »wie viele Throne im Reiche der Finanzwelt besetzt blieben, wenn man alle die Bankiers und Bankdirektoren einsperren wollte, die ausländische Papiere auf den deutschen Markt gebracht haben!«[52]

Die Anfänge des Eisenbahnbaus

Wohl keine Erfindung des 19. Jahrhunderts hat die Lebensbedingungen und den Erfahrungshorizont der Menschen so radikal verändert wie das neue Verkehrsmittel Eisenbahn. Als Mitte der dreißiger Jahre das Eisenbahnzeitalter in Europa begann, zunächst in England, dann in Belgien und schließlich auch in Deutschland, erkannten weitsichtige Zeitgenossen, welche Chancen sich auf politischem und wirtschaftlichem Gebiet boten. Die Mendelssohns waren unter den Ersten, die es verstanden, die Zeichen der Zeit richtig zu deuten.

Als die erste Dampflokomotive am 7. Dezember 1835 zwischen Nürnberg und Fürth ihre Jungfernfahrt machte – mit einer, wie Kritiker meinten, für menschliche Passagiere geradezu gesundheitsschädlichen Geschwindigkeit von 30 Stundenkilometern –, fühlten sich die Menschen in eine Aufbruchstimmung und hoffnungsfrohe Zukunftserwartung versetzt. Man war davon überzeugt, dass mit der Eisenbahn ein neues Zeitalter begonnen habe.

Allerdings waren nicht alle Zeitgenossen dieser Ansicht. Als beispielsweise ein auf Anregung des Ökonomen Friedrich List (1789–1846) gebildetes Berliner Komitee unter Führung der Mendelssohns den Plan verfolgte, eine Eisenbahnlinie Leipzig-Berlin-Hamburg zu bauen, scheiterte dieser Plan zunächst am Widerstand Friedrich Wilhelms III., der am 5. September 1835 den Mendelssohns mitteilte, er habe eine Prüfung der Angelegenheit veranlasst und diese sei negativ ausgefallen. »Die Sache«, erklärte er, »wird wohl noch einige Zeit auf sich beruhen müssen.«

Friedrich Wilhelm III. war bekanntlich kein Freund der Eisenbahn. Sie schien ihm Teufelswerk. Als ihm die Pläne zum Bau der ersten Bahnlinie in den preußischen Staaten, der im Jahre 1838 eröffneten Strecke zwischen Potsdam und Berlin, vorgelegt wurden, schrieb er auf die Akte: »Alles soll Carrière gehen; die Ruhe und Gemütlichkeit leidet aber darunter. Kann mir keine große Seligkeit davon versprechen, ein paar Stunden früher von Berlin in Potsdam zu sein. Zeit wird's lehren.«[53]

Überhaupt gestalteten sich die Planungen mancherorts sehr viel schwieriger, als man zunächst gedacht hatte. In Russland, wo die erste Bahnlinie am 30. Oktober 1837 zwischen Sankt Petersburg und der 23 Kilometer entfernten Zarenresidenz Zarskoje Selo eröffnet wurde, waren die Mendelssohns noch nicht beteiligt, sondern nur aufmerksame Beobachter.

Die Zarskoje-Selo-Bahn, wie sie allgemein genannt wurde, erschien ihnen als kein wirklich zukunftsweisendes Projekt, konnte man doch annehmen, dass der Nutzen dieser Bahnstrecke sehr gering sein würde, da sie hauptsächlich dem Adel als Beförderungsmittel dienen sollte, dem an der Bahn gelegen war, um schnell zum Hof des Zaren zu gelangen. Der Volksmund prägte denn auch den Spottnamen »die Bahn, die ins Wirtshaus führt«.

Unter dem Eindruck der sich immer rasanter vollziehenden Entwicklung erlahmten die Widerstände jedoch sehr bald. 1841 erhielt das »Comité zur Begründung eines Actien-Vereins für die Eisenbahn-Verbindung zwischen Berlin und Hamburg« vom Preußischen Finanzministerium die Genehmigung, den nördlichen Teil der beantragen Strecke zu bauen.[54] Nicht nur die zuständigen Ministerialbeamten begannen zu begreifen, dass sich mit dem Eisenbahnbau und den damit zusammenhängenden Aktivitäten ungeahnte Möglichkeiten eröffneten.

Der einsetzende Sinneswandel war unaufhaltsam. Äußerungen wie die des preußischen Kronprinzen, dem nachgesagt wurde, er sei für kommende Dinge sehr hellsichtig gewesen, zeigten Wirkung. »Diesen Karren da, der durch die Welt rollt«, soll er bei der Einweihung der Bahnlinie Berlin–Potsdam 1838 gesagt haben, »hält kein Menschenarm mehr auf.«[55]

Ab Anfang der vierziger Jahre betätigte sich auch Mendelssohn & Co aktiv auf dem boomenden Eisenbahnmarkt. Sie waren fasziniert vom Potential des neuen Verkehrsmittels. Durch die Eisenbahnstrecke Hamburg-Berlin verkürzte sich nicht nur die Reisezeit zwischen den beiden Städten von 30 auf neun Stunden, sondern es eröffneten sich für den Personen- und Lastverkehr völlig neue Perspektiven.

In rasender Geschwindigkeit wurden überall in Europa Eisenbahnlinien eröffnet, die Städte, Länder und Regionen miteinander verbanden. Heinrich Heine gab den Gefühlen vieler Menschen beredten Ausdruck, als er einige Jahre später in einem Korrespondenzartikel für die »Augsburger Allgemeine« schrieb: »Sogar die Elementarbegriffe von Raum und Zeit sind schwankend geworden. Durch die Eisenbahnen wird der Raum getötet, und es bleibt uns nur noch die Zeit übrig.«[56]

Der französische Schriftsteller Victor Hugo beschrieb bereits 1837 die Verschiebungen der Wahrnehmung, die durch die Eisenbahn entstanden. »Die Blumen am Feldrain«, notierte er in einem Brief, »sind keine Blumen mehr, sondern Farbflecken, oder vielmehr rote und weiße Streifen. Es gibt keinen Punkt mehr, alles wird Streifen; Getreidefelder werden zu langen gelben Strähnen; die Kleefelder erscheinen wie lange grüne Zöpfe; die Städte, die Kirchtürme und die Bäume führen einen Tanz auf und vermischen sich auf eine verrückte Weise mit dem Horizont; ab und zu taucht ein Schatten, eine Figur, ein Gespenst an der Tür auf und verschwindet wie ein Blitz, das ist der Zugschaffner.«[57]

An einem Beispiel lässt sich verdeutlichen, welche Schwierigkeiten die Menschen hatten, die einsetzenden Veränderungen zu Beginn des Eisenbahnzeitalters zu verarbeiten: Während im Mai 1839 nur 339 Personen die Postkutsche zwischen München und Augsburg genommen hatten – und auf dieser rund 60 Kilometer langen Strecke rund zehn Stunden unterwegs waren –, zählte die im Oktober 1840 eröffnete München-Augsburger Eisenbahn im gleichen Zeitraum zwei Jahre später 31 622 Passagiere, die für die Strecke nur noch knapp drei Stunden benötigten.

Kapitalbeschaffungsprobleme gab es beim Bau der ersten Eisenbahnstrecken so gut wie nicht. Die Aufrufe zur Zeichnung von Eisenbahnaktien brachten sehr viel höhere Summen ein, als für den Bau und Betrieb effektiv benötigt wurden. Die Durchsicht von Zeichnungslisten bei Aktienemissionen hat gezeigt, dass oft mehr als 50 Prozent der Investoren Juden waren oder zumindest einen jüdischen Hintergrund hatten,[58] was wiederum belegt, dass dieser Personenkreis durchaus begriffen hat, welche Chancen Investitionen in den Bau von Eisenbahnstrecken boten.

Nach vorliegenden Untersuchungen zahlten die Bahngesellschaften bis 1870 deutlich höhere Dividenden als die Bergwerks-, Hütten- und Baumwollindustrie. Die Durchschnittsdividende der preußischen Privatbahnen, so ist errechnet worden, betrug in den Jahren 1840 bis 1847 zwischen fünf und 6,2, zwischen 1852 und 1879 stets über fünf und 1865 – das war das Maximum – sogar 8,9 Prozent.[59]

Dieser Sachverhalt widerlegt »alle Legenden, die damals wie später über einen angeblichen Kapitalmangel [beim Eisenbahnbau] in Deutschland kursierten«.[60] Die meisten Eisenbahngesellschaften erwirtschafteten bereits kurz nach Eröffnung ihrer Linien eine hohe Rendite. Das war wohl auch der Grund dafür, dass es bei dem Eisenbahnprojekt Hamburg–Berlin keine Probleme gab.

Der Bau dieser Strecke wurde 1844 in Angriff genommen,[61] nachdem der Hamburger Senat und die Mecklenburgische Regierung sich bereiterklärt hatten, von dem auf acht Millionen Reichstaler festgesetzten Anfangskapital drei Millionen zu übernehmen. Den Rest der Summe brachten Mendelssohn & Co und einige andere Banken auf.

Am Bau der 280 Kilometer langen Trasse waren zeitweilig bis zu 10 000 Arbeiter beschäftigt, darunter allein an den Hochbauten 1200 Maurer und Zimmerleute. Begonnen hatte man mit den Bauarbeiten in der Nähe des mecklenburgischen Städtchens Ludwigslust. Nach zwei Jahren Bauzeit waren selbst die 20 Bahnhofs- bzw. Empfangsgebäude entlang der Strecke vorzeigbar. Als am 12. Dezember 1846 die Bahnstrecke offiziell eingeweiht wurde, waren die Festgäste, die in Hamburg zusammengekommen waren, um den Anlass mit Reden und Toasts zu feiern,[62] überzeugt, mit der Eröffnung der Strecke Hamburg–Berlin habe ein neues Kapitel der Zeitrechnung begonnen.

Auch an anderen Eisenbahngründungen in Deutschland war Mendelssohn & Co beteiligt,[63] so 1843 an der Köln-Mindener-Eisenbahngesellschaft, die ihren Sitz in Köln hatte und deren Kapital wie schon bei der Bahnverbindung Köln–Antwerpen »Eiserner Rhein« hauptsächlich vom Bankhaus Sal. Oppenheim & Cie. aufgebracht worden war. Die Strecke wurde nach gut dreijähriger Bauzeit 1847 eröffnet und führte von Deutz über Düsseldorf, Duisburg und Hamm nach Minden.[64]

Aus der Liste der Preußischen Eisenbahn-Aktien ist zu ersehen, dass das Bankhaus Mendelssohn & Co auch an der Planung sowie am Bau einer Bahnlinie nach Ostpreußen beteiligt war. Mendelssohn & Co zeigte zudem Interesse an anderen Eisenbahnprojekten und handelte beispielsweise mit Aktien zweier weiterer Bahnlinien, die von Berlin aus betrieben wurden und nach Anhalt und Frankfurt an der Oder führten.

Als das Wiener Bankhaus Arnstein & Eskeles, zu dem verwandtschaftliche Beziehungen bestanden, in Berlin anfragte, ob Mendelssohn & Co sich an der Zeichnung von Aktien der Mailand-Venetianischen Eisenbahn beteiligen wolle, kam umgehend die Antwort, dass man es für durchaus für möglich halte, diesbezügliche Papiere an der Berliner Börse zu handeln. »Es ist viel Geld hier«, teilten Mendelssohn & Co am 13. Mai 1843 dem Wiener Geschäftspartner mit, »was Anlage sucht.«

Im Februar 1844 wurde Mendelssohn & Co angetragen, sich am »Comité für die projectierte Liegnitz-Glogauer Eisenbahn« zu beteiligen und sich mit 5000 Talern in die aufgelegte Aktienzeichnungsliste einzutragen. Eine erhaltene Quittung belegt, dass die Mendelssohns die gezeichnete Summe einbezahlt haben. Ob sie Gewinne dabei machten, ist nicht bekannt.

Das Bankhaus Mendelssohn war in den nächsten Jahren bemüht, sich dem um sich greifenden Spekulationstaumel zu entziehen. Das war nicht ganz einfach, denn selbst solideste Geschäftsleute ließen sich in der Hoffnung, schnelle Gewinne zu machen, zu gewagten Investitionen hinreißen. Wer Zurückhaltung an den Tag legte, musste sich fragen, ob er nicht einen Fehler machte und ihm dadurch nicht ein gutes Geschäft entging.

Joseph Mendelssohn, damals noch Chef des Bankhauses, sah die Möglichkeiten, die das Eisenbahngeschäft bot, war aber sehr skeptisch bei der

Beurteilung der allgemeinen Entwicklungen auf dem europäischen Eisenbahnmarkt. So plädierte er mit Blick auf die krisenhaften Verwerfungen in Frankreich für Zurückhaltung bei weiteren Investitionen. Seiner Ansicht nach entstand eine Gefahr durch überhitzte Geschäfte, die kein Maß mehr erkennen ließen.

An den einstigen Statthalter der Mendelssohns in Paris, August Leo, über den Heinrich Heine in »Lutetia« einige mitleidig-abschätzige Bemerkungen gemacht hat, schrieb Joseph, dass er sich große Sorgen über die sich überstürzenden Entwicklungen im Eisenbahnbau in Europa mache, was, wie er meinte, überall Turbulenzen auf den Finanzmärkten zur Folge habe würde. Die Konsequenzen, warnte er, müssten verheerend sein. Wer sich nur etwas mit dem Eisenbahnwesen und den damit zusammenhängenden Problemen beschäftige, könne gar nicht anders, als sich vorsichtig zu verhalten.

Aus den Erfahrungen der letzten zwei Jahre, die man auf dem Eisenbahnmarkt gesammelt habe, sei schließlich einiges zu lernen. Die Politiker sollten wissen, was sie tun. »Weit«, so bemerkte Joseph Mendelssohn, »muß es mit diesem heißen Durst nach Gewinn an Eisenbahnactien gekommen seyn.«[65] Und ähnlich in einem anderen Brief, der das Datum vom 18. März 1845 trägt: »... aber in Rücksicht auf Eisenbahnactien, gleichen sich Paris, London u. Berlin wie ein Ei dem Andren. Diese Actien verschlingen alles Geld, alle Speculation und alles Interesse an der Börse. Wer da nicht mitspielt, der ist auf die Seite geschoben.«[66]

Vermutlich war einer der Gründe für Joseph Mendelssohns zunehmende Zurückhaltung die erkennbar antisemitische Stimmung, die sich an einigen Eisenbahnprojekten entzündete. In bestimmten Kreisen unterstellte man Bankhäusern wie den Rothschilds und Oppenheims, sie nutzten ihre Stellung zur rücksichtslosen Durchsetzung ihrer wirtschaftlichen Interessen aus. Als es beispielsweise im Sommer 1846 wenige Wochen nach der Eröffnung der von Rothschild finanzierten »Ligne du Nord« zu einem schweren Unfall mit 47 Toten kam, tauchte ein anonymes Flugblatt auf, in dem gegen »Rothschild I., König der Juden«[67] polemisiert wurde.

Auch wenn Mendelssohn & Co sich in seinen Auslandsgeschäften zunächst zögerlich verhielt, konnte das Haus sich den Entwicklungen nicht vollständig entziehen. Wollte man nicht den Anschluss an die allgemeine Entwicklung verlieren, war man gezwungen, sich wie die Konkurrenz im internationalen Geschäft zu engagieren. Die Chance für die Mendelssohns eröffnete sich nach dem Krimkrieg, als in Russland der Eisenbahnbau aus wirtschaftlichen und strategisch-politischen Erwägungen vorangetrieben und internationales Kapital benötigt wurde.

Als der russische Staat am 26. Januar 1857 einer französischen Gruppe unter der Führung der Crédit Mobilier die Konzession auf die »Grande Société des Chemins de fer Russes« mit einem Anfangskapital von 250 Millionen Rubel gewährte, gehörte auch Mendelssohn & Co zum Gründerkonsortium. Die Mendelssohns zeichneten zwar nur 1,7 Prozent der ausgegebenen Aktien, hatten aber mit diesem Engagement den Fuß im internationalen Geschäft.

Kurd von Schlözer, ein Diplomat in preußischen Diensten in Petersburg, kommentierte den Vorgang: »Die Sache geht brillant.« Trotz starken Andranges konnten innerhalb kürzester Zeit über 300 000 Aktien gezeichnet werden. Obgleich die Aktien noch nicht ausgegeben worden waren, wurde bereits mit ihnen gehandelt. »Etwas auch nur annäherungsweise Ähnliches«, so von Schlözer, »ist in der Finanzwelt noch nie dagewesen.«[68]

Es folgten zahlreiche weitere gewinnträchtige Bahngeschäfte, bei denen Mendelssohn & Co eine Rolle spielte, so 1857 bei der Warschau-Wiener und bei der Warschau-Bromberger Eisenbahngesellschaft und 1858 bei der Riga-Dünaberger Eisenbahn, die 1861 eröffnet wurde und für den russisch-deutschen Warenverkehr bedeutsam werden sollte. Die Finanzierung dieser Unternehmungen wurde zum großen Teil über Mendelssohn & Co und eine Anzahl anderer Banken wie die von Mendelssohn mitbegründete Norddeutsche Bank, die Dresdener Bank sowie das Bankhaus Plaut & Co in Leipzig abgewickelt.

Im Jahre 1863 wurde das erste russische Eisenbahnpapier an der Berliner Börse eingeführt. Es handelte sich um eine fünfprozentige, vom russischen Staat zinsgarantierte Prioritätsanleihe der Moskau-Rjasan-Eisenbahn in Höhe von fünf Millionen Metallrubeln, was dem damaligen Gegenwert von etwa 5,4 Millionen preußischen Talern entsprach. Die Anleihe, die von vier deutschen Banken, darunter Mendelssohn & Co, übernommen wurde, war insofern ein sicheres Geschäft, als der russische Staat als Garant auftrat und Risiken dadurch faktisch ausgeschlossen waren.

Drei Jahre später wurde eine erneute Eisenbahn-Anleihe aufgelegt,[69] deren Ausgabe wahlweise in Pfund, Francs, Gulden oder Taler Preußisch-Courant erfolgte und die ebenfalls einen Zinssatz von fünf Prozent hatte. Die Emission erfolgte in Amsterdam bei den Banken Lippmann, Rosenthal & Co und Wertheim & Gompertz, in Berlin bei Mendelssohn & Co und in Paris bei der Société de dépots et des comptes courants. Der Ertrag der Obligationen war für den Bau der Eisenbahn von Poti nach Tiflis bestimmt.

Mendelssohn & Co konnte in jenen Jahren erhebliche Gewinne verbuchen und war dadurch sehr bald das führende Haus unter den Berliner Banken, insbesondere was die Geschäfte mit Russland betraf.[70] Ende 1876 schätzte man den Gesamtbetrag der gehandelten russischen Eisenbahnwerte auf zirka 900 Millionen Mark, eine für die damaligen Verhältnisse ungeheure Summe. Ein großer Teil dieser Beträge, zu denen noch eine Reihe von Provisionsgeschäften hinzukamen, die durch die Vermittlung von Lokomotiven, Waggons und anderer damit zusammenhängender Geschäfte anfielen, wurde über die Konten des Bankhauses Mendelssohn abgewickelt.

Die russischen Eisenbahngeschäfte, so hat der Unternehmenshistoriker Wilhelm Treue festgestellt, führten dazu, dass die beteiligten deutschen Banken sich auch für die Modernisierung und Kapazitätsvergrößerung des russischen Bankenwesens zu interessieren begannen. Als um 1866 das große Eisenbahnfieber in Russland zu grassieren begann, kam es zur Gründung von drei Aktienbanken, unter ihnen die St. Petersburger Diskontbank und die Petersburger Internationale Handelsbank. In den beiden letzteren Fällen war Mendelssohn & Co direkt oder indirekt an den Gründungen beteiligt.[71]

Allerdings standen nicht alle Engagements der Mendelssohns unter einem so günstigen Stern wie die russischen Geschäfte. Die von Ferdinand Plessner im März 1870 gegründete »Bau-Gesellschaft für Eisenbahnunternehmungen Com.-Ges. a. Actien F. Plessner & Comp., Berlin«, an der sich die Mendelssohns beteiligt hatten und deren Verwaltungsrat Paul Mendelssohn-Bartholdy angehörte, entwickelte sich schlechter als zunächst angenommen.

Das Unternehmen, das auf den Bau neuer Eisenbahnstrecken (unter anderem Altenburg–Zeitz, Chemnitz–Komotau, Münster–Enschede, Angermünde–Schwedt, Leipzig–Meuselwitz, Gera–Plauen) spezialisiert war, hatte zunächst einen guten Start, geriet aber dann durch eine »Verkettung allerungünstigster Momente« in Turbulenzen und in eine schwere Finanzkrise, bedingt durch Konjunkturprobleme, die zum Konkurs und zur berühmt-berüchtigten »Plessner-Pleite« führten.[72]

Im Jahre 1874 wurden zwar noch Darlehen von mehr als drei Millionen Reichstalern aufgenommen, doch diese konnten den Zusammenbruch der Gesellschaft nicht mehr aufhalten. Der 1875 eingeleitete Konkurs – Paul Mendelssohn-Bartholdy war ein Jahr zuvor gestorben –, gehört »zu den verlustreichsten und unerfreulichsten Unternehmungen der Mendelssohn-Bank«. Mendelssohn & Co fasste damals den Entschluss, sich von Industriegeschäften künftig fernzuhalten.

Noch jahrelang wurden Prozesse gegen den Verwaltungsrat des Plessner-Unternehmens angestrengt. 1877 beendete ein Urteil des Berliner Königlichen Stadtgerichts den Rechtsstreit. Die Bank kam mit einem blauen Auge davon. In der »Schlußerteilung der Masse« wurde Mendelssohn & Co gerade noch ein Guthaben von 576,10 Mark zugesprochen, was so mancher Beobachter des Prozesses als »reinen Hohn« empfunden haben dürfte, unter den gegebenen Umständen von den Mendelssohns aber akzeptiert wurde.

Der Geograph und der Historiker

Die Mendelssohns der dritten und vierten Generation waren nicht mehr ausschließlich Bankiers und Händler, sondern begannen sich in ganz normalen bürgerlichen Berufen zu betätigen. Von den Söhnen Josephs wurde Alexander Bankier, sein Bruder Georg Benjamin hingegen Privatgelehrter und Professor. Ähnlich sah es bei den Söhnen Abrahams aus. Paul, der jüngere Sohn, ergriff den Beruf des Bankiers, der ältere Bruder Felix war der weltberühmte Musiker und Komponist.

In der vierten Generation verfestigte sich diese Entwicklung. Von Felix' Söhnen wurde Paul (1841–1880) Bankier, Karl (1838–1897) Historiker. Von den vier Söhnen Alexanders wiederum wählten Franz (1829–1889) und Adolph (1826–1851) das Bankfach, während Hermann (1824–1891) Verlagsbuchhändler wurde und Wilhelm (1831–

1892) das Leben eines wohlhabenden Rittergutsbesitzers in Oberschlesien führte.

Bei den beiden auf Joseph beziehungsweise auf Abraham zurückgehenden Familienzweigen ähneln sich die Werdegänge der männlichen Nachkommen in gewisser Weise. In beiden Familienzweigen war es in jeder Generation Tradition, dass zumindest einer der Söhne die Banklaufbahn einschlug, während andere Söhne sich Tätigkeitsfeldern zuwandten, die vom Chemiker über den Komponisten bis hin zum Verlagsbuchhändler reichten.

Aufschlussreich ist in diesem Zusammenhang der Vergleich, der zwischen den beiden ersten »Professoren« unter den Nachkommen Moses Mendelssohns angestellt worden ist.[73] Sie gehörten, so stellte man fest, verschiedenen Generationen an und vertraten sehr unterschiedliche politische Ansichten. Georg Benjamin Mendelssohn, der Sohn Josephs, war konservativ und verstand sich als Preuße, während Karl, der Sohn Felix Mendelssohn Bartholdys, ein überzeugter Demokrat war und eine bewusst antipreußische Einstellung kultivierte.

Beide waren Gelehrte von Rang. Georg Benjamin Mendelssohn machte keine Universitätskarriere, im Gegensatz zu Karl Mendelssohn Bartholdy, der es bis zum Dekan der Philosophischen Fakultät der Freiburger Universität brachte.[74] In gewisser Weise waren die unterschiedlichen Karriereverläufe typisch für den Grad der Anpassung der Mendelssohn-Nachkommen, die nach der Taufe Teil der preußisch-deutschen Gesellschaft wurden oder dies zumindest glaubten.

Georg Benjamin Mendelssohn stand im akademischen Leben am Rande; er verkörperte den Typus des Privatgelehrten, der zwar nach der Habilitation dem Kollegium der Bonner Universität angehörte, dort aber eine Nischenexistenz führte. An den akademischen Ritualen seiner Kollegen war er nicht oder nur selten beteiligt.

Ob dies seiner eigenen Distanziertheit zuzuschreiben war oder der ablehnenden Haltung der Mitglieder der Bonner Fakultät, mag dahingestellt bleiben. Die Bonner Professoren haben Georg Benjamin Mendelssohn jedenfalls auf subtile Art spüren lassen, dass sie ihn nie wirklich als ihresgleichen ansahen.

Georg Benjamin Mendelssohn, in der Welt der Wissenschaft bekanntgeworden durch sein vielbeachtetes Werk »Das germanische Europa«,[75] blieb im Bonner Universitätsleben ein Außenseiter, dessen Positionen man duldete, aber meist mit einem geringschätzigen Lächeln bedachte. Die Folge war, dass er nicht in Professorenkreisen, sondern hauptsächlich in privaten Zirkeln verkehrte.

Befreundet war er mit Moritz August von Bethmann-Hollweg, dem Großvater des späteren Reichskanzlers, aber auch mit dem Geographen Karl Ritter, dem Historiker Barthold Georg Niebuhr und dem Philosophen Christian August Brandis. Mit seinen Fakultätskollegen hatte er dagegen so gut wie keinen Umgang. Sie hatten ihn zwar 1828 habilitiert, glaubten aber, damit ihre Pflicht und Schuldigkeit getan zu haben.

Folgt man den Darstellungen, so war Georg Benjamin Mendelssohn ein äußerst liebenswürdiger und ungewöhnlich gebildeter Mann, »der mehr wie ein Grandseigneur denn ein Professor lebte«.[76] Wohl schon deshalb konnte er nicht mit dem Wohlwollen seiner Kollegen rechnen. Deutlich wurde das bereits bei seiner Ernennung zum außerordentlichen Professor 1835, die an der Fakultät vorbei durch den Minister erfolgt war. Die Kollegen haben das mit Missfallen zur Kenntnis genommen und ihn ihre Ablehnung spüren lassen.

Hinzu kam, dass Mendelssohns Stellung in der Fakultät von Anfang an äußerst problematisch war. Das hing zum einen damit zusammen, dass er sich mit dem von ihm vertretenen Gebiet »Geographie und Statistik« außerhalb des üblichen Fächerkanons bewegte, zum anderen damit, dass er aus wohlhabenden Verhältnissen stammte und somit nicht wie seine Kollegen auf ein Gehalt seitens des Staates angewiesen war. Er hatte die notwendige Freiheit, tun und lassen zu können, was er wollte. Das wiederum erweckte den Neid und die Missgunst der Kollegen.

Die unterschwellig gärenden Konflikte zwischen der Fakultät und Georg Benjamin Mendelssohn verschärften sich, als dieser 1847 seitens des Ministerium zum ordentlichen Professor ernannt wurde. Was die Bonner Professoren erboste, war der Sachverhalt, dass auch diesmal die Fakultät nicht am Berufungsverfahren beteiligt wurde. Der Ärger entlud sich in mündlichen und schriftlichen Stellungnahmen von Universitätsangehörigen.

Der Dekan der Bonner Fakultät fühlte sich beispielsweise veranlasst, in der Angelegenheit zu intervenieren und einen geharnischten Protestbrief zu verfassen. In dem Rundschreiben, das er mit der Bitte um Mitunterzeichnung an die Fakultätsmitglieder verschickte, wurde nicht nur gegen die Entscheidung des Ministers protestiert, sondern auch die Forderung ausgesprochen, Mendelssohn keinen Sitz und keine Stimme in der Fakultät zu gewähren. Nahezu alle Fakultätsmitglieder billigten das Schreiben und seinen Inhalt – bis auf einen Historiker und den mit Mendelssohn befreundeten Philosophen Brandis.

Was allerdings das Maß des Erträglichen für Mendelssohn überschritt, war die Niederträchtigkeit, mit der die Bonner Professoren über ihn und seine Qualifikationen herfielen. In dem Schreiben wurde kritisiert, Mendelssohn habe nach seiner Studie über das »Germanische Europa« nichts mehr publiziert. Außerdem habe seine Lehrtätigkeit in den letzten Jahren zu wünschen übrig gelassen. Das waren im universitären Milieu schon damals Totschlagargumente, die nur dem Zweck dienten, Mendelssohn zu denunzieren und seine Reputation in Frage zu stellen.

Mendelssohn war zutiefst verletzt und fühlte sich in seiner Ehre nicht nur als Wissenschaftler, sondern auch als Hochschullehrer angegriffen. Seine Reaktion war konsequent. Er bat darum, auf unbestimmte Zeit von seinen Lehrverpflichtungen befreit zu werden, was ihm auch seitens des Ministeriums in Berlin gewährt wurde. Die Universität hat er ab diesem Zeitpunkt kaum noch betreten.

Inwieweit in diesen Streit persönliche Animositäten hineingespielt haben, lässt sich heute nicht mehr mit letzter Bestimmtheit feststellen. Keinesfalls handelte es sich nur um eine der üblichen Zänkereien zwischen einer Universität und dem zuständigen Ministerium, wie das lange Zeit behauptet worden ist. Es kann als sicher angenommen werden, dass unterschwellig auch antisemitische Vorurteile im Spiel waren. Mendelssohn hat das zwar nicht weiter thematisiert, aber in Andeutungen doch zu erkennen gegeben, dass er sich durch die Attacken verletzt fühlte. Vermutlich hat er geahnt, sich aber nicht eingestehen wollen, dass seine jüdische Herkunft ein Hindernis war und ihm den Weg zur erträumten Universitätskarriere versperrte.

Im Falle Georg Benjamin Mendelssohns war es wohl auch so, dass er anders war als der typische deutsche Professor, über den der Schriftsteller Ludwig Kalisch sarkastisch urteilte: »Wahrlich, es gibt keine unverbesserliche Klasse als die deutschen Professoren … Sie meinen, die

Weltuhr ginge nicht richtig, wenn sie nicht nach ihren Kompendien ginge; und sehen auf Jeden mit Verachtung, der sich nicht das Leben aus Folianten konstruiert.«[77]

Das war wohl auch nicht anders in Bonn, wo die Kollegen Mendelssohn nicht nur seine finanzielle Selbständigkeit neideten, sondern auch sein Auftreten missbilligten. Seine profunde Bildung und seine Gelehrsamkeit stachelten die Minderwertigkeitskomplexe seiner Kollegen geradezu an. Mit dem Typus des Grandseigneurs haben deutsche Professoren schon damals nicht sehr viel anfangen können.

Nach der Entbindung von seinen Lehrverpflichtungen arbeitete Mendelssohn in den fünfziger und sechziger Jahren an Bethmann-Hollwegs »Preußischem Wochenblatt« mit, wo er zahlreiche Artikel zu Themen wie »Die Ritterschaft und die Kammern«, »Über die Teilung des Grundbesitzes« und »Der Staatsstreich« schrieb,[78] die in ihrer Tendenz eine liberalkonservative Grundeinstellung erkennen ließen. Darüber hinaus las er viel und führte das Leben eines wohlhabenden Privatiers, der sich um seine Zukunft keine Sorgen machen musste.

Größere wissenschaftliche Arbeiten hat der Sohn Joseph Mendelssohns in seinen späteren Jahren nicht mehr in Angriff genommen. Stattdessen war er viel auf Reisen oder lebte auf dem Weingut seines Vaters in Horchheim, wo er die Tradition des Vaters fortführte und ein offenes und geselliges Haus pflegte. Überliefert ist, dass er dem Prinzen Friedrich Wilhelm, dem späteren Kaiser Friedrich, Privatissima gegeben hat. Genaueres ist darüber allerdings kaum bekannt.

Karl Mendelssohn Bartholdy hatte im deutschen Universitätsmilieu nicht dieselben Schwierigkeiten wie sein Großonkel. In erster Linie hing das wohl damit zusammen, dass er fachlich kein Außenseiter war, sondern als Historiker in der »Zunft« anerkannt wurde. Auch dass er der Sohn des berühmten Komponisten Felix Mendelssohn Bartholdy war, hat ihm in der akademischen Welt zweifellos manche Tür geöffnet, die ihm sonst verschlossen geblieben wäre.

Mag sein, dass Karl Mendelssohn Bartholdy unter dem Ruhm seines Vaters gelitten hat, wie sein Schulfreund Joseph Maria von Radowitz in seinen Erinnerungen behauptete.[79] Sollte das tatsächlich so gewesen sein, ist es allerdings umso bemerkenswerter, dass es ihm gelungen ist, mit eigenen Leistungen aus dem Schatten des Vaters herauszutreten.

Seine Arbeit über den Grafen Kapodistrias, mit der er 1864 in Heidelberg promovierte, die Monographie über Friedrich von Gentz,[80] die Studie über den Rastatter Gesandtenmord[81] sowie die von ihm vorgelegten Quelleneditionen brachten dem »braven kleinen Mendelssohn«,[82] wie der Sohn Felix Mendelssohn Bartholdys vom Historiker Heinrich von Treitschke genannt wurde, allseits Anerkennung ein.

Karl Mendelssohn Bartholdy und Heinrich von Treitschke (1834–1896) standen in einem intensiven Briefwechsel. Mendelssohn Bartholdy schickte Treitschke regelmäßig seine Publikationen. Und Treitschke wiederum war von Mendelssohn Bartholdys Ausführungen angetan und dankte für die Lektüre, die ihm dieser durch seine Übersendung ermöglicht hatte. »Ich habe«, schrieb er ihm am 30. Mai 1866, »viel aus dem Buche [über Kapodistrias] gelernt, auch über nicht griechische Verhältnisse«.[83]

Besonders Karl Mendelssohn Bartholdys »Geschichte Griechenlands«[84] fand lebhafte Zustimmung. Das Werk, das in seinem ersten Teil die Ereignisse vom Jahre 1453 bis zur Seeschlacht bei Navarino 1827 behandelt, ist eine detaillierte Darstellung der historischen Abläufe, wobei ein besonderer Akzent auf dem Befreiungskampf der Philhellenen gegen die türkische Herrschaft und Unterdrückung liegt. »Der Philhellenismus«, schreibt Mendelssohn Bartholdy, »ward die Religion der Jugend und des Alters!«[85]

Von seinen Historikerkollegen unterschied sich Karl Mendelssohn Bartholdy insofern, als er sehr viel radikaler eingestellt war als diese. Das zeigte sich beispielsweise daran, dass er sich auch fachlich mit einem radikalen Demokraten wie dem einstigen Franziskanermönchen Eulogius Schneider beschäftigte, der die Revolution feierte (»Gefallen ist des Despotismus Kette«) und sich für die Unterdrückten dieser Erde einsetzte. Karl Mendelssohn Bartholdys Schneider-Aufsatz, veröffentlicht in den »Preußischen Jahrbüchern«,[86] nahm ein Interesse vorweg, das erst in unserer Zeit wieder erwacht ist.[87]

Durch seine Veröffentlichungen in den »Preußischen Jahrbüchern« war Mendelssohn Bartholdy mit deren Mitherausgeber Heinrich von Treitschke in Kontakt gekommen. Er teilte zwar nicht dessen Ansichten, persönlich schätzte er diesen aber und akzeptierte ihn als Kollegen. Als Treitschke den preußisch-österreichischen Krieg begrüßte, gab Karl

Mendelssohn Bartholdy zu bedenken: »Ich gestehe Ihnen, daß ich selbst die Nothwendigkeit auch zur Stunde nicht begriffen habe, weshalb die neue Aera für Deutschland sich in so schweren gewaltsamen Geburtswehen ankündigen musste.«[88]

Als überzeugter Linker vertrat Karl Mendelssohn Bartholdy die Ansicht, es gebe nicht nur einen engen Zusammenhang zwischen Geschichte, Politik und Moral, sondern der Fortschritt sei in der Geschichte angelegt. Er war fest davon überzeugt, dass alles, was sich im Verlauf des 19. Jahrhunderts im politischen und sozialen Bereich ereignet habe und ereignen werde, »auf den Sieg der Demokratie als nächste Stufe geschichtlicher Entwicklung hindeute«.[89]

Sein Denken war kompliziert und nicht ohne Widersprüche. So begriff er sich nicht nur als Demokraten, sondern war noch dazu ein überzeugter Föderalist, der Bismarcks Politik skeptisch bis ablehnend gegenüberstand. Dessen Politik, so meinte er, müsse zu einem Desaster führen. Das Übergewicht Preußens in Deutschland sah er nicht nur als verhängnisvoll an, sondern als eine Gefahr für Deutschland – zunächst jedenfalls.

Bismarcks kleindeutsche Lösung hielt Karl Mendelssohn Bartholdy anfänglich für einen Fehler, machte jedoch mit der Zeit wie viele seiner Zeitgenossen seinen Frieden mit Bismarcks Politik und fand sich mit dessen Konzept des preußisch-deutschen Einheitsstaates ab, nicht zuletzt auch deshalb, weil er sich von einem vereinten Deutschland eine Beschleunigung liberaler und demokratischer Entwicklungen versprach.

Karl Mendelssohn Bartholdy brachte es 1868 bis zum ordentlichen Professor der Geschichte in Freiburg, nachdem er sich zuvor in Heidelberg habilitiert und als Assistent unter dem Historiker Georg Gottfried Gervinus gearbeitet hatte. Als er zwei Jahre nach seiner Berufung nach Freiburg dort zum Dekan gewählt wurde, glaubte jedermann, dass er in Zukunft im wissenschaftlichen Leben Deutschlands noch eine bedeutsame Rolle spielen würde. Aber es kam anders. Er erkrankte kurz darauf, womit niemand gerechnet hatte,[90] an Schizophrenie.

Im Herbst 1873 musste er seine Professur in Freiburg aufgeben. Eine Besserung, wie alle zunächst gehofft hatten, trat nicht ein, die Krankheitssymptome – diagnostiziert wurde »katatonische Schizophrenie« – verschlimmerten sich sogar. Im November 1876 wurde er auf Wunsch seiner Angehörigen in die Anstalt Königsfelden bei Brugg in der Schweiz verlegt, wo er noch 20 Jahre lebte und am 23. Februar 1897 im Alter von 59 Jahren gestorben ist. Die Zeitgenossen nahmen davon keine Kenntnis mehr. Karl Mendelssohn Bartholdy wurde, wie seine Biographin Gisela Gantzel-Kress festgestellt hat, zu Lebzeiten »totgeschwiegen«.[91]

Bei allen Unterschieden, die zwischen Georg Benjamin Mendelssohn und Karl Mendelssohn Bartholdy bestanden, gab es doch eine Reihe Gemeinsamkeiten. Beide waren nicht nur Gelehrte, sondern auch typische Vertreter der Assimilationsgeneration, die versuchten, sich anzupassen, ohne sich dabei selbst aufzugeben. Der eine lebte allerdings noch ganz in der Emanzipationsära, in der Juden um ihre Anerkennung zu kämpfen hatten, während der andere, Nachkomme eines bereits getauften Juden, schon glaubte, es geschafft zu haben, weil es ihm gelungen war, eine Universitätskarriere einzuschlagen.

Unbestreitbar ist auch, dass ein familiäres Zusammengehörigkeitsgefühl durchaus vorhanden war. Beide Mendelssohns verkörperten, wie Felix Gilbert zutreffend formuliert hat, etwas »Unzeitgemäßes«, das als durchaus charakteristisch für die Mendelssohns der dritten und vierten Generation gelten könne.[92] Gemeint ist damit, dass Georg Benjamin Mendelssohn und Karl Mendelssohn Bartholdy, jeder auf seine Weise, in ihrer Person den Umbruchcharakter des 19. Jahrhunderts verkörpert haben. Bewusst war ihnen dies vermutlich nicht, allenfalls haben sie es instinktiv geahnt.

Beide waren stolz auf ihre Mendelssohn'sche Abstammung und legten Wert darauf, dass sie einen ausgeprägten Sinn für die Familientradition und deren Pflege besaßen. So sah es der eine als seine Pflicht an, die »Gesammelten Werke« des Großvaters herauszugeben, während der andere sich gemeinsam mit seinem Onkel der Herausgabe der Briefe des Vaters, also Felix Mendelssohn Bartholdys, annahm.

Zu erklären ist dieses Engagement nicht allein damit, dass beide ein ausgeprägtes kulturhistorisches Interesse an ihrer Familiengeschichte besaßen. Sie sahen sich in der Verpflichtung, das Mendelssohn'sche Erbe zu wahren und weiterzugeben. Georg Benjamin Mendelssohn und Karl Mendelssohn Bartholdy haben das jeder auf seine Weise getan.

Kapitel 5

Der Aufstieg im Kaiserreich

Kredite, Pfandbriefe und Anleihen

Um die Mitte der 1870er Jahre hatte Berlin den strukturellen Transformationsprozess weitgehend vollzogen. Aus der einstigen Residenzstadt hatte sich in kürzester Zeit eine moderne Großstadt entwickelt. Ungefähr 48,5 Prozent der Berliner Bevölkerung arbeiteten um 1875 im Sektor Handel und Dienstleistungen. Berlin, inzwischen allseits anerkannte Reichshauptstadt, war nicht nur Sitz der zentralen Verwaltungen von Großbetrieben, sondern auch zu einer der führenden Metropolen im europäischen Bankengeschäft aufgestiegen.

Dass Berlin zum viel beachteten Finanzplatz wurde, dazu hatten Mendelssohn & Co und andere Banken die Grundlagen geschaffen. Das Bankhaus, das in der Reichsgründungszeit nach wie vor insbesondere mit Eisenbahnpapieren, Pfandbriefen und der Vergabe von Krediten und Anleihen Geschäfte machte, war nicht zuletzt durch seine Russlandgeschäfte zu einer der erfolgreichsten Privatbanken im Deutschland jener Jahre aufgestiegen.

»Wenn die Bankhäuser Mendelssohn und Bleichröder«, so Friedrich Hoch im Jahre 1910, »ihre Geschäftsbücher vom Ende der 60er Jahre und Anfang der 70er Jahre … aufschlagen, dann werden diese Bankhäuser mit Achtung konstatieren, welche bedeutende Grundlage das damalige Geschäft mit Russland an der späteren Weltstellung der Häuser gewesen ist und welchen bedeutenden Anteil dieses damalige Geschäft mit Russland an der späteren Weltmachtstellung des Berliner Geldplatzes gehabt hat.«[1]

Das Russland-Geschäft besaß bei den Mendelssohns über Generationen hinweg höchste Priorität. Das änderte sich auch nicht, als Alexander Mendelssohn 1871 starb. Sein Sohn Franz (von) Mendelssohn (1829–1889) und dessen Onkel Paul Mendelssohn-Bartholdy, der nach dem Tod Alexander Mendelssohns zum Seniorchef des Hauses aufstieg, hielten an der über Jahrzehnte bewährten Geschäftspolitik fest.

Paul Mendelssohn-Bartholdy suchte und fand allerdings auch neue Geschäftsfelder. So sorgte er 1870 dafür, dass Mendelssohn & Co bei der Gründung der Commerzbank Aktienkapital in Höhe von einer Million Mark Banco zeichnete. Neben Mendelssohn & Co waren die Häuser Goldschmidt mit zwei Millionen, Lieben Königswarter mit 1,8 Millionen, Warburg mit 1,6 Millionen und Hesse Newman mit 1,2 Millionen Banco beteiligt.[2]

Hätte Paul Mendelssohn-Bartholdy, der bis zu seinem Tod 1874 im Aufsichtsrat der Commerzbank saß, gewusst, welche Rolle die Bank später in der Zeit des Nationalsozialismus spielen würde, hätte er vermutlich zutiefst bereut, sich für die Gründung stark gemacht zu haben. 70 Jahre nach ihrer Gründung wirkte die Commerzbank nicht nur bei der Einziehung jüdischen Vermögens mit, sondern eine Filiale der Bank in Erfurt machte sogar noch Profite dadurch, dass sie der Firma J.A. Topf & Söhne Kredite einräumte, die damit Gasöfen und Krematorien für die Vernichtungslager baute.

Nach dem Ableben Paul Mendelssohn-Bartholdys hielt Franz (von) Mendelssohn als neuer Seniorchef an den bisherigen Grundlinien der Politik des Hauses fest. Es kamen zwar neue Geschäftsfelder hinzu wie beispielsweise Anfang der achtziger Jahre die Vermittlung einer Reihe serbischer Anleihen, aber das Russland-Geschäft, nach wie vor Schwerpunkt der Aktivitäten des Bankhauses in der Jägerstraße, wurde darüber nicht vernachlässigt.

Mendelssohn & Co beteiligte sich 1880 an der Platzierung der Anleihe für die Große Russische Eisenbahngesellschaft in Höhe von 42 Millionen Mark, an der für die Iwangorod-Dabrowa-Eisenbahngesellschaft 1882 in Höhe von 54 Millionen Mark, an der für die Transkaukasische Eisenbahngesellschaft 1882 in Höhe von 182 Millionen Mark sowie an der für die Rjasan-Koslow-Eisenbahn in Höhe von 49 Millionen Mark. Insgesamt wurden, wie der Historiker Wilhelm Treue festgestellt hat, in den

Jahren 1880 bis 1886 rund 327 Millionen Mark in Anleihen an der Börse in Berlin emittiert.[3]

Deutschland war in den achtziger Jahren Russlands wichtigster Geldlieferant geworden. 20 bis 25 Prozent des damals im Ausland investierten Kapitals flossen nach Russland. 1887 sollen sich einer Schätzung zufolge russische Papiere im Wert von zirka zwei Milliarden Mark in deutscher Hand befunden haben – eine Summe, die mehr als die Hälfte der Gesamtverschuldung Russlands im Ausland ausmachte.

Aus den Erinnerungen Carl Fürstenbergs, des Chefs der Berliner Handels-Gesellschaft, wissen wir, dass Mitte der achtziger Jahre ein deutliches Interesse von Mendelssohn & Co an der Ausweitung der Russland-Geschäfte bestand. Der Grund dafür war vermutlich der, dass man sich sicher war, sich durch die seit Jahrzehnten erworbenen Erfahrungen im Russland-Geschäft in bestimmten Geschäftsbereichen wie der Finanzierung des Eisenbahnbaus besser als die Konkurrenz positionieren zu können.

Am 5. April 1883 teilte Fürstenberg dem Leiter der Disconto-Bank in Petersburg mit, Franz Mendelssohn habe ihn aufgesucht und ihm vorgeschlagen, »eine geschäftliche Action mit uns zu machen«. Einige Tage später erklärte er allerdings, er habe »keine Neigung für das Geschäft«, aber er wolle kein »unbedingtes Refus« geben, weil »die beiden Firmen [Mendelssohn und Warschauer] als Alliierte für gewisse Geschäfte angenehm sind«.[4]

Im Unternehmensvolumen von Mendelssohn & Co nahm das Russland-Geschäft in der Zeit des Kaiserreiches beträchtliche Ausmaße an. So wurde in Berlin in den Jahren 1880 bis 1886 ein Großteil der Eisenbahnpapiere in Form von Anleihen emittiert, mit denen der Eisenbahnbau und die damit zusammenhängenden Aktivitäten in Russland weiter vorangetrieben wurden. Die Gewinne waren außerordentlich hoch. Provisionen von 2,5 Prozent und mehr waren durchaus üblich, und Mendelssohn & Co konnte darüber hinaus mit etwa zehn Prozent Gewinn beim Verkauf der Anleihen an der Börse rechnen.

Wie positiv das Mendelssohn'sche Engagement in Russland eingeschätzt wurde, belegt ein Schreiben von Arthur von Gwinner (1856–1931), Vorstandsmitglied der Deutschen Bank, der am 3. Juni 1911 seinem Schwager, dem Londoner Bankier Sir Edgar Speyer mitteilte: »Für wirklich gesunde und vernünftige russische Geschäfte wären wir wohl zu haben. Aber ich will Dir ganz offen sagen, daß die Deutsche Bank kaum in die Lage kommen kann, russische staatsgarantierte Werte in Deutschland einzuführen. Das ist Mendelssohns Domäne.«[5]

Franz (von) Mendelssohn

Der dritte der vier Söhne Alexander Mendelssohns begann sein Studium in Bonn. Welche Fächer er dort im Einzelnen studierte und wo er die kaufmännische Ausbildung erworben hat, die er für seine spätere Tätigkeit in der Bank benötigte, ist nicht dokumentiert. Wir wissen nur, dass Franz (von) Mendelssohn 1856 nach dem Tod seines Bruders Adolph (1826–1851) dessen Witwe heiratete, Enole, geborene Biarnez (1827–1889), die Tochter eines Weingroßhändlers in Bordeaux. Aus der Ehe gingen zwei Söhne hervor, Franz und Robert, die beide später ebenfalls in die Bank eintraten.

Die Briefe, die er seinem Onkel Georg Benjamin Mendelssohn, in der Familie »Benni« genannt, und dessen Frau Rosamunde schrieb, belegen, dass Franz (von) Mendelssohn überaus gebildet war, kulturelle und politische Interessen besaß und sich an den Familienangelegenheiten interessiert zeigte. So erkundigte er sich beispielsweise regelmäßig bei seinem Onkel, wie es dem oder jenem aus der Familie gehe, oder machte Mitteilung darüber, wer gerade in Berlin das oder jenes tat oder sich in der Stadt zu Besuch aufhielt.[6]

Auffällig ist, dass Franz (von) Mendelssohn in der Korrespondenz mit seinem Großonkel Georg Benjamin Mendelssohn mitunter einen geradezu frotzelnden Ton anschlug. Da lautet beispielsweise in einem der Briefe die Anrede etwas respektlos: »Verehrter aristocratisch-reactionärer Professor!« Beleidigen wollte er seinen Onkel damit nicht, aber doch kundtun, dass er mit dessen konservativer Grundeinstellung nicht übereinstimmte.

Franz (von) Mendelssohn war politisch zweifellos liberaler eingestellt als sein Onkel, was aber nicht heißt, dass er nicht auch liberale Positionen kritisiert hätte. Amüsiert zeigte er sich beispielsweise über die Aktivitäten des Herzogs Ernst II. von Sachsen-Coburg-Gotha und dessen Eintreten für den Deutschen Nationalverein, dessen Ausrichtung er skeptisch beurteilte, wozu er sich aber nicht unbedingt öffentlich bekennen wollte.

Kritisch zeigte er sich auch gegenüber seinem Vetter Karl, dem ältesten Sohn von Felix und Cécile. Die radikal-demokratischen Ansichten seines Vetters waren ihm ganz offensichtlich suspekt. Er hielt Karl für einen unbelehrbaren Fortschrittler, der nicht wisse, was er wolle, und deshalb zwischen Liberalismus und rücksichtslosem Despotismus hin- und herschwanke.

Als Karl Mendelssohn Bartholdys Buch über den Grafen Kapodistrias 1864 erschien, schrieb Franz (von) Mendelssohn dem Onkel Benni, er räume zwar ein, dass Karl viel Fleiß und Energie beim Schreiben dieses Werkes aufgebracht habe, das aber, so meinte er, sei auch schon alles. Wirklich »Anerkennungswertes«[7] glaubte er, in dem Buch nicht finden zu können.

Franz (von) Mendelssohn, der Urenkel des Philosophen, war der Erste der Familie, der in den Adelsstand erhoben wurde. Er hatte selbst nicht darum nachgesucht, sondern war anlässlich der Thronbesteigung Friedrichs III. auf eine Liste von Personen gesetzt worden, denen die Erhebung in den Adelsstand angeboten werden sollte. Wer diese Initiative betrieb, ist nicht belegt.

Mendelssohn fühlte sich jedenfalls geehrt, wollte allerdings vor Annahme der Ehrung wissen, ob auch Bismarck und das konservative Lager seiner Nobilitierung zustimmten. Die Erhebung in den Adelsstand nur durch Gnadenerweis des Kaisers zu empfangen, schien ihm nicht ausreichend. Er wollte auch von der politischen Elite akzeptiert werden.

Nach positivem Bescheid gab Franz (von) Mendelssohn seine Zustimmung, und am 5. Mai 1888 unterzeichnete Friedrich III. im Schloss Charlottenburg die entsprechende Kabinetts-Ordre. Franz Mendelssohn, jetzt Franz von Mendelssohn, war sich der Umstände seiner Nobilitierung durchaus bewusst. Er hätte nicht bei Bismarck anfragen lassen, wenn ihm nicht bedeutet worden wäre, dass es im Falle seiner Erhebung in den Adelsstand zu Tuscheln und Naserümpfen kommen würde.

In den sogenannten besseren Kreisen der Hauptstadt tat man sich schwer, selbst getaufte Juden als seinesgleichen anzuerkennen. Eheschließungen getaufter Juden mit Angehörigen des Adels fanden zwar statt, wurden aber als deplatziert empfunden. Überliefert ist die bissige Bemerkung des Preußenkönigs Friedrich Wilhelm IV., »dass man nicht entscheiden könne, ob die ›Vons‹ eine größere Zuneigung zu den ›Fonds‹ oder die ›Fonds‹ eine größere Liebe zu den ›Vons‹ hegen«.[8]

Fest steht, dass es im Falle Franz (von) Mendelssohns für das Adelsprädikat keine finanzielle Gegenleistung gab, wie das in dieser Zeit durchaus üblich war. Die Behauptung, der Bankier habe, um in den Genuss des Titels zu kommen, 225 000 Mark für den Bau der Kaiser-Wilhelm-Gedächtniskirche gespendet, war eine Unterstellung, die allein den Zweck hatte, Mendelssohns Nobilitierung zu diskreditieren. Eine Spende für die Kaiser-Wilhelm-Gedächtniskirche hat er zwar geleistet, diese stand jedoch nachgewiesenermaßen in keinem direkten Zusammenhang mit seiner Nobilitierung.

Normalerweise war es üblich, dass für die Erhebung in den erblichen Adelsstand finanzielle Abmachungen getroffen wurden. Im Fall der drei Bankiers Ernst (von) Mendelssohn-Bartholdy, Bleichröder und Schwabach war es so, dass sie sich die Gunst Bismarcks erwarben, indem sie Zahlungen leisteten, die dazu dienten, eine auf dessen Gut Schönhausen lastende Hypothek zu tilgen. Verdeckt wurde die Peinlichkeit dadurch, dass man die Zahlungen als Beitrag zu einer Volksspende deklarierte.

Franz (von) Mendelssohn war stolz auf seine Nobilitierung. Das lässt sich daraus ersehen, dass auch er sich, wie bei Neuadligen jener Jahre üblich, um ein standesgemäßes Wappen bemühte.[9] Den Entwurf, den er in Auftrag gab, akzeptierte das Heroldsamt jedoch zunächst nicht. Man einigte sich schließlich auf ein Emblem, das im Wappenschild einen wachsamen schwarzen Kranich und eine an belaubter Rebe hängende Weintraube zeigte. Der Merkurstab über Wappenschild und Krone am oberen Schildesrand sollte den Handel versinnbildlichen, also den Kaufmannsstand, zu dem Bankiers als Geldhändler von alters her gehörten.

Auch der Kranich im Emblem kam nicht von ungefähr. Das Sinnbild des »wachsamen Kranichs« war bereits in der Antike bekannt. Der Kranich, der in der Kralle einen Stein oder eine Kugel hält, wacht der Sage nach des Nachts über den Schlaf seiner Artgenossen. Schläft er ein, dann verliert er Stein oder Kugel, wodurch er wieder erwacht. In der Heraldik taucht das Sinnbild des wachenden Kranichs immer wieder auf und ist als Teil des Wappens von Orten, aber auch von Familien nachweisbar.

Joseph Mendelssohn war der Erste in der Familie, der das Sinnbild nutzte. Wohl in Absprache mit ihm hatte der Berliner Cassen-Verein, den er mitbegründet hatte, den Kranich als Firmenemblem gewählt. Andere Mendelssohns haben, noch bevor Franz (von) Mendelssohn sein Wappen in Auftrag gab, das Sinnbild des Kranichs in ihren Siegeln und als Exlibris benutzt. Im 20. Jahrhundert entschloss man sich, den Kranich in das Firmenwappen von Mendelssohn & Co aufzunehmen.

Orden und Adelsprädikate

1896, sieben Jahre nach der Nobilitierung Franz (von) Mendelssohns, wurde auch Ernst (von) Mendelssohn-Bartholdy (1846–1909) geadelt. Die Umstände, wie er zu seinem Titel kam, sind ausführlich beschrieben worden.[10] Aus den vorliegenden Dokumenten lässt sich ersehen, dass er großen Wert auf die Verleihung des Adelsprädikates legte, wie er überhaupt um öffentliche Anerkennung bemüht war. Die Verleihung des Titels »Kommerzienrat« (1889) beziehungsweise »Geheimer Kommerzienrat« (1893) waren Ehrungen, auf die er überaus stolz war.

Bemerkenswert ist, dass Ernst (von) Mendelssohn-Bartholdy neben Titeln dieser Art im Verlauf seines Lebens 18 preußische, deutsche und ausländische Orden verliehen bekam:[11] 1878 den Stanislaus-Orden 2. Klasse (Russland). 1884 den Stanislaus-Orden 2. Klasse mit Stern (Russland), 1885/86 das Großoffizierskreuz des Takowo-Ordes 2. Klasse (Serbien), 1887 den Königlichen Kronen-Orden 3. Klasse, das Kommandeurkreuz des Ordens der Italienischen Krone und das Großkreuz des Militärordens Unsres Herrn Jesu Christi (Portugal), 1888 das Komturkreuz 1. Klasse (Comendador de Numero) des Ordens Isabellas der Christlichen (Spanien), 1889 den Stanislaus-Orden 1. Klasse (Russland), 1890 das Kommandeurkreuz 2. Klasse des Herzoglich Anhaltinischen Haus-Ordens Albrechts des Löwen, 1894 das Kommandeurkreuz 2. Klasse des Danebrog-Ordens (Dänemark), 1896 den St. Annen-Orden 1. Klasse (Russland), 1898 das Kommandeurkreuz 1. Klasse des Danebrog-Ordens (Dänemark), 1901 den Königlichen Kronen-Orden 2. Klasse, 1902 die Rote Kreuz-Medaille 3. Klasse, 1905 den Roter-Adler-Orden 2. Klasse und den Weißer-Adler-Orden (Russland), 1907 das

Großkreuz des Ordens der Italienischen Krone und den Königlichen Kronen-Orden 1. Klasse.

Die Titel »Kommerzienrat« und »Geheimer Kommerzienrat« und die zahlreichen verliehenen Orden reichten jedoch nicht aus, um das Ego Ernst (von) Mendelssohn-Bartholdys zu befriedigen. Am 18. August 1895 wandte er sich persönlich an den Kaiser mit der Bitte, ihm den erblichen Adel zu verleihen.

»Allerdurchlauchtigster, Großmächtigster Kaiser und König! Allergnädigster Kaiser, König und Herr«, lautet die Anrede des Briefes, mit dem Ernst (von) Mendelssohn-Bartholdy um die Nobilitierung nachsuchte. Er verweist darauf, dass er Chef des Hauses Mendelssohn & Co sei und Kaiser Friedrich III. seinen Vetter, Franz (von) Mendelssohn, in den Adelsstand erhoben hätte. Ausdrücklich wird in dem Brief vermerkt, dass er »ein direkter Nachkomme – Urenkel – des Philosophen Mendelssohn und Neffe des Komponisten Felix Mendelssohn-Bartholdy« sei.[12]

Der Antrag, aus dem deutliches Selbstbewusstsein spricht, war insofern ungewöhnlich, als er den Anschein erweckte, Ernst (von) Mendelssohn-Bartholdy habe sich im Gegensatz zu seinem Vetter Franz (von) Mendelssohn so verhalten, dass ihm der Adelstitel zustünde. Die Umstände des Nobilitierungsvorganges waren bei Franz (von) Mendelssohn allerdings ehrenvoller als bei ihm.

Um den Titel hatte er sich nicht beworben, sondern er war ihm angetragen worden. Franz (von) Mendelssohn konnte stolz darauf sein, dass er ohne Zutun auf die Liste von Personen geraten war, die der 99-Tage-Kaiser Friedrich III. nach seinem Regierungsantritt zur Ehrung verdienter Personen hatte zusammenstellen lassen. Es zeigte, dass Franz (von) Mendelssohn hoch geachtet war und einen guten Ruf in der Gesellschaft hatte.

Später, in der Regierungszeit Wilhelms II., in deren Verlauf insgesamt 868 Personen in den Adelsstand erhoben wurden, wurde die Initiative, einem verdienten Politiker oder Unternehmer einen Adelstitel zu verleihen, in der Regel von einem Dritten ergriffen. Als zum Beispiel der Bankier Georg (von) Siemens in den Adelsstand erhoben werden sollte, hatte Außenminister Bülow an den Chef des Zivilkabinetts geschrieben, dass der Kaiser wohlwollend Siemens' Tätigkeit verfolge und beabsichtige, ihn zu adeln.

Zur Ehrenrettung Ernst (von) Mendelssohn-Bartholdys sei vermerkt, dass dieser den Kaiser zwar direkt angegangen, zunächst aber um ein Gespräch mit dem Chef des Geheimen Zivilkabinetts Hermann (von) Lucanus (1831–1908) nachgesucht hatte. Die Aktenlage lässt darauf schließen, dass Lucanus den Bankier angehört und ihn dann ermutigt hat, einen entsprechenden Antrag bei Kaiser Wilhelm II. zu stellen.

Mendelssohn-Bartholdy konnte nach dem Gespräch mit Lucanus davon ausgehen, dass sein Antrag wohlwollend geprüft werden würde. Das Heroldsamt, das bei solchen Anträgen angerufen werden musste, erfuhr schon wenige Tage später, dass der Kaiser geneigt sei, »dem Gesuche zu entsprechen«. In diesem Amt, das in Fällen der beantragten Nobilitierung die Adelswürdigkeit prüfte, gab es Bedenken, die sich allerdings nicht gegen die Person des Antragstellers richteten, sondern grundsätzlicher Natur waren. Man befürchtete, dass der »christliche Adel deutscher Nation« durch das »fremde Blut jüdischer Familien« gefährdet werden könne, wenn weitere Personen mit dem Hintergrund eines Ernst (von) Mendelsohn-Bartholdy geadelt würden.

Die von Dieter Hertz-Eichrode veröffentlichten Akten der Nobilitierung belegen, dass das Heroldsamt den Vorgang prüfte, den Antrag aber negativ beurteilte. Der Antragsteller, hieß es, habe sich zwar in »sittlicher und politischer Beziehung stets tadellos geführt«, stamme auch aus einer Familie, die seit Generationen »zu den besseren Gesellschaftskreisen« zähle, aber gegen den Antrag spreche, dass die Mendelssohns nicht zum preußischen Adel passten, weil sie nicht nur zu reich, sondern zudem noch jüdischer Herkunft seien.

Die Vorbehalte des Heroldsamtes haben das Verfahren jedoch nicht aufhalten können. Nachdem der Kaiser dieses einmal bewilligt hatte, war alles nur noch eine Formsache;[13] es mussten die anfallenden Kosten bezahlt und ein Vorschlag für das Adelswappen gemacht werden. Ernst (von) Mendelssohn übernahm das Wappen seines Vetters, allerdings mit einer Änderung: Links im zweigeteilten Wappenschild blieb der stehende Kranich, während rechts statt einer Weintraube das Ortswappen von Börnicke hinzukam, das eine Taube mit einem Ölzweig im Schnabel zeigt.

Dies war eine Verneigung vor dem Ort, in dem das 1892 von Ernst (von) Mendelssohn-Bartholdy erworbene Rittergut lag. Diesen Bezug ließ das Heroldsamt gelten – ein Kompromiss, nachdem der Adelskandidat zunächst »eine Bezugnahme auf meinen Großvater den Philosophen Moses Mendelssohn, oder endlich eine solche auf meinen Vatersbruder den Komponisten Felix Mendelssohn-Bartholdy«[14] angestrebt hatte. Letzteres hatte das Heroldsamt nicht zugelassen.

Der Adelstitel hat Ernst (von) Mendelssohn Bartholdy allerdings wenig genutzt. Weder geschäftlich noch gesellschaftlich hatte er durch das »von« vor seinem Namen irgendeinen Nutzen. Die Türen der »feinen« Gesellschaft blieben ihm auch nach Verleihung des Adelsprädikates weitgehend verschlossen. Ein Mendelssohn konnte tun, was er wollte, für die preußischen Adelskreise war er ein Mendelssohn und somit ein Jude, mit dem man nur bedingt oder gar nicht zu tun haben wollte.

Dass dies unüberwindbare Hindernisse waren, propagierte nicht nur der »Semi-Gotha«,[15] sondern das wurde durchaus auch in der Familie erkannt. Der Jurist und Völkerrechtler Albrecht Mendelssohn Bartholdy (1874–1936) beispielsweise, der Enkel des Komponisten, bemerkte in einem im Mai 1907 an Otto (von) Mendelssohn Bartholdy gerichteten Brief, die Integration werde durch die Nobilitierung nicht vorangetrieben, denn »es kann niemals glücken, wenn der Familienname ein jüdischer ist«.

In diesem Brief bekannte Albrecht Mendelssohn Bartholdy, er sei nach allen Erfahrungen unerschütterlicher denn je davon überzeugt, »daß das Von zu einem jüdisch klingenden und wirklich jüdischen Namen nicht nur vom Standpunkt des überzeugten und pietätvollen Juden aus (den Standpunkt, den ich persönlich einnehmen würde), sondern genau ebenso vom Standpunkt des anständigen und ehrlichen Adligen aus eine Unmöglichkeit, etwas – verzeih den grob klingenden Ausdruck – Unanständiges ist, ich meine im wörtlichen Sinne etwas, was nicht ansteht, was keinen Stil im höchsten Sinn hat«.[16]

Albrecht Mendelssohn Bartholdy hatte ein gutes Gespür für den latenten Antisemitismus des Kaiserreichs und sah sehr wohl, dass man sich in den »feinen« Kreisen hinter vorgehaltener Hand über Neuadlige vom Schlage Ernst (von) Mendelssohn-Bartholdys mokierte. Man sah sie als Vertreter des »Börsen-« oder »Plutokratenadels« an und rümpfte die Nase über sie.

Kaufmann, Bankier und Politiker

Anders als bei seinem Vetter Franz (von) Mendelssohn deutet der Lebensverlauf Ernst (von) Mendelssohn Bartholdys auf Weltläufigkeit hin. Über die Kindheits- und Jugendjahre Ernst (von) Mendelssohn Bartholdys, der mit seinen Geschwistern und zwei verwaisten Cousins, den Söhnen von Felix und Cécile Mendelssohn Bartholdy aufwuchs, wissen wir vergleichsweise wenig. Seine Schulzeit dürfte er im Winter 1863/64 mit der Reifeprüfung beendet haben. Danach hörte er ein Jahr lang Vorlesungen an der Berliner Universität und begann anschließend eine kaufmännische Ausbildung.

Bevor er, wie es der Familientradition entsprach, 1869 in das Bankhaus eintrat, unternahm Ernst (von) Mendelssohn Bartholdy mit seinem Vetter Carl Westphal als erster Mendelssohn eine Reise in die Vereinigten Staaten, fünf Jahre nach Beendigung des Bürgerkrieges. Der Verlauf dieser Reise ist durch eine Reihe von Briefen dokumentiert, die Ernst seiner Familie aus den USA schrieb und die er Weihnachten 1869 im Druck erscheinen ließ.[17]

Was den heutigen Leser dieser Briefe interessiert, sind nicht so sehr die Eindrücke, die der Dreiundzwanzigjährige bei der Überfahrt über den Atlantik und beim Besuch von Städten wie New York, Washington, Cincinnati, Salt Lake City, San Francisco, Chicago und Toronto sammelte. Es liest sich zwar amüsant, wie er als »Nephew of the great composer« vorgestellt und sogar vom amerikanischen Präsidenten empfangen wird, aber meist geht das, was er beschreibt, nicht über andere zeitgenössische Reiseberichte hinaus.

Spannender sind die Passagen, in denen er über den Zustand der amerikanischen Gesellschaft reflektiert und sich von der Rassentrennung abgestoßen fühlt. Das Zusammenleben von Weißen und Schwarzen bewertet er skeptisch und bezweifelt, dass es überhaupt funktionieren könne. Auch das Bild, das er sich bei seinem Aufenthalt in Salt Lake City von den indianischen Ureinwohnern gemacht hat, ist nicht gerade freundlich. Abfällig bemerkt er in einem Brief über sie: »Ihre Sprache selbst ist wie das Grunzen oder Quieken von Thieren« (5. Juli 1869).[18]

Der frühkapitalistische Alltag, auf den Ernst (von) Mendelssohn-Bartholdy in den Staaten trifft, stößt ihn ab. »Erst«, meinte er, »kommt

Geld, dann noch einmal Geld, und dann Alles andere noch lange nicht.« Die verbreitete Gleichheitsideologie sagte ihm nicht zu. Das »Coquettiren mit socialer Gleichheit« hielt der in Europa geschulte Betrachter für Schwärmerei, die der US-amerikanischen Gesellschaft über kurz oder lang Probleme bereiten werde.

Andererseits bewunderte Ernst (von) Mendelssohn-Bartholdy die Fähigkeit der Amerikaner, direkt und ohne Umschweife ein Problem anzugehen – und es gegebenenfalls zu lösen. Bemerkenswert fand er etwa, wie in den Staaten ganze Häuser und Häuserblocks versetzt wurden, wenn man den Platz benötigte, um etwas Neues an der Stelle zu errichten. Die Fähigkeit der Amerikaner, schnelle Entscheidungen zu treffen, imponierte ihm zweifellos.

Was ihm auch gefiel, war die Art der Amerikaner, das Üben von Wohltätigkeit als Selbstverständlichkeit anzusehen. Ein Waisenhaus, das er in Philadelphia besuchte, schien ihm vorbildlich. Die Einrichtung, die Stiftung eines Privatmannes, legte Wert darauf, dass die dort geleistete Arbeit vom »Ethos der Vernunftreligion« bestimmt werde, was auf Mendelssohn-Bartholdy »einen gewissen Eindruck« gemacht und seine eigenen späteren mäzenatischen Aktivitäten beeinflusst haben dürfte.

Zurückgekehrt von seiner Amerikareise, nahm Ernst (von) Mendelssohn-Bartholdy seine Tätigkeit im Mendelssohn'schen Bankhaus auf. Bereits 1871 wurde er als Teilhaber ausgewiesen und seit dem 1. Januar 1875 amtierte er gemeinsam mit seinem Vetter Franz (von) Mendelssohn als Chef des Hauses. Als Franz 1889 starb, übernahm Ernst (von) Mendelssohn-Bartholdy im Alter von 43 Jahren dessen Funktionen als Seniorchef des Bankhauses. Damit ging die Leitung der Bank erneut von dem einen auf den anderen Familienflügel über.

Ernst (von) Mendelssohn-Bartholdy heiratete 1875 Marie Warschauer (1855–1906), eine Tochter aus der Ehe des Bankiers Robert Warschauer mit Marie Mendelssohn (1822–1891). Die Eheschließung, die am 23. Januar 1875 stattfand, fiel zusammen mit dem Eintritt Ernst (von) Mendelssohn-Bartholdys in die Leitung der Bank. Einiges spricht dafür, dass es eine zweckorientierte, von Interessen geleitete Eheschließung war. Beide Bankhäuser, Mendelssohn & Co und Warschauer, die schon seit längerem in engem Geschäftskontakt miteinander standen, dürften sich von dieser Verbindung geschäftliche Vorteile versprochen haben.

Unter der Führung Ernst (von) Mendelssohn-Bartholdys nahm Mendelssohn & Co einen weiteren Aufschwung. Besonders die russischen Eisenbahn- und Bankgeschäfte wurden nicht nur fortgesetzt, sondern sogar noch erheblich ausgeweitet. Die geschäftlichen Erfolge, darunter allein 80 Millionen Mark Guthaben bei der russischen Regierung, waren derart, dass Mendelssohn & Co endgültig zur Spitze der deutschen Privatbanken aufschloss.

Es wird kolportiert, Ernst (von) Mendelssohn-Bartholdy habe keinen Sinn darin gesehen, seine Zeit in irgendwelchen uninteressanten Aufsichtsratssitzungen zu verschwenden. Konnte er es irgendwie umgehen, vermied er es, solchen Verpflichtungen nachzukommen. In der Regel nahm er nur Mandate an, von denen er überzeugt war, dass sie im Interesse von Mendelssohn & Co waren. Meist waren dies Mandate in öffentlichen Ausschüssen oder ähnlichen Institutionen.

Dazu gehörten unter anderem die Mitgliedschaft im Zentralausschuss der Reichsbank und im Verwaltungsrat des Berliner Cassen-Vereins, den Joseph Mendelssohn einst mitbegründet hatte und bei dessen Entscheidungen mitzuwirken im Interesse von Mendelssohn & Co war. Es waren Aufgaben und Pflichten, denen der Chef des Hauses sich nicht entziehen konnte.

Folgt man Rudolf Martins »Jahrbuch des Vermögens und Einkommens der Millionäre in Preußen« (1913), dann gehörte Ernst von Mendelssohn in seinem Todesjahr 1909 mit einem Vermögen von rund 43 Millionen Mark zu den reichsten Männern und Frauen Preußens. Vor ihm rangierten nur Max von Goldschmidt-Rothschild (107 Millionen), Mathilde von Rothschild (76 Millionen), Eduard Beit von Speyer (76 Millionen) und Franziska Speyer (45 Millionen).

Auf der Liste der reichsten jüdischen Familien standen die Mendelssohns nach »Rothschild und Goldschmidt-Rothschild« (310 Millionen) und »Speyer und Beit von Speyer« (121 Millionen) mit einem Vermögen von 101 Millionen Mark an dritter Stelle. Von den neun jüdischen Familien, die zu Reichtum gelangt waren, hatten fünf ihr Vermögen als Bankiers verdient, die anderen vier hatten es als Kaufleute, Industrielle oder Verleger erworben.[19]

Ernst (von) Mendelssohn-Bartholdy gehörte unverrückbar dem konservativen Lager an, was aber nicht bedeutet, dass er die politischen Entwicklungen in Deutschland durch die Brille des unverbesserlichen Reaktionärs betrachtete. Mit seinem Vetter Karl Mendelssohn Bartholdy, der sich als Linker begriff, verstand er sich bestens, obwohl sie in manchem durchaus unterschiedlicher Ansicht waren. Die Briefe, die Ernst an den Vetter schrieb, zeigen, dass er sich mit diesem in politischen Fragen austauschte und ein aufmerksamer Beobachter der politischen Vorgänge war.

»Was speziell Preußen anbetrifft«, schrieb er beispielsweise in einem Glückwunschbrief am 31. Dezember 1869, »so bleibt bei uns Vieles zu wünschen übrig.« Kritisch vermerkte er, dass sich die Pietisten »fürchterlich breit« machten. Bedauerlich sei auch, dass man im Handels-Ministerium zu viele Eisenbahn-Konzessionen vergebe und im Finanzministerium von der »bewährten preußischen Finanzpolitik« abgehe.[20]

Mit Blick auf die sich abzeichnenden politischen Konstellationen am Vorabend der Reichsgründung zeigte sich Ernst (von) Mendelssohn-Bartholdy zunächst distanziert, aber nicht per se ablehnend, was Bismarcks Einigungspolitik betraf. »Das verflossene Jahr«, heißt es in dem Glückwunschbrief, habe »in Bezug auf die gegenseitige Annäherung der Deutschen sehr wohltätig gewirkt«. Und weiter: »Das Abgehen von Extremen ist an und für sich schon ein gutes Zeichen, und das langsame Gewöhnen an einander … kann sehr wohl, wie bei einzelnen Individuen, auch ›Liebe‹ erzeugen, obwohl *ich* die wahrhaftig nicht für nötig halte.«[21]

Wenn Ernst (von) Mendelssohn-Bartholdy tatsächlich ein Gegner der Bismarck'schen Einigungspolitik gewesen sein sollte, dann hat er seine Kritik nur sehr vorsichtig formuliert. Diese Vorsicht hing wohl damit zusammen, dass offene Worte den Geschäften des Bankhauses Mendelssohn & Co hätten schaden können.

Dass Ernst (von) Mendelssohn Bartholdy Bismarck schätzte, wurde im Dezember 1884 deutlich. Als Bismarck während einer Reichstagsdebatte unter Druck kam und man ihm die Bewilligung einer Direktorenstelle im Auswärtigen Amt abschlug, machte Ernst (von) Mendelssohn-Bartholdy dem Geheimen Oberregierungsrat von Rottenburg den überraschenden Vorschlag, Bismarck eine solche Stelle zur Verfügung zu stellen.

Für drei bis fünf Jahre sei er bereit, aus eigenen Mitteln die Besoldung einer solchen Stelle zu übernehmen, vorausgesetzt allerdings, die ganze Angelegenheit bleibe geheim. »Mein Zweck«, erklärte er, ist es, »dem

Fürsten … vielleicht eine kleine Freude zu machen, ihm zu zeigen, daß, wenn er so unwürdig befeindet wird, Andere da sind, welche solche Nadelstiche gut machen möchten, so wie sie es können.«[22]

In den achtziger Jahren suchte Ernst (von) Mendelssohn-Bartholdy die Nähe zu Bismarck, wie es schon sein Vater Paul Mendelssohn-Bartholdy getan hatte, der über Geschäfte persönlich mit Bismarck in Verbindung gekommen war. 1885, anlässlich von Bismarcks 70. Geburtstag, beteiligte sich Ernst sogar mit 200 000 Mark an einer öffentlich gesammelten Bismarck-Spende in Höhe von 350 000 Mark. Angeblich waren an dieser Spende auch die Bankiers Bleichröder und Schwabach beteiligt.[23]

Manche der Spender, die ihre Groschen für die aufgelegte Bismarck-Spende gegeben hatten, waren davon ausgegangen, dass sie mit ihrem »Ottopfennig«, wie die Spende genannt wurde, eine vaterländische Wohlfahrtseinrichtung unterstützten. Sie konnten nicht wissen, dass die von ihnen geleisteten freiwilligen Beiträge nicht für ein öffentliches, von Bismarck unterstütztes Anliegen genutzt wurden, sondern dazu dienen sollten, eine Hypothekenlast von dessen Gut Schönhausen abzulösen.

Auch als Ernst (von) Mendelssohn-Bartholdy sich 1887 mit der Summe von 100 000 Mark an der Kapitalausstattung der Deutsch-Ostafrikanischen Gesellschaft 1887 beteiligte, war das keine selbstlose Geste. Ernst (von) Mendelssohn-Bartholdy glaubte, wenn er Mittel in erheblichem Umfang für diesen Zweck zur Verfügung stellte, sei Bismarck ihm zu Dank verpflichtet. Dieser nahm die Beteiligung Mendelssohn-Bartholdys wohlwollend zur Kenntnis, aber sein Dank hielt sich in Grenzen. Die Verleihung des Königlichen Kronenordens III. Klasse war wohl nicht das, was sich Ernst (von) Mendelssohn-Bartholdy erhofft hatte.

Nachtragend war Ernst (von) Mendelssohn-Bartholdy jedoch nicht. Als Bismarck 1890 aus dem Amt schied, schrieb er ihm einen Brief, in dem er dessen Entlassung bedauerte, die »ihn tief bis in's Innerste erschüttert« habe. Er könne, so Mendelssohn-Bartholdy, nicht einsehen, dass Deutschland in die Lage gekommen sei, auf einen Mann wie Bismarck zu verzichten, dem das Land so viel zu verdanken habe. »Aus tiefer Seele rufe ich: Gott beschütze Deutschland, – denn dieses Schutzes bedarf es jetzt wahrlich in besonderem Maße.« Und weiter heißt es geradezu emphatisch: »Wenn aber je Deutsche Söhne berufen sein werden, Großes für ihr Land zu leisten, so wird das hehre Bild Ew. Durchlaucht der Quell sein, aus dem sie ihr Streben und ihre Begeisterung geschöpft haben.«[24]

Bismarck hat sich persönlich für diesen Brief bedankt und zum Ausdruck gebracht, dass er sich über Mendelssohn-Bartholdys mitfühlende Worte besonders gefreut habe. Er erinnerte in diesem Zusammenhang noch einmal dankend an Mendelssohn-Bartholdys Teilnahme und Unterstützung, »die Sie mir bei früherer Gelegenheit, als ich parlamentarischen Schwierigkeiten gegenüberstand, erwiesen haben«.[25]

In der Regierungszeit Wilhelms II. bemühte sich die Regierung verstärkt um die Dienste Ernst (von) Mendelssohn-Bartholdys, von dem man hoffte, er könne als Mittler zwischen Petersburg und Berlin auftreten. Er stand nicht nur mit dem deutschen Reichskanzler Bernhard von Bülow und dem russischen Ministerpräsidenten Sergej Graf Witte auf gutem Fuß, sondern wurde auch hinzugezogen, wenn es galt, hinter den Kulissen zwischen Russland und Deutschland entstandene Konflikte zu entschärfen.

Von einer durch Witte und Kokozeff vermittelten Audienz beim Zaren in Zarskoje Zelo am 29. Oktober 1904 berichtet Mendelssohn-Bartholdy am 1. November an Reichskanzler Bülow, dass zunächst über einen kleinen Konflikt mit England in einer Nordsee-Angelegenheit gesprochen wurde, dann, so Mendelssohn-Bartholdy, sei der Zar auf den geplanten Deutsch-Russischen Handelsvertrag zu sprechen gekommen und auf anstehende finanzpolitische Regelungen zwischen Deutschland und Russland.

Als Mendelssohn-Bartholdy den Zaren in diesem Zusammenhang auf die »colossale Ziffer« des Geldbestandes aufmerksam machte, der sich in den Tresoren der Staatsbank befinde, beruhigte ihn dieser mit den Worten: »Oui et qui est bien gardé; je le sais par ma propre expérience« (Ja und er ist gut bewacht, ich weiß es aus eigener Erfahrung). Mendelssohn-Bartholdy, der ihn daraufhin fragend ansah, erhielt seitens des Zaren die Auskunft, »es befände sich in der Staatsbank zur Bewachung ihrer Trésors stets eine Wache von Soldaten unter dem Befehl eines Offiziers und als S.M. Lieutnant gewesen sei, habe er selbst ein paar Male in der Bank campiren müssen«.[26]

Das Schreiben legte Bülow dem Kaiser vor, zusammen mit einer Dose Kaviar, die Mendelssohn-Bartholdy als Geschenk beigegeben hatte. Wilhelm II. notierte an den Rand des Briefes »Sehr geschickt und sehr erfreuliches Resultat«. Bülow brachte dem »lieben von Mendelssohn« diese Bemerkung zur Kenntnis und teilte ihm in einem eigenhändigen Zusatz mit: »… allerbesten Dank für ihre interessanten Zeilen, welche ich seiner Majestät vorgelegt habe und allerbesten Dank für den Caviar, der beweist, dass Vieles in Russland noch gut ist.«[27]

Zum Abschluss des Handelsvertrages von 1905 hat Ernst (von) Mendelssohn-Bartholdy durch seine Beziehungen zum Zarenhof und zur russischen Regierung beigetragen. Allerdings konnte er nicht das Zerwürfnis nach der Konferenz von Algeciras verhindern, als Russland sich der deutschen Position in der Marokkofrage versagte. Als die Reichsregierung daraufhin eine große Anleihe für Russland nicht mitzeichnen wollte, warnte Mendelssohn-Bartholdy in einer 18-seitigen Denkschrift vor den Konsequenzen eines solchen Schrittes.

Das ins Auge gefasste russische Finanzanleihegeschäft führte zu einem Zerwürfnis mit Wilhelm II. Der Kaiser mochte es partout nicht, wenn man anderer Meinung war als er oder ihm widersprach. Überliefert ist, dass der Monarch Max M. Warburg stehenließ, als dieser es wagte, ihm zu widersprechen. Der Kaiser hatte apodiktisch erklärt, die Russen würden pleitegehen, was Warburg verneinte. Warburg gelang es allerdings, den Kaiser von seinen Ansichten zu überzeugen, was Ernst (von) Mendelssohn-Bartholdy nicht vergönnt war; er verlor die Gunst des Monarchen und wurde von da ab nicht mehr zu Beratungen hinzugezogen.[28]

Mendelssohn & Co ist in der Angelegenheit schließlich eigene Wege gegangen und hat wider die Vorgaben der Politik der eigenen Regierung gehandelt. Im April 1906 beteiligte sich das Bankhaus an der Zeichnung der internationalen russischen Anleihe, um – wie Mendelssohn-Bartholdy am 18. April 1906 an Witte schrieb – »den schlechten Eindruck zu paralysieren, den die Nichtbeteiligung Deutschlands an der Anleihe«[29] hervorgerufen habe.

Schon sehr früh galt Ernst (von) Mendelssohn-Bartholdy als Fachmann in finanzpolitischen Fragen. Von seinen Berufskollegen wurde er, wohl aus diesem Grund, 1887 zum Ältesten der Berliner Korporation der Kaufmannschaft gewählt. In dieser Funktion berief ihn die Regierung unter anderem in eine Enquête-Kommission, die eine Reform des Börsengesetzes vorbereiten sollte. Dabei verscherzte er sich durch seine Ansichten allerdings das Wohlwollen seiner Kollegen, die ihn 1894 nicht wiederwählten.

Seine geschäftlichen Erfolge, der Ruf seines Bankhauses sowie seine Kontakte hatten ihm nicht nur den Zugang zu Regierungsstellen, sondern auch zum deutschen Kaiser verschafft. Spätestens seit Wilhelm II. ihm im Oktober 1904 beim Aufbruch zu einer Russlandmission persönlich »Glückliche Reise« gewünscht hatte, gehörte Mendelssohn-Bartholdy zu den sogenannten »Kaiserjuden«, zu denen Persönlichkeiten von Rang wie Albert Ballin, Gerson (von) Bleichröder, Walther Rathenau und Max M. Warburg gerechnet wurden.

Wilhelm II. war alles andere als ein Judenfreund, was manche seiner Äußerungen erkennen lassen.[30] Typisch für ihn war allerdings auch, dass er Ausnahmen machte; es gab eine Reihe von Personen jüdischer Herkunft, die sich seiner Gunst erfreuten. Dazu gehörten der Reeder Albert Ballin, Walther Rathenau, James Simon und Carl Fürstenberg, die Zugang zu ihm hatten, wann immer sie wollten.

Rückblickend meinte der Kaiser: »Ich habe Juden zu Tisch gehabt, Juraprofessoren unterstützt und ihnen geholfen, die Antwort war Hohn, Spott, Weltkrieg, Verrat, Versailles und Revolution.«[31] Über Albert Ballin gab Wilhelm II.[32] nach seiner Abdankung beispielsweise zu Protokoll, er habe den Reeder immer für einen tüchtigen Menschen gehalten, aber gar nicht gewusst, dass dieser Jude gewesen sei.[33]

Ungeachtet der Bemerkungen mancher Kritiker, die den Kaiser wegen seiner angeblichen »jüdischen« Kontakte »SEMI-Imperator« beziehungsweise »Siegfried Meyer« nannten, hat Wilhelm II. an seinen »Kaiserjuden« festgehalten, so auch an Ernst (von) Mendelssohn-Bartholdy, bis dieser in Ungnade fiel. Letzteres kam mitunter vor und hatte mit der Eigenheit des Kaisers zu tun, keinen Widerspruch zu dulden.

Wenn jemand anderer Meinung war, konnte es dazu führen, dass er den Zorn des Monarchen zu spüren bekam. »Der Widerstand der Freundschaft erfordert, findet nicht statt, fände er statt, so wäre er beendet«[34], beschrieb Walther Rathenau einmal die Haltung des Monarchen gegenüber Personen, mit denen er nicht übereinstimmte.

Gegrämt hat Ernst (von) Mendelssohn-Bartholdy die Zurücksetzung nicht, da er sich vermutlich sagte, dass er bereits alle Ehrungen erhalten hatte, die jemand wie er erlangen konnte. Wilhelm II. hatte ihm nicht nur den Titel »Wirklicher Geheimer Rat« verliehen, sondern darüber hinaus auch veranlasst, dass er neben diesem Titel die Ehrenbezeichnung »Seine Exzellenz« führen durfte. Am meisten beeindruckt dürfte ihn haben, dass er vom Kaiser zum lebenslangen Mitglied des Preußischen Herrenhauses berufen wurde – eine Ehrung, die Wilhelm II. nur wenigen Personen hat zukommen lassen.

Seit 1902, dem Jahr seiner Berufung, hatte Mendelssohn-Bartholdy das Recht, sich mit Sitz und Stimme an den Beratungen im Herrenhaus zu beteiligen. Verschiedene Male hat er sich bei finanzpolitischen Debatten zu Wort gemeldet. Die Durchsicht der Protokolle zeigt allerdings, dass er, vermutlich beruflich bedingt, nicht immer an den Sitzungen des Herrenhauses teilnehmen konnte.

Wenn er sich in den Debatten zu Wort meldete, dann in der Regel nur zu Fragen und Problemstellungen, bei denen er glaubte, mit seinem Sachverstand tatsächlich etwas beisteuern zu können. So ließ er sich beispielsweise auf die Rednerliste setzen, als der Etat für 1904 beraten wurde, dann wieder, als ein Gesetz wegen der Erhöhung des Grundkapitals der Seehandlung zur Debatte stand oder als es um die Verabschiedung eines Gesetzes ging, das die Anlage von Sparkassenbeständen in Inhaberpapieren regeln sollte.

Mendelssohn-Bartholdy, der sich in seinen Redebeiträgen durch profunde Sachkenntnisse auszeichnete, hat seine Auftritte häufig auch dazu benutzt, Ratschläge zu geben. Wiederholt mahnte er beispielsweise in den Haushaltsdebatten an, sich bei der Ausgabenfestsetzung in den Haushaltsaufstellungen Zurückhaltung aufzuerlegen. Dass man auch als Staat tunlichst nicht über seine Verhältnisse leben sollte, war eine seiner typischen Äußerungen.

Im Verlauf der Jahre ist Ernst (von) Mendelssohn-Bartholdy mit vielen bedeutenden Menschen zusammengetroffen. Einer von ihnen war Carl Fürstenberg, der Chef der Berliner Handels-Gesellschaft, dem Mendelssohn-Bartholdy einmal in einem Brief bekannte: »Nicht immer geht ja geschäftliche und persönliche Freundschaft Hand in Hand; mit um so aufrichtigerer und freudigerer Genugtuung habe ich stets in Ihnen den Mann gefunden, den ich ebenso wohl mit größter Hochachtung vor seiner ungewöhnlichen Begabung für den Beruf als mit besonderer Sympathie für seine Eigenschaften als Mensch begegnen konnte.«[35]

Auch Fürstenberg schätzte Ernst (von) Mendelssohn-Bartholdy, wie die Lektüre seiner Erinnerungen erkennen lässt. »Geschäftliche Freundschaften«, bemerkt er dort, »sind nicht immer dazu bestimmt, ungetrübt zu bleiben.«[36] Im Fall von Mendelssohn-Bartholdy aber, den er als einen »vornehm denkenden Menschen« kennengelernt habe, sei das anders gewesen. Mitunter habe er mit diesem zwar in geschäftlichen Angelegenheiten über Kreuz gelegen, das habe aber nicht dazu geführt, dass ihre Freundschaft ernsthaft Schaden genommen hätte.

Testamentarische Verfügungen

Aus der 1875 zwischen Ernst und Marie (von) Mendelssohn-Bartholdy geschlossenen Ehe sind insgesamt sechs Kinder hervorgegangen, geboren in den Jahren zwischen 1875 und 1889. Der älteste Sohn Paul (1875–1935), in erster Ehe mit Charlotte Reichenheim und in zweiter Ehe mit Elsa von Lavergne-Peguilhen verheiratet, wurde Bankier, der jüngste Sohn, der früh verstorbene Alexander (1889–1919) Gutsbesitzer.

Die Töchter ehelichten Diplomaten und Regierungsbeamte. Käthe (1876–1956) heiratete 1897 einen Verwandten, den Regierungsrat und späteren Geheimrat im Ministerium des Inneren in Dresden Felix Wach (1871–1943), Charlotte (1878–1961) schloss die Ehe mit dem Kabinettskammerherrn des schwedischen Königs, Eric Hallin, Enole (1879–1947) ging 1897 die Ehe mit dem Legationsrat Albert von Schwerin ein, und Marie (1881–1970), die Jüngste der Töchter, vermählte sich 1906 mit dem Königlich Preußischen Landrat Felix Busch, dem Urenkel des Moses-Mendelssohn-Schülers David Friedländer.[37]

Ernst und Marie (von) Mendelssohn-Bartholdy verfassten im Februar ein gemeinsames Testament,[38] in dem sie sich wechselseitig als Erben einsetzten. Nach beider Ableben sollten die sechs Kinder in die Erbfolge eintreten. Die Teilung des Vermögens, so war ausdrücklich vermerkt, sollte ausgesetzt bleiben, »bis der Überlebende von uns zu einer zweiten Ehe schreitet oder verstorben ist«.

Festgelegt war in dem Testament, dass nach dem Tod des Ehemanns die Witwe, falls erforderlich, die Vormundschaft über eines oder mehrere der Kinder übernehmen sollte. Sollte sie dazu nicht in der Lage sein, waren als gemeinsam agierende Vormünder bestimmt: Ernst (von) Mendelssohn-Bartholdys Schwager Robert Warschauer, sein Vetter Franz (von) Mendelssohn, der Rechtsanwalt Paul Herrmann, der Bankier Hugo Oppenheim und der Stadtgerichtsrat a.D. und Justizrat Ernst Westphal.

Testamentsvollstrecker sollten Robert von Mendelssohn, der Justizrat August von Simson, der Rechtsanwalt Paul Herrmann, der Justizrat Ernst Westphal sowie Robert Warschauer sein. Von den Genannten sollten jeweils zwei gemeinsam als Testamentsvollstrecker fungieren. Sollte allerdings eines der Kinder »wider Erwarten« den Versuch unternehmen, »unsern letzten Willen selbst oder durch einen gesetzlichen Vertreter anzufechten, so empfängt der Anfechtende anstatt seiner Erbportion nur den gesetzlichen Pflichttheil«.

Seitens der Erblasser wurde die »Siegelung und gerichtliche Inventur unserer Verlassenschaften sowie die Einmischung der Gerichte in die Nachlaß-Regulirung« untersagt. Das Testament, das zwölf Paragraphen enthielt und alle Einzelheiten aufs Genaueste regelte, war datiert vom 11. Februar 1892. Unterzeichnet hatten das Dokument mit vollständigen Namen: »Ernst Moses Felix Mendelssohn-Bartholdy« und »Marie Alexandrine Mendelssohn-Bartholdy, geb. Warschauer«.

Das Testament enthält eine Reihe von Nachträgen aus den Jahren 1903, 1904, 1906, 1907, 1908 und 1909. In der Regel handelt es sich dabei um Präzisierungen der ursprünglichen Testamentsfassung von 1892. Im Nachtrag von 1904 wurde beispielsweise festgelegt, dass Paul, der ältere Sohn, als Vorausvermächtnis ohne Anrechnung auf sein Erbteil das Rittergut Börnicke sowie die dazugehörigen Liegenschaften erhalten solle.

Im Testamentsnachtrag vom 29. Januar 1907 wurde ein Familienbeirat bestimmt, der über strittige Erbfragen entscheiden sollte; angehören sollten ihm Paul und die vier Schwiegersöhne Felix Wach, Felix Busch, Albert von Schwerin und Eric Hallin. Bei Stimmengleichheit, so wurde festgelegt, würde die Stimme von Paul entscheiden. Der Hintergrund für diese Verfügung ist nicht ganz klar. Es scheint, dass Ernst (von) Mendelssohn-Bartholdy gegenüber seinem jüngeren Sohn Alexander zwar keine direkten Vorbehalte, aber doch einige Zweifel hatte, was dessen Geschäftstüchtigkeit anging.

In den weiteren Nachträgen wurden sowohl Legate an Ernst (von) Mendelssohn-Bartholdys Schwester Fanny Freifrau von Richthofen in

Höhe vom 300 000 Mark sowie an deren drei Töchter Paula Siemerling, Anna von Albert und Käthe von Elbe in Höhe von jeweils 100 000 Mark ausgesetzt und auch verfügt, dass aus den Mitteln des Nachlasses die Pflege der Familiengrabstätte auf dem Friedhof in Börnicke »thunlichst für alle Zeiten zu sichern ist« – eine Verfügung, die, bedingt durch die historischen Entwicklungen nach 1945, von der Familie nicht eingehalten werden konnte.

Der wohl wichtigste Nachtrag stammt vom 16. Februar 1907. Darin verfügt Ernst (von) Mendelssohn-Bartholdy mit Bezug auf das Testament, dass im Falle seines Todes der Kapitalbetrag von 400 000 Mark für die Errichtung einer Ernst und Marie von Mendelssohn-Bartholdy'schen Familienstiftung zur Verfügung gestellt werden sollte. In der Stiftungsurkunde, die dem Nachtrag als Anlage beigefügt war, ist der Zweck der Stiftung festgelegt.

Demnach sollten die Erträge dazu dienen, hilfsbedürftige Nachkommen der Familie zu unterstützen. Die Entscheidungen »über die Auswahl der zu bedenkenden Benefizienten« sollte einem »Curatorium« anheimgestellt werden, dem Paul von Mendelssohn-Bartholdy sowie die vier Schwiegersöhne des Stifters angehören sollten.

In Paragraph 13 der Stiftungsurkunde wurde der Eventualfall angesprochen, dass es zu einem vollständigen Aussterben der Nachkommenschaft kommen könnte. Dann, so hatte es der Stifter festgelegt, sollte die eine Hälfte des Stiftungsvermögens der Moses Mendelssohn'schen Familienstiftung (1868), die andere der Marcus und Rebecca Warschauer'schen Familienstiftung (1885) zufallen. Für den Fall, dass auch diese beiden Stiftungen nicht mehr existierten, sollte das Stiftungsvermögen an die Stadtgemeinde Berlin gehen.

Der Kirchenmusiker Arnold Mendelssohn

Einer derjenigen, die in den Genuss einer Zuwendung aus einer der Mendelssohn'schen Familienstiftungen kamen, war der Komponist Arnold Mendelssohn, der Enkel Nathan Mendelssohns und Neffe Abraham Mendelssohn Bartholdys. Als er Mitte der 1890er Jahre gemeinsam mit dem Librettisten Hermann Wette an der Opernaufführung »Der Bärenhäuter« nach einer Vorlage der Gebrüder Grimm arbeitete, bat er um eine Zuwendung aus der Familienstiftung, damit er das in Arbeit befindliche Werk fertigstellen und auf die Bühne bringen könne. Dem Wunsch wurde entsprochen.

Arnold Mendelssohn hatte allerdings das Pech, dass diese Pläne durch eine Indiskretion Engelbert Humperdincks Siegfried Wagner bekanntwurden, dem Sohn Richard Wagners. Dieser nahm das Thema auf; er vertonte den »Bärenhäuter«-Stoff und brachte ihn 1898 auf die Bühne, zwei Jahre bevor Arnold Mendelssohn seine Inszenierung im Berliner Theater des Westens zur Aufführung bringen konnte.

Hinter vorgehaltener Hand wurde Wagner gegenüber der Plagiat-Vorwurf erhoben; letztlich blieb das jedoch ohne Folgen. Wagners Inszenierung war ein großer Erfolg, so dass der Vorwurf sich von selbst erledigte. Mendelssohn, der vor Wagner mit seiner Oper fertiggeworden war, aber keine Bühne für die Aufführung gefunden hatte, machte die schmerzliche Erfahrung, dass er den Stoff zwar als Erster bearbeitet, ihm aber ein anderer bei der Realisierung zuvorgekommen war.

Trotz Rückschlägen dieser Art hat Arnold Mendelssohn eine beachtliche Karriere als Vokalkomponist, Organist und Chordirigent gemacht. Nach einer Tätigkeit in Bonn, wo er zusammen mit dem Theologen Friedrich Spitta den Kirchenmusiker Heinrich Schütz wiederentdeckte, waren weitere Stationen seiner Laufbahn Bielefeld und das Konservatorium in Köln, wo er Komposition lehrte.

Die nächsten Jahrzehnte bis zu seinem Tod 1933 verbrachte Arnold Mendelssohn in Darmstadt, wohin er 1891 als Kirchenmusikmeister der Evangelischen Kirche des Großherzogtums Hessen und als Dirigent des Darmstädter Kirchengesangvereins berufen worden war. In dieser Zeit trug er wesentlich zur Schütz-Renaissance und zur Bach-Pflege bei und wurde einer der führenden Exponenten der evangelischen Kirchenmusikbewegung. Zu seinen Schülern gehören spätere Größen des Musiklebens wie Paul Hindemith,[39] Günter Raphael, Heinrich Spitta und Kurt Thomas.

Arnold Mendelssohn komponierte nicht nur Kirchenmusik, sondern auch weltliche Musik (unter anderem Opern, Symphonien, Klavier- und Instrumentalsonaten). Das meiste davon ist allerdings heute kaum noch bekannt, was auch mit dem extremen Schwierigkeitsgrad der Kompositionen zusammenhängt. Alterierungen, Chromatik, Gleichzeitigkeit und bitonale Harmonieverläufe machen seine Musik nicht nur technisch kompliziert, sondern auch schwerfällig.

Arnold Mendelssohn war ein Gegner der damals sogenannten »Ausdrucksmusik«, die er kritisierte, wann immer er konnte. »O Ihr Komponisten!«, notierte er beispielsweise 1919 in seinem Tagebuch: »Nicht darauf kommt es heute an, eine Musik zu erfinden, in der auf neu-wunderliche Tonkombinationen rhythmischer oder harmonischer Art abgezielt wird; sondern auf eine solche, die den Hörer zu einer kräftigeren, zarteren, gesunderen Empfindung hebt, als er von selbst hat. Kurz: Musik ›als moralische Anstalt‹ ist heut an der Zeit.«[40]

Dass der Name Arnold Mendelssohns nach seinem Tod in Vergessenheit geriet und erst in unserer Zeit in Ansätzen wiederentdeckt wird, dürfte zum einen mit seiner jüdischen Abstammung zusammenhängen, die dazu geführt hat, dass er – wie viele andere im Musikleben – nach 1933 plötzlich zu den Geächteten und Verfemten gehörte, zum anderen aber damit, dass eine neue kirchenmusikalische Generation mit dem von Mendelssohn gepflegten Musikstil wenig anfangen konnte. Es verwundert deshalb nicht, dass in Gerhard Dietels »Musikgeschichte in Daten«, die auf 1000 Seiten Kompositionen von Aristides Quintilianus bis Hans Werner Henze vorstellt, das kompositorische Werk Arnold Mendelssohns mit keinem Wort erwähnt wird.

Die Ausgrenzung hatte bereits Anfang der zwanziger Jahre begonnen.[41] Wilhelm Furtwängler, der 1923 Mendelssohn um die Zusendung seiner »neuen Sinfonie« gebeten hatte, lehnte deren Aufführung mit der Begründung ab, ihr fehle eine »irgendwie geartete … Beziehung zu unserer heutigen Zeit«.[42] Furtwängler benutzte damit eine Redewendung, die einige Jahre später zum Standardvokabular der NS-Ideologen gehören sollte.

Ähnlich dubios klingen Äußerungen des Musikwissenschaftlers Hans Engel, der 1932 bemängelte, es fehle Mendelssohns Musik an »Genialität«, sie sei »konventionell« und »formal«.[43] Der antisemitische Unterton ist unverkennbar und erinnert an Bemerkungen, die in der NS-Zeit über Arnolds Onkel Felix Mendelssohn Bartholdy gemacht wurden. Auch dessen Musik warf man mangelnde »Genialität« und das Fehlen von »Innerlichkeit« vor.

Arnold Mendelssohn, der sehr wohl gewusst haben dürfte, was er von derartigen Äußerungen zu halten hatte, begegnete solcher Kritik geistreich oder spöttisch. In seinen Tagebuchaufzeichnungen findet sich der eine oder andere Aphorismus (etwa: »Die sogenannte Treue ist oft nichts als Phantasielosigkeit«), mit dem er sich den Attacken seiner Gegner widersetzte.

Von der Agfa zur IG Farben

Der erste Mendelssohn, der es zum Industriellen brachte, war Paul Mendelssohn Bartholdy (1841–1880), ein Sohn des Komponisten Felix Mendelssohn Bartholdy. Paul, der zunächst eine kaufmännische Lehre bei Verwandten seiner Mutter in Leipzig absolviert hatte, dann das Abitur in Abendkursen nachholte, immatrikulierte sich schließlich in Heidelberg, wo er Mitglied der Studentenverbindung »Alemannia« wurde. Es heißt, er sei eine elegante Erscheinung gewesen, dazu ein guter Turner und exzellenter Fechter.

An der Universität besuchte Paul Mendelssohn Bartholdy naturwissenschaftliche Vorlesungen, unter anderem soll er im Kolleg bei Robert Bunsen und Gustav Robert Kirchhoff gesessen haben. 1863 promovierte er in Chemie, anschließend kehrte er nach Berlin zurück, wo er bei August Wilhelm Hoffmann (1818–1892) an dessen neu gegründetem Chemischen Institut arbeitete.

Zuvor hatte er sich als Einjährig-Freiwilliger zum Dienst im 2. Garde-Ulanen-Regiment gemeldet. Am preußisch-österreichischen Krieg 1866 nahm er als Unteroffizier teil, unter anderem an der Schlacht bei Königgrätz. Nach Kriegsende wurde er im Range eines Offiziers entlassen. Frühe erhaltene Fotografien zeigen ihn in der weißen Uniformjacke eines Ulanenoffiziers, der, gestützt auf den Säbelknauf, selbstbewusst in die Kamera blickt.

Nach der Entlassung aus dem Militär nahm sein Leben einen anderen Verlauf. Er traf auf Alexander Martius (1841–1920), einen Schüler Justus von Liebigs, der in einer englischen Farbenfabrik gearbeitet und die dort erworbenen Kenntnisse mit nach Deutschland gebracht hatte. Mit Mendelssohn entwickelte Martius die Idee einer Fabrikgründung, um aus Teerdestillationsprodukten Anilin zu gewinnen. Gemeinsam begannen sie, am Nordufer des Rummelsburger Sees bei Berlin in kleinem Maßstab Anilinöl zu produzieren und es an die Farbenindustrie zu verkaufen – zunächst nur in Berlin, später dann auch über die Stadtgrenzen hinaus.[44]

In diese Zeit fiel Paul Mendelssohn Bartholdys Heirat mit Elisabeth Oppenheim (1844–1868), genannt Else, einer Urenkelin seines Großonkels Joseph Mendelssohn. Es war eine jener Verwandtenehen, die als typisch für die Mendelssohns im 19. Jahrhundert gelten können. Else Oppenheim, die Tochter des damaligen Kammergerichtsrates Otto Oppenheim, war nicht nur eine Verwandte, sondern auch, wie es damals hieß, eine »gute Partie«. Väterlicherseits war die Familie mit dem Bankhaus Warschauer & Co liiert, was sich als hilfreich erweisen sollte, als es darum ging, Mittel für den Betrieb der Fabrik zu beschaffen.

Else starb ein halbes Jahr nach der Geburt ihres Sohnes Otto (1868–1949) am 20. August 1868 an Typhus; ihr Tod wurde in der Familie als schmerzlicher Verlust empfunden. Paul, der sehr unter dem Verlust litt, war zutiefst verstört. Seinem Bruder schrieb er ein halbes Jahr später, er fühle »in ruhigen Augenblicken gar mächtig, wie ich mich verändert habe und wie ein gut Teil meiner Sinnenweise verloren gegangen ist und immer mehr verloren geht«.[45]

1873 hat Paul Mendelssohn Bartholdy ein zweites Mal geheiratet, und zwar Enole Oppenheim (1855–1939), eine jüngere Schwester seiner verstorbenen Frau. Mit ihr hatte er vier Kinder: Cécile (1874–1923), Lilli (1876–1927), Ludwig (1878–1918) und Paul (1879–1956). Otto, der Sohn aus erster Ehe, wurde Bankier und im April 1907 geadelt. Die Töchter aus der zweiten Ehe heirateten gutbürgerlich, die Söhne ergriffen traditionelle Familienberufe: Ludwig wurde wie der Halbbruder Otto Bankier, und Paul, der jüngere der beiden Söhne, wie sein Vater Chemiker.

Drei Jahre nach Aufnahme der Anilinproduktion am Rummelsburger See musste Paul Mendelssohn Bartholdy wieder ins Feld, diesmal als Seconde-Lieutnant im Deutsch-Französischen Krieg 1870/71. Martius führte in dieser Zeit das Unternehmen allein weiter. Über das, was in ihrer Fabrik geschah, informierte er Mendelssohn regelmäßig. »Ich habe in der vergangenen Woche«, schrieb er ihm beispielsweise am 23. September 1870, »wieder Nitrobenzol und Anilin arbeiten lassen und werde fort-

Fromet Mendelssohn,
geb. Gugenheim
Miniaturporträt, 1767

»Moses Mendelssohns Examen
am Berliner Thor zu Potzdam«
Stich, Daniel Chodowiecki,
um 1790

Vorhergehende Seite:
Moses Mendelssohn
Gemälde
Johann Christop Frisch, 1786

Moses Mendelssohns Examen
am Berliner Thor zu Potzdam

D. Chodowiecki del.

Lowe fc. 1794

Dorothea (von) Schlegel
geb. Brendel Mendelssohn
Ölgemälde, Anton Graff,
um 1790

Joseph Mendelssohn
Gemälde (Kopie),
Wilhelm Ternite, 1831

Abraham (Ernst) Mendelssohn [Bartholdy]
Zeichnung, Wilhelm Hensel, 1834

Nathan (Carl Theodor Nathanel) Mendelssohn
Miniaturporträt, o.J.

Paul Mendelssohn-Bartholdy
Zeichnung, Wilhelm Hensel, 1829

Felix (Jakob Ludwig) Mendelssohn Bartholdy
Aquarell, James Warren Childe, 1829

Fanny Hensel,
geb. Mendelssohn Bartholdy.

Wilhelm Hensel
Selbstporträt, Zeichnung, o.J.

Fanny (Cäcilia) Mendelssohn Bartholdy
Kupferstich, Eduard Mandel, 1847,
nach einer Zeichnung von Wilhelm Hensel

Paul Mendelssohn-Bartholdy
Fotografie, um 1870

Berlin, Leipziger Straße 3
Zeichnung/Aquarell, Sebastian Hensel, o.J.
unten: Zeichnung Bleistift/Tusche, o.J.

Sebastian Hensel
Zeichnung, Wilhelm Hensel, 1860

Alexander Mendelssohn und Familie
Lithographie, o.J.

Nächste Seite:
Berlin-Westend, Ahornstraße 40
Fotografie, o.J.

Franz [von] Mendelssohn
Gemälde, Eduard Magnus, 1858

Robert von Mendelssohn
Fotografie, um 1910

Ernst (von) Mendelssohn-Bartholdy
Fotografie, um 1900

Franz von Mendelssohn und Marie,
geb. Westphal
Fotografie, Wilhelm Fechner, o.J.

Berlin, Jägerstraße 49–53
Fotografie, o.J.

GEBRÜDER MOS
52.
51.
49

Paul von Mendelssohn-Bartholdy
Fotografie, o.J.

Charlotte von Mendelssohn-Bartholdy
Fotografie, o.J.

fahren müssen, Benzole der Reihe nach aufzuarbeiten. In der nächsten Woche werden wir Blau-Anilin machen aus dem in unseren neuen Destillationsapparaten bereiteten Benzol.«[46]

»Es hat«, heißt es in einem Brief vom 19. Oktober 1870, »Krankheitsfälle in der Fabrik gegeben. Du kannst wohl begreifen, daß ich in dieser Zeit viel zu tun hatte, um so mehr, als wir auch bis vor wenigen Tagen an Arbeitern Mangel zu leiden hatten. Am Sonnabend, wo auch in Berlin verschiedene Strikes gemacht wurden, hatten auch unsere Leute einen solchen versucht. Ich drohte die ganze Gesellschaft fortzuschicken und habe dann auch die Leute mit der Versicherung, daß wir ihnen einen Arbeitsanzug liefern ohne Lohnerhöhung wieder zur Vernunft gebracht.«[47]

Als Paul Mendelssohn Bartholdy im Juli 1871, ausgezeichnet mit dem Eisernen Kreuz, aus dem Deutsch-Französischen Krieg nach Berlin zurückkehrte, nahm das Unternehmen einen rasanten Aufschwung. Hatte man bisher nur Anilinöl und die dazugehörigen Zwischenprodukte hergestellt, so ging man jetzt dazu über, auch Anilinfarben herzustellen. Ab 1873 nannte sich die Firma »Actien-Gesellschaft für Anilin-Fabrikation« – daraus wurde 1898 der Firmenname AGFA.

Allerdings sollte der Firmengründer Paul Mendelssohn Bartholdy diese Entwicklung nicht mehr erleben. 1880 erlag er, wie sein Vater, im Alter von 38 Jahren einem Herzleiden.[48] Sein Neffe Franz Oppenheim (1853–1929) übernahm die Leitung des Unternehmens, wobei dessen Interesse neben der Produktion von Farbstoffen insbesondere fotografischen Produkten galt. 1889, neun Jahre nach Paul Mendelssohn Bartholdys Tod, hatte sich das Unternehmen Weltruf erworben durch ein Produkt, das bis heute unter der Bezeichnung »Rodinal« bei der Entwicklung von Schwarz-Weiß-Aufnahmen verwendet wird.

Platzmangel, Kapazitätsgründe und Verkehrsprobleme führten dazu, dass Franz Oppenheim die AGFA in die Nähe der im Rhein-Main-Gebiet ansässigen Farbenfabriken verlagerte und neue Fabriken im Raum Bitterfeld errichtete. Greppin und Wolfen wurden Hauptproduktionsstandorte. 1909 wurde die Film- und Farbenfabrik Wolfen gebaut und 1910 in Betrieb genommen. Die Filmfabrik Wolfen entwickelte sich zum größten Werk dieser Art in Europa.

Im Berliner Werk waren 1905 236 Chemiker, Ingenieure und Angestellte sowie 1700 Arbeiter beschäftigt. Hier wurden während des Ersten

Weltkrieges Giftgase in Stahlflaschen abgefüllt, geliefert aus den Farbwerken Hoechst, Bayer und der Farbenfabrik Wolfen. Die Kampfstoffe Clark, Gelbkreuz, Blaukreuz und Phosgen kamen an der Front zum Einsatz. Beim ersten deutschen Gasangriff bei Langemark am 22. April 1915 wurden 6000 Stahlzylinder mit Chlorgas verwendet.

Als die AGFA 1925 in der IG Farbenindustrie AG aufging, brachte sie ein Goldmarkkapital von 58 Millionen, 1370 Chemiker, Ingenieure und kaufmännische Angestellte sowie 9200 Arbeiter in die Fusion ein. Der Zusammenschluss hatte zur Folge, dass eines der größten Industriekonglomerate in Europa entstand. Das Stammkapital betrug nach der Fusion 1,1 Milliarden Reichsmark, die Zahl der Beschäftigten lag über 80 000. Der Konzern, der seinen Hauptsitz in Frankfurt am Main hatte, war fortan führend in der Luftstickstoffindustrie sowie in der Erzeugung von Teerfarben, Sprengstoffen und Fasern.

Die IG Farben gehörte zu den Wegbereitern der NS-Diktatur. Nach 1933 paktierte das Unternehmen mit den Nationalsozialisten, 1937 waren nahezu alle Direktoren des Unternehmens Mitglieder der NSDAP. Die IG Farben war nicht nur in die Planung der Invasion Polens und der Tschechoslowakei einbezogen, sondern arbeitete auch mit an Arisierungsprogrammen und war 1941 beteiligt an der Errichtung des Vernichtungslagers Auschwitz.

Paul Mendelssohn Bartholdy konnte nicht ahnen, was einmal aus dem einst am Rummelsburger See von ihm mitbegründeten Unternehmen werden würde. Unvorstellbar für ihn war, dass 60 Jahre später das von der Degesch (Deutsche Gesellschaft zur Schädlingsbekämpfung), einer Tochterfirma der IG Farben, produzierte Zyklon B dazu benutzt werden würde, Millionen von Juden in den Vernichtungslagern zu ermorden.

Sebastian Hensel: Vom Landwirt zum Kaufmann

Der vierten Generation ist auch der Sohn von Fanny und Wilhelm Hensel zuzurechnen. Sebastian Hensel (1830–1898), als Einzelkind im Mendelssohn'schen Haus in der Leipziger Straße 3 aufgewachsen, musisch hoch begabt und talentiert auf vielen Feldern, entwickelte sich allerdings anders, als es sich die Eltern vorgestellt hatten.

Der dramatische Einschnitt in seinem Leben war der Tod Fannys 1847. Sebastian Hensel, damals eben 17 Jahre alt, hat unter dem Verlust der Mutter sehr gelitten. »Es gibt«, heißt es in seinen posthum von Paul Hensel herausgegebenen Erinnerungen, »Tage und Stunden und Augenblicke, die nicht aus dem Gedächtnisse schwinden können, sondern immer und immer, unverwischt durch die alles verwischende Zeit vor uns stehen. Am 14. Mai [1847] hörte meine Kindheit auf ... Ich lebte in der Familie, in ihr fand ich mein höchstes, mein einziges Glück, das wurde mit meiner Mutter zu Grabe getragen.«[49]

Nach dem Tod der Mutter kümmerte sich Rebecka Dirichlet, die Tante Sebastians, um den verwaisten Neffen.[50] Sie nannte ihn »mein lieber ältester Junge« und mahnte ihn mitunter in mütterlich scherzhaftem Ton, sich wie ein Gentleman zu verhalten. Als er sich 1856 mit Julie von Adelson verlobte, fügte sie ihrem Glückwunsch die Aufforderung hinzu: »Rekle Dich möglichst wenig, wasch Dich möglichst viel, habe reine Nägel, iß keinen Knoblauch und zieh sehr viel reine Wäsche an.«[51]

Das Verhältnis zwischen Rebecka Dirichlet und ihrem Neffen war von gegenseitigem Respekt bestimmt. Sebastian Hensel fand in Rebecka Dirichlet nicht nur den Mutterersatz, sondern hatte in ihr auch eine Vertraute, mit der er sich über Familiäres ebenso wie über Politisches austauschen konnte. Die Briefe, die sie im Revolutionsjahr 1848 wechselten, belegen, dass beide mit dem liberalen Lager sympathisierten und rege an den politischen Ereignissen Anteil nahmen.

Auch als »Beckchen«, wie Rebecka liebevoll in der Familie genannt wurde, mit ihrem Mann Gustav Lejeune Dirichlet 1855 nach Göttingen übersiedelte, wo dieser die Nachfolge von Gauß auf dessen Lehrstuhl antrat, rissen die Kontakte nicht ab. Regelmäßig wurden Briefe gewechselt, Rebecka erkundigte sich nach Sebastians Wohlergehen und berichtete von Besuchern wie beispielsweise ihrem alten Freund Karl August Varnhagen von Ense, der gemeinsam mit seiner Nichte Ludmilla Assing zu Besuch kam, aber auch von ihren Schwierigkeiten, in Göttingen Fuß zu fassen.[52]

Das Verhältnis zum Vater, der sich nach dem Tod seiner Frau zunehmend abkapselte, das Malen weitgehend aufgab, den Hausstand auflöste, Mahlzeiten in Gasthöfen oder rundum bei Verwandten einnahm, war nicht das beste. Wilhelm Hensel, der sein Leben nach dem Tod Fannys nicht mehr in den Griff bekam und mit den Zeitumständen haderte, erklärte wiederholt, er sei »seines Lebens müde«.[53] Im Rückblick berichtet Sebastian Hensel: »Es gibt nichts Trostloseres als dieses Leben, das Vater noch sehr lange Jahre führte.«

Sebastian Hensel war als Maler, wie er ironisch bekannte, ein »nicht ganz unbegabter Dilettant«. Wissend, dass es ihm an wirklichen Fähigkeiten mangelte, versagte er sich den Künsten und wurde Landwirt. Seine Liebe zur Scholle hatte er beim Onkel eines Hauslehrers entdeckt, auf dessen Gutshof in Klein-Machnow bei Berlin er das Landleben kennenlernte. Der Gutshof, die reichlichen Mahlzeiten, die Wanderungen durch die Felder, das Vieh, der Geruch der Ställe waren mehr nach seinem Geschmack als das unstete Leben eines Künstlers.

Anfang der fünfziger Jahre musste Hensel sich zum Militärdienst melden. Es war eine Zeit, so schreibt er in seinen Erinnerungen, des geistlosesten Kasernendrills und Gamaschendienstes. Am Ende seiner Dienstzeit kam es zu einem Vorfall, der ihm das Militär endgültig verleidete: Ein junger Garde-Kavallerieoffizier hatte sich antisemitisch geäußert, was Hensel so erboste, dass er sich auf seine Weise zur Wehr setzte – und zwar mit Spott und Hohn.

Als ein Wachtmeister ihn aufforderte, sein »Cocclovita«, wie er das curriculum vitae nannte, niederzuschreiben, damit er zur Offiziersprüfung zugelassen werde, verfasste Hensel einen Lebenslauf, der, provozierend gehalten, einen deutlich ironisch-satirischen Unterton hatte. Er sei, hieß es darin, nicht nur jüdischer Abstammung und Nachkomme des Philosophen Moses Mendelssohn, sondern bewundere darüber hinaus auch den Typus des Confaloniere, des Bannerträgers der Gerechtigkeit, der im mittelalterlichen Italien hoch angesehen war. Das war seinen Vorgesetzten zu viel des Guten. Sie teilten ihm mit, dass er nicht damit rechnen könne, zum Offizier befördert zu werden (was einige Jahre später allerdings dennoch geschah).

Nach Abschluss des Militärdienstes begann Hensel seine landwirtschaftliche Ausbildung auf verschiedenen Gütern in Pommern, in der Niederlausitz und in Schlesien. Anschließend ging er nach Hohenheim, um an der dortigen Landwirtschaftsakademie zu studieren. Es folgten eine Verwaltertätigkeit auf einem Pachtgut in der Priegnitz, die Heirat mit Juliette von Adelson (1836–1901), genannt Julie, der Tochter des kaiserlich-russischen Konsuls in Königsberg, und schließlich der Kauf des Gutes Groß Barthen in Ostpreußen, wo er zunächst mit Frau und Kindern, dann allein die Jahre verbrachte.

In seiner Zeit in Groß Barthen hatte Sebastian Hensel freundschaftlichen Umgang mit dem aus Königsberg stammenden Abgeordneten Johann Jacoby, einem 48er-Demokraten.[54] 1866 war er einer der Unterzeichner von Jacobys Wahlprogramm der Fortschrittspartei des Wahlkreises Königsberg-Fischhausen, in dem der Rücktritt der amtierenden preußischen Minister und die »Beachtung der Volksrechte« gefordert wurde.[55]

Trotz mancher Rückschläge, hauptsächlich bedingt durch Naturkatastrophen wie beispielsweise mehrfache Raupenplagen, die größere Schäden anrichteten, gelang es Hensel, das Gut Groß Barthen so zu führen, dass bald keine Schulden mehr auf ihm lasteten. Sein Onkel, Paul Mendelssohn-Bartholdy, lobte im Februar 1862, er fände es bemerkenswert, dass der Neffe aus eigener Kraft mit der »Gutsangelegenheit« zu Rande gekommen sei.

Mit seinen Gutsnachbarn kam Hensel einigermaßen zurecht – mit einer Ausnahme. Es gab einen Menschen, den er partout nicht ausstehen konnte und zu dem er jeden Kontakt vermied, nämlich August Graf von Dönhoff (1797–1874), einst preußischer Gesandter am Bundestag und 1848 kurzzeitig auch preußischer Außenminister. Über ihn, der nicht weit entfernt auf Schloss Friedrichstein logierte, bemerkte Hensel bissig: »Mit dem großen Dönhoff war von ›Umgang‹ überhaupt nicht die Rede, er war einer von der Sorte Adeliger, die wirklich glauben, dass in adeligen Adern anderes Blut fließt – es soll blau sein – als in bürgerlichen.«

Positiver als Sebastian Hensel hat die Enkelin August Graf von Dönhoffs, die Publizistin Marion Gräfin Dönhoff (1909–2002), ihren Großvater gesehen. In ihrem Erinnerungsbuch »Kindheit in Ostpreußen« beschreibt Marion Gräfin Dönhoff ihren Großvater als »weltläufig« und »gebildet«, als einen Menschen, der »mit den Künstlern und Wissenschaftlern seiner Zeit gut bekannt«[56] war.

Wegen des für sie nicht verträglichen Klimas kehrten Julie und ihre drei Kinder Fanny, Cécile und Paul (1860–1930) – Kurt und Lili wurden erst später geboren – Groß Barthen allerdings nach wenigen Jahren den Rücken und zogen nach Königsberg, später nach Berlin. Als es Sebastian Hensel zunehmend schwerer fiel, das Gut weiter rentabel zu bewirtschaften, entschloss er sich, Groß Barthen zu verkaufen und Frau und Kindern in die Hauptstadt zu folgen.

In Berlin vermittelte ihm Adelbert Delbrück (1822–1890),[57] Mitbegründer der Deutschen Bank und eine der maßgebenden Persönlichkeiten des Berliner Finanz- und Wirtschaftslebens jener Jahre, eine Direktorenstelle bei der neu gegründeten »Deutschen Baugesellschaft«, deren Aufgabe es unter anderem sein sollte, in der Stadt Markthallen zu errichten. »Lieber Hensel«, schrieb ihm sein Königsberger Freund Carl Witt Anfang 1872, »das nenne ich ein veni, vidi, vici! Es geht ja wie im Märchen zu; gestern noch vielbedrückter widerwilliger Besitzer eines Guts in der Pregelniederung und heute …«

Vom geruhsamen Landleben im Ostpreußischen war Hensel mit seinem Umzug in eine brodelnde Metropole geraten. Die Stadt durchlief zu dieser Zeit einen boomenden Urbanisierungsprozess. Das Baugewerbe in Berlin hatte Hochkonjunktur. Wohnungen wurden gebaut, Straßen und Plätze am Reißbrett entworfen und eine Stadtbahn geplant. Gegenüber anderen Gewerbezweigen hatte die Bauwirtschaft enorm an Bedeutung gewonnen, und Sebastian Hensel, fasziniert von der quirligen Aufbruchstimmung, fand einen Aufgabenbereich vor, der ihn voll und ganz in Anspruch nahm.

Das enorme Städtewachstum jener Jahre erforderte neue Organisationsformen für die Beschaffung, Verteilung und Kontrolle der Lebens- und Genussmittel in Berlin. Hensel entwickelte das Projekt zentraler Markthallen. Allerdings dauerte es einige Zeit, bis die Stadtverordnetenversammlung 1883 den Bau einer ersten Zentralmarkthalle am Alexanderplatz genehmigte. Bis 1898 folgten dann in rascher Folge weitere 15 Markthallen, von denen die meisten heute allerdings nicht mehr existieren.

Leicht umzusetzen waren die damals übernommenen Aufgaben schon deshalb nicht, weil die wirtschaftliche Depression der siebziger Jahre sich auch auf die Berliner Bauaktivitäten auswirkte. Hensel, der bis 1889 im Amt blieb, verbrachte, wie er sich später erinnerte, die längste Zeit damit, das Unternehmen zu stabilisieren, »siebzehn Jahre lang das lecke Schiff der Deutschen Baugesellschaft durch alle Strudel zu steuern und wieder seetüchtig zu machen«.

Ein Jahr nach Beginn seiner Tätigkeit in Berlin wurde Hensel auch die Direktion der Berliner Hotelgesellschaft übertragen. Die Deutsche Baugesellschaft hatte ein Gelände am Wilhelmplatz gekauft, das allerdings nicht, wie zunächst gedacht, für den Bau von Mietshäusern geeignet war. Auf dem Geviert wurde stattdessen das Hotel Kaiserhof errichtet, dessen Direktor Hensel wurde.

Das Gebäude, freistehend und mit Fenstern in jede Richtung, galt, wie die Bauhistoriker noch heute meinen, als bürgerliche Antwort auf das kaiserliche Stadtschloss. Wilhelm I., der das Hotel ein »Denkmal des Bürgerfleißes« genannt hat, stellte bei einem Besuch kurz vor der Eröffnung denn auch bekümmert fest, dass er es so schön zu Hause – und damit meinte er das Schloss – nicht habe.

Das Hotel, das teilweise abbrannte, dann aber in Rekordzeit wieder aufgebaut wurde, verfügte über allen modernen Komfort. Der Gast hatte nicht nur ein Badezimmer und Zentralheizung, sondern fand auch bequemes und zweckmäßiges Mobiliar vor, gleichmäßige und sofort verfügbare Beleuchtung mit Gaslampen, später auch elektrisches Licht, Telefon und Aufzüge.

Die Ausstattung des Kaiserhofes wurde Maßstab für weitere Berliner Hotelneubauten wie das Central-Hotel am Bahnhof Friedrichstraße, das Bristol Unter den Linden und das Adlon am Pariser Platz. Grand Hotels dieser Kategorie, in denen nicht nur auswärtige Besucher abstiegen, sondern wo man sich auch zum Fünf-Uhr-Tee mit Tanzmusik in der Hotelhalle traf, trugen zum Weltstadtcharakter Berlins bei.

Die Atmosphäre, die in diesen Häusern herrschte, beschrieb ein unbekannter Autor einige Jahre später in »Velhagen & Klasings Monatsheften« wie folgt: »Vorherrschend Jugend, mit würdigen ›Müttern‹ dazwischen. Junge Frauen, junge Mädchen, junge Offiziere. Berlin W und Agrarierkinder, Hofgesellschaft und Tiergartenviertel. Ein leises Raunen, ein verstecktes Kichern – viel, viel, sehr viel Flirt.«[58]

Der Kaiserhof, der das Auf und Ab der deutschen Geschichte miterlebt hat, sah viele Prominente, Staatsgäste aus aller Herren Länder, wurde aber ab 1930 auch zur bevorzugten Unterkunft der NS-Spitze. 1932 war Hitler für längere Zeit in dem Hotel zu Gast, und 1935 ließ Hermann Göring, Hitlers Paladin, seine Hochzeit mit der Schauspielerin Emmy Sonnemann vom Hotel ausrichten. Die Geschichte des Hauses fand ihr Ende, als im Zweiten Weltkrieg der Kaiserhof, wie alle anderen Grand Hotels der Stadt, den Bomben zum Opfer fiel.

Sebastian Hensel hatte bereits 1880 die Leitung des Kaiserhofs niedergelegt. Das Hotelfach war nicht nach seinem Geschmack. In seinen »Erinnerungen« bemerkt er, er habe stets eine Vorliebe für das Aufbauen, nicht aber für das Verwalten gehabt. Fortan widmete er sich wieder verstärkt der Baugesellschaft und war bis zu seinem Ausscheiden 1889 damit beschäftigt, Häuser und Wohnungen zu renovieren, abzustoßen und sich mit renitenten Mietern herumzuschlagen.

In seinen Erinnerungen beschreibt er mit der ihm eigenen Ironie die täglichen Vorkommnisse. Da trat, berichtet er beispielsweise, eines Tages ein »äußerst semitisch aussehender Herr« in sein Büro, der nach einem Terrain für einen Synagogenneubau suchte, und als Hensel zu erkennen gab, dass er aus einer jüdischen Familie stamme, platzte es aus diesem sofort erfreut heraus: »Herr Direktor, Sie sind einer von unsre Leut'.« Hensel, peinlich berührt, war froh, diesen Mann wieder los zu sein und die Tür hinter ihm schließen zu können.

Wenig später tauchte ein anderer Kunde auf, Mieter eines kleinen Tabakladens, offensichtlich ebenfalls ein Jude, der ihm, um sein Anliegen zu befördern, stillschweigend sechs Zigarren auf den Tisch legte, worauf Hensel, den Versuch der Bestechung witternd, ihn lautstark aus seinem Büro hinauskomplimentierte. Der Herr, darüber erbost, schrie: »So bin ich noch nie behandelt worden, Sie müssen ein Partisan von Stoecker sein!« Hensel, amüsiert darüber, was alles an einem Arbeitstag geschehen konnte, fasste das Erlebte kurz und bündig mit folgenden Worten zusammen: »Einer von unsre Leut'« und »Partisan von Stoecker« (einem notorisch antisemitischen Theologen der Zeit) – »und das alles im Lauf von fünf Minuten.«

Sebastian Hensel schätzte wie alle Hensels das Kalauern. Seine Enkelin Cécile Lowenthal-Hensel hat die »Kaulaueritis« als eine Art »Erbkrankheit« der Hensels bezeichnet.[59] In der Familie entwickelte sich sogar so etwas wie ein spezifischer Familienjargon. Die jüngste Hensel-Tochter Lili, die spätere Frau des bekannten Altphilologen Alard du Bois-Reymond, hat diese Sprache lexikalisch aufbereitet und ein Manuskript mit Titel »Der richtige Hensel in Worten und Redensarten«[60] verfasst.

Der Familienchronist und Schriftsteller

Im Alter von 59 Jahren schied Hensel aus der Baugesellschaft aus und widmete sich in seinen letzten Lebensjahren ausschließlich seinen musischen und intellektuellen Neigungen. Ein besonderer Genuss, den er sich in seiner neu gewonnenen Freizeit gemeinsam mit seinem Sohn Paul gönnte, war der Besuch von Vorlesungen über die Epoche der römischen Kaiserzeit bei Theodor Mommsen an der damaligen Friedrich-Wilhelm-Universität. Die Vorlesungsmitschriften der Hensels, beide aufmerksame Hörer Mommsens, liegen mittlerweile ediert vor.[61]

Schon in seiner Zeit als Landwirt und später als Immobilienunternehmer hat sich Sebastian Hensel schriftstellerisch betätigt. Das Buch »Die Familie Mendelssohn«, in den sechziger Jahren verfasst und 1879 zum ersten Mal veröffentlicht, verkaufte sich unerwartet gut. Für Hensel war die Beschäftigung mit der Familiengeschichte, wie er in seinen Erinnerungen schreibt, wie eine »Oase in der Wüste der Deutschen Baugesellschaft«.

Das Werk, im deutschen Judentum viel gelesen und vor 1933 ein beliebtes Konfirmations- und Bar-Mizwa-Geschenk, stilisierte und idealisierte die Mendelssohns. Bei seinem ersten Erscheinen 1879 zeigten sich verschiedene Angehörige der Familie mit dem Inhalt keineswegs einverstanden. Den einen erschienen die Schilderungen Hensels zu glatt, in Teilen allzu geschönt; es sei, so bemängelten die anderen, kritiklos. Dennoch entwickelte sich das Buch zum Bestseller. Bis 1933 sind insgesamt 18 Auflagen von Hensels Familienbiographie erschienen.

Paul, der älteste Sohn Sebastian Hensels, der sich später einen Namen als Philosoph machte (man nannte ihn den »Sokrates von Erlangen«),[62] merkte 1900 im Geleitwort zur zehnten Auflage an, dass das Werk seines Vaters in der deutschen Memoirenliteratur eine eigentümliche Stellung einnehme: »Nicht ein einzelner Mensch steht im Mittelpunkt, sondern es ist die geistige Entwicklung einer Reihe von Menschen.«[63]

Den Erfolg der Mendelssohn-Chronik versuchte Paul Hensel damit zu erklären, dass es seinem Vater gelungen sei, die Sehnsucht der Menschen nach den vergangenen Zeiten anzusprechen. »Es sind«, so schrieb er, »Töne wie aus einer vergessenen Welt, die aus diesem Buch zu uns herüberklingen; fast alle Interessen, die unser modernes Leben bewegen, sind den Menschen, von denen dieses Buch handelt, fremd geblieben ihr Leben hindurch.«[64] Die Menschen griffen zu dem Buch, weil in ihm die Rede war von der guten, alten Zeit, in der es noch halbwegs geruhsam zuging und man sich keine Sorgen um die Zukunft machen musste.

Die in dem Buch geschilderten Personen orientieren sich am Schönen und Guten. Störendes gibt es kaum, wenn doch, wird es sybillinisch umschrieben. Die Welt ist in Ordnung, weil sie in Ordnung zu sein hat. »Es entspricht«, bemerkte Felix Gilbert, »der allgemeinen Tendenz von Hensel, die eckigen und scharf profilierten Züge der einzelnen Persönlichkeiten abzuschleifen und die Familie als in ungestörter, goldener Harmonie lebend zu beschreiben.«[65]

Beim heutigen Leser hinterlässt das Buch den Eindruck, als seien die hauptsächlichen Interessen der Familie Musik, Kunst und Literatur gewesen. Die Rolle der Mendelssohns im wirtschaftlichen Leben wird nur gestreift, die Probleme des Übertritts einzelner Familienmitglieder zum Christentum nur beiläufig behandelt. Die »Idealisierung« und »Stilisierung«, von manchen bemängelt, hatte zur Folge, dass sich das Buch wie ein Erbauungsbuch liest, wodurch jedoch »das Leben der Familie von den Geschehnissen der Zeit [geradezu] abgelöst«[66] erscheint.

Berücksichtigt werden muss allerdings auch, dass die Familie kein sonderliches Interesse daran hatte, in einer Zeit völkischen Aufbruchs und zunehmenden Antisemitismus Familieninterna in die Öffentlichkeit zu tragen. Die jüdische Herkunft der Familie verschwieg man, wo es nur ging. Sie zu thematisieren, sahen viele Familienmitglieder keinen Anlass. Unangenehmen Attacken ging man möglichst aus dem Weg.

In einer Zeit, in der Richard Wagners antisemitische Ideen im Bürgertum zunehmend auf Resonanz stießen und das Gespann Stoecker und Treitschke immer unverhohlener gegen alles, was als jüdisch angesehen wurde, zu hetzen begann, verspürte man keine große Neigung, Außenstehenden Einsicht in die Familieninterna zu geben. Man fürchtete, und das wohl zu Recht, die Geschäftsinteressen könnten Schaden nehmen.

Sebastian Hensel hat nicht nur seine berühmte Familien-Chronik verfasst, er schrieb auch eine Biographie über den mit ihm befreundeten Königsberger Gymnasiallehrer Carl Witt (1815–1891)[67] und besorgte die Übersetzung der Biographie Friedrichs III. von Rennell Rodd aus dem Englischen. Das Lebensbild Friedrichs III., das mit einer Einleitung der

»Kaiserin Friedrich« versehenen war,[68] erschien 1888, wenige Monate nach der Nobilitierung von Hensels Vetter Franz (von) Mendelssohn. Das Buch, wiederum ein Publikumserfolg, erlebte schon im ersten Jahr mehrere Auflagen.

In der Familie wusste man, dass Sebastian Hensel auch ein begnadeter Märchenerzähler war. Für seine Kinder Fanny, Lell (Cécile), Paul, Tui (Kurt) und Jta (Lili) schrieb er 1865 die Geschichte »Tanne, Biene und Apfelbaum, Das Ganze ein fröhlicher Weihnachtstraum«, die erst in unserer Zeit einem größeren Kreis von Liebhabern graphischer Kunst zugänglich gemacht wurde. Das Manuskript, in säuberlich kalligraphierten Versen geschrieben und mit bunten Aquarellfarben illustriert, wurde in der Familie bis in unsere Gegenwart aufbewahrt und 1963 in einer limitierten Auflage veröffentlicht.[69]

Für die Töchter seines Neffen Franz von Mendelssohn, Emma, Enole und Margarethe, verfasste Hensel wenige Monate vor seinem Tod das Märchen »Die Zugvögel«, ein 44-seitiges, reich illustriertes Bilderbuch.[70] Erzählt wird darin die Reise von Mutter Nachtigall und ihrem verletzten Jungen gen Süden. Sie beginnt im Garten des Charlottenburger Sommerhauses der Mendelssohns, führt über das Mendelssohn-Gut Horchheim bei Koblenz und das Heimatgut der Großmutter Enole Biarnez in Südwestfrankreich nach Nordafrika und wieder zurück.

Die Erzählung liest sich wie ein für Kinder geschriebener Kommentar zur Familien-Chronik. Hensel war bemüht, den Nachkommen die Welt, wie er sie noch selbst erlebt hatte, in einfachen Worten zu erklären. Das Sommerhaus beispielsweise, die Villa Sorgenfrei, wird folgendermaßen geschildert: »In Charlottenburg, zu der Zeit als es noch ein kleines, stilles Dörfchen war, lebte in einem herrlichen Garten jeden Sommer ein Nachtigallenpaar. Gegen die Straße war der Garten mit einer hohen Mauer abgeschlossen; durch ein eisernes Gittertor trat man ein und ging durch eine Allee schöner, alter Bäume nach dem langen, einstöckigem Haus.«

Die Botschaft, die Sebastian Hensel der nächsten Generation der Mendelssohns, der sechsten, vermitteln wollte, lautet kurz und bündig zusammengefasst, dass man im Verlauf eines Lebens in der Welt herumkommen könne, am schönsten sei es aber doch immer zu Hause. Die »Zugvögel«, das Nachtigallenpaar Dur und Molly, außerhalb ihrer Heimat ungeliebt, weil sie in fremde Reviere einfallen, kehren schließlich dorthin zurück, wohin sie nach Ansicht Hensels gehören: in den Park der Villa Sorgenfrei in Charlottenburg.

Robert und Franz von Mendelssohn

Mit seinen Neffen Robert und Franz von Mendelssohn, Angehörigen der fünften Generation, war Sebastian Hensel eng verbunden. In seinen »Zugvögeln« findet »Roby« (normalerweise schrieb man Robert von Mendelssohn »Robi«) besondere Erwähnung. Aus dem Mendelssohn'schen Anwesen Eich[en]berg,[71] heißt es in den »Zugvögeln«, habe dieser den »herrlichsten Tempel der edelsten Musik« geschaffen. »Ach!«, bemerkte Hensel, und ein bedauernder Unterton ist herauszuhören: »Es waren schöne Zeiten!«

Robert von Mendelssohn (1857–1917), der nach dem Tod von Ernst (von) Mendelssohn-Bartholdy zum Seniorchef aufstieg und die Leitung von Mendelssohn & Co übernahm, war mit der florentinischen Sängerin und Pianistin Giulietta Gordigiani (1871–1955) verheiratet, die er im Hause der Schauspielerin Eleonore Duse kennengelernt hatte. Ihre Tochter Eleonore machte Karriere als Schauspielerin, der Sohn als Cellist.

Robert und Giulietta von Mendelssohn standen in engem Kontakt zu dem Violinvirtuosen Joseph Joachim. Sie verkehrten freundschaftlich mit ihm und ebneten ihm auf finanziellem Gebiet manche Wege. Damit setzten sie eine Familientradition fort, die auf Felix Mendelssohn Bartholdy zurückging, der sich schon sehr früh um den jungen Joseph Joachim gekümmert und dem dieser seinen Aufstieg zu verdanken hatte.

Wie eng die Kontakte zu Joachim waren, belegen nicht nur zahlreiche Fotografien aus dem Jahr 1901, auf denen Franz und Robert von Mendelssohn gemeinsam mit dem Musiker zu sehen sind,[72] sondern auch eine Äußerung Joachims. »Die Mendelssohnsche Familie«, schrieb er am 22. Juli 1885 an seinen Bruder Heinrich, »ist von rührender Güte und Aufmerksamkeit für mich, das Franz'sche wie das Ernst'sche Haus.«[73]

Der Liebe der Mendelssohns zur Musik ist es auch zu verdanken, dass jenes Stradivari-Cello erstanden werden konnte, mit dem Alfredo Piatti im Juli 1844 in London Felix Mendelssohn Bartholdys Cello-Sonate

B-Dur, op. 45, uraufgeführt hatte. Robert und sein Vater Franz (von) Mendelssohn hatten bei einem Essen in London im Sommer 1883 Piatti getroffen, »nebst Cello, das in der Tat fast ebenso schön zu sehen wie zu hören ist«.[74]

Bei diesem Essen scheint der Plan entstanden zu sein, das Cello zu erwerben. Nach dem Tod Piattis 1901 hat Robert von Mendelssohn das Instrument von dessen Tochter in Bergamo gekauft. Welche Summe dafür bezahlt wurde, ist nicht bekannt. Wir wissen nur, dass es nicht die erste Stradivari in Mendelssohn'schem Besitz war. Roberts Vater, Franz (von) Mendelssohn, war bereits im Winter 1887 einer Bitte Joseph Joachims nachgekommen und hatte eines der seltenen Instrumente erworben.[75]

Robert hat sich mit seinem Bruder Franz von Mendelssohn nach dem Tod von Joseph Joachim im Übrigen dafür eingesetzt, dass diesem zu Ehren vom Bildhauer Adolph von Hildebrand eine Bildnisbüste angefertigt wurde. Die Büste, Teil eines Denkmals, von den beiden Mendelssohns mitfinanziert, wurde am 5. Juni 1915 im Foyer des Konzertsaales der »Königlichen akademischen Hochschule für Musik zu Berlin-Charlottenburg« aufgestellt.

Zwei Jahrzehnte später fiel das Denkmal samt Büste einem Akt des Vandalismus zum Opfer. SA-Männer warfen sie zusammen mit einer anderen Joachim-Büste auf einen eilig zusammengetragenen Haufen nicht mehr erwünschter Memorabilia, von denen man meinte, sie müssten aus den Räumen der Akademie entfernt werden. Auf dem von den SA-Männern aufgetürmten Haufen mit Büsten, Fotografien, Plakaten und Büchern war ein Plakat angebracht, das die sattsam bekannte Inschrift »Juden raus« trug.

Robert von Mendelsohn, ab 1909 Seniorchef des Bankhauses Mendelssohn & Co, hatte schon als junger Mann Talente für das Bankgeschäft erkennen lassen. In einem Brief an den Vater, der das Datum vom 20. Juli 1882 trägt, regte sich der Fünfundzwanzigjährige darüber auf, dass Angestellte des Bankhauses privat in Börsenspekulationen verwickelt seien und dabei erhebliche Summen verloren hätten. »Nun finde ich«, bemerkte er gegenüber dem Vater, »daß es gewiß im höchsten Grade wünschenswert ist, daß man eine genaue Controlle über alles, was die Leute mit ihrem Geld anfangen, hat, und daß es durchaus unzuläßig ist, daß sie hinter unserem Rücken spekulieren.«[76]

Belegt ist, dass Robert von Mendelssohn 1911 ein Vermögen von etwa 25,2 Millionen Mark besaß und ein jährliches Einkommen von etwa zwei Millionen Mark zu versteuern hatte. Damit rangierte er in der Gruppe der 20 reichsten Männer der Hauptstadt an 13. Stelle. Vor ihm auf der Liste standen nur noch der Kaiser, Fritz von Friedländer-Fuld, Rudolf Mosse, Sigmund Aschrott, Richard Haniel, Eduard Arnold, James Simon, Willi von Dirksen, Hans von Bleichröder, Eduard Uhles, Louis Ravené und Oskar Huldschinsky.

Über die Tätigkeit Robert von Mendelssohns als Seniorchef wissen wir vergleichsweise wenig. Dokumentiert ist nur, dass Mendelssohn & Co unter seiner Leitung in ein unter Führung der Deutschen Bank stehendes Konsortium für türkische Anleihen eintrat und dass er 1910 an der Spitze eines anderen Konsortiums stand, das für den deutschen Teil einer damals aufgelegten marokkanischen Staatsanleihe verantwortlich zeichnete.[77]

Mendelssohn & Co pflegte, was seine Geschäfte betraf, äußerste Diskretion; Robert war bemüht, so wenig wie möglich von seinen Geschäftsaktivitäten nach außen dringen zu lassen. Wenn er sich entschloss, einen Posten anzunehmen, wie beispielsweise den des Königlich-Schwedischen Generalkonsuls, dann tat er es, weil er überzeugt war, es diene den Interessen des Hauses. Das galt insbesondere auch für die Aufsichtsratsmandate, die er unter anderem bei der Deutsch-Asiatischen Bank in Shanghai, der Berliner Assekuranz-Gesellschaft von 1832 und der Bank des Berliner Cassen-Vereins übernahm.

Mendelssohn & Co hatte sich unter Ernst (von) Mendelssohn-Bartholdy und nach ihm unter Robert von Mendelssohn zu einer der bedeutendsten Emissionsfirmen Europas entwickelt. Im internationalen Geschäft spielte das Bankhaus eine zunehmend bedeutendere Rolle, bedeutender als manches weltberühmte französische oder englische Unternehmen.

Das galt insbesondere für das Geldgeschäft, in dem Mendelssohn & Co hinsichtlich des Geschäftsvolumens im Verlauf der Jahre einige deutsche Aktiengroßbanken überflügelte. Nach wie vor bestimmte dabei das Engagement in Russland einen großen Teil der Aktivitäten. Das Bankhaus handelte mit Staats- und Eisenbahnanleihen, fädelte russische Handelskreditgeschäfte ein und war tätig auf einem Spezialgebiet, dem der Rubelkursregulierungen.

Im Ersten Weltkrieg stand Mendelssohn & Co vor dem Problem, den Zinsendienst für die vor dem Krieg ausgegebenen russischen Anleihen bedienen zu müssen. Da Russland Kriegsgegner war, bedurfte es überlegter Interventionen und Maßnahmen an der Börse, die Mendelssohn & Co zum allgemeinen Staunen der Fachwelt mit Bravour bewerkstelligte. »Die Mendelssohns bleiben«, meinte der Journalist Leo Jolles 1915 bewundernd, »was sie sind. Ob mit oder ohne Russen.«[78]

Robert von Mendelssohn war trotz seines weltmännischen Auftretens und seines liberalen Lebensstils ein Mann von »patriotischer« Gesinnung. Er suchte und pflegte die Kontakte zur Politik. In bestimmten Situationen scheute er nicht davor zurück, Position zu beziehen. So war er dabei, als es 1898 zur Gründung des »Flottenvereins« kam, mit dem in der Bevölkerung um Verständnis für den Ausbau der Kaiserlichen Flotte geworben wurde.

Und anlässlich der Reichstagswahlen 1907 unterzeichnete Robert von Mendelssohn gemeinsam mit Albert Ballin, Friedrich Dernburg, Paul von Schwabach und anderen Prominenten den Aufruf des »Komitees Patria« zur Abwehr von Sozialdemokratie und Zentrum. Robert von Mendelssohn gab für diesen Zweck den Betrag von 30 000 Reichsmark, sein Bruder Franz 25 000 Reichsmark. Der Kaiser bedankte sich persönlich bei Robert von Mendelssohn für dessen generöse Spende.[79]

Als Robert von Mendelssohn im August 1917 starb, folgte ihm sein sieben Jahre jüngerer Bruder Franz von Mendelssohn (1865–1935) als Seniorchef des Hauses nach. Das Alltagsgeschäft überließ er allerdings Rudolf Loeb, der es nach Arthur Fischel als zweiter »Nicht-Mendelssohn« zum Mitinhaber von Mendelssohn & Co gebracht hatte und umsichtig die Interessen des Hauses nach außen vertrat.

Franz von Mendelssohn, der sich nicht als Bankier, sondern als Bankherr bezeichnet wissen wollte, nahm für Mendelssohn & Co die Rolle des »Außenministers« wahr.[80] Anders als sein Bruder Robert fand er an der Verbandsarbeit und der Rolle des Finanzpolitikers Gefallen. Die Fäden, die er in den verschiedenen von ihm wahrgenommenen Funktionen zu ziehen verstand, waren für Mendelssohn & Co von Vorteil, mehr aber noch für die Finanzwirtschaft im Ganzen.

Auch Franz von Mendelssohn war wie sein etwas älterer Bruder Robert für die damaligen Verhältnisse sehr wohlhabend. Die Steuerveranlagungsakten des Jahres 1911 weisen ihn für die Orte Charlottenburg, Wilmersdorf und Grunewald mit einem Vermögen von 25 Millionen Mark und einem jährlichen Einkommen von 2,6 Millionen Mark als vermögenden Mann aus.[81]

In den Ranglisten der Reichen und Einkommensstarken stand Franz von Mendelssohn unmittelbar hinter Hermann Wallich und Wilhelm von Siemens an dritter Stelle, noch vor Oscar Tietz, Thilo von Wilmowski, Fürst zu Solms-Baruth und Ernst Borsig, deren Vermögen und jährliches Einkommen nicht an den Reichtum Franz von Mendelssohns heranreichten.

Wie die Simons, Mosses und andere reiche Familien jüdischer Herkunft fühlten sich auch die Mendelssohns in der Zeit des Wilhelminischen Kaiserreiches zu sozialem Engagement verpflichtet. Sie waren an der Gründung von Stiftungen und Sozialvereinen beteiligt, die sich der Versorgung und Betreuung minderbemittelter oder kranker Großstadtkinder annahmen. Franz von Mendelssohn gründete mit seinem Freund James Simon beispielsweise den konfessionsübergreifenden »Verein zum Schutz der Kinder vor Mißhandlung und Ausnutzung«, der in zahlreichen Orten in Deutschland Zweigkomitees besaß.

Für den Verein in Berlin stellten Mendelssohn und Simon die notwendigen Gelder zur Verfügung, damit in Berlin-Zehlendorf das »Haus Kinderschutz« errichtet werden konnte, in dem etwa hundert Kinder bis zum Konfirmationsalter erzogen wurden. Es heißt, die Mittel, die für die Erzieher und Kinder aufgewendet wurden, hätten mehrere Hunderttausend, vielleicht sogar mehr als eine Million Mark betragen.[82]

Franz von Mendelssohn teilte wie so viele seiner Zeitgenossen die Verehrung für Bismarck, den einstigen Reichskanzler. Im Jahre 1911 wurde er zum Mitglied einer Jury zur Errichtung eines Bismarck-Denkmals bei Bingen am Rhein berufen. Der Kommission gehörten außer ihm unter anderem Theobald von Bethmann Hollweg, Bernhard Fürst von Bülow, der Industrielle Emil Kirdorf, der Museumsdirektor und Kunsthistoriker Alfred Lichtwark sowie Max Dessoir und Hermann Muthesius an.[83]

Ob Franz von Mendelssohn geahnt hat, dass das Denkmal niemals realisiert werden würde? Wahrscheinlich hat er ähnlich wie Walther Rathenau gedacht, der am 7. Oktober 1912 an Alfred Lichtwark schrieb:

»Ich glaube, die Natur wird sich helfen und die Denkmalssache an der Schwindsucht des Portemonnaies sterben lassen.«[84]

Wie sein Großonkel Ernst (von) Mendelssohn-Bartholdy wurde auch Franz von Mendelssohn 1913 zum Mitglied des Preußischen Herrenhauses berufen. Um Überschneidungen in den Repräsentationspflichten zu vermeiden, legte er das Amt des belgischen Generalkonsuls nieder, das ihm kurz zuvor angetragen worden war. Die Protokolle verzeichnen allerdings in den Jahren seiner Mitgliedschaft keine Redebeiträge.

In der Session des Herrenhauses 1916/18 arbeitete Franz von Mendelssohn in einer Kommission mit, die sich mit der Vorbereitung des Antrags zum uneingeschränkten U-Boot-Krieg befasste. Die konstituierende Sitzung dieser Kommission fand am 27. März 1917 statt. Ein Antrag, der von Wilhelm Graf von Hoensbroech (1849–1922) eingebracht worden war, wurde von etwa 90 Personen unterstützt. »Die Freigabe des uneingeschränkten U-Bootkrieges hat in allen Kreisen unseres Volkes eine so begeisterte Zustimmung gefunden, dass auch das Herrenhaus Anlass nehmen sollte, dieser Tatsache Ausdruck zu geben in der festen Zuversicht, daß diese Form der Kriegsführung ausschlaggebend für die Niederringung unseres Hauptgegners sein wird.«[85]

Welche Position Franz von Mendelssohn in dieser Kommission bezogen hat,[86] ist nicht mehr zu rekonstruieren. Da er weder zu den Verfassern noch zu den Unterstützern der Resolution gehörte, von denen die meisten der extremen Kriegspartei zuzurechnen waren, ist davon auszugehen, dass Franz von Mendelssohn dem Anliegen zumindest distanziert, wenn nicht deutlich ablehnend gegenüberstand und als Vertreter der Resolutionsgegner in der Kommission gelten kann.

Ein Beleg für die Zurückhaltung Franz von Mendelssohns ist, dass er zusammen mit seinem Bruder Robert am 27. Juli 1915 ein Schreiben an den Reichskanzler Bethmann Hollweg unterzeichnete, in dem Annexionen abgelehnt und für einen abzuschließenden Frieden plädiert wurde. Unter den nahezu hundert Unterzeichnern befanden sich die Namen bekannter Persönlichkeiten wie Albert Einstein, Adolf von Harnack, Max Planck, Gustav von Schmoller, Paul von Schwabach, Max Weber und Theodor Wolff.[87]

Die gute alte Zeit

Mit Robert und Franz von Mendelssohn war die Familie an die Spitze der preußisch-deutschen Gesellschaft aufgerückt. Als Bankiers anerkannt, als Unterstützer von in Bedrängnis geratenen Wohlfahrtseinrichtungen und Menschen sowie als großzügige Förderer der Wissenschaften und der Künste geschätzt, schienen sie alles erreicht zu haben, was für sie in der wilhelminischen Gesellschaft zu erreichen war.

Man ließ sich in Charlottenburg nieder oder bezog eine herrschaftliche Villa im Grunewald. Der Historiker Felix Gilbert, ein Urenkel Felix Mendelssohn Bartholdys, hat in seinen Erinnerungen, die er »Lehrjahre im alten Europa« genannt hat, die Berliner Atmosphäre um die Jahrhundertwende beschrieben. Es sind Erinnerungen an die gute, alte Zeit, Erinnerungen an eine unbeschwerte Kindheit im Kaiserreich, die allerdings in Ansätzen bereits spüren lassen, dass am Horizont dunkle Wolken aufzogen: »Schon zu diesem Zeitpunkt meiner Kindheit wurde mir bewußt, dass man nicht immer alles so haben kann, wie es vorher gewesen ist, daß alles ein Ende hat.«[88].

Residierten die Oppenheims in der Charlottenburger Schloßstraße, so hatten Robert und Franz von Mendelssohn ihr Domizil im Berliner Grunewald, dem Viertel, das Christopher Isherwood bissig einen »regelrechten Slum für Millionäre«[89] genannt hat. Zwischen 1901 und 1903 ließ Robert sich dort von den Regierungs-Baumeistern Reimarus und Hetzel in der Herthastraße 1 und Königsallee, mit Eingang von der Königsallee 16, eine Villa erbauen. Bei der Inneneinrichtung wurde er von Wilhelm von Bode beraten,[90] dem späteren Generaldirektor der preußischen Museen.

Nicht weit entfernt von seinem Bruder, nur getrennt durch den künstlich angelegten Herthasee, hatte sich auch Franz von Mendelssohn in der Bismarckallee vom kaiserlichen Hofbaurat Ernst von Ihne 1896 bis 1898 auf einem 23 000 m^2 großen Gelände ein Wohnhaus errichten lassen. Es war, folgt man den Berichten und Beschreibungen, ein schlossartiges Anwesen, das allgemein nur das »Palais Mendelssohn« genannt wurde. Im Berlin der Jahrhundertwende galt das Anwesen als eine der bekanntesten Adressen der Stadt.

In den repräsentativen Räumen, deren Wände holzgetäfelt oder seidenbespannt waren, hingen nicht nur Gemälde van Goghs, Cézannes, Manets und die Werke alter niederländischer Maler; in diesen Räumen war auch eine private Grundschule untergebracht. Sie wurde nicht nur von Kindern der Familie, sondern auch von Nachbarskindern besucht, darunter beispielsweise die Tochter Maximilian Hardens, Samuel Fischers Tochter Brigitte, Tutti genannt, und Nicolaus Sombart, der Sohn des Wirtschaftswissenschaftlers Werner Sombart.

Sombart, der mehr als 50 Jahre später einen Bericht über seine Kindheitsjahre in Berlin verfasst hat, erinnerte sich, dass er »eine Privatklasse im Mendelssohn-Palais besuchte – wo ich zwar noch nicht die Rembrandts und van Goghs in der Halle zu identifizieren wusste, aber doch noch mehr beeindruckt war von der Livree der würdigen Diener, die uns in den Unterrichtsaal führten«.[91]

Einen geradezu legendären Ruf hatten die Einladungen der Mendelssohns. In ihren Villen im Grunewald verkehrten Industrielle und Politiker, aber auch prominente Wissenschaftler wie Albert Einstein und Max Planck. Auch damalige Größen des Musiklebens wie Yehudi Menuhin, Edwin Fischer oder Rudolf Serkin waren gerngesehene Gäste der Mendelssohns.

Selbst eine so mondäne Erscheinung wie die Tänzerin und Choreographin Isadora Duncan war häufig zu Gast bei den Mendelssohns. Von ihr ist eine letzte Bemerkung überliefert, von der man nicht so genau weiß, ob sie stimmt oder nur gut erfunden ist: »Adieu, mes amis. Je vais à la gloire« (Adieu, meine Freunde. Ich fahre zum Ruhm), soll sie gesagt haben, bevor sie am 14. September 1927 ihr neues Auto zu einer Probefahrt bestieg. Beim Anfahren verfing sich ihr Schal in den Speichen des rechten Hinterrades, wodurch sie sich selbst strangulierte. Das Ereignis war Stadtgespräch, und der Satz ging in Nachschlagewerke ein, die »letzte Worte« von Berühmtheiten sammeln.

Robert von Mendelssohn veranstaltete mit seiner Frau Giulietta in regelmäßigen Abständen Hauskonzerte, die entweder in der Herthastraße oder in den Räumen des Hauses Jägerstraße 51 stattfanden.[92] Eine Bekannte Robert von Mendelssohns und seiner Frau, die in der Nähe von London geborene Leila von Meister, seit 1900 mit dem Landrat Wilhelm von Meister in Homburg vor der Höhe verheiratet, schrieb in ihren Erinnerungen: »Robert Mendelssohn upholds the family traditions by always having wonderful music in his house.«[93]

Von Roberts jüngerem Bruder, Franz von Mendelssohn, wissen wir, dass er eine Zeit lang Schüler Joseph Joachims war und als begabter Geigenspieler galt. Anlässlich eines Wohltätigkeitskonzertes, so heißt es, habe er zusammen mit Albert Einstein und den Berliner Philharmonikern Johann Sebastian Bachs Konzert für zwei Violinen und Orchester gespielt. So jedenfalls wird es überliefert.

Der Pianist Robert-Alexander Bohnke, Enkel Franz von Mendelssohns, erinnerte sich bei einem Besuch Berlins 2002, dass bei manchen der Veranstaltungen, zu denen »tout Berlin« zusammenkam, bis zu 250 Gäste den Musiksalon und die angrenzenden Räume füllten. Folgt man Bohnkes Bericht, kam es dabei zu mancherlei amüsanten Szenen, so als Albert Einstein bei einer Veranstaltung Geige spielte und der Pianist Arthur Schnabel ihm zurief: »Ja werden Sie denn niemals lernen, bis drei zu zählen.«[94]

Wie offen die Häuser der Mendelssohns waren, wird deutlich daran, dass man selbst Vertreter aus politischen Lagern einlud, mit denen man sonst nichts zu tun hatte, vorausgesetzt allerdings, die Eingeladenen wären interessant und man konnte sich mit ihnen schmücken. Einer von ihnen war der Anarchist Gustav Landauer, der 1919 bei der Niederschlagung der bayerischen Räterepublik ermordet wurde. In seiner Berliner Zeit fand er sich, wohl zu seiner eigenen Überraschung, verschiedene Male auf den Gästelisten der Mendelssohns wieder, die damals vermutlich nicht ahnten, mit wem sie es zu tun hatten und welche Rolle ihr Gast einmal spielen würde.

Auf Bitten Giuliettas, der Frau Robert von Mendelssohns, hielt Landauer in der Villa in der Herthastraße Vorträge zu allgemein philosophischen und kulturhistorischen Themen. Der Kreis, vor dem er vortrug, bestand, wie er seinem Freund Friedrich Mauthner am 20. November 1910 in einem Brief berichtete,[95] meist aus Damen der besseren Berliner Gesellschaft, die es aufregend fanden, einem Revolutionär zuzuhören.

Dass Landauer bei den Mendelssohns vortragen durfte, ist insofern überraschend, als Giulietta von Mendelssohn nachgesagt wird, sie habe Juden, Linke und Homosexuelle aus tiefstem Herzen gehasst. Sollte das tatsächlich der Fall gewesen sein, dann scheint sich das auf Gustav Landauer nicht bezogen zu haben, der nicht nur Jude, sondern gleichzeitig auch ein Linker war und daraus keinen Hehl machte.

Giulietta von Mendelssohn lud Landauer vermutlich deshalb in ihr

Haus ein, weil man in den besseren Kreisen Berlins damals glaubte, sich mit Intellektuellen vom Schlage Landauers schmücken zu können. Auch wollte man damit zeigen, dass man nicht rückständig, sondern neuen Ideen gegenüber aufgeschlossen war. Ob allerdings Giulietta mit der Gedankenwelt Landauers etwas anfangen konnte, ist äußerst fraglich. Bedenkt man, dass sie in den zwanziger Jahren zur glühenden Anhängerin Mussolinis mutierte, dürften Zweifel angebracht sein.

Die Familie Franz von Mendelssohns war bald nach dessen Tod 1935 gezwungen, das Palais in der Herthastraße zu räumen. Über die Umstände der Räumung sind wir allerdings nur unzureichend informiert. Fest steht nur, dass nach dem Auszug der Mendelssohn-Familie die Deutsche Reichspost das Gebäude bezog und in diesem ein Gästehaus einrichtete, in dem später Naziprominenz logierte.

1943 wurde das Mendelssohn'sche Haus bei Bombenangriffen stark beschädigt. Dessen ungeachtet installierte die Gestapo in den letzten Kriegswochen im Kellergeschoss ein Abhörsystem, um von dort aus Telefonate zu überwachen. Nach dem Krieg nahmen die Engländer das Haus in Besitz, um dort für Kinder der Soldaten der alliierten Besatzungsmächte ein Kinderbetreuungsheim einzurichten.

Wer sich heute auf die Suche nach Spuren der Mendelssohns im Grunewald begibt, findet kaum noch etwas, das an die Familie und ihre einstige glanzvolle Zeit erinnert. Wo sich früher die 50-Zimmer-Villa Franz von Mendelssohns befand, stehen heute eine Kirche, ein Jugendgästehaus sowie ein als »Frommer Löffel« bekanntes Restaurant. Der einzige Hinweis auf die einstigen Besitzer des Geländes ist die Gedenktafel am Hauptzugang zum Anwesen in der Bismarckallee Nr. 23:

Hier lebte von 1899 bis 1935
FRANZ VON MENDELSSOHN
29. 7. 1865 – 18. 6. 1935
Jurist und Bankier
Mitinhaber des Bankhauses Mendelssohn
1914 bis 1931 Präsident
der Berliner Industrie- und Handelskammer
1921 bis 1931 Präsident
des Deutschen Industrie- und Handelstages

Kapitel 6

Bauherrn, Sammler und Mäzene

Die Häuser in der Jägerstraße

Die Mendelssohns der vierten und fünften Generation waren fest davon überzeugt, es geschafft zu haben. Da sie als Bankiers, Unternehmer, Wissenschaftler und Künstler erfolgreich waren, da man sie adelte, ihnen Orden verlieh und sie auf einflussreiche Positionen berief, glaubten sie, die Umgebungsgesellschaft hätte sie als ihresgleichen akzeptiert. Die Realität sah anders aus.

Um 1900 gab es erste Anzeichen der Distanzierung und Ausgrenzung, aber es waren nur Anzeichen, die niemand sonderlich ernst nahm. Familien wie die Mendelssohns kamen nicht auf den Gedanken, dass der zunehmende Antisemitismus auch ihnen galt. Sie hielten sich für dazugehörig, für vollständig integriert und waren der Ansicht, ihre jüdische Herkunft spiele keine Rolle mehr. Sie verdrängten diese Herkunft und wollten nicht zur Kenntnis nehmen, dass dunkle Wolken am Horizont aufzogen.

Die Abendessen und die Salonabende der Mendelssohns im Berlin vor und nach der Jahrhundertwende waren gesellschaftliche Ereignisse ersten Ranges. Man traf sich in den Häusern der Familie, lachte, scherzte, aß, trank, tanzte und musizierte. Von einigen eingefleischten Antisemiten abgesehen, schien es nur wenige zu geben, die die Mendelssohns als nicht dazugehörig ansahen. Wer etwas auf sich hielt, legte sogar Wert darauf, bei ihnen zu Gast zu sein. Keine Einladung zu erhalten, galt geradezu als Makel, denn, so meinte man, der Eindruck könnte erweckt werden, man gehöre nicht zur besseren Gesellschaft Berlins.

Die Zugehörigkeit zu den »besseren« Kreisen war mit sozialem Engagement verbunden. Anlässlich des hundertsten Todestages von Moses Mendelssohn 1886 spendete Ernst (von) Mendelssohn-Bartholdy beispielsweise der Stadt Berlin die Summe von 30 000 Mark mit der Maßgabe, diese zur Erinnerung an seinen Urgroßvater »unter die verschämten Armen Berlin's ohne Unterschied der Confession zu vertheilen«. Der Berliner Oberbürgermeister Max von Forckenberg bedankte sich für die »hochherzige Spende« und sagte zu, mit Hilfe der »städtischen Wohlthätigkeits-Organe« die Summe zur Verteilung zu bringen.[1]

Dass sie sich selbst als Angehörige des Großbürgertums und der deutschen Wirtschaftselite ansahen, zeigten die Mendelssohns auf vielfältige Weise, besonders durch ihre Aktivitäten, die Nützlichkeitserwägungen mit repräsentativen Zwecken verbanden. Je erfolgreicher sie wurden, desto mehr trachteten sie danach, ebenso wie die Borsigs, Pringsheims oder Mosses, sich in ihren Bauten so darzustellen, wie sie sich selbst sahen oder wie sie glaubten, dass sie gesehen werden sollten.

Die Bank war seit 1804 im Haus Jägerstraße 51 untergebracht, teilweise wohnten dort auch einzelne Vertreter der Familie wie beispielsweise Joseph Mendelssohn. Anfang der siebziger Jahre kam noch das Haus Jägerstraße 52 hinzu, wo zeitweilig auch Ernst (von) Mendelssohn Wohnung bezog. Letzterer, der 1874 in die Leitung der Bank aufgerückt war, erwarb auch 1889 das Grundstück Jägerstraße 49/50,[2] wo das Architekturbüro Schmieden & Speer von 1891 bis 1893 für Mendelssohn & Co ein zweigeschossiges palaisartiges Gebäude errichtete. In dem Haus war von da ab der Hauptsitz der Bank untergebracht.

Beim Kauf des Grundstücks Jägerstraße 53, einige Jahre zuvor, hatten vermutlich nicht nur pragmatische, sondern auch familienpolitische Gründe eine Rolle gespielt.[3] Der Familienzweig Mendelssohn-Bartholdy wollte seine Präsenz in der Jägerstraße gegenüber dem im Stammhaus Jägerstraße 51 residierenden, auf Joseph Mendelssohn zurückgehenden Familienzweig betonen, und das geschah, wie man wohl meinte, am besten dadurch, dass man den Bau eines eigenen Stadtpalais auf dem Grundstück Jägerstraße 53 in Angriff nahm.

Das Mendelssohn'sche Stadtpalais in der Jägerstraße 53, das die Architektengemeinschaft Heino Schmieden, Viktor von Weltzien und Rudolf Speer realisierte, war bereits 1882 fertiggestellt worden. Ein Palais mitten in der Stadt zu errichten, löste allerdings Kopfschütteln aus, denn wer etwas auf sich hielt, wollte damals gerade nicht mehr im Zentrum wohnen. Es begann in jener Zeit Mode zu werden, sich am Rande des Tiergartens niederzulassen. Später kamen als bevorzugte Wohngebiete des Berliner Großbürgertums noch der Grunewald und die Gegend rund um den Wannsee hinzu.

Wer sich für ein Wohnquartier in der Stadt entschied, hatte in der Regel triftige Gründe dafür. Im Falle Ernst (von) Mendelssohn-Bartholdys kann man davon ausgehen, dass er das Palais bewusst neben den Bankgebäuden in der Jägerstraße errichten ließ, um von seiner Wohnung keinen langen Weg in das Kontor zu haben. Wahrscheinlich hat er sich auch erhofft, dass die Bank durch das neue Palais in unmittelbarer Nachbarschaft eine Aufwertung erfahren werde.

Vergleicht man allerdings das Mendelssohn'sche Palais mit Anwesen wie denen der Pringsheims, Borsigs und Mosses, die zur gleichen Zeit in der Wilhelmstraße, am Leipziger Platz[4] oder in unmittelbarer Nähe zum Tiergarten errichtet wurden, so fällt auf, dass es in seiner Außenwirkung einen geradezu bescheidenen Eindruck machte. Die Fassade zeigte weniger Figurenschmuck und verzichtete im Gegensatz zum Mosse-Palais am Leipziger Platz auf die Verwendung protzig wirkender barocker Stilformen.

Die Fassade des dreigeschossigen Mendelssohn'schen Wohnhauses war mit hellgelbem Sandstein verkleidet und im Stil der italienischen Hochrenaissance gehalten. Das Eingangsportal und der darüber befindliche Balkon trugen das Stilgepräge des Rokoko. Die Fenster und Fensterrahmen, die sich an Schinkel'schen Vorgaben orientierten, wirkten schlicht; einen gewissen Prunk strahlte allein die Fassade im Bereich der Attika aus. Dort erhob sich über einem reich verzierten Reliefband eine Abfolge klassischer Gesimse. Das Ganze schloss mit einer Balustrade ab, die das dahinter ansteigende Dach verbarg.

Wer das Eingangstor passiert hatte, betrat einen Flur, in dessen Mitte sich ein achteckiges Vestibül befand. Durchquerte man diesen Flur, gelangte man auf einen Hof, auf dem rechts der Pferdestall und die Remise, links die Kutscherwohnung untergebracht waren. Zur Straße hin befand sich auf der einen Seite ein Gästeappartement nebst einem Alkoven und einer Toilette. Auf der anderen Seite des Flurs lag die Wohnung des Portiers, wie es in Berliner Häusern jener Jahre üblich war.

Über eine hochherrschaftliche Treppe gelangte der Besucher in das erste Obergeschoss, die sogenannte Beletage. Die Räume waren, wie man zeitgenössischen Beschreibungen entnehmen kann, mit kostbaren Deckendekorationen ausgestattet. Auf der Etage im Obergeschoss befanden sich ein Salon, eine Halle, ein Speisesaal, ein Wintergarten, ein Billardraum sowie das »Zimmer des Herren«, wie es in den Bauplänen genannt wird.

Dieses Zimmer, in einem stumpfroten Ton gehalten, die Wände versehen mit dunklen Holzpaneelen, war mit einem Kamin und Renaissancemöbeln ausgestattet, angefertigt von der Mainzer Hoftischlerei Bembé. In diesem Raum soll auch, folgt man den zeitgenössischen Berichten,[5] ein Porträt des Berliner Malers Gustav Richter (1823–1884) gehangen haben, des Schwiegersohnes des Komponisten Giacomo Meyerbeer, das die Hausherrin Marie (von) Mendelssohn-Bartholdy, geborene Warschauer, darstellte.

Im zweiten Obergeschoss befanden sich die Familienräume, die Schlafzimmer, die Kinder- und Badezimmer der Familie und das sogenannte »Damenzimmer«. Den Beschreibungen zufolge war es mit Deckenspiegeln, Seidendraperien und Vasenarrangements ausgestattet. Angeblich hing an den Wänden unter anderem ein Gemälde des Düsseldorfer Künstlers Oswald Achenbach, in der Kunstgeschichte als »Marktplatz von Amalfi« bekannt.

Das Palais hatte auch einen Musiksalon, dessen Decke im Stil Louis XV. vom Bildhauer Otto Lessing (1846–1912) gestaltet worden war, dem Urgroßneffen des Dichters Gotthold Ephraim Lessing. Folgt man den Beschreibungen, so waren in der Mitte der Decke vier Medaillons mit den Porträts von Mozart, Haydn, Beethoven und Felix Mendelssohn Bartholdy angebracht. Allerdings fehlte in diesem »musikalischen Olymp« (Ernst Siebel) das Bildnis Johann Sebastian Bachs, was umso erstaunlicher ist, als es gerade die Mendelssohns waren, die sich der Bach-Pflege verschrieben hatten.

An den Musiksalon schloss sich ein zweigeschossiger Festsaal an, in den ein den Raum beherrschender Kamin eingebaut war. Bei dessen Gestaltung scheinen italienische Vorbilder der Renaissance und des nordeuropäischen Barock Pate gestanden zu haben. In diesem Festsaal, über dessen Einrichtung wir uns durch eine erhaltene Fotografie aus dem Jahr 1910 ein Bild machen können,[6] dürfte manches gesellige Ereignis stattgefunden haben.

Ernst (von) Mendelsohn Bartholdy und seine Frau Marie luden nicht nur zu sich in die Jägerstraße 53 ein, sondern waren auch in anderen Häusern der Stadt gerngesehene Gäste. Sie verkehrten zum Beispiel im Salon des Ehepaars Ernst und Marie von Leyden, mit denen sie weitläufig verwandt waren, und mitunter standen sie auch auf den Einladungslisten von Anna von Helmholtz, der Frau des Physikers Hermann von Helmholtz.

Letzteres wird bezeugt durch Hildegard von Spitzemberg, die Gattin des württembergischen Gesandten in Berlin und eine der Freundinnen Bismarcks. »Abends«, notierte sie am 30. Dezember 1898 in ihrem Tagebuch, »sehr interessantes Dinner bei Frau von Helmholtz: Bülow [der spätere Reichskanzler] mit Donna Laura Minghetti, ihrer Mutter … ferner [Theodor] Mommsen, der wie ein Junger flirtete mit den beiden italienischen Frauen, Bamberger, Richthofen, Leydens, Siemens, Ernst Mendelssohns.«[7]

Stiftertätigkeit und Mäzenatentum

Wie schon sein Vater Paul Mendelssohn-Bartholdy zeichnete sich auch Ernst (von) Mendelssohn-Bartholdy durch umfangreiche Stifteraktivitäten und ein ausgeprägtes Mäzenatentum aus. Eine Bemerkung im Nachruf auf seinen Vater, die 1874 im »Hamburger Correspondent« erschien, könnte auch auf den Sohn zutreffen. Paul Mendelssohn-Bartholdy wird dort nicht nur als Wohltäter bezeichnet, sondern auch als Kunstfreund: »… kein vornehmer Gönner, der sich gelegentlich etwas vorspielen ließ oder die Bilder kaufte, von denen die Stadt eben sprach.«[8]

An der Wende zum 20. Jahrhundert waren in Berlin fast drei Viertel aller wohltätigen Stiftungen jüdischen Ursprungs.[9] Von den etwa 800 existierenden Stiftungen im Jahre 1910 wurden 544 von der Stadt verwaltet und von diesen stammten mehr als ein Drittel von Juden. Das war insofern bemerkenswert, als die Gruppe der Juden zu jener Zeit lediglich 4,8 Prozent der Gesamtbevölkerung der Stadt ausmachte.

Für die Motive der Mendelssohns, in diesem Fall der Mendelssohn-Bartholdys, als Stifter, Mäzene und Wohltäter aufzutreten, gibt es verschiedene Erklärungsansätze.[10] Der wohl einsichtigste lautet, dass die Mendelssohns, wie die meisten anderen Familien jüdischer Herkunft im Kaiserreich, bemüht waren, Defizite staatsbürgerlicher und gesellschaftlicher Gleichstellung zu kompensieren. Sie taten das, ohne es sich ausdrücklich einzugestehen. Wenn man so will, war es vermutlich eine unbewusste Reaktion darauf, dass man sich im gesellschaftlichen Umfeld, trotz aller Erfolge, als »Bürger zweiter Klasse«[11] sah und sich mit dieser Rolle nicht abfinden wollte.

Ernst (von) Mendelssohn-Bartholdy war im Lauf seines Lebens an zahlreichen mäzenatischen Aktivitäten und an der Schaffung einer ganzen Reihe von wohltätigen Stiftungen beteiligt. Die erste Gründung, bei der sein Name auftauchte, dürfte die »Moses Mendelssohn-Stiftung zu Dessau« gewesen sein. Diese war von Ernst gemeinsam mit seinem Vetter Franz (von) Mendelssohn und dessen Mutter Marianne Mendelssohn anlässlich des 150. Geburtstages des Urahns am 31. Oktober 1879 ins Leben gerufen worden.[12]

In den Statuten dieser Stiftung war festgelegt, dass die Verwaltung dem Vorstand der Jüdischen Gemeinde zu Dessau obliegen sollte. Die aus dem angelegten Stiftungskapital in Höhe von 30 000 Mark anfallenden Zinsen sollten dazu verwendet werden, das Geburtshaus Moses Mendelssohns in Dessau »zu erwerben, zu restauriren, einzurichten und ihm dadurch eine würdige Bestimmung zu geben«.

Die Stifter stellten sich vor, dass in dem Haus zwei bis vier Männer jüdischen Glaubens im fortgeschrittenen Alter Unterkunft finden sollten. Wer dafür ausgewählt werden sollte, darüber sollte der Vorstand der Gemeinde entscheiden, vor allem dachte man allerdings an Rabbiner und Gelehrte als Bewohner des Hauses. Sich selbst räumten die Stifter ein Vorschlagsrecht ein. Sollte keiner der Stifter mehr am Leben sein, dann, so war verfügt, ginge das Vorschlagsrecht auf den Deutsch-israelitischen Gemeindebund in Leipzig über.

Wie lange die Stiftung existiert hat, ist nicht dokumentiert. Man kann allerdings davon ausgehen, dass auch sie in den dreißiger Jahren, wie so manch andere »jüdische« Stiftung, von den NS-Machthabern sistiert wurde. Dass es einmal dazu kommen würde, war nicht vorauszuahnen. Für den Eventualfall, den Fall also, dass das Haus nicht mehr existieren oder an dem ursprünglich festgelegten Stiftungszweck nicht mehr festgehalten werden könnte, war der Vorstand der Dessauer Jüdischen Gemeinde ermächtigt, die Erträge der Stiftung für andere wohltätige Zwecke zu verwenden.

Eine von den Erben Felix Mendelssohns Bartholdys 1878 getroffene Vereinbarung mit dem Preußischen Fiskus, nach der sich der Staat verpflichtete, jährlich Stipendien auszusetzen, verschaffte Ernst (von) Mendelssohn Bartholdy zusammen mit den Brüdern Robert und Franz von Mendelssohn 1899 den Rechtscharakter einer juristischen Person. Zweck dieser in Stiftungsform gebrachten Vereinbarung war es, »befähigte und strebsame Musiker ohne Unterschied des Alters, des Geschlechts, der Religion und der Nationalität« zu fördern.[13]

Felix-Mendelssohn-Stipendiat oder -Preisträger zu werden, war allerdings nicht ganz einfach. Die Ansprüche galten als hoch, und es gab durchaus Jahre, in denen kein Stipendium verliehen wurde. Die Namen derjenigen, die ein Stipendium oder einen Preis erhielten, lesen sich wie ein Who is Who der internationalen Musikwelt. 1879 wurde Engelbert Humperdinck erster Preisträger für Komposition, 1913 war Max Trapp Stipendiat, 1915 Wilhelm Kempff und 1919 Kurt Weill.

Die Stiftung existierte bis in die NS-Zeit hinein. Noch 1936 vergab Preußen die 1878 vereinbarte jährliche Ausschüttung in Höhe von 3150 Reichsmark. 1937, als der Name Felix Mendelssohn Bartholdy nichts mehr galt, wurde die Stiftung in ein »Preußisches Staatsstipendium für Musiker« umgewandelt. 1963 rief die Stiftung Preußischer Kulturbesitz dann den Mendelssohn-Preis ins Leben, der das einst von den Mendelssohns eingerichtete Stipendium in anderer Form zu neuem Leben erweckte.

Es waren nicht nur spektakuläre Projekte, für die sich Ernst (von) Mendelssohn-Bartholdy einsetzte. Als in dem nicht weit vom Sommerwohnsitz der Mendelssohns in Horchheim gelegenen Montabaur 1905 aus Anlass des fünfzigjährigen Bestehens des dortigen Männergesangvereins »Mendelssohn Bartholdy« ein »nationaler Gesangwettstreit deutscher Männer-Gesang-Vereine« geplant war, stellte der Bankier ein

»ansehnliches Geldgeschenk zur Beschaffung eines großen Preises« zur Verfügung.

Mäzenatisches Denken, gekoppelt mit einem ausgeprägten Sinn für Wohltätigkeit, spricht auch aus einer Reihe weiterer Aktivitäten. Gemeinsam mit seiner Frau Marie engagierte sich Ernst (von) Mendelssohn-Bartholdy bei der Schaffung von Kinderbetreuungseinrichtungen in der Gegend um Börnicke. Allem Anschein nach war Ernst (von) Mendelssohn-Bartholdy auch finanziell an der Errichtung des Virchow-Denkmals auf dem Karlsplatz an der Berliner Charité beteiligt. Für sein diesbezügliches Engagement spricht, dass er Mitglied der Jury war, die dem Bildhauer Fritz Klimsch (1870–1960),[14] einem der Mitbegründer der Berliner Sezession, den ersten Preis für das zu errichtende Denkmal zusprach.

Diese von Ernst (von) Mendelssohn-Bartholdy unterstützte Arbeit, die Klimsch in die erste Reihe der Denkmalplastiker seiner Zeit stellte, ist neoklassizistisch gehalten. Vier kräftige dorische Muschelkalksäulen tragen die bewegte Szene des mutig entschlossenen Kampfes einer männlichen Aktfigur gegen ein scheinbar unbezwingbares Fabelwesen in Gestalt einer Sphinx. Die Säulen rahmen zwei Relieftafeln, auf denen Virchow im Porträt und im Kreis seiner Schüler dargestellt ist.

Einen erheblichen finanziellen Zuschuss leistete Ernst (von) Mendelssohn-Bartholdy auch zur Realisierung eines Genesungsheimes für kranke Offiziere in Falkenstein am Südhang des Taunus. Dieses Heim, dessen Errichtung ein persönliches Anliegen Wilhelms II. war und das 1909 seiner Bestimmung übergeben wurde, war hauptsächlich durch Spenden verwirklicht worden. In dem Gebäudeensemble, das noch immer existiert, befindet sich heute ein Nobelhotel der Klassifizierung 5 Sterne Superior.

Der Kaiser bedankte sich seinerzeit in einem persönlich gehaltenen Schreiben für die großzügig gewährte Zuwendung. Gleichzeitig kündigte er die Übersendung einer von Ludwig Manzel modellierten und in Cadinen angefertigten Kaiserbüste an, und zwar als Dank für die »hochherzige Spende«, mit welcher Ernst (von) Mendelssohn-Bartholdy »zur Erfüllung eines schon lange von Mir gehegten lebhaften Wunsches beigetragen«[15] habe.

Im April 1908, etwa zur gleichen Zeit, als Robert von Mendelssohn mäzenatische Hilfe für den Ankauf einer Handschrift aus dem 9. Jahrhundert aus dem Kloster Tours für die Königliche Bibliothek leistete, bot Ernst (von) Mendelssohn-Bartholdy Wilhelm II. die von seinem Vater Paul und seinem Onkel Felix geerbte Sammlung musikalischer Autographe der bedeutendsten Komponisten als Geschenk in Form einer Stiftung an. Adolf von Harnack, seit 1905 Generaldirektor der Königlichen Bibliothek, berichtete am 22. April 1908 seiner vorgesetzten Behörde ausführlich über diesen »hochherzigen Entschluß« und bat zugleich, so der Kaiser das Geschenk annehme, die Sammlung künftig zum Teil der Königlichen Bibliothek zu machen.[16]

Die Sammlung, die Autographe von Johann Sebastian Bach, Ludwig van Beethoven, Joseph Haydn und Wolfgang Amadeus Mozart enthielt, wurde in den Räumen der Musikabteilung der Königlichen Bibliothek untergebracht. Am 26. Juni 1908 meldete Adolf von Harnack seinem obersten Dienstherren, dass die Übergabe der »unvergleichlichen Musikaliensammlung« erfolgt sei. Wilhelm II., über das Geschenk höchst erfreut, bestimmte, dass zum bleibenden Gedächtnis Porträts von Paul Mendelssohn-Bartholdy und Ernst (von) Mendelssohn-Bartholdy im Saal der Sammlung aufgehängt werden sollten. Mit der Erstellung der Porträts wurde der Maler Alfred Schwarz (1867–1951) beauftragt.

Die Musikautographen-Sammlung Ernst (von) Mendelssohn-Bartholdys gilt als das wertvollste Geschenk, das »je einer Bibliothek gemacht worden ist« (Rudolf Elvers). Viel bewundert, befindet sich diese Sammlung allerdings heute nicht mehr dort. Wesentliche Stücke aus dem Bestand, im Zweiten Weltkrieg nach Schlesien ausgelagert, sind seit den vierziger Jahren in der Jagiellonen-Bibliothek in Krakau untergebracht. Wer heute Beethovens 7. Sinfonie, das Septett und das Trio in B-Dur im Originalmanuskript studieren möchte, kommt nicht umhin, die Reise nach Polen anzutreten.

Die Villa Falconieri

Ende Juli 1905 erschienen in der deutschen Presse erste kurze Meldungen, dass Ernst (von) Mendelssohn-Bartholdy die Villa Falconieri in Frascati bei Rom käuflich erworben habe, »dicht neben den Stätten, wo Cicero sein Tusculum besaß, Lucullus seinen Schwelgereien frönte«.[17] Trappisten, denen die im 16. Jahrhundert errichtete Villa gehörte, hatten sie zum Verkauf angeboten.[18] Offenbar waren durch den Schriftsteller Richard Voß, der ab und zu in der Villa wohnte und dort seinen Roman »Villa Falconieri« schrieb,[19] erste Hinweise durchgesickert, dass das Anwesen zum Verkauf stehe.

Das Gebäude, ein Baudenkmal der Renaissance, versehen mit Barockelementen, malerisch auf einer Anhöhe inmitten eines Parks gelegen, gehörte zu den ältesten und schönsten Villen Frascatis. Von der Villa aus eröffnete sich dem Besucher ein atemberaubender Panoramablick auf Frascati, die römische Campagna und die Sabinerberge. In Sichtweite lagen Rom und die Petersdomkuppel. Heute verdeckt der Smog die Sicht. Die Silhouette der Petersdomkuppel kann man nur erahnen.

Benannt ist die Villa nach der Patrizierfamilie Falconieri, die drei Jahrhunderte im Besitz des Anwesens war. 1865 ging das Haus an die Familie Carpegna, von dieser an den Fürsten Aldobrandini Lancelotti und von den Lancelottis an den Trappistenorden, der das Anwesen vernachlässigte und verkommen ließ. In der kurzen Zeit, in der die Villa im Besitz des Ordens war, wurden große Teile der kunsthistorisch bedeutsamen Wandmalereien überstrichen und ein erheblicher Teil des Baumbestandes im Park abgeholzt.

Richard Voß war es, der einen eindringlich gehaltenen Appell verfasste und dafür warb, die Villa für Deutschland und zu Zwecken eines Künstlerhauses zu erwerben. Der Appell wurde Wilhelm II. im Verlauf seiner Italienreise im Frühjahr 1905 überreicht und danach im »Berliner Tageblatt« veröffentlicht.[20] Vermutlich hat Ernst (von) Mendelssohn-Bartholdy diesen Artikel gelesen, wurde aber vor allem durch Hinweise aus »gut informierten Kreisen« in der Bürokratie angeregt, in Erwerbsverhandlungen zu treten.

Der Ministerialbeamte Friedrich Theodor Althoff, eine der grauen Eminenzen im Hintergrund, der den Kaiser auf seiner Italienreise begleitet hatte, prüfte bei dieser Gelegenheit, ob die Villa Falconieri für Künstlerateliers geeignet sei, meinte allerdings, die Villa komme besser als Erholungsort für Wilhelm II. in Frage. »Die Villa Falconieri«, schrieb er in seinem Bericht, »hat durch die Schönheit des Bauwerks mit seinen Wandgemälden, die herrliche Lage und Aussicht, sowie durch den prächtigen

Park, der etwa 30 Morgen groß ist, alle unsere Erwartungen bedeutend übertroffen.«[21]

Anfang 1906 gab Ernst (von) Mendelsohn-Bartholdy die Entscheidung bekannt, dass er die für 320 000 Lire erworbene Villa[22] dem deutschen Kaiser zum Geschenk machen wolle. Den Ausschlag hatte die Mitteilung Althoffs gegeben, der Kaiser habe die Errichtung eines deutschen Künstlerhauses in oder bei Rom ins Auge gefasst. Die Schenkungserklärung wurde kurz vor den Feierlichkeiten zur Silberhochzeit des Kaiserpaares abgegeben. Offenbar hoffte das Ehepaar Ernst und Marie (von) Mendelsohn-Bartholdy, mit dieser Geste dem Paar eine besondere Freude machen zu können.

Zuvor hatte Mendelssohn-Bartholdy um eine Audienz bei Wilhelm II. nachgesucht, um ihm ein Album mit Bildern der Villa zu überreichen. Auf einem Schreiben, in dem er seiner Befürchtung Ausdruck gab, die Geste könnte, weil die Schenkungsabsicht bereits durchgesickert war, bei dem Monarchen auf Missfallen stoßen, hatte Wilhelm II. handschriftlich notiert: »M. soll sich beruhigen, er kann ja nichts dafür … Der Gedanke ist wahrhaft großartig! Ich bin tief gerührt und nehme das Geschenk dankbar an.«[23]

Die Eigentumsübertragung erfolgte im Mai 1907, als sich Ernst (von) Mendelssohn-Bartholdy in Rom aufhielt. Bedenken, dass es sich, wie manche mutmaßten, um ein Danaergeschenk handeln könnte, zerstreute der Stifter dadurch, dass er zusätzlich zu dem Gebäudeensemble noch einen Betrag in Höhe von 200 000 Mark zusagte, damit notwendige Umbau- und Verschönerungsmaßnahmen getroffen werden konnten.

Für die laufenden Unterhalts- und Verwaltungskosten der Villa wollte man Mittel aus dem Staatshaushalt bereitstellen. Vom Preußischen Herrenhaus war ein entsprechender Etatposten genehmigt worden, und zwar dadurch, dass man den Dispositionsfonds für Kunst und Wissenschaft im Etat von 1907 aufstockte. Die Mittel in Höhe von 12 000 Mark würden, so hoffte man, ausreichen, um dem »künftigen Besitzer keine Belastungen entstehen zu lassen«.[24]

Ernst (von) Mendelssohn-Bartholdy gab nach dem Tod seiner Frau Marie dem Bildhauer Ferdinand Seeböck den Auftrag, im Andenken an seine Gattin eine Büste zu schaffen, die in der Villa aufgestellt werden sollte. Auf dem Sockel wollte er die Worte aus Goethes Tasso eingemeißelt wissen: »Die Stätte, die ein guter Mensch betrat, ist eingeweiht.«[25] Nach dem Tod Ernst (von) Mendelssohn-Bartholdys am 25. Dezember 1909 sollte auch der Stifter geehrt werden. Seeböck erhielt den Auftrag, auch von ihm eine Büste anzufertigen.

Vom Schenkungsakt bis zur Eröffnung der Villa als »Erholungsheim für Künstler und Gelehrte«, wie es Wilhelm II. bestimmt hatte, vergingen noch mehrere Jahre. Nach Plänen des Berliner Hofarchitekten Ernst von Ihne wurden zunächst umfangreiche Instandsetzungs- und Umbauarbeiten vorgenommen und der Neubau eines Atelierhauses in Angriff genommen. Das dauerte länger, als ursprünglich geplant war.

Der Grund dafür war, dass die Bauleitung vor Ort einem gewissen Ferdinando Gerardi anvertraut worden war, einem in Rom ansässigen Ingenieur, den Ernst (von) Mendelssohn-Bartholdy als bewährt und zuverlässig empfohlen hatte. Paul Fridolin Kehr, der Leiter des Historischen Instituts in Rom, war allerdings anderer Ansicht. »Gerardi«, äußerte er sich abfällig über diesen, »ist ein unfähiger Narr, der von Einrichtung nichts versteht und nur an sein Restaurierungsideal gedacht hat.«[26]

Die offizielle Eröffnung der Villa Falconieri fand am 9. April 1911 statt, obwohl die Umbauarbeiten zu diesem Zeitpunkt noch nicht abgeschlossen waren. Zu den ersten Gästen, die einige Zeit in der Villa verbringen sollten, gehörten 13 renommierte Künstler und Wissenschaftler. Nicht alle der Eingeladenen kamen, und diejenigen, die annahmen, blieben in der Regel nur wenige Tage, höchstens einen Monat. Von den Gästen waren zur Eröffnung anwesend: Hermann Kretzschmar, Theodor Schiemann, Ferdinand Brütt und Ludwig Justi.

Zu denen, die sich im Eröffnungsjahr als Gast in der Villa aufhielten, gehörten unter anderem der Komponist Engelbert Humperdinck (8.–29. Mai), der Historiker Theodor Schiemann (9. – 17. April), der Direktor der Berliner Nationalgalerie Ludwig Justi (9.– 30. April), Hermann Kretzschmar (9. – 14. April), der Direktor der Hochschule für Musik in Berlin, der Bildhauer Ferdinand Brütt (9. – 19. April), der Maler Raffael Schuster-Woldan (21. April – 14. Mai) sowie Ludwig Dettmann (21. April – 28. Mai), der Direktor des Kunstakademie in Königsberg.[27]

Der Aufenthalt in Frascati gestaltete sich allerdings zunächst nicht so, wie sich das die Gäste, meist Herren im fortgeschrittenen Alter, vorgestellt hatten. Das zeigte sich bereits bei den Feierlichkeiten zur Eröffnung der Villa. Der Kronprinz, extra angereist, mokierte sich darüber, dass man in einem unbeheizten Rohbau wohnen musste. »Wenn Sie hierher kommen«, schrieb er einem Interessenten, der sich nach den Bedingungen für einen Aufenthalt erkundigte, »so bringen Sie sich nur ein warmes Bett mit, es ist noch nichts fertig«.[28]

Auch Ludwig Justi, irritiert durch die Zustände, die er vorfand, blieb nur zwei Wochen. Die anderen Gäste, meist »alte Herren«, so schrieb er in seinen Memoiren, »flüchteten bereits nach drei Tagen, sämtlich erkrankt, da es noch zu früh im Jahre war für eine römische Villegiatur«.[29] Unverständnis äußerte Justi darüber, dass die vom Stifter zur Verfügung gestellten Mittel zweckentfremdet ausgegeben worden seien, »anstatt den kalten Barockpalast für nordische Greise wohnbar zu machen«.[30]

Die Leitung der Villa wurde dem Direktor des Historischen Institutes in Rom, dem Geheimrat Paul Fridolin Kehr, übertragen. Kehr hatte nicht nur für die Pflege und Instandhaltung zu sorgen, sondern musste auch den Aufenthalt der Gäste organisieren und das Personal anleiten und beaufsichtigen. Kehr, der sich mit seiner Familie gerne in Frascati aufhielt, handelte sich den Namen »Paolo fuori« ein, in Anspielung auf die römische Basilika »San Paolo fuori le mura«, Sankt Paul vor den Toren.[31]

In den Jahren bis zum Ersten Weltkrieg waren auf Einladung des Kaisers Künstler und Wissenschaftler in der Villa zu Gast. Die erhaltenen Gästelisten verzeichnen unter anderem die Namen von Georg von Below, Adalbert Bezzenberger, Hans Delbrück, Otto von Gierke, Otto Everding, Werner Häuser, Adolf von Harnack, Arthur Haseloff, Paul Herrmann, Max Kruse, Otto Sohn-Rethel, Friedrich Meinecke, Friedrich Noack, Ernst Noether, Otto Overhof, Ferdinand Seeböck und Max Seliger.[32]

Während des Krieges kam die Arbeit in den deutschen Instituten in Rom zum Erliegen. Die Aufsicht über die Villa Falconieri und die von Eduard Arnold gestiftete Villa Massimo übertrugen die italienischen Behörden der römischen Gesandtschaft der Schweiz. Nach Kriegsende wurde die Villa unter Sequester gestellt und sollte nach Rechtsauffassung der italienischen Regierung als Privateigentum des deutschen Kaisers entschädigungslos enteignet werden.

Es kam zu langwierigen und komplizierten Verhandlungen zwischen Deutschland und Italien. Zeitweilig wollte die Gemeinde Frascati in dem Gebäude ein Tusculaner-Museum unterbringen, dann wieder war daran gedacht, die Villa dem Dichter Gabriele d' Annunzio als Wohnsitz anzubieten – im Tausch gegen sein Anwesen »Il Vittoriale« in Gardone am Gardasee. Keiner der Pläne ließ sich realisieren.

Deutsche Künstler, unter ihnen Max Liebermann, protestierten im Herbst 1921 gegen die drohende Enteignung. Das blieb jedoch ebenso erfolglos wie die Versuche des deutschen Botschafters Konstantin Freiherr von Neurath, der verschiedentlich bei Mussolini intervenierte, um die Villa für deutsche Zwecke zu erhalten.

»Jedes Mal«, so Neurath in einem seiner Berichte nach Berlin, »wenn ich glaubte am Ziel zu sein, kam irgendein politischer Zwischenfall, der die Bereitwilligkeit Mussolinis zur Herausgabe der Villa verschüttete. Zuerst hatte ich gegen den Standpunkt der italienischen Regierung zu kämpfen, daß der Kaiser Privateigentümer gewesen sei. Nachdem ich diese Voreingenommenheit glücklich überwunden hatte, indem ich nachwies, daß die Villa dem Kaiser nur als Staatsoberhaupt und speziell als König von Preußen geschenkt worden sei, erklärte Mussolini, an den preußischen Staat werde er die Villa niemals herausgeben ...«[33]

Trotz der von verschiedenen Seiten erhobenen Proteste wurde die Villa am 29. Oktober 1924 der Monumentenverwaltung des italienischen Kultusministeriums übergeben und ging dreieinhalb Jahre später an den italienischen Staat über mit der Bestimmung, das Anwesen künftig zum Sitz des Internationalen Instituts für Lehrfilme zu machen. Mit der Besitzübertragung an den italienischen Staat war die vergleichsweise kurze preußisch-deutsche Geschichte der Villa Falconieri beendet.

Heute ist die Villa in Frascati samt dem umgebenden Park, der sich in einem bemitleidenswerten Zustand befindet, Sitz des Centro Europeo dell' Educazione. An die einstigen Stifter Marie und Ernst (von) Mendelssohn-Bartholdy erinnern nur noch die Büsten, die im Eingangsbereich stehen. Wer nicht weiß, wen die beiden Büsten verkörpern, wird einigermaßen ratlos vor ihnen stehen. Es gibt kein Hinweisschild, das Aufschluss geben könnte.

Kunstförderung und Vereinsaktivitäten

In dem Vierteljahrhundert zwischen der Thronbesteigung Wilhelm II. und dem Ausbruch des Ersten Weltkrieges leisteten Vertreter des jüdischen Großbürgertums, wie die Kunsthistorikerin Cella-Margarethe Girardet festgestellt hat,[34] einen bedeutenden Beitrag zur Kunstförderung in Berlin. Sie taten es hauptsächlich durch Schenkungen an Museen oder indem sie die notwendigen finanziellen Mittel zum Ankauf von Kunstwerken zur Verfügung stellten.

Eine Schlüsselrolle spielte dabei der im April 1897 auf Initiative Wilhelm von Bodes und mit tatkräftiger Unterstützung James Simons gegründete Kaiser-Friedrich-Museums-Verein (KFMV).[35] Über diesen Verein konnten für Wilhelm von Bode schnell und unbürokratisch Gelder besorgt werden. Benötigte Bode für den Ankauf eines Kunstwerkes Mittel, so wurden diese aus dem Vereinsfonds bereitgestellt, um das gewünschte Kunstwerk den Museumssammlungen zur Verfügung zu stellen.

Dem Verein, dem bei seiner Gründung 1897 21 Mitglieder angehörten, traten auch Robert und Franz von Mendelssohn bei. Der jährliche Mitgliedsbeitrag betrug 500 Goldmark, wodurch Mittel für Ankäufe zur Verfügung standen. Von Robert von Mendelssohn wissen wir, dass er wie einige andere Mitglieder neben dem jährlichen Mitgliedsbeitrag außerdem noch zinslose Darlehen zur Verfügung stellte, die dazu benutzt wurden, durch Ankäufe Lücken in den Berliner Museumsbeständen zu schließen.

Die Mitglieder des Vereins waren zumeist finanziell potente Kunstliebhaber und Kunstkenner. James Simon, der zu den ersten Vereinsmitgliedern gehörte, erwarb eine lebenslange Mitgliedschaft. Weitere Mitglieder anzuwerben, fiel nicht schwer, da fast alle bedeutenden Berliner Sammler und Kunstliebhaber in freundschaftlichem Kontakt zu Wilhelm von Bode standen und sich seiner Aufforderung, dem Verein beizutreten, nicht entziehen konnten. Man verstand die Vereinsmitgliedschaft nicht als Prestigezuwachs, sondern engagierte sich für die Sache, die Unterstützung von Bode und dessen Anschaffungspolitik.

Die Ankaufsvorschläge mussten von den Vereinsmitgliedern abgesegnet werden. In der Regel erhielt Bode die Zustimmung, die er benötigte. Auch bei einer Sitzung des Vereins im März 1904, als Bode beantragte, Mittel des Vereins über den eigentlichen Förderungsrahmen der mittelalterlichen und Renaissancekunst hinaus zur Vermehrung der Museumsbestände auf islamischem und persischem Gebiet zu verwenden, gab es keinen Widerspruch. Ob allerdings Robert von Mendelssohn an der Sitzung teilgenommen hat, ist nicht belegt.

Auffällig ist, dass sich das wohlhabende und reiche jüdische Bürgertum in dem Verein engagierte. Dabei mögen Kompensations- und Integrationsgründe eine Rolle gespielt haben, aber ausschlaggebend dürfte gewesen sein, dass man sich dem Gemeinwohl verpflichtet fühlte und glaubte, man müsse sich für die Museen, die Wissenschaften und das Wohlfahrtswesen tatkräftig einsetzen.

Dass Persönlichkeiten wie James Simon, Rudolf Mosse oder Robert und Franz von Mendelssohn sich in einem Verein wie dem Kaiser-Friedrich-Museums-Verein engagierten, hing vor allem auch damit zusammen, dass ihnen bewusst war, dass sie soziale und kulturelle Projekte am besten auf Vereinsebene realisieren konnten. Als Juden oder als Personen, die man als solche ansah, hatten sie keinen Zugang zu höheren Ämtern im Staat, was als Voraussetzung galt, Projekte sozialer oder kultureller Art auf den Weg zu bringen. Die Simons, Mosses und Mendelssohns nutzten deshalb ihre privaten Kontakte oder den Weg der Vereinsebene, um durchzusetzen, was ihnen vorschwebte und wovon sie sich den entsprechenden Erfolg versprachen.[36]

Der Kreis um Hugo von Tschudi

Die Arnolds, Mendelssohns und Simons haben mitgeholfen, neue Strömungen in der Malerei in Deutschland bekanntzumachen, so etwa den französischen Impressionismus. Neuen Kunstrichtungen standen sie aufgeschlossener gegenüber als der preußische Adel und das nichtjüdische Berliner Bürgertum. Dort war man eher traditionell eingestellt, schätzte konventionelle Schlachtenszenen, gab monströse Skulpturen in Auftrag und hielt das, was beispielsweise aus Frankreich kam, für »abartig« und »schmutzig«.

Für Wilhelm II., der die traditionelle Historienmalerei Anton von Werners besonders schätzte und die Riesenmalereien des Malers Hermann Knackfuß bewunderte (»Knackfußkultur«), war die moderne Kunst ein ausgemachter Gräuel. »Eine Kunst«, erklärte er beispielsweise in einer Rede zur Eröffnung der Siegesallee am 18. Dezember 1901, »die sich über die von Mir bezeichneten Gesetze und Schranken hinwegsetzt, ist keine Kunst mehr ... Soll die Kultur ihre Aufgabe voll erfüllen, dann muß sie bis in die untersten Schichten des Volkes hindurchgedrungen sein. Das kann sie nur, wenn die Kunst die Hand dazu bietet, wenn sie erhebt, statt daß sie in den Rinnstein steigt.«

Die Ablehnung moderner Kunst, die der Kaiser als »Rinnsteinkunst« bezeichnete, hatte eine Reihe bissig satirischer Kommentare zur Folge.[37] Th. Th. Heine beispielsweise fertigte ein Plakat, das die Rinnstein-Metapher des Kaisers bildlich umsetzte. Auf dem Plakat war eine schlicht gekleidete junge Frau zu sehen, die aus der Gosse blühende Rosen pflückt, während eine Dame der besseren Kreise verächtlich von oben auf diese herabsieht.

Das Bild der jungen Frau, die eine Rose pflückt, wurde vom Satireblatt »Simplicissimus« in einer Ausgabe verwendet, die mit »Die deutsche Kunst« überschrieben war. Der Leser, der die Ausgabe in die Hand nimmt, sieht zwei preußische Polizisten, die einen Sarg mit der Aufschrift »Ruhe sanft« tragen. Aus dem Sarg, in dem die weibliche Personifikation der Kunst liegt, ragt ein nackter Fuß heraus sowie eine Hand, die sinnigerweise eine »Rinnsteinrose« hält. Darauf der eine Polizist zum anderen: »Aujust, quetsch den Deckel zu, se lebt noch.«[38]

Der vom Kaiser und den Behörden ausgeübte Druck führte dazu, dass man sich in den Museen und Galerien um Gängiges bemühte und hauptsächlich »deutsche« Kunst (oder was man dafür hielt) ankaufte. Wollte ein Museumsdirektor Werke ausländischer Künstler erwerben, die dem Geschmack Wilhelm II. und seines Hofstaates nicht entsprachen, war er in der Regel auf Finanzierungen aus privater Hand angewiesen.

Die ihm dafür finanzielle Mittel zur Verfügung stellten, waren allerdings nicht die »Itzenplitze«, wie Theodor Fontane sie nannte, die Vertreter des preußischen Adels also, sondern diejenigen, deren Namen auf »-mann«, »-berg«, »-heim« oder »-sohn« endeten und von denen Fontane in seinem berühmten Gedicht »... kommen Sie, Cohn« spöttisch-bewundernd meinte, sie seien »von prähistorischem Adel«, also der eigentliche Adel.

Wer sich, wie der Berliner Maler Max Liebermann um die Jahrhundertwende, für die französischen Impressionisten einsetzte, »als Monet, Degas und Cézanne den meisten deutschen Kunstliebhabern noch als ungenießbare Schmierfinken erschienen«,[39] war für gewöhnlich Vertreter des Wirtschaftsbürgertums und meist Jude oder jüdischer Herkunft. Darauf hatte Fontane bereits in einem Brief 1890 hingewiesen: »Ich habe … unserm von mir aufrichtig geliebten Adel gegenüber einsehen müssen, daß uns alle Freiheit und feinere Kultur, wenigstens hier in Berlin, vorwiegend durch die reiche Judenschaft vermittelt wird.«[40]

Die Mendelssohns und der französische Impressionismus

Zu denjenigen, die zur Rezeption des französischen Impressionismus in Deutschland beigetragen haben, gehörte vor allem der Kunsthändler Paul Cassirer.[41] Wilhelm II., ein Gegner aller Neuerungen in der Kunst, beschimpfte Cassirer, als dieser den damals in Deutschland so gut wie unbekannten Cézanne 1901 zum ersten Mal ausstellte, als jemanden, »der die Dreckkunst aus Paris zu uns bringen möchte«.[42]

Zu den bedeutenden Förderern des französischen Impressionismus in Deutschland gehörten auch der Rechtsgelehrte Carl Bernstein und seine Ehefrau Felicie, die eine Cousine von Charles Ephrussi, dem langjährigen Herausgeber der »Gazette des Beaux-Arts« in Paris war. Bereits Mitte der achtziger Jahre hatte das Ehepaar Bilder von Manet (»Weiße Flieder«), Renoir und Sisley nach Berlin geholt und für die Werke dieser Maler geworben.

Gemeinsam mit seiner Frau organisierte Carl Bernstein jeweils am Mittwochabend Zusammenkünfte, bei denen das Berliner kunstinteressierte Publikum sich traf und die auf Empfehlung von Ephrussi und anderen erworbenen Bilder von Manet, Monet, Sisley, Pissarro und Degas bewunderte.

Im Salon der Bernsteins verkehrten nicht nur Gelehrte wie Theodor Mommsen, Ernst Robert Curtius und Lothar Anton Alfred Pernice, Künstler wie Max Liebermann, Walter Leistikow und Louis Tuaillon, Museumsfachleute wie Wilhelm von Bode und Hugo von Tschudi, sondern auch Kunstsammler, die sich durch den Gastgeber und Tschudi für den französischen Impressionismus hatten begeistern lassen.

Angeblich soll Adolph Menzel, als er einige der vorgeführten Neuerwerbungen bei den Bernsteins sah, fassungslos vor ihnen gestanden haben. »Haben Sie wirklich Geld für den Dreck gegeben?«, soll er angesichts der Werke von Manet, Monet, Sisley und Pissarro bemerkt haben.[43] Damit drückte er aus, was damals so mancher deutschnationale Kunstfreund über die französische Moderne dachte.

Als der Berliner Kunsthändler Fritz Gurlitt die Sammlung Bernstein und einige impressionistische Bilder seines Pariser Kollegen Paul Durand-Ruel ausstellte, gab es in der Berliner besseren Gesellschaft kaum jemanden, der mit der neuen Stilrichtung etwas anfangen konnte.

Falsch wäre allerdings die Annahme, nur Nichtjuden hätten sich für eine deutsch-nationale, patriotische Kunst begeistert. Ernst (von) Mendelssohn-Bartholdy, der für die neue Stilrichtung aus Frankreich durchaus einen Sinn hatte, schätzte jedoch auch traditionelle Malerei, beispielsweise die Werke Adolph Menzels, die Berliner und damit Heimatkolorit spiegelten. 1905, im Todesjahr Menzels, erwarb er das kleinformatige Pastell »Blick in einen kleinen Hof«, das später in den Besitz seiner Tochter Marie überging.

Im Unterschied zu seinem Vater und seinen Großneffen Franz und Robert von Mendelssohn hat sich Ernst (von) Mendelssohn-Bartholdy keine eigene Sammlung zugelegt. Er kaufte zwar das eine oder andere Bild, aber in der Regel geschah das nur aus repräsentativen Gründen – nicht weil er an Kunst interessiert war, sondern weil es zum guten Ton gehörte.

Die 31 Bilder umfassende Gemäldesammlung seines Vaters Paul Mendelssohn-Bartholdy, die zu dessen Lebzeiten in der Jägerstraße 51 hing, ging denn auch nicht an Ernst (von) Mendelssohn-Bartholdy, sondern an seine jüngste Schwester Fanny, verheiratete von Richthofen (1851–1924). Die Bilder dieser Sammlung sind verschollen. Angeblich sind sie den Bombardements des Zweiten Weltkriegs zum Opfer gefallen.[44]

Auch wenn er selbst nicht sammelte, war Ernst (von) Mendelssohn-Bartholdy durchaus dem Typus der Mäzene und Kunstförderer zuzurechnen, ohne deren Einsatz die Berliner Museen um 1900 nicht zu Weltgeltung gelangt wären. Er gehörte zu jener Gruppe namhafter Persönlichkeiten aus der Welt der Wirtschaft und der Banken, die einen durchaus offenen

Blick für fortschrittliche Tendenzen in der Kunst hatten und fest davon überzeugt waren, sie müssten Hugo von Tschudi, den Direktor der Nationalgalerie, in seiner Ankaufspolitik unterstützen.

29 Namen von Persönlichkeiten hat man ermittelt, die Hugo von Tschudi in seinen Bemühungen zur Seite gestanden haben, indem sie der Nationalgalerie Schenkungen machten oder finanzielle Mittel bereitstellten, damit Tschudi die Bilder erwerben konnte, die er für sein Haus haben wollte. Von wenigen Ausnahmen abgesehen, waren die Mäzene, die Tschudi, dem eine »bestrickende Liebenswürdigkeit« (Max Liebermann) nachgesagt wurde, bei seinen Akquisitionen halfen, dem jüdischen Großbürgertum zuzurechnen.

Zu diesen Persönlichkeiten gehörten unter anderem Oskar Huldschinsky, Alfred Beit, Georg von Bleichröder, Carl Levy, Robert von Mendelssohn, Ernst (von) Mendelsohn-Bartholdy, Hugo Oppenheim, Max Steinthal, Carl Steinbart,[45] Julius Stern, Robert Warschauer sowie James und Eduard Simon.[46] Sie bildeten den Kern einer neuen Elite, »die aufgrund ihres geistigen Formats und ihrer finanziellen Ressourcen in Berlin um 1900 den Ton angab«; sie waren die tonangebende Gesellschaft des Neuen Westens und der Secession, »der auch diejenigen Kunstsammler angehörten, die in Berlin zum Abscheu und Entsetzen der etablierten Konservativen und unter dem Protestgeschrei der Presse den Impressionismus salonfähig machten«.[47]

Die deutliche Überrepräsentanz von Sammlern und Stiftern, die Juden oder jüdischer Abstammung waren, blieb den Zeitgenossen nicht verborgen und wurde entsprechend kommentiert. Antisemitische Untertöne waren dabei unüberhörbar. Von »jüdischer Mache« war die Rede, aber auch davon, dass man im »verjudeten Berlin W« einen »Kunstmarkt ersten Ranges«[48] geschaffen habe. Hinter all den Aktivitäten, so meinte man, stünden, deutlich spürbar, ein »spezifischer Judengeist« und eine »internationale und damit undeutsche Gesinnung«.[49]

Kurz nach Tschudis Amtsantritt als Direktor der Nationalgalerie im November 1896 finanzierte Ernst (von) Mendelssohn-Bartholdy zusammen mit Eduard Arnhold[50] und seinen Verwandten Robert von Mendelssohn und Hugo Oppenheim den Ankauf von Manets Gemälde »Im Wintergarten«. Es war weltweit der erste Manet, der von einem Museum erworben wurde.[51]

Neben dem »Wintergarten«-Bild, heute eines der Glanzstücke der Berliner Nationalgalerie, kaufte Tschudi in den nächsten Monaten mit Hilfe seiner Unterstützer zwei Constables, einen Courbet, einen Monet, einen Degas, einen Lavery, zwei Segantinis, je eine Plastik von Meunier, Rodin und Vallgren sowie mehrere Zeichnungen. Keiner dieser Künstler war bis dahin mit einem Werk in der Nationalgalerie vertreten gewesen.

Als Tschudi der Berliner Gesellschaft seine Neuerwerbungen vorstellte, kam es zu wütenden Protesten und heftigen Auseinandersetzungen. Das »Ansehen« der Nationalgalerie, so hieß es, werde durch Tschudis Ankaufpolitik in den Schmutz gezogen. Der Kaiser selbst stellte sich an die Spitze derer, die glaubten, sich gegen alles »Ausländische« wenden zu müssen.

Ludwig Justi zufolge lautete das Urteil Wilhelms II. über den »Wintergarten« von Manet: »Da sitzt eine Jüdin auf der Bank und hinter ihr steht ein jüdischer Mann. Was soll das in unserer Nationalgalerie?«[52] Ob diese Bemerkung Wilhelms II. authentisch ist oder nicht, sie entspricht jedenfalls ganz dem Ton einer Landtagsdebatte, in der 1904[53] über den Kulturetat verhandelt wurde. Ein Abgeordneter verstieg sich zur Äußerung, das Wintergarten-Bild sei nicht nur erotisch anzüglich, sondern auch »unsittlich«.

Der Nationalgalerie ein Bild zu schenken, war zu jener Zeit nicht ohne weiteres möglich. Tschudi war gehalten, jedes Mal, wenn eine Schenkung anstand, einen entsprechenden Antrag zu stellen, der verschiedene Stufen der preußischen Kunstverwaltung zu durchlaufen hatte. Zunächst musste das Schreiben den Schreibtisch des Generaldirektors passieren, dann hatte der Kultusminister den Antrag zu bearbeiten. Wenn der Wert eines Kunstwerks mit mehr als 3000 Mark veranschlagt wurde, war sogar die Genehmigung des Kaisers einzuholen.

Im Vergleich zu den Aktivitäten von Robert und Franz von Mendelssohn, die beide bedeutende Privatsammlungen besaßen und sich auf französische Impressionisten spezialisiert hatten, nimmt sich die Unterstützung Tschudis durch Ernst (von) Mendelssohn-Bartholdy geradezu bescheiden aus. Die Großneffen engagierten sich im Verlauf der Jahre weit mehr als ihr Onkel und übergaben zahlreiche Werke französischer Künstler der Nationalgalerie beziehungsweise stellten Tschudi Mittel zum Ankauf zur Verfügung.

Franz von Mendelssohn beispielsweise stiftete der Nationalgalerie zusammen mit anderen 1897 das Bild »Novembre« von Jean-François Millet,[54] das heute als Kriegsverlust geführt wird. Robert wiederum machte 1900 zusammen mit seinem Bruder sowie mit Eduard Arnhold, Isidor Loewe, Guido Graf Henckel von Donnersmarck der Nationalgalerie das Gemälde »Frühlingslandschaft« von Charles Daubigny[55] zum Geschenk. Die Summe, die dafür aufgebracht wurde, betrug 57 000 Mark.

1906 folgte als weitere Gabe ein Cézanne (»Stillleben mit Früchten«)[56] und einige Jahre später, anlässlich von Max Liebermanns 70. Geburtstag, das Liebermann-Bild »Die Gartenbank«[57]. Das Bild wurde der Nationalgalerie von Robert von Mendelssohn und seiner Verwandten Margarete Oppenheim überreicht. Bei keiner der von der Nationalgalerie in den letzten Jahren veranstalteten Impressionismus-Ausstellungen fehlt dieses Bild, das als »typischer Liebermann« gilt.

Die Sammlungen von Robert und Franz von Mendelssohn zeigen, dass beide durchaus ein Gespür für die neuere aus Frankreich kommende Stilrichtung in der Malerei besaßen. Robert erwarb zwischen 1903 und 1910 unter anderem Gemälde von Pissarro (»Stadtgarten in Pontoise«) und Manet (»Méry Laurent en paletot à col de fourrure«), außerdem zwei van Goghs (»Tal in Saint Remy« und »Iris«). Franz wiederum kaufte drei van-Gogh-Gemälde (»Der Sämann«, »Das gelbe Kornfeld« und »Blühender Kastanienzweig«) sowie drei Zeichnungen van Goghs, die er seiner Sammlung hinzufügte.[58]

Robert von Mendelssohn, Eduard Arnhold und ihre Unterstützung der Moderne

Ein geplanter Ankauf für die Nationalgalerie war mit einem handfesten Skandal verbunden. Es handelte sich um eine Gruppe von Gemälden aus der Schule von Barbizon aus einer Amsterdamer Privatsammlung. Wilhelm II. hatte dem Ankauf der Bilder von Eugène Delacroix, Constant Troyon, Camile Corot und Théodore Rousseau zunächst zugestimmt, dann aber widerrufen. Die Gründe dafür sind unklar. Vermutlich passte dem Kaiser die ganze Richtung nicht.

Wenn sich nicht ein privates »Bilderkonsortium« gebildet und die notwendigen Mittel aufgebracht hätte, wäre es zu einer öffentlichen Debatte über den Wert einer kaiserlichen Zusage gekommen. Von den fünf Unterstützern – Arnhold und Mendelssohn gaben jeweils 100 000 Mark – waren vier jüdischer Herkunft. Das war Wasser auf die Mühlen der Antisemiten: Die Juden, so meinten sie, setzten sich für den Erwerb »undeutscher« Kunst ein.

Der Ankauf der Bilder konnte erst Jahre später, nach der Abdankung Wilhelm II., getätigt werden. 1922 kam die Nationalgalerie in den Besitz von zwei der vier Bilder, deren Ankauf der Kaiser hintertrieben hatte. Es handelte sich um Delacroix' »Medea« (1859), Troyons »Das Touques-Tal« (1853), Corots »Die Schmuggler (1871/72) und Rousseaus »Landschaft mit Regenbogen«. Dass der Kauf doch noch zustande kam, war nach Ansicht Justis allein »der unbeirrbar noblen Gesinnung Arnholds zu verdanken«.[59] Die Bilder wurden im Zweiten Weltkrieg vernichtet oder gelten als verschollen.

Die Widerstände, auf die Tschudi in Berlin stieß, verbitterten ihn derart, dass er schließlich den Hut nahm, die Stadt verließ und nach München ging, wo ihm im Juli 1909 die Leitung der Staatlichen Galerien übertragen wurde. Tschudis »Rausschmiss« in Berlin kommentierte die nationalistische Presse höhnisch mit einem Gedicht, überschrieben »Zum Abschied«:

Die Impressionisten
sind ohne Geschmack.
Wir lieben als Christen
den glänzenden Lack,
das strahlende Deutschtum –
juchheirassassah –
und lehren den Bürger
Respekt und Hurrah!
Hurra-aha!
Tschudi falera, Tschudi falera
Tschudi falerallera.[60]

Seine Berliner Unterstützer hielten allerdings auch nach Tschudis Weggang aus Berlin weiter zu ihm, allen voran Eduard Arnhold und Robert von Mendelssohn. Wie sehr sie Tschudi als Menschen und Kunstexperten schätzten, zeigt ihre Entscheidung, dass nach dessen

Tod die gewährten Darlehen nicht zurückbezahlt werden mussten, sondern in Schenkungen umgewandelt wurden. Sie trugen auch zur Pflege des Gedächtnisses an Tschudi bei, indem sie die von Heinz Braune, einem kongenialen Kurator und Mitarbeiter Tschudis, ins Leben gerufene »Tschudi-Spende« unterstützten,[61] in deren Folge 1912/13 eine große Anzahl ausländischer Werke an die heutigen Bayerischen Staatsgemäldesammlungen gelangten.

Aus erhaltenen Verzeichnissen geht hervor, dass die Münchener Pinakothek durch die »Tschudi-Spende« zu einer Reihe bedeutender Werke kam, unter anderem zu Gemälden von Pierre Bonnard (»Dame vor Spiegel«), Gustave Courbet (»Porträt Oliviers«, »Landschaft«), Paul Cézanne (»Selbstporträt des Künstlers«), Henri-Edmond Cross (»Landschaft«), Maurice Denis (»Gallische Herdengöttin«, »Zwei italienische Landschaftsstudien«), Paul Gauguin (»Komposition von Tahiti«), Théo van Rysselberghe (»Springbrunnen«), Paul Signac (»Vier Studien an der Seine«), Henri de Toulouse-Lautrec (»Femme Asisse«) und Edouard Vuillard (»Interieur mit Frau«), außerdem Plastiken von Aristide Maillol (»Porträtbüste der Madame Maurice Denis«) und George Minne (»Männlicher Kopf in Marmor«) und Zeichnungen von Corot, Daumier, van Gogh, Klimt, Manet und Rodin.[62]

Bei den van Goghs handelt es sich um Zeichnungen (»Fabrik am Roubine du Roi in der Nähe von Arles«,1888; »Ansicht von Arles am Ufer der Rhone«,1888), die Tschudi 1906 bei Cassirer gekauft und nach München mitgenommen hatte. Nach Tschudis Tod fielen auch diese Zeichnungen an die Münchener Staatlichen Galerien. 1933 wurden sie bei den Bayerischen Staatsgemäldesammlungen nachinventarisiert und in den Verzeichnissen als Schenkungen der Stiftung Arnhold-Mendelssohn vermerkt.

Im Ersten Weltkrieg beteiligten sich Franz und Robert von Mendelssohn mit beträchtlichen finanziellen Beträgen an der Gründung der »Akademischen Kriegshilfskasse«, die dazu gedacht war, notleidende bildende Künstler und Musiker in Berlin zu unterstützen. Franz und Robert von Mendelssohn gehörten auch einem Kreis von etwa 20 Künstlern und Kunstfreunden an, die sich von Zeit zu Zeit im Pringsheim'schen Palais in der Wilhelmstraße 67 trafen. Dieser »Künstler-Klub«, wie er genannt wurde, fungierte als eine Art »Schaltstelle und Austauschbörse zwischen privater und staatlicher Kunstförderung, Künstlern und Kunstsammlern«.[63]

Die Aktivitäten der Arnholds, der Mendelssohns und anderer Mäzene gerieten zwei Jahrzehnte später ins Visier der Nationalsozialisten. Diese planten, im Rahmen der Aktion »Entartete Kunst« auch die Werke der »Tschudi-Spende« zu veräußern. Sie wollten damit nicht genehme Spuren tilgen, hofften aber auch, durch den Verkauf an dringend benötigte Devisen zu gelangen.

Aufgrund von Protesten auf bayerischer Seite kam es dann allerdings nur zur Beschlagnahme eines Stilllebens von Matisse, das die Nationalsozialisten in ihrem Wahn für ein typisches Beispiel »bolschewistisch-jüdischer Kunstauffassung« hielten. Die Werke, die Eduard Arnhold und Robert von Mendelssohn geschenkt oder für deren Ankauf sie Mittel zur Verfügung gestellt hatten, fielen den NS-Säuberungsmaßnahmen interessanterweise nicht zum Opfer.

Das Rittergut Börnicke

1892 hatte Ernst (von) Mendelssohn-Bartholdy im nordöstlich von Berlin gelegenen Dörfchen Börnicke ein Rittergut gekauft, um dort mit seiner Frau Marie zu leben. Das Gut, das zirka 1081 Hektar umfasste, übergab Ernst (von) Mendelssohn-Bartholdy 1904 seinem Sohn Paul (1875–1935) als »Vorausvermächtnis ohne Anrechnung auf dessen Erbteil«.[64] Dieser ließ das Anwesen nach dem Tod der Eltern zu einem luxuriösen Wohnsitz samt Bibliothek, Tennisplatz und Billardraum umgestalten.[65]

Als Architekten für den Umbau des Hauses hatte Paul von Mendelssohn-Bartholdy den Lehrer Mies van der Rohes gewinnen können, den Baumeister Bruno Paul (1874–1968), der sich nicht nur als Architekt, sondern auch als Karikaturist und Kunsthandwerker einen Namen gemacht hatte. Bruno Paul, dem die Stadt Berlin eine Anzahl spektakulärer Bauten zu verdanken hat, erhielt später auch den Auftrag, unweit des Reichstags in Berlin ein Stadtpalais auf dem Grundstück Alsenstraße 3/3a zu bauen. Für den Umbau des Anwesens in Börnicke lieferte Bruno Paul nicht nur die Pläne, sondern auch Vorschläge zur Innenausstattung und zur Umgestaltung der bereits bestehenden Parkanlage.

In den Jahren 1909 bis 1911 wurde das Herrenhaus in Börnicke aufwendig umgestaltet. Paul behielt die Grundgliederung des Vorgängerbaus bei; der Belvedere-Turm, der zur Versorgung von Haus und Garten mit Wasser diente, wurde erhalten und erinnerte an den spätklassizistischen Vorgängerbau, dessen Baukörperanordnung traditioneller Herrenhaus-Architektur verpflichtet war. Der Turm und der an verschiedenen Stellen verwendete Rundbogenstil ließen den Einfluss der Baumeister Schinkel und Persius erkennen.

Joseph Popp, der 1914 in einem Buch Bruno Pauls Arbeiten gewürdigt hat, schilderte ausführlich die Eingriffe, die bei den Umbaumaßnahmen am »Schlosz in der Mark« vorgenommen wurden.[66] Popps Beschreibungen, ergänzt durch eine beträchtliche Anzahl Fotografien, sind die Grundlage aller späteren Darstellungen geworden, die über Börnicke, den Geschmack der Mendelssohn-Bartholdys sowie die Bauaktivitäten Bruno Pauls in den Jahren 1909 bis 1911 informieren.[67]

So wissen wir, dass eines der berühmten Sonnenblumenbilder van Goghs in der Halle in Börnicke hing; in der Bibliothek über einer Sitzecke mit Polstersesseln war ein Bismarck-Bild platziert. Im »Zimmer des Herrn« hingen Familienporträts, unter andrem Eduard Magnus' bereits beschriebenes Porträt von Albertine Mendelssohn-Bartholdy[68] sowie ein Porträt von Felix Mendelssohn Bartholdy, dessen Urheber nicht feststeht. Vermutlich war es ein Werk Wilhelm Hensels.

Die Architektur des Hauses bediente sich einer neoklassizistischen Formensprache und kann als typisch für ihre Zeit gelten. Klare Tektonik, vereinfachte Formen und maßvoll eingesetzte Ornamentik zeigen, wie Martin Petsch bemerkt hat, »die Bestrebung nach Vereinfachung und Sachlichkeit«.[69] Moderne Architekturhistoriker vertreten zu Recht die Ansicht, in seiner Vermischung von barocken und klassizistischen Stilelementen zeige Schloss Börnicke stilistische Ähnlichkeit mit dem Berliner Villenbau um 1900.[70]

Wer heute zu Fuß das Schloss umrundet, dem fällt zunächst auf, dass sich die Anlage in einem desolaten Zustand befindet. Die Zeitläufte haben erkennbare Spuren hinterlassen. Krieg, Sowjet-Besatzung, DDR-Zeit und die turbulenten Jahre nach der Vereinigung der beiden deutschen Staaten, in denen sich Glücksritter aller Art um den Besitz prügelten,[71] haben dem Bau und der Parkanlage stark zugesetzt.

Das Gelände erinnert zwar in der Anlage noch an den großbürgerlichen Lebenszuschnitt der Mendelssohn-Bartholdys, aber der Charme und die einstige Kultiviertheit, die das Herrenhaus ausstrahlte, sind dahin. Die von Bruno Paul sensibel ins Werk gesetzte Verbindung von Repräsentation und Privatsphäre kann man nur noch mit viel Phantasie und einigem Einfühlungsvermögen erahnen.

Die von Wind und Regen stark zerfurchte Fassade lässt noch erkennen, dass es Bruno Paul darauf ankam, auf schmückendes Fassadendekor zu verzichten. Das wird auch daran deutlich, dass die Konsolen der Austritte, die Säulen und Pfeiler schematisiert sind, was der Fassadengliederung zugute kam, die äußerst klar und scharfkantig ausgebildet ist. »Auffällig«, bemerkt Martin Petsch, »sind die im Gegensatz zur großflächigen Fassadengestaltung stehenden Brüstungsgitter sowie die Tür des Hauptzugangs, die in ihrer kleinteiligen Gestaltung Formen des geometrischen Jugendstils aufgreifen.«[72]

Obgleich der Putz am Schloss heute weitgehend verrottet und in den letzten Jahren in großen Fladen abgeblättert ist, kann man doch bei genauerem Hinsehen erkennen, dass die Fassade einst mit einem rötlichen Putz versehen war. Die Dachrinnen hatte man grün, die Fensterbrüstungen und Steinumfassungen weiß gestrichen.[73] Die Harmonie dieser Farbgebung, dazu die klare und übersichtliche Struktur der Fassadengliederung sowie das sich über dem Gebäude wölbende neobarocke Mansardendach ergänzten die strenge Symmetrie und Axialität der Gesamtanlage und vermittelten den Eindruck von Wohlstand und ästhetischem Empfinden.

Die von Bruno Paul neu gestaltete Gartenanlage hatte einen unmerklichen Übergang vom Haus zur Landschaft entstehen lassen. Heute weitgehend verwildert und teilweise durch die Bebauung mit Einfamilienhäusern verunstaltet, sind die Strukturen der ursprünglichen Anlage kaum noch zu erkennen; es bedarf einer gewissen Kombinationsgabe, um sich vorzustellen, wie der Park einst ausgesehen hat. Die Grundzüge der Anlage sollen auf den Gartenarchitekten Albrecht Thaer zurückgehen, in dessen Besitz sich das Anwesen von 1838 bis 1859 befand.

Ungeachtet der in den letzten Jahrzehnten erfolgten Zerstörungen ist noch zu erkennen, dass die Gartenanlage einst durch zahlreiche in sich verschlungene Wege bestimmt war. Terrassen, Treppen, Blumengärten,

Rasenflächen, Bäume und Baumgruppen, ein kleiner See, der dicht an das Schloss heranreichte, verliehen ihr ein unverwechselbares Flair.

Von Bruno Paul entworfene Kleinarchitekturen wie zum Beispiel ein Steintempel zur Erinnerung an den Vater des Bauherrn und ein Tennishäuschen mit strohgedecktem Walmdach im Schatten hoher Bäume dienten als Blickpunkte innerhalb der Sichtachsen und erweckten den Eindruck besonderer Raffinesse zeitgenössischer Garten- und Parkgestaltung.

Auch die Innengestaltung des Schlosses trug die Handschrift Bruno Pauls, der um die Jahrhundertwende nicht nur zu den wichtigsten Vertretern des Münchener Jugendstils gezählt wurde, sondern auch als beliebtester Raumgestalter des deutschen Großbürgertums jener Jahre gilt. Die Entwürfe, die Paul für das Herrenhaus in Börnicke gezeichnet hatte, sind 1911 von den Vereinigten Werkstätten für Kunst im Handwerk in München ausgeführt worden. In der Regel handelte es sich bei den im Auftrag Paul von Mendelssohn-Bartholdys angefertigten Möbeln um exklusive Einzelstücke, die jedem Raum des Hauses eine eigene Note verliehen.

Die Halle des Hauses war nicht nur Empfangs- und Eingangsbereich, sondern gleichzeitig Mittelpunkt des häuslichen und geselligen Lebens. Sie reichte über zwei Geschosse mit ringsum laufender Galerie und führte in breiter Öffnung durch die gesamte Bautiefe, was den Blick zur Gartenterrasse und der dahinterliegenden Rasenfläche ermöglichte. Auf den Besucher, der das Haus betrat, machte gerade diese Halle einen überwältigenden Eindruck.

Diese Wirkung wurde unterstrichen durch die mattweiß glänzenden Wände, die im Kontrast zum Holzfußboden aus schwarz-brauner Mooreiche standen. Auffällig, heißt es, waren die Pilaster- und Gebälkstruktur und der Kamin mit einem Marmoraufsatz und dem von Joseph Wackerle (1880–1959) gestalteten Relief eines von Ranken umgebenen Kranichs.[74] Die Vorhänge, die zur spärlichen Möblierung (Wandtische, Sitzecke mit Sofa, Armlehnstühle, Tisch und anderem) passten, waren in festlichem Rot gehalten und gaben der Halle, wie Joseph Popp in seiner Beschreibung bemerkt, eine »eigenartige Würde«, »etwas von altpreußischer Gemessenheit«.[75]

Östlich der Halle befand sich an der Nordseite des Hauses das Herrenzimmer, das durch eingezogene Pfeiler in zwei Räume geteilt wurde.

In einer Nische des Hauptraums war ein Kamin untergebracht. Kostbare Fayencen und Möbel vermittelten den Eindruck großbürgerlicher Gediegenheit. Die Bibliothek, die zum Herrenzimmer gehörte, war ebenfalls kostbar ausgestattet. Die matt geschliffene Mahagoni-Vertäfelung und die sorgfältig eingepassten Einbauregale kontrastierten auf angenehme Weise, so Joseph Popp, mit dem Weichselbraun der Möbel, dem warmen Gelb des Nussbaumparketts und einem wasserblauen Teppich.[76]

In der Halle schloss sich nach Südwesten das Damenzimmer an, von dem Popp sagt, es habe als »Grundton eine arkadische Heiterkeit«[77] ausgestrahlt. Folgt man den Beschreibungen, dann hatte dieser Raum, weil er zum Park hinausging, gegenüber den anderen Räumen eine privilegierte Lage. Die weißen Wände, die durch fein abgewogene Profile und blaue Streifen unterteilt waren, hatte der Maler und Kunstgewerbler Emil Rudolf Weiss (1875–1942) mit filigranen, rokokohaften Wandmalereien versehen. Sie zeigten Freuden des Eislaufens, des Badens und Ruderns, des Reitens, Jagens und Tanzens. Reste der Wand- und Deckenmalereien sind noch heute zu sehen.

Wie die anderen Räume im Haus hatte auch das Damenzimmer einen Kamin, über dem ein großer Spiegel mit Schnitzereien von Josef Wackerle in die Wand eingelassen war. Der helle Grundton der Wände, das Gold von Spiegel und Lüster sowie die mattblauen Vorhänge unterstrichen die Luft- und Lichtfülle des Zimmers. Die im Raum platzierten Möbel (Sessel, Armlehnstühle, Sofa, Tische, Schreibtisch), zum Teil aus Palisanderholz gefertigt, ordneten sich der Gesamtwirkung des Raumes unter. Ein Bechstein-Flügel, angeblich ebenfalls von Bruno Paul entworfen, gab Raum und Möbel-Ensemble eine Note vornehmer Kultiviertheit.

Im Obergeschoss, das die Farben der Halle aufnahm, befanden sich Gästezimmer mit den dazugehörigen Bädern sowie Räume, die für häusliche Arbeiten genutzt werden konnten. Die Küche befand sich im Sockelgeschoss, Anrichte und Esszimmer hatten ihren Platz im Erdgeschoss. Angeblich soll sich im Erdgeschoss auch ein großzügig angelegtes Bad mit einem versenkten Becken, ausgekleidet mit grünem Marmor, befunden haben. Das Becken, so heißt es, konnte man über eine kleine Treppe betreten, an der ein zierliches Messinggeländer angebracht war.

Die Residenz im Spreebogen

Paul von Mendelssohn-Bartholdy legte großen Wert auf Repräsentation. Das Palais, das er zwischen 1913 und 1915 auf den beiden nebeneinanderliegenden Grundstücken Alsenstraße 3/3a nach Entwürfen des Architekten Bruno Paul bauen ließ, zeigte, dass er und seine Frau ein Gefühl für repräsentatives Wohnen in einem entsprechenden Ambiente hatten. Das dreiflüglig angelegte Palais, das sich an Pariser Hotels des 18. Jahrhunderts orientierte, entsprach vom Bautypus nicht den sonst üblichen innerstädtischen Wohnhäusern.

Bereits im Vorfeld der Baumaßnahmen hatte sich ein Sachverständigenbeirat unter der Leitung des Stadtbaurates Ludwig Hoffmann ungewöhnlich lange mit den Plänen für den Neubau befasst.[78] Die Abstimmungen zwischen dem Architekten und dem Bauherrn zogen sich in die Länge; es waren Wünsche des Bauherrn zu berücksichtigen, aber auch die Vorstellungen des Architekten. Die Fertigstellung zog sich bis weit in den Ersten Weltkrieg hinein.

Die Gesamtanlage des Hauses war großzügig konzipiert. Die Fassaden waren nicht aufwendig gehalten wie bei den Mosses am Leipziger Platz 15, sondern erweckten den Eindruck von zurückhaltender Gediegenheit. In den Bauakten, die im Landesarchiv Berlin aufbewahrt werden, finden sich zahlreiche Bauzeichnungen, Skizzen Bruno Pauls, statistische Berechnungen und Gebäudeseitenansichten.[79] Dokumentiert sind die Bauabnahmen der verschiedenen Bauabschnitte,[80] aber auch die Bemühungen, den Polizeipräsidenten dazu zu bewegen, der Ausführung der Fassadengestaltung zuzustimmen.[81]

Die Innenräume waren übersichtlich gegliedert, aber so gehalten, dass sie nicht im Gegensatz zur Außenansicht des Gebäudes standen. In den beiden Seitenflügeln befanden sich im Keller: Kohlenkeller, Heizung, Weinkeller, Plättstube, Waschküche, Garage, Lagerraum, Vorratskeller, Dunggrube; im Erdgeschoss: Wagenwäsche, Geschirrkammer, Ruheraum, Wagen-Remise, Zimmer für den Diener, Futterkammer, Pferdestall, Garderobe, Vorhalle, Vestibül, Office, Küche, Anrichte, Personalspeiseraum; im ersten Obergeschoss: Ankleidezimmer der Dame, Bad, Ankleidezimmer des Herrn, Schlafzimmer, Wohnzimmer, Damen-Salon, Wintergarten, Halle, Bibliothek, Ablageraum,

Herrenzimmer, Wandelhalle, Speisezimmer, Festsaal; im zweiten Obergeschoss: Bodenraum, Gästezimmer, Dienstbotenräume.

Von Martha Huth, die in den zwanziger Jahren Berliner großbürgerliche Wohnungen und Wohnhäuser aufnahm, sind sechs Fotografien erhalten, die das Innere des Palais wiedergeben.[82] Eine der Aufnahmen zeigt den Festsaal, der in Pauls Plänen als Musiksaal bezeichnet wird, zwei weitere Aufnahmen zeigen zwei Salons. Bei der einen Aufnahme handelt es sich um die Wiedergabe des »Chinesischen Zimmers«, in dessen Vitrinen Ostasiatica zu sehen waren. Die andere Aufnahme zeigt einen Salon, an dessen Wänden Gemälde hängen, unter anderem das Ölbild »Fernande mit einer schwarzen Mantilla« (1906) von Pablo Picasso.

Das 1867 im Spreebogen errichtete Alsenviertel mit der Alsenstraße in seiner Mitte und der Siegessäule neben dem 1894 fertiggestellten Reichstag war eines der eleganteren Wohnquartiere der Stadt. Als Paul von Mendelssohn-Bartholdy sich dort von Bruno Paul sein Palais bauen ließ, konnte er davon ausgehen, zu den Arrivierten der Stadt zu gehören. Wer damals im Alsenviertel wohnte, war entweder Diplomat, Politiker, Adliger oder eben, wie im Fall von Paul Mendelssohn-Bartholdy, jemand, der es zu etwas gebracht hatte und stolz auf das Erreichte war.

In den zwanziger Jahren befanden sich auf der Westseite der Alsenstraße nicht nur luxuriöse Privathäuser, sondern auch Gebäude, in denen die Gesandtschaften und Generalkonsulate zum Beispiel von Finnland, Norwegen und Dänemark untergebracht waren. Das Quartier im Spreebogen lag nur wenige Meter vom Regierungsviertel entfernt, was es erleichterte, den Kontakt zu den deutschen Amtsstellen zu halten.

Paul von Mendelssohn-Bartholdy und seine erste Frau Charlotte (1877–1946), genannt Lotte, hatten das Anwesen mit viel Geschick und sehr viel Geschmack ausgestattet. Wie in Börnicke dürften auch in den Räumen des Stadtpalais Möbel aus den Münchener Werkstätten für Kunst und Handwerk gestanden haben. Durch Martha Huths Aufnahmen wissen wir, dass die Räume nicht nur mit wertvollen Teppichen ausgelegt waren, sondern dass an den Wänden des Chinesischen Zimmers mit Vasen und Tellern ausgestatte Vitrinen eingelassen waren und an verschiedenen Stellen im Haus ausgesuchte Kunstwerke hingen.

1938 wurde neben den meisten anderen Gebäuden im Alsenviertel auch das Mendelssohn'sche Palais abgetragen, um dort Platz zu schaffen für die megalomanen Visionen Hitlers und seines Architekten Albert Speer.[83] Diese planten eine Nord-Süd-Achse, die mehrere Kilometer lang und über 100 Meter breit sein sollte. Neben einer Reihe von Ministeriumsgebäuden links und rechts der Prachtstraße war auch der Bau eines Zentralbahnhofs vorgesehen, der größer als die Grand Central Station in New York sein und als Ankunftsort für Staatsgäste dienen sollte.

Die Gäste, so stellte man sich vor, würden den 1000 mal 330 Meter großen Bahnhofsvorplatz überqueren und dann überwältigt vor einer »Großen Halle« stehen, die dem Pantheon in Rom nachempfunden sein sollte. Diese Halle sollte eine Art zentrales Bauwerk der neuen »Welthauptstadt« werden.

Seit seinem Machtantritt 1933 war Hitler beharrlich bemüht, seine architektonischen Pläne für Berlin in die Tat umzusetzen, erst mit der Stadtverwaltung, dann mit Albert Speer und in dessen Gefolge mit dem Bildhauer Arno Breker, der wie Speer stets widerspruchslos auf alle Führer-Wünsche einging und diesem ergeben zu Diensten war.

Die »Germania«-Pläne machen die Hybris deutlich, in der Hitler und seine Gefolgschaft gefangen waren.[84] Gigantisch dimensioniert, sollte die Halle das größte Bauwerk der Welt werden. Wäre der Bau realisiert worden, hätte er 290 Meter hoch über die Stadt geragt und unter seinem Dach bis zu 150 000 Menschen stehend Platz geboten. »Ihr seid komplett verrückt geworden«,[85] soll Albert Speers Vater erklärt haben, als der Sohn ihm die Pläne vorstellte.

Bei Kriegsbeginn wurden die Abrissarbeiten im Alsenviertel zeitweilig unterbrochen, aber schon nach dem erfolgreichen Frankreichfeldzug wiederaufgenommen und bis 1942 weiterbetrieben. Die Arbeiten an der Halle, die auf zwölf Jahre angesetzt waren, sollten 1950 gleichzeitig mit der Fertigstellung der übrigen an der Nord-Süd-Achse geplanten Neubauten beendet werden.

Verwirklicht wurden Hitlers und Speers Pläne bekanntlich nicht. Die Träume von Berlin als »Welthauptstadt« zerstoben im Bombenhagel des Zweiten Weltkrieges. Das Ergebnis jedoch war niederschmetternd. Nicht nur das Stadtbild war verschandelt, auch das Quartier im Spreebogen war wie vom Erdboden verschluckt, teils durch die Abrissmaßnahmen im Vorfeld der Hitler-Speer'schen Bauprojekte, teils durch die

Kriegsschäden. Allein das Gebäude der Schweizer Botschaft überstand den Krieg.

Wer heute das Gelände auf der Suche nach Spuren des einstigen Viertels durchquert, der hat es nicht leicht, sich zu orientieren. Es ist nur schwer zu rekonstruieren, wo exakt seinerzeit die Alsenstraße verlief. Wo einst die Prachtbauten der Mendelssohn-Bartholdys und anderer wohlhabender Berliner standen, befindet sich heute eine Brachlandschaft. Der Spurensucher kann sich des Eindrucks der Trostlosigkeit nicht erwehren. Will er sich ein Bild vom einstigen Viertel machen, ist er darauf angewiesen, auf zeitgenössische Beschreibungen, alte Pläne und Fotografien zurückzugreifen.

Paul und Lotte von Mendelssohn-Bartholdy als Stifter und Sammler

Von Paul, dem älteren Sohn Ernst (von) Mendelssohn-Bartholdys, der bereits 1902, zu Lebzeiten seines Vaters, in die Leitung des Bankhauses aufgerückt war, ist nur wenig bekannt. So wissen wir nur, dass er das Friedrichswerdersche Gymnasium in Berlin besucht hat und anschließend ein Studium der Rechte in Bonn und Berlin absolvierte. In den Jahren 1893/94 war er am feinen Balliol College in Oxford immatrikuliert,[86] von dem Englands einstiger Premierminister Herbert Asquith einmal sagte, dass die Menschen des Balliol »das ruhige Bewusstsein einer mühelosen Überlegenheit« besäßen.

Von Paul von Mendelssohn-Bartholdy, dessen Auftreten sein Aufenthalt in Oxford stark geprägt hat, existieren bedauerlicherweise nur wenige Bildnisse. Die einzige erhaltene Fotografie von ihm findet sich in Privatbesitz, ein Abzug des Bildes im Bankarchiv,[87] dessen Überreste im Mendelssohn-Archiv der Stiftung Preußischer Kulturbesitz aufbewahrt werden.

Das Porträt Paul von Mendelssohn-Bartholdys, das Max Liebermann 1909 vermutlich in dessen Auftrag fertigte,[88] gilt seit den letzten Kriegstagen des Jahres 1945 als verschollen.[89] Von seiner einstigen Existenz wissen wir nur durch eine in den zwanziger Jahren angefertigte Fotografie.

Paul von Mendelssohn-Bartholdy war 34 Jahre alt, als Liebermann ihn malte. Auf dem Porträt sieht er älter aus. Liebermann hatte ihn in ähnlicher Manier porträtiert wie den Dichter Richard Dehmel (1863–1920). Letzterer war allerdings mit dem von Liebermann gemalten Porträt nicht zufrieden. Dem Maler gegenüber soll er geäußert haben, dass er sich in dem Bild nicht wiederfinde. Liebermann antwortete ihm daraufhin in der ihm eigenen unnachahmlich witzigen Weise: »Sie dürfen von einem Porträt nicht verlangen, daß es auch Mama und Papa sagen soll.«[90]

Paul von Mendelssohn-Bartholdy, Königlich-Dänischer Generalkonsul in Berlin, versteuerte 1905 bereits ein Einkommen von 530 000 bis 535 000 Mark und besaß zu jener Zeit ein geschätztes Vermögen von 3,4 Millionen Mark.[91] Er brachte es nicht nur zum Vorstandsmitglied der Berliner Börse, sondern auch zum Vorsitzenden des Verwaltungsrats der Bank des Berliner Cassen-Vereins. Hinzu kamen zahlreiche Aufsichtsratsmandate, unter anderem bei der Deutsch-Asiatischen Bank. Außerdem war er Vorstandsmitglied des Centralverbandes des Deutschen Bank- und Bankiergewerbes.

Trotz seiner zahlreichen beruflichen Verpflichtungen und Ehrenposten verhielt sich Paul von Mendelssohn-Bartholdy unauffällig und legte, anders als sein Vater oder sein Vetter Franz von Mendelsohn, keinen sonderlichen Wert darauf, im Licht der Öffentlichkeit zu stehen. Weder drängte es ihn nach Ehrungen und Orden, noch brüstete er sich mit seinen mäzenatischen Taten. Wenn er sich engagierte, dann geschah das im Stillen und aus dem Hintergrund. Wollte er Gutes tun, dann tat er das, ohne großes Aufheben davon zu machen, gemäß dem preußischen Motto: »Mehr sein als scheinen.«

Paul von Mendelssohn-Bartholdy verstand sich zeit seines Lebens als Berliner, Preuße und Deutscher. Selbst in der Zeit der Verfolgung sah er Deutschland als seine Heimat an. Der Gedanke, dass man dort mit den Mendelssohns nichts mehr zu tun haben wollte, kam ihm vermutlich nicht. Für ihn war der Name Mendelssohn gleichbedeutend mit Deutschland, allerdings dem »anderen Deutschland«, dem Deutschland der Vernunft, der Toleranz und der Kultur. Das Deutschland Hitlers und der Nationalsozialisten war ihm fremd, ein lästiges Übel, aber, wie er hoffte, ein vorübergehendes. Wozu dieses Regime fähig sein würde, hat sich Paul von Mendelssohn-Bartholdy wie viele andere nicht vorstellen können.

Paul von Mendelssohn-Bartholdy war nicht nur Mitglied des »Vereins der Freunde der Königlichen Bibliothek«,[92] er gehörte auch der »Vereinigung der Freunde antiker Kunst« sowie dem »Verein der Freunde der Nationalgalerie« an. Sein Engagement in diesen Vereinigungen beschränkte sich allerdings nicht darauf, Mitgliedsbeiträge zu bezahlen und Vereinssitzungen zu besuchen. Manchen der Häuser, denen er sich verbunden fühlte, machte er eine Reihe spektakulärer Schenkungen.[93]

Die Ostasiatische Kunstabteilung des Völkerkundemuseums beispielsweise erhielt eine wertvolle siebensaitige Laute (1907), eine Räucherwerkdose, einen Papierkasten aus dem Jahre 1618, zahlreiche Statuen (1909), von denen die älteste aus dem 13. Jahrhundert stammte, eine Henkelschale aus Persien (1910) sowie zwei Porträts in Öl (1912) aus der Zeit des chinesischen Kaisers K'ien-lung (1736–1796).[94]

Im Jahre 1911 kümmerten sich Paul von Mendelssohn-Bartholdy, sein Vetter Robert von Mendelssohn und Eduard Arnhold auf Bitten Hugo von Tschudis darum, dass für drei Jahre El Grecos berühmtes Gemälde »Laokoon« für den späteren Ankauf gesichert werden konnte. Das wurde möglich, indem sie der Bayerischen Gemäldegalerie ein zinsloses Darlehen in Höhe von 330 000 Francs zur Verfügung stellten, womit sie dafür sorgten, dass ohne größeren Zeitdruck das notwenige Ankaufkapital aufgebracht werden konnte.[95]

Das Vorkaufsrecht, das der Bayerischen Gemäldegalerie durch dieses Darlehen für drei Jahre gesichert wurde, blieb allerdings ungenutzt. Statt für den Greco, für dessen Ankauf die notwendigen Mittel zur Verfügung gestellt worden waren, entschied man sich in München für den Erwerb eines van Gogh. Heute ist das zwischen 1610 und 1614 entstandene »Laokoon«-Gemälde eine der Ikonen der National Gallery of Art in Washington.

Paul von Mendelssohn-Bartholdy und seine Ehefrau Charlotte, denen beiden zu Recht ein ausgeprägter avantgardistischer Kunstgeschmack nachgesagt wird, sammelten, wie Hans Fürstenberg in seinen Erinnerungen berichtet, »als erste in großem Stil die herrlichsten Bilder van Goghs und Toulouse-Lautrecs«,[96] aber auch Arbeiten von Cézanne, Degas und Henri Rousseau.

Lotte, wie die Ehefrau Paul von Mendelssohn-Bartholdy sich auch selbst nannte, war nicht nur an Kunst interessiert, sondern betätigte sich auch publizistisch. In der Wochenschrift »Wieland«,[97] benannt nach der Sagengestalt »Wieland der Schmied«, die Bruno Paul in den Jahren 1915 bis 1920 unter ihrer Mitwirkung, aber auch unter der von Wilhelm von Bode, Cäsar Fleischlen und Emil Orlik herausgab, veröffentlichte sie beispielsweise eine Reihe von Essays, die sich mit künstlerisch-literarischen Themen befassten. Sie reichten von allgemeinen Naturbetrachtungen[98] über kunst- und architekturkritische Reflexionen bis hin zu eigenen Kindheitserinnerungen aus der Zeit in Schlesien.[99]

Die Zeitschrift, die zunächst als illustriertes Kriegspropagandablatt konzipiert worden war, wandelte sich im Lauf der Jahre von einem Massenblatt mit beschränktem literarischen Anspruch in eine literarische Zeitschrift von hohem Niveau, in der seit 1917 der Krieg allerdings nicht mehr erwähnt wurde. Neben Lotte von Mendelssohn-Bartholdy arbeiteten unter anderem Peter Altenberg, Hermann Bahr, Wilhelm von Bode,[100] Rudolf Borchardt, Albert Ehrenstein, Hermann Hesse, Alfred Kerr, Klabund, Ernst Lissauer, Julius Meier-Gräfe, Will Vesper, Jakob Wassermann und Paul Zech an der Zeitschrift mit.

Erhalten ist ein Brief Lottes an den Schriftsteller Rudolf Alexander Schröder, in dem sie diesen zur Mitarbeit einlädt. »Ihnen«, so merkt sie an, »stehen ja so viele Mittel zur Verfügung, zeichnen Sie, malen Sie, schreiben Sie ...« Gleichzeitig entschuldigte sich Lotte dafür, dass ihr Ehemann keine Zeit gefunden habe, ihm zu schreiben. Wenn es ihm möglich sei, solle er sich doch um diesen kümmern: »Es ist ihm gewiß gut, wenn er nicht nur mit gräßlichen Bankleuten zusammen ist.«[101]

Korrespondiert hat Lotte von Mendelssohn-Bartholdy auch mit dem Schriftstellerehepaar Ida und Richard Dehmel, die sie ebenfalls für die Mitarbeit am »Wieland« zu gewinnen suchte. Das Angebot, Kriegserinnerungen Richard Dehmels im »Wieland« zu drucken, hat Ida Dehmel, die zeitweilig den Briefwechsel für ihren Mann erledigte, jedoch abgelehnt.[102] Man sei für dieses Projekt bei Samuel Fischer im Wort und könne deshalb nicht mit einem anderen Verlag verhandeln. Bei S. Fischer erschien dann auch einige Jahre später Dehmels Kriegstagebuch unter dem Titel »Zwischen Volk und Menschheit«.

Die vom Ehepaar Mendelssohn-Bartholdy im Lauf der Jahre aufgebaute Sammlung moderner Kunst konnte sich sehen lassen. Das Bonmot des berühmten Berliner Museumsmannes Max J. Friedländer, »Der

Kunstbesitz ist so ziemlich die einzig anständige und vom guten Geschmack erlaubte Art, Reichtum zu präsentieren«, war zwar nicht auf das Ehepaar Mendelssohn-Bartholdy gemünzt, hätte es aber durchaus sein können.

Nicht den Männern, so heißt es, sondern deren Ehefrauen verdanken wir das Entstehen der großen Kunstsammlungen um 1900. Die Männer zahlten, die Ehefrauen trafen die Auswahl, vermutlich deshalb, weil sie mehr Zeit hatten und Neuerungen gegenüber in der Regel aufgeschlossener waren als ihre Ehemänner, die sich um die Geschäfte kümmerten und keine Zeit hatten, ihren Kunstneigungen nachzugehen. Fest steht jedenfalls, dass es die Frauen der Mendelssohns, Oppenheims und Mauthners waren, die mit großem Kunstverstand und Instinkt die Sammlungen aufbauten.

Auch im Falle des Ehepaares Mendelssohn-Bartholdy war die Qualität der von ihnen zusammengetragenen Sammlung nicht in erster Linie das Verdienst Paul von Mendelsohn-Bartholdys, sondern das seiner Ehefrau Charlotte. Bei der Auswahl der Bilder hatte sie ganz offensichtlich das Sagen. Sie gehörte zur Gruppe jener emanzipierten Frauen in Berlin – wie etwa Lotte Cassirer, Elsa Glaser, Margarethe Mauthner und Margarete Oppenheim –, von denen es heißt, sie seien es, die eigentlich hinter den Kunstsammlungen ihrer Ehemänner gestanden hätten.

Von Charlotte von Mendelssohn-Bartholdy wissen wir, dass sie sich zusammen mit ihrer Mutter Margarete Oppenheim (1857–1935) durch Paul Cassirer hatte anregen lassen, eine Reihe van Goghs zu erwerben. Beide Frauen waren, was ihre Ankäufe betraf, instinktsicher, schätzten Qualität und wussten, warum sie die Galerie von Paul Cassirer aufsuchten oder sich von Kennern wie Alfred Flechtheim beraten ließen.

Flechtheim war es, der Charlotte von Mendelssohn-Bartholdy zum Experimentieren ermunterte. Auf ihn geht es angeblich zurück, dass sie bereits vor 1914 mit dem Sammeln kubistischer Arbeiten begann. Auf sein Anraten erwarb sie zusammen mit ihrem Mann neben mehreren Braques (unter anderem ein exquisites Stillleben von 1910/11 sowie die Hafenszene »Barque de Pêche« von 1909) auch Picassos »Arlésienne« (1912) und die Gouache »Kopf einer Frau« (Frühjahr 1909), die sich heute im Besitz der National Gallery in Washington befindet.

Auch Paul Cassirer wird nachgesagt, ein begnadeter Anreger gewesen zu sein. Besucher konnten häufig gar nicht anders, als die von ihm gepriesenen Bilder zu kaufen. »Man muss es erlebt haben«, erinnerte sich noch Jahrzehnte später der Pianist und Musikpädagoge Leo Kestenberg in Tel Aviv, »wie Paul Cassirer in Feuer geriet, wenn er vor einem Cézanne, einem van Gogh, Manet oder Renoir stand und das Bild deutete, erklärte, bewunderte.«[103]

Wann, wo und wie Charlotte und Paul von Mendelssohn-Bartholdy »ihre« van Goghs erstanden haben, haben Kunsthistoriker inzwischen weitgehend ermittelt. Wie es scheint, geschah dies bereits im Vorfeld der von Cassirer ausgerichteten van-Gogh-Ausstellung 1914. Fest steht jedenfalls, dass Charlotte und ihr Mann Paul drei der van Goghs, die sich dann in ihrem Besitz befanden, direkt bei Paul Cassirer erworben haben.

Andere van Goghs kauften sie, vermutlich auf Empfehlung Cassirers, bei Heinrich Thannhauser in München, aber auch bei den Pariser Galerien Druet und Bernheim-Jeune. Der Dramatiker und Erzähler Carl Sternheim (1878–1942), der mehr als ein Dutzend van Goghs besaß, erinnert sich, dass er bei Pariser Kunsthändlern auf Sammler stieß, die sich für van Gogh interessierten. Neben Paul Cassirer nennt er unter anderem August von der Heydt und namentlich Paul von Mendelssohn-Bartholdy.[104]

Auffällig ist, dass es sich bei den Bildern, die Paul von Mendelssohn-Bartholdy erwarb, in der Regel um Spätwerke van Goghs aus den Jahren 1888 bis 1890 handelt: »Der Park in Arles« (Oktober 1888),[105] der »Baumstamm« (Oktober 1888),[106] »Madame Roulin, im Profil, mit Kind« (Dezember 1889),[107] »Stillleben – Vase mit 15 Sonnenblumen« (Januar 1888),[108] »Bäume vor dem Irrenhaus in Arles« (Oktober 1889),[109] »Junger Mann mit Gartennelke« (Juni/Juli 1890),[110] »Das Rathaus von Auvers am französischen Nationalfeiertag am 14. Juli 1890«[111] und ein Selbstbildnis van Goghs, in der Literatur »Selbstporträt«[112] genannt.

Es ist nicht bekannt, welche der van Goghs in welchem Gebäude, an welcher Wand hingen. Dokumentiert ist nur, dass das berühmte »Sonnenblumen«-Bild bis Anfang der dreißiger Jahre seinen Platz in der Eingangshalle von Schloss Börnicke hatte.[113] Später, als die Nationalsozialisten an die Macht kamen, gelangte dieses Gemälde über die Galerie Rosenberg zum Verkauf. Die Hintergründe dieser Transaktion, die 1933 oder Anfang 1934 stattfand, also noch zu Lebzeiten Paul von Mendelssohn-Bartholdys, liegen im Dunklen. Einiges spricht dafür, dass auch in diesem Fall die Umstände Paul von Mendelssohn-Bartholdy zwangen, das Bild in den Kunsthandel zu geben.

Die Galerie Rosenberg gab das Bild an das mit Churchill befreundete Ehepaar Edith und Alfred Beatty, in deren Besitz es lange Jahre blieb. 1987 wurden die »Sonnenblumen«[114] beim Auktionshaus Christie's in London für die damals exorbitante Summe von 24,75 Millionen Pfund versteigert und gingen an die »Yasuda Fire and Marine Insurance Company, Ltd.« in Japan. Heute befindet sich das Bild im Besitz des Yasuda Kasai Museum in Tokio.

Die Mendelssohns zeigten in den Jahren vor dem Ersten Weltkrieg bei ihren Erwerbungen eine deutlich erkennbare Vorliebe für die Werke van Goghs. So waren Pauls Vettern Robert und Franz von Mendelssohn ebenfalls große Verehrer des niederländischen Malers; sie entwickelten schon sehr früh ein Interesse an dem Künstler und waren bemüht, ihren Sammlungen van-Gogh-Werke hinzuzufügen.

Robert erwarb 1905 bei Cassirer das »Weizenfeld mit Bauern, eine Garbe tragend« und 1908 das Stillleben »Iris«.[115] Sein Bruder Franz hatte in seiner Sammlung neben Bildern von Braque, Manet und Cézanne ebenfalls eine Reihe van Goghs, die er wie sein Bruder ebenfalls bei Cassirer erworben hatte, so unter anderem neben drei Zeichnungen die bekannten Gemälde »Der Sämann« (1914), »Weizenfeld mit Zypresse« (1910) und »Blühender Kastanienzweig« (1914).[116]

Lotte und Paul von Mendelssohn-Bartholdy sammelten neben van Goghs und Gemälden des Zöllners Henri Rousseau (»Porträt von Pierre Loti«, »La muse inspirant le poète«, »Nègre attaque' par un jaguar«, »Heureux quatuor«) auch Bilder von Braque, Degas, Manet, Monet, Renoir, Derrain, Laurencin, de Vlaminck, Hoggarth und Signac. Es fällt auf, dass Lotte und Paul von Mendelssohn-Bartholdy beim Aufbau und der Zusammenstellung ihrer Sammlung eine besondere Vorliebe für die Stilrichtungen Fauvismus, Kubismus und Impressionismus an den Tag legten.

Die von ihnen im Verlauf der Jahre zusammengetragene Sammlung gilt heute im Rückblick als eine der damals bedeutenderen Impressionisten-Sammlungen in Deutschland. Auch eine größere Anzahl früher Picassos befand sich, wie die Kunsthistoriker wussten, im Besitz der Mendelssohn-Bartholdys,[117] aber es war ihnen nicht bekannt, um welche Bilder es sich dabei im Einzelnen gehandelt hat.

Unterstützt wurde das Paar bei seinen Picasso-Erwerbungen, die etwa um 1910 einsetzten, insbesondere von den Kunsthändlern Wilhelm Uhde und Alfred Flechtheim.[118] Flechtheim, eine herausragende Gestalt des internationalen Kunsthandels, der viel zur Verbreitung der französischen Moderne in Deutschland beigetragen hat,[119] stand in engen Beziehungen zu Lotte und Paul von Mendelssohn-Bartholdy.[120]

Für Ausstellungen, etwa jene mit Werken Henri Rousseaus, die im März 1926 von Alfred Flechtheim in Berlin organisiert wurde, stellten Paul und Lotte von Mendelssohn-Bartholdy leihweise Bilder aus ihrer Sammlung zur Verfügung. Auf dem Vorsatzblatt des Kataloges, der zu dieser Ausstellung erschien, stattete Flechtheim seinen Dank an Paul von Mendelssohn-Bartholdys Ehefrau mit folgenden Worten ab: »Frau Lotte von Mendelssohn-Bartholdy gewidmet«.

Beim legendären Bankett im Berliner Kaiserhof am 31. März 1928, organisiert anlässlich des 50. Geburtstages von Alfred Flechtheim am 1. April 1928, bei dem der Jubilar eine Sondernummer der Zeitschrift »Querschnitt« überreicht bekam, die unter anderem Glückwünsche in Form von Aquarellen, Collagen und Zeichnungen von de Chirico, Cocteau, Léger, Masareel, Orlik und Sintenis enthielt,[121] waren auch Lotte und Paul von Mendelssohn-Bartholdy anwesend. Es darf allerdings angenommen werden, dass sie bei dem Bankett nicht am selben Tisch gesessen haben, da sie zu dieser Zeit schon nicht mehr zusammenlebten.

Bereits 1924 war im »Querschnitt« ein Bericht über die legendären Festivitäten erschienen, die Flechtheim regelmäßig veranstaltete. In diesem Bericht wird auch Lotte von Mendelssohn-Bartholdy erwähnt: »Man nehme sehr viel schöne Frauen, fünf Mitglieder der Haute-Banque, mehrere andere Bankiers, je fünf prominente Schauspielerinnen, Schauspieler, Tänzerinnen, mehrere berühmte Rechtsanwälte, Dichter, Parlamentarier, Frauenärzte, Boxer … viel Pfirsichbowle« und, wie es dann hieß, »600 von Lotte von Mendelssohn eigenhändig geschmierte Butterbrote«.[122]

Von Lotte von Mendelssohn-Bartholdy sind nur sehr wenige Fotos bekannt. Eines, vermutlich vor 1929 aufgenommen, zeigt sie sitzend, mit zwei Händen in den Haaren nestelnd und dabei lächelnd in die Kamera blickend. Die im »Querschnitt«[123] veröffentlichte Fotografie stammt von der Chronistin der Berliner Boheme Frieda Riess, die in der Zeit der Weimarer Republik die Größen der Berliner Gesellschaft mit der Kamera porträtierte. Dazu gehörten nicht nur Salonlöwen, Gesellschaftsdamen und Künstler, sondern auch damalige Boxgrößen wie Max Schmeling und Hermann Herse.[124]

Frieda Riess fotografierte Gerhart Hauptmann, Claire Goll, Emil Jannings, Leni und Ernst Lubitsch, Marc Chagall, Tilla Durieux, Max Liebermann und Asta Nielsen. »Die Riess«, wie man sie allgemein nur nannte, gehörte wie die Mendelssohn-Bartholdys zum engeren Freundeskreis Flechtheims, der 1925 Frieda Riess und ihren Bildern in den Räumen seiner Galerie eine eigene, vielbeachtete Werkschau ausrichtete.

Wer Lotte und Paul von Mendelssohn-Bartholdy mit Alfred Flechtheim zusammenbrachte, ist nicht bekannt. Wir wissen, dass er in engem Kontakt mit Lotte von Mendelssohn-Bartholdy stand und dass er dem Ehepaar im Verlauf der Jahre eine Reihe von Bildern verkaufte, so unter anderem 1910 das heute im New Yorker Guggenheim befindliche Picasso-Bild »Le Moulin de la Galette« (1900).

Das Bild hatte sich zuvor im Besitz der Kunsthändlerin Berthe Weil (1866–1951) befunden, dann war es an Arthur Huc, den Herausgeber der Tageszeitung »La Dépeche de Toulouse«[125] übergegangen und schließlich in den Besitz von Alfred Flechtheim gelangt.

Die blaue Periode war in der Sammlung Mendelssohn-Bartholdy durch das Pastell »Tête de femme« (1906) und das Bildnis von »Angel Fernandez de Soto« (1903) vertreten. Glanzlichter der Sammlung aber bildeten unbestritten zwei weitere Meisterwerke, die aus Picassos rosa Periode stammenden Bilder »Le garçon à la pipe« (1905) und »Meneur de cheval nu« (Knabe, ein Pferd führend) (1906). Beide Werke, ebenfalls um 1910 von Lotte und Paul von Mendelssohn-Bartholdy erstanden, wurden im Laufe der Jahre mehrfach als Leihgaben für Flechtheim-Ausstellungen zur Verfügung gestellt und waren im Sommer 1926 auch auf der Internationalen Kunstausstellung in Dresden zu sehen.

Über Picassos »Le garçon à la pipe« äußerten sich schon die Zeitgenossen bewundernd. In der Zeitschrift »Kunst für Alle« beispielsweise, in der das Bild der Öffentlichkeit vorgestellt und ausführlich beschrieben wurde, hieß es 1912/13: »Dieses Ephebenporträt, ein junger Mann in blauem Anzug, mit Tonpfeife in der Hand und einem Blütenkranz im

Haar, von fast perverser Delikatesse, wird jedem, der es einmal gesehen hat, so schnell nicht wieder vergeßlich sein.«[126]

Im Mai 2004 wurde die Öffentlichkeit durch die Versteigerung dieses Bildes bei Sotheby's in New York darauf aufmerksam gemacht, dass Paul und Lotte von Mendelssohn-Bartholdy als Sammlern moderner Kunst größere Bedeutung zukommt,[127] als bisher in der einschlägigen Literatur angenommen worden ist.

Das Bild, zweifellos eines der wichtigeren Werke des frühen Picasso, wurde nach 1945 von Paul von Mendelssohn-Bartholdys Witwe, seiner zweiten Ehefrau, Elsa, geborene Lavergne-Peguilhen (1899–1986), verkauft. Das Bild ging damals über den Kunsthandel für gerade einmal 30 000 Dollar an die amerikanischen Kunstliebhaber Betsy und John Hay Whitney, die das Bild später ihrer gemeinnützigen »Greentree Foundation« überließen.[128]

Als Teile der Whitney-Sammlung nach dem Tod des Ehepaares zur Versteigerung gelangten, kam auch das Bild »Le garçon à la pipe« unter den Hammer. Bei der Auktion in New York 2004 erhielt ein anonymer Bieter den Zuschlag für die exorbitante Summe von 93 Millionen Dollar – wohlgemerkt exklusive der Gebühren, die Sotheby's für seine Dienste zusätzlich in Rechnung stellte. Die bei dieser Versteigerung entrichtete Summe war die höchste, die bis dahin jemals für ein Bild bei einer Auktion erzielt wurde.

In den Berichten über diesen Höhenflug des Auktionsgewerbes ging vollständig unter, dass diese Versteigerung mehr war als nur eine staunenswerte Finanzaktion. Allenfalls am Rande wurde in den Kommentaren erwähnt, dass das Bild auch ein Stück deutscher und europäischer Zeitgeschichte spiegelt. Für die Frage der Provenienz interessierte sich kaum jemand und somit auch nicht dafür, dass das Picasso-Bild sich einst im Besitz der Mendelsohn-Bartholdys in Berlin befunden hatte.

Der Verlust der Sammlungen

Paul von Mendelssohn-Bartholdys Ehe mit seiner Frau Lotte kriselte, als Paul ein Verhältnis mit der um 24 Jahre jüngeren Elsa von Lavergne-Peguilhen begann. Elsa, die bei Paul und Lotte von Mendelssohn-Bartholdy als Hausdame angestellt war, hatte es verstanden, Paul so für sich einzunehmen, dass dieser sich von seiner Ehefrau trennte.

Am 8. Februar 1927 wurde die Ehe zwischen Paul und Lotte von Mendelssohn-Bartholdy rechtskräftig durch das Landgericht Berlin geschieden. Wer auf die Scheidung gedrängt hatte, Paul oder seine Ehefrau, ist nicht bekannt. Die Trennung scheint jedenfalls in gegenseitigem Einvernehmen erfolgt zu sein. Paul heiratete wenig später Elsa von Lavergne-Peguilhen, während seine geschiedene Frau Lotte die Ehe mit dem Grafen Georg von Wesdehlen einging.

In den Vereinbarungen, die anlässlich der Scheidung getroffen wurden, hatte man sich neben Unterhaltszahlungen von jährlich 120 000 Reichsmark auch darüber geeinigt, welche Bilder aus der gemeinsam aufgebauten Sammlung Lotte erhalten sollte. Bis auf drei Rousseaus (»La muse inspirant le poète«, »Apollinaire et sa Muse«, »Pierre Loti avec chat«) und das Picasso-Bild »Arlésienne« (1912) konnte bisher allerdings noch nicht festgestellt werden, um welche Bilder es sich dabei im Einzelnen handelte.

Da Lotte später auch noch die Bilder ihrer 1935 verstorbenen Mutter Margarete Oppenheim erbte, ist es heute außerordentlich schwierig, mit letzter Gewissheit festzustellen, welche der in ihrem Besitz befindlichen Werke durch die Ehescheidung von Paul von Mendelssohn-Bartholdy an sie gefallen waren.

Lottes Mutter, Margarete, geborene Eisner, in erster Ehe mit Georg Reichenheim (1842–1903) verheiratet, dem ältesten Sohn des Fabrikanten und Abgeordneten Leonor Reichenheim, hatte nach dessen Tod den Chemiker und Agfa-Generaldirektor Franz Oppenheim (1853–1929) geheiratet. Sie hatte zu Lebzeiten eine der größten privaten Sammlungen in Berlin aufgebaut, was aber erst in unseren Tagen bekannt wurde. Zu dieser Sammlung gehörten neben Gemälden französischer Impressionisten auch Porzellan, Majoliken, Fayencen, Silberarbeiten, Kleinplastiken und Textilien.

Der Historiker Felix Gilbert, ein Verwandter der Oppenheims, hat in seinen »Erinnerungen« Franz und Margarete Oppenheim porträtiert und ihren großbürgerlichen Lebensstil beschrieben. »Seine Frau«, heißt es dort über Gilberts Onkel Franz Oppenheim, »interessierte sich sehr für Kunst, so daß ich in ihrem Haus Naturwissenschaftler, Kunsthistoriker und Maler traf. Einen Hauptanziehungspunkt bei den Dinners im Haus meines Onkels bildete die Gemäldesammlung, die meine Tante zusammengetragen hatte.«

»Es war«, schreibt Gilbert, »eine atemberaubende Sammlung, und ihr Eindruck wurde noch verstärkt durch die Art und Weise, in der die Bilder gehängt waren. Im Winter befanden sie sich im Stadthaus am Cornelius-Ufer, im Frühjahr wurden sie in die Villa in Wannsee mitgenommen. Das Esszimmer dort sowie verschiedene Salons, alle von bescheidener, manche sogar von geringer Größe, gaben den Blick auf den See frei; die Bilder wurden über die verschiedenen Räume verteilt, nicht als besondere Schaustücke einer kostbaren Sammlung, sondern als gewöhnliche Dekoration der Wände. Nach dem Essen unterhielt man sich und saß in einem Wohnzimmer um einen kleinen Tisch, auf dem eine Lampe und eine Blumenvase standen; wenn man aber aufsah, fiel der Blick auf van Goghs ›Weiße Rosen‹. Ging man in das Zimmer nebenan, in dem ein Schreibtisch stand, weil man etwas notieren wollte, so sah man an der Wand links des Schreibtisches die Madonna von El Greco. Man näherte sich den Bildern nicht als Ausstellungsstücken. Im Gegenteil: sie fingen einen ein, wenn man es nicht erwartete. Man fühlte, daß sie eine eigene Kraft besaßen.«[129]

Wie die Kunsthistoriker inzwischen ermittelt haben, befanden sich im Besitz der im September 1935 verstorbenen Margarete Oppenheim unter anderem 14 Werke von Cézanne und drei van Goghs, die auf der Liste des »nationalen Kulturgutes« standen und nicht ohne Sondergenehmigung aus Deutschland ausgeführt werden durften.[130] Lotte hatte nach dem Tod ihrer Mutter die alleinige Verfügungsberechtigung über deren Nachlass[131] und somit auch über die im Verlauf der Jahre zusammengetragene Kunstsammlung.

Als Teile des Nachlasses, zu dem Kleinplastiken, Silber, Textilien, Glas, Porzellan und Gemälde gehörten, bei Julius Böhler in München im Festsaal des Künstlerhauses im Mai 1936 zur Versteigerung gelangten,[132] fanden sich zwar Interessenten, aber nicht für alles, was unter den Hammer kommen sollte. Bei den aus dem Nachlass angebotenen Gemälden war im Saal deutliche Zurückhaltung zu spüren.

Bei den Cézanne-Gemälden (unter anderem »Haus hinter Bäumen«, »Die Postkutsche«, »Les sept nus«, »La Montagne Ste. Victoire«, »Waldinneres«) meldeten sich zwar einige im Saal Anwesende, hielten sich mit

Geboten aber zurück.[133] Ausländischen Interessenten war bedeutet worden, dass es mit Schwierigkeiten verbunden sein würde, ersteigerte Bilder aus Deutschland auszuführen. Die anwesenden »reichsdeutschen Interessenten« hatten dieses Problem nicht, boten aber nicht mit, in erster Linie wohl deshalb, weil sie »deutsche Kunst« bevorzugten und mit den Werken französischer Impressionisten nichts anzufangen wussten.[134]

Paul von Mendelssohn-Bartholdys einstige Ehefrau, die Tochter Margarete Oppenheims, die seit 1938 in der Schweiz lebte und in Genf wohnte, hatte einige der ihr gehörenden Bilder dorthin mitnehmen können; andere hatte sie in Deutschland zurücklassen müssen.[135] Der Basler Kunsthändler Christoph Bernoulli, der davon erfuhr, machte den Pariser Händler und Sammler Paul Rosenberg darauf aufmerksam, insbesondere darauf, dass sich drei Rousseaus (»La muse inspirant le poète«, »Apollinaire et sa Muse«, »Pierre Loti avec chat«) in Charlottes Besitz befänden.

Von den drei Rousseaus, die Paul und Charlotte von Mendelssohn-Bartholdy um 1914 zusammen erstanden hatten,[136] war Paul Rosenberg besonders an dem Herrenbildnis »Pierre Loti avec chat« interessiert, das er einst an die Mendelssohn-Bartholdys verkauft hatte und jetzt zurückkaufen wollte. Der Rückkauf zerschlug sich indes, wobei die erhaltenen Akten nach Ansicht der Fachleute wenig über die Gründe des Scheiterns aussagen.

Waren es der Preis, die Provisionsforderungen oder die am politischen Horizont sich auftürmenden dunklen Wolken, die das Geschäft unmöglich machten? Das Herrenbildnis von Henri Rousseau verblieb jedenfalls zunächst unverkauft im Lager Bernoullis und konnte erst ein Jahr später abgestoßen werden, und zwar an das Kunsthaus Zürich, das auch weitere Bilder aus dem Besitz der nunmehrigen Gräfin Wesdehlen erwarb, unter anderem das »Blumenstillleben« von Rousseau und Picassos »Saltimbanque assis avec garçon«. Am Ankauf eines von Lotte angebotenen Sisley und eines Gris zeigte das Kunsthaus sich jedoch nicht interessiert.

Wie und auf welchen zum Teil verschlungenen Wegen es gelang, Kunstwerke und Gemälde aus NS-Deutschland herauszubringen, lässt sich am Beispiel der Kunstsammlung der geschiedenen Ehefrau Paul von Mendelssohn-Bartholdys deutlich machen. Nach einer im Juni 1940 von ihr erstellten Liste, die sie Bernoulli hatte zukommen lassen, befand sich in ihrem Besitz noch eine Reihe anderer wertvoller Gemälde, darunter neben den drei Rousseaus ein weiterer Rousseau, vermutlich aus dem Besitz der Mutter, je ein Picasso, ein Gris, ein Pissarro, ein Renoir, ein Constantin und ein Gauguin.

Bernoulli schaltete den mit ihm befreundeten Baseler Museumsdirektor Georg Schmidt ein, der sich an Charlottes Bildern außerordentlich interessiert zeigte und vermutlich hoffte, sich einige der Gemälde für das Baseler Kunstmuseum sichern zu können. Schmidt erklärte sich bereit, die nötigen »Freipässe« zu beschaffen, die damals benötigt wurden, wenn ein Schweizer Museum Kulturgut aus Deutschland erwerben wollte.

Die Bilder hätten zwar für den Import in die Schweiz Sondergenehmigungen bedurft, doch das scheint der Baseler Museumsdirektor, der beim Transfer von Fluchtgut aus jüdischen Sammlungen von Deutschland in die Schweiz eine Rolle spielte,[137] für unproblematisch gehalten zu haben. Er bot Bernoulli seine Hilfe an, die in Frage kommenden Bilder in die Schweiz zu transferieren, was dann aber doch nicht notwendig war, da sich diese bereits in einem Schweizer Zollfreilager befanden und gegen die Entrichtung einer entsprechenden Zollgebühr ausgelöst werden konnten.

Die Schweizer Museen haben die Zwangslage der Flüchtlinge aus Deutschland zum Teil schamlos ausgenutzt. Im Fall der Gräfin Wesdehlen war man bemüht, die jeweiligen Ankaufspreise zu drücken, wohl wissend, dass sie sich in einer Zwangslage befand und auf die Angebote eingehen musste, die man ihr machte. Die heute zugänglichen Briefwechsel zwischen Kunsthändlern und Museumsdirektoren belegen, dass man sehr wohl wusste, dass die Besitzerin in akuten Geldschwierigkeiten war und gezwungen war, die Bilder zu verkaufen.

In der Regel gestanden die Kunsthändler und Museen den Besitzern von sogenannter »Fluchtkunst« zwischen der Hälfte und einem Drittel des Marktpreises zu. Häufig war es noch weniger. Allen, die beispielsweise an den Geschäften mit Rousseaus »Pierre Loti« beziehungsweise dessen »Apollinaire« als Händler, Berater oder Käufer mitgewirkt hatten, war durchaus bewusst, dass es ein »schandbar billiger Preis« (Georg Schmidt) war, den man den Besitzern für Werke bezahlte, die zu den Hauptwerken des Künstlers gehörten.

Geradezu eine ironisch anmutende Fußnote zu den Geschehnissen und Vorgängen jener Jahre ist es, dass Bilder aus den Sammlungen der verschiedenen Mendelssohn'schen Familienzweige, die durch Verkauf, Weiterverkauf oder auf anderen Wegen abhanden gekommen waren, in den Kriegs- und Nachkriegswirren wieder in eine Hand zusammengeführt wurden. Das geschah nicht bewusst und vorsätzlich, reiner Zufall war es aber auch nicht.

Diese »Wiederzusammenfügung« der Bilder ist dem Waffenfabrikanten Emil G. Bührle (1890–1956) zu »verdanken«. Dieser, der Friedrich Dürrenmatt als Vorlage für eine bizarre Figur in einem seiner Romane diente, hatte seit 1934 über die Galerien Aktuaryus (Zürich) und Rosengart (Luzern) systematisch Flucht- und Raubkunst angekauft und damit dann in den Jahren nach 1945 eine der bedeutendsten Sammlungen des Impressionismus und Nachimpressionismus aufgebaut.[138]

Einzelne Bilder erwarb Bührle nicht nur aus dem einstigen Besitz von Paul von Mendelssohn-Bartholdy, sondern auch aus demjenigen von Robert und Franz von Mendelssohn. Wer die Bilder aus den Sammlungen der beiden in die Schweiz gebracht hat und dem dortigen Kunsthandel zum Verkauf übergab, ist bisher nur zum Teil geklärt und bedarf noch weiterer Ermittlungen der Provenienzforschung.

Fest steht, dass Elsa, die zweite Ehefrau Paul von Mendelssohn-Bartholdys, die nach dessen Tod wieder ihren Mädchennamen annahm und 1940 den österreichischen Reichsgrafen Maximilian Kesselstatt (1911–1966) heiratete, nach 1945 Bilder in den Kunsthandel gab (unter anderem Henri Rousseaus Gemälde »Jardin public« und »Waldinneres«). Inwieweit Charlotte, die erste Ehefrau Paul von Mendelssohn-Bartholdys, beim Verkauf des einen oder des anderen Bildes im Hintergrund eine Rolle spielte, bedarf noch der Klärung. Einige Indizien sprechen dafür, dass dies durchaus der Fall gewesen sein könnte.

Offensichtlich sah Bührle kein wirkliches Hindernis darin, seiner Sammlung Bilder einzuverleiben, deren Provenienz problematisch waren. So hat er später bewusst die Herkunft eines Teils der von ihm erworbenen Bilder verschwiegen oder vorgegeben, er könne nicht sagen, woher sie stammten, wohl wissend, dass so mancher von ihm getätigte Ankauf als anrüchig gelten musste.

Folgt man den Recherchen der Kunsthistoriker, so lässt sich der Nachweis führen, dass Bührle über den Kunsthandel einige Bilder aus dem einstigen Besitz Charlottes erwerben konnte, so etwa Renoirs »Stillleben mit Pfirsichen und Pflaumen«. Auch von Elsa, der Witwe Paul von Mendelssohn-Bartholdys, kaufte Bührle nach dem Krieg einen van Gogh.

Dieses Selbstporträt van Goghs erwies sich jedoch nicht als Original, sondern als eine Kopie, angefertigt von der Pariser Malerin Judith Gérard. 1954 klagte Bührle auf Zurücknahme des Bildes und auf Rückzahlung des Kaufpreises in Höhe von rund 200 000 Franken. Die Angelegenheit war für alle Beteiligten unangenehm und ausgesprochen peinlich. Der Konflikt, der hohe Wellen schlug, musste über Rechtsanwälte ausgetragen werden.

Auch die drei van Goghs, die einst in Franz von Mendelssohns Haus im Berliner Grunewald gehangen hatten (»Der Sämann«, »Das gelbe Ehrenfeld mit Zypressen« und »Blühender Kastanienzweig«), gelangten nach dem Krieg, im Jahre 1951, in Bührles Besitz. Wie wenig man sich damals um die Provenienzen kümmerte, wird deutlich daran, dass in einer Festschrift für Bührle, die anlässlich des Kunsthaus-Neubaus in Zürich erschien, Franz von Mendelssohn zwar als Vorbesitzer aufgeführt, aber fälschlich »F. von Mendelssohn-Bartholdy« genannt wird.[139]

Der Kunsthändler und Autor Hugo Perls, der als Chronist die Erwerbungen Bührles durch die Jahre kritisch begleitet hat, merkte zu dessen Käufen spitz an: »Ein Teil ihrer [Charlotte Gräfin Wesdehlen, ehemalige Mendelssohn-Bartholdy] Bilder von van Gogh wurde der Grundstock der Abteilung van Gogh in der mirakulösen Sammlung des Herrn Emil Bührle in Zürich.«[140] Der Kommentar Perls wäre vielleicht noch süffisanter ausgefallen, hätte er Genaueres über die früheren Besitzverhältnisse von Bührles Erwerbungen gewusst.

Auch das berühmte Manet-Bild »Der Hafen von Bordeaux«, einst eines der Prunkstücke in der Sammlung Robert von Mendelssohns, gelangte über Umwege in den Besitz Bührles. Bei dieser Transaktion war allerdings nicht Charlotte, sondern Eleonora beteiligt, die Tochter Robert von Mendelssohns. Das Bild, 1950 von Bührle erworben,[141] hat dieser allerdings später wieder abgegeben.

Wann, wo und wie das Manet-Bild wieder den Besitzer wechselte, ist nicht belegt. Folgt man den Nachweisvermerken in den Ausstellungskatalogen, gehört »Der Hafen von Bordeaux« heute zur »Sammlung Feilchenfeldt« in Zürich. Auf der Website der »Stiftung E.G. Bührle« finden sich keine erläuternden Hinweise, zu welchem Zeitpunkt das Bild in anderen Besitz überging und unter welchen Umständen der Weiterverkauf stattfand.

Die Auflösung der Sammlung Robert von Mendelssohns hatte bereits Mitte der dreißiger Jahre unter dem Druck der politischen Ereignisse begonnen. Roberts Witwe Giulietta und deren Kinder Eleonora und Francesco steckten wie die meisten Flüchtlinge, die Deutschland verließen oder verlassen mussten, in Geldnöten. Das war wohl auch der Grund, warum Eleonora und ihr Ehemann Emmerich von Jeszensky 1935 drei Corots, die sie im Kunsthaus Zürich eingelagert hatten, an die Basler Handelsbank verpfändeten.

Ähnlich erging es einem Toulouse-Lautrec, den Eleonoras Bruder Francesco zunächst in Paris in die Pfandleihe getragen hatte und der 1941 durch den mit den Geschwistern befreundeten Kunsthändler Christoph Bernoulli ausgelöst und in die Schweiz gebracht werden konnte. Das Gemälde, einen Landarbeiter zeigend, dem Toulouse-Lautrec den Namen »Le Jeune Routy à Céleyran« (1882)[142] gegeben hatte,[143] ging an den Kunsthändler Peter Nathan in Zürich. Einige Jahre nach Kriegsende erwarben es die Bayerischen Staatsgemäldesammlungen in München mit Hilfe des Ernst-von-Siemens-Kunstfonds.

In der Nazizeit und in den Nachkriegswirren haben die aus Deutschland geflüchteten Mendelssohns ihre Besitztümer zum größten Teil verloren. Die Häuser, Bankkonten und Kunstsammlungen waren in der Regel beschlagnahmt, konfisziert oder unter Druck verkauft worden. Lotte, die geschiedene Ehefrau Paul von Mendelssohn-Bartholdys, sah sich beispielsweise gezwungen, ähnlich wie die Geschwister Eleonora und Francesco von Mendelssohn, die noch in ihrem Besitz befindlichen Bilder in den Kunsthandel zu geben. Bei ihr wie bei den Geschwistern waren Geldnöte das ausschlaggebende Motiv.

In den ersten Jahren nach Kriegsende versuchte Eleonora von Mendelssohn auf einer Reihe von Europareisen zu klären, was aus dem Besitz der Familie geworden war. Bei diesen Recherchen stellte sich zu ihrem Erstaunen heraus, dass die Mutter, Giulietta von Mendelssohn-Gordigiani, bereits Anfang der dreißiger Jahre das im Grunewald gelegene Anwesen an die Gestapo veräußert hatte.

Wieweit dieser Verkauf tatsächlich unter Druck getätigt wurde, lässt sich nicht mehr eindeutig feststellen. Dass »nachgeholfen« worden sein dürfte, davon kann bei den Kenntnissen, die wir heute über die damaligen Praktiken der NS-Behörden haben, ausgegangen werden. Eleonora von Mendelssohn hat, als sie nach dem Krieg von dem »Verkauf« erfuhr, diesen der Mutter sehr übelgenommen. »Es war«, bemerkte sie dazu, »nicht nur verbrecherisch, diese Bande dort hineinzulassen, sondern eine unsagbare Dummheit.«[144]

Nur unter Schwierigkeiten gelang es Eleonora, die noch vorhandenen Gelder der Familie ausfindig zu machen. Sie waren zum Teil bei Banken im Ausland deponiert, so etwa auf einem Konto beim Bankhaus Pierson & Co in Holland. »Um dieses Konto freizubekommen«, klagte Eleonora in dem schon zitierten Brief an Christoph Bernoulli, »müssen wir nachweisen, dass keiner von uns Fascist oder Nazi gewesen ist. Wenn die Verhandlungen scheitern und die Holländer das Geld nicht herausgeben, liegt es natürlich wieder nur an Mama.«[145]

Was die Sammlung ihres Vaters betraf, gab Eleonora einem Anwalt nach dem Krieg zu Protokoll,[146] dass ihre Mutter 1940 »unter Druck« zahlreiche Gemälde habe verkaufen müssen, unter anderem einen Degas (»Arlequine et Colombine«, 1883), einen Monet (»Une Allee du Jardin de Giverny«), einen Manet (»L'Inconnue. Porträt«) sowie vier Corots (»Le Reveur dans la Clairière«, »Le Jeune Patre au Bord du Torrent«, »Le pecheur a la Ligne«, »La Villa Italienne derrière les Pins«). Die Bilder befinden sich heute mehrheitlich im Besitz Wiener Museen.

Zu den Bildern, die Eleonoras Mutter unter Zwang hatte verkaufen müssen, gehörten auch ein Guardi (»Regate in Volta de Canale«, 1742), ein Rubens (»Victoire oder Geflügelter Genius«) sowie die beiden berühmten Rembrandt-Gemälde »Selbstbildnis im Pelz mit Kette und Ohrring« (1655) und »Bildnis der Hendrickje Stoffels«.

Um die beiden Rembrandts ranken sich allerlei widersprüchliche Geschichten. Manches klingt wie eine Räuberpistole. So heißt es beispielsweise, Eleonora habe die Bilder gegen Kopien ausgetauscht und diese im elterlichen Haus im Grunewald aufgehängt. Die Originale seien 1933 in die Schweiz geschmuggelt worden. Angeblich hat Eleonora das sogar selbst getan. Unter Tränen soll sie dem Zollbeamten, der sie nach der Herkunft der Bilder befragte, erklärt haben, es handele sich um wertlose Gemälde, in einem Fall um das wertlose Porträt eines Vorfahren. Auf Drängen des Cousins von Eleonora, Paul von Mendelssohn-Bartholdy, seien die Bilder aus Furcht, das Regime könnte zu Repressalien greifen, wieder nach Berlin zurückgebracht und in der Mendelssohn-Bank deponiert worden.

Rembrandts »Bildnis der Hendrickje Stoffels«, für das Adolf Hitler persönlich sein Interesse bekundete, hatte zunächst Reichsstatthalter Baldur von Schirach für das Wiener Kunsthistorische Museum angekauft. Der Kauf musste allerdings rückabgewickelt werden, als Schirach unterrichtet wurde, dass Hitler das Bild für seine Linzer Sammlung beanspruchte.

Was dann geschah, ist typisch für eine solche Situation. Der Preis des Bildes, zunächst mit 600 000 Reichsmark veranschlagt, schnellte in die Höhe. Der von Giulietta beauftragte Mittler, ein gewisser Dr. Aldo Cima, Generalsekretär der Italienischen Handelskammer in Wien, hatte es verstanden, durch geschicktes Taktieren den Preis zu verdoppeln, was dazu führte, dass Hitler zwar nicht auf den Ankauf des Bildes verzichtete, ihn aber zunächst zurückstellen wollte. Nach längeren Verhandlungen, die man aufseiten des Reiches durch den Kunsthändler Karl Haberstock führen ließ, wurde die »Hendrickje Stoffels« schließlich doch für 900 000 Reichsmark angekauft.

Über die Umstände dieses »Ankaufs« sind wir vergleichsweise gut unterrichtet. Hans Posse (1879–1942), der Dresdner Galeriedirektor, der für das geplante Führer-Museum in Linz quer durch Europa Bilder akquirierte, war an dieser Aktion direkt beteiligt und hat im Hintergrund beim Erwerb des »Hendrickje Stoffels«-Bildes die Weichen gestellt. Das Bild wurde gegen Ende des Krieges nach Altaussee gebracht, wo in einem Salzbergwerkstollen Beutekunst aus ganz Europa eingelagert wurde.

Nach Ende der NS-Diktatur wurde das Bild 1952 von den Amerikanern der Münchener Treuhandverwaltung übergeben.[147] Von der Oberfinanzdirektion in München wird das Bild heute »verwaltet« und gehört zu den 1067 Gemälden, die sich als Leihgaben der Bundesrepublik in über hundert deutschen Museen befinden. Welche von diesen Gemälden sich unrechtmäßig im Besitz der Bundesrepublik oder deutscher Museen befinden, bedarf in einigen Fällen noch der Klärung.

Das »Bildnis der Hendrickje Stoffels«, bis 1967 in der Alten Pinakothek in München zu sehen, befindet sich heute im Frankfurter Städelschen Kunstinstitut und gilt als eine der Ikonen des Hauses. Fragen nach seiner

Provenienz beantworten die Museumsverantwortlichen allerdings nur einsilbig und widerstrebend. Jedermann, der sich für die Herkunft des Bildes interessiert, weiß, dass es dadurch, dass einst Hitler sein begehrliches Auge einst darauf geworfen hatte, mit einem bis heute nicht hinwegzudiskutierenden Makel versehen ist.

Die Bemühungen von Mutter und Tochter, im Februar 1948 wieder in den Besitz von einigen der Bilder zu kommen, sind gescheitert. Die Direktoren der Wiener Museen weigerten sich, die Bilder wieder herauszugeben. Die Begründungen ähnelten sich. Der Antrag auf Restitution, so gab man Eleonora und ihrer Mutter zu verstehen, sei unrechtmäßig. Auf die vorgetragenen Argumente der Antragsteller wurde nicht weiter eingegangen.

In der Regel bekamen die Antragstellerinnen zu hören, die Bilder seien seinerzeit ordnungsgemäß angekauft worden, es bestehe deshalb kein Grund, sie ihren vormaligen Besitzern zurückgegeben. Die Angelegenheit zog sich hin, kam aber in den fünfziger Jahren, bedingt durch den Tod Eleonoras und ihrer Mutter Giulietta, zu einem vorläufigen Ende.

Ob die Museen heute im Fall der von Giulietta, der Witwe Robert von Mendelssohns, angeblich »unter Zwang« verkauften Bilder anders entscheiden würden, mag dahingestellt bleiben. Die Rechtslage hat sich nicht grundsätzlich geändert, aber durch die sogenannte »Washingtoner Erklärung« von 1998 ist ein gewisser moralischer Druck entstanden, dem sich auch die Museen heute nicht mehr ohne weiteres entziehen können.

So könnte es sein, dass bei dem einen oder anderen Kunstwerk, das zwischen 1933 und 1945 unrechtmäßig den Besitzer wechselte oder unter Druck verkauft werden musste,[148] dic Restitution an anspruchberechtigte Erben durchaus noch eine Chance hat. Letztlich werden das aber nicht die Museen, sondern die politischen Instanzen beziehungsweise die Gerichte entscheiden müssen. Das gilt auch im Fall der Ansprüche der Erben Robert von Mendelssohns.

Kapitel 7

Am Vorabend der Katastrophe

An der Spitze der deutschen Privatbanken

Nach 1900 stieg das Bankhaus Mendelssohn & Co zu einer der führenden Banken und Emissionsfirmen von Wertpapieren in Europa auf. Das Ausmaß der von Mendelssohn & Co betriebenen Aktivitäten übertraf sogar das Geschäftsvolumen einiger deutscher Aktiengroßbanken jener Zeit. Die Mendelssohns machten um diesen Sachverhalt allerdings kein großes Aufheben. Sie übten in der Öffentlichkeit weitgehend Zurückhaltung und waren bemüht, das Bankhaus aus den Schlagzeilen zu halten.

Bis zum Ende des Ersten Weltkrieges war das Bankhaus Mendelssohn & Co in erster Linie mit dem Russland-Geschäft befasst, das in jenen Jahren den größten Teil der Bankaktivitäten ausmachte. Schwerpunkte waren der Handel mit Eisenbahnanleihen an der Berliner Börse, aber auch Handelskreditgeschäfte sowie Rubelkursregulierungen.

Nach dem Tod des Seniorchefs Robert von Mendelssohn 1917 begann eine neue Ära.[1] Franz von Mendelssohn (1865–1935), Roberts Bruder, und sein zehn Jahre jüngerer Cousin Paul von Mendelssohn-Bartholdy, die bereits zuvor Teilhaber geworden waren, übernahmen jetzt die Führung des Hauses und setzten neue Akzente in der Unternehmenspolitik, die darauf abzielte, künftig verstärkt im Ausland zu investieren.

Franz von Mendelssohn, der sich durch ökonomischen Sachverstand und politisches Fingerspitzengefühl auszeichnete, fungierte als eine Art Außenminister der Bank. In den Jahren der Weimarer Republik weitete er die Interessengebiete der Firma erheblich aus, und zwar nicht nur nach

Amsterdam, Wien und München, sondern auch in einige Länder Osteuropas. Das war deshalb notwendig geworden, weil sich nach der Oktoberrevolution die Geschäfte mit dem nachzaristischen Russland als schwieriger und komplizierter erwiesen.

Das hing unter anderem auch damit zusammen, dass es die neue bolschewistische Regierung strikt ablehnte, irgendwelche Schulden aus der Zarenzeit abzutragen. Diesbezügliche Verhandlungen, an denen Franz von Mendelssohn für die deutsche Seite teilnahm, scheiterten. Das Russland-Geschäft schien endgültig am Ende zu sein, als die Sowjetunion sich im Rapallo-Vertrag vom April 1922 brüsk weigerte, die Verantwortung für die Vorkriegsschulden zu übernehmen.

Der Einbruch im Russland-Geschäft traf Mendelssohn & Co empfindlich, war aber nicht wirklich existenzgefährdend. Das Haus, Anfang der zwanziger Jahre mit einem Finanzkapital von etwa 120 Millionen Mark ausgestattet, war gut am Markt positioniert und rangierte, was das Kapital betraf, weit vor vergleichbaren Häusern wie Goldschmidt-Rothschild und anderen Privatbanken, etwa den Warburgs in Hamburg und den Oppenheims in Köln.

Klug eingefädelte Devisengeschäfte während der Inflationsjahre halfen der Firma Mendelssohn & Co nach der Währungsreform 1923, die Stellung als eines der bedeutenderen deutschen Privatbankhäuser zu behaupten. Franz von Mendelssohn, der es verstanden hatte, die finanzpolitischen Klippen der Inflationsjahre geschickt zu umschiffen, war bemüht, neue Geschäftsfelder zu entdecken und zu entwickeln.

Als es beispielsweise nicht gelang, mit dem sowjetischen Russland die Begleichung der aufgelaufenen Altschulden des Zarenreiches zu regeln, versuchte Mendelssohn & Co stattdessen Geschäfte mit kleineren osteuropäischen Ländern wie Estland anzubahnen. Die Bank beteiligte sich dort unter anderem an Abbau und Ausbeutung der einheimischen Brennschiefer-Vorkommen, »die sich entlang der estnischen Nordküste zwischen Wesenberg und Narwa in einer Länge von 130 km und einer Breite von etwa 30 km erstrecken und sich nach Süden bis an das Ostufer des Peipus-Sees fortsetzen«.[2]

Die Mendelssohns investierten in die estnische Steinölindustrie, weil sie sich vom Ölgehalt des estnischen Schiefers, der zur Beheizung von Industrieanlagen, zur Befeuerung in Lokomotiven und als Hausbrand verwendet wurde, ausreichende Gewinne versprachen. Mendelssohn & Co war offenbar Anfang der zwanziger Jahre die einzige deutsche Bank, die in Estland Anlagen riskierte. Von den 9,587 Millionen 1933 in Estland angelegten Reichsmark entfielen allein rund sieben Millionen auf Investitionen des Bankhauses Mendelssohn.

Die Expansion von Mendelssohn & Co führte zu einer Reihe lukrativer Beteiligungen im In- und Ausland. In Wien beispielsweise wirkte das Haus mit an der Gründung der Bankfirma Kux, Bloch & Co, die sich hauptsächlich mit Investitionen in Südosteuropa befasste. Das Haus war aber auch eng verknüpft mit einer Reihe weiterer Unternehmen, teils in Form von Kapitalbeteiligungen, teils auch durch Kooperationsverträge unterschiedlichster Art.[3]

Eine der bedeutsameren Vereinbarungen bestand seit 1922 mit der 1869 gegründeten Bayerischen Vereinsbank, mit der Mendelssohn & Co einen »Freundschaftsvertrag« geschlossen hatte.[4] Neben einer beträchtlichen Kapitalbeteiligung sah die Vereinbarung vor, dass Mendelssohn & Co mit Sitz und Stimme im Aufsichtsrat vertreten sein sollte. Die Ersten, die dieses Mandat übernahmen, waren Rudolf Loeb und Franz von Mendelssohn.

Im Gegenzug beteiligte sich die Bayerische Vereinsbank an drei Mendelssohn-Firmen. Nach 1933 wurde die Zusammenarbeit mit der Vereinsbank, vermutlich gedrängt durch die neuen Machthaber, aufgekündigt. Das von Mendelssohn & Co gehaltene Aktienpaket wurde – unter bisher ungeklärten Umständen – in den späten dreißiger Jahren vom Bankhaus Merck, Finck & Co übernommen, das es an die Allianz, die Münchener Rück, die Isar-Amper-Werke sowie an die Löwenbräu AG weiterreichte.

Eine der größeren Beteiligungen des Bankhauses Mendelssohn & Co neben jener an der Bayerischen Vereinsbank war die an der am 25. Juli 1931 gegründeten »Akzept- und Garantiebank AG«. Dieses Bankhaus, das ab März 1932 nur noch »Akzeptbank« hieß, war ausgestattet mit einem Aktienkapital von 200 Millionen Reichsmark[5] und spezialisiert auf die Ausreichung von Krediten an Banken und andere Geldinstitute, »vor allem durch Diskontierung und Akzeptierung von Wechseln«.[6] Damit, so glaubte man, könnten die durch die Bankenkrise angeschlagenen Geldinstitute stabilisiert werden.

Als Gründungsmitglied der Akzeptbank fungierte für Mendelssohn & Co Rudolf Loeb. Paul Kempner, wie Loeb Teilhaber bei Mendelssohn & Co, war ebenfalls an dem Engagement beteiligt. Von 1931 bis 1934 saß er im Aufsichtsrat. Vom Grundkapital der Akzeptbank hatte das Reich 40 Prozent gezeichnet, also 80 Millionen Reichsmark, jeweils zehn Prozent übernahmen die Golddiskontbank und die Deutsche Bank. Mendelssohn & Co war zunächst mit sechs Millionen, 1934 noch mit nominell drei Millionen Reichsmark beteiligt.

Als Ende der zwanziger Jahre die deutsche Wirtschaft in einer Absatzkrise steckte, die Binnennachfrage stockte und die Auswirkungen des New Yorker Börsencrashs vom 29. Oktober 1929 Deutschland erreichten, kam es zu einer Reihe von Unternehmenszusammenbrüchen. Mendelssohn & Co kam halbwegs glimpflich davon – im Gegensatz zu einer Reihe anderer Banken und Unternehmen, die in den Abwärtsstrudel gerissen wurden und Konkurs anmelden mussten.

Friedrich Flicks Gelsenkirchner Bergwerks AG beispielsweise geriet in heftige Turbulenzen. Als im November 1931 an der Berliner Börse das Gerücht kursierte, die Crédit Lyonnais wolle über das Bankhaus Mendelssohn das Gelsenberg-Paket (und somit zugleich die Aktiensperrminorität für die Vereinigten Stahlwerke AG) übernehmen, kam es zu wütenden Hetzkampagnen. »Die Welschen wieder im Revier!«, hieß es in der deutsch-nationalen Presse in Anspielung auf die einstige Ruhrbesetzung durch die Franzosen. Mendelssohn & Co wurde als Vermittler attackiert. Der antisemitische Unterton in manchen der Kommentare war unverkennbar.

Der Fall Mannheimer

In Amsterdam, wo sich Mendelssohn & Co einen stärkeren Anschluss an das internationale Geschäft erhoffte, war es 1920 zu einer bald florierenden Filialgründung gekommen. Zu verdanken war das in erster Linie dem Geschick des knapp dreißigjährigen Fritz Mannheimer (1890–1939), der seine Laufbahn zunächst als »kleiner Bankarbitrageur« begonnen und es im Lauf der Jahre zu Einfluss und Reichtum gebracht hatte.

In der Zeit des Ersten Weltkrieges war Mannheimer noch Angestellter der von Walther Rathenau gegründeten staatlichen Importzentrale der Zentraleinkaufsgesellschaft (ZEG), wechselte 1917 zunächst als Vertreter der Deutschen Reichsbank in die Niederlande, um dann unter seinem eigenen Namen eine Bank zu gründen. Die Mendelssohns, auf Mannheimer aufmerksam geworden, suchten die Kooperation und vereinbarten schließlich, dessen Bankhaus zu übernehmen und als Mendelssohn & Co Amsterdam weiterzuführen.

Mannheimer, der mit der Filiale der Mendelssohn-Bank in einem Haus in der Heerengracht 412 residierte, war nicht nur ein umtriebiger Geschäftsmann, er betätigte sich auch als Sammler von Möbeln des 18. Jahrhunderts, von Judaica und Werken der bildenden Kunst. In seiner Sammlung befanden sich unter anderem Gemälde von Rembrandt, Watteau, Crivelli, Canaletto, Fragonard, Rubens und Vermeer. Von den Bildern, die im Zuge der Besatzung der Niederlande durch die Wehrmacht von den NS-Behörden beschlagnahmt[7] und die nach dem Krieg zum Teil wieder herausgegeben werden mussten, befinden sich heute einige im Amsterdamer Rijksmuseum, andere im Museum of Modern Art (MoMA) und im New Yorker Metropolitan Museum of Art.

Schon sehr bald ging das Gerücht um, Mannheimer sei in dunkle Geschäfte verwickelt. Zu dem Geraune trug bei, dass er auf großem Fuß lebte, privat einen Rolls-Royce fuhr und sich eine Villa in der Nähe von Vaucresson in Frankreich zugelegt hatte. Seine Geschäfte, so war zu hören, dienten der reinen Gewinnmaximierung und schadeten dem Ruf Deutschlands in der Welt. Es muss wohl nicht ausdrücklich betont werden, dass die Artikel und Denkschriften, in denen das behauptet wurde, antisemitische Untertöne aufwiesen.

In einer Reichstagssitzung am 22. November 1920 stellte der Abgeordnete Hermann Robert Dietrich (1879–1954), später Reichsfinanzminister im zweiten Kabinett Brüning, den Antrag, die Steuererklärungen und Konten Mannheimers durch die dafür zuständigen Behörden prüfen zu lassen. »Ich möchte«, so Dietrich, »dem Herrn Reichsfinanzminister raten, einmal die Steuerfassion dieses Herrn Mannheimer und sein Konto bei der Bank an Hand dieser Darlegungen untersuchen zu lassen.«[8]

In späteren Ermittlungsberichten wurde sogar behauptet, Mannheimer habe im Ruhrkampf Deutschlands Wirtschaft dadurch empfindlich geschädigt, dass er einen Devisenaufkäufer nach Köln geschickt habe, um durch Ankäufe den Dollarkurs künstlich in die Höhe zu treiben. Dann wieder hieß es, er habe im Frühjahr 1924 einen gezielten und koordinierten Angriff auf die deutsche Valuta unternommen, der den Reichsbankpräsidenten Hjalmar Schacht gezwungen habe, weitreichende Kreditrestriktionen anzuordnen.

Die Ermittler unterstellten Mannheimer auch, in dunkle Geschäfte mit dem schwedischen »Zündholzkönig« Ivar Kreuger (1880–1939) verwickelt gewesen zu sein. Kreuger, ein umtriebiger Industrieller, der den Ruf eines rastlosen und mit allen Wassern gewaschenen Finanzjongleurs hatte, wurde nachgesagt, er habe nach dem Ersten Weltkrieg das Zündholzmonopol in verschiedenen europäischen Ländern an sich gerissen. Inwieweit es sich dabei um Unterstellungen der Gegner handelte, ist nach wie vor umstritten. Fest steht nur, dass Ivar Kreuger so schnell fiel, wie er aufgestiegen war.

Kreuger sah sich gezwungen, zahlreiche Verbindlichkeiten und Schulden durch finanziell gewagte Transaktionen zu tilgen, die als Betrügereien aufgedeckt wurden und auch Mannheimer ins Gerede brachten. Die Nazis, die diesen beschuldigten, dem Reich eine sogenannte Kreuger-Anleihe angedient zu haben, und zwar für die Verpfändung des deutschen Zündholzmonopols,[9] waren fest davon überzeugt, Mannheimer habe zum Nachteil Deutschlands Kreuger bei seinen Finanzaktivitäten von Amsterdam aus unterstützt.

Geraunt wurde auch über gewagte Spekulationen Mannheimers während der Inflationszeit. Gemeinsam mit dem Bankier Camillo Castiglioni (1879–1957), dem »österreichischen Stinnes«, wie er bewundernd-abschätzig genannt wurde, soll er an Spekulationen gegen den französischen Franc beteiligt gewesen sein. Mit einigen anderen Bankiers aus Wien und Amsterdam hätten, so wurde behauptet, Castiglioni und Mannheimer ein Syndikat gebildet, um den Franc anzugreifen, indem sie ihn auf allen Finanzplätzen mit Hilfe der Fachpresse zu diskreditieren suchten.

Das Tandem Castiglioni-Mannheimer zeigte sich bei diesem Unternehmen äußerst erfolgreich. Man organisierte Riesenkredite, kaufte und verkaufte. Beide wurden immer reicher, die französische Währung hingegen immer schwächer. Die konzertierte Attacke führte in Frankreich schließlich zu einer politischen Krise. Die Folge war 1926 der Wahlsieg einer Linkskoalition unter Eduard Herriot, dessen Finanzminister Anatole de Monzie seine Rede im Parlament mit den Worten begann: »Meine Herren, die Kassen sind leer.«[10]

Inwieweit das Stammhaus in Berlin Mannheimers Spekulationen gutgeheißen hat, ist nicht im Einzelnen bekannt. Zunächst war man stolz auf das neue Pferd im Stall, manche seiner Aktivitäten wurden allerdings mit einem gewissen Naserümpfen zur Kenntnis genommen. Als Max Warburg anfragte, ob Mendelssohn & Co mit Mannheimer zufrieden sei, soll einer der Senioren mit rotem Stift die Anmerkung »Vorsicht« auf den Brief geschrieben haben. Fest steht, dass es nicht im Interesse von Mendelssohn & Co lag, durch einen »waghalsigen Spekulanten« (André Kostolany) in die Schlagzeilen zu geraten. Stellungnahmen seitens des Bankhauses sind aber nicht bekannt geworden.

Mannheimer heiratete am 1. Juni 1939 Marie Antoinette Reiss (1917–2004), mit der er eine Tochter namens Anne France hatte. Sie wurde später die Frau des amerikanischen Designers Oscar de la Renta. Mannheimers Ehefrau Marie Antoinette wiederum blieb nach dem Tod des Ehemanns nicht in Europa, sondern emigrierte in die USA, wo sie mit dem Multimillionär Charles W. Engelhard eine zweite Ehe einging.

Um Fritz Mannheimers Tod ranken sich zahllose Gerüchte. Eines beispielsweise besagt, er sei am 9. August 1939 einer Herzattacke erlegen, in anderen Berichten heißt es, er habe er sich in seiner Villa in Vaucresson erschossen. Was damals wirklich geschah und welches die Hintergründe für seinen plötzlichen Tod waren, ist bis heute ungeklärt. Jedenfalls meldete die Amsterdamer Niederlassung von Mendelssohn & Co einen Tag nach seinem Tod Insolvenz an.

Der Grund der Insolvenz scheint gewesen zu sein, dass Mannheimers persönliche Ausgaben das Firmenkapital der Bank ausgehöhlt hatten.[11] Hinzu kam, dass zwei aufgelegte französische Staatsanleihen nicht platziert werden konnten. Um die Liquidität der Bank war es in der Folge nicht gut bestellt. Die Versuche, den französischen Finanzminister zu bewegen, die nicht abgesetzten Staatsanleihen zurückzunehmen, scheiterten.

Nach dem Tod Mannheimers stellte sich heraus, dass die Schulden der Bank beziehungsweise ihres Mitinhabers rund 48 Millionen Gulden betrugen. Die Nederlandsche Handel Maatschappij musste Rückstellungen in Höhe von 30 Millionen Gulden vornehmen. Selbst die Nederlandsche Bank verzeichnete noch Forderungen in Höhe von 14 Millionen Gulden gegenüber Mendelssohn in den Büchern.

Ernst Heldring, einer der wichtigeren Finanzleute in Amsterdam, lieferte das treffende Epitaph für Mannheimer, als er in seinem Tagebuch zwei Tage nach dessen Tod notierte: »Mit ihm wird ein genialer Abenteurer ins Grab gesenkt, der seinem Geburtsland durch seine Valuta-Politik viel Schaden zugefügt hat, aber für den Amsterdamer Markt von großer Bedeutung war.«[12]

Mendelssohn & Co stand Mitte der zwanziger Jahre auf dem Höhepunkt des Erfolgs. Abgesehen von den Schwierigkeiten, die es mit Mannheimer und dessen Geschäften gab, konnte das Haus stattliche Gewinne vorweisen. Diese waren außergewöhnlich hoch, wurden aber nur zum geringen Teil für die persönlichen Zwecke der Inhaber verwendet. Auch die Mitarbeiter hatten Anteil am Erfolg des Hauses, was Mendelssohn & Co den Ruf einbrachte, vorbildlich für die Angestellten des Hauses zu sorgen.

Mitarbeiter der Bank waren vom ersten Tag ihrer Tätigkeit an pensionsberechtigt. Nach zehn Jahren Betriebszugehörigkeit standen den Angestellten beim Ausscheiden sogar 50 Prozent des letzten Gehaltes zu. Festgelegt war außerdem, dass die Pensionsleistungen jedes Jahr um ein Sechzigstel stiegen. Nach 40 Jahren Zugehörigkeit erhielt man als Pension das volle Gehalt – allerdings ohne die im Haus sonst übliche jährliche Ausschüttung.

Mitte der zwanziger Jahre zählte das Bankhaus ungefähr 200 Mitarbeiter, gegen Ende des Jahrzehnts waren es sogar 300. Als 1931 rund zwei Drittel der Mitarbeiter aus betrieblichen Gründen entlassen werden mussten, beschloss die Spitze des Hauses, den Abbau sozialverträglich zu organisieren. Diejenigen, die gehen mussten, erhielten vier Jahresgehälter als Abfindung, wer über 35 Jahre alt war, konnte sogar mit 50 Prozent des letzten Gehaltes als Pension rechnen – unabhängig davon, ob er nach seinem Ausscheiden bei Mendelssohn & Co noch etwas dazuverdiente oder nicht.[13]

Franz von Mendelssohn

Die Mendelssohns waren zwar seit jeher an finanz- und wirtschaftspolitischen Fragen interessiert, dabei aber stets bemüht, sich nicht in die Politik einzumischen. Erst nach dem Ersten Weltkrieg und dem Zusammenbruch des Kaiserreiches änderte sich diese Geschäftspolitik, und zwar in dem Augenblick, als Franz von Mendelssohn in die Leitung des Hauses aufrückte.

Als neuer Seniorchef war er bemüht, andere Akzente als sein Vorgänger zu setzen. Wie dieser hielt er an der Tradition des Hauses fest, entwickelte aber einen erkennbar anderen Stil als sein verstorbener Bruder. Nicht nur legte er Wert darauf, Politikern beratend zur Seite zu stehen, sondern er versuchte auch, im Beziehungsfeld Wirtschaft, Finanzen und Politik gestaltend Einfluss zu nehmen. Dazu übernahm er öffentliche Ämter, die ihm diese Einflussnahme ermöglichten.

Franz von Mendelssohn, Mitglied der Berliner Industrie- und Handelskammer (IHK) seit deren Gründung im Jahre 1902, seit 1914 deren Präsident, war unter den Berliner Kaufleuten ein akzeptierter Kollege. Nachgesagt wurde ihm, dass er nicht nur aktiv und fleißig, sondern auch konziliant im Umgang mit anderen sei. Als er 1931 aus Gesundheitsgründen das Präsidentenamt der IHK niederlegte, trug man ihm zum Dank für die geleistete Arbeit das Amt des Ehrenpräsidenten an.

Seit 1906 gehörte Franz von Mendelssohn auch dem Deutschen Industrie- und Handelstag (DIHT) an, dessen Präsident er 1921 wurde. In diesem Amt, das in der Zeit der Weimarer Republik von Jahr zu Jahr zunehmend an politischer Bedeutung gewann, sorgte Franz von Mendelssohn nicht nur für die notwendigen Kontakte in die Politik, sondern auch dafür, dass Großindustrielle wie Paul Reusch (1868–1956) und Carl Duisberg (1861–1935) an verantwortlicher Stelle in den Gremien des DIHT mitwirkten.

Sein Amt als Präsident des DIHT nahm Mendelssohn verantwortungsbewusst wahr, weshalb man die Jahre seiner Präsidentschaft mit einiger Berechtigung auch die »Ära Mendelssohn« genannt hat. Von den 13 Vollversammlungen des DIHT zwischen 1919 und 1932 hat er nur die erste im Dezember 1920 und die letzte im Mai 1932 nicht geleitet. Bei diesen Vollversammlungen war es üblich, dass nicht nur der Präsident das Wort ergriff, sondern auch führende Repräsentanten aus Politik und Wirtschaft um ihre Meinung gebeten wurden.

Bei der Vollversammlung des DIHT im September 1924 zum Beispiel, zu der man auch Vertreter der deutschen Auslandshandelskammern nach Berlin geladen hatte, war nicht nur der Reichspräsident höchstpersönlich anwesend, sondern auch Gustav Stresemann, der vormalige Reichskanzler und amtierende Reichsaußenminister. In seiner Rede warnte Stresemann eindringlich davor, Europa in Stagnation, Rückschritt und Verfall versinken zu lassen.[14] Das zu verhindern, so der Minister, sei eine der wichtigsten Aufgaben des DIHT und seiner Mitglieder.

Franz von Mendelssohn, der die täglichen Bankgeschäfte zunehmend den zu Teilhabern bei Mendelssohn & Co aufgestiegenen Rudolf Loeb und Paul Kempner, seinem Schwiegersohn, überließ, kümmerte sich vor allem um allgemeine politische Fragen. Die vordringlichsten Aufgaben sah er darin, der am Boden liegenden deutschen Wirtschaft aufzuhelfen und für eine Konsolidierung der Staatsfinanzen zu sorgen.

Auf Wunsch des Finanzministers und des Reichsbankpräsidenten war Mendelssohn als Finanzfachmann, aber auch in seiner Funktion als Präsident des DIHT an den im Februar 1924 eingeleiteten Maßnahmen zur Sicherung der Stabilität der Rentenmark beteiligt, ebenso an den Vorbereitungen zur Schaffung der Deutschen Golddiskontbank, deren Gründung hauptsächlich von Hjalmar Schacht betrieben und im Reichstag beschlossen wurde.[15]

Auf der Vollversammlung des DIHT am 13. März 1924 bekannte Mendelssohn, dass er mit den höchsten Instanzen des Reiches in Kontakt stehe, und das in einer Zeit, so erklärte er wortwörtlich, »in der zum Teil um politischer Notwendigkeiten willen die Tätigkeit der Parlamente ausgeschaltet werden mußte«.[16] Der eine oder andere Zuhörer mag über diese Formulierung verwundert gewesen sein, niemand aber ist darauf eingegangen.

Franz von Mendelssohn spielte mit dieser Bemerkung offensichtlich auf das wenige Monate zuvor vom Reichstag verabschiedete Ermächtigungsgesetz an, das die Regierung bevollmächtigte, Wirtschaftsgesetze ohne Zustimmung der Volksvertretung zu erlassen. Das Gesetz hatte im Reichstag, obgleich die Abgeordneten der DNVP und der KPD unter Protest den Sitzungssaal verließen, die für eine Verfassungsänderung notwendige Mehrheit erhalten.

Auch bei den Verhandlungen, die zur Unterzeichnung des Dawes-Planes am 9. April 1924 führten, hatte Mendelssohn im Hintergrund steuernd eingegriffen. Der Plan, der zum einen die Stabilisierung der deutschen Währung, zum anderen eine Reduzierung der Reparationsleistungen des Deutschen Reiches vorsah, entsprach den Überlegungen des DIHT und seines Präsidenten, der auf der Vollversammlungssitzung am 23./25. November 1924 seine Rede mit den Worten beschloss: »Deutschland erwartet, daß jedermann seine Pflicht tut.«[17]

Zu einer Reihe von Politikern des bürgerlichen Lagers pflegte Mendelssohn in der Zeit der Weimarer Republik enge Kontakte. Besondere Beziehungen, so heißt es, bestanden zu Friedrich Ebert, dem ersten Reichspräsidenten, dessen Mendelssohn nach seinem Tod 1925 auf der Vollversammlung des DIHT mit warmen Worten gedachte. Man sah es als äußerst mutig an, dass Mendelssohn ungeachtet der Hetze von rechts Ebert einen »geraden, aufrichtigen und weitblickenden Mann«[18] nannte.

Geradezu freundschaftliche Kontakte bestanden zwischen Franz von Mendelssohn und Hans Luther. Luther, der als Reichsfinanzminister 1923/24 entscheidenden Anteil an der Stabilisierung der Währung hatte und im Januar 1925 zum Reichskanzler gewählt wurde, hat sich sehr freundlich über Mendelssohn geäußert und ihn in seinen Erinnerungen als »hilfsbereit« und »erfolgreich«[19] bezeichnet. Mendelssohn wiederum stand Luther in seiner Amtszeit als Reichskanzler beratend zur Seite und hätte es gerne gesehen, wenn dieser, der über den sogenannten Flaggenstreit im Mai 1926 stürzte, länger im Amt geblieben wäre.

Später schlug Mendelssohn, der auch Mitglied des Generalrats der Reichsbank war, Luther als Nachfolger Hjalmar Schachts für das Amt des Reichsbankpräsidenten vor. Schacht war im Zuge der Zänkereien um den Young-Plan, mit dem die deutschen Reparationsleistungen neu geregelt werden sollten, aus dem Amt geschieden,[20] und Mendelssohn war eine der Stimmen, auf die man hörte, als es darum ging, einen Nachfolger für Schacht zu bestellen.

Mendelssohn hielt Luther für den geeigneten Kandidaten, nicht zuletzt, weil er davon überzeugt war, dass dieser in der Zukunft ein Garant für die Stabilität der deutschen Währung sein würde. Bei einer Kabinettssitzung am Abend des 7. März 1930 erklärte Reichskanzler Müller: »Herr Präsident von Mendelssohn habe sich bei der Nennung des Namens Luther nach dahin geäußert, daß an Stelle Dr. Schachts eine starke Persönlichkeit treten müsse, die auch in der Öffentlichkeit ein gewisses Ansehen habe.«[21]

Luther blieb nicht lange im Amt. Auf Druck der neuen Machthaber wurde am 15. März 1933 Hjalmar Schacht erneut zum Reichsbankpräsidenten bestellt, diesmal allerdings mit Generalvollmachten ausgestattet. Pikant war, dass von den acht Mitgliedern des Generalrats drei jüdischer Herkunft waren: Franz von Mendelssohn, Max M. Warburg und Oscar Wassermann, Vorstandsmitglied der Deutschen Bank. »Schachts Ernennungsurkunde«, bemerkte der Schacht-Biograph Hjalmar Kopper, »war wohl das einzige Dokument mit den Unterschriften jüdischer Deutscher, das Hitler je in seinem Leben gegenzeichnete.«[22]

Höhepunkt in Franz von Mendelssohns beruflicher Karriere dürfte seine Wahl zum Präsidenten der Internationalen Handelskammer gewesen sein, die im Mai 1931 auf einer Konferenz in Washington stattfand. Allgemein wurde dies als eine persönliche Ehrung angesehen, die einem Mann zukam, der sich seit Jahren mit Erfolg auf dem internationalen Parkett bewegte und allseits als ausgewiesener Fachmann in Wirtschafts- und Finanzfragen geachtet wurde. Mendelssohn war im Übrigen der erste – und bis dato letzte – Deutsche, der in dieses Amt gewählt wurde.

Aus gesundheitlichen Gründen konnte Mendelssohn an der Washingtoner Konferenz nicht teilnehmen. Seinen Dank an die Konferenzteilnehmer brachte er in einer Telefonrede zum Ausdruck: »Ich möchte«, erklärte er, »mich noch keinen alten Mann nennen. Aber einen alten Handelskammermann darf ich mich nennen. Seit dreißig Jahren stehe ich in der Arbeit meiner heimischen Handelskammer. Wie kam ich dazu? Aus demselben Geist, der Sie alle in der Internationalen Handelskammer zusammenführt, aus dem Bewusstsein, dass die wirtschaftliche Tätigkeit des Einzelnen sich nicht erschöpfen soll in der Sorge für den eigenen Betrieb, sondern hinauswachsen soll in die Mitverantwortung für die wirtschaftlichen Angelegenheiten der gewerblichen Berufsstände im Ganzen, für das volkswirtschaftliche Wohl des Landes.«[23]

Vermutlich waren es wiederum gesundheitliche Gründe, die Mendelssohn Ende des Jahres 1931 zwangen, das Amt des DIHT-Präsidenten niederzulegen. Man nahm diese Entscheidung im DIHT-Vorstandsgremium mit großem Bedauern zur Kenntnis und beschloss am 3. Dezember

1931 im Hauptausschuss, ihm die Ehrenpräsidentschaft des DIHT anzutragen.

Darüber hinaus entschied der Vorstand des DIHT, »ihm zum sichtbaren Zeichen unseres Dankes eine Denkmünze mit seinem Bild zu übergeben und des ferneren zu beschließen, diese Mendelssohn-Denkmünze künftighin mit einer entsprechenden Aufschrift als Ehrengabe Personen zu überreichen, die in besonderem Maße das Recht auf Dankbarkeit des Deutschen Industrie- und Handelstags durch hervorragende Leistungen für die deutsche Volkswirtschaft sich erworben haben«.[24]

Die Medaille hatte Fritz Klimsch entworfen, jener Bildhauer also, auf den bereits Ernst (von) Mendelssohn-Bartholdy aufmerksam geworden war. Die von Klimsch gestochene Medaille zeigte auf der einen Seite den Kopf Franz von Mendelssohns im Seitenprofil, auf der anderen die Inschrift: »Dem Führer in schwerer Zeit. Der Deutsche Industrie- und Handelstag«.

Wissenschaftspolitische Aktivitäten

Franz von Mendelssohn übernahm wie sein Vetter Paul von Mendelssohn-Bartholdy zahlreiche Ehrenämter in Vereinen und Organisationen. So amtierte er nicht nur als Schatzmeister des Vereins der Freunde der Preußischen Staatsbibliothek und des Kaiser-Friedrich-Museums-Vereins, sondern war auch Mitbegründer und stellvertretender Vorsitzender der Deutschen Orientgesellschaft, die 1898 zum Zweck der Unterstützung von Forschungen und der Belebung des öffentlichen Interesses auf dem Gebiet der orientalischen Altertumskunde gegründet worden war.

Wie James Simon, ebenfalls einer der Gründungsväter der Orientgesellschaft, hat Franz von Mendelssohn aus eigenen Mitteln und durch seine vielfältigen Kontakte dazu beigetragen, dass kostenintensive Ausgrabungen im Orient finanziert werden konnten. Schon in den Anfängen der Gesellschaft konnte so mit der Erforschung Babylons begonnen werden, ein Unternehmen, das weltweit Aufsehen erregte. Das gilt auch für Ausgrabungen bedeutender Bauwerke (unter anderem des Ischtar-Tors, des Turms zu Babel, der Hängenden Gärten der Semiramis), die heute im Vorderasiatischen Museum des Berliner Pergamonmuseums zu besichtigen sind.

Franz von Mendelssohn war auch von Beginn an in der 1910 gegründeten Kaiser-Wilhelm-Gesellschaft zur Förderung der Wissenschaften tätig. Gründungsanliegen der Gesellschaft, kurz KWG genannt, war es, die wissenschaftliche Forschung durch den Aufbau und die Unterstützung selbständiger Forschungseinrichtungen zu fördern. Die KWG hat wesentlich dazu beigetragen, das damalige Berlin zu einem Zentrum naturwissenschaftlicher Forschung von Weltgeltung zu machen.

Die Liste der Gründer der KWG liest sich, folgt man Cécile Lowenthal-Hensel, wie ein »Auszug aus dem Reichshandbuch der deutschen Gesellschaft«.[25] Nicht nur der Name Franz von Mendelssohns findet sich darin, sondern auch der seines Bruders Robert von Mendelssohn. In den zwanziger Jahren taucht in den Mitgliedsverzeichnissen der Gesellschaft neben den Namen weiterer Mendelssohns auch derjenige von Paul von Mendelssohn-Bartholdy auf.

In den Anfängen nahm Franz von Mendelssohn regen Anteil an der Personalpolitik der KWG. So hat er eine Reihe von Persönlichkeiten vorgeschlagen, die in den Senat der Gesellschaft gewählt werden sollten. Unter anderem benannte er Ludwig Delbrück, Gustav Krupp von Bohlen und Halbach, Wilhelm Merton, Wilhelm von Siemens und James Simon.

Als Schatzmeister der Gesellschaft sorgte Franz von Mendelssohn dafür, dass ein Teil des Gesellschaftsvermögens durch geschickte Anlagepolitik über die Inflationsjahre gerettet wurde. Er war es auch, der die Spenden für die Gesellschaft auftrieb. Dass er diese Mittel vor den begehrlichen Zugriffen des Staats schützte, sah man als sein besonderes Verdienst an. Damit hat er, folgt man den spärlichen Hinweisen, die über diese Vorgänge existieren, wesentlich dazu beigetragen, die Unabhängigkeit der KWG zu wahren.

Franz und Robert von Mendelssohn haben erhebliche Summen zur Unterstützung der KWG beigesteuert. Eine erhaltene Spenderliste belegt, dass sie schon in den Anfängen 300 000 Reichsmark auf die Konten der Gesellschaft überwiesen hatten. Mit Stolz und Genugtuung dürfte es beide erfüllt haben, dass die von ihnen mitbegründete und mit ansehnlichen Spenden immer wieder geförderte KWG 1921 bereits 19 Institute mit insgesamt 371 Mitarbeitern unterhielt, so unter anderem das Kaiser-Wilhelm-Institut für experimentelle Therapie, das Kaiser-Wilhelm-Institut für Physikalische Chemie und Elektrochemie sowie das Kaiser-Wilhelm-Institut für Chemie.

Als nach dem Ersten Weltkrieg die Kaiser-Wilhelm-Gesellschaft, aber auch Akademien, Bibliotheken, Museen und Universitäten über zunehmenden Geldmangel klagten, kam es im Oktober 1920 auf Betreiben Fritz Habers zur Gründung der Notgemeinschaft der deutschen Wissenschaft, der Vorläufergesellschaft der Deutschen Forschungsgemeinschaft (DFG).[26]

Zu den Finanzierungs- und Förderungsinstrumenten der Notgemeinschaft gehörte der im Dezember 1920 gegründete Stifterverband, dessen Aktivitäten Harnack und einige andere Gelehrte zunächst mit Skepsis betrachteten, weil sie glaubten, die Freiheit der Wissenschaft könne durch wissenschaftsfremde Einflüsse eingeschränkt werden.

Bei den Vorstandswahlen der Notgemeinschaft wurde Carl Friedrich von Siemens, der Vorstandsvorsitzende der Siemens-Schuckert-Werke, zum ersten Vorsitzenden ernannt. Hugo Stinnes und Eduard Arnhold, mit dem die Mendelssohns insbesondere auf verschiedenen Feldern der Kunstförderung kooperierten, wurden zu stellvertretenden Vorsitzenden berufen.[27]

Ein engerer Verwaltungsrat, dem neben Robert Bosch, Wilhelm Cuno, Carl Bosch, Carl Duisberg, Emil Kirdorf, Paul Reusch, Albert Vögler, Max M. Warburg und Georg Klingenberg auch Franz von Mendelssohn angehörte, unterstützte den Vorstand in seinen Bemühungen, finanzielle Mittel zur Förderung der Wissenschaften aufzutreiben und bereitzustellen.

Für seine Verdienste um die KWG wurde Franz von Mendelssohn, der seine Ämter in der Gesellschaft noch bis zu seinem Tode wahrnahm, 1932 mit der acht Jahre zuvor vom Senat der Gesellschaft ausgelobten Adolf-von-Harnack-Medaille ausgezeichnet.[28] Vor ihm hatten bereits Adolf von Harnack (1925), Fritz Haber (1926) und Friedrich Schmidt-Ott (1929) die Medaille erhalten. Die Medaille war eine der höchsten wissenschaftlichen und wissenschaftspolitischen Auszeichnungen, die in der Zeit der Weimarer Republik vergeben wurden.

Max Planck schrieb am 12. Februar 1932 an die Vizepräsidenten Friedrich Schmidt-Ott und Gustav Krupp von Bohlen und Halbach: »Aber die Harnack-Medaille soll ja nicht allein für wissenschaftliche und wissenschaftspolitische Verdienste vergeben werden. Darum liegt mir daran, daß sie auch einmal einem Vertreter der Wirtschaft zugute kommt. Und da denke ich in erster Linie an Herrn Franz v. Mendelssohn, nicht weil ihm an Verdiensten um die Kaiser-Wilhelm-Gesellschaft kein anderer aus dem genannten Kreise gleichzustellen wäre, sondern weil er nach Lebensalter und persönlicher Einstellung mir zunächst für die Ehrung in Betracht zu kommen scheint.«[29]

Mit dem Machtantritt Hitlers und seiner Gefolgsleute waren auch die Aktivitäten Franz von Mendelssohns in der deutschen Wissenschaftspolitik weitgehend beendet. Im Stifterverband trat er kaum noch in Erscheinung, sehr viel weniger jedenfalls als in den Jahren zuvor. Auffällig ist, dass sein Name zunächst nicht aus der Liste der Senatoren der KWG gestrichen wurde, sondern dass er für die Amtszeit vom 1. April 1933 bis zum 31. März 1939 sogar noch einmal gewählt wurde.

Bei dem Wahlgang, der am 23. Mai 1933 erfolgte, war die Zahl der Senatoren bereits erheblich reduziert worden.[30] Ausgeschlossen hatte man bereits diejenigen Senatoren, die den neuen Machthabern nicht genehm waren.[31] Dazu gehörten unter anderem der ehemalige Reichsfinanzminister Rudolf Hilferding, Fritz Haber und Ernst von Simson, der erste Generalsekretär der KWG. Mit Ernst von Simson, einem Enkel Eduard (von) Simsons, des ersten Präsidenten der Frankfurter Nationalversammlung, der 1938 nach England emigrierte, waren die Mendelssohns verwandtschaftlich verbunden, und zwar über dessen Frau Martha, geborene Oppenheim, eine Urenkelin von Alexander Mendelssohn.

Vor einigen Jahren haben die in England lebenden Simson-Erben das in ihrem Besitz befindliche letzte Originalsiegel des Frankfurter Parlaments von 1848[32] der Präsidentin des Deutschen Bundestages übergeben. Es war ein symbolischer Akt, der deutlich machen sollte, dass Familien wie die Simsons und die Mendelssohns ihren Frieden mit Deutschland gemacht hätten und mittlerweile zur Ansicht gekommen seien, das Parlament des vereinten Deutschlands stehe in der Tradition der Paulskirchenversammlung des 19. Jahrhunderts. Allgemein wurde dieser Vorgang als eine Geste der Aussöhnung begriffen.

Franz von Mendelssohn hat die Anfänge des Dritten Reichs noch miterlebt. Vermutlich war er entsetzt darüber, wie sich die Deutsche Forschungsgemeinschaft, die Nachfolgerin der Notgemeinschaft, den Vorstellungen der neuen Machthaber anpasste und wie infam sich die KWG gegenüber ihren jüdischen Mitgliedern verhielt. Der Opportunismus, mit dem die KWG dabei auf die Linie der NS-Wissenschaftspolitik einschwenkte, entsprach allerdings dem allgemeinen Trend.

Die Umstrukturierungen, die unmittelbar nach der »Machtergreifung« im Januar 1933 in allen Teilen der Gesellschaft einsetzten, hatten einen Prozess der Selbstgleichschaltung zur Folge. Aus Instituten, Akademien und Universitäten wurden die »nichtarischen« Wissenschaftler ausgeschlossen. Franz von Mendelssohn erlebte mit, wie am 7. April 1933 das sogenannte »Gesetz zur Wiederherstellung des Berufsbeamtentums« in Kraft trat, das in zynischer Verkehrung das Gegenteil dessen meinte, was sein Titel versprach.

Franz von Mendelssohn dürfte gewusst haben, mit welchen Brachialmethoden die Nationalsozialisten vorgingen, um sich nicht genehmer Wissenschaftler zu entledigen. So war man beispielsweise bereits sehr früh bemüht, den Nobelpreisträger Fritz Haber aus dem Amt des Direktors des Kaiser-Wilhelm-Instituts zu drängen. Jedes Mittel, dieses Ziel zu erreichen, schien den neuen Machthabern recht zu sein – Denunziationen, aber auch ehrenrührige Unterstellungen, die jeder Grundlage entbehrten.

Ob Mendelssohn das Gesuch kannte, das Haber per Einschreiben an den NS-Kultusminister Rust richtete und in dem er bat, ihn von seinen Ämtern zu entbinden – unter anderem von dem des Vizepräsidenten in der Notgemeinschaft –, ist nicht belegt. »Sie werden von einem Manne, der im 65. Lebensjahr steht«, heißt es in Habers Demissionsschreiben, »keine Änderungen der Denkweise erwarten, die ihn in den vergangenen 39 Jahren seines Hochschullebens geleitet hat, und Sie werden verstehen, daß ihm der Stolz, mit dem er seinem deutschen Heimatlande sein Leben lang gedient hat, jetzt diese Bitte um Versetzung in den Ruhestand vorschreibt.«[33] Das Schreiben mit Datum vom 30. April 1933 wurde nach 1945 vielfach abgedruckt und gilt als das Zeugnis eines aufrechten Wissenschaftlers zu Beginn der NS-Diktatur, der an seinen Überzeugungen festhielt und sich nicht hat einschüchtern lassen.

Haber und Mendelssohn, die beide in den ersten Jahren des NS-Regimes verstarben, der eine 1934, der andere 1935, haben nicht mehr miterleben müssen, wie Wissenschaftseinrichtungen von den NS-Ideologen missbraucht und auf Kurs des Regimes gebracht wurden. Dazu gehörte insbesondere die »wehrwissenschaftliche Zweckforschung«, worunter unter anderem Fleckfieber- und Unterkühlungsversuche fielen, die man im Namen der Wissenschaft und des Fortschritts an KZ-Häftlingen unternahm.

Wie die Max-Planck-Gesellschaft (MPG), die Nachfolgerin der KWG, nach 1945 mit ihrer Vergangenheit umging, machen zwei Fotos deutlich. Als 1935 Max Planck anlässlich der feierlichen Übergabe des Neubaus des KW-Instituts für Metallforschung ein Ehrenbecher überreicht wurde, war auf einer Fotografie auch der langjährige Spitzenrepräsentant der KWG zu sehen, Carl Eduard von Sachsen-Coburg und Gotha, und zwar in der Uniform eines SA-Gruppenführers. 1960 fand diese Fotografie eine Wiederverwendung – allerdings fehlte jetzt der Sachsen-Coburg-Gotha-Prinz samt Uniform. Man hatte ihn einfach wegretuschiert.

Das Jubiläumsjahr 1929

In der Zeitschrift »Der Morgen« erschien im Vorfeld der Feiern zum 200. Geburtstag von Moses Mendelssohn unter dem Titel »Vorspruch zu einer Mendelssohn-Feier« ein Aufsatz des Religionsphilosophen und Pädagogen Franz Rosenzweig. Der wenig bekannte Text stimmt den heutigen Leser insofern nachdenklich, als er dunkle Vorahnungen durchschimmern lässt und pessimistische Bemerkungen zur Befindlichkeit und Zukunft der Juden in Deutschland macht.

In diesem Text wird nicht nur vom Deutschtum der deutschen Juden gesprochen, sondern auch vermerkt, die Juden in Deutschland hätten sich daran gewöhnt, in steter Gefährdung zu leben. Das »Symbol der Gefährdung«, so Rosenzweig, habe durch die Jahrzehnte die Existenz der Juden bestimmt. Dass es dazu gekommen sei, dafür macht Rosenzweig vor allem Moses Mendelssohn verantwortlich.

Dieser, so meint Rosenzweig, habe es bedauerlicherweise nicht verstanden, seinen geistigen Nachfahren den Schutz weiterzureichen, den er für sich selbst erkämpft hatte. Es ist eine »geliebte Gefährdung«, so nennt er es, »eine, die wir nicht missen möchten – nicht bloß um der geliebten beiden Verbundenen, des Judentums und des Deutschtums, selber willen, sondern auch aus Liebe eben zur Gefahr, und in dem Glauben, dass das Durchkämpfen und das Durchleben dieser Gefahr uns als Aufgabe gegeben ist.«[34]

Rosenzweigs Ausführungen entsprachen nicht der sonst üblichen Zuversicht, die bei den Gedenkveranstaltungen anlässlich des 200. Geburtstages Moses Mendelssohns in verschiedenen Städten Deutschlands zu spüren war.[35] So beispielsweise bei den dreitägigen Veranstaltungen in Mendelssohns Geburtsstadt Dessau, die den Auftakt der Mendelssohn-Gedenkfeierlichkeiten machten.

Kritische Töne, wie sie bei Rosenzweig anklingen, waren in Dessau nicht zu vernehmen. Im Gegenteil. Die Neueinstudierung von Lessings »Nathan der Weise« im dortigen Friedrich-Theater geriet zu einem umjubelten Ereignis, und beim Gedenkgottesdienst in der Synagoge würdigte Isidor Walter, der anhaltische Landesrabbiner, Mendelssohn als einen Deutschen, der nicht nur Jude, sondern gleichermaßen ein Weltbürger gewesen sei und die »Gerechtigkeit und Menschenliebe zu seinem Leitstern«[36] gemacht habe.

Führende jüdische Repräsentanten aus ganz Deutschland waren nach Dessau gereist, um an den Feierlichkeiten teilzunehmen. Für den Preußischen Landesverband jüdischer Gemeinden war der Vorsitzende Alfred Klee (1875–1943) erschienen, der Centralverein deutscher Staatsbürger jüdischen Glaubens (CV) war durch Julius Brodnitz (1866–1936) und Bruno Weil (1883–1961) vertreten.

Auch andere bedeutende jüdische Organisationen Deutschlands nahmen an den Feierlichkeiten in Dessau teil. Anwesend waren beispielsweise der Bankier Oscar Wassermann (1869–1934), der den Keren Hajessod[37] vertrat, aber auch der Orientalist Moritz Sobernheim (1872–1933), der für die Akademie für die Wissenschaft des Judentums nach Dessau gekommen war, und der Berliner Rechtsanwalt Heinrich Veit-Simon (1884–1942), der die Berliner Hochschule für die Wissenschaft des Judentums vertrat. Durch ihre Anwesenheit signalisierten sie, welche Bedeutung dem Mendelssohn-Jubiläum von jüdischer Seite zugemessen wurde.

Der Historiker Ismar Elbogen (1874–1943), Herausgeber der »Zeitschrift für die Geschichte der Juden in Deutschland«, hielt am 8. September im Rahmen einer Morgenfeier eine Festansprache, in der er die Bedeutung Mendelssohns für das Judentum herausstellte und diesen als »Sonne am jüdischen Himmel« bezeichnete. In seiner Rede würdigte Elbogen Mendelssohn nicht nur als einen »vorurteilslosen Denker«, der allen Bekehrungsversuchen widerstanden habe, sondern auch als einen Mann, der durch seine Erziehungsarbeit den Juden den Eintritt in die deutsche Gesellschaft und Kultur ermöglicht habe.[38]

In Berlin würdigte man, ähnlich wie in Dessau, Mendelssohn in Zeitungsartikeln[39] und mit einer Ausstellung in der Preußischen Staatsbibliothek Unter den Linden. Gezeigt wurden 700 Objekte, von denen etwa 500 aus in- und ausländischen Bibliotheken stammten oder von Privatsammlern zur Verfügung gestellt worden waren. Zu sehen war auch Taesserts berühmte Mendelssohn-Büste aus dem Jahre 1785.

Bei der Eröffnung der Ausstellung waren neben Vertretern der Jüdischen Gemeinde der Reichsinnenminister Carl Severing und sein Staatssekretar Erich Zweigert, der preußische Kultusminister Carl Heinrich Becker und Franz von Mendelssohn anwesend. Max Osborn, der Kunstkritiker der Vossischen Zeitung, würdigte die Bedeutung Mendelssohns und fand lobende Worte über die Ausstellung.

Am 8. September 1929, dem Tag, an dem die Stadt Dessau ihre Morgenfeier veranstaltete, fand auch in der Berliner Singakademie eine Moses-Mendelssohn-Gedenkveranstaltung statt. Eingeladen hatten neben dem Vorstand der Jüdischen Gemeinde auch Einrichtungen wie die Akademie für die Wissenschaft des Judentums sowie die Gesellschaft zur Förderung der Wissenschaft des Judentums. Die Festansprache hielt Rabbiner Leo Baeck, dessen Rede in der Feststellung gipfelte: »Mendelssohn hat … Preußen und Deutschland sehr wesentlich mit der Geschichte des Judentums verknüpft.«[40]

Im Zuge der Dessauer Jubiläumsfeiern wurde die Gründung einer »Mendelssohn-Stiftung zur Förderung der Geisteswissenschaften« bekanntgegeben. Der Gründung vorausgegangen waren vorbereitende Gespräche des Dessauer Bürgermeisters Fritz Hesse mit Franz von Mendelssohn und Paul von Mendelssohn-Bartholdy. Das Bankhaus Mendelssohn & Co stellte als Grundstock für die Gründung der Stiftung sowie für den Beginn der Arbeit die Summe von 250 000 Reichsmark bereit.

Aufgabe der Stiftung, die vom Bürgermeister der Stadt Dessau sowie von einem Vertreter des anhaltischen Staatsministeriums und dem Vorstandsvorsitzenden der Dessauer Jüdischen Gemeinde geleitet wurde, war es, aus den Erträgen des Stiftungsvermögens »ohne Unterschied des Glaubensbekenntnisses in erster Linie Vertretern des deutschen Geisteslebens die Mittel zur Durchführung wissenschaftlicher Forschungsvorhaben (auch Forschungsreisen) sowie zur Veröffentlichung ihrer Ergebnisse ... zu gewähren«.[41]

Dem Kuratorium der Stiftung gehörten Franz von Mendelssohn, Paul von Mendelssohn-Bartholdy, Robert von Mendelssohn, Rudolf Loeb, Paul Kempner und Fritz Mannheimer an, außerdem, von den Mendelssohns benannt, Adolf von Harnack, Eduard Spranger und Staatsminister a.D. Friedrich Schmidt-Ott. Der Magistrat der Stadt Dessau wurde durch Edwin Redslob, Walter Gropius, Hugo Junkers, Bruno Heck und Hans Schulz-Dornburg vertreten. Die Jüdische Gemeinde Dessau schließlich entsandte als Kuratoriumsmitglieder Albert Einstein, Max Liebermann, Isidor Walter, Arnold Zweig und Georg Kareski, den Vorsitzenden der Jüdischen Gemeinde zu Berlin.

Lange hat die Stiftung nicht existiert. Nach der konstituierenden Sitzung, die am 13. Dezember 1929 in Berlin stattfand, ist das Kuratorium nur noch einige wenige Male zusammengetreten, so 1931 im Wörlitzer Schloss bei Dessau und 1932 in Magdeburg.[42] Zu denjenigen, die bis zur Sistierung der Stiftung gefördert wurden, gehörten unter anderem der Musikforscher Abraham Zwi Idelsohn, der Pädagoge Fritz Bamberger und der Politikwissenschaftler Herbert Marcuse, der damals am Frankfurter Institut für Sozialforschung arbeitete und wenig später Deutschland in Richtung Vereinigte Staaten verließ.

Im Jubiläumsjahr 1929 erschienen auch die ersten zwei Bände der sogenannten »Jubiläumsausgabe« der Gesammelten Schriften Mendelssohns.[43] Gefördert wurde die Ausgabe zum einen durch Mendelssohn & Co, zum anderen durch einen »Ehrenausschuss«, dem 31 Persönlichkeiten angehörten. Die Familie war in diesem Ausschuss mit zwölf Mitgliedern vertreten, namentlich: Felix Busch, Paul und Kurt Hensel, Paul Kempner, Franz von Mendelssohn, Albrecht Mendelssohn Bartholdy, Otto (von) Mendelssohn Bartholdy, Paul von Mendelssohn-Bartholdy, Paul Mendelssohn Bartholdy, Robert von Mendelssohn sowie Felix und Joachim Wach.

Band 1 der Jubiläumsausgabe, den Fritz Bamberger bearbeitet hatte, enthielt Schriften Mendelssohns zur Philosophie und Ästhetik (»Philosophische Gespräche«, »Über die Empfindungen« und »Von dem Vergnügen«). In Band 16 (neue Zählung: Band 19), verantwortet von Haim Borianski (Bar-Dayan), kamen Briefe von und an Mendelssohn in hebräischer beziehungsweise judendeutscher Sprache zum Abdruck. Beide Bände, verlegt im Akademie-Verlag, wurden bei den Feierlichkeiten in Dessau der Öffentlichkeit vorgestellt.

Vor dem Machtantritt Hitlers wurden 1932 noch zwei weitere Bände der Jubiläumsausgabe zur Veröffentlichung freigegeben, in den Jahren 1933 bis 1937 erschienen keine weiteren Bände. Im November 1938, dem Monat der sogenannten »Kristallnacht«, kam als vorläufig letzter Band der auf 16 Bände angelegten Jubiläumsausgabe der Band 14 heraus. Bei seinem Erscheinen wurde dieser jedoch sofort beschlagnahmt und eingestampft. Nur einige wenige Exemplare entgingen der Vernichtung.

Die Schauspielerin und der Bohemien

In den Jahren der Weimarer Republik war Berlin so etwas wie ein »Versuchslabor der Apokalypse« (David Clay Large). Alles schien möglich, alles war möglich. Das neue Medium Film begann seinen Siegeszug, in den Theatern wurde experimentiert. Max Reinhardt, Erwin Piscator, Bertolt Brecht schrieben mit ihren Inszenierungen Theatergeschichte. »Berlin im Licht« spiegelte sich in den Werken von Malern wie Max Liebermann, Lovis Corinth und Max Slevogt. Sensationell war das Musikleben der Stadt, für das Namen wie Bruno Walter, Otto Klemperer und Wilhelm Furtwängler standen. Ernst Kreneks Bemühungen, Jazz- und Blueselemente in Opernkompositionen einzubauen, machten Musikgeschichte.

Berlin war Ende der zwanziger Jahre der Ort, an dem Literaten und Künstler sich so heimisch fühlten wie an keinem anderen. Wer konnte, zog in die Stadt an der Spree und ließ sich in einer der Straßen links oder rechts vom Ku'damm nieder. Wer heute offenen Auges die Straßen Berlins durchstreift, findet an manchen Häusern Tafeln mit Inschriften, die davon künden, wer alles in den zwanziger Jahren in der Stadt gelebt und gearbeitet hat: Salomo Friedlaender, genannt »Mynona«, Gottfried Benn, Kurt Tucholsky, Max Liebermann, darüber hinaus manch anderer Schriftsteller oder Künstler, deren Namen heute kaum jemand mehr kennt.

Es gab wohl niemanden, den das Berlin jener Jahre, ob im positiven oder negativen Sinne, gleichgültig gelassen hätte. Berlin war eine pulsierende Weltstadt, die Besucher aus dem In- und Ausland magisch anzog. Als Beispiel könnte man die britischen Schriftsteller W. H. Auden und Christopher Isherwood anführen, die sich beide längere Zeit in der Stadt aufhielten und sich als Liebhaber der wilden und ungezügelten Berliner Szene bekannten.

Die einen begeisterten sich für die Metropolenkultur, die anderen fanden Geschmack an der sexuellen Freizügigkeit, die das Berlin jener Jahre vor allen anderen Städten in Europa auszeichnete. In den zahlreichen Schwulen-Bars und Lesben-Etablissements artikulierte sich ein Lebensgefühl, das es so anderswo kaum gab. Der Film »Cabaret«, in dem Liza Minnelli die Heldin Sally Bowles aus Christopher Isherwoods Episodenroman »Good Bye to Berlin« verkörpert, hat diesem Lebensgefühl ein unvergessliches Denkmal gesetzt.

Noch heute legendär sind Lokale wie das »El Dorado« mit seinen berühmten Travestieshows oder der Nachtclub »Aleifa« (Alles eine Familie), wo Heterosexuelle ebenso willkommen waren wie Schwule, Bisexuelle und Leute, die wahrscheinlich unter die Rubrik »transsexuell« gefallen wären, hätte es damals schon die entsprechenden chirurgischen Eingriffe gegeben. Als aufregend empfand man Clubs wie das »Resi« oder »Femina«, wo jeder Tisch mit einem Telefon ausgestattet war, so dass die Gäste einander anrufen und Verabredungen für den späteren Abend treffen konnten.

Aus der Berliner Szene jener Jahre sind Francesco von Mendelssohn (1901–1972), von seinen Freunden kurz »Cesco« genannt, und seine Schwester Eleonora (1900–1951) nicht wegzudenken.[44] Das Geschwisterpaar war nach dem Tod des Vaters 1917 mehr oder weniger auf sich selbst gestellt. Beide gingen allerdings ihre eigenen Wege, nachdem die Mutter Giulietta (1871–1955), zu der die Kinder ein distanziert-ablehnendes Verhältnis hatten, sich mit ihrem Liebhaber nach Italien zurückgezogen hatte.

Eleonora ging bereits 1919 im Alter von 19 Jahren die erste von vier

Ehen ein, und zwar mit dem Schweizer Pianisten Edwin Fischer. Diese Verbindung hielt allerdings nur kurz. Danach heiratete sie den einstigen ungarischen Rittmeister Emmerich (Imre) von Jeszenszky, einen, wie es heißt, gut aussehenden Mann, dem die Frauen nachliefen. Die Ehe scheiterte aber wie die vorhergehende und wurde 1936 geschieden. Danach folgte eine Affäre mit dem um 40 Jahre älteren Dirigenten Arturo Toscanini. Auch diese Beziehung stand unter keinem guten Stern. Im amerikanischen Exil folgten zwei weitere Ehen, und zwar mit den Schauspielern Rudolf Forster und Martin Kosleck.

Aus keiner der Ehen Eleonoras sind Kinder hervorgegangen. Dokumentiert ist nur ein Schwangerschaftsabbruch in den zwanziger Jahren. Den Gerüchten nach soll der Vater des ungewollten Kindes kein Geringerer als der Theatermann Max Reinhardt gewesen sein. Nach seiner Scheidung heiratete Reinhardt dann allerdings nicht Eleonora, sondern seine langjährige Geliebte Helene Thimig.

Schon früh hatte Eleonora Schauspielunterricht genommen. Unter dem Namen Eleonora Fischer debütierte sie im April 1924 am Wiener Theater in der Josefstadt als »Nanni« in Hofmannsthals »Der Schwierige«, danach spielte sie neben Fritz Kortner, der den Shylock gab, die Jessica in Shakespeares »Kaufmann von Venedig«. Regie führte beide Male Max Reinhardt, in den Eleonora sich bereits als junges Mädchen verliebt hatte – »eine unglückliche Liebe, die zwei Jahrzehnte dauern wird« (Thomas Blubacher).

In den Jahren 1925 bis 1928 spielte sie mit großem Erfolg tragende Rollen bei Louise Dumont und Gustav Lindemann am Düsseldorfer Schauspielhaus. In der Presse wurden ihre »graziöse Geste«, ihr »beseeltes Gebärdenspiel« sowie ihre »modulationsfähige Stimme« hervorgehoben.[45] Unterbrochen wurde ihre Karriere einige Male durch die Sucht nach Morphium, der sie verfallen war, als ihr Ärzte wegen eines Nierenleidens unvorsichtigerweise das Opiat verschrieben hatten.

Eleonora zeigte sich dankbar für die Förderung und den Zuspruch, den sie durch die Düsseldorfer Prinzipalin erhielt: »Eines«, so bekannte sie einmal Louise Dumont gegenüber in einem Brief, »kann ich sie [Ihnen] *versichern*: Noch *nie* hat wohl ein Mensch diesen Beruf mehr geliebt als ich, *nie* ist in einem Menschen die Sehnsucht danach und der innere Zwang dazu größer gewesen.«[46]

Der Bruder Francesco war als Cellist durchaus erfolgreich. Als Schüler Arthur Williams' und Pablo Casals' konzertierte er mit dem legendären Busch-Quartett und trat auch als Solist in verschiedenen Städten Europas auf, unter anderem in Wien, wo er gemeinsam mit Rudolf Serkin ein Konzert für die sozialistische Arbeiterjugend gab. Ab 1926 war er für drei Jahre Mitglied des berühmten Klingler-Quartetts.

Belegt ist auch, dass er im Rahmen von Hauskonzerten verschiedene Male zusammen mit Albert Einstein in dessen Wohnung in der Berliner Haberlandstraße musizierte. Erhalten ist im Jerusalemer Einstein-Archiv eine Fotografie von Ende 1920, die das Trio Francesco von Mendelssohn, Bruno Eisner und Albert Einstein zeigt. Bruno Eisner sitzt vor dem Flügel, umrahmt von Francesco von Mendelssohn, nonchalant mit dem Violincello posierend, und dem Hausherrn, der seine Geige unter dem rechten Arm hält und konzentriert auf das vor ihm stehende Notenpult blickt.

Die Kritik feierte Francesco als begnadeten Musiker und lobte den »Gesang atmenden Ton« seines Cellospiels wie auch »die Technik seiner Doppelgriffe, Passagen und Flageoletts«.[47] Der eine oder andere Kritiker wird bei diesen Elogen insgeheim an den berühmten Verwandten Felix Mendelssohn Bartholdy gedacht und Francesco an diesem gemessen haben.

Francesco von Mendelssohn, talentiert und intelligent, galt im Berlin der Weimarer Republik als exzentrischer »glamorous boy«, als schimmernder Paradiesvogel – ähnlich dem Kaufhauserben Wilfried Israel (1899–1943),[48] den Isherwood in seinem Buch »Good Bye to Berlin« als Inbegriff des Dandy beschrieben hat, der, wie so manch anderer Sohn aus begüterter Familie, im Berlin der späten zwanziger Jahre die nächtliche Szene bevölkerte.

Zu Francescos Ruf trug nicht nur sein stadtbekanntes weißes Lancia-Cabriolet mit den hermelinbezogenen Sitzen bei, sondern auch seine öffentlich inszenierten Eskapaden, die Erheiterung auslösten und häufig genug Stadtgespräch waren. Mal, so heißt es, habe er einen Anzug aus rotem Leder getragen, mal sei er im gelben Seidenschlafrock über den Kurfürstendamm flaniert. Dann wieder sei er dadurch aufgefallen, dass er im Abendkleid ausging, gemeinsam mit Ruth Landshoff, die ihn im Smoking begleitete – oder dass er, wenn er auf einem Ball den Pelzmantel fallen ließ, darunter nackt war.

Ruth Landshoff (1904–1966), die Nichte des Verlegers Samuel Fischer, die in Murnaus »Nosferatu« (1922) mitgespielt hat und sich später einen Namen als Schriftstellerin machte, liebte das Image der androgynen Garçonne mit Bubikopf, die Männern und Frauen gleichermaßen den Kopf verdrehte. Sie wurde, so erinnerte sich Georg Zivier später, »gemalt, umworben, geliebt und gehätschelt.«[49]

Mit Francesco irrlichterte Ruth Landshoff – mitunter war auch der Filmschauspieler Roman Navarro mit von der Partie – durch die nächtliche Szene Berlins. Francesco und Ruth Landshoff waren überall dort anzutreffen, wo sich etwas tat und wo sie glaubten, gesehen werden zu müssen. Die Liebhaber wechselten, die Amouren, die beide da und dort eingingen, waren Stadtgespräch. »Wie liebt man?«, schrieb Landshoff später in ihren Francesco gewidmeten »Weißtdunoch«-Versen: »Wir haben das nie gefragt, als wir jung waren damals, als wir hundert Jahre lang jung waren.«[50]

An Francescos Seite tauchte sie nicht nur in den einschlägigen Lokalen der Stadt auf, sie war auch Stammgast im Romanischen Café, wo in diesen Jahren Dichterinnen wie Else Lasker-Schüler, Schriftsteller wie Egon Erwin Kisch, Roda Roda und Alfred Polgar residierten und Künstler wie Max Slevogt und George Grosz im Gespräch mit Regisseuren wie Erich Engel und Max Reinhardt zusammensaßen und über die Zeitumstände räsonierten.

Im längst zur Legende gewordenen Romanischen Café war damals ein unaufhörliches Kommen und Gehen, obgleich das Café, wie es heißt, die Atmosphäre eines preußischen Wartesaals hatte. Neben Berühmtheiten traf man dort auch »Männer, die wie Frauen, und Frauen, die wie Männer aussahen« (Karl Scheffler). Tabakqualm und Stimmengewirr hätten, so heißt es weiter, das Café geradezu zu einem »Hexenkessel« großstädtischen Lebens gemacht.

Francesco von Mendelssohn liebte diese Atmosphäre. Als bekennender Homosexueller fühlte er sich darüber hinaus besonders in den über hundert Schwulenlokalen im Berlin jener Jahre zu Hause. Auf seinen im Grunewald veranstalteten Partys sah man nicht nur bekannte Komponisten und Dirigenten wie Furtwängler, Schnabel und Hindemith, sondern auch muskulöse junge Männer in Matrosenhemden, die Francesco in zwielichtigen Schwulenbars kennengelernt und eingeladen hatte.

Zu seinen Freunden zählten der Tanzavantgardist Harald Kreutzberg, der Schriftsteller Klaus Mann, der Schauspieler Gustaf Gründgens sowie der Pianist Vladimir Horowitz, der, obwohl später mit Toscaninis Tochter Wanda verheiratet, intime Beziehungen zu Francesco unterhielt. Francesco und »Wolodja«, wie Horowitz von seinen Freunden genannt wurde, gingen häufig gemeinsam auf Reisen und pflegten ein ähnliches Outfit: extravagante Kleidung, Monokel, zahlreiche Ringe an den Fingern.

Doch Francesco von Mendelssohn war nicht nur ein Dandy, Lebemann und Nachtschwärmer, der von Lokal zu Lokal zog, sondern betätigte sich auch ernsthaft schriftstellerisch und künstlerisch. Mit Bianca Segantini, der Tochter des Malers Giovanni Segantini, gab er beispielsweise ein Buch mit Texten heraus, die sich mit der legendären Schauspielerin Eleonora Duse befassten. Als Autoren hatte er bekannte Schriftsteller wie Hermann Bahr, Hugo von Hofmannsthal, George Bernard Shaw, Gabriele d'Annunzio, Alfred Kerr und Rainer Maria Rilke gewinnen können.

Überdies betätigte Francesco von Mendelssohn sich auch als Übersetzer und Schauspieler. Er übertrug Stücke Luigi Pirandellos (»Die Nackten kleiden«, »Besser als früher«) vom Italienischen ins Deutsche und übernahm Statistenrollen in Stummfilmen. In Berthold Viertels Film »K 13513. Die Abenteuer eines Zehnmarkscheines«, dessen Drehbuch Béla Bálasz verfasst hatte, sieht man ihn beispielsweise in der Rolle eines Klavierspielers.

Ende der zwanziger Jahre beschloss Francesco von Mendelssohn, seinem Leben eine andere Richtung zu geben und sich ganz auf Bühnenaktivitäten zu konzentrieren, und zwar als Regisseur, eine Tätigkeit, von der er sich mehr versprach als von einer Musikerkarriere. Am Theater am Schiffbauerdamm assistierte er zunächst Erich Engel bei Wiederaufnahmeproben der »Dreigroschenoper«, um dann, wenn auch mit mäßigem Erfolg, sein Debüt als Regisseur mit Valentin Katajews »Die Quadratur des Kreises« zu geben.

Der Aufführung am Theater am Schiffbauerdamm, an der die Schauspieler Peter Lorre, Lotte Lenya, Hilde Körber, Heinz Rühmann und Theo Lingen mitwirkten, folgten weitere Inszenierungen am Renaissance-Theater, am Berliner Theater und am Schauspielhaus Leipzig. Meist wurden die Leistungen der Schauspieler von der Kritik gelobt, weniger die Regieleistung Francescos, die zumeist als unprofessionell und dilettantisch abgetan wurde.

Erfolgreicher als ihr Bruder war Eleonora, die ab 1928 an verschiedenen Berliner Bühnen Hauptrollen übernahm. Zunächst trat sie im Theater in der Königgrätzer Straße auf, dann in den Preußischen Staatstheatern, wo sie unter Leopold Jessners Regie die Antigone in Sophokles' »Ödipus«, die Molly in Frank Wedekinds »Der Marquis von Keith« und die Elisabeth in Schillers »Don Carlos« spielte – Rollen, in denen sie vom Publikum wie von der Kritik überschwänglich gefeiert wurde.

Besonders großen Erfolg hatte Eleonora im Februar 1932 am Deutschen Theater Berlin, wo sie in Max Reinhardts Uraufführung von Gerhart Hauptmanns »Vor Sonnenuntergang« 85-mal die Rolle der Bettina Clausen spielte. Alfred Kerr, der wohl bedeutendste Theaterkritiker der zwanziger Jahre, bemerkte im Berliner Tageblatt: »Eleonore Mendelssohn gibt mit Selbstverleugnung eine Menschenstudie – wundervoll. Im armen Gang, in stoßender Sprechart, im entzündeten Blick ein ganz tapferes Wahrheitsbild. Ein Wahrheitsvorbild.«[51]

Eleonora, von ihren Freunden »Ele« genannt, und ihr Bruder konnten nach ihrer Übersiedlung in die Vereinigten Staaten nicht mehr an die einstigen Erfolge anknüpfen, und das, obwohl Eleonora den einen oder anderen gefeierten Auftritt hatte und Francesco durchaus einige beachtete Konzerte in den Staaten gab. Das Land, das sie als Flüchtlinge aufnahm, blieb ihnen fremd. Mit der amerikanischen Kultur konnten sie wie viele Flüchtlinge aus Deutschland nur wenig anfangen. Sie richteten sich irgendwie ein, aber heimisch fühlten sie sich nicht.

Das zeigte sich nicht zuletzt daran, dass sie hauptsächlich in Emigrantenzirkeln verkehrten. Befreundet waren sie unter anderem mit Saskia und Berthold Viertel, die sie noch aus Berliner Zeiten her kannten. Viertel, mit dem Eleonora zahlreiche Briefe wechselte, widmete ihr am 19. April 1942 ein Gedicht, überschrieben »Sein und Haben«, das ihre Lage und die ihrer Schicksalsgenossen im Exil treffend beschrieb:

Warst Du gerüstet für den Schiffbruch? Du
Vor allen, die sich tief geborgen glaubten?
Wer Dich gekannt, sah Dir erschrocken zu
der einst Geschmeichelten, nun bis aufs Blut beraubten.[52]

Unter dem Druck der Nazis

Am 30. Januar 1933 kamen die Nationalsozialisten in Deutschland an die Macht. Unmittelbar danach setzte die Ausgrenzungspolitik gegenüber den Juden ein. Boykottmaßnahmen und antisemitische Propaganda begannen Wirkung zu zeigen. Der Umsatz »jüdischer« Geschäfte, Firmen und Banken ging zurück. Die Zahl der Firmenliquidierungen und -verkäufe nahm rapide zu. Es kam zu ersten Fällen »schleichender Arisierung«, etwa bei den Berliner Gastronomiebetrieben Kempinski und dem renommierten S. Fischer Verlag, dessen »undeutsche« Bücher am 10. Mai 1933 von aufgeputschten Studenten auf öffentlichen Plätzen verbrannt wurden.

Die Sorgen im jüdischen Bevölkerungsteil in Deutschland nahmen nach Hitlers sogenannter »Machtergreifung« zu. Vor den Botschaften bildeten sich lange Schlangen von Wartenden, die um Visa nachsuchten. Begehrt waren vor allem solche, die eine Einreise in die Vereinigten Staaten oder in ein anderes halbwegs sicheres Land ermöglichten. In der ersten Hälfte des Jahres 1933 verließen Tausende Deutschland. Die Selbstmordrate stieg gleichzeitig erheblich an. Nach dem Boykott vom 1. April nahmen sich allein in Berlin Hunderte Verzweifelter das Leben.

Auch der Familienclan der Mendelssohns, der um 1933 auf 320 Personen geschätzt wird, war von bösen Vorahnungen gequält. Einige der Familienmitglieder waren deshalb bemüht, ihre Angelegenheiten zu regeln, soweit ihnen das überhaupt noch möglich war. Das traf vor allem auf den Familienzweig Mendelssohn-Bartholdy zu, der gefährdeter war als die anderen Familienzweige. Paul von Mendelssohn-Bartholdy versuchte, Gelder im Ausland zu deponieren, um bei einer eventuell notwendigen Flucht aus Deutschland gegebenenfalls darauf zurückgreifen zu können. Dazu benutzte er die Niederlassung des Bankhauses Mendelssohn & Co in Amsterdam, die sich für entsprechende Vorsichtsmaßnahmen anbot.

Die Mendelssohn-Bartholdys wurden nach den NS-Gesetzen als »Halb-« oder »Volljuden« eingestuft und waren deshalb sehr viel stärkeren Gefährdungen als ihre Verwandtschaft eingestuft, die den Beinamen Bartholdy nicht trug. Für sie galten, wenn sie »Mischlinge ersten Grades« waren, eine Reihe diskriminierender Sonderbestimmungen.

Zum Beispiel war es ihnen, wie vielen anderen, nach der Ersten Durchführungsverordnung zum Reichsbürgergesetz vom November 1935 verboten, ohne Genehmigung des Innenministeriums und der Partei-Kanzlei einen Deutschen oder einen »Mischling zweiten Grades« zu heiraten. Die Genehmigung, um die nachgesucht werden musste, wurde allerdings so gut wie nie erteilt. Ende 1941 spielte man sogar mit dem Gedanken, »Mischlinge ersten Grades« zu deportieren.

Die »Vierteljuden«, »Mischlinge zweiten Grades« also, unterlagen Einschränkungen bei der Berufswahl. Gestattet war es ihnen zwar, im Gegensatz zu den »Mischlingen ersten Grades«, Deutsche oder wie es in der NS-Terminologie hieß, »Deutschblütige« zu heiraten. Verboten war es ihnen jedoch, Ehen mit »Viertel-, Halb- oder Volljuden« einzugehen.[53] Sie hatten nicht mit der Deportation zu rechnen, und man akzeptierte sie als »Volksgenossen«. Das hatte allerdings auch die fatale Folge, dass sie sich nicht dem Dienst in der Wehrmacht entziehen konnten.

Auch Mitglieder der Familie Mendelssohn wurden eingezogen, einige meldeten sich sogar freiwillig. Im einen oder anderen Fall gab es dabei allerdings Schwierigkeiten. Jürgen von Schwerin beispielsweise, dessen Mutter eine Mendelssohn-Bartholdy war, machte als »Halbjude« die Erfahrung, dass sein Gesuch um Zulassung zum Studium zunächst abgelehnt wurde, obwohl er seinen Wehrdienst absolviert hatte.[54] Erst nach einigem Hin und Her machte man in seinem Fall eine Ausnahme. Dabei dürfte eine Rolle gespielt haben, dass er väterlicherseits ein Nachkomme des legendären preußischen Feldmarschalls Zieten war.

Manche der Mendelssohns hatten kein Problem, sich freiwillig zur Wehrmacht zu melden. Franz (Viktor) Mendelssohn (1887–1971) beispielsweise brachte es bis zum Marine-Oberbaurat.[55] Der Enkel Alexander Mendelssohns und somit Nachkomme Joseph Mendelssohns diente sich den Nationalsozialisten an und trat der NSDAP bei. Bemerkenswert ist, dass er es nicht für notwendig hielt, seinen Namen zu ändern, wie das 1941 sein jüngerer Bruder Ernst (1891–1980) tat, dessen Sohn eingezogen wurde und an der Front in Russland fiel.

Diejenigen Mendelssohns, die auf Antrag oder durch Heirat einen anderen Namen annahmen, glaubten sich weitgehend sicher vor Nachstellungen. Sie begriffen sich als Deutsche, und das ohne Abstriche. Ihre jüdische Abstammung spielte für sie keine Rolle mehr, und sofern sie sich ihrer überhaupt noch erinnerten, verschwiegen oder verdrängten sie sie. Im einen oder anderen Fall führte dieses Verhalten indes zu teilweise peinlichen Verstrickungen.

So machte Margarete Kummer (1879–1967), eine Urenkelin Nathan Mendelssohns, die Erfahrung, dass ihr Ehemann, der einstige Seeoffizier und Pastor Richard Hoffmann (1877–1935), im fortgeschrittenen Alter zum »nazifizierten« Nationalprotestanten mutierte[56] und in Hitler den von Gott gesandten Führer erblickte. Tragisch an dem Fall war, dass Richard Hoffmann bei seinen Einlassungen und Bekenntnissen keinen wie auch immer gearteten Grund sah, auf die jüdische Herkunft seiner Ehefrau Rücksicht zu nehmen.

Margarete Kummer, die dennoch unbeirrt weiter zu ihrem Mann stand, nahm dessen Eskapaden widerspruchslos hin. Sie kam gar nicht auf den Gedanken, diesem zu widersprechen oder gar eine abweichende Meinung zu äußern.[57] Das entsprach nicht ihrem Naturell und vor allem nicht der Frauenrolle, für die sie erzogen worden war und in die sie sich, wie die meisten Frauen ihrer Generation, widerspruchslos fügte.

Die Mehrzahl der Mendelssohns – ob mit oder ohne den Beinamen Bartholdy –, aber auch solche, die durch Heirat oder Namensänderung einen anderen Namen trugen, ahnten allerdings, dass sie aufgrund ihrer Abstammung mit Verfolgung rechnen mussten; auch jene, die nach den NS-Gesetzen nur »Vierteljuden« waren, fürchteten, über kurz oder lang ebenfalls ins Visier der Behörden zu geraten.

Mit Hitler und dem nationalsozialistischen Deutschland hatten die Mendelssohns in der Regel nicht viel im Sinn. Eleonora und Francesco von Mendelssohn beispielsweise kehrten Deutschland schon vor der sogenannten »Machtergreifung« den Rücken und ließen sich in den Vereinigten Staaten nieder. Auf die Idee, nach Deutschland zurückzukehren, kam nach 1945 keines der beiden Geschwister.

Die Mendelssohns, die den Beinamen Bartholdy trugen, galten im Gegensatz zu den Mendelssohns ohne Beinamen als »Volljuden« oder zumindest als »Mischlinge ersten Grades«. Die Behörden waren bestens darüber informiert, wer von den Mendelssohns nach der »Rassezugehörigkeit« Jude beziehungsweise Jüdin war und wer nicht. Die Mendelssohn-Bartholdys mit und ohne Bindestrich wurden als »Juden« angesehen. Entsprechend waren die Konsequenzen.

Albrecht Mendelssohn Bartholdy (1874–1936) beispielsweise, Sohn des Historikers Karl Mendelssohn Bartholdy und Enkel des Komponisten, wurde im September 1933 zwangsemeritiert und musste seinen Lehrstuhl für Auslandsrecht und Zivilprozessrecht an der Hamburger Universität räumen. In dem ihm zugestellten Bescheid – »nur fünf Zeilen, ohne Anrede« – wurde auf das Gesetz zur Wiederherstellung des Berufsbeamtentums sowie auf den »Arier«-Paragraphen abgehoben.

Den Nationalsozialisten waren Albrecht Mendelssohn Bartholdys Aktivitäten und internationale Kontakte ein Dorn im Auge. Insbesondere passte ihnen nicht, dass das »Institut für Auswärtige Politik«, ein Privatinstitut, das die Rechtsform einer Stiftung hatte, unter seiner Leitung stand.[58] Zudem war er einer der Mitverfasser des sogenannten »Professorengutachtens«, der ersten deutschen (Protest-)Antwort auf Artikel 231 des Versailler Vertrages, der bekanntlich besagte, »daß Deutschland und seine Verbündeten als Urheber für alle Verluste und Schäden verantwortlich sind, die die alliierten und assoziierten Regierungen und ihre Staatsangehörigen infolge des ihnen durch den Angriff Deutschlands und seiner Verbündeten aufgezwungenen Krieges erlitten haben«.[59]

Dass Albrecht Mendelssohn Bartholdy dazu noch als Mitherausgeber der »Akten des Auswärtigen Amtes zur Vorgeschichte des Weltkrieges«[60] fungiert hatte, war für die Nazis alles andere als akzeptabel. Nach ihrem Verständnis konnte es nicht sein, dass ein »Jude« sich mit einer Arbeit befasst, die nach ihrer Ansicht zu den deutschesten aller deutschen Aufgaben gehörte: Die Deutungshoheit über die deutsche Geschichte war allein den »Ariern« vorbehalten.

Albrecht Mendelssohn Bartholdy, ein Mann von Welt, der in seiner Person den »weltbürgerlichen Patriotismus« eines zivilisierten Europäers und gleichzeitig kultiviertes Deutschtum verkörperte,[61] war der fortgesetzten Sticheleien und Attacken irgendwann müde. Er zog die Konsequenz und trat auch als Institutsdirektor zurück. Das Institut, dem in der Zeit der Weimarer Republik so exzellente Köpfe wie Alfred Vagts, Theodor Haubach, Hans von Dohnányi und Siegfried Landshut angehört hatten, arbeitete zwar nach Mendelssohn Bartholdys Ausscheiden weiter, allerdings mit eingeschränkten Tätigkeitsfeldern und anderen Zielsetzungen.

Albrecht Mendelssohn Bartholdy beobachtete aus dem englischen Exil mit steigender Besorgnis, wie das von ihm gegründete Institut durch die Nazis für wissenschaftsfremde Zwecke instrumentalisiert wurde und zunehmend die Bedeutung verlor, die es unter seiner Leitung gehabt hatte. Zu dieser Entwicklung trug bei, dass ein Teil der Mitarbeiter des Instituts sich selbst gleichgeschaltet hatte und auf den Kurs des NS-Regimes eingeschwenkt war.

Wie argwöhnisch die Behörden die Mitglieder der Familie Mendelssohn(-)Bartholdy beobachteten, macht auch die Beurlaubung des Königsberger Professors Albert Hensel (1895–1933) deutlich, des Urenkels von Wilhelm und Fanny Hensel. Hensel, der Staatsrechtler an der Königsberger Albertina war und heute als Begründer der modernen Steuerrechtslehre gefeiert wird,[62] wurde mit Bezug auf das »Gesetz zur Wiederherstellung des Berufsbeamtentums« vom 7. April 1933 am 25. April mit sofortiger Wirkung von seiner Lehrtätigkeit »beurlaubt«, also aus dem Staatsdienst entlassen.

Wie sein zwangsemeritierter Verwandter Abrecht Mendelssohn Bartholdy an der Hamburger Universität machte auch Hensel die verstörende Erfahrung, dass er als Hochschullehrer nicht mehr akzeptiert wurde, obwohl er, wie er selbst bekannte, zur »kleinen Minderheit« von Verfassungsrechtlern um Carl Schmitt und Otto Koellreutter gehöre, die nicht nur die »Schwäche der parlamentarischen Staatsführung« in der Weimarer Republik« kritisiert, sondern daraus auch stets »die Notwendigkeit autoritärer Staatsführung« abgeleitet hatten.

Albert Hensel setzte sich am 6. Juni 1933 gegen seine Beurlaubung zur Wehr.[63] Seine im Jargon des geschulten Juristen verfasste Eingabe kam allerdings mehr einer Verteidigungsschrift gleich und war wahrscheinlich auch als solche gedacht. Er sei, heißt es in der den Behörden eingereichten Stellungnahme, zwar »Nicht-Arier«, wozu er sich auch bekenne, müsse aber doch darauf verweisen, dass er stets seinen staatsbürgerlichen Pflichten nachgekommen sei, als Soldat im Weltkrieg gekämpft habe und mit dem Eisernen Kreuz zweiter Klasse ausgezeichnet worden sei.

Was seine Einstellung zu Deutschland angehe, erklärte Albert Hensel, der sich selbst als Rechtsliberaler begriff und auch von anderen so eingeschätzt wurde, habe er sich, bedingt allein schon durch seine langjährige Parteizugehörigkeit zur DVP, nichts vorzuwerfen. Von vielen Seiten könne im Übrigen bezeugt werden, dass er sich stets für deutsche Volkstumsfragen und die Interessen des Deutschtums in Estland, Lettland, Danzig und im Memelgebiet eingesetzt habe.

Anstoß hatte Albert Hensel im April 1933 bei seinen Studenten erregt, als er in seiner Vorlesung von »Friedrich dem Zweiten« sprach, nicht aber von »Friedrich dem Großen«, wie es zu jener Zeit üblich war und der nationalen Sprachregelung entsprach. Das erboste einige seiner Hörer derart, dass sie in einem anonym verfassten und Hensel zugestellten Schreiben ihre Verärgerung kundtaten. Es sei dessen Ausdrucksweise gewesen, so die Absender des anonymen Briefes, die den »Unmut vieler national gesinnter Hörer«[64] hervorgerufen habe.

Hensel räumte ein, einen Fehler gemacht zu haben. Allerdings, so meinte er, habe er diesen nicht absichtlich, sondern »unbewusst« begangen; er könne es sich nicht anders erklären, als dass er durch ein Wahlplakat so angewidert gewesen sei, dass er gar nicht anders gekonnt hätte, als den Preußen-König in zurückgenommener Form nicht »Friedrich der Große«, sondern »Friedrich der Zweite« zu nennen.

Wirklich überzeugt hat Hensels Entgegnung wahrscheinlich nicht – schon gar nicht dürfte sie von seinen Studenten akzeptiert worden sein, denen es vermutlich nicht so sehr um eine öffentliche Entschuldigung ihres Lehrers ging, sondern darum, diesen zu weiteren unüberlegten Äußerungen zu provozieren.

Das von Bernhard Rust (1883–1945) geleitete Reichsministerium für Wissenschaft, Erziehung und Volksbildung verfügte nach Eingang von Hensels »Eingabe« nebst beigefügten Anlagen, dass dieser im Amt bleiben dürfe, da er nach geltender Gesetzeslage als Kriegsteilnehmer unter den Ausnahmetatbestand des Berufsbeamtengesetzes falle. Hensel war über diese Entscheidung »erleichtert«, wie er seiner Frau mitteilte, und hoffte, seine Lehrtätigkeit wiederaufnehmen zu können. Am 18. Oktober 1933 erlag er jedoch in Pavia einem Anfall von Angina pectoris, so dass er die weiteren Ereignisse nicht mehr miterleben musste.

Hätte Hensel seine Tätigkeit an der Königsberger Universität wiederaufgenommen, wäre dies nur ein kurzes Intermezzo gewesen. Der Aufhebung seiner Beurlaubung hätte er sich nur bis spätestens Ende 1935 erfreuen können. Als »50-Prozent-Arier«, wie Hensel seitens der Behörden eingestuft worden war, wäre auch er unter die Bestimmungen der

Nürnberger Gesetze gefallen und hätte seinen Lehrstuhl in jedem Fall räumen müssen.

Am Rande erwähnt sei in diesem Zusammenhang, dass Albert Hensel sich im Sommer 1933 mit der Bitte um Hilfe an den Staatsrechtler Carl Schmitt gewandt hatte. Schmitt, der mit Hensel seit gemeinsamen Bonner Tagen freundschaftlich verbunden war und über dessen Schwierigkeiten informiert gewesen sein dürfte, empfahl diesen als seinen Nachfolger an der Berliner Handels-Hochschule.[65] Wie ernst diese Empfehlung des damals mit dem NS-System sympathisierenden Schmitt tatsächlich gemeint war, sei allerdings dahingestellt.

Die meisten Mitglieder des auf Abraham Mendelssohn Bartholdy zurückgehenden Familienzweiges wussten die Zeichen der Zeit richtig zu deuten und verließen Deutschland in den Jahren nach Hitlers »Machtergreifung«. Sie taten es schweren Herzens, zumeist in der bitteren Erkenntnis, dass »die Deutschen gehorsame Diener einer brutalen Diktatur«[66] und sie als Mendelssohns faktisch Aussätzige geworden waren.

Der Religionswissenschaftler Joachim Wach (1898–1955), Sohn von Felix Wach und seiner Ehefrau Käthe, der ältesten Tochter Ernst (von) Mendelssohn-Bartholdys, war derart angewidert vom Verhalten der Deutschen, dass er sich, als er am 10. April 1935 von der sächsischen Landesregierung als »Nichtarier« seines Amtes an der Leipziger Universität enthoben wurde,[67] entschloss, in den Vereinigten Staaten zu bleiben, wo er sich zu dieser Zeit gerade zu Gastvorlesungen aufhielt. Nach Ende der Hitler-Diktatur war Wach nicht mehr bereit, nach Deutschland zurückzukehren. Als man ihm 1955 einen Lehrstuhl an der Marburger Universität anbot, lehnte er dankend ab. Die Erinnerungen an das ihm Widerfahrene waren noch zu frisch. Er konnte sich wohl nicht mehr vorstellen, in Deutschland zu leben.

Die Familienmitglieder, die sich zum Entschluss durchgerungen hatten, in Deutschland zu bleiben, mussten damit rechnen, dass sie über kurz oder lang unter Ausnahmerecht gestellt würden. Die Hinweise darauf, dass das geschehen könnte, mehrten sich und verstärkten bei dem einen oder anderen Familienmitglied die vorhandenen Befürchtungen und Ängste. Die Auswanderung schien der einzige noch mögliche Ausweg zu sein. Wer es sich irgendwie leisten konnte, verließ das Land.

Den Entschluss, Deutschland den Rücken zu kehren, fassten beispielsweise die Nachkommen des Komponisten Felix Mendelsohn Bartholdy. Die Söhne des Bankiers Otto (von) Mendelssohn Bartholdy, Hugo und Paul, der eine ebenfalls Bankier, der andere Chemiker, verließen bereits frühzeitig Hitler-Deutschland und suchten Zuflucht jenseits der deutschen Grenzen. In den Archiven erhaltene Akten belegen, dass sie und ihre Familien schon vor ihrer Flucht auf vielfältige Weise unter Druck gesetzt worden waren.

Hugo von Mendelssohn Bartholdy beispielsweise zwang man, das von ihm 1932 gegründete Bankhaus »Hugo Oppenheim & Sohn Nachfl.« zu liquidieren und das Vermögen auf die Firma »Oppenheim & Co i.L.« (= in Liquidation) zu übertragen. Der Briefwechsel, den Hugo von Mendelssohn Bartholdy und sein Bruder Paul mit den Behörden führten, zeigt, dass man sich über angeblich der Reichsbank abzuliefernde Beträge oder anfallende Wertzuwachssteuern stritt. In den Schreiben, die sich bis ins Jahr 1941 hinziehen, wird Paul von Mendelssohn Bartholdy ab 1938 mit dem Zwangsvornamen »Israel« betitelt, was wiederum belegt, wie genau die NS-Behörden über die Abstammungsverhältnisse der Mendelssohns informiert waren.

Im bitteren Gefühl, in Deutschland nicht mehr geduldet zu sein, fanden sich nicht nur zahlreiche Mendelssohns, sondern vor allem die Mitglieder des Familienzweigs Mendelssohn-Bartholdy plötzlich als Flüchtlinge an den verschiedensten Orten und in den unterschiedlichsten Ländern wieder. Die Fluchtrouten führten nach England, nach Schweden, in die Schweiz und nach Italien. Nur wenige entschlossen sich, nach Ende der Hitler-Diktatur in ihre einstige Heimat zurückzukehren.

Auch die Nachkommen Ernst (von) Mendelssohn-Bartholdys sahen ein, dass ein weiterer Verbleib in Deutschland für sie mit Gefahren für Leib und Leben verbunden sein könnte. Das betraf insbesondere zwei der vier Töchter, die deshalb besonders gefährdet waren, weil sie die bei den Mendelssohns übliche Verwandten-Ehe eingegangen waren oder einen Mann geehelicht hatten, der durch seine »nichtarische« Herkunft unter die Bestimmungen der NS-Rassegesetze fiel. Die beiden Töchter Käthe und Marie standen deshalb unter Druck und sahen sich offenen Verfolgungsmaßnahmen ausgesetzt.

Käthe, die älteste der Töchter, die den mit ihr verwandten Juristen Felix Wach geheiratet hatte, wurde mit ihrer Tochter Susanne (1902–

1998) Anfang 1944 nach Theresienstadt deportiert, ein Vorgang, der im NS-Jargon bekanntlich euphemistisch »Evakuierung« genannt wurde.[68] Sie waren, soweit bisher bekannt, die einzigen Mitglieder der Familie, die von den Nationalsozialisten in ein Lager verschleppt wurden. Glückliche Umstände führten allerdings dazu, dass beide wieder freigelassen wurden und mit kubanischen Pässen Deutschland verlassen konnten.

Marie Busch, die jüngste der Töchter Ernst (von) Mendelssohn-Bartholdys, Witwe von Felix Busch, einem Nachkommen von Moses Mendelssohns Schüler David Friedländer, flüchtete im Herbst 1938 aus Deutschland – entsprechend den damaligen Bestimmungen mit nur 10 Reichsmark in der Tasche. Zu ihrer Flucht trug nicht nur bei, dass sie wie ihr Bruder und ihre drei Schwestern von den Behörden als »Volljüdin« eingestuft wurde, sondern auch, dass sie sich schon vor 1933 als bekennende Gegnerin Hitlers und der Nazis unbeliebt gemacht hatte.[69]

Dass Marie Busch Deutschland verließ, hing zweifellos auch mit dem Tod ihres Ehemannes zusammen. Felix Busch, einst Niederbarnimer Landrat und später Staatssekretär im preußischen Finanzministerium, hatte sich Mitte August 1938 nach einem Besuch bei Johannes Popitz, seinem Nachfolger im Amt, das Leben genommen. Auf dem Nachhauseweg nach Tutzing, wo er mit seiner Frau nach dem Verkauf seines Gutes Büssow (Neumark) in einem Hotel lebte, stürzte er sich aus dem fahrenden Zug. Fest steht, dass er den Freitod wählte, nicht aus einer plötzlichen Eingebung heraus, sondern weil er vermutlich ahnte, dass Schreckliches auf ihn und seine Familie zukommen würde.

Seine beiden Töchter Charlotte und Dorothee nahmen an, der Tod ihres Vaters sei eine Verzweiflungstat gewesen. Johannes Popitz, der später zum Kreis der Widerständler vom 20. Juli 1944 gehörte, habe den mit ihm befreundeten Busch, so mutmaßten sie, nicht nur über künftige Pläne des Regimes informiert, sondern diesem darüber hinaus auch geraten, mit seiner Familie unverzüglich das Land zu verlassen.[70] Seiner Tochter Dorothee riet Busch dann auch: »Nimm Deinen Rucksack und geh – die Freiheit ist wichtiger als Geld.«[71]

Nach ihrer Flucht nach England, wo sie sich in bescheidenen Verhältnissen im Londoner Westend am Holland Park wiederfand,[72] machte Marie Busch die schmerzliche Erfahrung, dass sie von den NS-Behörden nicht nur ausgebürgert,[73] sondern auch enteignet wurde.

In ohnmächtiger Wut musste sie aus der Ferne zur Kenntnis nehmen, dass der größte Teil ihres Schmuckes konfisziert wurde,[74] eine Reihe von Kunstobjekten und Gemälden an Berliner Museen gingen und der bei einer Spedition eingelagerte Hausrat unter dubiosen Umständen auf einer Zwangsversteigerung[75] verschleudert wurde.

Über diesen Sachverhalt informiert eine penibel geführte Liste. Nach dieser Aufstellung gehörten zu ihrem Besitz nicht nur Möbelstücke, sondern auch Kunstwerke bis hin zu wertvollen Besteckkästen mit Tafelsilber. Niemand weiß, wo diese Gegenstände nach der Zwangsversteigerung geblieben sind. Man kann nur vermuten, dass noch heute in manchen deutschen Wohnungen Bilder an den Wänden hängen und Vasen auf Konsolen und Anrichten stehen, die einst in Mendelssohn'schem Besitz waren.

Paul von Mendelssohn-Bartholdy in Schwierigkeiten

Dass von Hitler und den Nazis eine Gefahr ausging, erkannte Paul von Mendelssohn-Bartholdy schon frühzeitig. Bezeugt wird das durch die Nichte seiner zweiten Frau, die in den Jahren zwischen 1927 und 1935 den Mann ihrer Tante Elsa mehrfach bei Aufenthalten in Berlin und auf dessen Rittergut in Börnicke traf. Er sei, so erinnert sie sich, bereits 1932, was die weitere politische Entwicklung in Deutschland anging, besorgt und tief verunsichert gewesen. Er habe in ihrer Gegenwart einmal sogar erklärt, die Juden könnten Probleme bekommen, weil viele von ihnen in wichtigen Stellungen säßen.

Die Befürchtungen, so zeigte sich, waren durchaus begründet. Schon vor der »Machtergreifung« war Paul von Mendelssohn-Bartholdy ins Visier der Nazis geraten, und zwar nicht nur deshalb, weil man in ihm einen verhassten Unternehmer sah, sondern auch, weil man glaubte, an seiner Person das Feindbild des »jüdischen Bankiers« festmachen zu können.[76] Die Mendelssohns verkörperten für die Nazis alles, was sie ablehnten.

Die zwei Jahre, die er nach dem Januar 1933 noch zu leben hatte, waren für Paul von Mendelssohn-Bartholdy eine schwere Zeit.[77] Er verblieb zwar im Vorstand der Berliner Wertpapierbörse (der aber nichts mehr zu sagen hatte, weil ihm ein NS-Beirat zur Seite gestellt wurde, der die Entscheidungen fällte), aus dem Vorstand des »Centralverbandes des deutschen Banken- und Bankiersgewerbes«[78] sowie aus dem Direktorium der »Reichsversicherungsanstalt« wurde er dagegen hinauskomplimentiert.[79]

Außerdem musste sich Paul von Mendelssohn-Bartholdy der Tatsache stellen, dass die Geschäfte von Mendelssohn & Co zunehmend schlechter gingen. Das Bankhaus sah sich von den Behörden und der Reichsbank zunehmend unter Druck gesetzt. Nicht nur wurde Mendelssohn & Co aus bestimmten Geschäften herausgehalten, sondern auch gedrängt, sich von eingegangenen Beteiligungen an anderen Bankinstituten zu trennen.

Im September 1934 wurde die »Arisierung« der »Deutschen Waren-Treuhand« eingeleitet, einer gemeinsamen Tochter von Mendelssohn & Co und M.M. Warburg & Co. In Folge dieser Transaktion, die über Amsterdam abgewickelt wurde, mussten Paul von Mendelssohn-Bartholdy und Fritz Warburg aus dem Aufsichtsrat des Unternehmens abtreten. Rudolf Brinkmann, seinerzeit an den Verhandlungen beteiligt, erinnerte sich nach dem Krieg daran, dass dieser Verkauf allein auf die antisemitischen Pressionen zurückzuführen war.

Im selben Jahr wurde Mendelssohn & Co auch aufgefordert, die vom Bankhaus eingegangene Beteiligung an der Akzeptbank aufzukündigen, und das, obwohl diese bis dahin sehr erfolgreich gearbeitet und erhebliche Gewinne erzielt hatte.[80] Mendelssohn & Co, die einzige Privatbank, die eine Beteiligung an dem Unternehmen hielt, musste sein Aktienpaket an das Deutsche Reich abtreten. Das einst eingelegte Kapital wurde zwar zurückerstattet, nicht jedoch die aufgelaufenen Zinsen und schon gar nicht die der Bank zustehende Gewinnbeteiligung.

Als »Entschädigung« wurden gerade einmal vier Prozent des Nominalwertes von drei Millionen Reichsmark zugestanden. Die Summe von 119 347,50 Reichsmark, um die es sich nach Abzug von Verkaufssteuern schließlich noch handelte, stand in keinem Verhältnis zu dem, was Mendelssohn & Co für ihr dreijähriges Engagement, bezogen auf das ursprüngliche Einlagekapital in Höhe von sechs Millionen Reichsmark, hätte ausgezahlt bekommen müssen. Überschlägig gerechnet wären das zirka 720 000 Reichsmark gewesen – die Gewinnbeteiligung wohlgemerkt nicht mit eingerechnet.

Auch privat geriet Paul von Mendelssohn-Bartholdy zunehmend in Schwierigkeiten. Die Befürchtungen, das Palais in der Alsenstraße und das Anwesen in Börnicke könnten enteignet werden, verstärkten sich. Dafür spricht, dass die Behörden bereits mit der Forderung an ihn herangetreten waren, im Rahmen des sogenannten »Landspende«-Programms Teile von Börnicke zu veräußern,[81] um damit, wie die NS-Blut- und Bodenideologie proklamierte, besitzlosen Bauern zur eigenen Scholle zu verhelfen.

Während das Bankhaus Mendelssohn & Co im Lauf des Jahres 1934 Geschäfte in die Amsterdamer Niederlassung verlagerte,[82] bestand eine andere Notmaßnahme darin, dass Paul von Mendelssohn-Bartholdy im Oktober 1934 beantragte, auf seinen Namen eine Grundschuld in Höhe von 600 000 Reichsmark auf das Grundstück Alsenstraße und eine andere in Höhe von 900 000 Reichsmark auf das Grundstück Börnicke in die Grundbücher einzutragen.

Dass Paul von Mendelssohn-Bartholdy diesen Schritt wählte, spricht dafür, dass er in finanzielle Bedrängnis geraten war und liquide Mittel benötigte, um seinen Verpflichtungen nachkommen zu können. Inwieweit die in die Grundbücher eingetragene Grundschuld darüber hinaus dazu gedient haben könnte, die Immobilien und Grundstücke vor dem Zugriff des NS-Regimes zu schützen, darüber kann nur spekuliert werden.

Bereits im Juli 1933 waren Paul von Mendelssohn-Bartholdy und seine Ehefrau Elsa in eine weitaus bescheidenere Unterkunft im Schlosspark Bellevue umgezogen. Das Ehepaar konnte wegen der prekären Finanzlage, in die es vor allem dadurch gekommen war, dass die Gewinnausschüttungen seitens der Bank im Jahre 1933 rapide zurückgingen, die Unterhaltskosten für das Anwesen in der Alsenstraße anscheinend nicht mehr aufbringen.

Aufschlussreich ist ein Blick in das Adressbuch von 1933. Als Besitzer des Anwesens wird der Bankier und Königlich Dänische Generalkonsul Paul von Mendelssohn-Bartholdy ausgewiesen. Dann folgen die Namen eines Bediensteten, eines Angestellten und des Chauffeurs, die bereits seit 1925 als wohnhaft im Alsenstraßen-Palais gemeldet waren. Neu genannt werden im Adressbuch der »Verlag des Deutschen Städtetages« und der »Wirtschaftberatungsdienst Deutscher Städte«, zwei Institutionen, die vermutlich gleichgeschaltet worden waren und von den Behörden Büroräume im Palais zugewiesen bekamen.

Es kann nur darüber spekuliert werden, ob die NS-Behörden auf Paul von Mendelssohn-Bartholdy und seine Ehefrau Druck ausübten, das Palais zu räumen. Paul von Mendelssohn-Bartholdy verließ jedenfalls im Sommer das Palais und sorgte dafür, dass das dänische Generalkonsulat, das bis dahin seinen Sitz in der Alsenstraße gehabt hatte, im November des Jahres 1933 in das Bankgebäude in der Jägerstraße 52 verlegt wurde.[83] Dieser Sachverhalt ist dokumentiert.

Was auch immer hinter dem Auszug steckte, und was auch immer der Beweggrund dafür war, dass das Ehepaar einen kleinen Bauernhof im bayerischen Miesbach erwarb, ausschlaggebend dürfte gewesen sein, dass Paul und Elsa von Mendelssohn-Bartholdy den Unterhalt für das Palais in der Alsenstraße nicht mehr aufbringen konnten.

Hinzu kam, dass das Regierungsviertel, das politische Machtzentrum der Nazis, in unmittelbarer Nähe der Alsenstraße lag. Paul von Mendelssohn-Bartholdy und seine Ehefrau fürchteten, und das vermutlich zu Recht, dass sie über kurz oder lang mit dem Palais die Aufmerksamkeit der neuen Machthaber auf sich ziehen würden – etwas, das sie aus verständlichen Gründen auf jeden Fall vermeiden wollten.

Als Paul von Mendelssohn-Bartholdy und seine Ehefrau Elsa anfingen, sich Gedanken darüber zu machen, wo sie künftig ihre Zelte aufschlagen sollten, kam ihnen der Zufall entgegen. Im Sommer 1933 wurde ihnen die Wohnung des Regisseurs Max Reinhardt angeboten. Reinhardt, der sich nach einer Inszenierung am 8. März 1933 (»Das große Welttheater«) am Deutschen Theater entschlossen hatte, Berlin zu verlassen, hatte sich nicht bereit gezeigt, mit dem Regime zu kollaborieren, wie das andere prominente Künstler (etwa Richard Strauss, Werner Krauss oder Hans Friedrich Blunck) jener Jahre ohne große Hemmungen taten.[84]

Paul und seine Ehefrau Elsa nahmen Reinhardts Angebot an und übernahmen die in einem Gartenhaus des Schlosses Bellevue gelegene Wohnung samt Möbeln und weiterem Inventar. Als Gegenleistung war, wie erhaltene Akten belegen, mit einem Bevollmächtigten des Theatermannes die Vereinbarung getroffen worden, eine Summe in Höhe von 16000 Reichsmark bereitzustellen, die an das Deutsche Theater überwiesen werden sollte.

Mit diesem Betrag sollte das Theater in die Lage versetzt werden, »rückständige Gehälter, Sozialabgaben und dergleichen« zu begleichen. Dazu gehörten Zahlungen an Reinhardts einstige Ehefrau Else Heims-Reinhardt, seine Schwester Jenny Rosenberg und an seinen Bruder Siegfried Reinhardt, der bis zum Frühjahr 1933 als Leiter des Einkaufsbüros des Deutschen Theaters tätig gewesen war[85] und auf Unterstützung angewiesen war.

Geht man davon aus, dass Paul von Mendelssohn-Bartholdy 1910 ein Vermögen von 10,8 Millionen Reichsmark besessen hatte und bereits als Dreißigjähriger 1905 ein Einkommen von 530 000 Reichsmark im Jahr zu versteuern hatte,[86] so sah seine finanzielle Situation der Jahre 1933 bis 1935, verglichen mit derjenigen drei Jahrzehnte zuvor, alles andere als rosig aus. Die jährlichen Gewinnausschüttungen, die Paul von Mendelssohn-Bartholdy aus der Bank zustanden, lagen 1933 und 1934 jeweils nur noch bei rund 50 000 Reichsmark.

Im Februar 1935 wurde Paul von Mendelssohn-Bartholdys Vermögen insgesamt nur noch auf 1,7 Millionen Reichsmark beziffert, einige Monate später, im Mai 1935, kurz nach seinem Tod, wurde es sogar nur noch mit einem Wert von 847 202 Reichsmark angesetzt.[87] Allein im kurzen Zeitraum von Februar bis Mai 1935, also innerhalb von gerade einmal vier Monaten, musste Mendelssohn-Bartholdy also einen Vermögensverlust von mehr als 50 Prozent erleiden.

Trotz seiner sich seit Januar 1933 dramatisch verschlechternden finanziellen Lage war Paul von Mendelssohn-Bartholdy bemüht, seinen Verpflichtungen weiter nachzukommen, insbesondere gegenüber den Angestellten in der Bank, aber auch gegenüber einzelnen Familienmitgliedern. Wie schwierig das sich im Einzelnen gestaltete, wird deutlich am Fall seiner in Schweden lebenden Schwester Charlotte Hallin.

Dieser hatte Paul von Mendelssohn-Bartholdy zunächst noch monatlich 200 Reichsmark als Unterstützung zur Bestreitung ihrer Lebenshaltungskosten nach Schweden überweisen können. Die Stelle für Devisenbewirtschaftung beim Landesfinanzamt Berlin zog jedoch am 20. Juni 1934 »in Anbetracht der angespannten deutschen Devisenlage« die ursprünglich erteilte Genehmigung zurück.[88]

Das Jahr 1935: Tod, Trauer und Vorsichtsmaßnahmen

Mit dem Machtantritt Hitlers brach nicht nur für die Mendelssohns eine Welt zusammen. Auch anderen Familien deutsch-jüdischer Herkunft erging es ähnlich. Sie machten die bittere Erfahrung, dass der Traum, den sie und ihre Vorfahren lange Jahre geträumt hatten, zu Ende war.[89] In gewisser Weise ging es den Mendelssohns wie dem Maler Max Liebermann, der bekanntlich den Spruch tat: »Ick kann jar nich so viel fressen, wie ick kotzen möchte«,[90] als er die Nazis im Marschtritt durch das Brandenburger Tor ziehen sah.

Liebermann kam zur Einsicht, dass man sich als in Deutschland lebender Jude keinesfalls mehr irgendwelchen Illusionen hingeben dürfe. »Heute müssen wir«, schrieb er am 12. Januar 1934 an den Kunsthistoriker Franz Landsberger, »uns um so größerer Nüchternheit befleißigen, indem wir ruhig unserm Handwerk nachgehen und – entsagen besonders dem Assimilationstraum.«[91]

Max Liebermann, der am 8. Februar 1935 im Alter von 87 Jahren starb, erlebte – ebenso wie Franz von Mendelssohn und dessen Vetter Paul von Mendelssohn-Bartholdy – nicht mehr mit, wie sich im September des Jahres 1935 die Lage der Juden in Deutschland noch weiter verschärfte. Die Mendelssohns standen wie andere Familien jüdischer Herkunft vor der Wahl, zu bleiben oder zu gehen. Es war eine schwere Entscheidung, die demjenigen, der sie traf, einiges Nachdenken abverlangte.

Die erlassenen und in Vorbereitung befindlichen Verordnungen und Gesetze zielten in der Regel darauf ab, »das in das deutsche Volk eingedrungene jüdische Blut« auszuscheiden; sie waren so gehalten, dass sie auch die Mendelssohns betrafen. Als »Reichsbürger« galten nur noch »Staatsangehörige deutschen oder artverwandten Blutes«.

Aufschlussreich ist ein Artikel, der im Juni 1935 in der SS-Zeitschrift »Schwarzes Korps« erschien. In diesem wird moniert, dass im Haus des »Vereins Berliner Künstler« in der Berliner Tiergartenstraße 2 noch immer eine Stiftertafel hänge, auf der 55 Namen aufgeführt seien, »die wohl in ihrer Gesamtheit als ›rein arisch‹ anzusehen sind: E. v. Mendelssohn-Bartholdy, Robert von Mendelssohn-Bartholdy [sic!], Franz von Mendelssohn-Bartholdy [sic!]«.[92]

Etwa zur selben Zeit ordnete Hermann Göring an, in diesem Fall angeblich auf Empfehlung der Gestapo, die Gedenktafel, die einst zu Ehren Felix Mendelssohn Bartholdys am Preußischen Herrenhaus angebracht worden war, abzumontieren. Eine solche Gedenktafel, meinte man, passe nicht mehr zur Nutzung des Hauses. Die Entfernung der Gedenktafel entsprach den Vorstellungen der Hüter der NS-Kultur, die Felix Mendelssohn Bartholdy schon früh ausgegrenzt und zum »Fremdrassigen« abgestempelt hatten.

Felix Mendelssohn Bartholdy, der bis Anfang 1933 als einer der gefeierten Komponisten des deutschen Musiklebens gegolten hatte, war faktisch über Nacht zur Unperson geworden und wurde von den NS-Kulturverwaltern aus den Annalen der deutschen Musikgeschichte gestrichen.[93] Seine Musik galt als undeutsch und durfte weder in den Konzertsälen noch in den Kirchen mehr gespielt werden.

Eine der Folgen war, dass das Denkmal, das zu Felix Mendelssohn Bartholdys Ehren vor dem Gewandhaus in Leipzig errichtet worden war, in der Nacht vom 9. zum 10. November 1936, also genau zwei Jahre vor der Pogromnacht, abgerissen wurde. Der Volksmund kolportierte damals den Sachverhalt in einem bitterbösen Vers nach dem Vorbild des noch heute populären Bilderbuches »Zehn kleine Negerlein«:

Fünf kleine Negerlein spielten einst Klavier
Eines spielte Mendelssohn, da waren's nur noch vier.[94]

Auch Franz von Mendelssohn musste die bittere Erfahrung machen, dass der Familienname nicht mehr sehr viel galt und zunehmend der Ächtung anheimfiel. Als er am 13. Juni 1935 im Alter von 70 Jahren starb, waren zwar die Richtungsentscheidungen noch nicht endgültig gefallen, aber die seit April 1933 in schneller Folge erlassenen antijüdischen Gesetze, Verfügungen und Verordnungen ließen bereits deutlich erkennen, was die Machthaber vorhatten und wohin die NS-Politik in Zukunft steuern würde.

Bei der Trauerfeier, die am 17. Juni 1935 im Haus Franz von Mendelssohns im Berliner Grunewald stattfand,[95] wird man hinter vorgehaltener Hand über die politischen Entwicklungen getuschelt haben. Noch war es nicht so weit, dass man es nicht mehr wagte, die Häuser der Mendelssohns zu betreten. Die stattliche Anzahl der Besucher, die an der Trauerfeier teilnahmen, die eingehenden Kondolenzschreiben sowie die vielen Kranz- und Blumengebinde zeugten von der hohen Achtung und Zuneigung, die man dem Verstorbenen entgegenbrachte.[96]

Unter denen, die persönlich bei der Trauerfeier erschienen oder schriftlich kondolierten, waren nicht nur Politiker und Persönlichkeiten aus der Industrie- und Finanzwelt, sondern auch zahlreiche Vertreter aus dem Berliner Kulturleben (unter anderem die Geiger Georg Kulenkampff und Boris Schwarz, die Pianisten Josef Schwarz, Grete Sultan und Bruno Eisner) und der Wissenschaft (so der Philosoph Richard Kroner, der Historiker Richard Koebner und Max Planck).

Obwohl Franz von Mendelssohn sich nicht mehr dem Judentum zurechnete, fanden sich auch Vertreter des deutschen Judentums wie Julius L. Seligsohn und Cora Berliner bei der Trauerfeier ein, um sich vor dem Verstorbenen zu verneigen. Sie taten es, weil sie in Franz von Mendelssohn nicht nur einen bedeutenden Zeitgenossen erblickten, sondern in ihm auch den Philosophen und Menschenfreund Moses Mendelssohn ehren wollten. Leo Baeck, der damalige Präsident der Reichsvertretung der deutschen Juden, hat dabei vermutlich an diesen gedacht, als er den Verstorbenen in seinem Beileidsschreiben als »ein Stück Geschichte vererbten reinsten Menschentums und edelster Kultur«[97] würdigte.

Wenige Wochen vor Franz von Mendelssohn war auch dessen Großvetter Paul von Mendelssohn-Bartholdy im 60. Lebensjahr verstorben. Die Umstände seines Todes liegen bis heute im Dunkeln. Ein sich hartnäckig in der Familie haltendes Gerücht besagt, er sei von SA-Männern zusammengeschlagen worden und wenig später den erlittenen Verletzungen erlegen. Ein beweiskräftiger Beleg für diese Überlieferung liegt jedoch nicht vor.

Fest steht nur, dass es seit Anfang 1935 immer wieder zu antijüdischen Krawallen und pogromartigen Ausschreitungen in Berlin kam. Illustriert wird das durch einen Bericht der New York Times, in dem es heißt: »Überall entlang des Kurfürstendamms rief die Menge ›Jude‹, wann immer sie einen erspäht hatte oder meinte, erspäht zu haben. Dieser Ruf setzte die Menschenmenge in Gang, sich auf das arme Opfer zu stürzen und nach seinen Papieren zu fragen.«

In dem vom Journalisten Varian Fry verfassten Bericht über die antisemitischen Exzesse (»Kurfürstendamm-Krawalle«) am 15. Juli[98] heißt es weiter: »Wenn es [das Opfer] nicht beweisen konnte, dass es ein guter ›Arier‹ war, wurde es beleidigt, bespuckt und manchmal zu Boden geworfen … Ich sah einen Mann, der, bereits auf dem Bürgersteig liegend, brutal getreten und bespuckt wurde … Nirgends war festzustellen, daß die Polizei auch nur den geringsten Versuch unternahm, die Opfer vor dieser Brutalität zu schützen«.[99]

Zeuge der Ausschreitungen auf dem Kurfürstendamm war auch der Arzt Martin Gumpert (1897–1955). Gumpert, dem es später gelang, in die Vereinigten Staaten zu flüchten, berichtet, er habe in einem der Straßencafés gesessen und die Vorgänge aus nächster Nähe beobachten können. Er erinnert sich, wie Menschen durch die Straßen gehetzt wurden und der Pöbel dazu das Parteilied gröhlte: »Wenn's Judenblut vom Messer spritzt …« Auf den Bürgersteigen standen Passanten und schauten unbeteiligt zu. »Der Ausdruck in ihren Gesichtern«, so Gumpert, »schwankte zwischen neugieriger Amüsiertheit und Abscheu.«[100]

Gegen die Version, dass es SA-Männer waren, die Paul von Mendelssohn-Bartholdy zusammenschlugen, könnte indes ein anderer Bericht sprechen. Demnach ist Paul von Mendelssohn-Bartholdy auf der Joachimsthaler Straße mit einer Herzattacke zusammengebrochen. Man habe ihn darauf, so heißt es, eilends in das nahe gelegene Westsanatorium gebracht, wo er kurz darauf verstarb. Der ausgestellte Totenschein gibt keine Auskünfte über die Umstände seines Ablebens.

Was stimmt, was stimmt nicht? Da die Joachimsthaler Straße in unmittelbarer Nähe des Kurfürstendamms liegt, könnte der Verdacht doch zutreffen, dass Paul von Mendelssohn-Bartholdy angepöbelt wurde oder zumindest Augenzeuge einer der damals fast täglich stattfindenden antijüdischen Attacken und Übergriffe war. Vielleicht war das, was er bei seinem Gang über den Kurfürstendamm oder über die Joachimsthaler Straße zu sehen bekam, der Auslöser für die Herzattacke, die zu seinem Tod führte?

Die tatsächlichen Umstände von Paul von Mendelssohn-Bartholdys Tod sind bis heute ungeklärt. Der Text der Traueranzeige, die Pauls Witwe Elsa am Tag nach dem Tod ihres Ehemannes verschickte, widerspricht sowohl der einen wie der anderen Darstellung. »Nach kurzem, schweren Leiden«, hieß es in dieser Anzeige, »entschlief in der vergangenen Nacht mein geliebter Mann, unser treuer Bruder, Schwager, Vetter und Onkel.«[101]

Bei der Beisetzung, die wenige Tage nach dem Tod Paul von Mendelssohn-Bartholdys am 15. Mai um drei Uhr nachmittags auf dem Friedhof in Börnicke stattfand, waren die Familienmitglieder fast vollständig anwesend. Der Ablauf der Feier war bis in die Einzelheiten bereits im Vorfeld festgelegt worden. Zunächst spielte vor dem Schloss eine Kapelle das Lied »Jesus meine Zuversicht«, dann brachten Träger den Sarg zum Friedhof, am Grab gruppierten sich die Familienmitglieder, der Kriegerverein, Fahnenträger und Schützen.

Nach der Ansprache des Börnicker Pfarrers trat Elsa von Mendelssohn-Bartholdy an das Grab, verneigte sich kurz und warf eine Handvoll Erde auf den Sarg. Anschließend wurden Kränze und Trauergebinde niedergelegt, und die Mitglieder des örtlichen Kriegervereins schossen den bei solchen Gelegenheiten üblichen Ehrensalut, dann ertönte ein Jagdsignal, und die Kapelle spielte das Lied »Ich hatt' einen Kameraden«. Anschließend wurde der Choral »Wenn ich einmal soll scheiden« angestimmt.

Nach der Trauerfeier setzten sich die Familienmitglieder, die Witwe und die vier Schwestern Paul von Mendelssohn-Bartholdys sowie die Ehemänner zweier der Schwestern, Felix Wach und Felix Busch, im Schloss zusammen, um die anstehenden Erbangelegenheiten zu regeln. Nicht anwesend waren Hans-Bone von Schwerin, der Ehemann von Enole, und Eric Hallin, der Ehemann von Charlotte, obgleich nach damals geltendem deutschen Recht bei Verträgen, bei denen die Ehefrauen Rechtsgeschäfte tätigten, die Ehemänner die Zustimmung geben mussten.

Die Verhandlung wurde von Ernst Wolff (1877–1959) als Notar geleitet und protokolliert. Wolff, ein Neffe August von Simsons, somit also auch ein Mitglied des Mendelssohn'schen Familienverbandes, war bemüht, in der Sitzung Formulierungen zu finden, die im Interesse der Familie waren. So nahm er auf die Vereinbarung (»Erbvertrag«), die Paul von Mendelssohn-Bartholdy und seine Ehefrau Elsa am 8. Februar 1935 unterzeichnet hatten, Bezug, wohl wissend, dass diese rechtlich anfechtbar war.

Wolff bestätigte bei der Verhandlung nicht nur den Vorerbenstatus der Witwe, sondern sorgte dafür, dass noch einmal ausdrücklich festgehalten wurde, dass nach dem Ableben Elsas – Paul und Elsa hatten keine Kinder – die Schwestern beziehungsweise deren Nachkommen in die Erbfolge eintreten sollten.[102]

Was heute noch zu mancherlei Spekulationen Anlass gibt, ist der Sachverhalt, dass bei der protokollierten Verhandlung in Börnicke am 15. Mai 1935, dem Tag der Trauerfeier, ausdrücklich darauf hingewiesen wurde, dass Elsa zur Hochzeit 1927 die Gemälde der Paul von Mendelssohn-Bartholdy'schen Sammlung als Geschenk erhalten habe. Diese Feststellung war handschriftlich (»Dabei wird vermerkt, dass die Gemälde Frau von Mendelssohn-Bartholdy bereits bei der Hochzeit von ihrem Gatten geschenkt worden sind«) in das Original der Vereinbarung vom 8. Februar eingetragen worden. Letzteres dürfte bewusst geschehen sein und kann als Indiz dafür gewertet werden, dass bei der Abfassung der Vereinbarung im Februar 1935 bei den Beteiligten ganz bestimmte Überlegungen eine Rolle gespielt haben.

Insbesondere die Umstände und das Datum der Beurkundung deuten darauf hin, dass es sich bei diesem »Erbvertrag« um eine der damals durchaus üblichen Schutzmaßnahmen handelte.[103] Paul von Mendelssohn-Bartholdy wollte mit dieser Regelung, wofür auch noch einige andere Vorsichtsmaßnahmen sprechen, den Familienbesitz und insbesondere die noch nicht verkauften beziehungsweise ins Ausland gebrachten Bilder seiner Sammlung vor der Beschlagnahme durch das NS-Regime absichern.

Dass Paul Mendelssohn-Bartholdy seine zweite Ehefrau Elsa in der »Vereinbarung« in den Status der »befreiten Vorerbin« einsetzte, lässt darauf schließen, dass er bei seinen Überlegungen bedacht hatte, dass sie als »Arierin« im Falle seines Ablebens nicht mit Verfolgung oder Vermögensentzug durch die Nazis rechnen musste. Das traf allerdings nur bedingt zu, denn als Trägerin des Namens »Mendelssohn-Bartholdy« war Elsa durchaus Gefährdungen ausgesetzt.

Dass die Vorerben-Konstruktion in jener Zeit eine durchaus übliche war, belegen ähnlich gelagerte Fälle. Die Bankierswitwe Fanny Steinthal beispielsweise war einige Jahre später ebenfalls bemüht, die Kunstsammlung ihres verstorbenen Mannes vor dem Zugriff des NS-Regimes zu schützen. Sie setzte nach sorgfältigem Überlegen als Alleinerben nur die beiden Kinder ein, Erich Steinthal und Eva Vollmann, sowie ihren nichtjüdischen Schwiegersohn. Die bereits ins Ausland geflohenen Kinder schloss Fanny Steinthal bewusst von der Erbfolge aus.

Hätte sie diese ebenfalls in der Erbfolge berücksichtigt, dann hätte nach den Bestimmungen der 11. Verordnung zum Reichsbürgergesetz des Jahres 1941 die Kunstsammlung konfisziert werden können. Und das war es, was sie unter allen Umständen verhindern wollte. Die Konstruktion eines sogenannten »Verfolgtentestaments« erschien ihr deshalb als das einzig geeignete Mittel, die drohende Beschlagnahme zu verhindern.

Dass die Bilder kürzlich an die Familie zurückgegeben werden konnten, hing indes auch damit zusammen, dass Richard Vollmann, der bereits genannte nichtjüdische Schwiegersohn, die Steinthal-Sammlung in seiner Dresdner Villa eingelagert und damit dem Zugriff der NS-Finanzbehörden entzogen hatte. Diesem Sachverhalt war es letztlich zu verdanken, dass die später in den Nachkriegswirren in das Depot der Dresdner Museen gelangten Gemälde und Zeichnungen ohne größere Probleme in den neunziger Jahren an die Steinthal-Erben restituiert werden konnten.[104]

Die Mendelssohn-Bartholdy-Schwestern stimmten am 15. Mai 1935 in Börnicke per Unterschrift der Vorerben-Konstruktion zu, in erster Linie wohl deshalb, weil ihnen das der Familienanwalt nahegelegt hatte. Letztlich sei das, wird er ihnen bedeutet haben, aus seiner Sicht die einzige Möglichkeit, den Familienbesitz zusammenzuhalten und vor dem Zugriff der Nazis zu schützen.

Der Anwalt, Elsa und die Mendelssohn-Bartholdy-Schwestern waren sich in der Einschätzung der Lage vermutlich mehr oder weniger einig. So beispielsweise darin, dass, wenn Paul sich dazu durchgerungen hätte, die Schwestern im »Erbvertrag« neben Elsa als gleichberechtigte Erbinnen einzusetzen, dies dazu geführt hätte, dass bei einer eventuell notwendig werdenden Flucht aus Deutschland die seit 1931 im Rahmen der Devisenbewirtschaftung bestehende Reichsfluchtsteuer in Höhe von 25 Prozent des Vermögens fällig geworden wäre.[105]

Die Reichsfluchtsteuer, die nach dem 30. Januar 1933 durch verschiedene Zusätze eine Verschärfung erfahren hatte,[106] machte bestimmte Vorsichtsmaßnahmen notwendig. Wäre die »Reichsfluchtsteuer« fällig geworden, die man zunehmend auch »Abwanderungsabgabe« nannte, hätte das vermutlich zur Folge gehabt, dass nicht nur die Immobilien der Familie, sondern auch die noch vorhandenen Stücke der Gemäldesammlung unter Wert hätten verkauft werden müssen. Im ungünstigsten Fall hätte die »Reichsfluchtsteuer«, wenn die geforderte Abgabe mangels vorhandener Barmittel nicht zu entrichten gewesen wäre, zur Beschlagnahmung der Immobilien und der Bilder durch die Behörden führen können.

Diese Befürchtung war damals durchaus real und dürfte mit dazu beigetragen haben, dass die Schwestern keine andere Wahl hatten, als der Vorerben-Konstruktion zuzustimmen. Allerdings dürfte man im Kreis der Familie das Für und Wider abgewogen haben. Die Schwestern und ihre Ehemänner, sofern sie bei dem Treffen anwesend waren, werden sich gesagt haben, ihre Schwägerin sei als »Arierin« weniger gefährdet, ergo könne sie den Besitz treuhänderisch für die Familie verwalten, bis der NS-Spuk vorbei sei und in Deutschland wieder normale Verhältnisse einkehrten.

Ein Indiz dafür ist auch ein eher beiläufiger Sachverhalt. Durch den »Erbvertrag« waren Elsa unter anderem auch die von Eduard Magnus stammenden Familienporträts überlassen worden. Diese Bilder, bei denen es sich um mindestens fünf Porträts (Albertine Mendelssohn-Bartholdy, Paul Mendelssohn Bartholdy, Pauline Mendelssohn-Bartholdy, Marie Warschauer, geborene Mendelssohn, Robert Warschauer) handelte, waren nur für die Schwestern von Wert, nicht jedoch für die Schwägerin, die als Eingeheiratete mit den Bildern nur wenig anfangen konnte, vermutlich nicht einmal wusste, wer von den Mendelssohns auf welchem der Porträts abgebildet war.

Wo sich die Magnus-Porträts heute befinden, ist nicht bekannt. In einem vor einiger Zeit angefertigten Magnus-Werkverzeichnis, das die von ihm gemalten Porträts im Einzelnen benennt, finden sich nur spärliche Hinweise auf deren Verbleib. Meist heißt es: »vernichtet« oder »verschollen«.[107] Fest steht nur, dass einige der Magnus-Porträts sich nach 1945 noch im Besitz von Paul von Mendelssohn-Bartholdys Witwe Elsa befunden haben, der späteren Gräfin Kesselstatt.

Völlig konfliktfrei ist die Regelung der Erbschafts-Angelegenheiten indes nicht verlaufen. Aufgrund der geäußerten Bedenken eines Anwalts, der von Pauls erster Ehefrau Charlotte eingeschaltet worden war, wurde die Vereinbarung (»Erbvertrag«) vom 8. Februar als ungültig angesehen. Unterschriften von Zeugen, so hieß es, würden fehlen. Zur Bestätigung der Rechtmäßigkeit der Vereinbarung am 8. Februar 1935 seien diese jedoch unabdingbar.

Die erhobenen Bedenken waren dann wohl auch der Grund, dass man sich am Tag des Begräbnisses zusammensetzte, um den bei der Abfassung der Vereinbarung gemachten Fehler zu korrigieren. Es wurde ein Protokoll angefertigt, in dem die Gültigkeit der Vereinbarung vom 8. Februar seitens der Schwestern von Paul im Nachhinein bestätigt wurde. Der Schluss ist zulässig, dass die Schwestern, vermutlich wissend um die Ungültigkeit der Vereinbarung vom 8. Februar, kein Problem darin sahen, das Protokoll vom 15. Mai zu unterzeichnen. Sie taten es, weil sie keine andere Möglichkeit sahen.

Ob Elsa die Bedenken irritierten oder ob sie es für notwendig erachtete, noch einmal eine Bestätigung über die Rechtmäßigkeit des Erbvertrages abgeben zu müssen, darüber kann nur spekuliert werden. Sie sah sich jedenfalls veranlasst, nach der Verhandlung in Börnicke im Mai 1935 noch einmal vor dem Notar der Familie zu erscheinen, diesmal um vor diesem die eidesstattliche Erklärung abzugeben, sie habe mit eigenen Augen ein Testament gesehen, und zwar ein »privatschriftliches Testament«, welches das Datum vom 13. Mai 1932 getragen habe.

In der von Elsa abgegebenen Erklärung hieß es, das Testament sei nicht mehr vorhanden, weil man es wegen des am 8. Februars 1935 geschlossenen Erbvertrages nicht mehr für notwendig erachtet habe, dieses weiter aufzubewahren.[108] Ihr Ehemann, so gab Elsa in ihrer eidesstattlichen Erklärung zu Protokoll, habe das Testament nach Unterzeichnung des Erbvertrages im Februar 1935 auf Anraten seines Rechtsanwaltes vernichtet.

Wieweit Elsa von Mendelssohn-Bartholdys damalige Einwendungen tatsächlich zutreffen, kann heute mangels Belegen in der Angelegenheit weder bestätigt noch bestritten werden. Fest steht nur, dass rechtliche Zweifel an der Gültigkeit der Vereinbarung vom 8. Februar und des Protokolls vom 15. Mai 1935 nach wie vor bestehen. Bis heute ist es umstritten, ob es sich bei der Vereinbarung um eine Schutzmaßnahme handelte oder nicht. Die Umstände sprechen jedenfalls dafür, dass es eine solche war.

Zwangsverkäufe von Grundstücken und Bildern

Der Streit um das Erbe Paul von Mendelssohn-Bartholdys wurde nicht offen ausgetragen. Die Konflikte wurden in der Familie gehalten, wohl um die Behörden nicht unnötig auf bestimmte Ungereimtheiten aufmerksam zu machen. Man versuchte sich, so gut es ging, untereinander zu arrangieren. Enole von Schwerin, eine der Schwestern Pauls, verkaufte beispielsweise ihr Nacherbenrecht für 100 000 Reichsmark an Pauls Witwe. Wann der vor einem Notar vereinbarte Betrag ausbezahlt wurde, ist nicht dokumentiert. Belegt ist nur, dass Mendelssohn & Co in die Auszahlungsmodalitäten eingebunden war.

Elsa, die erst nach dem Tod ihres Ehemanns von dessen finanziellen Schwierigkeiten erfuhr, war nicht nur gezwungen, sich in der Folgezeit erheblich einzuschränken, sondern geriet selbst unter Druck. 1938 zwang man sie, nachdem sie den Antrag auf Löschung der Grundschuld aus dem Grundbuch gestellt hatte,[109] das Palais in der Alsenstraße für gerade mal 30 000 Reichsmark zu verkaufen, was weit unter dem tatsächlichen Wert des Anwesens lag.

Das Palais, dessen erste Etage einige Jahre leergestanden hatte, wurde nach der Eigentumsübertragung an das Deutsche Reich abgerissen, um Platz für die Neubaupläne Adolf Hitlers und seines Architekten Albert Speer zu schaffen. Heute erinnern an das einstige Anwesen nur noch Bauzeichnungen in den Archiven und ein paar vergilbte Fotografien. Weder Gedenktafeln noch irgendwelche Schilder verweisen auf das Viertel, in dem das Palais früher stand. Der Spurensucher ist auf Beschreibungen der Stadthistoriker und auf die Auskünfte, die Stadtpläne aus der Zeit vermitteln, angewiesen.

Nach Angaben von Elsas Nichte Edelgard von Lavergne-Peguilhen verschwieg Paul von Mendelssohn-Bartholdy seiner Ehefrau den Ernst der Lage, vermutlich weil er es nicht für nötig erachtete, mit seiner Frau über seine persönlichen Finanzen zu sprechen, und wahrscheinlich auch, weil er sie nicht mit Schreckensmeldungen beunruhigen wollte. Das Ausmaß seiner finanziellen Probleme hatte deshalb, wie ihre Nichte berichtet, auf Elsa, als sie nach dem Tod ihres Ehemanns davon erfuhr, eine geradezu niederschmetternde Wirkung.

Eine Reihe einschneidender Sparmaßnahmen war die Folge. So musste

Elsa zahlreiche Bedienstete entlassen, unter anderem Bruno Blank, den langjährigen Chauffeur ihres Mannes, der zu dessen Lebzeiten für den Wagenpark verantwortlich gewesen war, zu dem in besseren Zeiten unter anderem ein 24/120 Packard und eine 13/70-Horch-Limousine gehört hatten.[110]

Darüber hinaus sah Elsa sich gezwungen, Land zu verkaufen, das zum Rittergut Börnicke gehörte. Um Kosten zu sparen, gab sie auch die Verwaltung des Gutes an ein Unternehmen ab, das die landwirtschaftlichen Geschäfte weiterführen sollte, wozu unter anderem der Verkauf der Milch von rund 100 in den Ställen stehenden Kühen gehörte.

Später vermietete Elsa, die nach dem Tode Paul von Mendelssohn-Bartholdys den Grafen Kesselstatt in zweiter Ehe geheiratet hatte, Räume in Börnicke an die Schweizer Botschaft. Die Schweizer suchten wegen der Luftangriffe auf Berlin einen sicheren Ort für die Unterbringung von Botschaftsmitarbeitern.[111] Der Schweizer Botschafter war zu dieser Zeit Hans Frölicher, der als nazifreundlich galt und 1938 der NS-Regierung die Nachricht hatte zukommen lassen, dass der Schweizer Bundesrat eine »Verjudung der Schweiz« verhindern wolle.

Jedenfalls war Elsa nicht oder nur in Bruchstücken informiert über die Maßnahmen, die ihr Mann in den Jahren vor seinem Tod traf. Paul von Mendelssohn-Bartholdy, zutiefst geschockt über die sich abzeichnenden Entwicklungen und in großer Sorge um die Zukunft seiner Gemäldesammlung, hatte sich, obwohl er sich bis dahin noch nie von einem Bild getrennt hatte, im Frühjahr 1933 dazu durchgerungen, 16 seiner Bilder[112] ins Ausland zu bringen, um dort für sie Käufer zu suchen.

Dass Pauls Bemühungen keine Ausnahme waren, lässt sich durch den Sachverhalt belegen, dass auch andere Sammler ihre Bilder in den ersten Monaten des Jahres 1933 in Sicherheit brachten. Max Liebermann beispielsweise ließ große Teile seiner Impressionisten-Sammlung in die Schweiz bringen,[113] und auch Pauls Verwandte taten das. So wissen wir, dass Franz von Mendelssohn ebenso wie sein Neffe Francesco von Mendelssohn im Frühsommer 1933 über Christoph Bernoulli Bilder in die Schweiz schaffen ließ. Bernoulli schrieb am 17. Mai 1933 Giulietta von Mendelssohn, der Witwe von Robert von Mendelssohn, es handele sich bei diesen Transaktionen um eine »Maßnahme der Vorsicht«.[114]

Bei manchen in jener Zeit getroffenen Vorsichtsmaßnahmen kam es allerdings anders als zunächst gedacht. Der Kunstschriftsteller, Herausgeber und Kritiker Paul Westheim (1886–1963), der bei seiner Flucht aus Hitler-Deutschland im August 1933 seine Bildersammlung seiner einstigen Mitarbeiterin, der Kunsthistorikerin und Expressionismus-Expertin Charlotte Weidler (1895–1983) anvertraut hatte, machte die schockierende Erfahrung, dass sich seine Sammlung (rund 50 Gemälde und über 2000 Arbeiten auf Papier) gewissermaßen in Luft auflöste.

Charlotte Weidler, die in die USA flüchtete, hatte nach dem Krieg Teile von Westheims Sammlung, die bei ihrer Schwester untergebracht war, nach New York bringen lassen und sie dort auf dem Kunstmarkt angeboten. Westheim, der nach seiner Flucht aus Deutschland in Mexiko Zuflucht gefunden hatte, ließ sie angeblich in dem Glauben, seine Sammlung sei in der Zeit des Nationalsozialismus unwiderruflich untergegangen.[115] Der Skandal wurde in den siebziger Jahren öffentlich.[116] Konsequenzen hatte das indes nicht. Es blieb in Kunstkreisen beim Tuscheln hinter vorgehaltener Hand.

Heute wissen wir, dass sich Charlotte Weidler nicht nur Bilder von Paul Westheim angeeignet hatte, sondern über Umwege sich auch in den Besitz einiger Bilder von George Grosz gebracht hatte, die Alfred Flechtheim zunächst in Kommission genommen, aber wohl selbst nicht mehr hat verkaufen können, weil er zunehmend unter Druck geriet und gezwungen war, die Geschäfte in andere Hände zu geben.

Wie es um Flechtheims Lage im Frühjahr 1933 in Deutschland bestellt war, macht ein Artikel deutlich, der am 1. April 1933, Flechtheims Geburtstag, in der Düsseldorfer »Volksparole« erschienen war. Unter dem Titel »Abgetakeltes Mäzenatentum« wurde dort abfällig über die französische Moderne hergezogen und Flechtheim persönlich heftig angegriffen. Der Schwindel der Kunst-Revolution, hieß es, sei vorbei. Seine Bilder lägen unverkäuflich im Keller. Es gelte den ganzen Kunst-Schwindel in Konkurs zu bringen: »Das System Flechtheim, Waetzold, Kaesbach ist auszurotten.«

Wer sich nach Flechtheims Galerieaufgabe und seiner Flucht nach Paris der Bilder bemächtigte, bedarf noch der weiteren Klärung. Waren es Flechtheims einstige Mitarbeiter Alfred E. Schulte, Curt Valentin oder der damals, zumindest anfänglich, mit den Nationalsozialisten sympathisierende Alex Vömel? Fest steht nur, dass die Grosz-Bilder, die sich in den Kommissionsbeständen Flechtheims befanden, nach dessen Tod verkauft wurden. Belegt ist in diesem Zusammenhang, dass Charlotte Weidler sich nach dem Krieg im Besitz des Grosz-Bildnisses »Max-Hermann-Neisse« (1927) befand und dieses über Curt Valentin an das MoMA in New York für wenig mehr als 600 Dollar veräußern ließ.

George Grosz, der von alledem nichts wusste, zeigte sich äußerst irritiert, als er das vom MoMA als Neuerwerbung ausgewiesene Bild bei einem Besuch des Museums im Dezember 1952 an einer Wand hängen sah. Seinem Schwager Otto Schmalhausen schrieb er verbittert am 8. Januar 1953 nach Berlin: »Modern Museum stellt ein mir gestohlenes Bild aus (bin machtlos dagegen). Sie habens von Jemand gekauft, ders gestohlen.« Den von Grosz erhobenen Vorwurf, das MoMA stelle Diebesgut aus, konnte das Museum bis heute nicht entkräften.[117]

Aber zurück zu Paul von Mendelssohn-Bartholdy. Bei seinen Bemühungen, seine Sammlung vor dem Zugriff der Nazis zu schützen, ist er einmal durch den Kunsthändler Justin Thannhauser, vor allem aber durch Alfred Flechtheim unterstützt worden. Flechtheim, von dem Paul von Mendelssohn-Bartholdy eine Reihe von Bildern erstanden hatte, musste im Juni 1933 Hals über Kopf Deutschland verlassen. Paul von Mendelssohn-Bartholdy hatte er zuvor vermutlich den Rat[118] gegeben, die von ihm gekauften Braque-Bilder in die Schweiz bringen zu lassen.

Adressat der Lieferung durch den Berliner Kunstspediteur Gustav Knauer war dann allerdings nicht irgendein Schweizer Auktionshaus oder irgendeine Galerie, sondern der Kunstverein in Basel, der zu dieser Zeit eine Braque-Retrospektive vorbereitete. Paul von Mendelssohn-Bartholdy, dem es darum ging, Teile seiner Sammlung in Sicherheit zu wissen, sah die Ausstellung vermutlich als eine gute Gelegenheit, seine Braque-Bilder (»Der Hafen«, »Violon«, »Stillleben mit Zitrone«) vor dem Zugriff des NS-Regimes zu schützen, indem er sie als Leihgabe für eine Ausstellung deklarierte.

Was dafür spricht, dass es sich bei dieser Transaktion um eine Maßnahme der Absicherung handelte, ist der Sachverhalt, dass der von Alfred Flechtheim veranlassten Sendung noch fünf Picassos aus Paul von Mendelssohn-Bartholdys Sammlung (»Meneur de cheval nu«, »Bal au Moulin de la Galette«, »Angel Fernandez de Soto«, »Madame Soller«,

»Tête de femme«) beigepackt wurden. Die an dieser »Schmuggelaktion« Beteiligten dachten vermutlich, es würde nicht weiter auffallen, wenn neben den für die Ausstellung in Basel bestimmten Braque-Gemälden noch einige andere nicht deklarierte Bilder mit auf den Transport gingen. Den Zollbeamten an der deutschen Grenze fiel jedenfalls bei ihren Kontrollen nichts auf.

Bei den Bemühungen, Bilder aus seinem Besitz zu veräußern, spielten für Paul von Mendelssohn-Bartholdy vermutlich zwei gewichtige Erwägungen eine Rolle. Einmal wollte er, ähnlich wie sein Vetter Franz von Mendelssohn, Bilder aus seiner Sammlung in Sicherheit gebracht wissen, denn es handelte sich bei diesen um Kunstwerke, deren Beschlagnahmung durch die NS-Behörden nicht ausgeschlossen war. Zum anderen wird er sich gedacht haben, falls er, bedingt durch die sich rasant verändernden politischen Umstände, Deutschland verlassen müsse, dann könne er gegebenenfalls auf die Mittel zurückgreifen, die durch den Verkauf seiner Bilder in der Schweiz oder in Frankreich anfielen.

Als die in Buenos Aires ansässige Galleria Mueller im Herbst 1934 eine Picasso-Ausstellung plante und dafür auf der Suche nach geeigneten Bildern war, sah der von Paul von Mendelssohn-Bartholdy beauftragte Justin Thannhauser die Möglichkeit, solvente Käufer für die fünf Picassos zu finden.

Dass es sich bei der Ausstellung in Buenos Aires um eine Verkaufsausstellung gehandelt hat, steht heute zweifelsfrei fest. Dokumentiert ist, dass die Bilder dort mit Preisen versehen waren, was auch ein Beleg dafür sein dürfte, dass sie nicht nach Argentinien gebracht worden waren, um sie dort nur einem kunstsinnigen und interessierten Publikum vorzuführen, sondern dass in erster Linie daran gedacht war, Käufer für sie zu finden.

Dafür spricht auch, dass die Galleria Mueller in den dreißiger Jahren vom internationalen Kunsthandel nicht nur als Aufbewahrungsort für aus Europa geschmuggelte Kunstwerke, sondern auch als Drehscheibe für den Verkauf von Kunst aus Europa genutzt wurde. Noch Ende der dreißiger Jahre benutzte Justin Thannhauser die Buenos-Aires-Verbindung, um Verkaufsgeschäfte in Richtung USA abzuwickeln.

Die weiteren Ereignisse lesen sich wie ein Kriminalroman, in dem ein verzweifelter »jüdischer« Sammler, ein umtriebiger Kunsthändler und solvente amerikanische Käufer die Hauptrollen spielen. In Buenos Aires konnten die Bilder nicht verkauft werden. Thannhauser sorgte deshalb dafür, dass die Bilder wieder in seine Luzerner Dependance gingen, in der Hoffnung, in der Schweiz interessierte Käufer zu finden.

Auf sie musste man nicht lange warten. Belegt ist, dass 1936 zwei der fünf in der Verfügungsmacht Thannhausers befindlichen Picassos (»Meneur de cheval nu«, »Angel Fernandez de Soto«) in der Schweiz den Besitzer wechselten. Verkäufer war in beiden Fällen Justin Thannhauser, der bei den Transaktionen allerdings nicht persönlich auftrat, sondern Strohmänner einschaltete. Der Grund dafür dürfte der gewesen sein, dass er als Kunsthändler in der Schweiz nicht zugelassen war und deshalb die Dienste Dritter benötigte, wenn er etwas aus seinen Beständen verkaufen wollte.

Eine Eintragung im überlieferten Geschäfts- und Inventarbuch Thannhausers unter dem Datum 31. August 1935 hat in zweierlei Hinsicht Anlass zu Spekulationen gegeben. Demnach meinen die einen, der dort verzeichnete Ankauf von fünf Picassos habe erst an diesem Datum stattgefunden. Als Beleg wird auf den Eintrag verwiesen. Dort, so argumentiert man, stehe schwarz auf weiß, dass das Ankaufsdatum der 31. August 1935 gewesen sei. Folglich könne, da Paul von Mendelssohn-Bartholdy bereits nicht mehr lebte, nur dessen Witwe Elsa Verkäuferin der Bilder gewesen sein.

Die andere Version lautet, dass der Eigentumsübergang bereits zu einem früheren Zeitpunkt stattfand. Verkäufer, so wird hier erklärt, sei nicht Elsa, sondern ihr Ehemann gewesen. Der Eintrag im Geschäfts- und Inventarbuch, heißt es, sei irreführend und müsse anders gedeutet werden. Es handele sich um einen nachträglich erfolgten Eintrag, der nur als eine Art Inventarisierungsmaßnahme von Thannhausers Galeriebeständen gelesen und verstanden werden könne.

Dass etwas mit dem Eintrag nicht stimmen kann, lässt sich auch aus dem Sachverhalt ableiten, dass an diesem einen Tag, dem 31. August 1935 also, der Ankauf von mehreren hundert Bildern erfolgt sein soll – ein Vorgang, der bei entsprechender Überprüfung nur als logische Unmöglichkeit angesehen werden kann.

In den erhaltenen Geschäfts- und Inventarbüchern Thannhausers finden sich einige versteckte und dazu teilweise auch noch verklausulierte Hinweise, aus denen man schließen kann, welche Preisvorstellungen

Thannhauser im Falle eines Verkaufs der Bilder hatte. Aber an keiner Stelle der Bücher findet sich ein eindeutiger Beleg, ob diese Preise bei den späteren Verkäufen der Picasso-Bilder auch tatsächlich erzielt werden konnten.

Im Übrigen geht aus den vorhandenen Unterlagen nicht hervor, ob nach dem Ankauf der Bilder durch Thannhauser überhaupt Gelder an Paul von Mendelssohn-Bartholdy oder an seine Witwe geflossen sind. Dagegen spricht, dass Thannhauser nach eigenen Angaben zu jener Zeit in einer finanziellen Klemme steckte und deshalb die Bilder nur in Kommission übernehmen konnte. Ob er hier korrekt handelte, ist unter den Fachleuten, die sich mit dem Fall beschäftigt haben, strittig.

Fasst man die verschiedenen Hinweise und Informationen zusammen, dann ist der Schluss geradezu zwingend, dass Thannhauser bereits vor Pauls Tod im Mai 1935 die Verfügungsgewalt über die Bilder übertragen bekommen hatte. Nach dessen Tod sah Thannhauser jedenfalls keinen Anlass, mit der Witwe Kontakt aufzunehmen. Dabei nutzte er den Umstand, dass Elsa über die Geschäfte ihres Mannes nur unzureichend informiert war.

Elsas Unkenntnis wird auch an einer nach dem Tod ihres Mannes von ihr zusammengestellten Bestandsliste der nach 1945 in ihrem Besitz befindlichen Bilder deutlich. Auf dieser Liste wird von den fraglichen fünf Picasso-Bildern nur das Pastell »Tête de femme« genannt, versehen mit dem Vermerk »verloren«. Dieser Vermerk lässt die Folgerung zu, dass Elsa verschwommene Erinnerungen an dieses Bild hatte, aber nicht wusste, was mit den anderen Bildern geschehen war. Über die Rolle Thannhausers, die Picasso-Verkaufsausstellung in Argentinien und andere in diesem Zusammenhang getroffene Maßnahmen ihres Mannes hatte sie offensichtlich keine Kenntnisse.

Auffällig ist auch, dass auf der Liste keines der Gemälde auftaucht, die Paul von Mendelssohn-Bartholdy noch zu Lebzeiten außer Landes hatte bringen lassen. So fehlen nicht nur die drei im Frühjahr 1933 in die Schweiz gesandten Braque-Gemälde, sondern auch die van Goghs, die Paul von Mendelssohn-Bartholdy 1933 oder 1934 über die Galerie von Paul Rosenberg in Paris zum Verkauf gegeben hatte.

Die von Elsa angefertigte Liste spricht eindeutig dafür, dass sie nur die Bilder aufnahm, die sich nach dem Tod ihres Ehemannes in ihrem

Besitz befanden, aber keine wirkliche Kenntnis davon hatte, welche Bilder im Einzelnen zur Sammlung ihres Ehemannes gehört hatten. Es ist im Übrigen auffällig, dass die von Elsa gefertigten Beschreibungen der Bilder nicht nur ungenau sind, sondern auch deutlich den Eindruck erwecken, dass sie keinen großen Kunstsachverstand hatte.

Belegt werden kann, dass Thannhauser wiederholt angab, die Picassos persönlich von Paul von Mendelssohn-Bartholdy erhalten zu haben. Die Formel »erhalten« ist indes vieldeutig und kann im Rückblick verschiedenes besagen. Einmal kann es heißen, Thannhauser habe die Bilder »angekauft«, es kann aber auch bedeuten, dass er die Bilder gewissermaßen »treuhänderisch« entgegennahm, um für sie bei sich bietender Gelegenheit einen Käufer zu finden.

Thannhauser stand im Ruf, nicht nur umtriebig, sondern auch ein mit allen Wassern gewaschener Geschäftsmann zu sein. Wie man munkelt, war er in den Jahren des Nationalsozialismus in manches zwielichtige Geschäft verwickelt. 1997 erschien in der US-amerikanischen Zeitung »Boston Globe« ein Artikel, der über die Aktivitäten von Kunsthändlern wie Hans Wendland und Caesar Mange de Haucke berichtete, die von der Judenverfolgung der Nazis profitierten.[119] Justin Thannhauser, der zum Netzwerk der beiden gehörte, wird in dem Artikel ausdrücklich genannt.

Auf welchen verschlungenen Wegen manche der Geschäfte mit Flucht- und Raubkunst getätigt wurden, insbesondere dann, wenn sie über das Ausland, speziell die Schweiz, abgewickelt wurden,[120] lässt sich auch am Fall des Picassos »Meneur de cheval nu« zeigen. Thannhauser wurde nicht selbst tätig, sondern beauftragte den Genfer Kunstbuchverleger und Kunsthändler Albert Skira (1904–1973), das Bild für ihn auf dem Schweizer Kunstmarkt anzubieten.

Skira, der wegen des Handels mit Raub- und Fluchtkunst später ins Visier der US-Dienststelle OSS (Amt für strategische Dienste/Untersuchungseinheit für die Plünderung von Kunstschätzen) geriet,[121] fand im Sommer 1936 im Gründer und Besitzer der Radiostation CBS, dem US-Amerikaner William S. Paley, einen interessierten Käufer. Nach den vorhandenen Belegen fand der Verkauf des Bildes am 26. August 1936 statt.[122]

Die Umstände des Verkaufs erscheinen im Rückblick allerdings geradezu abenteuerlich. Skira, der Paley darüber informiert hatte, dass der großformatige Picasso »Meneur de cheval nu« zum Verkauf stehe, fuhr, nachdem der Amerikaner sein Interesse bekundet hatte, mit einem Lastwagen von Genf nach St. Moritz, den Picasso auf der Ladefläche, und führte dem Amerikaner das Bild in der Lobby von dessen Hotel vor.

Thannhauser, bei dieser Transaktion mit von der Partie, trat nicht persönlich in Erscheinung. Später gestand er Paley, er habe sich ebenfalls in St. Moritz aufgehalten und die Verhandlungen heimlich durch ein Fenster des Hotels beobachtet.

Der vereinbarte Kaufpreis sei alles in allem »quite modest« gewesen, wie Paley in seinen »Erinnerungen« berichtet.[123] Auf die Frage, wer denn der Besitzer des Bildes sei, habe Skira allerdings, so Paley, ausweichend und nur sehr einsilbig geantwortet. Das lässt wiederum den Schluss zu, dass die Beteiligten über die problematische Provenienz des Bildes informiert waren, zumindest aber geahnt haben, dass etwas mit der Herkunft des Bildes nicht stimmte und dass Vorsicht beim Verkauf hätte angebracht sein müssen.

Dass die Transaktion, vorsichtig formuliert, aus heutiger Sicht mit einigen Fragezeichen zu versehen ist, wird vor allem deutlich daran, dass Skira Paley am nächsten Tag per Schreiben bat, den Scheck in Höhe von 15 000 Dollar auf die »Chase National Bank« in New York auszustellen. Der Name des Verkäufers, so war in dem Schreiben ausdrücklich vermerkt, sollte ungenannt bleiben.[124] Das lässt den Schluss zu, dass Skira nicht nur über die Provenienz informiert, sondern auch darauf bedacht war, möglichst die auf Thannhauser beziehungsweise auf Paul von Mendelssohn-Bartholdy hinweisenden Spuren zu verwischen.

In der Schweiz wurde auch ein zweiter Picasso aus Paul von Mendelssohn-Bartholdys Sammlung zum Verkauf angeboten. Wie bei dem Werk »Meneur de cheval nu« waren auch hier die Umstände der Transaktion undurchsichtig. Das Bild, genannt »Der Absinthtrinker« (Porträt des »Angel Fernandez de Soto«), ein Hauptwerk aus Picassos blauer Periode, erwarb zunächst der New Yorker Kunsthändler M. Knoedler, der es wiederum an William H. Taylor weiterreichte. Nach Taylors Tod ging das Bild an die Sammler Donald und Jean Stralem. 1995 gelangte das Bild schließlich zu Sotheby's, wo es der englische Komponist Andrew Lloyd Webber ersteigerte – für die damals exorbitante Summe von 26,5 Millionen Dollar.

Die drei weiteren im Besitz Thannhausers befindlichen Picassos gelangten nach dem Zweiten Weltkrieg an verschiedene Museen, teils durch Schenkung, teils durch heute nicht ganz nachvollziehbare Transaktionen. So ging das Porträt der »Madame Soler« nach dem Krieg an die Münchener Neue Staatsgalerie, das Bild »Bal au Moulin de la Galette« an das New Yorker Guggenheim Museum und das Pastell »Tête de femme« auf Umwegen an die National Gallery in Washington.

Paul von Mendelssohn-Bartholdys drei Braques verblieben nach Ende der vom Basler Kunstverein ausgerichteten Ausstellung in der Schweiz. Alfred Flechtheim, der sich das »Verfügungs- und Verkaufsrecht« über die Bilder hatte einräumen lassen, nahm sie in seine Kommissionsbestände auf. Wer diese später verkaufte und wohin sie auf verschlungenen Wegen schließlich gelangten, bedarf noch weiterer sorgfältiger Nachforschungen.

Von zweien der drei Braques, zum einen der berühmten Hafenszene »Barque de Pêche«, zum anderen dem Violinen-Bild, wissen wir, dass sie sich heute im Besitz zweier Museen in den Vereinigten Staaten befinden. Beide Gemälde, das steht außer Zweifel, wurden *nach* Flechtheims Tod weiterverkauft. Auffällig sind indes die Provenienz-Lücken in den heute zugänglichen Unterlagen. Paul von Mendelssohn-Bartholdy wird in beiden Fällen nicht als einstiger Besitzer genannt, was den Verdacht erhärtet, dass beim Erwerb etwas verschwiegen oder bewusst vertuscht worden ist.

Die Museen, die Bilder aus der Sammlung Paul von Mendelssohn-Bartholdys ankauften oder als Geschenk entgegennahmen, stellten, wenn überhaupt, nur unzureichende Nachforschungen an und haben es unterlassen, die Provenienz der Bilder zu prüfen, wie es auch schon damals geboten gewesen wäre. Hätten die Museen das getan, wären sie zu dem Schluss gekommen, dass mit der Herkunft der Bilder etwas nicht stimmte und Vorsicht beim Erwerb angebracht sei.

Im Fall des heute im Guggenheim-Museum hängenden Picasso-Gemäldes »Bal au Moulin de la Galette« ist der Befund eindeutig. In den Akten des Museums findet sich der Beleg, dass Thannhauser das Bild zu Lebzeiten von Paul von Mendelssohn-Bartholdy entgegennahm und nicht, wie von mancher Seite behauptet wird, von dessen Witwe erwarb. Thannhauser hat diesen Sachverhalt in den sechziger Jahren sogar schriftlich bestätigt. Der damals zuständige Kurator des Guggenheim-Museums, der für die Provenienz-Recherche verantwortlich zeichnete, beglaubigte die Aussagen per Unterschrift.

Die genauere Prüfung der Provenienz eines Bildes ist bei den Museen und Auktionshäusern erst in jüngster Zeit üblich geworden; sie geht zurück auf die Ende der neunziger Jahre begonnenen Bemühungen, den Verbleib während der NS-Zeit geraubten beziehungsweise unter Druck (»under duress«) zu Spottpreisen erworbenen oder gar nicht bezahlten Kulturgutes zu klären. Ziel dieser Bemühungen sollte es sein, dieses Kulturgut an die rechtmäßigen Besitzer zu restituieren.

Die in der »Washingtoner Erklärung« von 1998 verabschiedeten Prinzipien waren der Anlass, dass die Mendelssohn-Bartholdy-Erben Recherchen anstellten, was aus der Sammlung Paul von Mendelssohn-Bartholdys geworden war. Nachdem sie erfuhren, dass sich Bilder aus dessen Besitz in verschiedenen Museen in den Vereinigten Staaten befinden, so unter anderem im MoMA und im Guggenheim-Museum in New York, stellten sie bezüglich der beiden Picassos »Meneur de cheval nu« und »Bal au Moulin de la Galette« Restitutionsforderungen an die beiden Museen.

Es folgte ein juristischer Schlagabtausch mit Klagen und Gegenklagen. Die Erben forderten die Herausgabe der Bilder, die Museen bestanden darauf, rechtmäßige Eigentümer der Bilder zu sein. Nach von beiden Seiten angestellten aufwendigen Provenienz-Recherchen und der Einholung von Gutachten und Expertisen bemühten sich die von den Erben und den Museen eingeschalteten Rechtsanwaltskanzleien, nicht streitig vor Gericht zu ziehen, sondern einen Vergleich (»Settlement«) auszuarbeiten.

Museen wie Erbengemeinschaft waren daran interessiert, in der strittigen Angelegenheit eine für alle Beteiligten zufriedenstellende und gerechte Lösung herbeizuführen. Das bedeutete im Einzelnen, dass zwischen den Museen und den Erben nicht nur eine finanzielle Entschädigung vereinbart wurde, sondern dass die Museen im Gegenzug die Zusicherung der Erben erhielten, einen »clear title«, wie das im US-amerikanischen Juristenjargon heißt, für die an ihren Wänden hängenden Picassos zu besitzen.

Im Fall der beiden Picassos, um die mehrere Jahre heftig gestritten wurde, können auch die Mendelssohn-Bartholdy-Erben mit dem erreichten Ergebnis zufrieden sein. Der erzielte Vergleich, der die Bilder in den Museen belässt, beinhaltet faktisch das Eingeständnis, was bis dahin seitens der Museums-Anwälte und einiger Gutachter auf Museumsseite auf das Heftigste bestritten worden war, dass die Mendelssohn-Familie in der NS-Zeit verfolgt und Paul von Mendelssohn-Bartholdy unter Druck (»under duress«) die Bilder »Meneur de cheval nu« und »Bal au Moulin de la Galette« in den Jahren 1933 beziehungsweise 1934 hatte abgeben müssen.

Das Ende von Mendelssohn & Co

Als Franz von Mendelssohn und Paul von Mendelssohn-Bartholdy, beide persönlich haftende Gesellschafter und Mitinhaber der Bank, kurz hintereinander 1935 starben, traten unter mysteriösen Umständen Veränderungen in den Eigentums- und Besitzverhältnissen ein. Innerhalb der Familie scheint es zu einer Umverteilung der Bankanteile und einer Neuordnung der Besitzverhältnisse gekommen zu sein.[125] Darauf deuten jedenfalls die wenigen Unterlagen hin, die aus jenen Jahren erhalten sind.

Die beiden auf Joseph und Abraham zurückgehenden Familienzweige hatten über die Jahrzehnte gemeinsam die Bankgeschäfte betrieben. Rudolf Loeb, Fritz Mannheimer und Paul Kempner, die als Gesellschafter in den zwanziger Jahren in das Bankhaus aufgenommen wurden, aber bis auf Kempner keine Familienmitglieder waren, besaßen Mitte der dreißiger Jahre nur eine Minderheitsbeteiligung an der Bank. Leider sind keine Gesellschafterverträge überliefert, so dass man auf andere Dokumente angewiesen ist, will man sich ein Bild von den Besitzverhältnissen machen.

Aus einem erhaltenen Prüfungsbericht des Landesfinanzamtes Berlin aus dem Jahre 1936 ist zu ersehen, wie und mit welcher Quote die Gesellschafter an der Bank beteiligt waren. Demnach besaßen Ende 1935 beziehungsweise Anfang 1936 Marie, die Witwe Franz von Mendelssohns 30,38 Prozent, Elsa, die Witwe Paul von Mendelssohn-Bartholdys 21,75 Prozent, Rudolf Loeb 14,06 Prozent, Giulietta, die Witwe Robert von Mendelssohns, 6,25 Prozent, Robert von Mendelssohn 8,28 Prozent, Paul Kempner 11 Prozent und Franz Mannheimer 8,28 Prozent der Anteile.[126]

Unterlagen, die nähere Auskunft geben könnten, wie die Veränderungen der Eigentums- und Besitzverhältnisse in den Jahren 1936 und 1937 ausgesehen haben, finden sich in den bisher zugänglichen Aktenbeständen nicht. Es fehlt darüber hinaus eine Handelsregisterakte, die Aufschlüsse zuließe, wie es damals zur Änderung der Besitzverhältnisse kam und wie diese aussah.

Die wenigen zugänglichen Archivmaterialien sowie die in einem Arbeitsband zusammengefassten Aktenreste, die heute im Amtsgericht in Frankfurt am Main eingesehen werden können, geben nur sehr dürftige Auskünfte über das, was nach dem Tod Franz von Mendelssohns und dem Ableben Paul von Mendelssohn-Bartholdys geschah.

Nach dem Tod Paul von Mendelssohn-Bartholdys gab es eine Reihe von Anfragen, die sich um die Einzelheiten der Erbfolge drehten und darauf abzielten, in Erfahrung zu bringen, wie die Eigentums- und Besitzverhältnisse an der Bank künftig geregelt sein sollten. Erhalten ist ein Schreiben vom 21. Oktober 1935, gerichtet an das Berliner Amtsgericht, gezeichnet von Robert von Mendelssohn mit der Grußformel »Heil Hitler«. Darin wird mitgeteilt, dass das Erbscheinverfahren noch schwebe und noch längere Zeit in Anspruch nehmen werde.[127]

Familienintern scheint es zu einem »Deal« gekommen zu sein. Aufschlussreich ist, dass die Witwe von Franz von Mendelssohn, Marie von Mendelssohn, geborene Westphal, in einem Handelsregistereintrag vom November 1937 noch als persönlich haftende Gesellschafterin geführt wird, nicht jedoch Pauls Witwe Elsa, der man nach dem Tode ihres Ehemannes anscheinend nur noch den Status einer stillen Gesellschafterin zugestanden hatte. Was ist damals vor sich gegangen? Warum wurde Paul von Mendelssohn-Bartholdys Witwe anders behandelt als die Witwe Franz von Mendelssohns?

Elsa hat nach den Vorfällen der »Kristallnacht« am 9. November 1938 wieder ihren Mädchennamen von Lavergne-Peguilhen angenommen. Vermutlich tat sie das, um nicht als jüdisch »versippt« zu gelten, was eine zwangsläufige Folge gewesen wäre, wenn sie den Namen Mendelssohn-Bartholdy weiter getragen hätte. Bereits kurz nach dem Tod ihres Ehemanns war sie wegen ihres Namens unter Druck gesetzt worden, zu Börnicke gehörende Liegenschaften zu veräußern.

Zur Entscheidung, wieder ihren Mädchennamen anzunehmen, dürfte darüber hinaus beigetragen haben, dass sie nach dem Tod ihres Ehemannes seitens der NS-Behörden gedrängt wurde, das Grundstück Alsenstraße 3 und 3a an das Deutsche Reich zu verkaufen.[128] Wenn sie dem Kaufverlangen nicht nachkäme, so bedeutete man ihr, müsste sie mit Konsequenzen rechnen. Der antisemitische Unterton in manchen der Behördenschreiben ist unverkennbar.

Was die Veränderungen der Eigentums- und Besitzverhältnisse im Zusammenhang mit dem Bankhaus angeht, so lässt sich heute nur noch der Sachverhalt rekonstruieren, dass Elsa von Mendelssohn-Bartholdy zum 31. Dezember 1939 angeblich »aufgrund freundschaftlicher Vereinbarungen« aus der Firma ausgeschieden ist. Wie die »freundschaftlichen Vereinbarungen« im Einzelnen aussahen, hat sich allerdings noch nicht klären lassen.

Aufschlussreich ist in diesem Zusammenhang ein Prüfungsbericht des Finanzamtes Berlin-Mitte vom 20. Oktober 1942,[129] der als Abfindung für Elsa von Mendelssohn-Bartholdy (Gräfin Kesselstatt) einen vergleichsweise niedrigen Betrag in Höhe von einigen zehntausend Reichsmark nennt.[130] Es ist offensichtlich, dass der in dem Bericht ausgewiesene Betrag dem tatsächlichen Wert von Paul von Mendelssohn-Bartholdys einstigem Anteil an der Bank nicht einmal in Ansätzen entsprach.

Zu berücksichtigen ist bei der Erörterung dieser Umstände, dass Paul von Mendelssohn-Bartholdy, wie schon erwähnt, kurz vor seinem Tod 1935 ein sogenanntes »Verfolgten-Testament« mit Vorerben- und Nacherbenstellung verfasst hatte, das darauf abzielte, die Bank, das der Familie gehörende Grundeigentum und die wertvolle Gemäldesammlung vor dem Zugriff der Nazis zu schützen.[131] Elsa, so haben Paul und seine Schwestern vermutlich geglaubt, würde dadurch angehalten sein, den Besitz der Familie durch die NS-Zeit zu bringen.

Das Ende von Mendelssohn & Co zeichnete sich bereits Mitte der dreißiger Jahre ab, als vom NS-Regime immer entschiedener gefordert wurde, die »jüdischen« Bankhäuser aus dem Reichsanleihe-Konsortium zu entfernen. Den Inhabern von Mendelssohn & Co war von da ab klar, dass die Firma so, wie sie bis dahin bestanden hatte, nicht weitergeführt werden konnte. Diejenigen geschäftsführenden Inhaber, die nach den Rassegesetzen als Juden galten, waren deshalb entschlossen, Deutschland zu verlassen.

Eine statistische Betrachtung »über den jüdischen Anteil am deutschen Privatbankiergewerbe«, im Auftrag der Reichsbank nach den Rohbilanzen Ende Juni 1935 gefertigt, stellte fest, dass für den Zeitraum 1932 bis 1935 die Bilanzsumme der »nichtarischen« Firmen um 25,9 Prozent geschrumpft, die der »arischen« Firmen hingegen um zwölf Prozent angewachsen sei. In einer Anmerkung findet sich der Hinweis, dass die sechs größten Privatbankfirmen, die 35 Prozent aller erfassten Firmen auswiesen, sich sämtlich in Händen von Nichtariern befänden. Aufgeführt werden dann die Häuser Gebr. Arnhold, Simon Hirschland, A. Levy, Sal. Oppenheim, M. Warburg und Mendelssohn.[132]

Im Zeitraum zwischen Frühjahr und Sommer 1938 fiel die endgültige Entscheidung, Mendelssohn & Co zu liquidieren. Vorausgegangen war eine Unterredung zwischen Rudolf Loeb und Fritz Dreyse, Vizepräsident der Deutschen Reichsbank. Dreyse legte dar, dass Mendelssohn & Co aus politischen Gründen künftig verstärkt mit wirtschaftlichen Schwierigkeiten zu rechnen habe. Friedrich Ernst, Reichskommissar für das Kreditwesen, empfahl Loeb, die »Arisierung« einzuleiten, und zwar umgehend. Die Empfehlung zielte darauf ab, die Eintragung der Firma in das Verzeichnis der nichtjüdischen Gewerbebetriebe noch zum 1. Oktober 1938 vorzubereiten.

Es kam nach dem Gespräch mit Fritz Dreyse und der Empfehlung von Friedrich Ernst zu einer Reihe vertraulicher Unterredungen zwischen Rudolf Loeb und Hermann J. Abs, über die wir durch nachträgliche Aufzeichnungen Abs' informiert sind.[133] In den Gesprächen, bei denen Abs im Auftrag des Vorstandes der Deutschen Bank verhandelte, wurden die Modalitäten der Übernahme festgelegt und besprochen, wie die Übertragung des Kundengeschäfts und der Konsortialbeteiligungen auf die Deutsche Bank organisiert werden sollte.

Den Aussagen von Hermann J. Abs zufolge sind die Übergabeverhandlungen korrekt verlaufen. Rudolf Loeb hat das später bestätigt. »Takt, Klugheit und Festigkeit« habe Abs bei den Treffen an den Tag gelegt, so Loeb. Ergebnis der Verhandlungen war, dass die Deutsche Bank das Kunden- und Konsortialgeschäft von Mendelssohn & Co übernahm. In den Vereinbarungen wurde festgelegt, dass Aktiva und Passiva gegeneinander verrechnet und der Saldo ausgeglichen werden solle.[134] Die erhaltenen Unterlagen lassen allerdings den Schluss zu, dass die tatsächlichen Aktiva und Passiva nicht gegeneinander verrechnet, sondern stattdessen bilanztechnisch auf null gestellt wurden, was nicht anders gedeutet werden kann, als dass die Deutsche Bank Mendelssohn & Co übernahm, ohne dafür irgendeine Gegenleistung zu erbringen.

In die Vereinbarung aufgenommen wurde die Übernahme der 94 »arischen« Angestellten durch die Deutsche Bank.[135] Mendelssohn & Co verpflichtete sich, die »versicherungsmathematisch errechneten Deckungskapitalien« der Deutschen Bank zu überweisen, damit die Ruhegehaltsbezüge für die »arischen« Pensionäre und Rentenempfänger ausgezahlt beziehungsweise weiterbezahlt werden konnten.[136] Die 53 »jüdischen« Angestellten von Mendelssohn & Co wurden in den Vereinbarungen nicht erwähnt.

Ein beschämendes Kapitel im Vorfeld der Liquidierung von Mendelssohn & Co ist zweifellos die Kündigung der »nichtarischen« Mitarbeiter und das Herausdrängen derjenigen Gesellschafter, die nach den Rassegesetzen der Nazis als »Juden« galten. Danach waren von den Inhabern »Volljuden«: Rudolf Loeb, Paul Kempner, Fritz Mannheimer sowie Marie von Mendelssohn, geborene Westphal. Sie schieden mit Wirkung vom 5. Dezember 1938 aus der Firma aus, und zwar drei Tage nachdem das Reichswirtschaftsministerium die Übernahme von Mendelssohn & Co durch die Deutsche Bank »genehmigt« hatte.

Bitter für die ausscheidenden Inhaber war, dass einige Betriebsangehörige offen mit den NS-Behörden kollaborierten. So hatte der stellvertretende Betriebsobmann Erich Kluge in verschiedenen Eingaben an das Reichswirtschaftsministerium – Referat Judenfragen – auf eine schnelle »Arisierung« der Firma gedrängt. Er war es auch, der den Vorschlag ausarbeitete, dass Robert von Mendelssohn die »jüdischen« Anteile übernehmen und Alfred Kurzmeyer, der bei Mendelssohn & Co Prokura besaß, als neuer Teilhaber in die Firma aufgenommen werden solle.

Das Ergebnis war schließlich, dass die Anteilsquoten von Loeb, Kempner und Mannheimer an Mendelssohn & Co auf die anderen Gesellschafter, diejenige von Marie von Mendelssohn an ihre Kinder übertragen wurden. Eine Kompensation oder Abfindung der Ausgeschiedenen wurde nicht vereinbart. Auf eine entsprechende Anfrage des Berliner Amtsgerichts teilte die Rechtsabteilung von Mendelssohn & Co am 29. Dezember 1938 mit, dass keine Barzahlungen bzw. Abfindungen geleistet worden seien. Beabsichtigt sei nur, Marie von Mendelssohn bis auf weiteres eine jederzeit widerrufliche Rente von 3000 Reichsmark zu zahlen.[137]

Die jüdischen Inhaber von Mendelssohn & Co konnten nur marginale Teile ihres Vermögens ins Ausland transferieren. Loeb, der seinen Wohnsitz zunächst nach Buenos Aires, dann in die Vereinigten Staaten verlegte, und Kempner, der über London nach New York flüchtete, konnten aufgrund der »Reichsfluchtsteuer« und der den Juden auferlegten »Sühneleistung«[138] (25 Prozent des angemeldeten Vermögens), die für das Attentat an dem deutschen Diplomaten Ernst von Rath zu entrichten war, gerade noch 210 000 bzw. 50 000 Reichsmark mitnehmen.

Ein gewisses »Entgegenkommen« glaubte das NS-Regime Paul Kempner entgegenbringen zu müssen, und zwar weil dieser, so ein Vermerk des Reichsbankvizedirektors Emil Puhl vom 3. Februar 1939, sich für die Aufrechterhaltung amerikanischer Kredite in Höhe von fünf Millionen Reichsmark eingesetzt habe. Ihm gestand man deshalb bei der Auswanderung zu, einen Teil seines Hausrats nach England mitzunehmen. Zurücklassen musste er allerdings den Schmuck seiner Frau wie auch andere Wertgegenstände. Belassen wurden dem Ehepaar Kempner, so heißt es in den Akten, ihre Eheringe sowie zwei Uhren.[139]

Die Firma Mendelssohn & Co trat mit dem 1. Januar 1939 in Liquidation. Zu Liquidatoren bestellte man neben Robert und Giulietta von Mendelssohn auch Dr. Ferdinand Kremer, der seit 1924 als Syndikus bei Mendelssohn & Co tätig war. Kremer, der bei der Liquidation für das Bankhaus auftrat, wurde später Abteilungsleiter bei der Deutschen Bank und fungierte ab 1949 als Leiter der Abteilung Geld und Kredit im Bundesfinanzministerium.

Bei »Mendelssohn in Liquidation« verblieb das Restvermögen des Bankhauses (nachdem das für das laufende Geschäft und die Bedienung der Verbindlichkeiten nötige Deckungskapital an die Deutsche Bank übertragen worden war), die Auslands-Engagements sowie der Grundbesitz.[140] Letzterer wurde 1939 abgegeben und war nach 1945 Anlass einer Reihe juristischer Auseinandersetzungen.

In dem Bericht, den Ferdinand Kremer 1946 auf Aufforderung der US-Militärbehörden für die Finanzabteilung der amerikanischen Militärregierung in Deutschland (OMGUS) anfertigte, heißt es, dass ein besonderes Entgelt für die Übertragung seitens der Deutschen Bank nicht gezahlt worden sei. Der Bericht deckt sich weitgehend mit den Ausführungen Hermann J. Abs' über die damaligen Vorgänge.

Bemerkenswert an Ferdinand Kremers nach Ende des Krieges verfasstem Bericht ist der eher beiläufige Hinweis, dass in den Übernahmeverhandlungen von den Beteiligten die Absicht bekundet wurde, »die Firma Mendelssohn & Co wieder aufleben zu lassen, sobald die politischen und wirtschaftlichen Voraussetzungen hierfür gegeben sind«.[141] Robert von Mendelssohn (1902–1996), der nach 1945 durchaus dazu in der Lage gewesen wäre, hat – aus welchen Gründen auch immer – von dieser Möglichkeit keinen Gebrauch gemacht.

Eberhard Czichon, der wegen seiner Studie »Die Bank und die Macht«[142] 1970 in eine Reihe unerquicklicher Prozesse mit der Deutschen Bank verwickelt wurde, hat sich durch ein gegen ihn erlassenes Gerichtsurteil nicht einschüchtern lassen und auch in der Neuauflage seines Buches den Verdacht wiederholt und erhärtet, dass »unter dem offiziellen Vorwand einer Arisierung« noch andere Interessen eine Rolle gespielt haben.[143] Czichons Verdacht, dass etwas an den Vorgängen nicht stimmte, nährte sich aus dem Umstand, dass Robert von Mendelssohn und Ferdinand Kremer vom Reichswirtschaftsministerium zu Liquidatoren der Bank bestellt worden waren.

Mehr Fragen als Antworten

War nun aber die Übernahme von Mendelssohn & Co seitens der Deutschen Bank eine »freundschaftliche Geschäftsübernahme«, wie der Wirtschaftshistoriker Wilhelm Treue mit Berufung auf Hermann J. Abs meinte, oder handelte es sich schlicht um eine der üblichen »Arisierungen«, wie es in letzter Zeit zunehmend zu lesen ist? Fest steht, dass sich die Großbanken bei der Übernahme jüdischer Privatbanken unterschiedlich verhalten haben.[144]

Die Dresdner Bank, stärker nationalsozialistisch indoktriniert, war sehr viel aggressiver bei ihren Akquisitionen als die Commerzbank und die Deutsche Bank. Diese waren vor allem mit Rücksicht auf ihr Ansehen im Ausland bemüht, die Übernahmen, an denen sie direkt oder indirekt beteiligt waren, so zu gestalten, dass »zugunsten längerfristiger Erfolge im Auslandsgeschäft auf kurzfristige Gewinnmöglichkeiten bei Arisierungsgeschäften verzichtet«[145] wurde.

Nicht zutreffend ist die Bemerkung des US-Historikers Harold James, es habe sich im Falle der Mendelssohn-Bank, »streng formal« genommen, nicht um eine »Arisierung« gehandelt.[146] Er stützt sich dabei auf die nachträglichen Aussagen von Rudolf Loeb, Robert von Mendelssohn und Hermann J. Abs, die in ihren späteren Stellungnahmen immer von einer »freundschaftlichen Geschäftsübernahme«[147] gesprochen haben. James' These, wenn man sie überhaupt als eine solche bezeichnen kann, verkürzt nicht nur die tatsächlichen Sachverhalte, sondern entspricht auch nicht dem Stand der Erkenntnisse, die wir heute über die Vorgänge haben.

Neuere Veröffentlichungen belegen, dass es sich bei der Übernahme von Mendelssohn & Co nicht um eine »Selbstliquidation« oder »freundschaftliche Geschäftsübernahme« gehandelt hat. Es mag sein, dass man in den Verhandlungen, wie es euphemistisch hieß, »freundschaftlich« miteinander umgegangen ist, aber das bedeutet nicht, dass man nicht wusste, was man wollte. Der Historiker Christopher Kopper hat deshalb die Formel von der »freundschaftlichen Arisierung« geprägt,[148] die durchaus treffend die Umstände bezeichnet, die im Jahr 1938 zur Liquidierung von Mendelssohn & Co führten.

Dass es sich bei der Übernahme von Mendelssohn & Co um eine »Arisierung« gehandelt hat, dürfte allen Beteiligten von Anfang an bewusst gewesen sein.[149] Das Argument, Mendelssohn & Co habe sich um eine Übernahme durch die Deutsche Bank bemüht, es könne also nicht von einer »Arisierung« im üblichen Sinne gesprochen werden, ist ganz offensichtlich ein nach 1945 vorgeschobenes Verteidigungs- und Entlastungsargument, das die Umstände der Übernahme beschönigt und die damalige Zwangssituation der Mendelssohn-Inhaber nicht berücksichtigt.

Diese konnten nicht anders handeln, als sie es getan haben. Rudolf Loeb, ein verantwortungsbewusster Mann, verpflichtet auf die Interessen von Mendelssohn & Co, hatte keine andere Wahl, als sich zu arrangieren. Wollte er den guten Namen des Bankhauses retten und, was ihm besonders am Herzen lag, die Versorgung zumindest des »arischen« Personals sichern, dann musste er das Gespräch mit Hermann J. Abs, der Deutschen Bank und den NS-Verantwortlichen suchen.

Abs, von dem es heißt, er sei bei Verhandlungen distanziert-kühl, dabei aber stets freundlich und zuvorkommend gewesen, hat vielleicht in den Gesprächen mit Loeb die Notlage seines Gegenübers nicht in dem Maße ausgenutzt, in dem er es hätte tun können.[150] Doch darf das nicht darüber hinwegtäuschen, dass er sich als Interessenvertreter der Deutschen Bank stets bewusst war, für wen und mit welchem Ziel er verhandelte.

Die Rolle von Abs wird von den Historikern heute kritischer als noch vor einigen Jahren bewertet. Die nach 1945 formulierten Abwehrstrategien, die in Teilen einen deutlichen Entlastungscharakter besaßen, können so nicht mehr aufrechterhalten werden. Historiker und Journalisten sind mittlerweile so weit, dass sie die damaligen Vorgänge nicht mehr zu kaschieren versuchen, sondern offen aussprechen, dass die Übernahme von Mendelssohn & Co für die Deutsche Bank Vorteile brachte, und zwar ohne dass sie dafür irgendwelche Gegenleistungen zu erbringen hatte.

Seit April 1938 setzte ein sich steigernder politischer Verfolgungsdruck auf Mendelssohn & Co ein.[151] Das Reichswirtschaftsministerium, die Reichsbank, der Reichskommissar für das Kreditwesen und die Deutsche Bank kooperierten eng miteinander, um Mendelssohn & Co in »arische« Hände zu überführen. Die zugänglichen Akten in den Archiven lassen keinen Zweifel daran, dass es sich bei der Liquidierung nicht um eine »freundschaftliche Übernahme«, sondern um einen der damals üblichen »Arisierungs«-Vorgänge gehandelt hat.

Recherchen im Bundesarchiv haben ergeben, dass bereits seit Mai 1938 in Briefen und Denkschriften das Wort »Arisierung« gebraucht und jeweils dann benutzt wurde, wenn es darum ging, den Vorgang der Liquidierung von Mendelssohn & Co in der NS-Terminologie zu beschreiben. Aufschlussreich ist in diesem Zusammenhang auch, dass Walther Beyer, Mitarbeiter bei Mendelssohn & Co, sowie Erich Kluge, Betriebsobmann im Bankhaus, den Begriff ganz bewusst nutzten, als sie hinter dem Rücken ihres Arbeitgebers mit den NS-Behörden verhandelten.

Die vertraulichen Berichte von Erich Kluge, in denen das Ausscheiden der jüdischen Inhaber als Voraussetzung gefordert wurde, um das Bankhaus künftig fortzuführen, lassen an Deutlichkeit kaum zu wünschen übrig. Der Ton dieser Berichte, in denen der Verfasser von einer notwendigen »Entjudung« spricht und bei jeder sich bietenden Gelegenheit die Grußformel »Heil Hitler« benutzt, lässt erkennen, dass der Betriebsobmann bei Mendelssohn & Co nicht nur ein bekennender Nationalsozialist, sondern darüber hinaus ein überzeugter Antisemit war.[152]

Aus den Berichten des Betriebsobmannes Kluge geht hervor, dass die Behörden gut informiert waren über die Verhandlungen, die zwischen den Vertretern der Deutschen Bank und dem Bankhaus Mendelssohn & Co[153] geführt wurden. Die vorliegenden Berichte besagen zudem, dass die Mendelssohn-Inhaber seitens der Behörden gedrängt wurden, von sich aus die »Arisierung« einzuleiten.[154] Das geschah dann auch, als Mendelssohn & Co Ende September 1938 einen »Plan für die Arisierung«[155] vorlegte.

Bei ihren Überlegungen, das Bankhaus durch die Deutsche Bank übernehmen zu lassen,[156] kam es den Mendelssohn-Inhabern vor allem darauf an, die Versorgung der Bankhaus-Mitarbeiter – wohlgemerkt der nichtjüdischen – sicherzustellen. Der Plan, der dem Mitglied des Reichsbankdirektoriums Emil Puhl überreicht wurde, informierte die Behörden unter anderem darüber, dass die jüdischen Angestellten aus den Diensten der Mendelssohn-Bank ausscheiden und Deutschland umgehend verlassen würden.

Aufschlussreich ist, dass von verschiedenen Seiten versucht wurde, die Übernahme von Mendelssohn & Co durch die Deutsche Bank zu boykottieren und die Ausreise der Mendelssohn-Inhaber zu verhindern. Walther Beyer, der schon genannte Mitarbeiter von Mendelssohn & Co, schrieb auf Privatpapier am 11. November 1938 an einen gewissen Ministerialdirektor Lange: »Es würde unbedingt eine Stärkung der Position der Juden bedeuten, wenn sie ins Ausland gelassen würden, um sich in Berlin durch einen ihrer arischen Günstlinge vertreten zu lassen. Diese ganze Handlungsweise könnte doch nur als Sabotage an den klar erkennbaren Wünschen der Regierung gewertet werden. Es scheint mir daher geboten, daß diese Leute *noch heute* daran gehindert werden, Deutschland zu verlassen.«[157]

Am Tag zuvor, am 10. November 1938, wurde ein Gegenplan zur »Arisierung« von Mendelssohn & Co[158] vorgelegt, in dem Bedenken wegen der geplanten Übertragung der laufenden Geschäfte an die Deutsche Bank geäußert wurden. Wer der Verfasser des Planes war, lässt sich nicht mit letzter Gewissheit feststellen. Einiges deutet darauf hin, dass es sich bei dem Verfasser um einen Beamten des Reichswirtschaftsministeriums gehandelt hat.

In dem Plan wurde nicht für die Zerschlagung, sondern für die Erhaltung der Bank plädiert. Alle Sonderinteressen, hieß es, hätten sich dem Gesamtinteresse unterzuordnen. Im Falle der Mendelssohn-Bank sei man der Ansicht, die Erhaltung von Mendelssohn & Co liege im volkswirtschaftlichen Interesse des Deutschen Reiches.

Trotz der von verschiedenen Seiten geäußerten Einwände wurde die Übernahme von Mendelssohn & Co durch die Gremien der Deutschen Bank am 1. Dezember 1938 genehmigt.[159] Die Übernahme war allerdings bereits im Vorfeld geregelt worden, als man sich dahingehend verständigt hatte, dass die Deutsche Bank das Kunden- und Konsortialgeschäft von Mendelssohn & Co übernehmen sollte. Seitens Mendelssohn & Co glaubte man, damit im Sinne seiner Kunden zu handeln.

In jüngster Zeit haben die Historiker sich verstärkt mit der Rolle beschäftigt, die Hermann J. Abs bei der Arisierung von Mendelssohn & Co tatsächlich gespielt hat. Dabei wird in den Darstellungen manches geschönt, anderes heruntergespielt oder sogar bewusst verschwiegen. Fest steht jedenfalls, dass Abs bei der Liquidierung von Mendelssohn & Co verantwortlich mitgewirkt und als Vorstandsmitglied der Deutschen Bank bei anderen anstehenden »Arisierungen« die Abläufe dirigiert und mitbestimmt hat.

Es war allerdings die Ausnahme, wenn Abs sich persönlich einmischte und Position bezog, wie etwa bei der »Arisierung« von Mendelssohn & Co oder bei der Abwicklung der zur Petschek-Gruppe gehörenden Hubertus AG. In diesem letzten Fall waren auch Eigeninteressen im Spiel. Die Hubertus AG, so wissen wir heute, wurde im Dezember 1939 durch die neu gegründete Erft-Bergbau AG übernommen, deren Aktien sich zur Hälfte im Besitz der Familie Abs befanden.

Bei den »Arisierungen« bediente sich Abs mitunter der Dienste zwielichtiger Zeitgenossen. Einer seiner Handlanger war Alfred Kurzmeyer,[160] langjähriger Prokurist bei Mendelssohn & Co Dieser hatte bei den Übergabeverhandlungen dem Abs-Helfer Franz Heinrich Ulrich das Angebot gemacht, gegenüber der Deutschen Bank die Kundenstruktur der Mendelssohn-Bank offenzulegen, Zahlen zu nennen und die internationalen

Verbindungen preiszugeben, wenn ihm Abs im Gegenzug dafür einen Posten in der Vorstandsetage der Deutschen Bank verschaffe.

Der Treuebruch Kurzmeyers kam Abs und Karl Kimmich, einem anderen Vorstandsmitglied der Deutschen Bank, äußerst gelegen. Belohnt wurde Kurzmeyer mit dem Posten eines Direktors und Generalbevollmächtigten der Deutschen Bank. In dieser Funktion war Kurzmeyer von da ab für eine Anzahl anrüchiger Geschäfte zuständig. So fädelte er zum Beispiel Geschäfte mit der SS und deren Chefökonomen Oswald Pohl ein, bei denen die Deutsche Bank nachgewiesenermaßen kräftig mitverdiente. Für die jüdischen Inhaber von Mendelssohn & Co, die Ende 1938 aus der Bank ausscheiden mussten, war der Verrat ihres langjährigen Prokuristen vermutlich ein schwerer Schock.

Aus heutiger Sicht kann eigentlich kein Zweifel mehr daran bestehen, wer von der »Arisierung« des Bankhauses Mendelssohn & Co profitierte. Das war einmal die Deutsche Bank, aber auch das Deutsche Reich. Letzteres ergibt sich unter anderem aus dem Sachverhalt, dass das Reich die Grundstücke Jägerstraße 49–50 und Jägerstraße 51 zu äußerst günstigen Konditionen übernahm. Der Kaufpreis für die beiden Grundstücke wurde auf 2,2 Millionen Reichsmark[161] festgesetzt. Einiges spricht dafür, dass es sich um einen diktierten Preis handelte.

Den erhaltenen Bankunterlagen ist nicht zu entnehmen, ob der Kaufpreis tatsächlich an »Mendelssohn & Co i. L.« gezahlt wurde. Dagegen spricht unter anderem das Indiz, dass Mendelssohn & Co Vermögenswerte im Ausland besaß, die im Oktober 1938 exakt mit 2,2 Millionen Reichsmark angesetzt waren.[162] Da das Reich auf diese Vermögenswerte zwar Ansprüche geltend machte, aber keinen Zugriff auf sie hatte, scheint bei der Übernahme der Mendelssohn'schen Grundstücke seitens des Reiches das Verfahren der »Verrechnung« gewählt worden zu sein.

Die Umstände der »Arisierung« von Mendelssohn & Co, die den zeitlichen Ablauf und die handelnden Personen in der Angelegenheit betreffen, sind heute mehr oder weniger geklärt. So hat sich bei den Historikern zwischenzeitlich die Ansicht weitestgehend durchgesetzt, dass die »Arisierung« des Bankhauses bereits im Frühjahr 1938 beschlossene Sache war und in engem Zusammenspiel des Reichswirtschaftsministeriums, der Reichsbank, des Reichskommissars für das Kreditwesen und der Deutschen Bank durchgeführt werden sollte.

Bis auf wenige Ausnahmen sind sich die Historiker heute darin einig, dass es in erster Linie die NS-Bürokratie war, die für die »Arisierungs«-Aktivitäten verantwortlich zeichnete. Im Fall der Liquidation von Mendelssohn & Co wirkten daneben allerdings auch Erfüllungsgehilfen wie Hermann Josef Abs mit. Abs zog in Verbindung mit Robert von Mendelssohn und Ferdinand Kremer im Hintergrund die Fäden und traf bei den damals geführten Verhandlungen die für die Abwicklung notwendigen Absprachen. Die Archivakten sprechen eine unmissverständliche Sprache.

Anhang

Anmerkungen 391
Abkürzungen 435
Zeittafel 437
Quellen- und Literaturverzeichnis 449
Personenregister 476

Anmerkungen

Einleitende Worte

1 Thomas Lackmann, Erinnerungen an das Treffen der Nachkommen Moses Mendelssohns 2007 in Berlin (gedrucktes Manuskript), Berlin 2008, S. 16.
2 Hierzu Julius H. Schoeps, Mein Weg als deutscher Jude. Autobiographische Notizen, Zürich 2003, S. 263 ff.

Kapitel 1: Wie alles anfing

1 Die nachfolgenden Ausführungen stützen sich weitgehend auf die Arbeiten von Alexander Altmann, Moses Mendelssohn. A biographical Study, Philadelphia 1973, und Dominique Bourel, Moses Mendelssohn. Begründer des modernen Judentums, Zürich 2007.
2 Vgl. Max Freudenthal, Die Mutter Moses Mendelssohns, in: Zeitschrift für die Geschichte der Juden in Deutschland, Nr. 3/1929, S. 192–200.
3 Vgl. Andreas Kennecke, Isaac Euchel. Architekt der Haskala, Göttingen 2007.
4 Moses Mendelssohns gesammelte Schriften. Nach Originaldrucken und Handschriften, hrsg. von Prof. Dr. G.B. Mendelssohn, Bd. 5, Leipzig 1844, S. 673.
5 M[eyer] Kayserling, Der Dichter Ephraim Kuh, Berlin 1864, S. 27.
6 Moses Mendelssohn. Briefwechsel II/2, bearbeitet von Alexander Altmann (= Gesammelte Schriften, Bd. 12, 2), Stuttgart/Bad Cannstadt 1976, S. 44.
7 M[eyer] Kayserling, Moses Mendelssohn. Sein Leben und sein Wirken, 2. Auflage, Leipzig 1888, S. 5.
8 Wolfgang Holtz/Klaus Matußek, Moses Mendelssohns Weg von Dessau nach Berlin. Eine Spurensuche. In: Jüdisches Brandenburg. Geschichte und Gegenwart, hrsg. von Irene A. Diekmann, Berlin 2008, S. 387–408.
9 Selma Stern, Der preußische Staat und die Juden, Tübingen 1962/1971, Bd. II/2, S. 165.

10 Ebenda, S. 375.
11 Ebenda, S. 215.
12 Ebenda, S. 22.
13 GS, Bd. I, S. 9.
14 JubA, Bd. XII/2, S. 45.
15 Vgl. David Kaufmann und Max Freudenthal, Die Familie Gompertz, Frankfurt am Main 1907, S. 164 ff.
16 JubA, Bd. XII/2, S. 44.
17 Vgl. Moses Mendelssohn als Seidenmanufakturunternehmer, in: Erika Herzfeld, Juden in Brandenburg-Preußen. Beiträge zu ihrer Geschichte im 17. und 18. Jahrhundert, hrsg. von Irene Diekmann und Hermann Simon, Teetz 2001, S. 177, und Brigitte Meier, Jüdische Seidenunternehmer und die soziale Ordnung zur Zeit Friedrichs II. Moses Mendelssohn und Isaak Bernhard, Interaktion und Kommunikation als Basis einer erfolgreichen Unternehmensentwicklung, Berlin 2007, S. 136 ff.
18 Hierzu Moses Mendelssohn als Seidenmanufakturunternehmer, in: Erika Herzfeld, Juden in Brandenburg-Preußen, S. 177 ff.
19 IbA, Bd. XII/1, S. 9.
20 Vgl. Die Familie Mendelssohn in der deutschen Kultur, Ausstellung vom 26. 4. – 21. 5. 1988 in der Stadtbibliothek Duisburg, 1988, Nr. 26, S. 29 f. und vor allem Brigitte Meier, Jüdische Seidenunternehmer und soziale Ordnung zur Zeit Friedrichs II., S. 187 ff.
21 Hierzu »Prediger der Moral«, in: JubA, Bd. 20, 1, S. XV–XXXII.
22 JubA, Bd. XII/1, S. 7 f.
23 Vgl. Bourel, Moses Mendelssohn, S. 225 ff.
24 JubA, Bd, III/1, S. 8.
25 Ebenda, S. 15 f.
26 JubA, Bd. XII/1, S. 75.
27 Ebenda, S. 120.
28 Johann Gottfried Herder, Fragmente über die neuere deutsche Literatur (1767), Theil I, S. 154.
29 JubA, Bd. III/1, S. 131.
30 Vgl. Frank Surall, Vom Sieg der Vernunft über das Vorurteil. Gotthold Ephraim Lessings Frühwerk »Die Juden«, in: ZRGG 4/2008, S. 310–329.
31 JubA, Bd. XI, S. 16.
32 Ebenda.
33 Hierzu Justus Fetscher, Hiob in Gath. Deutsch-jüdische Lektüren von Lessings »Nathan der Weise«, in: ZRGG, 3/2005, S. 209–231.
34 Theodor Lessing, Einmal und nie wieder, Gütersloh 1969 S. 34.
35 Lessings Werke (= Meisterwerke deutscher Klassiker), Berlin [1910], S. 362.

36 Über die Ringparabel und die Herkunft des Satzes »Von den drei Betrügern« vgl. Friedrich Niewöhner, Veritas sive Varietas. Lessings Toleranzparabel und das Buch Von den drei Betrügern, Heidelberg 1988.

37 Hans-Joachim Schoeps, Studien zur unbekannten Religions- und Geistesgeschichte, Göttingen u. a. 1963, S. 205.

38 Hierzu Kayserling, Moses Mendelssohn, S. 115 ff.

39 JubA, Bd. XII/1, S. 8.

40 Vgl. Friedrich Nicolai, Anekdoten von König Friedrich II. von Preußen und von einigen Personen, die um ihn waren. Nebst Berichtigung einiger schon gedruckter Anekdoten, Berlin und Stettin 1788–89, S. 65–68.

41 JubA, Bd. XII/1, S. 256.

42 JubA, Bd. XXII, S. 177.

43 JubA, Bd. XI, S. 166.

44 Danklied über den rühmlichen Sieg, welchen der Herr unserem allergnädigsten Könige und Herrn Friedrich II. am Sabbath den 5. November 1757 bei Roßbach in Sachsen verliehen, Berlin 1757.

45 Dankpredigt über den großen und herrlichen Sieg welchen Se. Majestät unser allerweisester König den 5. December 1757 über die gesammte und weit überlegene Macht der Oesterreichischen Kriegsvölker bei Leuthen in Schlesien erfochten. Gehalten am Sabbath, den 10. desselben Monats in der Synagoge der hiesigen Juden-Gemeinde von David Hirschel Fränkel, Ober-Land-Rabbiner. Ins Deutsche übersetzt, Berlin 1757.

46 Aron Mosessohns Friedenspredigt in der Synagoge zu Berlin anno 5523 [d.i. 1763]. Ins Deutsche übersetzt von R[abbi] S[amson] K[alir], Berlin 1763.

47 JubA, Bd. XII/1, S. 256 ff.

48 Moses Mendelssohn's gesammelte Schriften. Nach Originaldruck und Handschriften, hrsg. von Prof. Dr. G. B. Mendelssohn. In sieben [vielmehr acht] Bänden, Leipzig, 1843–1845, hier: Bd. 5, S. 679 f.

49 Dominique Bourel (Moses Mendelssohn, Markus Herz und die Akademie der Wissenschaften zu Berlin, in: Mendelssohn-Studien, Bd. 4, 223 ff.) vertritt die Ansicht, dass die Vorschlagsliste, auf der Mendelssohn genannt war, dem König gar nicht zugestellt worden ist.

50 GS, Bd. IV/2, S. 83.

51 Ebenda, S. 70 ff.

52 Ebenda, S. 84.

53 J.D.E. Preuß, Friedrich der Große. Eine Lebensgeschichte, Berlin 1833, S. 257.

54 G. Malkewitz, Wie Moses Mendelssohn berühmt wurde, in: Vossische Zeitung, 23.4.1882, Nr. 17, S. 9–11.

55 JubA, Bd. XI, S. 206 f.

56 Ebenda, S. 236 f.
57 Ebenda, S. 249.
58 Moses Mendelssohn. Brautbriefe. Mit einer Einführung von Ismar Elbogen, Königstein/Ts. 1985, 91, Anmerkung 1.
59 JubA, Bd. XI, S. 296.
60 Berthold Auerbach, Wie der Weltweise Moses Mendelssohn seine Frau gewann, in: Deutsche Illustrierte Volksbücher, Bd. 1, Karlsruhe [1881], S. 446–448.
61 Vgl. Zum Judenporzellan, in: JubA, Bd. 24, S. 343 f.
62 Nach Auskunft von Dorothee Schramm, geb. Busch, gemacht gegenüber dem Verfasser, ist bis in die dreißiger Jahre des 20. Jahrhunderts die Existenz der Affen nachweisbar. Demnach standen sie bis Ende der dreißiger Jahre in den Räumen des Bankhauses Mendelssohn & Co in der Berliner Jägerstraße. Danach verlieren sich ihre Spuren.
63 MA Nachl. 5, I, 4.
64 JubA, Bd. XI, S. 215.
65 Einführung zu Moses Mendelssohn. Brautbriefe, S. 14.
66 Hierzu das Vorwort von Christoph Schulte, Die jüdische Aufklärung. Philosophie, Religion und Geschichte, München 2002, in dem das Oppenheim-Bild beschrieben und die Rolle Fromets skizziert wird.
67 JubA, Bd. 5, 1, S. 574 ff.
68 Ebenda, S. 666 ff.
69 JubA, Bd. XII/2, S. 148 f.
70 Vgl. JubA, 20, 1, S. LXXXVII.
71 Vgl. Meier, Jüdische Seidenunternehmer und die soziale Ordnung zur Zeit Friedrichs II., S. 220.
72 JubA, Bd. XII/2, S. 148.
73 Hierzu vgl. die Einleitung von Simon Rawidowicz JubA, Bd. VII, S. XI–CLXXIII und Alexander Altmann, Moses Mendelssohn, S. 194–263.
74 Der vollständige Titel von Charles Bonnets 1769 erschienener Schrift lautet: »Palingénésie philosophique, ou Idées sur l'Etat passé et sur l'Etat futur des êtres vivants«.
75 JubA, Bd. VII, S. 11.
76 JubA, Bd. VII, S. 10.
77 JubA, Bd. XIII, S. 317.
78 Manasseh ben Israel. Rettung der Juden. Aus dem Englischen übersetzt. Nebst einer Vorrede von Moses Mendelssohn. Als ein Anhang zu des Hrn. Kriegsraths Dohm Abhandlung: Ueber die bürgerliche Verbesserung der Juden (1782), in: JubA, Bd. 8/2, S. 1–87.
79 Moses Mendelssohn, Jerusalem oder über religiöse Macht und Judentum. Mit allergnädigsten Freyheiten (1783), in: ebenda, S. 101–204.

80 JubA, Bd. 8, S. 137 f.
81 Alfred Wiener, Zur Würdigung der geschichtlichen Bedeutung Moses Mendelssohns, in: Der Morgen, Jg. 2, Nr. 5, S. 514.
82 Hermann M. Z. Meyer, Moses Mendelssohn Bibliographie. Mit einigen Ergänzungen zur Geistesgeschichte des ausgehenden 18. Jahrhunderts, Berlin 1965, S. 111, Nr. 639.
83 Vgl. Holger-Jacob Friesen, Moses Mendelssohn im Bilde. Einige bisher wenig beachtete Darstellungen, in: Mendelssohn-Studien Bd. 13/2003, S. 9–34.
84 Johann Lavater, Physiognomische Fragmente zur Beförderung der Menschenkenntniß und Menschenliebe. Erster Versuch, Leipzig und Winterthur 1775, S. 240.
85 Allgemeine deutsche Bibliothek, Bd. 65, S. 624 f.
86 Hermann Simon, Das Berliner Jüdische Museum in der Oranienburger Straße. Geschichte einer zerstörten Kulturstätte, Teetz 2000, S. 40 ff.
87 Ramler, Sulamith und Eusebia. Eine Trauercantate auf den Tod Mendelssohns, in: Berliner Monatsschrift, Juni 1786.

Kapitel 2: Söhne und Töchter

1 JubA, Bd. 12/1, Nr. 278, S. 112.
2 JubA, Bd. 20/2, Nr. 141, S. 251.
3 JubA, Bd. 13, Nr. 580, S. 82.
4 Ebenda, Nr. 604, S. 117.
5 JubA, Bd. 20/2, Nr. 151 und 152, S. 258 und 259.
6 JubA, Bd. 13, Nr. 636. S. 184.
7 Ebenda, S. 185.
8 Ebenda.
9 JubA, Bd. 20/2, Nr. 280 a, S. 453.
10 Hierzu vgl. Peter Honigmann, Alexander von Humboldts Verhältnis zu Juden, in: BLBI 76/1987, S. 7.
11 Wilhelm von Humboldt an Gustav von Brinckmann, 11. Juni 1818, in: Wilhelm von Humboldts Briefe an Gustav von Brinkmann, hrsg. von Albert Leitmann, Leipzig 1939, S. 178.
12 Alexander an Wilhelm von Humboldt, 29. April 1829, in: Briefe Alexander von Humboldts an seinen Bruder Wilhelm, hrsg. von der Familie in Ottmachau, Stuttgart 1980, S. 170.
13 Alexander von Humboldt an Alexander Mendelssohn, 24. November 1848, in: Bankiers, Künstler und Gelehrte. Unveröffentlichte Briefe der Familie Mendelssohn aus dem 19. Jahrhundert, hrsg. und eingeleitet von Felix Gilbert, Tübingen 1975, S. 152.

14 LBI JMB, MF 048.
15 Hierzu Alexander Altmann, »Moses Mendelssohns Gesammelte Schriften«. Neuerschlossene Briefe. Zur Geschichte ihrer Herausgabe, in: BLBI, Nr. 42/1968, S. 73–115.
16 Grüne Bücher, XXII, S. 39.
17 Wilhelm und Karoline von Humboldt in ihren Briefen, hrsg. von Anna von Sydow, Berlin 1912, Bd. V, S. 219–220.
18 So zum Beispiel die Dissertation von Sebastian Panwitz, Die Gesellschaft der Freunde (1792–1935) in Berlin, Hildesheim 2007.
19 Die Losung wurde zuerst in Moses Mendelssohns's Anmerkungen zu Abbts freundschaftlicher Correspondenz, Berlin & Stettin, 1782, S. 42 zitiert, später auch in Moses Mendelssohn's Gesammelte Schriften, Bd. 5, S. 389.
20 Hanns G. Reissner, Alexander von Humboldt im Verkehr mit der Familie Josef Mendelssohn, in: Mendelssohn-Studien, Bd. 2, S. 141–182.
21 Zitiert nach Herbert Kupferberg, Die Mendelssohns, Tübingen und Stuttgart 1972, S. 115.
22 Vgl. Thomas Lackmann, Der Sohn meines Vaters. Abraham Mendelssohn Bartholdy und die Wege der Mendelssohns, Göttingen 2008.
23 JubA, Bd. 22, S. 275.
24 JubA, Bd. 13, Nr. 727, S. 330.
25 Felix Gilbert (Hrsg.), Bankiers, Künstler und Gelehrte. Unveröffentlichte Briefe der Familie Mendelssohn aus dem 19. Jahrhundert, Tübingen 1975, S. 87 f.
26 Ein Brief Abraham Mendelssohns an Zelter über Goethe. Mitgeteilt von Anton Kippenberg, in: Jahrbuch der Sammlung Kippenberg, 1924, S. 72–91.
27 Hans-Günther Klein, »… die glücklichsten Momente meines Lebens«. Der 22-jährige Abraham Mendelssohn schreibt an Karl Friedrich Zelter, in: Bunte Blätter. Klaus Mecklenburg zum 23. Februar 2000, Basel 2000, S. 128.
28 Sebastian Hensel, Die Familie Mendelssohn 1729–1847. Nach Briefen und Tagebüchern, Bd. 1, Berlin 1908, S. 86.
29 J. M. Raich (Hrsg.), Dorothea v. Schlegel geb. Mendelssohn und deren Söhne Johannes und Philipp Veit. Briefwechsel, Mainz 1881, Bd. 1, S. 145.
30 Hensel, Die Familie Mendelssohn, Bd. 1, Berlin 1908, S. 101.
31 Hierzu vgl. Sebastian Panwitz, Joseph und Abraham Mendelssohn unter Arrest. Eine Akte aus den Jahren 1811/12, in: Mendelssohn-Studien, Bd. 14/2005, S. 77–100.
32 Hierzu vgl. Jacob Jacobson, Von Mendelssohn zu Mendelssohn-Bartholdy, in: LBIYB, Bd. 5/1960, S. 251–261.
33 Gilbert, Bankiers, Künstler und Gelehrte, S. XXVI.
34 Bodleian Library, Grüne Bücher, Bd. 2, Nr. 112.

35 Boyd Alexander, Some Unpublished Letters of Abraham Mendelssohn and Fanny Hensel, in: Mendelssohn-Studien, Bd. 3, S. 36 f.

36 Spenersche Zeitung, Nr. 230, 1834.

37 Theodor Fontane über Wilhelm Hensel, in: Mendelssohn-Studien, Bd. 3, S. 185 f.

38 Hierzu insb. Cécile Lowenthal-Hensel/Jutta Arnold, Wilhelm Hensel. Maler und Portraitist 1794–1861. Ein Beitrag zur Kulturgeschichte des 19. Jahrhunderts, Berlin 2004, S. 194 ff.

39 Hierzu Manfred Kliem, Die Berliner Mendelssohn-Adresse Neue Promenade 7. Zeitliche Zuordnung und soziales Umfeld als Forschungsanliegen, in: Mendelssohn-Studien, Bd. 7, S. 123–140.

40 Michael Cullen, Leipziger Straße Drei. Eine Baubiographie, in: Mendelssohn-Studien, Bd. 5, S. 9–77, hier: S. 48.

41 Im Folgenden zitiert nach Cécile Lowenthal-Hensel, Neues zur Leipziger Straße Drei, in: Mendelssohn-Studien, Bd. 7, S. 142 f.

42 Sebastian Hensel, Ein Lebensbild aus Deutschlands Lehrjahren, Berlin 1911, S. 17 f.

43 Hensel, Die Familie Mendelssohn, Bd. 2, S. 282.

44 Der Verfasser verdankt diese Geschichte Michael S. Cullen, der diese ausgegraben hat und mit ihr seinen Aufsatz in den Mendelssohn-Studien beschließt.

45 Hensel, Ein Lebensbild, S. 214.

46 Anzeige des Herrn von Humboldt über die astronomischen, geodetischen und physikalischen Instrumente, welche verfertigt wurden bei N. Mendelssohn in der Behren-Strasse No 60 in Berlin, Sonderdruck aus: Gilberts Annalen der Physik, 1806, StaBi Berlin, MA Depos. MG Nachlaß 4, 15, 15.

47 Julius Löwenberg, Ein fast vergessner Sohn Moses Mendelssohns, in: Vossische Zeitung 1883, Sonntagsbeilage, Nr. 40, 7. Oktober 1883, S. 4.

48 Vgl. Ilse Rabien, Nathan Mendelssohn als preußischer Offizier im Befreiungskrieg 1813: Mendelssohn-Studien, Bd. 8/1993. S. 59 ff.

49 Hierzu Ilse Rabien, Die Mendelssohns in Bad Reinerz. Zur Familie Nathan Mendelssohns, in: Mendelssohn-Studien, Bd. 7, S. 166.

50 StaBi Berlin, MA Depos. MG Nachl. 4, 21.

51 Zitiert nach Caroline Cauer, Schicksale, unveröffentl. Manuskript [1982], S. 3.

52 Ilse Rabien, Arnold und Wilhelm Mendelssohn. Zur Biographie zweier bemerkenswerter Brüder, in: Mendelssohn-Studien, Bd. 7, S. 295 – 328, hier S. 299.

53 Ebenda, S. 302.

54 Vgl. Helmut Hirsch, Sophie von Hatzfeld. In Selbstzeugnissen, Zeit- und Bilddokumenten, Düsseldorf 1981, S. 23 ff.

55 Es handelte sich um Sophie Baronin von Meyendorf-Uexküll.
56 Gilbert (Hrsg.), Bankiers, Künstler und Gelehrte, S. 161.
57 Arnold an Nathan Mendelssohn, 25. August 1851, StaBi Berlin, MA Depos. MG Nachlaß 4, 32 c.
58 Rabien, Arnold und Wilhelm Mendelssohn, S. 316.
59 Ilse Rabien, Dr. med. Arnold Mendelssohn und seine »Levantinischen Briefe«, in: Mendelssohn-Studien 13/2003, S. 177 ff.
60 Ferdinand Lassalle, Nachgelassene Briefe und Schriften, hrsg. von Gustav Mayer, Bd. 4, Stuttgart/Berlin 1925, S. 103.
61 Dorothea Veit an Schleiermacher, 15. November 1799, in: Raich (Hrsg.), Dorothea v. Schlegel geb. Mendelssohn und deren Söhne Johannes und Philipp Veit, Bd. 1, S. 18 .
62 Zitiert nach Carola Stern, »Ich möchte mir Flügel wünschen«. Das Leben der Dorothea Schlegel, Reinbek bei Hamburg 1990, S. 126.
63 Zitiert nach Ludwig Geiger, Dichter und Frauen. Vorträge und Abhandlungen, Berlin 1896, 140.
64 Dorothea Schlegel an Friedrich Schleiermacher, 2. November 1802, in: Briefe von Dorothea Schlegel an Friedrich Schleiermacher, Berlin 1913, S. 124.
65 Ebenda, S. 121.
66 Briefe von und an Friedrich Gentz. Auf Veranlassung und mit Unterstützung der Wedekind-Stiftung zu Göttingen, hrsg. von Friedrich Carl Wittichen, Bd. 2: Briefe von und an Carl Gustav Brinckmann und Adam Müller, München und Berlin 1910, S. 97.
67 Dorothea an Philipp Veit, 19. Oktober 1814, in: J.M. Raich (Hrsg.), Dorothea von Schlegel geb. Mendelssohn und deren Söhne Johann und Philipp Veit, Bd. 2, Mainz 1881, S. 282.
68 Simon an seinen Sohn Philipp Veit, 28. Oktober 1810, in: Raich (Hrsg.), Dorothea von Schlegel geb. Mendelssohn und deren Söhne Johann und Philipp Veit, Bd. 1, S. 437.
69 Dorothea Schlegel an Simon Veit, 28. August 1819, abgedruckt bei Theodor Zondek, Dorothea Schlegel und Simon Veit, in: BLBI 5/1962, S. 303 f.
70 So Christa Steinle, Die Rückkehr des Religiösen. Nazarenismus zwischen Romantik und Rationalismus, in: Max Hollein/Christa Steinle (Hrsg.) Religion, Macht, Kunst. Die Nazarener. Mit Texten von Bazon Brock, Cordula Grewe, Rainer Metzger, Cornelia Reiter, Christa Steinle, Michael Thimann, Beat Wyss, Köln [2005], S. 30 ff.
71 Novalis, Die Christenheit oder Europa [1799], in: Die deutsche Literatur in Text und Darstellung, Romantik I, Stuttgart 1974, S. 180.
72 S[ebastian] Hensel, Die Familie Mendelssohn 1729–1847. Nach Briefen und Tagebüchern, Bd. 1, Berlin 1908, S. 136.

73 Heinrich Finke (Hrsg.), Der Briefwechsel Friedrich und Dorothea Schlegels 1818–1820 während Dorotheas Aufenthalt in Rom, München 1923, S. 46.
74 Vgl. Christina Ujma, Religion, Nazarener und »Avantgarde«. Dorothea Schlegels Briefe aus Rom, in: Marburger Forum. Beiträge zur geistigen Situation der Zeit, 3/2005.
75 Atterborn an Schelling, 25. Mai 1818, zitiert nach Rainer Schmitz (Hrsg.), Henriette Herz in Erinnerungen, Briefen und Zeugnissen, Frankfurt 1984, S. 468.
76 Hermann Uhde (Hrsg.), Erinnerungen und Leben der Malerin Louise Seidler, Berlin 1874, S. 253.
77 Allgemeine Zeitung, Nr. 149, 5. Juni 1819.
78 Dorothea an Friedrich Schlegel, 7. August 1819, in: Heinrich Finke (Hrsg.), Der Briefwechsel Friedrich und Dorotheas Schlegels, S. 259.
79 Das Bild, Öl auf Leinwand, rentoiliert, 141,9 x 105 cm, ist von Veit, nachdem der Auftraggeber es nicht annahm, im Zorn zerstört worden. Eine zweite Fassung befindet sich heute unter der Bezeichnung »Die Aussetzung Mosis« im Städel Frankfurt, Inventarnr. 1244.
80 Mendelssohn Family Collection, LBI, AR 7165 7/16.
81 StaBi Berlin, MA Depos. MG Nachlass 4, 5a.
82 Gilbert, Bankiers, Künstler, Gelehrte, S. 17.
83 Ebenda, S. 19 f.
84 Konrad Feilchenfeldt (Hrsg.), Karl August Varnhagen von Ense: Denkwürdigkeiten des eigenen Lebens, Frankfurt 1987, Bd. 2, S. 148.
85 Hensel, Die Familie Mendelssohn, Bd. 1, S. 71.
86 Vgl. Hans-Günther Klein, Henriette Maria Mendelssohn in Paris. Briefe an Lea Mendelssohn Bartholdy, in: Mendelssohn-Studien, 14/2005, S. 101 ff.
87 Albert Savine, L'assassinat de la Duchesse Praslin, Paris 1905.

Kapitel 3: Fanny und Felix

1 S[ebastian]Hensel, Die Familie Mendelssohn 1729–1847. Nach Briefen und Tagebüchern, Berlin 1908, Bd. 1, S. 104 .
2 Vgl. Wilfried Nippel, Johann Gustav Droysen. Ein Leben zwischen Wissenschaft und Politik, München 2008, S. 16.
3 Über den Tagesablauf sind wir durch eine Schilderung Felix' informiert, der in Anlehnung an Goethes »Achilleis« im Herbst 1820 oder Frühjahr 1821 ein Spottgedicht auf den achtjährigen Bruder Paul verfasst hat. Vgl. Felix Mendelssohn Bartholdy, Paphleis. Ein Spott-Heldengedicht, eingeleitet und hrsg. von Ursula Galley, Basel 1961. Siehe hierzu: Das verborgene Band. Felix Mendelssohn Bartholdy und seine Schwester Fanny Hensel. Ausstellung der Musikabteilung der Staatsbibliothek zu Berlin – Preußischer Kulturbesitz zum

50. Todestag der beiden Geschwister. 15. Mai bis 12. Juli 1897, Wiesbaden 1997, S. 56 f.

4 Ebenda, S. 102.

5 Zitiert nach Francoise Tillard, Die verkannte Schwester. Die späte Entdeckung der Komponistin Fanny Mendelssohn Bartholdy, München 1994, S. 137.

6 Ferdinand Hiller, Felix Mendelssohn Bartholdy, Briefe und Erinnerungen, Köln 1878, S. 17.

7 Dieter Siebenkäs, Ludwig Berger. Sein Leben und seine Werke, Berlin 1963, S. 234.

8 Aus [Ignaz] Moscheles' Leben. Nach Briefen u. Tagebüchern, hrsg. von seiner Frau [Charlotte Moscheles], Bd. 1, Leipzig 1872, S. 93.

9 Ebenda.

10 Hensel, Die Familie Mendelssohn, Bd. 1, S. 124.

11 Aus Moscheles' Leben, S. 93–95.

12 Vgl. Wolfgang Dinglinger, Sonntagsmusiken bei Abraham und Lea Mendelssohn Bartholdy, in: Die Musikveranstaltungen bei den Mendelssohns, hrsg. von Hans-Günther Klein, Leipzig 2006, S. 35 ff.

13 Hensel, Die Familie Mendelssohn, Bd. 1, S, 236.

14 Heinrich Heine an Johann Gustav Droysen, 6. September 1829, in: Deutsche Geschichtsquellen des 19. Jahrhunderts, Bd. 25: Johann Gustav Droysen Briefwechsel, hrsg. von Rudolf Hübner, Berlin und Leipzig 1929, S. 9.

15 Arnd Richter, Mendelssohn. Leben – Werke – Dokumente, München 1994, S. 76.

16 Hensel, Die Familie Mendelssohn, Bd. 1, S. 166.

17 Eric Werner, Mendelssohn. Leben und Werk in neuer Sicht, Zürich/Freiburg 1980, S. 94.

18 Felix Mendelssohn Bartholdy. Sämtliche Briefe, Bd. 1: 1916–1830, hrsg. und kommentiert von Juliette Appold und Regina Back, Kassel u. a. 2008, S. 75.

19 Ludwig Rellstab, Aus meinem Leben, Bd. 2, Leipzig 1861, S. 143.

20 Mendelssohn Bartholdy. Sämtliche Briefe, Bd. 1, S. 77.

21 Ludwig Rellstab, Gesammelte Schriften. Erinnerungen und Kritiken, Bd. 1, Leipzig 1843, S. 128.

22 Peter Ranft, Felix Mendelssohn Bartholdy. Eine Lebenschronik, Leipzig 1972, S. 11.

23 Mendelssohn Bartholdy. Sämtliche Briefe, Bd. 1, S. 539.

24 Ebenda.

25 Briefwechsel zwischen Goethe und Zelter, hrsg. von Max Hecker, Frankfurt am Main 1987, Bd. 2, S. 158.

26 Henriette Mendelssohn geb. Meyer an Rosamunde Mendelssohn geb. Richter, 9. November 1833, in: Felix Gilbert (Hrsg.), Bankiers, Künstler und Gelehrte.

Unveröffentlichte Briefe der Familie Mendelssohn aus dem 19. Jahrhundert, Tübingen 1975, S. 93.

27 Fanny und Felix Mendelssohn, »Die Musik will gar nicht rutschen ohne Dich«. Briefwechsel 1821 bis 1846, hrsg. von Eva Weissweiler, Berlin 1997, S. 144.

28 Hans Günther Klein, »... dieses allerliebste Buch«. Fanny Hensel Noten-Album, in: Mendelssohn-Studien, Bd. 8/1993, S. 146 f.

29 Zitiert nach Cécile Lowenthal-Hensel/Jutta Arnold, Wilhelm Hensel. Maler und Portraitist, Berlin 2004, S. 103.

30 Hensel, Die Familie Mendelssohn, Bd. 1, S. 141.

31 Zu den Verfügungen vgl. Sebastian Panwitz, Das Testament von Wilhelm und Fanny Hensel, in: Mendelssohn-Studien, 13/2003, S. 169–175.

32 Das verborgene Band, S. 156.

33 Hierzu die Besprechung A. Bernsteins, in: Julius H. Schoeps, Jüdische Emanzipation und bürgerliche Revolution. A. Bernstein in seiner Zeit, Zürich 1998, S. 37 f., Anm. 31.

34 Die erhaltenen Zeichnungen sind von Cécile Lowenthal-Hensel und Sigrid Gräfin von Strachwitz in einem bemerkenswerten Nachschlagewerk »Europa im Portrait. Zeichnungen von Wilhelm Hensel, 1794–1861« (2 Bde., Berlin 2005) zusammengestellt worden.

35 Vgl. Theodor Fontane. Von Zwanzig bis Dreißig. Autobiographisches. Nebst anderen selbstbiographischen Zeugnissen, München 1967, S. 266.

36 Theodor Fontane über Wilhelm Hensel, in: Mendelssohn Studien, Bd. 3/1979, S. 191 f.

37 Eduard Devrient, Meine Erinnerungen an Felix Mendelssohn Bartholdy und seine Briefe an mich, Leipzig 1869, S. 54 ff.

38 Briefwechsel zwischen Goethe und Zelter, Bd. 3, S. 151.

39 Richter, Mendelssohn, S. 123.

40 Devrient, Meine Erinnerungen, S. 61 f.

41 Hierzu ausführlich Wolfgang Dinglinger, Felix Mendelssohn Bartholdys Berliner Intermezzo. Juni 1832 bis April 1833, in: Mendelssohn-Studien, Bd. 13/2003, S. 101 ff.

42 Erworben hatte Abraham Mendelssohn die meisten Bach-Musikalien von Georg Poelchau (1773–1836), vgl. Die Bach-Quellen der Sing-Akademie zu Berlin. Katalog, Bd. 2: Historischer Überblick, Hildesheim 2006, S. 515 f.

43 Devrient, Meine Erinnerungen, S. 148.

44 Ebenda, S. 113 f.

45 Karl Klingemann jun. (Hrsg.), Felix Mendelssohn Bartholdys Briefwechsel mit Legationsrat Karl Klingemann, Essen 1909, S. 100.

46 Hensel, Die Familie Mendelssohn, Bd. 1, S. 241 f.

47 Devrient, Meine Erinnerungen, S. 81.
48 Mendelssohn Bartholdy. Sämtliche Briefe, Bd. 1, S. 298.
49 Hensel, Die Familie Mendelssohn, S. 251.
50 Erstmals veröffentlicht von Albrecht Mendelssohn Bartholdy in: Frankfurter Zeitung, Nr. 31, 31. Januar 1909.
51 Mendelssohn Bartholdy. Sämtliche Briefe, Bd. 1, S. 335.
52 Der Brief befindet sich in den »Grünen Büchern«, Bodleian Library, Oxford, Bd. 1, Nr. 12.
53 Mendelssohn Bartholdy. Sämtliche Briefe, Bd. 1, S. 411.
54 Das Werk wurde später der erste Satz von Mendelssohns Dritter Sonate für Orgel in A-Dur, op. 65.
55 Mendelssohn Bartholdy. Sämtliche Briefe, Bd. 1, S. 416.
56 So Eva Weissweiler, in: Fanny und Felix Mendelssohn, Briefwechsel, S. 7.
57 Hensel, Die Familie Mendelssohn, Bd. 1, S. 115.
58 Ebenda, S. 117.
59 Staatsbibliothek, Musikabteilung, Stiftung Preußischer Kulturbesitz, MA Nachlaß, 6,1–7,1.
60 Beatrix Borchard, Zur Rolle der Instrumentalmusik im jüdischen Akkulturationsprozess, in: Menora 2005/2006, S. 190.
61 Eric Werner, Mendelssohn. Leben und Werk in neuer Sicht, S. 95 ff.
62 Françoise Tillard, Felix und Fanny Mendelssohn Bartholdy. Verkörperung bürgerlicher Perfektion, in: Fanny Hensel geb. Mendelssohn Bartholdy. Komponieren zwischen Geselligkeitsideal und romantischer Musikästhetik, hrsg. von Beatrix Borchard und Monika Schwarz-Danuser, Stuttgart/Weimar 1999, S. 237.
63 Cécile Lowenthal-Hensel, ›F in Dur und F in Moll‹. Fanny und Felix Mendelssohn in Berlin, in: Berlin in Dur und Moll, hrsg. von Felix Henseleit, Berlin 1970, S. 30–32.
64 Siehe Hans-Günther Klein, Fanny Hensels öffentliche Auftritte als Pianistin, in: Mendelssohn-Studien, Bd. 14/2005, S. 285 ff.
65 Vgl. Hans-Günther Klein, Sonntagsmusiken bei Fanny Hensel, in: Die Musikveranstaltungen bei den Mendelssohns, S. 47 ff.
66 Felix Mendelssohn Bartholdy an die Familie, 22. Februar 1831, in: Reisebriefe, S. 108.
67 Hans-Günter Klein/Rudolf Elvers (Hrsg.), Fanny Hensel. Tagebücher, Wiesbaden, 2002, S. 89.
68 Hensel, Die Familie Mendelssohn, Bd. 1, S. 339.
69 Reisebriefe, Bd. 1, S. 297.
70 Hierzu ausführlich der Ausstellungskatalog Die Mendelssohns in Italien. Ausstellung des Mendelssohn-Archivs der Staatsbibliothek zu Berlin –

Preußischer Kulturbesitz [6. Dezember 2002 bis 18. Januar 2003], Wiesbaden 2002.

71 Reisebriefe, Bd. 1, S. 52.

72 Briefwechsel zwischen Goethe und Zelter, Bd. 3, S. 373.

73 Vgl. Hans Wille, »Die Trauernden Juden im Exil« von Eduard Bendemann, in: Wallraf-Richartz-Jahrbuch, Bd. LVI,/1995, S. 307–316.

74 Siehe Katalog der Gemälde des 19. Jahrhunderts im Wallraf-Richartz-Museum (Kataloge des Wallraf-Richartz-Museums, Bd. 1), bearb. von Rolf Andree, Köln 1964, S. 21 f.

75 Die Mendelssohns in Italien, S. 46.

76 Zu Wilhelm Hensels Schaffen in Rom siehe Cécile Lowenthal-Hensel/Jutta Arnold, Wilhelm Hensel. Maler und Portraitist 1794–1861, S. 105 ff. und 227 ff.

77 Hensel, Die Familie Mendelssohn, Bd. 2, S. 140.

78 Ebenda, S. 138.

79 Ebenda, S. 140.

80 Zu dieser Beziehung vgl. Hans-Günther Klein, Fanny und Wilhelm Hensel und die Maler Elsasser, in: Mendelssohn-Studien, 13/2003, S. 125–167.

81 Ebenda, S. 150.

82 Vermutlich »In der römischen Campagna«, signiert »A. Elsasser«, MA, BA 188, 4.

83 Vermutlich die Bleistiftzeichnung von Kaselowsky »Villa Wolchonsky«, signiert 20. Mai 1840, MA BA 188, 57 und von Dugasseau »Villa Wolkonsky«, weiße Kreide, auf blauem Papier, signiert 20. Mai 1840 mit C. Dug., MA BA 188, 15.

84 Hensel, Die Mendelssohns, Bd. 2, S. 152.

85 Ebenda, S. 162.

86 Die Familie Mendelssohn, S. 236.

87 Vgl. Hans Günther Reissner, Eduard Gans. Ein Leben im Vormärz, Tübingen 1965, S. 125 ff.

88 Zu Ludwig und Friederike Robert vgl. Lothar Cahn, Ludwig Robert, Rahel's Brother, in: YBLBI 18/1973, S. 185–199 und Mariam Sambursky, Ludwig Roberts Lebensgang, in: BLBI 15/1976, S. 1–22.

89 Konrad Feilchenfeldt, Karl August Varnhagen von Ense: Sieben Briefe an Rebecka Dirichlet, in: Mendelssohn-Studien, 3/1979, S. 129.

90 Die Familie Mendelssohn, Bd. 1, S. 178.

91 Hierzu vgl. Die Mendelssohns in Italien, S. 13.

92 Hans-Günther Klein, »Wir erleben einige Freude an diesem jungen Mann«. Die Briefe von Abraham Mendelssohn Bartholdy vom Niederrheinischen Musikfest 1833 nach Berlin, in: Mendelssohn-Studien, Bd. 11, Berlin 1999, S. 61.

93 Karl Immermann, Zwischen Poesie und Wirklichkeit. Tagebücher 1831–1840, hrsg. von Peter Hasubek, München 1984, S. 126.

94 Düsseldorfer Zeitung, Nr. 129, 30. Mai 1833.
95 Felix Mendelssohn Bartholdy an Joseph von Fuchsius, 5. Juli 1834, in: Rudolf Elvers, Felix Mendelssohn Bartholdy. Briefe, Frankfurt am Main 1984, S. 170.
96 Felix Mendelssohn Bartholdy an Devrient, 9. Juni 1834, in: Devrient, Meine Erinnerungen S. 174.
97 Felix Mendelssohn Bartholdy an die Familie, 16. Januar 1834, in: Mendelssohn Bartholdy, Briefe, Bd. 2, S. 24.
98 Boyd Alexander, Felix Mendelssohn Bartholdy and Young Women, in: Mendelssohn-Studien, 2/1975 S. 71 ff.
99 Weissweiler (Hrsg.), Fanny und Felix Mendelssohn, S. 231.
100 Hensel, Die Familie Mendelssohn, Bd. 2, S. 33.
101 Elise Polko, Erinnerungen an Felix Mendelssohn Bartholdy, Leipzig 1868, S. 60.
102 »Die Liebe gleicht alles aus.« Briefe der Zuneigung, Fürsorge und Trauer aus der Familie Mendelssohn, hrsg. von Hans-Günter Klein, Berlin 2004, S. 50.
103 Felix und Cécile Mendelssohn Bartholdy. Das Tagebuch der Hochzeitsreise nebst Briefen an die Familien, hrsg. von Peter Ward Jones, Zürich und Mainz 1997, S. 27.
104 Hensel, Die Familie Mendelssohn, Bd. 2. S. 45.
105 Hiller, Felix Mendelsohn Bartholdy, S. 85.
106 Briefe aus den Jahren 1833 bis 1847 von Felix Mendelssohn, hrsg. von Paul Mendelssohn Bartholdy in Berlin und Dr. Carl Mendelssohn Bartholdy in Heidelberg, (1863), Potsdam 1997, S. 213 f.
107 Vgl. Anselm Hartinger, »… lauter Vocal- und Instrumentalcompositionen dieses unsterblichen Meisters«. Felix Mendelssohn Bartholdy und das Konzert zur Enthüllung des Leipziger Bach-Denkmals am 23. April 1843, in: Mendelssohn-Studien, 14/2005, S. 221 ff.
108 Hierzu Beatrix Borchard, Stimme und Geige – Amalie und Joseph Joachim. Biographie und Interpretationsgeschichte, Wien 2005.
109 Vgl. Wolfgang Dinglinger, »Acta betreffend: Die Berufung des Componisten Dr. Felix Mendelssohn Bartholdi nach Berlin«. Briefe von und an Felix Mendelssohn Bartholdy, in: Mendelssohn-Studien, Bd. 14/2005, S. 189 ff.
110 Hensel, Die Familie Mendelssohn, Bd. 2, S. 346.
111 Siehe hierzu Rudolf Elvers, Über das ›Berlinische Zwitterwesen‹. Felix Mendelssohn Bartholdy in Briefen über Berlin, in: Die Mendelssohns in Berlin. Eine Familie und ihre Stadt (= Ausstellungskatalog der Staatsbibliothek Preußischer Kulturbesitz, Bd. 20), Berlin 1983, S. 31 ff.
112 Mendelssohn Bartholdy, Briefe, hrsg. von Rudolf Elvers, Frankfurt 1984, S. 216.

113 Johann Gustav Droysen, Briefwechsel, hrsg. von Rudolf Hübner, Bd. 1: 1829–1851, Berlin 1926, S. 262.
114 Devrient, Meine Erinnerungen an Felix Mendelssohn Bartholdy und seine Briefe an mich, Leipzig 1892, S. 244.
115 Felix Mendelssohn Bartholdys Briefwechsel mit Legationsrat Karl Klingemann, S. 299.
116 Werner, Mendelssohn, S. 471.
117 Autographen aus allen Gebieten, Katalog 683, J.A. Stargardt, Berlin 2006, Nr. 860, S. 366.
118 Eva Weissweiler, Clara Schumann. Eine Biographie, Hamburg 1990, S. 201.
119 Werner, Mendelssohn, S. 466.
120 Hensel, Die Familie Mendelssohn, Bd. 2, S. 442.
121 Alexander Mendelssohn an Karl Klingemann, 22. September 1847, in: Autographen aus allen Gebieten, J.A. Stargardt, Katalog 687, Berlin 2007, S. 304.
122 Weissweiler (Hrsg.), Fanny und Felix Mendelssohn, S. 415.
123 Gilbert (Hrsg.), Bankiers, Künstler, Gelehrte, S. 146.
124 Werner, Mendelssohn, S. 514.
125 Peter Ward Jones, Felix Mendelssohn Bartholdys Tod: Der Bericht seiner Frau, in: Mendelssohn-Studien, Bd. 12, S. 225.
126 Droysen, Briefwechsel, Bd. 1: 1829–1851, S. 365.
127 Berthold Litzmann, Clara Schumann. Ein Künstlerleben nach Tagebüchern und Briefen, Bd. 2, Leipzig 1918, S. 171.
128 Sebastian Hensel, Ein Lebensbild aus Deutschlands Lehrjahren, Berlin 1904 S. 310.
129 Gerhard Schuhmacher (Hrsg.), Felix Mendelssohn Bartholdy (Einleitung), Darmstadt 1982, S. 1.
130 Hugo Riemann, Geschichte der Musik seit Beethoven, Berlin/Stuttgart 1901, S. 261.
131 Vgl. Albrecht Mendelssohn Bartholdy, Felix Mendelssohn und Richard Wagner, in: Programmbuch des 1. Fränkischen Musikfestes zu Würzburg, Februar 1914, R. Pranger Nachf. (A. Oertel), Würzburg 1914, S. 39–48.
132 Vgl. Thomas Schinköth, »Es soll hier keine Diskussion über den Wert der Kompositionen angeschnitten werden«. Felix Mendelssohn Bartholdy im NS-Staat, in: Mendelssohn-Studien, 11/1999, S. 188 ff.
133 Friedhelm Krummacher, Mendelssohn – der Komponist: Studien zur Kammermusik für Streicher, München 1978, S. 473.
134 Salomon Ludwig Steinheim zum Gedenken, hrsg. von Hans-Joachim Schoeps, 2. Auflage, Hildesheim 1987, S. 291.

Kapitel 4: Rund um Geschäft und Familie

1 Zu der Geschichte des Bankhauses vgl. Wilhelm Treue. Das Bankhaus Mendelssohn als Beispiel einer Privatbank im 19. und 20. Jahrhundert, in: Mendelssohn-Studien, Bd. 1, S. 29–80.

2 Die Mendelssohns in Berlin. Eine Familie und ihre Stadt, bearbeitet von Rudolf Elvers und Hans-Günther Klein, Berlin 1983, S. 132 f., Nr. 21 und 24 a.

3 Ebenda, S. 99.

4 Hierzu Sebastian Panwitz, Zur Besitzgeschichte der Mendelssohn-Häuser in der Jägerstraße 49–53, in: Mendelssohn-Studien, Bd. 13, S. 299–303.

5 Hugo Rachel und Paul Wallich, Berliner Großkaufleute und Kapitalisten, Bd. 3: Übergangszeit zum Hochkapitalismus 1806–1856, Berlin 1939, S. 103.

6 Hans-Günther Klein, Die »Societäts-Contracte« der Mendelssohn-Bank 1806–1876. Zum 200. Geburtstag des Bankhauses, in: Mendelssohn-Studien, Bd. 9, S. 102.

7 Joseph Mendelssohn, Ueber Zettelbanken, mit besonderer Hinsicht auf eine Preussische Landesbank. Nebst Auszügen und Reglements der österreichischen, bayerischen, französischen und englischen Bank, [Verlag von Alexander Duncker], Berlin 1846.

8 Siehe 100 Jahre Berliner Hagel-Assecuranz-Gesellschaft 1832, Lehmann, Charlottenburg 1932.

9 Verfassungs-Urkunde der von seiner Majestät dem Könige von Preußen allergnaedigst privilegirten Hagel-Assekuranz-Gesellschaft zu Berlin, Zweite Auflage, Berlin 1846.

10 Rachel und Wallich, Berliner Großkaufleute und Kapitalisten, Bd. 3, S. 263.

11 Die Mendelssohns in Berlin, S. 27.

12 Ebenda.

13 Ebenda, S. 151.

14 Ebenda, S. 147.

15 Ebenda.

16 Ausführlich hierzu Hanns G. Reissner, Alexander von Humboldt im Verkehr mit der Familie Josef Mendelssohn, in: Mendelssohn-Studien, Bd. 2, 1975, S. 141–182.

17 Vgl. Kurt-R. Biermann und Ingo Schwarz, Geboren mit einem silbernen Löffel im Munde – gestorben in Schuldknechtschaft. Die wirtschaftlichen Verhältnisse Alexander von Humboldts, in: Mitteilungen des Vereins für die Geschichte Berlins, 1/2000, S. 9–12.

18 Wilhelm von Humboldt. Briefe, München 1952, S. 296.

19 Alexander von Humboldt an Alexander Mendelssohn, 22. Januar 1856, in: Gilbert, Bankiers, Künstler und Gelehrte, S. 166.

20 Vgl. Julius H. Schoeps, Christlicher Staat und jüdische Gleichberechtigung. Der Antisemitismus im Reaktionsjahrzehnt in Preußen (1850–1858), in: Deutsch-jüdische Symbiose oder Die mißglückte Emanzipation, Berlin u. a. 1996, S. 169 ff.

21 Alexander von Humboldt an Alexander Mendelssohn, 31. Januar 1956, in: Gilbert, Bankiers, Künstler und Gelehrte, S. 167.

22 Clara Schumann an Albertine Mendelssohn-Bartholdy, 9. Juli 1874, in: Autographen aus allen Gebieten, J. A. Stargardt Katalog 687/2007, S. 322, Nr. 808.

23 Die Mendelssohns in Berlin, S. 252, Nr. 183.

24 Klein, Die »Societäts-Contracte« der Mendelssohn-Bank 1806–1876, S. 103.

25 Ebenda, S. 114 f.

26 GStA PK, I.HA, Rep 89, Nr. 1579, Bl. 209–210.

27 Die Mendelssohns in Berlin, S. 210 f., Nr. 123–125.

28 Die Akten sind mehr oder weniger vollständig erhalten und befinden sich im Mendelssohn-Archiv der Staatsbibliothek zu Berlin unter der Signatur MA Depos. MG Nachl. 1.

29 Centrum Judaicum Archiv, 1/75 E, Nr. 23 [Henrietten-Stiftung].

30 In Auszügen abgedruckt, in: Die Mendelssohns in Berlin, S. 254.

31 Acta der Versorgungs-Anstalt der jüdischen Gemeinde zu Berlin betreffend die Stiftung des Geheimen Kommerzienrath Alexander Mendelssohn CJA, 1, 75 A Bl2/1, Verz. 424, 13833.

32 CJA, 1, 75 E, Nr. 54, 14353.

33 Felix Gilbert (Hrsg.), Bankiers, Künstler und Gelehrte. Unveröffentlichte Briefe der Familie Mendelssohn aus dem 19. Jahrhundert, Tübingen 1975, S. 84.

34 Beschrieben bei Adolph Donath, Der Berliner Kaufmann als Kunstfreund, in: Berlins Aufstieg zur Weltstadt. Ein Gedenkbuch, hrsg. vom Verein Berliner Kaufleute und Industrieller aus Anlass seines 50jährigen Bestehens, Berlin 1929, S. 247 f.

35 Joachim von Elbe, Paul Mendelssohn-Bartholdy (1812–1874), in: Die Mendelssohns in Berlin, S. 46.

36 Ludwig Gläser, Eduard Magnus. Ein Beitrag zur Berliner Bildnismalerei des 19. Jahrhunderts, Berlin 1963, S. 111, Nr. 134, und S. 110, Nr. 132.

37 Paul Mendelssohn-Bartholdy (Hrsg.), Felix Mendelssohn Bartholdy. Briefe aus den Jahren 1830 bis 1832, Leipzig 1861, S. XX.

38 Paul Mendelssohn-Bartholdy und Karl Mendelssohn Bartholdy (Hrsg.), 2 Bde., Bd. 1: Aus den Jahren 1830 bis 1832, Bd. 2: Briefe aus den Jahren 1833 bis 1847 von Felix Mendelssohn Bartholdy, Leipzig [Verlag Hermann Mendelssohn]1861 und 1863 [Nachdruck hrsg. von Julius H. Schoeps, Potsdam 1997].

39 Vgl. Gisela Gantzel-Kress, Karl Mendelssohn Bartholdy, in: Mendelssohn-Studien, 8/1993, S. 197–225.
40 Paul Mendelssohn-Bartholdy an Karl Mendelssohn Bartholdy, 7. Januar 1863, in: Gilbert (Hrsg.), Bankiers, Künstler und Gelehrte, S. 186.
41 Paul Mendelssohn-Bartholdy an Karl Mendelssohn Bartholdy, 25. März 1876, in: ebenda, S. 196.
42 Vgl. Max F. Schneider, Die Wach'sche Mendelssohn-Sammlung auf dem Ried in Wilderswill bei Interlaken. Ein Beitrag zur Geschichte des Nachlasses von Felix Mendelssohn Bartholdy [Typoskript], o. D.
43 Vgl. Dagmar Unger, Adolf Wach (1943–1926) und das liberale Zivilprozessrecht, Berlin 2005, S. 41 ff.
44 Auszug aus dem Brief Paul Mendelssohn-Bartholdys an seinen Neffen Sebastian Hensel, in: Die Mendelssohns in Italien. Ausstellung des Mendelssohn-Archivs der Staatsbibliothek zu Berlin – Preußischer Kulturbesitz [6. Dezember 2003 – 18. Januar 2003], Wiesbaden 2002, S. 102.
45 Elbe, Paul Mendelssohn-Bartholdy, S. 53.
46 Hensel, Die Familie Mendelssohn, Bd. 2, S. 460.
47 Die Berliner Handels-Gesellschaft in einem Jahrhundert deutscher Wirtschaft, 1856–1956, Berlin [1956], S. 15.
48 Carl Fürstenberg. Die Lebensgeschichte eines deutschen Bankiers. Niedergeschrieben von Hans Fürstenberg, Wiesbaden 1961, S. 121.
49 Die Mendelssohns in Berlin, S. 248.
50 T. Bernhardi, Unter Nikolaus I. und Friedrich Wilhelm IV. Briefe und Tagebuchblätter aus den Jahren 1834–1857, Leipzig 1893, S. 283.
51 Treue, Das Bankhaus Mendelssohn als Beispiel einer Privatbank im 19. und 20. Jahrhundert, S. 41.
52 Leo Jolles, Im Reich des Geldes, Berlin und Leipzig 1915, S. 100.
53 Hans-Joachim Schoeps, Preußen. Geschichte eines Staates, Frankfurt am Main 1995, S. 617.
54 Die Mendelssohns in Berlin, S. 207, Nr. 116.
55 Schoeps, Preußen, S. 617.
56 Heinrich Heine. Sämtliche Schriften in zwölf Bänden, hrsg. von Klaus Briegleb, Bd. 9: Schriften 1831–1855, hrsg. von Karl Heinz Stahl, Berlin 1981, S. 449.
57 Zit. nach Wolfgang Schivelbusch, Geschichte der Eisenbahnreise. Zur Industrialisierung von Raum und Zeit im 19. Jahrhundert, Frankfurt am Main u. a. 1979, S. 54.
58 Vgl. Hans Jaeger, Jüdische Unternehmer und die deutschen Eisenbahnen, in: Werner E. Mosse/Hans Pohl (Hrsg.), Jüdische Unternehmer in Deutschland im 19. und 20. Jahrhundert, Stuttgart 1992, S. 123.

59 Vgl. R. Fremdling, Eisenbahnen und Wirtschaftswachstum 1840–1979, Dortmund 1975, S. 136 f.

60 Lothar Gall, Eisenbahn in Deutschland: Von den Anfängen bis zum Ersten Weltkrieg, in: Die Eisenbahn in Deutschland. Von den Anfängen bis zur Gegenwart, hrsg. von Lothar Gall und Manfred Pohl, München 1999, S. 18.

61 Peter Bley, 150 Jahre Eisenbahn Berlin–Hamburg. Auf der Strecke des technischen Fortschritts, Düsseldorf 1996, S. 24 ff.

62 Vgl. Ebenda, S. 32 f.

63 Vgl. Jaeger, Jüdische Unternehmer und die deutschen Eisenbahnen, S. 119 ff.

64 Michael Stürmer/Gabriele Teichmann/Wilhelm Treue, Wägen und Wagen. Sal. Oppenheim jr. & Cie. Geschichte einer Bank und einer Familie, München/Zürich 1989, S. 88.

65 Joseph Mendelssohn an August Leo, 29. Juni 1844, in: Die Mendelssohns, S. 208 ff., Nr. 120.

66 Zit. nach W. E. Mosse, Jews in the German Economy. The German-Jewish Economic Élite 1820–1935, Oxford 1987, S. 10 f., Anm. 25.

67 E. C. Conte Corti, Das Haus Rothschild in der Zeit seiner Blüte 1830–1871, Leipzig 1928, S. 264 f.

68 Petersburger Briefe von Kurd von Schlözer 1857–1862 nebst einem Anhang Briefe aus Berlin–Kopenhagen 1862–1864 und einer Anlage, hrsg. von Leopold von Schlözer, Stuttgart und Berlin 1922, S. 45.

69 Bekanntmachung über die Emission der russischen Eisenbahn-Anleihe von 1867 [Druck], in: Die Mendelssohns in Berlin, S. 249, Nr. 171.

70 Vgl. Detlev Hummel, Berlin – St. Petersburg: Bank- und Börsengeschäfte im 19. Jahrhundert, in: Kristina Hübener/Wilfried G. Hübscher/Detlev Hummel, Bankgeschäfte an Havel und Spree. Geschichte – Traditionen – Perspektiven, Potsdam 2000, besonders S. 306 f. und 316 f.

71 Treue, Das Bankhaus Mendelssohn, S. 44.

72 Die Mendelssohns in Berlin, Nr. 166–169.

73 Vgl. Felix Gilbert, Georg Benjamin Mendelssohn und Karl Mendelssohn Bartholdy. Zwei Professoren aus dem Neunzehnten Jahrhundert, in: Mendelssohn-Studien, 2/1975, S. 183.

74 Vgl. Gisela Gantzel-Kress, Karl Mendelssohn Bartholdy 1838–1897, in: Mendelssohn-Studien 8/1993, S. 197 ff.

75 Benjamin (Georg) Mendelssohn, Das germanische Europa. Zur geschichtlichen Erdkunde, Berlin 1835/36.

76 Gantzel-Kress, Karl Mendelssohn Bartholdy, S. 189.

77 Der Demokrat, Nr. 6, 21. Mai 1848.

78 Hierzu Michael Behnen, Das Preußische Wochenblatt (1851–1861). Nationalkonservative Publizistik gegen Ständestaat und Polizeistaat, Frankfurt/Zürich 1971, S. 252 f.

79 Aufzeichnungen und Erinnerungen aus dem Leben des Botschafters Joseph Maria von Radowitz, hrsg. von Hajo Hohlborn, Stuttgart 1925, Bd. I, S. 8.

80 Karl Mendelssohn Bartholdy, Friedrich von Gentz. Ein Beitrag zur Geschichte Österreichs im neunzehnten Jahrhundert, Leipzig 1867.

81 Karl Mendelssohn Bartholdy, Der Rastatter Gesandtenmord, Heidelberg 1869.

82 Wilfried Löschberg, Der Philhellenismus – »die Religion der Jugend und des Alters«, in: Mendelssohn-Studien, Bd. 8, S. 233.

83 Gilbert (Hrsg.), Bankiers, Künstler und Gelehrte, S. 283.

84 Karl Mendelssohn Bartholdy, Geschichte Griechenlands von der Eroberung Konstantinopels durch die Türken im Jahre 1453 bis auf unsere Tage, 2 Bde., Leipzig 1870.

85 Ebenda, Bd. 1, S. 319.

86 Karl Mendelssohn Bartholdy, Eulogius Schneider und die Revolution im Elsaß, in: Preußische Jahrbücher, 28/1871, S. 50–71.

87 Vgl. Walter Grab, Eulogius Schneider – ein Weltbürger zwischen Mönchszelle und Guillotine, in: Ein Volk muß seine Freiheit selbst erobern. Zur Geschichte der deutschen Jakobiner, Frankfurt 1984, S. 109 ff.

88 Gisela Gantzel-Kress, Karl Mendelssohn Bartholdy 1838–1897, S. 217.

89 Gilbert, Georg Benjamin Mendelssohn und Karl Mendelssohn Bartholdy, S. 197.

90 Hierzu Gantzel-Kress, Karl Mendelssohn Bartholdy, S. 198 und 224 f.

91 Ebenda, S. 198.

92 Ebenda, S. 200.

Kapitel 5: Der Aufstieg im Kaiserreich

1 Friedrich Hoch, Einige Wahrheiten zu Russlands vergangenen und gegenwärtigen Verhältnissen (1910), zitiert nach Wilhelm Treue, Das Bankhaus Mendelssohn, in: Mendelssohn-Studien, Bd. 1/1972, S. 47.

2 Vgl. Detlev Krause, Jüdische Traditionslinien in der Commerzbank von ihrer Gründung im Jahre 1870 bis zur Mitte der Weimarer Republik, in: Ludolf Herbst und Thomas Weihe (Hrsg.), Die Commerzbank und die Juden 1933–1945, München 2004, S. 22.

3 Treue, Das Bankhaus Mendelssohn, S. 46.

4 Carl Fürstenberg. Die Lebensgeschichte eines deutschen Bankiers. Niedergeschrieben von Hans Fürstenberg, Wiesbaden 1961, S. 152 und 154.

5 Zitiert nach Treue, Das Bankhaus Mendelssohn, S. 51

6 Vgl. Felix Gilbert (Hrsg.), Bankiers, Künstler, Gelehrte. Unveröffentlichte Briefe der Familie Mendelssohn aus dem 19. Jahrhundert, Tübingen 1975, Nr. 91, 94, 95, 117, 119.

7 Ebenda, S. 191.

8 Zitiert nach Treue, Das Bankhaus Mendelssohn, S. 52.

9 Hierzu Sebastian Panwitz, Die Wappen der Mendelssohns, in: Mendelssohn-Studien, Bd. 14/2005, S. 343 ff.

10 Zum Vorgang vgl. Dieter Hertz-Eichenrode, »Eure Majestät wolle geruhen, mir den erblichen Adel zu verleihen«. Zur Nobilitierung Ernst Mendelssohn Bartholdys (1895/96), in: Mendelssohn-Studien, Bd. 13/2003, S. 228 ff.

11 GStA PK, I. HA, Rep. 89, Nr. 1373, 1574, 1587, 1588 (Orden, Titel, Rangerhöhungen).

12 Ernst (von) Mendelssohn-Bartholdy an Kaiser Wilhelm II., 18. Oktober 1895 LBI JMB MF 48.

13 Dankschreiben Ernst (von) Mendelssohn-Bartholdys an Kaiser Wilhelm II., 23. Februar 1896, LBI JMB MF 48.

14 Ebenda, S. 351 f.

15 Vgl. Georg Hufenreuter, Der »Semi-Gotha« (1912–1919). Entstehung und Geschichte eines antisemitischen Adelshandbuchs, in: Herold-Jahrbuch 9/2004, S. 71 ff.

16 Nachlass Albrecht Mendelssohn Bartholdy MA, Bd. 8. Bl. 359 und 361.

17 Zur Amerikareise s. Ernst Mendelssohn-Bartholdy, Von New York nach San Francisco. Flüchtige Reiseskizzen aus dem Jahre 1869 [als Manuskript gedruckt], Berlin 1869.

18 Ebenda, S. 113.

19 Hierzu W.E. Mosse, Jews in the German Economy. The German-Jewish Economic Élite 1820–1935, Oxford 1987, S. 172 ff.

20 Gilbert (Hrsg.), Bankiers, Künstler und Gelehrte, S. 205.

21 Ebenda.

22 Ernst (von) Mendelssohn-Bartholdy an von Rottenburg, 16. 12. 1884, LBI JMB MF 48.

23 Hierzu Fritz Stern, Gold und Eisen. Bismarck und sein Bankier Bleichröder, Frankfurt am Main/Berlin 1980, S. 372 f.

24 Ernst (von) Mendelssohn-Bartholdy an Bismarck, 21. März 1890, LBI JMB MF 48.

25 Bismarck an Ernst (von) Mendelssohn-Bartholdy, 23. März 1890, LBI JMB MF 48.

26 Ernst (von) Mendelssohn-Bartholdy an Reichskanzler Bülow, 1. November 1904, LBI JMB MF 48.

27 Reichskanzler Bülow an Ernst (von) Mendelssohn-Bartholdy, 3. November 1904, LBI JMB MF 48.

28 Vgl. Ernst Feder, Heute sprach ich mit … Tagebücher eines Berliner Publizisten 1926–1932, Stuttgart 1971, S. 160, und Stern, Gold und Eisen, S. 421.

29 Heinz Lemke (Hrsg.), Deutsch-russische Wirtschaftsbeziehungen 1906–1914. Dokumente, Berlin 1991, S. 68.

30 Hierzu Lamar Cecil, Wilhelm II. und die Juden, in: Juden im Wilhelminischen Deutschland 1890–1914, hrsg. von Werner Mosse, Tübingen 1976, S. 313 ff.; ebenfalls Werner E. Mosse, Wilhelm II. und die Kaiserjuden, in: The Jewish Response to German Culture. From the Enligthenment to the Second World War, hrsg. von Jehuda Reinharz und Walter Schatzberg, Hannover und London 1985, S. 164 ff., und Kaiser Wilhelm II. und der deutsche Antisemitismus, in: John C.G. Röhl, Kaiser, Hof und Staat. Wilhelm II. und die deutsche Politik, München 1995, S. 203 ff.

31 Wilhelm II. an Alwina Gräfin von der Goltz, 7. August 1940, in: Willibald Gutsche, Illusionen des Exkaisers, Dokumente aus dem letzten Lebensjahr Kaiser Wilhelm II. 1940/41, Zeitschrift für Geschichtswissenschaft 10/1991, S. 1029 ff.

32 Zum Verhältnis des Kaisers zu Ballin vgl. Bernhard Huldermann, Albert Ballin, Oldenburg/Berlin 1922, S. 277–298.

33 Lamar Cecil, Albert Ballin. Wirtschaft und Politik im deutschen Kaiserreich 1888–1918, Hamburg 1969, S. 98.

34 Walther Rathenau, Der Kaiser, in Schriften und Reden, Auswahl und Nachwort von H.W. Richter, Frankfurt am Main 1986, S. 242.

35 Carl Fürstenberg, S. 205.

36 Ebenda.

37 Vgl. Felix Busch. Aus dem Leben eines Königlich-preußischen Landrats, hrsg. von Julius H. Schoeps, Berlin 1991.

38 Das Testament von Ernst und Marie (von) Mendelssohn-Bartholdy liegt im Amtsgericht Berlin-Mitte unter der Signatur 62/95 T 40378/92.

39 Vgl. Michael Kube, Paul Hindemith als Schüler von Arnold Mendelssohn, in: Mendelssohn-Studien, Bd. 11/1999, S. 157 ff.

40 Arnold Mendelssohn, Gott, Welt und Kunst. Tagebuchaufzeichnungen, hrsg. von Wilhelm Ewald, Wiesbaden 1949, S. 50

41 Siehe Jürgen Böhme, »Von klassischem Geist und neuem Klang«. Ein Beitrag zur Rezeption der Musik Arnold Mendelssohns, in: Mendelssohn-Studien, Bd. 14/2005, S. 309 ff.

42 Ebenda, S. 310.

43 Hans Engel, Das Instrumentalkonzert [Führer durch den Konzertsaal, Bd. 3], S. 458.

44 Hierzu Edeltraud Hinkelmann, Vom Gasteer zu schillernden Farben. Zur Geschichte eines chemischen Unternehmens, in: Berlinische Monatsschrift, 7/1999, S. 26–33.

45 Paul Mendelssohn Bartholdy an Karl Mendelssohn Bartholdy, 7. Februar 1869, in: Gilbert (Hrsg.), Bankiers, Künstler und Gelehrte, S. 201.

46 Cécile Lowenthal-Hensel, Berlin in der Satteltasche. Briefe an Paul Mendelssohn Bartholdy 1870, in: Mendelssohn-Studien, Bd. 1/1972, S. 150.

47 Ebenda, S. 151 f.

48 Hierzu der Nachruf von A.W. Hofmann, des Vizepräsidenten der »Deutschen Chemischen Gesellschaft«, in: Berichte der Deutschen Chemischen Gesellschaft, 13. Jahrgang, Berlin 1880, S. 297–301.

49 Sebastian Hensel, Ein Lebensbild aus Deutschlands Lehrjahren. Mit einem Vorwort von Paul Hensel, Berlin 1904, S. 105.

50 Vgl. Ute Büchter-Römer, »vergiß nicht deine Tante…« Aus den Briefen Rebecka Dirichlets an ihren Neffen Sebastian Hensel, in: Mendelssohn-Studien, Bd. 14/2005, S. 295 ff.

51 MA Depos. Berlin 500, 15, Nr. 140.

52 Vgl. Helga-Maria Kühn, »In diesem ruhigen Kleinleben geht so schrecklich viel vor«. Rebecka Lejeune Dirichlet, geb. Mendelssohn-Bartholdy, in: Mendelssohn-Studien, Bd. 11/1999. S. 145 ff.

53 Wilhelm Hensel an Paul Mendelssohn-Bartholdy, 5. September 1858, in: Gilbert (Hrsg.), Bankiers, Künstler und Gelehrte, S. 175.

54 Hensel, Ein Lebensbild aus Deutschlands Lehrjahren, S. 128.

55 Edmund Silberner (Hrsg.), Johann Jacoby, Briefwechsel 1850–1877, Bonn 1978, S. 374 f.

56 Marion Gräfin Dönhoff, Kindheit in Ostpreußen, Berlin 1988, S. 7.

57 Vgl. Lothar Gall, Gerald Feldman, Harold James, Carl-Ludwig Holtfrerich, Hans E. Büschgen, Die Deutsche Bank 1870–1945, München 1995, S. 3 f.

58 Berlin, Berlin. Die Ausstellung zur Geschichte der Stadt [Ausstellungskatalog], Berlin 1987, S. 206.

59 Vgl. Cécile Lowenthal-Hensel, Mutter und Sohn. Fanny und Sebastian Hensel, in: Die Mendelssohns in Berlin, S. 71 f.

60 Abschrift in Privatbesitz.

61 Theodor Mommsen, Römische Kaisergeschichte, nach den Vorlesungsmitschriften von Sebastian und Paul Hensel 1882/86, hrsg. von Barbara und Alexander Demandt, München 1992.

62 Dieter Miosge, Paul Hensel. Zum 125. Geburtstag des Philosophen, in: Mendelssohn-Studien, Bd. 6, 1986, S. 233.

63 S[ebastian] Hensel, Die Familie Mendelssohn 1729–1847. Nach Briefen und Tagebüchern, Bd. 1, Berlin 1908, S. VI f.

64 Ebenda, S. VII.
65 Gilbert (Hrsg.), Bankiers, Künstler und Gelehrte, S. L.
66 Ebenda, S. LI.
67 Sebastian Hensel, Karl Witt, ein Lehrer und Freund der Jugend, Berlin 1894.
68 Rennel Rodd, Friedrich III. als Kronprinz und Kaiser. Ein Lebensbild. Mit einer Einleitung von Ihrer Majestät der Kaiserin Friedrich. Deutsche Ausgabe von Sebastian Hensel, Berlin 1888.
69 Schneider Max (Hrsg.), Fanny, Lell, Paul, Tui und Ita, [Morf Graphische Anstalt], Basel 1963.
70 Sebastian Hensel, Die Zugvögel, Lahnstein 2005.
71 Gemeint ist vermutlich das Haus, das Franz (von) Mendelssohn der Ältere in der Hardenbergstraße, Ecke Steinplatz gekauft hatte und das bis zirka 1900 im Besitz der Familie war.
72 Die Mendelssohns in Berlin, S. 256, Nr. 187.
73 Zitiert nach Beatrix Borchard, Stimme und Geige. Amalie und Joseph Joachim. Biographie und Interpretationsgeschichte, Wien u. a. 2005, S. 569.
74 Gilbert (Hrsg.), Bankiers, Künstler und Gelehrte, S. 230.
75 Vgl. Die Mendelssohns in Berlin, S. 257, Nr. 188.
76 Gilbert (Hrsg.), Bankiers, Künstler und Gelehrte, S. 227.
77 Vgl. Ernst Neckarsulmer, Der alte und der neue Reichtum, Berlin 1925, S. 95 f.
78 Leo Jolles, Im Reich des Geldes, Berlin und Leipzig 1915, S. 100.
79 Ludwig Elm, Zwischen Fortschritt und Reaktion der Parteien der liberalen Bourgeoisie in Deutschland 1893–1918, Berlin 1968, S. 192.
80 Vgl. Cécile Lowenthal-Hensel, Franz von Mendelssohn. Zum 50. Todestag am 13. Juni 1985, in: Mendelssohn-Studien, Bd. 6/1986, S. 252.
81 Mosse, Jews in the German Economy, S. 209.
82 Olaf Matthes, James Simon. Mäzen im Wilhelminischen Zeitalter, Berlin 2000, S. 103 f. und 329.
83 Vgl. Michael Dorrmann, Das Bismarck-Nationaldenkmal am Rhein. Ein Beitrag zur Geschichtskultur des Deutschen Reiches, in: ZfG, Heft 12, 1996, 1061 ff.
84 Zitiert nach Christian Schölzel, Walther Rathenau, Eine Biographie, Paderborn u. a. 2006, S. 447, Anm. 879.
85 Drucksache des Reichstages, 13. Legislaturperiode 1912/1918, Nr. 138.
86 Im Bestand GStA PK, I. HA, Rep. 169 A (Preußisches Herrenhaus) finden sich keine Hinweise auf Franz von Mendelssohn und seine Arbeit in dieser Kommission.
87 Otto Lehmann-Russbüldt, Der Kampf der Deutschen Liga für Menschenrechte vormals Bund Neues Vaterland für den Weltfrieden 1914–1927, Berlin 1927, S. 64 ff.

88 Felix Gilbert, Lehrjahre im alten Europa. Erinnerungen 1905–1945, Berlin 1989, S. 19.
89 Christopher Isherwood, Leb' wohl Berlin, Frankfurt am Main u.a 1979, S. 16 f.
90 Hierzu Oliver Sander, Die Rekonstruktion des Architekten-Nachlasses Ernst von Ihne (1848–1917), Diss. Humboldt Universität, Berlin 2000, S. 90 f.
91 Nicolaus Sombart, Jugend in Berlin. 1933–1945, Frankfurt am Main 1991, S. 17.
92 Vgl. Karla Höcker, Hauskonzerte in Berlin, Berlin 1970, S. 73–80.
93 Leila Meister, Gathered Yesterdays, London 1963, S. 118.
94 Caroline Fetscher, Wo Einstein bis drei zählen lernte, in: Der Tagesspiegel, 7. Juli 2002.
95 Gustav Landauer – Fritz Mauthner. Briefwechsel 1890–1919, hrsg. von Hanna Delf und Julius H. Schoeps, München 1994, S. 226, Nr. 400.

Kapitel 6: Bauherrn, Sammler und Mäzene

1 Max von Forckenbeck an Ernst (von) Mendelssohn-Bartholdy, 19. Dezember 1885, LBI JMB MF 48.
2 Zu den Grundbucheintragungen vgl. Sebastian Panwitz, Zur Besitzgeschichte der Mendelssohn-Häuser in der Jägerstraße 49–53, in: Mendelssohn-Studien, Bd. 13/2003, S. 299–303.
3 Für das Folgende vgl. Ernst Siebel, Das ehemalige Stadtpalais von Ernst von Mendelssohn-Bartholdy in der Jägerstraße 53. Eine Annäherung an ein zerstörtes Gebäude, in: Mendelssohn-Studien, Bd. 12/2003, S. 305 ff.
4 Siehe die beiden Abbildungen des Wohnhauses von Rudolf Mosse, in: Elisabeth Kraus, Die Familie Mosse. Deutsch-jüdisches Bürgertum im 19. und 20. Jahrhundert, München 1999, S. 189.
5 Peter Wallé, Palais Mendelssohn-Bartholdy, in: Der Bär. Illustrirte Berliner Wochenschrift, eine Chronik fürs Haus, hrsg. von Emil Dominik und Peter Wallé, 11/1885, S. 594 f.
6 Siebel, Das ehemalige Stadtpalais, S. 333.
7 Rudolf Vierhaus (Hrsg.), Das Tagebuch der Baronin Spitzemberg, geb. Freiin Varnbüler. Aufzeichnungen aus der Hofgesellschaft des Hohenzollernreiches, Göttingen 1960, S. 381.
8 Hamburger Correspondent. Morgenzeitung der Börsenhalle, 28. Juni 1874, vgl. Abschrift LBI JMB MF 48.
9 Hierzu Krauss, Die Familie Mosse, S. 404.
10 Vgl. Simone Lässig, Juden und Mäzenatentum in Deutschland. Religiöses Ethos, kompensierendes Minderheitsverhalten oder genuine Bürgerlichkeit?, in: ZfG 46/1998, S. 211–236.
11 Walther Rathenau, Staat und Judentum, in: Gesammelte Schriften, Bd. I, Berlin 1925, S. 188 f.

12 AZJ, Jg. 1900, Nr. 1, S. 9 f.
13 Vgl. Rudolf Elvers, Schenkungen und Stiftungen der Mendelssohns, in: Die Mendelssohns in Berlin. Eine Familie und ihre Stadt. Ausstellungskatalog, Berlin 1983, S. 101 f.
14 Vgl. Volker Viergutz, Neue Erwerbungen und Zugänge im Landesarchiv 1989. Der Nachlaß Ludwig Hoffmann, in: Berlin in Geschichte und Gegenwart. Jahrbuch des Landesarchivs, hrsg. von Hans J. Reichardt, Berlin 1990, S. 201
15 Kaiser Wilhelm II. an Ernst (von) Mendelssohn-Bartholdy, 27. Januar 1907, LBI JMB, MF 048.
16 Elvers, Schenkungen und Stiftungen der Mendelssohns, S. 104 ff.
17 Der Tag [Morgenausgabe], Nr. 369, 30. Juli 1905.
18 Für das Folgende vgl. die vom Verf. an der Humboldt-Universität betreute Magisterarbeit von Miriam Stachat, Deutsch-jüdische Kulturstiftungen in Rom. Villa Falconieri und Villa Massimo, Berlin 2003, S. 36–58.
19 Richard Voß, Aus einem phantastischen Leben. Erinnerungen, Stuttgart 1920, S. 126.
20 Abgedruckt bei Richard Voß, Du mein Italien! Aus meinem römischen Leben, Stuttgart/Berlin 1910, S. 230 f.
21 GStA PK I. HA Rep. 89, Geheimes Zivilkabinett, Nr. 13263.
22 Siehe Kostenaufstellung von Ernst (von) Mendelssohn-Bartholdy, GStA PK, VI. HA Familienarchive und Nachlässe, NL Friedrich Theodor Althoff, Rep. 92, A II, Nr. 64, Bl. 63.
23 GStA PK, I. HA Rep. 89, Geheimes Zivilkabinett, Nr. 13263, Bl. 4.
24 GStA PK, I. HA Rep. 89, Geheimes Zivilkabinett, Nr. 13263, Bl. 41.
25 Ernst (von) Mendelssohn-Bartholdy an Friedrich Theodor Althoff, 31. Mai 1907, GStA PK, VI. HA Familienarchive und Nachlässe, NL Friedrich Theodor Althoff, Rep. 92, A II, Nr. 64.
26 Paul Friedrich Kehr an Friedrich Schmidt-Ott, 12. April 1911, GStA PK, VI. HA Familienarchive und Nachlässe, Nl Schmidt-Ott, A L XXV, Nr. 2, Bl. 133.
27 Siehe Gästeliste 1911, GStA PK, I. HA Rep. 89, Geheimes Zivilkabinett, Nr. 13263, Bl. 19.
28 Vossische Zeitung, Nr. 183, 16. April 1911.
29 Früher gebräuchliche Bezeichnung für Landaufenthalt, Sommerfrische.
30 SMPK/ZA I/NG, Justi, Memoiren, Handschriftliches Manuskript und Typoskript, Teil II.
31 Vgl. Reinhard Elze und Arnold Esch (Hrsg.), Das Deutsche Historische Institut in Rom 1888–1988, Tübingen 1990, S. 15; ebenfalls Friedrich Meinecke, Autobiographische Schriften, hrsg. von Eberhard Kessel, Stuttgart 1969, S. 208.

32 DHI, Karton DHI Rom. Villa Falconieri, Akten betr. Gäste des Erholungsheims.
33 PArAA, Botschaft Rom (Quirinal) 90, Paket 1379/2, Juli 1927.
34 Cella-Margareta Girardet, Jüdische Mäzene für die Preußischen Museen zu Berlin. Eine Studie zum Mäzenatentum im Deutschen Kaiserreich und in der Weimarer Republik, Egelsbach u. a. 1977.
35 Vgl. Olaf Matthes, James Simon. Mäzen im Wilhelminischen Zeitalter, Berlin 2000, S. 178 ff.
36 Vgl. ebenda, S. 269.
37 Vgl. Susanne Peters, Ansichten eines Kaisers – Wilhelm I. in der deutschen Karikatur. Eine Studie zur Mentalität im Wilhelminischen Deutschland, St. Katharinen 2003, S. 85 ff.
38 Hierzu Thomas Raff, »Er hatte Begabung nach verschiedenen Seiten hin«. Paul Cassirers Münchner Jahre (1893–1897), in: Ein Fest der Künste. Paul Cassirer. Der Kunsthändler als Verleger, hrsg. von Rahel E. Feilchenfeldt und Thomas Raff, München 2006, S. 50 f. und S. 57 Anm. 36.
39 Peter Gay, Begegnung mit der Moderne, – Deutsche Juden in der deutschen Kultur, in: Juden im Wilhelminischen Deutschland. Ein Sammelband, hrsg. von Werner E. Mosse unter Mitwirkung von Arnold Paucket, Tübingen 1976, S. 298.
40 Theodor Fontane, Gesammelte Werke, Zweite Reihe, Bd.5, Berlin 1920, S. 278 f.
41 Verena Tafel, Paul Cassirer als Vermittler Deutscher Impressionistischer Malerei in Berlin. Zum Stand der Forschung, in: Zeitschrift des Deutschen Vereins für Kunstwissenschaft 3/1988, S. 31 ff.; ebenfalls Thomas W. Gaethgens, Die großen Anreger und Vermittler. Ihr prägender Einfluß auf Kunstsinn, Kunstkritik und Kunstförderung, in: Günther und Waltraut Braun (Hrsg.) Mäzenatentum in Berlin. Bürgersinn und kulturelle Kompetenz unter sich verändernden Bedingungen, Berlin u. a., 1993, S. 112 ff.
42 Tilla Durieux, Eine Tür steht offen. Erinnerungen, Berlin 1954, S. 53.
43 Meine Erinnerungen an die Familie Bernstein, in: Max Liebermann, Die Phantasie in der Malerei. Schriften und Reden, hrsg. von Günter Busch, Frankfurt am Main 1978, S. 98.
44 Joachim von Elbe, Paul Mendelssohn-Bartholdy (1812–1874), in: Die Mendelssohns in Berlin, S. 46.
45 Carl Steinbart (1853–1923), Prokurist und Personalchef im Bankhaus Mendelssohn & Co, schenkte der Nationalgalerie nicht nur einen Pankok und einen Monet, sondern hatte auch eine beachtliche Sammlung moderner Kunst, u. a. sieben Bilder von Max Liebermann und zwei Bilder von Lovis Corinth.
46 Hierzu Girardet, Jüdische Mäzene für die Preußischen Museen zu Berlin, S. 28 ff.

47 Eberhard Roters, Die Nationalgalerie und ihre Stifter. Mäzenatentum und staatliche Förderung in Dialog und Widerspruch, in: Günter und Waldtraud Braun (Hrsg.), Mäzenatentum in Berlin. Bürgersinn und kulturelle Kompetenz unter sich verändernden Bedingungen, Berlin/New York, 1993, S. 84 f.

48 Dr. Volker, Die Berliner Kunstausstellungen, in: Hochland 1/1903, S. 252 ff.

49 Michael Dorrmann, Eduard Arnhold (1849–1925). Eine biographische Studie zu Unternehmer- und Mäzenatentum im Deutschen Kaiserreich, Berlin 2002, S. 148.

50 Vgl. Michael Dorrmann, »Unser bedeutendster und glücklichster Sammler von neuen Bildern«. Die Entstehung der Präsentation der Sammlung Arnhold in Berlin, in: Andrea Pophanke und Felix Billeter (Hrsg.), Die Moderne und ihre Sammler. Französische Kunst im deutschen Privatbesitz vom Kaiserreich zur Weimarer Republik, Berlin 2001, S. 23–40.

51 Peter-Klaus Schuster, Paris – Berlin – New York. Die Welt des Sammelns um 1900, in: Angela Schneider, Anke Daemgen und Gary Tinterow (Hrsg.), Französische Meisterwerke des 19. Jahrhunderts. Aus dem Metropolitan Museum of Art, New York, o.D., S. 27.

52 SMPK/ZA, I/BG, Justi, Memoiren, S. 208.

53 Stenographische Berichte über die Verhandlungen des Preußischen Hauses der Abgeordneten, 20. Legislaturperiode, I. Session, 1904/05, Bd. 3, S. 3726 f.

54 SMPK, Nationalgalerie, Inv. Nr. A I 586.

55 SMPK, Nationalgalerie, Inv. Nr. A I 682.

56 SMPK, Nationalgalerie, Inv. Nr. A I 965.

57 SMPK, Nationalgalerie, Inv. Nr. A II 183.

58 Siehe hierzu Walter Feilchenfeldt, Vincent van Gogh & Paul Cassirer. The reception of van Gogh in Germany from 1901 to 1914, Zwolle 1988.

59 Justi an Boelitz, 27. März 1922, SMBPK/ZA, I/NG, Gen. 37: Geschenke und Vermächtnisse, Bd. 11, Bl. 524.

60 Der Morgen, Jg. 2, Nr. 13, 27. März 1908, S. 406.

61 Barbara Paul, Hugo von Tschudi und die moderne französische Kunst im Deutschen Kaiserreich, Mainz 1993, S. 253 ff., ebenfalls Christian Lenz, Heinz Braune und die Tschudi-Spende, in: Johann Georg Prinz von Hohenzollern und Klaus-Peter Schuster (Hrsg.), Manet bis van Gogh. Hugo von Tschudi und der Kampf um die Moderne, [Ausstellungskatalog], München/New York 1996, S. 432–435.

62 Christian Lenz, »… das Beste gerade gut genug …«. Hugo von Tschudis Erwerbungen für die Alte und Neue Pinakothek, in: ebenda, S. 411.

63 Dorrmann, Eduard Arnhold, S. 168.

64 Ergänzung zum Testament von Ernst und Marie (von) Mendelssohn-Bartholdy vom 12. 1. 1904. Bl. 71–71, Amtsgericht Berlin-Mitte 62/95 T 40378/92.

65 Für das Folgende vgl. das Kapitel »Über Kultur und Kultiviertheit. Paul von Mendelssohn-Bartholdy als Bauherr und passionierter van-Gogh-Sammler«, in: Julius H. Schoeps, »Du Doppelgänger, du bleicher Geselle!« Deutsch-jüdische Geschichte durch drei Jahrhunderte 1700–2000, Berlin 2004, S. 241 ff., ebenfalls Elke Blauert, Schloss Börnicke (= Freundeskreis Schlösser und Gärten der Mark in der Deutschen Gesellschaft e.V., hrsg. von Sybille Badstübner-Gröger), Berlin 2004 und Bruno Pauls Schlossumbau von Börnicke, in: MuseumsJournal 1/2005, S. 30–32.

66 Josef Popp, Bruno Paul, München 1914, S. 83 ff.

67 Hierzu vgl. Ines Tomek, Das Gutshaus Ernst von Mendelssohn-Bartholdys in Börnicke bei Bernau. Eine Baubeschreibung, in: Mendelssohn-Studien, Bd. 9/1995, S. 123–133, und Martin Petsch, Börnicke. »Schloß Börnicke« und sein Park. Brandenburgisch-preußische Herrenhaus-Architektur um 1910 von Bruno Paul, in: Brandenburgische Denkmalpflege, 11/2002, S. 5–15.

68 Bemerkenswert ist bei Ludwig Gläser, Eduard Magnus. Ein Beitrag zur Berliner Bildnismalerei des 19. Jahrhunderts, Berlin 1963, S. 110, Nr. 132 der Besitzervermerk aus dem Jahre 1969 »Elsa Mendelssohn-Bartholdy, Erben – Baden«.

69 Petsch, Börnicke, S. 5.

70 Tomek, Das Gutshaus Ernst von Mendelssohn-Bartholdys, S. 125.

71 Siehe das Kapitel »Die dritte Enteignung«, in: Julius H. Schoeps, Mein Weg als deutscher Jude, Zürich 2003, S. 263 ff.

72 Petsch, Börnicke, S. 5.

73 Popp, Bruno Paul, S. 100.

74 Es handelt sich bei dem Relief über dem Kamin nicht um die Abbildung eines Reihers (vgl. Petsch, Börnicke, S. 9), sondern um die Abbildung eines Kranichs. Vermutlich hat sich der Künstler bei der Schaffung des Reliefs an dem Wappen der nobilitierten Mendelssohns orientiert.

75 Popp, Bruno Paul, S. 103.

76 Ebenda, S. 106.

77 Ebenda, S. 104.

78 Jan Thomas Köhler und Jan Maruhn, »… da Herr von Mendelsohn-Bartholdy im Felde steht«, in: Berliner Lebenswelten der zwanziger Jahre. Bilder einer untergegangenen Kultur. Fotografiert von Martha Huth, hrsg. vom Bauhaus-Archiv Berlin und der Landesbildstelle Berlin, Berlin 1996, S. 108 f.

79 LAB Rep. 202 Nr. 2902.

80 LAB Rep. 202 Nr. 2903.

81 LAB Rep. 202 Nr. 2904.

82 LB F. Rep. 290-05-01.

83 Einzelheiten hierzu bei Hans J. Reichardt und Wolfgang Schäche, Von Berlin nach Germania. Über die Zerstörungen der Reichshauptstadt durch Albert Speers Neugestaltungsplanungen, Berlin 1984.

84 Vgl. Karin Wilhelm, Architektur und Stadt im Nationalsozialismus als apokalyptischer Text, in: Michael Ley und Julius H. Schoeps (Hrsg.), Der Nationalsozialismus als politische Religion, Bodenheim b. Mainz 1997, S. 229 ff.

85 Albert Speer, Erinnerungen, Frankfurt am Main/Berlin 1969, S. 148.

86 The Balliol College Register 1832–1914, hrsg. Von Edward Hilliard, Oxford 1914, S. 229.

87 Stiftung Preußischer Kulturbesitz, MA BA 288, 14.

88 Öl auf Leinwand, 106 x 84 cm, Bez. oben: M Liebermann 09.

89 Mathias Eberle, Max Liebermann 1847–1935. Werkverzeichnis der Gemälde und Ölstudien, 2 Bde., München 1995–1996, S. 774 (mit einer Reproduktion des Gemäldes auf Seite 775).

90 Max Liebermann in seiner Zeit. Eine Ausstellung der Nationalgalerie Berlin [14. Dezember 1979–17. Februar 1980], S. 328 f.

91 Personenbezogener Bericht des Polizeipräsidiums in Berlin in Vorbereitung einer Ordensverleihung, LAB A Rep 030 Tit 94.

92 Der Mitgliedsausweis Paul von Mendelssohn-Bartholdys trug die Nummer 46.

93 Siehe die 6 Briefe aus den Jahren 1906, 1907, 1909 und 1914 an Wilhelm von Bode SMB-PK/ZA, NL Bode 3622.

94 Girardet, Jüdische Mäzene, S. 190 f.

95 Noch im Dezember 1932, Januar 1933 stellte Paul von Mendelssohn-Bartholdy Mittel zur Verfügung, damit die Nationalgalerie die Bilder dreier dänischer Maler (Olaf Höst, Jens Sondergaard, Ernst Zeuthen) ankaufen konnte. Die von Paul von Mendelssohn-Bartholdy zur Verfügung gestellten 500 Reichsmark nutzte die Nationalgalerie, um das Bild »Vor Sonnenaufgang« von Ernst Zeuthen (1880–1938) anzukaufen. In seinem Bewilligungsschreiben vom 16. Dezember 1932 an Justi bemerkte Paul von Mendelssohn-Bartholdy: »Ich bin allerdings der Ansicht, dass man in den jetzigen Zeiten der allgemeinen größten Not es kaum verantworten kann, Geld für derartige Zwecke auszugeben, so betrüblich das auch sein mag.«

96 Hans Fürstenberg, Erinnerungen. Mein Weg als Bankier und Carl Fürstenbergs Altersjahre, Wiesbaden [1965], S. 65.

97 Wieland. Deutsche Wochenschrift für Kunst und Literatur (ab Januar 1916 monatlich), Verlag J. Bard, Berlin, ab Jg. 2 Wieland Verlag, München.

98 Wieland, Jg. 2, Heft 2, S. 6 f.

99 Ebenda, Jg. 5, Heft 9, S. 10, 12–20, und Heft 10, S. 14, 16, 18.

100 Vgl. die Briefe von Charlotte von Mendelssohn-Bartholdy an Wilhelm von Bode vom 31. März und 21. Juli 1916 sowie den Brief vom 14. August 1908, SMB-PK/ZA, NL Bode 3621.

101 Lotte von Mendelssohn-Bartholdy an Rudolf Alexander Schröder, 22. April 1915, Deutsches Literaturarchiv, Signatur A: Schröder, 99, 12.

102 Ida Dehmel an Lotte von Mendelssohn-Bartholdy, 3. März 1915 [Kopie], SUB Hamburg, DA: Br.: 1915: 147.

103 Leo Kestenberg, Bewegte Zeiten. Musisch-musikantische Lebenserinnerungen, Wolfenbüttel/Zürich 1961, S. 33.

104 Andrea Pophanken, »Auf den ersten Kennerblick hin«. Die Sammlung Carl und Thea Sternheim in München, in: Andrea Pophanken und Felix Billeter (Hrsg.), Die Moderne und ihre Sammler. Französische Kunst in deutschem Privatbesitz vom Kaiserreich bis zur Weimarer Republik, Berlin 2001, S. 251 ff.

105 Öl auf Leinwand, 72 x 93 cm, heute Privatbesitz.

106 Öl auf Leinwand, 91 x 71 cm, heute Sammlung Mr und Mrs Paul Mellon, Upperville, Virginia.

107 Öl auf Leinwand, 63,5 x 51 cm, heute The Metropolitan Museum of Art, New York.

108 Öl auf Leinwand, 100 x 76 cm, heute Yasuda Kasai Museum of Art, Tokio.

109 Öl auf Leinwand, 90 x 73 cm, heute The Armand Hammer Museum of Art, Los Angeles.

110 Öl auf Leinwand, 39 x 30, 5 cm, Verbleib unbekannt.

111 Öl auf Leinwand, 72 x 93 cm, heute Sammlung Mr und Mrs Leigh B. Block, Chicago.

112 Öl auf Leinwand, 54 x 65 cm, Verbleib unbekannt.

113 Popp, Bruno Paul, S. 97.

114 Über die elf Sonnenblumen-Bilder van Goghs und deren Besitzer vgl. Bogomila Welsh-Ocharov, The ownership of Vincent van Gogh's »Sunflowers«, in: The Burlington Magazine, März 1998, S. 184–191.

115 Feilchenfeldt, Vincent van Gogh, S. 109, F 641, und S. 112, F 680.

116 Ebenda, S. 95, F 450, S. 115, F 717, S. 123, F 820.

117 Christian Geelhaar, Picassos Wegbereiter und Förderer seines Aufstiegs 1899–1939, Zürich 1995, S. 213.

118 Vgl. Ottfried Daschner, Alfred Flechtheim (1878–1937), in: Rheinische Lebensbilder 18/2000, Köln 2000, S. 147–166.

119 Vgl. die Katalogbeiträge von Magdalene Moeller, Stephan von Wiese, Hans Peter Thurn, Hans Albert Peters und anderen, in: Alfred Flechtheim. Sammler. Kunsthändler. Verleger. Ausstellungskatalog des Kunstmuseums Düsseldorf, 1987.

120 Schreiben von Ottfried Daschner an den Verfasser, 29. Juni 2007.

121 Der Querschnitt durch Alfred Flechtheim am 1. April 1928, überreicht von Fritz Heß, Eduard Frhr. v. d. Heydt und Hugo Simon, hrsg. von Curt Valentin, 1928 [Alfred Flechtheim zum fünfzigsten Geburtstag. 185 Glückwünsche als Aquarelle, Zeichnungen, Collagen, hand- oder maschinenschriftliche Briefe, Karten, Fotos, 1 Handschrift (Festspiel), 1 Privatdruck. Vor dem 1. April 1928] Dem Festkomitee gehörten neben Tilla Durieux, George Grosz, Paul Klee auch Francesco von Mendelssohn an.

122 Der Querschnitt. 4/1924, S. 183 f.

123 Der Querschnitt, 5/1929.

124 Vgl. Die Riess. Fotografisches Atelier und Salon in Berlin 1918–1932, hrsg. von Marion Beckers und Elisabeth Moortgat, Berlin 2008, S. 104.

125 Hierzu Geelhaar, Picasso, S. 20.

126 M.K. Rohe, Pablo Picasso, in: Die Kunst für alle, 28/1912/13, S. 381 und 383.

127 Vgl. Julius H. Schoeps, Dieses Bild gehört uns. Picassos »Garçon à la pipe« für eine Rekordsumme versteigert, in: Cicero. Magazin für politische Kultur, März 2005, S. 110–115.

128 Vgl. Auktionskatalog »Property of the Greentree Foundation. From the Collection of Mr & Mrs John Hay Whitney«, New York [May 5, 2004], S. 44–51.

129 Felix Gilbert, Lehrjahre im alten Europa, Berlin 1989, S. 68 ff.

130 Eine Liste von 1938, die Werke aufführt, die damals als »nationales Kulturgut« galten, befindet sich im Geheimen Staatsarchiv der Stiftung Preußischer Kulturbesitz in Berlin. GStA, Rep 151/1060, S. 2–100.

131 BLHA, Rep. 36 A (II), Nr. 39812.

132 Sammlung Frau Margarethe Oppenheim [Katalog], München 1936.

133 Vgl. Richard Winkler, »Händler, die ja nur ihrem Beruf nachgingen«. Die Münchner Kunsthandlung Julius Böhler und die Auflösung jüdischer Kunstsammlungen im »Dritten Reich«, in: Entehrt. Ausgeplündert. Arisiert.: Entrechtung und Enteignung der Juden, bearb. von Andrea Baresel-Brand (= Veröffentlichungen der Koordinierungsstelle für Kulturgutverluste, 3), Magdeburg 2005, S. 213, 245 und 246.

134 Vgl. Walter Feilchenfeldt, Zur Rezeptionsgeschichte Cézannes in Deutschland, in: Adriani Götz, Cézanne-Gemälde, Köln 1993, S. 304.

135 Vgl. hierzu vor allem Ester Tisa Francini, Anja Heuss und Georg Kreis, Fluchtgut – Raubgut. Der Transfer von Kulturgütern in und über die Schweiz 1933–1945 und die Frage der Restitution, Zürich 2001, S. 318 ff. et pass.

136 Nicht eindeutig ist die Zuschreibung des Bildes »Heureux Quatuor«, von dem wir nur wissen, dass es sich zumindest bis 1926 im Besitz von Paul von Mendelssohn-Bartholdy befunden hat.

137 Vgl. das Kapitel »Transaktionen von und nach Deutschland«, in: ebenda, S. 165 ff.

138 Vgl. das Kapitel »Emil G. Bührle«, in: ebenda, S. 97 ff.
139 Sammlung Emil G. Bührle. Festschrift zu Ehren vom Emil G. Bührle zur Eröffnung des Kunsthaus-Neubaus und Katalog der Sammlung Emil G. Bührle, 7. Juni – Ende September 1958, o.O., o.D., S. 138–140.
140 Hugo Perls, Warum ist Kamilla schön? Von Kunst, Künstlern und Kunsthandel, München 1962, S. 55.
141 Festschrift zu Ehren vom Emil G. Bührle, S. 99.
142 Hierzu Götz Adriani, Toulouse-Lautrec. Gemälde und Bildstudien, Tübingen 1986, S. 37 f.
143 MA Depositum, MG Nachlass 5 (Teilnachlass Bernoulli), Mappe 3 und 9.
144 Eleonora von Mendelssohn an Christoph Bernoulli, 7. Februar 1948 [Kopie], NYPL, Mendelssohn Papers [Eleonora von Mendelssohn], Kasten 5.
145 MA Depositum, MG Nachlass 5, Mappe 1.
146 Eleonora von Mendelssohn an Graf Karl Trautmannsdorf, 6. Februar 1948, NYPL, Mendelssohn Papers, Kasten 5.
147 Vgl. Günther Haase, Die Kunstsammlung Adolf Hitler. Eine Dokumentation, Berlin 2002, S. 275.
148 Isabel von Klitzing, Die Spur der Kunst, in: KUR. Journal für Kunstrecht, Urheberrecht und Kulturpolitik 4/2006, S. 96.

Kapitel 7: Am Vorabend der Katastrophe

1 Hierzu Wilhelm Treue, Das Bankhaus Mendelssohn als Beispiel einer Privatbank im 19. und 20. Jahrhundert, in: Mendelssohn-Studien, Bd. 1/1972, S. 55 ff.
2 Manfred Rasch, Die Bedeutung des Bankhauses Mendelssohn & Co für die Industrialisierung Estlands. Die Estnische Steinöl AG, Tallin, und der Heizölliefervertrag mit der deutschen Kriegsmarine von 1935, in: Mendelssohn-Studien, Bd. 6/1986, S. 183–224, hier: S. 184.
3 AG Tiergarten Az 60b VI 615/02, Bl. 41.
4 Vgl. Franz Steffan, Bayerische Vereinsbank 1869–1969. Eine Regionalbank im Wandel eines Jahrhunderts, München 1969, S. 203 ff.
5 Vgl. Ingo Köhler, Die »Arisierung« der Privatbanken im Dritten Reich. Verdrängung, Ausschaltung und die Frage der Wiedergutmachung, München 2005, S. 48, Anm. 18.
6 Hans Luther, Vor dem Abgrund 1930–1933. Reichsbankpräsident in Krisenzeiten, Berlin 1964, S. 217.
7 Hierzu Lynn H. Nicholas, Der Raub der Europa. Das Schicksal europäischer Kunstwerke im Dritten Reich, München 1995, S. 152 ff.
8 Verhandlungen des Reichstags. I. Wahlperiode 1920, Bd. 364: Anlagen zu den Stenographischen Berichten, Berlin 1924, S. 1183.

9 Ermittlungsbericht und Anzeige des Präsidenten des Landesfinanzamtes Berlin gegen den Bankier Dr. Fritz Mannheimer [Abschrift], 21. Juli 1934 BA, R 2, Nr. 13638, Bl. 245–250.

10 Vgl. André Kostolany, Mehr als Geld und Gier. Kostolanys Notizbuch, München 2006, S. 15 f.

11 Hierzu Christoph Kreutzmüller, Händler und Handlungsgehilfen. Der Finanzplatz Amsterdam und die deutschen Großbanken (1918–1945), Stuttgart 2005, S. 45 f.

12 Herinneringen en dagboek van Ernst Heldering (1871–1954), hrsg. von J. de Vries, 3 Bde., Groningen 1970, S. 1384.

13 Cécile Lowenthal-Hensel, Franz von Mendelssohn. Zum 50. Todestag am 13. Juni 1985, in: Mendelssohn-Studien, Bd. 6/1986, S. 252.

14 Hierzu Dieter Schäfer, Der deutsche Industrie- und Handelstag als politisches Forum der Weimarer Republik, Hamburg 1966, S. 60.

15 Die letzten Tage, in: Vossische Zeitung [Morgenausgabe], 11. März 1924, S. 3.

16 Schäfer, Der deutsche Industrie- und Handelstag, S. 48.

17 Ebenda, S. 50.

18 Dietrich Schäfer, Wirtschaftsarchive und Kammern, Aspekte wirtschaftlicher Selbstverwaltung gestern und heute, Köln 1982, S. 85.

19 Luther, Vor dem Abgrund 1930–1933, S. 49.

20 Vgl. Hjalmar Schacht, 76 Jahre meines Lebens, Bad Wörishofen 1953, S. 321 ff.

21 Luther, Vor dem Abgrund 1930–1933, S. 74.

22 Christopher Kopper, Hjalmar Schacht. Aufstieg und Fall von Hitlers mächtigstem Bankier, München/Wien 2006, S. 207.

23 Schäfer, Der deutsche Industrie- und Handelstag, S. 66.

24 Verhandlungen des Deutschen Industrie- und Handelstags, Heft 12, 1931, S. 11.

25 Lowenthal-Hensel, Franz von Mendelsohn, S. 258.

26 Hierzu Notker Hammerstein, Die Deutsche Forschungsgemeinschaft in der Weimarer Republik und im Dritten Reich. Wissenschaftspolitik in Republik und Diktatur, München 1999, S. 32 ff.

27 Hierzu Wilfried Schulze, Der Stifterverband für die deutsche Wissenschaft 1920–1995. Berlin 1995, S. 59 ff.

28 Zur Verleihung der Medaille an Franz von Mendelssohn vgl. Eckart Henning und Marion Kazemi, Die Harnack-Medaille der Kaiser-Wilhelm/Max-Planck-Gesellschaft zur Förderung der Wissenschaften, 1924–2004, Berlin 2005, S. 26.

29 MPG-Archiv, I. Abt., Rep. 1 A, Nr. 164 (Harnack-Medaille), Mappe 9.

30 Die 22. Hauptversammlung der KWG fand im Goethe-Saal des Harnack-Hauses in Berlin-Dahlem statt (Az GdMPG. I. Abt., Rep. 1 A, Nr. 95). Am 28. Juni 1933 fand die Neu- bzw. Wiederwahl des Verwaltungsausschusses

durch den Senat statt, bei der Franz von Mendelssohn wiederum in das Amt des 1. Schatzmeisters der KWG gewählt wurde.

31 Vgl. Rüdiger Hachtmann, Wissenschaftsmanagement im »Dritten Reich«. Geschichte der Generalverwaltung der Kaiser-Wilhelm-Gesellschaft, Bd. 1, Göttingen 2007, S. 371 ff.

32 Es handelte sich bei diesem Siegel um den »Siegelstempel der Deutschen Reichsregentschaft« des seit dem 6. Juni 1849 in Stuttgart tagenden Rumpfparlamentes. Vgl. Lothar Gall, 1848 – Aufbruch zur Freiheit, Frankfurt am Main 1998, S. 221.

33 Margit Szöllösi-Janze, Fritz Haber 1868–1934. Eine Biographie, München 1998, S. 656.

34 Der Morgen, Jg. 1929–1930, Heft 4, S. 374.

35 Vgl. Ernst G. Lowenthal, Vor fünfzig Jahren. Das erste Mendelssohn-Gedenken. Versuch eines Rückblicks, in: Mendelssohn-Studien, Bd. 4/1979, S. 235 ff.

36 Sinngemäß bei Lowenthal, Vor fünfzig Jahren, S. 242.

37 Über Wassermanns Einsatz für den »Keren Hajessod« informiert Avraham Barkai, Oskar Wassermann und die Deutsche Bank. Bankier in schwieriger Zeit, München 2005, S. 66 ff.

38 Die Rede ist abgedruckt in: Zeitschrift für die Geschichte der Juden in Deutschland, 3/1929, S. 187–191.

39 Vgl. Lowenthal, Vor fünfzig Jahren, S. 259 ff.

40 Mendelssohn-Gedenkfeier der Jüdischen Gemeinde zu Berlin am 8. September 1929. Gedenkrede von Leo Baeck, Berlin 1929, S. 19.

41 Lowenthal, Vor fünfzig Jahren, S. 272.

42 Die Stiftung wurde nach 1945 wieder reaktiviert und ging am 23. Januar 1950 durch Beschluss der Stadtverordnetenversammlung in das »Hilfswerk der Stadt Dessau« über. Vgl. Sitzungsniederschrift der StVV vom 31. Januar 1950, Stadtarchiv, Dessau.

43 Vgl. Günther Holzboog, Zur Geschichte der Jubiläumsausgabe von Moses Mendelssohns Gesammelten Schriften, in: Mendelssohn-Studien, Bd. 4/1979, S. 277 ff.

44 Für das Folgende vgl. vor allem Thomas Blubacher, »Gibt es etwas Schöneres als Sehnsucht?« Die Geschwister Eleonora und Francesco von Mendelssohn, Berlin 2008.

45 Ebenda, S. 262.

46 Eleonora von Mendelssohn an Louise Dumont, 9. September 1925, Dumont-Lindemann-Archiv, SHD II G, Fischer-Mendelssohn, Eleonora.

47 So Zeitungskritiken, die in einem Werbeprospekt der »Süddeutschen Konzertdirektion Otto Bauer« zitiert werden, MA Depos., MG Nachlaß 5, Mappe 2.

48 Vgl. Naomi Shephard, Wilfried Israel, Berlin 1985.
49 Georg Zivier, Das Romanische Café, Berlin 1965/68, S. 79.
50 Ruth Landshoff-Yorck, Klatsch, Ruhm und kleine Feuer. Biographische Impressionen, Frankfurt am Main 1997, S. 229.
51 Berliner Tageblatt, 18. Februar 1932.
52 NYPL, Mendelssohn Papers, Kasten 4.
53 Vgl. Jeremy Noakes, Wohin gehören Judenmischlinge? Die Entstehung der ersten Durchführungsverordnungen zu den Nürnberger Gesetzen, in: Ursula Büttner (Hrsg.): Das Unrechtsregime. Internationale Forschung über den Nationalsozialismus, Bd. 2: Verfolgung – Exil – Belasteter Neubeginn, Hamburg 1986, S. 69–121.
54 Vgl. Saul Friedländer, Die Jahre der Vernichtung. Das Dritte Reich und die Juden 1939–1945, München 2006, S. 167.
55 Vgl. Bryan Mark Rigg, Hitlers jüdische Soldaten, Paderborn 2003, S. 129.
56 Hierzu Herbert Hoffmann-Loss, Vom Kreuz zum gottgesandten Führer. Eine Auseinandersetzung des Enkels mit der geistigen Welt des Großvaters, Berlin 2007; S. 39 ff.
57 Herbert Hoffmann-Loss an den Verfasser, E-Mail, 23. August 2006.
58 Vgl. hierzu vor allem Gisela Gantzel-Kress, Das Institut für Auswärtige Politik im Übergang von der Weimarer Republik zum Nationalsozialismus (1933–1937), in: Zur Geschichte des Instituts für Auswärtige Politik. Von der Gründung bis zur nationalsozialistischen Machtübernahme, in: Klaus-Jürgen Gantzel (Hrsg.), Kolonialwissenschaft, Kriegsursachenforschung, Internationale Angelegenheiten. Veröffentlichungen aus dem Institut für Internationale Angelegenheiten Band 12, Baden-Baden 1983, S. 23–88.
59 Die deutschen Gegenvorschläge. Denkschrift des deutschen Komitees der Kommission für die Verantwortlichkeiten des Krieges, von Hans Delbrück, Max Weber, Graf Max Montgelas, Albrecht Mendelssohn Bartholdy am 27. Mai 1919. Sonderdruck der Frankfurter Zeitung, Mai/Juni 1919.
60 Die große Politik der Europäischen Kabinette, 1871–1914. Sammlung der Diplomatischen Akten des Auswärtigen Amtes, hrsg. von J. Lepsius, A. Mendelssohn Bartholdy und F. Thimme, 40 Bände, Berlin 1922–1927.
61 Vgl. Gisela Gantzel-Kress, Albrecht Mendelssohn Bartholdy. Ein Bürgerhumanist und Versöhnungsdiplomat im Aufbruch der Demokratie in Deutschland, in: ZHG 71/1985, S. 127–143.
62 Vgl. Paul Kirchhof, Albert Hensel. Ein Forscher der rechtsstaatlichen Steuerlehre, in: Mendelssohn-Studien, Bd. 5/1982, S. 171–180.
63 Abgedruckt bei: Christian Tilitzki, Die Beurlaubung des Staatsrechtslehrers Albert Hensel im Jahre 1933. Ein Beitrag zur Geschichte der Königsberger Universität, in: Mendelssohn-Studien, Bd. 12/2001, S. 250 ff.

64 Tilitzki, Die Beurlaubung des Staatsrechtslehrers Albert Hensel im Jahre 1933, S. 260.

65 Vgl. Raphael Gross, Carl Schmitt und die Juden. Eine deutsche Rechtslehre, Frankfurt am Main, S. 11, und Reinhard Mehring, Reflektierte Trennung. Vom Scheitern der »deutsch-jüdischen Symbiose« bei Carl Schmitt und Ludwig Feuchtwanger – nach ihrem Briefwechsel, in: ZRGG, 2/2008, S. 155.

66 Felix Gilbert, Lehrjahre im alten Europa. Erinnerungen 1905–1945, Berlin 1989, S. 130.

67 Vgl. Johannes Graul, Jüdisches Erbe und christliche Religiosität. Die Familiengeschichte als prägendes Moment in der Biographie des Religionswissenschaftlers Joachim Wach (1898–1955), in: Stephan Wendehorst, Bausteine einer jüdischen Geschichte der Universität Leipzig, Leipzig 2006, S. 287 ff.

68 Victor Klemperer, Ich will Zeugnis ablegen bis zum letzten. Tagebücher 1942–1945, hrsg. von Walter Nowojski unter Mitarbeit von Hadwig Klemperer, Berlin 1995, S. 472, notiert am 10. Januar 1944, dass zu den Opfern einer »neuen Aktion« »die Witwe des Leipziger Juristen Wach« gehöre.

69 Bericht der Gestapo in Schneidemühl, 3. Oktober 1940, PArAA, R 099890.

70 Ausführlicher bei Felix Busch. Aus dem Leben eines königlich-preußischen Landrats, hrsg. von Julius H. Schoeps, Berlin 2000, S. 283 f.

71 Dorothee Schramm an Helmut Müssener, 16. Juli 1973, Privatbesitz.

72 Über die Londoner Zeit vgl. Dorothee Schramm, geb. Busch, Marie Busch, geb. von Mendelssohn-Bartholdy, unveröffentlichtes Manuskript, Privatbesitz.

73 Ihr Name befand sich auf der Liste 211 derjenigen Personen, die am 28. November 1940 ausgebürgert wurden. Vgl. Die Ausbürgerung deutscher Staatsangehöriger 1933–45 nach den im Reichsanzeiger veröffentlichten Listen, hrsg. von Michael Hepp, Bd. 1, München 1985, S. 438.

74 Der Schmuck wurde vom Finanzamt Moabit an den Goldschmiedemeister Neumann (Berlin SW 68, Neuenburgerstr. 19) für den taxierten Preis von 1.464 Reichsmark verkauft. Der Wert des Schmuckes dürfte um ein Vielfaches höher gewesen sein. Im Zuge eines Rückerstattungsverfahrens sind Marie Busch nach dem Krieg 5 915 Reichsmark zugestanden worden (4 WGA 6345/50, S. 95–96). Das dafür seitens der Wiedergutmachungsämter bestellte Gutachten eines gewissen Albert Omankowsky (erstellt »nach bestem Wissen und Gewissen«) bewertete den Schmuck ganz offensichtlich ebenfalls weit unter Wert (4 WGA 6345/50, S. 77 f.).

75 Die Zwangsversteigerung wurde am 12. November 1940 durch die Firma Gerhard Harms in Berlin-Dahlem durchgeführt. Eine Liste der Ersteigerer und der auf der Auktion erzielten Beträge ist vorhanden. Wie es scheint, hat es zwischen Auktionshaus und manchen der Interessenten Preisabsprachen

gegeben. So ist aus den Unterlagen erkennbar, dass Bilder und eine Reihe kostbarer Kunstgegenstände zu »Spottpreisen« abgegeben wurden.

76 Schon vor dem Machtantritt der Nationalsozialisten wurde Paul von Mendelssohn-Bartholdy unflätig diffamiert, etwa in dem berüchtigten NS-Machwerk Sigilla Veri (Ph. Stauff's Semi-Kürschner). Lexikon der Juden, Genossen und Gegner aller Zeiten und Zonen, insbesondere Deutschlands, der Lehren, Gebräuche, Kunstgriffe und Statistiken der Juden sowie ihrer Gaunersprache, Trugnamen, Geheimbünde usw., Erfurt 1931, S. 451

77 Rudolf Loeb dürfte in Absprache mit Paul von Mendelssohn-Bartholdy und Franz von Mendelssohn gemeinsam mit Max Warburg, Carl Melchior und dem ehemaligen Staatssekretär Hans Schäffer Kontakte zu Großunternehmern aufgenommen haben, um diese zu gemeinsamen Besprechungen über die antijüdischen wirtschaftlichen Maßnahmen der Regierung zusammenzubringen. Vgl. Avraham Barkai, Die deutschen Unternehmer und die Judenpolitik im Dritten Reich, in: Ursula Büttner (Hrsg.), Die Deutschen und die Judenverfolgung im Dritten Reich, Frankfurt am Main 2003, S. 253.

78 Über den Verdrängungsprozess im Bankengewerbe vgl. Martin Münzel, Die jüdischen Mitglieder der deutschen Wirtschaftselite 1927–1955. Verdrängung – Emigration – Rückkehr, Paderborn u. a. 2006, S. 220 f.

79 Auf der Generalversammlung am 2. Mai 1933 war Paul von Mendelssohn-Bartholdy noch einmal in den 18-köpfigen Vorstand gewählt worden. In den ersten Monaten des Jahres 1934 wurde der Centralverband gleichgeschaltet und in der Wirtschaftsgruppe »Privates Bankgewerbe« neu organisiert. Bei dieser Umorganisation wurden die jüdischen Mitglieder unauffällig und geräuschlos »ausgebootet«, unter anderem Paul von Mendelssohn-Bartoldy. Vgl. Göppinger, Juristen jüdischer Abstammung im »Dritten Reich«, München 1990, S. 134 ff.

80 BA R 3101, No. 18538.

81 BLHA K V, AG Bernau, GARG Börnicke, Bd. 2, Bl. 19, besonders 10, S. 36 und 42.

82 Vgl. Kreutzmüller, Händler und Handlungsgehilfen, S. 66.

83 Verbalnote der Königl. Dänischen Gesandtschaft an das Auswärtige Amt, 17. November 1933, PArAA, R 119 519 (Dänisches Generalkonsulat).

84 Siehe Schreiben Reinhardts an die »Nationalsozialistische Regierung« vom 16. Juni 1933 in: Max Reinhardt, Ich bin nichts als ein Theatermann. Briefe, Reden, Aufsätze, Interviews, Gespräche, Auszüge aus Regiebüchern, hrsg. von Hugo Fetting, Berlin 1989, S. 274 ff.

85 BLHA, Pr. Br. Rep. 36 A, Nr. D 367.

86 LAB, A Rep. 030, Tit. 94, Nr. 11792.

87 AG Berlin Mitte Az. 471 IV 1204/35, Bl. 43.

88 Vgl. Dorothee Mußgnug, Die Reichsfluchtsteuer 1931–1953 (= Schriften zur Rechtsgeschichte, Heft 60), Berlin 1993, S. 38 ff.

89 Vgl. »Erwacht aus dem Traume der Assimilation«. Max Liebermann und sein Bekenntnis zum Zionismus, in: Julius H. Schoeps, Leiden an Deutschland. Vom antisemitischen Wahn und der Last der Erinnerung, München 1990, S. 180 ff.

90 Vgl. Julius H. Schoeps, »Ick kann jar nich so viel fressen, wie ick kotzen möchte«. Max Liebermann, die Nazis und das Scheitern der deutsch-jüdischen Symbiose, in: Max Liebermann und die französischen Impressionisten, hrsg. von G. Tobias Natter und Julius H. Schoeps, Wien 1997, S. 43–49.

91 Max Liebermann, Siebzig Briefe, hrsg. von Franz Landsberger, Berlin 1937, S. 86.

92 Nachlässigkeit oder Böser Wille, in: Schwarzes Korps, 26. Juni 1935.

93 Vgl. Thomas Schinköth, »Es soll hier keine Diskussion über den Wert der Kompositionen angeschnitten werden«. Felix Mendelssohn Bartholdy im NS-Staat, in: Mendelssohn-Studien, Bd. 11/1999, S. 177 ff.

94 Vgl. Ines Reich, In Stein und Bronze – Zur Geschichte des Leipziger Mendelssohn-Denkmals 1868–1936, und Hans-Ulrich Thamer, Nationalsozialistischer Bildersturm in Leipzig. Oberbürgermeister Dr. Goerdeler und die nationalsozialistische Judenpolitik, in: Felix Mendelssohn – Mitwelt und Nachwelt. Bericht zum 1. Leipziger Mendelssohn-Kolloquium am 8. und 9. Juni 1993, hrsg. vom Gewandhaus zu Leipzig, Wiesbaden 1996, S. 31 ff. und 54 ff.

95 Nachrufe und Todesanzeigen erschienen u. a. in der Berliner Boersen-Zeitung, Nr. 272, 275 und 276, 13., 15. und 16. Juni 1935; Berliner Tageblatt, Nr. 276, 13. Juni 1935; Deutsche Allgemeine Zeitung, Nr. 274 und 276, 15. und 16. Juni 1935; Frankfurter Zeitung, Nr. 298, 14. Juni 1935; Kölnische Zeitung, Nr. 296, 14 Juni 1935; The Times, 14. Juni 1935.

96 Vgl. Cécile Lowenthal-Hensel. Franz von Mendelssohn. Zum 50. Todestag am 13. Juni 1935, in: Mendelssohn-Studien, Bd. 6/1985, S. 251 ff.

97 Ebenda, S. 263.

98 Vgl. Peter Longerich, Politik der Vernichtung. Eine Gesamtdarstellung der nationalsozialistischen Judenverfolgung, München 1998, S. 85 ff.

99 Varian Fry, Eyewitness story of Berlin horror, in: NYT, 16. Juli 1935.

100 Martin Gumpert, Menschenhatz unter Polizeiaufsicht, in: Margarete Limberg und Hubert Rübsaat (Hrsg.), Sie durften nicht mehr Deutsche sein. Jüdische Selbstzeugnisse 1933–1938, Berlin 2003, S. 124.

101 Hans-Günther Klein, Miszellen zu Ernst und Paul von Mendelssohn Bartholdy, in: Mendelssohn-Studien, Bd. 11/1999, S. 213.

102 LAB B Rep. 048, Notariatsakten Ernst Wolff.

103 LAB B Rep.048, Kt. 3155.

104 Vgl. Joost von Trott zu Solz, Warum heute noch Kunstrestitution? Eine Antwort anhand der Sammlung Steinthal, in: Max Steinthal. Ein Bankier und seine Bilder, hrsg. vom proprietas-Verlag, Berlin 2004, S. 42 ff.

105 Vgl. Mußgnug, Die Reichsfluchtsteuer 1931–1953, S. 31 ff.

106 Beispielsweise »Gesetz über Änderung der Vorschriften über die Reichsfluchtsteuer. Vom 18. Mai 1934«, in: Reichsgesetzblatt, Jahrgang 1934, Teil I, S. 392 ff.

107 Vgl. Ludwig Gläser, Eduard Magnus. Ein Beitrag zur Berliner Bildnismalerei des 19. Jahrhunderts, Berlin 1963, Nr. 132, 137, 139, 202, 203, 204.

108 LAB B Rep. 048, Notariatsakten Ernst Wolff.

109 LAB A Rep. 351–01, Hft. 1, Alsenstraße 3, Grundbuch Brandenburgtorbezirk, Bd. 1, Bl. 80.

110 Zeugnis (Kopie) für Bruno Blank, unterschrieben von Elsa von Mendelssohn-Bartholdy, geb. von Lavergne-Peguilhen, 2. Juli 1935, Privatbesitz.

111 Vgl. Hans Fröhlicher, Meine Aufgabe in Berlin, 1938–1945, Wabern/Bern 1962, S. 101.

112 Bei den Bildern, die er außer Landes brachte, handelte es sich um folgende: 1. Pablo Picasso, Le Moulin de la Galette (1900); 2. Pablo Picasso, Meneur de cheval nu (1905); 3. Pablo Picasso, Blauer Frauenkopf (1903); 4. Pablo Picasso, Der Absinthtrinker (Porträt von Angel Fernandez de Soto) (1903); 5. Pablo Picasso, Madame Soler (1903); 6. Vincent van Gogh, Sonnenblumen (1889); 7. Vincent van Gogh, Das Rathaus von Auvers (1890); 8. Vincent van Gogh, Junger Mann mit Kornblume (1890) 9. Vincent van Gogh, Alter Baum (1888); 10. Vincent van Gogh, St. Paul's Hospital (Hospital at St. Remy) (1889); 11. Vincent van Gogh, Der öffentliche Park (1888); 12. Vincent van Gogh, Selbstporträt (später als Fälschung nachgewiesen); 13. Georges Braque, Der Hafen (1909); 14. Georges Braque, Die Violine (1913) 15. Georges Braque, Die Zitrone (1920); 16. Pierre-Auguste Renoir, Les Pêcheuses de moules à Berneval (1896).

113 Insgesamt hatte Max Liebermann über Walther Feilchenfeldt 14 Bilder seiner Impressionistensammlung (Manet, Cézanne, Degas, Daumier, Renoir, Monet) an das Kunsthaus in Zürich mit der Bitte um Aufbewahrung geschickt. Vgl. Tobias Natter, Max Liebermanns Sammlung: Bilder französischer Impressionisten, in: Max Liebermann und die französischen Impressionisten, S. 238 ff., und Bernd Schmalhausen, »Ich bin doch nur ein Maler«. Max und Martha Liebermann im ›Dritten Reich‹, Hildesheim u. a. 1994, S. 80.

114 MA Depos. Nachlaß 5, MG 367/96 4.

115 Vgl. Paul Wertheim, Erinnerung an eine Sammlung, in: Das Kunstwerk, Jg. 154, 1960/1961, S. 8–15.

116 Vgl. Ralph Jentsch, Machtlos. Wie eine große Kunstsammlung in alle Welt zerstreut wurde, in: Süddeutsche Zeitung, 21. Dezember 2007.

117 Vgl. Ralph Jentsch, Alfred Flechtheim und George Grosz. Zwei deutsche Schicksale, Bonn 2008, S. 110 ff.

118 Vgl. Ottfried Dascher, Die Ausgrenzung und Ausplünderung von Juden. Der Fall der Kunsthandlung und des Kunsthändlers Alfred Flechtheim, in: Werner Abelsheuser, Jens-Otmar Hesse und Werner Plumpe (Hrsg.), Wirtschaftsordnung, Staat und Unternehmen. Neuere Forschungen zur Wirtschaftsgeschichte des Nationalsozialismus. Festschrift für Dietmar Petzina zum 65. Geburtstag, Essen 2003, S. 125–138.

119 Maureen Goggin und Walter V. Robinson, Murky Histories Cloud Some Local Art, in: Boston Globe, 9. November 1997.

120 Vgl. Esther Tisa Francini, Anja Heuss und Georg Kreis, Fluchtgut–Raubgut. Der Transfer von Kulturgütern in und über die Schweiz 1933–1945 und die Frage der Restitution, Zürich 2001, S. 165 ff.

121 Ebenda, S. 85, Anm. 145.

122 Die Belegstelle kann aus rechtlichen Gründen nicht genannt werden.

123 William S. Paley, As it Happened. A memoir, Garden City 1979, S. 101 f.

124 Die Belegstelle kann aus rechtlichen Gründen nicht genannt werden.

125 In einem Handelsregistereintrag vom 1. Februar 1935 sind neben Franz von Mendelssohn und Paul von Mendelssohn-Bartholdy als persönlich haftende Gesellschafter noch Giulietta von Mendelssohn geb. Gordigiani, die Witwe von Robert von Mendelssohn (1857–1917), Rudolf Loeb (1877–1966), Fritz Mannheimer, Paul Kempner und Robert von Mendelssohn, der Sohn von Franz von Mendelssohn, ausgewiesen.

126 Landesfinanzamt Berlin, Bericht der Betriebsprüfer Richter und Dr. Knapp über die Zeit vom 18. Dezember 1935 bis 10. Februar 1936 bei der Firma Mendelssohn & Co und Konzernfirmen, Berlin W. 56, Jägerstraße 49/53 vorgenommenen Prüfung, S. 22, Bundesamt für zentrale Dienste und offene Vermögensfragen, Betriebsprüfungskarten Mendelssohn & Co des LFA Berlin, Nr. 1000.

127 Robert von Mendelssohn an Amtsgericht Berlin, 21. Oktober 1935 (Amtsgericht Frankfurt am Main, Gesch. Nr. 552 HRA. 1710).

128 Hierzu vgl. Philipp-Christian Wachs, Preußische Junker oder ausländische Juden. Die Bankiersfamilie Mendelssohn-Bartholdy und ihr Gut Börnicke im Jahre 1945, in: Julius H. Schoeps (Hrsg.), Enteignet durch die Bundesrepublik Deutschland: Der Fall Mendelssohn Bartholdy, Bodenheim bei Mainz 1997, S. 32.

129 Bericht des Oberfinanzpräsidenten über die Betriebsprüfung bei der Firma Mendelssohn & Co i. L., 20. Oktober 1942. Bundesamt für zentrale Dienste und offene Vermögensfragen, Betriebsprüfungskarten Mendelssohn & Co des LFA Berlin, Nr. 1000.

130 Vgl. Schreiben der Anwaltskanzlei Schön, Nolte, Finkelnburg & Clemm an Kanzlei Köning & Dr. Lauritzen, 24. Oktober 1996, in dem mit Bezug auf den Prüfungsbericht erklärt wird, dass »Frau von Mendelssohn Bartholdy (Gräfin Kesselstadt) bereits Ende des Jahres 1939 definitiv aus der Firma ausgeschieden ist«. Die Kopien des Schreibens befinden sich im Besitz des Verfassers.

131 Der Erbschein, ausgefertigt am 24. Dezember 1935, ist abgedruckt, in: Schoeps, Enteignet durch die Bundesrepublik Deutschland, S. 55 f.

132 BA R 2501.

133 Abgedruckt bei Treue, Das Bankhaus Mendelssohn, S. 76–80.

134 Hierzu Ingo Köhler, Die »Arisierung« der Privatbanken im Dritten Reich. Verdrängung, Ausschaltung und die Frage der Wiedergutmachung, München 2005, S. 252.

135 Eberhard Czichon (Die Bank und die Macht. Hermann Josef Abs, die Deutsche Bank und die Politik, Köln 1995, S. 179) geht von 175 Mitarbeitern aus, von denen 110 »Arier« gewesen sein sollen.

136 Erhalten ist ein Schreiben in Abschrift von Mendelssohn & Co an die Deutsche Bank vom 23. Dezember 1938, in der auf die Unterredungen zwischen Loeb und Abs Bezug genommen wurde und die Einzelheiten der Übertragung des Vermögens des Vereins »Pensionskasse der Angestellten des Bankhauses Mendelssohn & Co« festgehalten waren (HADB:RWB 43).

137 Amtsgericht Frankfurt am Main, Gesch. Nr. 552 HRA. 1710.

138 VO über eine Sühneleistung der Juden deutscher Staatsangehörigkeit vom 12. November 1938, in: RGBl I, S. 1579.

139 Vgl. Lothar Gall, Der Bankier Hermann Josef Abs. Eine Biographie, München 2004, S. 59 ff.

140 Seit dem 1. Januar 1942 fungierte bei der Firma »von Mendelssohn & Co i. L.« nach dem Ausscheiden von Giulietta von Mendelssohn als »persönlich haftender Gesellschafter« nur noch Robert von Mendelssohn. Als Kommanditisten wurden die nicht unter die NS-Rassegesetzgebung fallenden Kinder und Verwandten von Roberts Schwestern Enole und Emma geführt: Peter Witt, Enole Boedeker geb. Witt, Eleonora von Haimberger, Johann von Haimberger und Franz von Haimberger. Am 9. März 1981 wurde die Firma aus dem Handelsregister gelöscht. Anfang der neunziger Jahre wurde sie wieder in das Handelsregister eingetragen, um Rückübertragungsansprüche auf die Grundstücke Jägerstraße 49–50, 51, 52 sowie Kronenstraße 38–40 in Berlin-Mitte anzumelden. Zu Nachtragsliquidatoren wurden Robert von Mendelssohn am 11. Mai 1992 und der Rechtsanwalt Christian Köhler am 15. März 1994 berufen. Nach Auskunft des Landesamtes zur Regelung offener Vermögensfragen (LAROV) vom 22. August 1996 haben die »Mendelssohn-Erben« [gemeint ist Robert von Mendelssohn] den Antrag auf Restitution des

Grundstücks Jägerstraße 49/50 »aufgrund einer gütlichen Einigung mit der Deutschen Handelsbank AG ... zurückgenommen«.

141 Bericht über die Entwicklung der Firma Mendelssohn & Co, Berlin W 8, Jägerstraße 49/51, seit dem Jahre 1933 (National Archives of the United States RG 260/OMGUS).

142 Eberhard Czichon, Die Bank und die Macht. Hermann J. Abs in der deutschen Politik, Köln 1970.

143 Ebenda, S. 180.

144 Ausführlich hierzu Christopher Kopper, Zwischen Marktwirtschaft und Dirigismus. Bankenpolitik im »Dritten Reich« 1933–1939, Bonn 1995, S. 254 ff.

145 Ebenda, S. 290.

146 Harold James, Die Deutsche Bank und die »Arisierung«, München 2001, 217 f.

147 Wilhelm Treue, Das Bankhaus Mendelssohn als Beispiel einer Privatbank im 19. und 20. Jahrhundert, in: Mendelssohn-Studien, Bd. 1/1972, S. 29–80.

148 Kopper, Zwischen Marktwirtschaft und Dirigismus, S. 273.

149 Das Wort »Arisierung« taucht in Eingaben, Erlassen und Mitteilungen immer wieder auf. Die späteren Äußerungen von Rudolf Loeb und Robert von Mendelssohn, die – aus welchen Gründen auch immer – 1947 beziehungsweise 1970 beteuerten, es habe sich bei der Übernahme der Mendelssohn-Bank durch die Deutsche Bank nicht um eine »Arisierung«, sondern um eine »freundschaftliche Übernahme« gehandelt, werden durch die Akten, vor allem aber durch deren Wortwahl eindeutig widerlegt.

150 Vgl. Jürgen Jeske, Nachprüfung einer Legende. Der Bankier Abs und seine Rolle im Dritten Reich, in: Frankfurter Allgemeine Zeitung, 26. September 1998.

151 Mit der »Verordnung über die Anmeldung des Vermögens von Juden« vom 26. April 1938 und den dazugehörigen Anordnungen hatte sich der NS-Staat eine »legale« Handhabe für den Zugriff auf das jüdische Vermögen geschaffen.

152 Vertraulicher Bericht über das Bankhaus Mendelssohn & Co, 30. Juli 1938, BA, RA 3101, Nr. 15515.

153 Erich Kluge an Min. Rat Kohler im Reichswirtschaftsministerium, 31. August 1938, BA, R 3101, Nr. 15515.

154 Vermerk über eine Besprechung mit Min. Dirigenten Gottschick, dem Reichskommissar Ernst und zeitweise Min. Rat. Dr. Koehler ... über die Arisierung der Firma Mendelssohn & Co, Berlin, 3. September 1938, BA, R 3101, Nr. 15515.

155 Plan für die Arisierung des Bankhauses Mendelssohn & Co, Berlin, erarbeitet vom Bankhaus Mendelssohn & Co, datiert 21. September, bei der Reichsbank eingegangen am 24. September 1938, BA, R 3101, Nr. 15515.

156 Nach Angaben von Hermann Josef Abs haben Verhandlungen der Deutschen Bank mit Mendelssohn & Co am 28. Juni, 19. August, 30. August und 3. September 1938 stattgefunden.

157 Walther Beyer an Min. Dir. Lange, 11. November 1938, BA, R 3101, Nr. 15515.

158 Plan zur Arisierung des Bankhauses Mendelssohn & Co, 10. November 1938, BA, R 3101, Nr. 15515.

159 So die Aufzeichnungen von Hermann J. Abs, 20. Februar 1968, zitiert nach Treue, Das Bankhaus Mendelssohn, S. 79.

160 Zur Person Alfred Kurzmeyers vgl. Peter-Ferdinand Koch, Die Geldgeschäfte der SS. Wie deutsche Banken den schwarzen Terror finanzierten, Hamburg 2000, S. 91 f. und 244 ff.

161 Vertrag zwischen dem offenen Handelsgeschäft in Firma Mendelssohn & Co in Liquidation und dem Deutschen Reich, vertreten durch den Reichsminister der Finanzen, 15. April 1939, [Zweite Ausfertigung] ZGA, Friedrichstadt 857 und 859.

162 Abteilung der Reichsbank für Auslandsschulden an den Reichswirtschaftsminister, Reichsbankrat Dr. Wolf, 22. Oktober 1938, BA.

Abkürzungen

AZJ	=	Allgemeine Zeitung des Judentums, 1837–1922
BA	=	Bundesarchiv
BLBI	=	Bulletin, Leo Baeck Institute, 1957 ff.
BLHA	=	Brandenburgisches Landeshauptarchiv, Potsdam
CV	=	Centralverein deutscher Staatsbürger jüdischen Glaubens
DHI	=	Deutsches Historisches Institut
DFG	=	Deutsche Forschungsgemeinschaft
DIHT	=	Deutscher Industrie- und Handelstag
GS	=	Moses Mendelssohn's gesammelte Schriften. Nach Originaldrucken und Handschriften, hrsg. von Prof. Dr. G.B. Mendelssohn. In sieben [vielmehr acht] Bänden, Leipzig 1843–1845
GStA	=	Geheimes Staatsarchiv, Stiftung Preußischer Kulturbesitz, Berlin
KWG	=	Kaiser-Wilhelm-Gesellschaft
JubA	=	Moses Mendelssohn Gesammelte Schriften. Jubiläumsausgabe. In Gemeinschaft mit F. Bamberger, H. Borodianski (Bar-Dayan), S. Rawidowicz, B. Strauss, L. Strauss, begonnen von I. Elbogen, J. Guttmann, E. Mittwoch, fortgesetzt von A. Altmann in Gemeinschaft mit H. Bar-Dayan, E. J. Engel L. Strauss, W. Weinberg, Berlin 1929 ff.
LAB	=	Landesarchiv Berlin
LAROV	=	Landesamt für Regelung offener Vermögensfragen
LBI	=	Leo Baeck Institute
MA	=	Mendelssohn-Archiv in der Musikabteilung der Staatsbibliothek zu Berlin, Stiftung Preußischer Kulturbesitz
MoMA	=	The Museum of Modern Art
Omgus	=	Office of Military Government for Germany

OSS	=	Office of Strategic Services / Art Looting Investigation Unit
PArAA	=	Politisches Archiv, Auswärtiges Amt
Rt		Reichstaler
SMPK	=	Staatliche Museen, Stiftung Preußischer Kulturbesitz
StaBi	=	Staatsbibliothek
YBLBI	=	Year Book, Leo Baeck Institute
ZfG	=	Zeitschrift für Geschichte
ZHG	=	Zeitschrift des Vereins für Hamburgische Geschichte
ZRGG	=	Zeitschrift für Religions- und Geistesgeschichte

Zeittafel

1729 6. Sept.: Moses Mendelssohn wird in Dessau geboren.
1743 Mendelssohn folgt seinem Lehrer David Fränkel nach Berlin.
1750 Privatlehrer im Haus des Seidenfabrikanten Isaak Bernhard
1754 Buchhalter in Isaak Bernhards Textilfabrik
Bekanntschaft mit Lessing und Nicolai.
1755 *Philosophische Gespräche* und *Briefe über die Empfindungen*
1759 Mitarbeit an den *Briefen die Neueste Literatur betreffend* beginnt
1761 Prokurist bei Isaak Bernhard
Philosophische Schriften
Hebräischer Kommentar zu den *Millot hahiggajon* (Logik) des Maimonides.
1762 22. Juni: Heirat mit Fromet Gugenheim
1763 21. Okt.: Mendelssohn erhält per Kabinettsorder das Privileg eines außerordentlichen Schutzjuden.
1. Preis der Berliner Akademie der Wissenschaften vor Immanuel Kant.
1764 Geburt von Dorothea (Brendel) Mendelssohn (1764–1839)
1767 *Phädon*
1769 *Untersuchung der Beweise für das Christentum* des Kontrahenten Lavater
1770 Geburt von Joseph Mendelssohn (1770–1831)
Schreiben an den Herrn Diakonus Lavater in Zürich
1772 Moses Mendelssohn vermittelt im »Begräbnisstreit«
1775 Geburt von Henriette (Jente) Mendelssohn (1775–1831)
1776 Geburt von Abraham Mendelssohn (1776–1835)
1778 *Ritualgesetze der Juden*
1779 Lessings *Nathan der Weise* erscheint.
1780 Beginn der Pentateuch-Übersetzung
1781 *Über die bürgerliche Verbesserung der Juden* von Christian Wilhelm Dohm

Gotthold Ephraim Lessing stirbt.

Geburt von Nathan Mendelssohn (1781–1852)

1783 *Jerusalem oder über religiöse Macht und Judentum*

Vorrede zu Manasse ben Israels *Rettung der Juden*

Brendel (Dorothea) Mendelssohn heiratet in erster Ehe Simon Veit (1754–1819). Zwei Söhne: Johannes (1790–1854) und Philipp Veit (1793–1877)

1785 *Morgenstunden oder Vorlesungen über das Daseyn Gottes*

1786 4. Jan.: Moses Mendelssohn stirbt.

1792 Joseph Mendelssohn ist Mitbegründer der »Gesellschaft der Freunde«, eines Vereins zur solidarischen Unterstützung der Berliner Maskilim.

1793 13. Juni: Joseph Mendelssohn heiratet Henriette Meyer (1776–1862). Zwei Söhne: Benjamin (1794–1874) und Alexander (1798–1871)

1795 Joseph Mendelssohn eröffnet im elterlichen Haus in der Spandauer Straße 68 ein Wechsel- und Bankgeschäft.

1797 Sommer: Abraham Mendelssohn reist mit dem jungen Arzt und Verwandten David Veit nach Paris.

1799 Die Mendelssohn-Bank finanziert erstmals eine Spanienreise Alexander von Humboldts. In den folgenden Jahrzehnten unterstützen die Mendelssohns den Forscher regelmäßig.

11. Nov.: Scheidung von Dorothea und Simon Veit

1801 Dorothea Veits Roman *Florentin* (Band 1) erscheint, herausgegeben von Friedrich Schlegel und ohne Hinweis auf die Verfasserin. Band 2 wird nie vollendet.

1802 Dorothea und ihr Sohn Philipp Veit übersiedeln mit Friedrich Schlegel nach Paris. Schlegel gibt die von Dorothea nach altfranzösischen Quellen übersetzte *Geschichte der Jungfrau von Orléans* heraus.

1804 Abraham Mendelssohn heiratet Lea Salomon (1777–1842). Vier Kinder: Fanny (1805–1847), Felix (1809–1847), Rebecka (1811–1858) und Paul (1812–1874)

Dorothea Veit geb. Mendelssohn lässt sich evangelisch taufen.

6. April: Heirat mit Friedrich Schlegel

Abraham Mendelssohn wird Teilhaber im Bankgeschäft seines Bruders Joseph in der Hamburger Großen Michaelisstraße.

1807 Dorothea Schlegel übersetzt Germaine de Staëls *Corinna oder Italien*. Die deutsche Ausgabe erscheint mit dem Vermerk: übersetzt und herausgegeben von Friedrich Schlegel.

1808 16. April: Das Ehepaar Schlegel tritt in Köln zum katholischen Glauben über.

1809 Carl Friedrich Zelter, seit 1800 Direktor der Singakademie zu Berlin und später Felix Mendelssohn Bartholdys späterer Tonsatzlehrer, wird vom preußischen König zum Professor der Musik an der Akademie der Künste ernannt.

1810 Gründung der Malervereinigung der »Nazarener« in Rom

1811 Sommer: Die Familien Joseph und Abraham Mendelssohn fliehen aus dem französisch besetzten Hamburg nach Berlin.
In Preußen hebt Karl August von Hardenberg die Zünfte und Frondienste auf.

1812 11. März: Die Juden in Preußen werden auf Hardenbergs Anordnung den übrigen Bürgern weitgehend gleichgestellt (Edikt Friedrich Wilhelms III.).
16. März: Fromet Mendelssohn stirbt in Hamburg.
Joseph Mendelssohn ist Mitbegründer der »Gesellschaft zur Beförderung der Industrie unter den Bewohnern der Königlich Preußischen Staaten jüdischer Religion«.
Henriette Mendelssohn tritt in Paris zum Katholizismus über, nimmt den Taufnamen Maria an und wird Erzieherin im Haus von General Sébastiani.

1813 Abraham Mendelssohn rüstet Soldaten für den Befreiungskampf gegen Napoleon I. aus und spendet Geld für ein Armee-Lazarett.
Nathan Mendelssohn und seine Neffen Philipp Veit und Benjamin Mendelssohn kämpfen als Freiwillige auf preußischer Seite in den Befreiungskriegen.

1814 (– 1815) Wiener Kongress

1815 Die Mendelssohn-Bank bezieht ihren Sitz in der Jägerstraße 51 (später zudem 49/50 und 52), wo sie bis zu ihrer erzwungen Liquidation 1938 verbleibt.
(–1827) Abwicklungsbüro der Bank in Paris zur Transferierung der französischen Kriegskontributionen aus Frankreich nach Deutschland.
Beginn des später immer wichtiger werdenden Russland-Geschäfts der Mendelssohns.

1816 21. März: evangelische Taufe der Abraham-Kinder Fanny und Felix, Rebecka und Paul.
Abraham reist mit der Familie nach Paris.
Erster Musikunterricht für Fanny und Felix.
Die »Nazarener« Wilhelm Schadow, Overbeck und Cornelius beginnen in der *Casa Bartholdy* in Rom mit den Arbeiten an den Fresken aus der Josephslegende.

1817 18. Okt.: Erstes Wartburgfest der deutschen Burschenschaften. Ruf nach der Einheit Deutschlands unter den Farben Schwarz-Rot-Gold.

1818 Erster öffentlicher Auftritt von Felix Mendelssohn als Pianist.
Dorothea Schlegel reist nach Rom.

1819 Joseph Mendelssohn erwirbt ein Weingut in Horchheim bei Koblenz, das bis zum Ende des 19. Jahrhunderts im Besitz der Familie bleibt.
Karl Wilhelm Ludwig Heyse wird Lehrer im Hause Mendelssohn.

Carl Friedrich Zelter beginnt mit dem musiktheoretischen Unterricht für Felix und Fanny.

1820 Vom 7. März datiert Felix Mendelssohns erste überlieferte Komposition, ein mit *Recitativo* überschriebenes Klavierstück.
Sept. – Nov.: Felix schreibt das Singspiel *Die Soldatenliebschaft* auf einen Text Johann Ludwig Caspers.
1. Okt.: Felix und Fanny Mendelssohn werden Mitglieder der Berliner Singakademie.

1821 Abraham Mendelssohn scheidet aus dem Bankhaus aus.
Uraufführung *Der Freischütz* von Carl Maria von Weber.
Ende Okt. – Mitte Nov.: erstes Zusammentreffen von Felix Mendelssohn mit Johann Wolfgang von Goethe in Weimar.
Taufe Benjamin Mendelssohns auf den Namen Georg.

1822 Abraham Mendelssohn tritt zum Christentum über und nimmt mit seiner Familie den Namen »Mendelssohn Bartholdy« an.
Juli – Okt.: Schweizreise der Familie. Auf der Rückreise trifft Felix Mendelssohn Bartholdy erneut Johann Wolfgang von Goethe.
In Berlin beginnen die sogenannten Sonntagsmusiken im Hause Mendelssohn Bartholdy.

1823 Staatliche Schließung der 1815 eröffneten Beer-Jacobson'schen Reformsynagoge in der Spandauer Straße.
Gründung des »Berliner Cassen-Vereins«, unter Federführung Joseph Mendelssohns (ab 1850 »Bank des Berliner Cassen-Vereins«).
Herbst: Konfirmation von Felix Mendelssohn Bartholdy.
Dez.: Als Weihnachtsgeschenk erhält Felix Mendelssohn Bartholdy von seiner Großmutter Babette Salomon eine Abschrift der Partitur von Bachs *Matthäuspassion*.
Vollendung des Singspiels *Die beiden Neffen*.

1824 Eröffnung des Königsstädtischen Theaters als erstes Schauspiel für die breiten Massen und ohne Staatsgelder unter Mitfinanzierung von Joseph Mendelssohn.
Beginn der lebenslangen Freundschaft zwischen Felix Mendelssohn Bartholdy und Ignaz Moscheles.

1825 Parisreise von Felix und Abraham Mendelssohn Bartholdy zu Luigi Cherubini, dem Direktor des Conservatoire. Auf der Rückreise Station bei Goethe in Weimar.
Spätsommer: Die Familie Mendelssohn Bartholdy bezieht das Reck'sche Palais, Leipziger Straße 3.

1826 Felix Mendelssohn Bartholdy bietet seine Oper *Die Hochzeit des Camacho* der Berliner Hofoper zur Uraufführung an.

19. Nov.: Der siebzehnjährige Felix und seine Schwester Fanny führen die soeben vollendete Ouvertüre zu Shakespeares *Sommernachtstraum* vierhändig auf.

1827 Die Mendelssohn-Bank heißt nun Bankhaus Mendelssohn & Co.
29. April: erste und einzige Aufführung von Mendelssohns Oper *Die Hochzeit des Camacho*.
Herbst: Studienbeginn an der Berliner Universität bei Georg Wilhelm Friedrich Hegel (Ästhetik) und Carl Ritter (Geographie). Zeitgleich erste künstlerische Auseinandersetzung mit Bachs *Matthäuspassion*.

1828 Benjamin Georg Mendelssohn wird an der Universität Kiel promoviert und habilitiert sich kurz darauf an der Universität Bonn als Geograph und Historiker.
Felix Mendelssohn Bartholdy erhält von Carl Friedrich Zelter die Erlaubnis zur Aufführung von Bachs *Matthäuspassion* in der Singakademie.

1829 12. Jan.: Friedrich Schlegel stirbt in Dresden.
11. und 21. März: zwei Aufführungen der *Matthäuspassion* in der Berliner Singakademie unter der Leitung von Felix Mendelssohn Bartholdy.
Mitte April bis Ende Nov.: erste Großbritannienreise des zweiundzwanzigjährigen Musikers mit zahlreichen Konzerten.
Die Landschaft Schottlands inspiriert ihn zur Konzertouvertüre *Die Hebriden* und zu seiner dritten, der *Schottischen* Sinfonie.
17. Sept.: Felix Mendelssohn Bartholdy wird durch einen Unfall schwer verletzt, so dass sich die Rückreise nach Berlin um zwei Monate verzögert.
3. Okt.: Fanny Mendelssohn Bartholdy heiratet den Maler Wilhelm Hensel (1794–1861).

1830 Mitte Mai: Felix Mendelssohn Bartholdy bricht zu einer zweijährigen Reise nach Italien auf. In Weimar trifft er zum letzten Mal mit Goethe zusammen.
Auflösung der 1810 gegründeten Malerschule der Nazarener.

1831 München-Konzert von Felix Mendelssohn Bartholdy.
Nov.: Verhandlungen in Düsseldorf mit Karl Immermann über ein Opernlibretto nach Shakespeares *Sturm*.
Dez.: Treffen mit Frédéric Chopin in Paris.

1832 22. März: Johann Wolfgang von Goethe stirbt.
15. Mai: Carl Friedrich Zelter stirbt.
April–Juni: Felix Mendelssohn Bartholdy reist von Paris nach London und zurück nach Berlin.

1833 (–1845) Joseph Mendelssohn ist Vorsteher der Ältesten der Korporation der Kaufmannschaft Berlin.
22. Jan.: Zugunsten Carl Friedrich Rungenhagens lehnt die Generalversammlung der Singakademie Felix Mendelssohn Bartholdy als Nachfolger

Zelters in der Chordirektion ab. Aus Protest tritt die Familie Mendelssohn Bartholdy geschlossen aus der Akademie aus.
März: Felix Mendelssohn Bartholdy verpflichtet sich, das erste offizielle Niederrheinische Musikfest in Düsseldorf vom 16.–28. Mai zu leiten.
13. Mai: Uraufführung der *Italienischen Sinfonie* in einem der Londoner *Philharmonischen Konzerte*.
3. Juni: 4. Londonreise Felix Mendelssohn Bartholdys.
1. Okt.: Felix Mendelssohn Bartholdy wird Leiter der Städtischen Musikdirektion in Düsseldorf.

1834 Nach kurzer Zeit als Theaterintendant in Düsseldorf legt Felix Mendelssohn Bartholdy das Amt nieder. Er beginnt mit der Arbeit am Oratorium *Paulus*.
Frühjahr: Er wird Mitglied der Berliner Kunstakademie.
Pfingsten: Treffen mit Ferdinand Hiller und Chopin auf dem Aachener Musikfest.

1835 8. April: Wilhelm von Humboldt stirbt in Tegel.
4. Okt.: Felix Mendelssohn Bartholdys erster Auftritt als Chef der Gewandhauskonzerte in Leipzig.
19. Nov.: Abraham Mendelssohn Bartholdy stirbt.

1836 8. März: Felix Mendelssohn Bartholdy wird zum Ehrendoktor der Philosophischen Fakultät an der Universität Leipzig ernannt.
22./23. Mai: Niederrheinisches Musikfest in Düsseldorf unter der Leitung von Mendelsohn Bartholdy, Uraufführung seines Oratoriums *Paulus*.
Juni – Sept.: Felix Mendelssohn Bartholdy ist in Frankfurt/Main, wo er bis Juli vertretungsweise den Cäcilienverein leitet und Cécile Jeanrenaud (1817–1853) kennenlernt.

1837 März: Aufführungen von *Paulus* in Leipzig und Boston.
28. März: Felix Mendelssohn Bartholdy heiratet Cécile Jeanrenaud. Fünf Kinder: Carl (1838–1897), Marie (1839–1897), Paul (1841–1880), Felix (1843–1851) und Elisabeth (1845–1910).
Aug. – Okt. Mendelssohn Bartholdy ist wieder in England. Er leitet das Musikfest in Birmingham.

1838 15. Feb.: Felix Mendelssohn Bartholdy beginnt mit seinen sogenannten Historischen Konzerten im Gewandhaus.
3./4. Juni: 20. Niederrheinisches Musikfest unter Mendelssohn Bartholdys Leitung in Köln.
Mendelssohn Bartholdy beginnt, sich mit dem Textentwurf zum Oratorium *Elias* auseinanderzusetzen.
22. Sept.: Die erste preußische Eisenbahnlinie zwischen Berlin und Potsdam nimmt ihren Betrieb auf.

1839 Mai bis Aug.: Die Familie Mendelssohn Bartholdy hält sich in Frankfurt am Main auf.
19.–21. Mai: Mendelssohn Bartholdy leitet das Niederrheinische Musikfest in Düsseldorf.
3. Aug.: Dorothea Schlegel stirbt im Alter von 74 Jahren in Frankfurt am Main.
6.–8. Sept.: Musikfest in Braunschweig unter Teilnahme Felix Mendelssohn Bartholdys.

1840 Felix Mendelssohn Bartholdy entwickelt die Idee zu einem Konservatorium in Leipzig.
7. Juni: Friedrich Wilhelm IV. wird König von Preußen.
25./26. Juni: Uraufführung der *Gutenberg-Kantate* und der *Lobgesang-Sinfonie* aus Anlass des 400. Jahrestages der Erfindung der Buchdrucks.
6. Okt.: Mendelssohn Bartholdy gibt ein Benefiz-Orgelkonzert in der Leipziger Thomaskirche für die Errichtung eines Bach-Denkmals.
18. Sept. – 9. Okt.: sechste Englandreise Mendelssohn Bartholdys
22.–25. September: Musikfest in Birmingham

1841 4. April: Mit der Aufführung der Matthäuspassion in der Thomaskirche verabschiedet Mendelssohn Bartholdy sich von Leipzig.
Ende Juli: Die Familie zieht nach Berlin, wo Felix Mendelssohn Bartholdy seine Stelle als »Hauskomponist« im Dienste Friedrich Wilhelm IV. antreten soll.
28. Okt.: Aufführung der von Mendelssohn Bartholdy vertonten *Antigone* des Sophokles im Neuen Palais zu Potsdam in Anwesenheit des Königs

1842 15.–17. Mai: Mendelssohn Bartholdy leitet zum letzten Mal das Niederrheinische Musikfest in Düsseldorf, diesmal zusammen mit Julius Rietz.
3. Okt.: Felix Mendelssohn Bartholdy eröffnet die Konzertsaison im Leipziger Gewandhaus.
Nov.: Er übernimmt wieder die Leitung der Gewandhauskonzerte in Leipzig.
Herbst: Friedrich Wilhelm IV. ernennt Felix Mendelssohn Bartholdy zum Preußischen Generalmusikdirektor.
12. Dez.: Lea Mendelssohn Bartholdy stirbt in Berlin.

1843 3. April: In Leipzig eröffnet das neu gegründete Konservatorium unter der Direktion Felix Mendelssohn Bartholdys.
13. April: Mendelssohn Bartholdy wird Ehrenbürger der Stadt Leipzig.
23. April: Das von Felix Mendelssohn Bartholdy gestiftete Bach-Denkmal vor der Thomaskirche wird enthüllt.
25. Nov.: Die Familie Felix Mendelssohn Bartholdy zieht in das Berliner Haus der Eltern in der Leipziger Straße 3.

1844 21. April: Aufführung von Beethovens *Erzherzog*-Trio, op. 97, mit Felix Mendelssohn Bartholdy als Pianist.
Mai – Juli: achte Englandreise.
31. Juli / 1. Aug.: Mendelssohn Bartholdy dirigiert seinen *Paulus* und die *Erste Walpurgisnacht* auf dem Musikfest in Zweibrücken.
30. Sept.: Der preußische König entbindet Mendelssohn Bartholdy von allen Dienstverpflichtungen mit Ausnahme der Auftragskompositionen.
Nov.: Mendelssohn Bartholdy beschließt, vorläufig in Frankfurt am Main zu bleiben.

1845 Joseph Mendelssohn ist Mitbegründer der »Zoologischen Gesellschaft« zur Errichtung einer Garten AG, die den neu geschaffenen Berliner Zoo unterstützt.
2. März: Felix Mendelssohn Bartholdy erhält aus Berlin das Angebot, die Direktion und den Lehrstuhl für Komposition an der dortigen Akademie der Künste zu übernehmen.
5. Juni: Der sächsische König will Mendelssohn Bartholdy als Leiter der Gewandhauskonzerte in Leipzig zurückgewinnen.
13. August: Rückkehr nach Leipzig.
Alexander Mendelssohn, Teilhaber von Mendelssohn & Co, erwirbt in Charlottenburg das Grundstück Schloßstraße 55 und lässt die Villa »Sorgenfrei« als Sommersitz errichten.

1846 Der Arzt Arnold Mendelssohn (1817–1854), ältester Sohn Nathan Mendelssohns, ist in die »Kassettenaffaire« verwickelt, in deren Folge er zu fünf Jahren Zuchthaus verurteilt und 1849 aus Deutschland ausgewiesen wird. Er wandert in den Orient aus.
12. Feb.: Felix Mendelssohn Bartholdy dirigiert im Gewandhaus die *Tannhäuser*-Ouvertüre von Richard Wagner.
16. Mai: Eröffnung der Bahnstrecke Berlin–Hamburg
31. Mai – 2. Juni: Aachener Musikfest unter Mendelssohn Bartholdys Leitung.
11. Juni: Uraufführung der *Lauda Sion*-Sequenz von Mendelssohn Bartholdy in Lüttich in dessen Anwesenheit.
13. Juni: zu Gast beim Deutsch-Flämischen Sängerfest in Köln.
Aug. – Sept.: neunte Englandreise
26. Aug.: Uraufführung des Oratoriums *Elias* beim Musikfest in Birmingham.

1847 18. März: Letzter Auftritt Felix Mendelssohn Bartholdys im Leipziger Gewandhaus. Am folgenden Tag legt er die Direktion der Gewandhauskonzerte nieder.
Anfang April – 8. Mai: zehnte Englandreise. Mehrere Aufführungen von *Elias*, neuerlicher Besuch bei Queen Victoria im Buckingham Palace.

14. Mai: Fanny Hensel, geb. Mendelssohn, stirbt überraschend an einem Gehirnschlag.
17. Mai: Als Felix Mendelssohn Bartholdy vom Tod der Schwester erfährt, bricht er ohnmächtig zusammen.
Ende Mai – Anfang Sept.: Erholungsreise in Baden-Baden und in der Schweiz.
17. Sept.: Rückkehr nach Leipzig.
18. Okt.: Während eines Spaziergangs mit seiner Frau erleidet Felix Mendelssohn Bartholdy einen ersten Schlaganfall.
3. Nov.: zweiter Schlaganfall mit anschließender Bewusstlosigkeit.
4. Nov.: Felix Mendelssohn Bartholdy stirbt im Alter von 38 Jahren.

1848 32 Berliner Kaufleute, unter ihnen Joseph Mendelssohn, fordern die Errichtung einer Diskontbank.
18. März: In Berlin kommt es zur Märzrevolution. In der Folge werden mehrere Angehörige der Mendelssohn-Familie zeitweise Mitglieder der Berliner Bürgergarde.
24. Nov.: Joseph Mendelssohn stirbt im Alter von 78 Jahren.

1850 Hermann Mendelssohn (1824–1891), ein Sohn Alexander Mendelssohns, wird Teilhaber der Leipziger Verlagsbuchhandlung Avenarius & Mendelssohn, die er ab 1855 unter seinem Namen allein weiterführt.

1852 9. Jan.: Nathan Mendelssohn stirbt als letztes Kind Moses Mendelssohns.

1853 25. Sept.: Cécile Mendelssohn Bartholdy, geb. Jeanrenaud, stirbt in Frankfurt am Main.
(–1856) Krimkrieg Russlands gegen die Türkei, Großbritannien, Frankreich und Piemont-Sardinien. Der damit einhergehende Rückzug britischer Geldinstitute aus Russland ermöglicht der Mendelssohn-Bank den intensiven Ausbau ihrer Stellung auf dem russischen Finanzmarkt.

1856 Mendelssohn & Co begründet gemeinsam mit anderen Privatbanken die Berliner Handels-Gesellschaft.

1863 Einführung der ersten russischen Eisenbahnpapiere an der Berliner Börse.

1865 Der russische Reformkaiser Alexander II. (ermordet 1881) verleiht dem Seniorchef des Bankhauses, Alexander Mendelssohn, den St. Annen-Orden 2. Klasse mit der Krone.
Mendelssohn & Co ist Mitbegründer der Nordstern-Lebensversicherung AG.

1867 Felix Mendelssohn Bartholdys Sohn Paul und Carl Alexander Martius gründen die »Gesellschaft für Anilinfabrikation« in Rummelsburg bei Berlin. Daraus geht später die Aktiengesellschaft für Anilinproduktion (Agfa) hervor, die im 20. Jahrhundert in der IG Farben aufgeht.

1869 Ernst (von) Mendelssohn-Bartholdy tritt in das Bankhaus Mendelssohn & Co ein. 1874 avanciert er zum Teilhaber.

1870 Mendelssohn & Co begründet gemeinsam mit anderen Privatbanken die Commerzbank AG in Hamburg.

1871 Gründung des Deutschen Kaiserreiches, Proklamation des Preußischen Königs zum Deutschen Kaiser, Berlin Hauptstadt des Reiches, Übernahme des Emanzipationsgesetzes des Norddeutschen Bundes.

1875 23. Jan.: Ernst Mendelssohn-Bartholdy heiratet Marie Warschauer (1855–1906), eine Tochter des Privatbankiers Robert Warschauer und Enkelin Alexander Mendelssohns.

1879 Heinrich von Treitschkes *Unsere Aussichten* löst den Berliner Antisemitismusstreit aus.

1884 Mendelssohn & Co beteiligt sich an der Platzierung der Anleihe für die Große Russische Eisenbahngesellschaft.

1887 Ernst (von) Mendelssohn-Bartholdy beteiligt sich mit der Summe von 100 000 Mark an der Kapitalausstattung der Deutsch-Ostafrikanischen Gesellschaft.

1888 Franz (von) Mendelssohn, ein Sohn Alexander Mendelssohns, wird vom 99-Tage-Kaiser Friedrich III. als erster Nachkomme Moses Mendelssohns nobilitiert. Zum Symboltier seines Adelswappens wählt er den Mendelssohn'schen Kranich mit dem Spruch »Ich wach'«.

1889 Nach dem Tod Franz (von) Mendelssohns am 19. Februar wird Ernst Mendelssohn-Bartholdy im Alter von 43 Jahren Seniorchef bei Mendelssohn & Co.

1892 Ernst Mendelssohn-Bartholdy kauft das Rittergut Börnicke bei Bernau. Das Gut verbleibt bis zur widerrechtlichen Enteignung 1945 im Besitz der Familie.

1896 Nobilitierung Ernst (von) Mendelssohn-Bartholdys.
Ernst (von) Mendelssohn-Bartholdy und sein Neffe Robert von Mendelssohn (1857–1917), der ältere Sohn Franz (von) Mendelssohns, finanzieren den Ankauf des Gemäldes »Im Wintergarten« von Edouard Manet durch die preußische Nationalgalerie.

1902 Berufung Ernst (von) Mendelssohn-Bartholdys in das Preußische Herrenhaus.
Gründung der Berliner Industrie- und Handelskammer mit Hilfe von Franz von Mendelssohn dem Jüngeren (1865–1935).

1904 29. Okt.: Audienz Ernst (von) Mendelssohn-Bartholdys beim Zaren in Zarskoje Selo.

1905 R. Warschauer & Co., eine der wichtigsten Berliner Privatbanken neben Mendelssohn & Co, deren Teilhaber Otto Mendelssohn Bartholdy (1868–1949), ein Enkel Felix Mendelssohn Bartholdys, ist, wird von der Darmstädter Bank für Handel und Industrie übernommen.

1907 Otto (von) Mendelssohn Bartholdy wird nobilitiert, nachdem er mit mehr als 100 000 Mark das »Kaiserin Auguste Viktoria Haus zur Bekämpfung der Säuglingssterblichkeit im deutschen Reich« unterstützt hat.

1911 Robert von Mendelssohn und Franz von Mendelssohn, die Söhne Franz (von) Mendelssohns, unterstützen die Gründung der Kaiser-Wilhelm-Gesellschaft (KWG) mit 300 000 Mark.
Franz von Mendelssohn wirkt bis zu seinem Tode als Schatzmeister der KWG.
Als solcher wird er die Verluste der Mendelssohn-Bank während der Inflation in Grenzen halten.

1914 Franz von Mendelssohn wird Präsident der Berliner Industrie- und Handelskammer. Zudem ernennt ihn Wilhelm II. »aus allerhöchstem Vertrauen« zum Mitglied des Preußischen Herrenhauses.
1. Aug.: Beginn des Ersten Weltkriegs, in dessen Folge die Mendelssohns ihre engen Wirtschaftskontakte nach Russland verlieren. Zudem wird sämtlicher Mendelssohn'sche Besitz in Frankreich zugunsten des französischen Staates enteignet.

1920 Begründung der Bankfiliale in Amsterdam unter dem Namen »Mendelssohn & Co Amsterdam« durch Umwandlung des Bankgeschäfts Fritz Mannheimer (1890–1939). Mannheimer wird zugleich Teilhaber bei Mendelssohn & Co Berlin.

1921 Franz von Mendelssohn wird Präsident des Industrie- und Handelskammertages. Er übt dieses Amt bis zum gesundheitsbedingten Rücktritt 1931 aus.

1922 Auf der Grundlage eines Freundschaftsvertrags übernimmt Mendelssohn & Co ein umfangreiches Aktienpaket der Bayerischen Vereinsbank.
Die Darmstädter Bank für Handel und Industrie fusioniert mit der Nationalbank für Deutschland zur Darmstädter Nationalbank (Danat-Bank).

1923 Ende der Hyperinflation in Deutschland. Die Mendelssohn-Bank kann dank ihres Tochterinstituts in Amsterdam den Schaden in Grenzen halten.

1926 Nach dem Beitritt Deutschlands zum Völkerbund wird Paul Kempner (1889–1956), Teilhaber von Mendelssohn & Co und Schwiegersohn Franz von Mendelssohns, der deutsche Vertreter im Finanzausschuss dieser internationalen Organisation.

1931 Anfang Juli: Durch den Zusammenbruch der Danat-Bank Ausbruch der deutschen Bankenkrise, in deren Folge auch die Dresdner und die Commerzbank zahlungsunfähig und vom Staat übernommen werden.
28. Juli: Mendelssohn & Co werden als einzige Privatbank an der Gründung der Akzept- und Garantiebank AG beteiligt, deren Aufgabe die Stabilisierung der angeschlagenen Geldinstitute ist.

Franz von Mendelssohn wird als erster und bislang einziger Deutscher zum Präsidenten des Internationalen Handelskammertages gewählt.

1932 Franz von Mendelssohn erhält die Harnack-Medaille, die höchste Auszeichnung der Kaiser-Wilhelm-Gesellschaft.

1933 Nach der Machtübernahme der Nationalsozialisten verschlechtern sich die Arbeits- und Lebensbedingungen der Mendelssohns.
Der Jurist und Politikwissenschaftler Albrecht Mendelssohn Bartholdy verliert seinen Lehrstuhl an der Hamburger Universität.
Der Kirchenmusiker Arnold Mendelssohn (1855–1933), ein Enkel Nathan Mendelssohns, stirbt in Darmstadt.

1934 Albrecht Mendelssohn Bartholdy muss die Leitung des »Instituts für auswärtige Politik« abgeben. Er emigriert nach Großbritannien.

1935 10. Mai bzw. 13. Juni: Die beiden führenden Teilhaber von Mendelssohn & Co, Paul von Mendelssohn-Bartholdy und Franz von Mendelssohn, sterben kurz hintereinander. Mit Rudolf Loeb (1877–1966) wird erstmals ein Bankier, der nicht der Familie angehört, Seniorchef des Bankhauses.

1938 Dez.: Nachdem die »nichtarischen« Teilhaber ausgeschieden sind und die Deutsche Bank das Kundengeschäft und die »arischen« Angestellten übernommen hat, geht Mendelssohn & Co zum Jahresende in Liquidation.
Die ehemaligen Teilhaber Rudolf Loeb und Paul Kempner emigrieren Anfang 1939 mit ihren Familien in die USA.

1939 1. Januar: Die »Namensänderungsverordnung« tritt in Kraft, der zufolge auch etliche Angehörige der Mendelssohn-Familie die Zwangsnamen Israel und Sara tragen müssen, darunter der Chemiker Paul Mendelssohn Bartholdy (1879–1956) und Paul Kempner.
Mendelssohn & Co i. L. müssen die Immobilien Jägerstraße 51 und 49/50 an das Deutsche Reich abgeben.
Durch Fehlspekulationen treibt Fritz Mannheimer das Amsterdamer Mendelssohn-Bankhaus in die Zahlungsunfähigkeit. Er selbst stirbt unter ungeklärten Umständen.
1. Sept.: Mit dem Überfall Deutschlands auf Polen beginnt der Zweite Weltkrieg. In der deutschen Wehrmacht dienen auch etliche Nachkommen Moses Mendelssohns.

1941 19. Sept.: Einführung des Judensterns, den beispielsweise der Bankier Otto Mendelssohn Bartholdy, ein Enkel Felix Mendelssohn Bartholdys, tragen muss.

1945 8. Mai: Kapitulation der Deutschen Wehrmacht, Kriegsende.
Befreiung der unter Lebensgefahr in Deutschland verbliebenen Angehörigen der Familie Mendelssohn.
Sept.: Enteignung des Rittergutes Börnicke im Zuge der SBZ-Bodenreform.

Quellen- und Literaturverzeichnis

1. Unveröffentlichte Quellen

Amtsgericht, Berlin Mitte
AG Berlin 62/95 T 40378/92
AG Berlin Az. 471 IV 1204/35

Amtsgericht, Frankfurt am Main
Gesch. Nr. 552 HRA. 1710

Basel, Staatsarchiv
PA 888 a [Archiv des Basler Kunstvereins]

Bodleian Library, Oxford
Green Books [Mendelssohn-Correspondence]

Brandenburgisches Landeshauptarchiv, Potsdam
BLHA, Rep. 36 A (II), Nr. 39812
[Charlotte Gräfin von Wesdehlen, geb. Reichenheim]
BLHA K V, Ag Bernau, GARG Börnicke

Bundesarchiv Berlin
BA R 2501
BA R 3101

Centrum Judaicum, Archiv, Berlin
CJA, 1, 75 A B12/1, Verz. 424, 13833
CJA, 1, 75 BE, Nr. 424
CJA, 1/175 E, Nr. 23 [Henrietten-Stiftung]
CJA, 1, 75 E, Nr. 54, 14353

DHI Rom
Karton DHI Rom Villa Falconieri, Akten betr. Gäste des Erholungsheims

Dumont-Lindemann-Archiv, Düsseldorf
SHD II G, Fischer-Mendelssohn, Eleonora

Geheimes Staatsarchiv
Stiftung Preußischer Kulturbesitz, Berlin
GStA PK, I. HA, Rep 89, Nr. 13263, 1373, 1574, 1579, 1587, 1588
GStA PK, I A Rep. 151/1060 (Preußisches Finanzministerium): Verzeichnis der national wertvollen Kunstwerke, Juni 1938, S. 2–100
GStA PK, I. HA, Rep 169 A (Preußisches Herrenhaus)
GStA PK, VI. HA, Rep 02, A II (NL Friedrich Theodor Althoff)
GStA PK, VI. HA, Nachlass Schmidt-Ott

Handschriftenabteilung, Staatsbibliothek
Stiftung Preußischer Kulturbesitz, Berlin
Nl Hans-Joachim Schoeps
VL Julius H. Schoeps

Landesarchiv Berlin
LAB Rep. 202, Nr. 2902–2904
LAB A Rep. 030, Tit. 94, Nr. 11792
LAB A Rep. 351-01
LAB B Rep. 048, Notariatsakten Ernst Wolff
LAB B Rep. 025-06

Leo Baeck Institute, New York/Berlin
LBI AR 7156 (Mendelssohn Family Collection)
Box 1–7
LBI JMB, MF 048
Nachlass Hugo Perls

Staats- und Universitätsbibliothek, Hamburg
SUB Hamburg Nachlass Dehmel (Briefe Lotte Mendelssohn-Bartholdy)
Politisches Archiv, Auswärtiges Amt
PArAA, Botschaft Rom (Quirinal) 90
PArAA, R 119 519 (Dänisches Generalkonsulat)

Max-Planck-Gesellschaft, Archiv, Berlin
MPA I. Abt., Rep 1 A, Nr. 95
MPA I. Abt., Rep 1 A, Nr. 164 (Harnack-Medaille)

Mendelssohn-Archiv, Staatsbibliothek, Musikabteilung
Stiftung Preußischer Kulturbesitz, Berlin
MA Depos. Berlin 500, 15, 25
MA BA 188, 4
MA Nachlass, 6,1–7 sowie 12, 16
MA Depos. MG Nachl. 1
MA Depos. MG Nachlass 4, 5, 15, 15, 21
MA Depos. Berlin 164–198
MA Nl Albrecht Mendelssohn Bartholdy
MA Nl Marie Busch, geb. von Mendelssohn-Bartoldy
MA NL Charlotte Busch
MA NL Dorothee Schramm, geb. Busch

National Archives of the United States
RG 260/OMGUS

New York Public Library, New York
NYPL Mendelssohn Papers [Eleonora von Mendelssohn]

Staatliche Museen Berlin, Zentralarchiv
Stiftung Preußischer Kulturbesitz, Berlin
SMPK/ZA, I/NG, Gen 37: Geschenke und Vermächtnisse
SMPK/ZA, I/NG, Justi Memoiren
SMPK/I/NG 847, 999, 1000
SMPK/ZA, Nl Bode
SMPK/ZA I/NG 847, 999, 1000
SMPK/ZA I/GG 124
SMPK/ZA III/KFMV 016, 017, 019, 023
SMPK/ZA I/GG 124
SMPK/ZA I/IM 010 [Erwerbung vorderasiatischer-islamischer Altertümer]

Zentralarchiv des internationalen Kunsthandels, Köln
Zadik, A 077 (Thannhauser)

2. Gedruckte Quellen/Kataloge/Nachschlagewerke/Bibliographien

Andree, Rolf (Bearb.): Katalog der Gemälde des 19. Jahrhunderts im Wallraf-Richartz-Museum (Kataloge des Wallraf-Richartz-Museums, Bd. 1), Köln 1964

Auktionskatalog »Property of the Greentree Foundation. From the Collection of Mr & Mrs John Hay Whitney«, New York [May 5,2004]

[Bach, Johann Sebastian] Die Bach-Quellen der Sing-Akademie zu Berlin, bearbeitet von Wolfram Enßlin, 2 Bde., Hildesheim 2006

Barron, Stephanie: »Degenerate Art«. The Fate of the Avant-Garde in Nazi-Germany, Los Angeles 1991

Beckers, Marion und Moortgat, Elisabeth (Hrsg.): Die Riess. Fotografisches Atelier und Salon in Berlin 1918–1932 [Ausstellungskatalog], Berlin 2008

Berlin, Berlin. Die Ausstellung zur Geschichte der Stadt [Ausstellungskatalog], Berlin 1987

Bernhardi, Theodor von: Aus dem Leben Theodor von Bernhardis, Bd. 2: Unter Nikolaus I. und Friedrich Wilhelm IV. Briefe und Tagebuchblätter aus den Jahren 1834–1857, Leipzig 1893

Bertz, Inka und Dorrmann, Michael (Hrsg.): Raub und Restitution. Kulturgut aus jüdischem Besitz von 1933 bis heute [Ausstellungskatalog], Berlin 2008

[Bührle, Emil G.] Sammlung Emil G. Bührle. Festschrift zu Ehren von Emil G. Bührle zur Eröffnung des Kunsthaus-Neubaus und Katalog der Sammlung Emil G. Bührle [7. Juni – Ende September 1958], Zürich 1958

[Bührle, Emil G.] van Gogh echt falsch. Zwei Selbstbildnisse der Sammlung Emil Bührle. Ausstellung in der Stiftung Sammlung E. G. Bührle, Zürich [1. Oktober 2005 – 27. Februar 2006], Zürich 2005

[Droysen, Johann Gustav] Hübner, Rudolf (Hrsg.): Droysen Briefwechsel, hrsg. von Rudolf Hübner, Bd. 1: 1829–1851, Berlin 1926

Engel, Hans: Das Instrumentalkonzert. Eine musikgeschichtliche Darstellung, 2 Bde., Wiesbaden 1971–1974

Feder, Ernst: »Heute sprach ich mit …« Tagebücher eines Berliner Publizisten 1926–1932, Stuttgart 1971

Feilchenfeldt, Walter: Vincent van Gogh & Paul Cassirer. The Reception of van Gogh in Germany from 1901 to 1914, Zwolle 1988

[Flechtheim, Alfred] Alfred Flechtheim. Sammler. Kunsthändler. Verleger. Ausstellungskatalog des Kunstmuseums, Düsseldorf, 1987

Fontane, Theodor: Gesammelte Werke, Reihe 2: Autobiographische Werke, Briefe, Bd. 5, Berlin 1920

[Fürstenberg, Carl] Carl Fürstenberg. Die Lebensgeschichte eines deutschen Bankiers. Niedergeschrieben von Hans Fürstenberg, Wiesbaden 1961

Gentz, Friedrich von: Gesammelte Schriften, Bd. 11,2: Briefe von und an Carl Gustav von Brinckmann und Adam Müller, München und Berlin 1910
Gilbert, Felix (Hrsg.): Bankiers, Künstler und Gelehrte. Unveröffentlichte Briefe der Familie Mendelssohn aus dem 19. Jahrhundert (= Wissenschaftliche Abhandlungen des Leo Baeck Instituts, 31), Tübingen 1975
Hecker, Max (Hrsg.): Briefwechsel zwischen Goethe und Zelter. 1799–1832, Frankfurt am Main 1987
[Heine, Heinrich] Heinrich Heine. Sämtliche Schriften in zwölf Bänden, hrsg. von Klaus Briegleb, Bd. 9: Schriften 1831–1855, hrsg. von Karl Heinz Stahl, Berlin 1981
Herder, Johann Gottfried von: Fragmente über die neuere deutsche Literatur [1767]
[Hensel, Fanny] Klein, Hans-Günter und Elvers, Rudolf (Hrsg.): Fanny Hensel. Tagebücher, Wiesbaden, 2002
Hensel, Sebastian: Karl Witt, ein Freund und Lehrer der Jugend, Berlin 1894
Hensel, Sebastian: Die Familie Mendelssohn 1729–1847. Nach Briefen und Tagebüchern, 2 Bde., Berlin 1908
Hensel, Sebastian: Ein Lebensbild aus Deutschlands Lehrjahren, Berlin 1911
[Hensel, Sebastian] Mommsen, Theodor: Römische Kaisergeschichte, nach den Vorlesungsmitschriften von Sebastian und Paul Hensel 1882/86, hrsg. Barbara und Alexander Demandt, München 1992
Hensel, Sebastian: Zugvögel. Ein Märchen, Lahnstein 2005
[Hensel, Wilhelm] Lowenthal-Hensel, Cécile und Arnold, Jutta: Wilhelm Hensel. Maler und Porträtist 1794–1861. Ein Beitrag zur Kulturgeschichte des 19. Jahrhunderts, Berlin 2004
[Hensel, Wilhelm] Lowenthal-Hensel, Cécile und Strachwitz, Sigrid von (Hrsg.): Europa im Porträt. Zeichnungen von Wilhelm Hensel 1794–1861, 2 Bde., Berlin 2005
Hiller, Ferdinand: Felix Mendelssohn-Bartholdy, Briefe und Erinnerungen, Köln 1878
Hilliard, Edward (Hrsg.): The Balliol College Register. 1832–1914, Oxford 1914
Hirsch, Helmut: Sophie von Hatzfeld. In Selbstzeugnissen, Zeit- und Bilddokumenten, Düsseldorf 1981
Hohenzollern, Johann Georg von und Schuster, Klaus-Peter (Hrsg.): Manet bis van Gogh. Hugo von Tschudi und der Kampf um die Moderne [Ausstellungskatalog], München/New York 1996
Humboldt, Wilhelm von: Briefe, München 1952
[Humboldt, Wilhelm von] Sydow, Anna von (Hrsg.): Wilhelm und Caroline von Humboldt in ihren Briefen, Bd. V: Diplomatische Friedensarbeit, Berlin 1912
[Humboldt, Wilhelm von] Wilhelm von Humboldts Briefe an Gustav von Brinkmann, hrsg. von Albert Leitzmann, Leipzig 1939

[Humboldt, Alexander von] Briefe Alexanders von Humboldt an seinen Bruder Wilhelm, hrsg. von der Familie Humboldt in Ottmachau, Stuttgart 1980
Immermann, Karl Leberecht: Zwischen Poesie und Wirklichkeit. Tagebücher 1831–1840, hrsg. von Peter Hasubek, München 1984
Jacobson, Jacob: Die Judenbürgerbücher der Stadt Berlin 1809–1851 (= Veröffentlichungen der Berliner Historischen Kommission beim Friedrich-Meinecke-Institut der Freien Universität Berlin, Bd. 4,1), Berlin 1962
[Jacoby, Johann] Silberner, Edmund (Hrsg.): Johann Jacoby. Briefwechsel 1850–1877, Bonn 1978
Klemperer, Victor: Ich will Zeugnis ablegen bis zum letzten, hrsg. von Walther Nowojski, unter Mitarbeit von Hadwig Klemperer, Bd. 2: Tagebücher 1942–1945, Berlin 1995
[Landauer, Gustav] Gustav Landauer – Fritz Mauthner. Briefwechsel 1890–1919, hrsg. von Hanna Delf und Julius H. Schoeps, München 1994
Lassalle, Ferdinand: Nachgelassene Briefe und Schriften, hrsg. von Gustav Mayer, Bd. 4: Der Briefwechsel zwischen Lasalle und Marx, Stuttgart/Berlin 1925
Lavater, Johann Caspar: Physiognomische Fragmente, zur Beförderung der Menschenkenntniß und Menschenliebe. Erster Versuch, Leipzig und Winterthur 1775
Lemke, Heinz (Hrsg.): Deutsch-russische Wirtschaftsbeziehungen 1906–1914. Dokumente, Berlin 1991
Lepsius, Johannes, Mendelssohn Bartholdy, Albrecht und Thimme, Friedrich (Hrsg.): Die große Politik der Europäischen Kabinette, 1871–1914. Sammlung der Diplomatischen Akten des Auswärtigen Amtes, 40 Bände, Berlin 1922–1927
Lessing, Gotthold Ephraim: Lessings Werke (= Meisterwerke deutscher Klassiker), Berlin [1910]
Liebermann, Max: Siebzig Briefe, hrsg. von Franz Landsberger (= Bücherei des Schocken-Verlages, 84), Berlin 1937
Liebermann, Max: Die Phantasie in der Malerei. Schriften und Reden, hrsg. von Günter Busch, Frankfurt 1978
[Liebermann, Max] Aschenbach, Sigrid: Max Liebermann in seiner Zeit. Eine Ausstellung der Nationalgalerie Berlin [14. Dezember 1979–17. Februar 1980]
[Liebermann, Max] Mathias Eberle: Max Liebermann 1847–1935. Werkverzeichnis der Gemälde und Ölstudien, 2 Bde., München 1995–1996
[Liebermann, Max] Natter, G. Tobias und Schoeps, Julius H. (Hrsg.): Max Liebermann und die französischen Impressionisten, Wien 1997
Limberg, Margarete/Rübsaat, Hubert (Hrsg.): Sie durften nicht mehr Deutsche sein. Jüdische Selbstzeugnisse 1933–1938, Berlin 2003
Lowenthal-Hensel, Cécile: Preußische Bildnisse des 19. Jahrhunderts. Zeichnungen von Wilhelm Hensel [Ausstellungskatalog], Berlin 1981

Mendelssohn, Arnold: Gott, Welt und Kunst. Aufzeichnungen, hrsg. von Wilhelm Ewald, Wiesbaden 1949

[Mendelssohn Familie] Die Mendelssohns in Berlin. Eine Familie und ihre Stadt, bearbeitet von Rudolf Elvers und Hans-Günther Klein (= Ausstellungskatalog der Staatsbibliothek Preußischer Kulturbesitz, Bd. 20), Wiesbaden 1983

[Mendelssohn Familie] Die Familie Mendelssohn in der deutschen Kultur. Ausstellung vom 26.4.–21.5.1988 in der Stadtbibliothek Duisburg, 1988

[Mendelssohn Familie] Die Mendelssohns in Italien. Ausstellung des Mendelssohn-Archivs der Staatsbibliothek zu Berlin – Preußischer Kulturbesitz [6. Dezember 2002 bis 18. Januar 2003], Katalog Wiesbaden 2002

Mendelssohn, Joseph: Ueber Zettelbanken. Mit besondrer Hinsicht auf eine Preussische Landesbank. Nebst Auszügen aus den Statuten und Reglements der österreichischen, bayerischen, französischen und englischen Bank, Berlin 1846

[Mendelssohn, Moses] Danklied über den rühmlichen Sieg, welchen der Herr unserem allergnädigsten Könige und Herrn Friedrich II. am Sabbath den 5. Novembr. 1757 bey Roßbach in Sachsen verliehen, Berlin 1757

[Mendelssohn, Moses] Dankpredigt über den großen und herrlichen Sieg, welchen Se. Majestät unser allerweisester König den 5. December 1757 über die gesammte und weit überlegene Macht der Oesterreichischen Kriegsvölker bey Leuthen in Schlesien erfochten. Gehalten am Sabbath, den 10. desselben Monaths in der Synagoge der hiesigen Juden-Gemeinde von David Hirschel Fränkel, Ober-Land-Rabbiner, Ins Deutsche übersetzt, Berlin 1757

Mendelssohn, Moses: Moses Mendelssohn's gesammelte Schriften. Nach Originaldrucken und Handschriften, hrsg. von Prof. Dr. G. B. Mendelssohn, 7 Bde., Leipzig, 1843–1845

Mendelssohn, Moses: Moses Mendelssohn Gesammelte Schriften, Jubiläumsausgabe in Gemeinschaft mit F. Bamberger, H. Borodianski, S. Rawidowicz, B. Strauss, L. Strauss. Hrsg. von Ismar Elbogen, Julius Guttmann, Eugen Mittwoch, fortgesetzt von Alexander Altmann, Berlin 1929 ff.

[Mendelssohn, Moses] Meyer, Hermann M. Z.: Moses Mendelssohn-Bibliographie. Mit einigen Ergänzungen zur Geistesgeschichte des ausgehenden 18. Jahrhunderts (= Veröffentlichungen der Berliner Historischen Kommission beim Friedrich-Meinecke-Institut der Freien Universität Berlin, Bd. 4,1), Berlin 1965

Mendelssohn, Moses: Brautbriefe. Mit einer Einführung von Ismar Elbogen, Königstein/Ts. 1985

Mendelssohn Bartholdy, Fanny und Felix: »Die Musik will gar nicht rutschen ohne Dich«. Briefwechsel 1821 bis 1846, hrsg. von Eva Weissweiler, Berlin 1997

Mendelssohn Bartholdy, Felix: Reisebriefe von Felix Mendelssohn Bartholdy aus den Jahren 1830 bis 1832, hrsg. von Paul Mendelssohn Bartholdy, Leipzig 1861 [Neuauflage Potsdam 1997]

[Mendelssohn Bartholdy, Felix] Briefe aus den Jahren 1833 bis 1847 von Felix Mendelssohn, hrsg. von Paul Mendelssohn Bartholdy und Carl Mendelssohn Bartholdy, Leipzig (1863) [Neuauflage Potsdam 1997]

[Mendelssohn Bartholdy, Felix] Devrient, Eduard: Meine Erinnerungen an Felix Mendelssohn Bartholdy und seine Briefe an mich, Leipzig 1869

[Mendelssohn Bartholdy, Felix] Klingemann. Karl (Hrsg.): Felix Mendelssohn Bartholdys Briefwechsel mit Legationsrat Karl Klingemann in London, Essen 1909

Mendelssohn Bartholdy, Felix: Paphleis. Ein Spott-Heldengedicht, eingeleitet und hrsg. von Ursula Galley, Basel 1961.

Mendelssohn Bartholdy, Felix: Briefe, hrsg. von Rudolf Elvers, Frankfurt am Main 1984

Mendelssohn Bartholdy, Felix und Cécile: Das Tagebuch der Hochzeitsreise. Nebst Briefen an die Familien, Zürich und Hrsg. von Peter Ward Jones, Mainz 1997

[Mendelssohn Bartholdy, Felix] Das verborgene Band. Felix Mendelssohn Bartholdy und seine Schwester Fanny Hensel. Ausstellung der Musikabteilung der Staatsbibliothek zu Berlin – Preußischer Kulturbesitz zum 150. Geburtstag der beiden Geschwister [15. Mai bis 12. Juli 1997], Wiesbaden 1997

[Mendelssohn Bartholdy, Felix] Felix Mendelssohn Bartholdy. Sämtliche Briefe, Bd. 1: 1816–1830, hrsg. und kommentiert von Juliette Appold und Regina Back, Kassel u. a. 2008

Mendelssohn-Studien. Beiträge zur neueren deutschen Kultur- und Wirtschaftsgeschichte, hrsg. für die Mendelssohn-Gesellschaft e.V. seit 1972 von Cécile Lowenthal-Hensel, seit 1979 von Cécile Lowenthal-Hensel und Rudolf Elvers, seit 1983 von Rudolf Elvers und Hans-Günther Klein, seit 2005 von Hans-Günther Klein und Christoph Schulte

Meyerbeer, Giacomo: Briefwechsel und Tagebücher, 8 Bde., Berlin 1960

[Moscheles, Ignaz] Aus Moscheles' Leben. Nach Briefen und Tagebüchern, hrsg. von seiner Frau [Charlotte Moscheles], Bd. 1, Leipzig 1872

Mosessohn, Aaron: Friedenspredigt gehalten in der Synagoge am Sabbath den 27. Adar 5523 (12. März 1763). Ins Deutsche übersetzt von R[abbi] S[amson] K[alir], Berlin 1763

Nicolai, Friedrich: Anekdoten von König Friedrich II. von Preußen und von einigen Personen, die um ihn waren. Nebst Berichtigung einiger schon gedruckter Anekdoten, Berlin und Stettin 1788–89, S. 65–68

Novalis: Die Christenheit oder Europa [1799], in: Die deutsche Literatur. Ein Abriß in Text und Darstellung, Romantik I, Stuttgart 1974, S. 161–182

[Picasso, Pablo] Zervos, Christian: Pablo Picasso, 33 Bde., 1957–1990

[Radowitz, Joseph Maria von] Aufzeichnungen und Erinnerungen aus dem Leben des Botschafters Joseph Maria von Radowitz, hrsg. von Hajo Holborn, Bd. 1:

1839–1877 (= Deutsche Geschichtsquellen des 19. Jahrhunderts, Bd. 15), Stuttgart 1925

[Rathenau, Walther] Hellige, Hans Dieter und Schulin, Ernst (Hrsg.): Walther Rathenau-Gesamtausgabe, Bd. 2: Hauptwerke und Gespräche, München und Heidelberg, 1977

[Rathenau, Walther] Hellige, Hans Dieter und Schulin, Ernst (Hrsg.): Walther Rathenau-Gesamtausgabe, Bd. 6: Briefwechsel 1897–1920, München und Heidelberg, 1983

[Rathenau, Walther] Walther Rathenau, Der Kaiser, in: Rathenau, Walther: Schriften und Reden, Auswahl und Nachwort von H.W. Richter, Frankfurt am Main 1986, S. 235–272

Reichardt, Hans J. und Schäche, Wolfgang: Von Berlin nach Germania. Über die Zerstörungen der Reichshauptstadt durch Albert Speers Neugestaltungsplanungen (= Ausstellungskataloge des Landesarchivs Berlin, Bd. 2), Berlin 1984

[Reichsfluchtsteuer] Gesetz über Änderung der Vorschriften über die Reichsfluchtsteuer. Vom 18. Mai 1934, in: Reichsgesetzblatt, Jahrgang 1934, Teil I, S. 392–393

Reinhardt, Max: Ich bin nichts als ein Theatermann. Briefe, Reden, Aufsätze, Interviews, Gespräche, Auszüge aus Regiebüchern, hrsg. von Hugo Fetting, Berlin 1989

Rellstab, Ludwig: Gesammelte Schriften. Erinnerungen und Kritiken, Bd. 1, Leipzig 1843

Rubin, William und Armstrong, Matthew: The William S. Paley Collection, New York 1992

Schacht, Hjalmar: 76 Jahre meines Lebens, Bad Wörishofen 1953

Schlegel, Dorothea: Briefe von Dorothea Schlegel an Friedrich Schleiermacher (= Mitteilungen aus dem Literaturarchive Berlin, N.F. 7), Berlin 1913

[Schlegel, Dorothea] Der Briefwechsel Friedrich und Dorothea Schlegels 1818–1820 während Dorotheas Aufenthalt in Rom, hrsg. von Heinrich Finke, München 1923

[Schlegel, Dorothea] Dorothea v. Schlegel geb. Mendelssohn und deren Söhne Johannes und Philipp Veit. Briefwechsel, hrsg. von Johann Michael Raich, Bd. 1, Mainz 1881

Schlözer, Kurd von: Petersburger Briefe von Kurd von Schlözer 1857–1862. Nebst einem Anhang Briefe aus Berlin – Kopenhagen 1862–1864 und einer Anlage, hrsg. von Leopold von Schlözer, Stuttgart und Berlin 1922

Schnabel, Gunnar und Tatzkow, Monika: Nazi Looted Art. Handbuch Kunstrestitution weltweit, Berlin 2007

Schoeps, Julius H.: Enteignet durch die Bundesrepublik Deutschland. Der Fall Mendelssohn-Bartholdy, Bodenheim b. Mainz 1997

Schmitz, Rainer (Hrsg.): Henriette Herz in Erinnerungen, Briefen und Zeugnissen, Frankfurt 1984

Schuhmacher, Gerhard (Hrsg.): Felix Mendelssohn Bartholdy (= Wege der Forschung, Bd. 494), Darmstadt 1982

[Thannhauser, Heinrich] Bilski, Emily D. (Hrsg.): Die »Moderne Galerie« von Heinrich Thannhauser, München 2008

Uhde, Hermann (Hrsg.): Erinnerungen und Leben der Malerin Louise Seidler, Berlin 1874

Stenographische Berichte über die Verhandlungen des Preußischen Hauses der Abgeordneten, 20. Legislaturperiode, I. Session, 1904/05

Varnhagen von Ense, Karl August: Tagebücher, hrsg. von seiner Nichte Ludmilla Assing, 6 Bde., Leipzig 1861–1862

Varnhagen von Ense, Karl August: Denkwürdigkeiten des eigenen Lebens, hrsg. von Konrad Feilchenfeldt, Bd. 2, Frankfurt 1987

Verfassungs-Urkunde der von Seiner Majestät dem Könige von Preußen allergnädigst privilegirten Hagel-Assekuranz-Gesellschaft zu Berlin, 2. Aufl., Berlin 1846

Verhandlungen des Deutschen Industrie- und Handelstags, Heft 12, 1931

Verhandlungen des Reichstags. I. Wahlperiode 1920, Bd. 364: Anlagen zu den Stenographischen Berichten Nr. 453 bis 1003, Berlin 1924

3. Einzelstudien, Aufsatzsammlungen, Autobiographien

Adriani, Götz: Toulouse-Lautrec. Gemälde und Bildstudien [Katalog], Köln 1986

Altmann, Alexander: Moses Mendelssohn. A biographical Study, Oxford 1973

Baresel-Brand, Andrea (Bearb.): Entehrt. Ausgeplündert. Arisiert. Entrechtung und Enteignung der Juden (= Veröffentlichungen der Koordinierungsstelle für Kulturgutverluste, Bd. 3), Magdeburg 2005

Barkai, Avraham: Vom Boykott zur »Entjudung«. Der wirtschaftliche Existenzkampf der Juden im Dritten Reich 1933–1943, Frankfurt am Main 1988

Barkai, Avraham: Oscar Wassermann und die Deutsche Bank. Bankier in schwieriger Zeit, München 2005

Behnen, Michael: Das Preußische Wochenblatt (1851–1861). Nationalkonservative Publizistik gegen Ständestaat und Polizeistaat (= Göttinger Bausteine zur Geschichtswissenschaft, Bd. 43), Frankfurt/Zürich 1971

Bering, Dietz: Der Name als Stigma. Antisemitismus im deutschen Alltag 1812–1933, Stuttgart 1987

Biggeleben, Christof/Schreiber, Beate/Steiner, Kilian J.L. (Hrsg.): »Arisierung« in Berlin, Berlin 2007

Blauert, Elke (Bearb.): Börnicke, veröffentlicht durch Freundeskreis Schlösser und Gärten der Mark« in der Deutschen Gesellschaft e.V., hrsg. von Sybille Badstübner-Gröger (= Schlösser und Gärten der Mark, Börnicke), Berlin 2004

Bley, Peter: 150 Jahre Eisenbahn Berlin–Hamburg. Auf der Strecke des technischen Fortschritts, Düsseldorf 1996

Blubacher, Thomas: »Gibt es etwas Schöneres als Sehnsucht?« Die Geschwister Eleonora und Francesco von Mendelssohn, Berlin 2008

Borchard, Beatrix: Stimme und Geige – Amalie und Joseph Joachim. Biographie und Interpretationsgeschichte (= Wiener Veröffentlichungen zur Musikgeschichte, Bd. 5), Wien 2005

Bourel, Dominique: Moses Mendelssohn. Begründer des modernen Judentums, Zürich 2007

Braun, Günther und Waltraud (Hrsg.): Mäzenatentum in Berlin. Bürgersinn und kulturelle Kompetenz unter sich verändernden Bedingungen, Berlin und New York 1993

Busch, Felix: Aus dem Leben eines Königlich-preußischen Landrats, hrsg. von Julius H. Schoeps, Berlin 1991

Cecil, Lamar: Albert Ballin. Wirtschaft und Politik im deutschen Kaiserreich 1888–1918, Hamburg 1969

Citron, Marcia: The Letters of Fanny Hensel to Felix Mendelssohn, New York 1987

Corti, Egon Caesar Conte: Das Haus Rothschild in der Zeit seiner Blüte 1830–1871. Mit einem Ausblick in die neueste Zeit, Leipzig 1928

Czichon, Eberhard: Die Bank und die Macht. Hermann Josef Abs, die Deutsche Bank und die Politik, Köln 1995

Dönhoff, Marion: Kindheit in Ostpreußen, Berlin 1988

Donath, Adolph: Der Berliner Kaufmann als Kunstfreund, in: Berlins Aufstieg zur Weltstadt. Ein Gedenkbuch, hrsg. vom Verein Berliner Kaufleute und Industrieller aus Anlass seines 50jährigen Bestehens, Berlin 1929, S. 241–310

Dorrmann, Michael: Eduard Arnhold (1849–1925). Eine biographische Studie zu Unternehmer- und Mäzenatentum im Deutschen Kaiserreich, Berlin 2002

Durieux, Tilla: Eine Tür steht offen. Erinnerungen, Berlin 1954

Elm, Ludwig: Zwischen Fortschritt und Reaktion. Geschichte der Parteien der liberalen Bourgeoisie in Deutschland 1893 –1918 (= Schriften des Instituts für Geschichte : Reihe 1, Allgemeine und deutsche Geschichte, Bd. 32), Berlin 1968

Elze, Reinhard/Esch, Arnold (Hrsg.): Das Deutsche Historische Institut in Rom 1888–1988 (= Bibliothek des Deutschen Historischen Instituts in Rom, Bd. 70), Tübingen 1990, S. 15

Feilchenfeldt, Rahel E./Raff Thomas (Hrsg.): Ein Fest der Künste. Paul Cassirer. Der Kunsthändler als Verleger, München 2006

Feliciano, Hector: Das verlorene Museum. Vom Kunstraub der Nazis, Berlin 1998

Friedländer, Saul: Das Dritte Reich und die Juden, Bd. 1: Die Jahre der Verfolgung 1933–1939, München 1998

Fremdling, Rainer: Eisenbahnen und deutsches Wirtschaftswachstum 1840–1979 (= Untersuchungen zur Wirtschafts-, Sozial- und Technikgeschichte, Bd. 2), Dortmund 1975

Frölicher, Hans: Meine Aufgabe in Berlin, 1938–1945, Wabern/Bern 1962

Fürstenberg, Hans: Erinnerungen. Mein Weg als Bankier und Carl Fürstenbergs Altersjahre, Wiesbaden 1965

Gall, Lothar: Die Deutsche Bank 1870–1945, München 1995

Gall, Lothar: 1848 – Aufbruch zur Freiheit, Berlin 1998

Gall, Lothar und Pohl, Manfred (Hrsg.): Die Eisenbahn in Deutschland. Von den Anfängen bis zur Gegenwart, München 1999

Gall, Lothar: Der Bankier Hermann Josef Abs. Eine Biographie, München 2004

Gay, Peter: Die Republik der Außenseiter. Geist und Kultur in der Weimarer Zeit 1918–1933, Frankfurt am Main 1987

Geelhaar, Christian: Picasso. Wegbereiter und Förderer seines Aufstiegs 1899–1939, Zürich 1993

Geiger, Ludwig: Dichter und Frauen. Vorträge und Abhandlungen, Berlin 1896

Gilbert, Felix: Lehrjahre im alten Europa. Erinnerungen 1905–1945, Berlin 1989

Girardet, Cella-Margaretha: Jüdische Mäzene für die Preußischen Museen zu Berlin. Eine Studie zum Mäzenatentum im Deutschen Kaiserreich und in der Weimarer Republik (= Monographien zur Wissenschaft des Judentums, Bd. 3) Egelsbach u. a. 1997

Gläser, Ludwig: Eduard Magnus. Ein Beitrag zur Berliner Bildnismalerei des 19. Jahrhunderts, Berlin 1963

Göppinger, Horst: Juristen jüdischer Abstammung im »Dritten Reich«. Entrechtung und Verfolgung, 2., völlig neu bearb. Aufl., München 1990

Grab, Walter: Ein Volk muß seine Freiheit selbst erobern. Zur Geschichte der deutschen Jakobiner, Frankfurt 1984

Gruner, Wolfgang: Judenverfolgung in Berlin 1933–1945. Eine Chronologie der Behördenmaßnahmen in der Reichshauptstadt, Berlin 1997

Haase, Günther: Die Kunstsammlung Adolf Hitler. Eine Dokumentation, Berlin 2002

Hachtmann, Rüdiger: Wissenschaftsmanagement im »Dritten Reich«. Geschichte der Generalverwaltung der Kaiser-Wilhelm-Gesellschaft, Bd. 1 (= Geschichte der Kaiser-Wilhelm-Gesellschaft im Nationalsozialismus, Bd. 15,1), Göttingen 2007

[Handelsgesellschaft, Berliner] Die Berliner Handels-Gesellschaft in einem Jahrhundert deutscher Wirtschaft. 1856–1956, Berlin [1956]

Hamburger, Ernest: Juden im öffentlichen Leben Deutschlands. Regierungsmitglieder, Beamte und Parlamentarier in der monarchischen Zeit 1848–1918

(= Schriftenreihe wissenschaftlicher Abhandlungen des Leo Baeck Instituts, Bd. 19), Tübingen 1968

Hammerstein, Notker: Die Deutsche Forschungsgemeinschaft in der Weimarer Republik und im Dritten Reich. Wissenschaftspolitik in Republik und Diktatur 1920–1945, München 1999

Henning, Eckart/Kazemi, Marion: Die Harnack-Medaille der Kaiser-Wilhelm/Max-Planck-Gesellschaft zur Förderung der Wissenschaften. 1924–2004 (= Veröffentlichungen aus dem Archiv zur Geschichte der Max-Planck-Gesellschaft, Bd. 19), Berlin 2005

Henning, Friedrich-Wilhelm: Wirtschaftsarchive und Kammern, Aspekte wirtschaftlicher Selbstverwaltung gestern und heute (= Schriften zur rheinisch-westfälischen Wirtschaftsgeschichte, Bd. 34), Köln 1982

Hensel, Sebastian: Tanne, Biene und Apfelbaum, das ganze ein fröhlicher Weihnachtstraum, hrsg. von Max F. Schneider, Basel 1963

Herzfeld, Erika: Preußische Manufakturen. Großgewerbliche Fertigung von Porzellan, Seide, Gobelins, Uhren, Tapeten, Waffen, Papier u. a. im 17. und 18. Jahrhundert in und um Berlin, Bayreuth 1994

Herzfeld, Erika: Juden in Brandenburg-Preußen. Beiträge zu ihrer Geschichte im 17. und 18. Jahrhundert, hrsg. von Irene Diekmann und Hermann Simon, Berlin 2001

Hoch, Friedrich: Einige Wahrheiten zu Russlands vergangenen und gegenwärtigen Verhältnissen, Rostock [1910]

Höcker, Karla: Hauskonzerte in Berlin, Berlin 1970

Hoffmann-Loss, Herbert: Vom Kreuz zum Hakenkreuz. Die Bekenntnisschrift »Leben aus Führung« des Nationalprotestanten Richard Hoffmann (= Neue Beiträge zur Geistesgeschichte, Bd. 6), Berlin 2007

Hübener, Kristina und Hübscher, Wilfried G. und Hummel, Detlev: Bankgeschäfte an Havel und Spree. Geschichte – Traditionen – Perspektiven (Brandenburgische historische Studien), Potsdam 2000

Huldermann, Bernhard: Albert Ballin, Oldenburg und Berlin 1922

Isherwood, Christopher: Leb' wohl Berlin. Ein Roman in Episoden, Frankfurt am Main u.a 1975

James, Harold: Die Deutsche Bank und die »Arisierung«, München 2001

Jolles, Leo: Im Reich des Geldes, Berlin und Leipzig 1915

Kaufmann, David/Freudenthal, Max: Die Familie Gomperz (= Zur Geschichte jüdischer Familien/David Kaufmann, Bd. 3), Frankfurt am Main 1907

Kayserling, Meyer: Der Dichter Ephraim Kuh. Ein Beitrag zur Geschichte der deutschen Literatur, Berlin 1864

Kayserling, Meyer: Moses Mendelssohn. Sein Leben und Wirken, 2. Aufl., Leipzig 1888

Kennecke, Andres: Isaac Euchel. Architekt der Haskala, Göttingen 2007

Kestenberg, Leo: Bewegte Zeiten. Musisch-musikantische Lebenserinnerungen, Wolfenbüttel/Zürich 1961

Klein, Hans-Günther: Die Familie Mendelssohn. Stammbaum von Moses Mendelssohn bis zur siebenten Generation, 2. Aufl. (= Beiträge aus der Staatsbibliothek zu Berlin – Preußischer Kulturbesitz, Bd. 27), Berlin 2007

Kleßmann, Eckart: Die Mendelssohns. Bilder aus einer deutschen Familie, Zürich/München 1990

Knobloch, Heinz: Herr Moses in Berlin. Auf den Spuren eines Menschenfreundes, 6. Aufl., Berlin 1993

Koch, Peter-Ferdinand: Die Geldgeschäfte der SS. Wie deutsche Banken den schwarzen Terror finanzierten, Hamburg 2000

Köhler, Ingo: Die »Arisierung« der Privatbanken im Dritten Reich. Verdrängung, Ausschaltung und die Frage der Wiedergutmachung (= Schriftenreihe zur Zeitschrift für Unternehmensgeschichte, Bd. 14), München 2005

Kopper, Christopher: Zwischen Marktwirtschaft und Dirigismus. Bankenpolitik im »Dritten Reich« 1933–1939, Bonn 1995

Kopper, Christopher: Hjalmar Schacht. Aufstieg und Fall von Hitlers mächtigstem Bankier, München/Wien 2006

Kostolany, André: Mehr als Geld und Gier. Kostolanys Notizbuch, München 2006

Kraus, Elisabeth: Die Familie Mosse. Deutsch-jüdisches Bürgertum im 19. und 20. Jahrhundert, München 1999

Kreutzmüller, Christoph, Händler und Handlungsgehilfen. Der Finanzplatz Amsterdam und die deutschen Großbanken (1918–1945), Stuttgart 2005

Krummacher, Friedhelm: Mendelssohn – der Komponist. Studien zur Kammermusik für Streicher, München 1978

Kupferberg, Herbert: Die Mendelssohns, Tübingen und Stuttgart 1972

Lackmann, Thomas: Das Glück der Mendelssohns. Geschichte einer deutschen Familie, Berlin 2005

Lackmann, Thomas: Der Sohn meines Vaters. Abraham Mendelssohn Bartholdy und die Wege der Mendelssohns, Göttingen 2008

Landshoff-Yorck, Ruth: Klatsch, Ruhm und kleine Feuer. Biographische Impressionen, Frankfurt 1997

Lehmann-Russbüldt, Otto: Der Kampf der Deutschen Liga für Menschenrechte vormals Bund Neues Vaterland für den Weltfrieden 1914–1927, Berlin 1927

Lessing, Theodor: Einmal und nie wieder. Lebenserinnerungen, Gütersloh 1969

Ley, Michael/Schoeps, Julius H. (Hrsg.): Der Nationalsozialismus als politische Religion (= Studien zur Geistesgeschichte, Bd. 20), Bodenheim b. Mainz 1997

Litzmann, Berthold: Clara Schumann. Ein Künstlerleben nach Tagebüchern und Briefen, Bd. 2: Ehejahre 1840–1856, Leipzig 1918

Löhr, Hans C.: Das Braune Haus der Kunst. Hitler und der ›Sonderauftrag Linz‹, Berlin 2005

Longerich, Peter: Politik der Vernichtung. Eine Gesamtdarstellung der nationalsozialistischen Judenverfolgung, München/Zürich 1998

Luther, Hans: Vor dem Abgrund. 1930–1933. Reichsbankpräsident in Krisenzeiten, Berlin 1964

Maier, Helmut: Forschung als Waffe. Rüstungsforschung in der Kaiser-Wilhelm-Gesellschaft und das Kaiser-Wilhelm-Institut für Metallforschung 1900–1945/48, 2 Bde. (= Geschichte der Kaiser-Wilhelm-Gesellschaft im Nationalsozialismus, Bd. 16), Göttingen 2007

Matthes, Olaf: James Simon. Mäzen im Wilhelminischen Zeitalter (= Bürgerlichkeit, Wertewandel, Mäzenatentum, Bd. 5), Berlin 2000

Meier, Brigitte: Jüdische Seidenunternehmer und die soziale Ordnung zur Zeit Friedrichs II. Moses Mendelssohn und Isaak Bernhard, Interaktion und Kommunikation als Basis einer erfolgreichen Unternehmensentwicklung (= Veröffentlichungen des Brandenburgischen Landeshauptarchivs, Bd. 52), Berlin 2007

Meinecke, Friedrich: Autobiographische Schriften, hrsg. von Eberhard Kessel, (= Werke/Friedrich Meinecke, Bd. 8), Stuttgart 1969

Meister, Leila von: Gathered Yesterdays, London 1963

Mendelssohn, Benjamin (Georg): Das germanische Europa. Zur geschichtlichen Erdkunde, Berlin 1836

Mendelssohn Bartholdy, Karl: Friedrich von Gentz. Ein Beitrag zur Geschichte Österreichs im neunzehnten Jahrhundert, Leipzig 1867

Mendelssohn Bartholdy, Carl: Der Rastatter Gesandtenmord, Heidelberg 1869

Mendelssohn Bartholdy, Carl: Geschichte Griechenlands von der Eroberung Konstantinopels durch die Türken im Jahre 1453 bis auf unsere Tage, 2 Bde., Leipzig 1870

Mendelssohn-Bartholdy, Ernst von: Von New York nach San Francisco. Flüchtige Reiseskizzen aus dem Jahre 1869, Berlin 1869

Meyer, Andrea: In guter Gesellschaft. Der Verein der Freunde der Nationalgalerie Berlin von 1929 bis heute (= Bürgerlichkeit, Wertewandel, Mäzenatentum, Bd. 3), Berlin 1998

Meyer, Michael A.: Von Moses Mendelssohn zu Leopold Zunz. Jüdische Identität in Deutschland 1749–1824, München 1994

Mosse, Werner E. und Paucker, Arnold (Hrsg.): Entscheidungsjahr 1932. Zur Judenfrage in der Endphase der Weimarer Republik, 2. rev. und erw. Aufl. (= Schriftenreihe wissenschaftlicher Abhandlungen des Leo Baeck Instituts, Bd. 13), Tübingen 1966

Mosse, Werner E: Jews in the German Economy. The German-Jewish economic élite 1820–1935, Oxford 1987

Mosse, Werner E. und Pohl, Hans (Hrsg.): Jüdische Unternehmer in Deutschland im 19. und 20. Jahrhundert (= Zeitschrift für Unternehmensgeschichte: Beiheft 64), Stuttgart 1992
Mosse, Werner und Paucker, Arnold (Hrsg.): Juden im Wilhelminischen Deutschland. 1890–1914. Ein Sammelband, 2. Aufl. (= Schriftenreihe wissenschaftlicher Abhandlungen des Leo Baeck Instituts, Bd. 33), Tübingen 1998
Münzel, Martin: Die jüdischen Mitglieder der deutschen Wirtschaftselite 1927–1955. Verdrängung – Emigration – Rückkehr (= Sammlung Schöningh zur Geschichte und Gegenwart), Paderborn u. a. 2006
Mußgnug, Dorothee: Die Reichsfluchtsteuer 1931–1953 (= Schriften zur Rechtsgeschichte, Bd. 60), Berlin 1993
Neckarsulmer, Ernst: Der alte und der neue Reichtum, Berlin 1925
Niewöhner, Friedrich: Veritas sive Varietas. Lessings Toleranzparabel und das Buch Von den drei Betrügern (= Bibliothek der Aufklärung, Bd. 5), Heidelberg 1988
Nippel, Wilfried: Johann Gustav Droysen. Ein Leben zwischen Wissenschaft und Politik, München 2008
Panwitz, Sebastian: Die Gesellschaft der Freunde 1792–1935. Berliner Juden zwischen Aufklärung und Hochfinanz, Hildesheim 2007
Paul, Barbara: Hugo von Tschudi und die moderne französische Kunst im Deutschen Kaiserreich (= Berliner Schriften zur Kunst, Bd. 4), Mainz 1993
Paley, William S.: As it Happened. A memoir, Garden City 1979
Perls, Hugo: Warum ist Kamilla schön? Von Kunst, Künstlern und Kunsthandel (= List Bücher, Bd. 216), München 1962
Peters, Susanne: Ansichten eines Kaisers. Wilhelm II. in der deutschen Karikatur. Eine Studie zur Mentalität im Wilhelminischen Zeitalter, St. Katharinen 2003
Polko, Elise: Erinnerungen an Felix Mendelssohn Bartholdy. Ein Künstler- und Menschenleben, Leipzig 1868
Pophanken, Andrea und Billeter, Felix (Hrsg.): Die Moderne und ihre Sammler. Französische Kunst in deutschem Privatbesitz vom Kaiserreich zur Weimarer Republik (= Passagen, Bd. 3), Berlin 2001
Popp, Joseph: Bruno Paul, München [1916]
Preuß, J.D.E.: Friedrich der Große. Eine Lebensgeschichte, 5 Bde., Berlin 1833
Rachel, Hugo und Wallich, Paul: Berliner Großkaufleute und Kapitalisten, Bd. 3: Übergangszeit zum Hochkapitalismus 1806–1856 (= Veröffentlichungen des Vereins für Geschichte der Mark Brandenburg, Bd. 34), Berlin 1939, Reprint 1967
Ranft, Peter: Felix Mendelssohn Bartholdy. Eine Lebenschronik, Leipzig 1972
Reissner, Hans Günther: Eduard Gans. Ein Leben im Vormärz (= Schriftenreihe wissenschaftlicher Abhandlungen des Leo Baeck Instituts, Bd. 14), Tübingen 1965

Richter, Arnd: Mendelssohn. Leben – Werke – Dokumente, München 1994
Riemann, Hugo: Geschichte der Musik seit Beethoven (1800–1900), Berlin und Stuttgart 1901
Rigg, Bryan Mark: Hitlers jüdische Soldaten, Paderborn 2003
Rodd, Rennel: Friedrich III. als Kronprinz und Kaiser. Ein Lebensbild, mit einer Einleitung von Ihrer Majestät der Kaiserin Friedrich, deutsche Ausgabe von Sebastian Hensel, Berlin 1888
Röhl, John C. G.: Kaiser, Hof und Staat. Wilhelm II. und die deutsche Politik, 4., verb. und erw. Aufl., München 1995
Safranski, Rüdiger: Romantik. Eine deutsche Affäre, München 2007
Sander, Oliver: Die Rekonstruktion des Architekten-Nachlasses Ernst von Ihne (1848–1917), Diss. Humboldt-Universität, Berlin 2000
Savine, Albert: L'assassinat de la Duchesse de Praslin, Paris 1905
Schäfer, Dieter: Der deutsche Industrie- und Handelstag als politisches Forum der Weimarer Republik (= Veröffentlichungen des Welt-Wirtschafts-Archivs), Hamburg 1966
Schölzel, Christian: Walther Rathenau. Eine Biographie, Paderborn u. a. 2006
Schoeps, Hans-Joachim: Studien zur unbekannten Religions- und Geistesgeschichte (= Veröffentlichungen der Gesellschaft für Geistesgeschichte, Bd. 3), Göttingen u. a. 1963, S. 205
Schoeps, Hans-Joachim (Hrsg.): Salomon Ludwig Steinheim zum Gedenken. Ein Sammelband, Hildesheim 1987
Schoeps, Hans-Joachim: Preußen. Geschichte eines Staates, Frankfurt am Main 1995
Schoeps, Julius H. Moses Mendelssohn, 2. Aufl., Frankfurt am Main 1989
Schoeps, Julius H.: Leiden an Deutschland. Vom antisemitischen Wahn und der Last der Erinnerung, München 1990
Schoeps, Julius H.: Jüdische Emanzipation und bürgerliche Revolution. A. Bernstein in seiner Zeit, Zürich 1998
Schoeps, Julius H.: Die missglückte Emanzipation. Wege und Irrwege deutsch-jüdischer Geschichte, 2., unveränd. Aufl., Berlin u. a. 2002
Schoeps, Julius H.: Mein Weg als deutscher Jude. Autobiographische Notizen, Zürich 2003
Schoeps, Julius H.: »Du Doppelgänger, du bleicher Geselle ...« Deutsch-jüdische Erfahrungen im Spiegel dreier Jahrhunderte 1700–2000, Berlin und Wien 2004
Schneider, Max F.: Mendelssohn oder Bartholdy? Zur Geschichte eines Familiennamens (= Jahresgabe der Internationalen Felix-Mendelssohn-Gesellschaft), Basel 1962
Schivelbusch, Wolfgang: Geschichte der Eisenbahnreise. Zur Industrialisierung von Raum und Zeit im 19. Jahrhundert, Frankfurt am Main u. a. 1979

Schulte, Christoph: Die jüdische Aufklärung. Philosophie, Religion, Geschichte, München 2002
Schulze, Winfried: Der Stifterverband für die deutsche Wissenschaft 1920–1995. Berlin 1995
Shepherd, Naomi: Wilfrid Israel, Berlin 1985
Siebenkäs, Dieter: Ludwig Berger. Sein Leben und seine Werke (= Berliner Studien zur Musikwissenschaft, Bd. 4), Berlin 1963
Simon, Hermann: Das Berliner Jüdische Museum in der Oranienburger Straße. Geschichte einer zerstörten Kulturstätte, Teetz 2000
Sombart, Nicolaus: Jugend in Berlin. 1933–1945, Frankfurt am Main 1991
Speer, Albert: Erinnerungen, Frankfurt am Main/Berlin 1969
Steffan, Franz: Bayerische Vereinsbank 1869–1969. Eine Regionalbank im Wandel eines Jahrhunderts, Würzburg 1969
Stern, Carola: »Ich möchte mir Flügel wünschen«. Das Leben der Dorothea Schlegel, Reinbek bei Hamburg 1990
Stern, Fritz: Gold und Eisen. Bismarck und sein Bankier Bleichröder, Frankfurt am Main/Berlin 1980
Stürmer, Michael und Teichmann, Gabriele und Treue, Wilhelm: Wägen und Wagen. Sal. Oppenheim jr. & Cie. Geschichte einer Bank und einer Familie, München/Zürich 1989
Stachat, Miriam: Deutsch-jüdische Kulturstiftungen in Rom. Villa Falconieri und Villa Massimo, Magisterarbeit Humboldt-Universität, Berlin 2003
Szöllösi-Janze, Margit: Fritz Haber. 1868–1934. Eine Biographie, München 1998
Tillard, Françoise: Die verkannte Schwester. Die späte Entdeckung der Komponistin Fanny Mendelssohn Bartholdy, München 1994
Tisa Francini, Ester und Heuss, Anja und Kreis, Georg: Fluchtgut – Raubgut. Der Transfer von Kulturgütern in und über die Schweiz 1933–1945 und die Frage der Restitution (= Veröffentlichungen der unabhängigen Expertenkommission Schweiz – Zweiter Weltkrieg, Bd. 1), Zürich 2001
Unger, Dagmar: Adolf Wach (1843–1926) und das liberale Zivilprozessrecht (= Schriften zur Rechtsgeschichte, Bd. 120), Berlin 2005
Viergutz, Volker: Neue Erwerbungen und Zugänge im Landesarchiv 1989. Der Nachlaß Ludwig Hoffmann, in: Berlin in Geschichte und Gegenwart. Jahrbuch des Landesarchivs Berlin, hrsg. von Hans J. Reichardt, Berlin 1990, S. 191–215
Vierhaus, Rudolf (Hrsg.): Das Tagebuch der Baronin Spitzemberg, geb. Freiin Varnbüler. Aufzeichnungen aus der Hofgesellschaft des Hohenzollernreiches (= Deutsche Geschichtsquellen des 19. und 20. Jahrhunderts, Bd. 43), Göttingen 1960
Voß, Richard: Aus einem phantastischen Leben. Erinnerungen, Stuttgart 1920
Voß, Richard: Du mein Italien! Aus meinem römischen Leben, Stuttgart/Berlin 1910

Vries, Johannes de: Herinneringen en dagboek van Ernst Heldring (1871–1954), 3 Bde., Groningen 1970
Weissweiler, Eva: Clara Schumann. Eine Biographie, Hamburg 1990
Werner, Eric: Mendelssohn. Leben und Werk in neuer Sicht, Zürich/Freiburg 1980
Zivier, Georg: Das Romanische Café. Erscheinungen und Randerscheinungen rund um die Gedächtniskirche (= Berlinische Reminiszensen, Bd. 9), Berlin 1968, S. 79

4. Aufsätze

Altmann, Alexander: »Moses Mendelssohns Gesammelte Schriften«. Neuerschlossene Briefe. Zur Geschichte ihrer Herausgabe, in: Bulletin des Leo Baeck Instituts, (1968) 42, S. 73–115
Altmann, Alexander: Moses Mendelssohn. A biographical study (= The Littmann library of Jewish civilization), London 1973
Berwin, Beate: Moses Mendelssohn im Urteil seiner Zeitgenossen (= Kant-Studien, Erg.-Heft 49), Berlin 1919
Blauert, Elke: Bruno Pauls Schlossumbau von Börnicke, in: Museums-Journal 1/2005, S. 30–32
Biermann, Kurt-R. und Schwarz, Ingo: Geboren mit einem silbernen Löffel im Munde – gestorben in Schuldknechtschaft. Die wirtschaftlichen Verhältnisse Alexander von Humboldts, in: Mitteilungen des Vereins für die Geschichte Berlins, 96 (2000) 1, S. 9–12
Borchard, Beatrix: Zur Rolle der Instrumentalmusik im jüdischen Akkulturationsprozess, in: Menora. Jahrbuch für deutsch-jüdische Geschichte, Bd. 16, 2005/2006, S. 171–202
Alexander, Boyd: Felix Mendelssohn Bartholdy and Young Women in: Mendelssohn-Studien, 2/1975, S. 71–102
Alexander, Boyd: Some Unpublished Letters of Abraham Mendelssohn and Fanny Hensel, in: Mendelssohn-Studien, 3/1979, S. 9–50
Auerbach, Berthold: Wie der Weltweise Moses Mendelssohn seine Frau gewann, in: Deutsche Illustrirte Volksbücher, Bd. 1, Bonn [1881], S. 446–448
Barkai, Avraham: Die deutschen Unternehmer und die Judenpolitik im Dritten Reich, in: Ursula Büttner (Hrsg.), Die Deutschen und die Judenverfolgung im Dritten Reich, Frankfurt a. Main 2003, S. 247–272
Böhme, Jürgen: »Von klassischem Geist und neuem Klang«. Ein Beitrag zur Rezeption der Musik Arnold Mendelssohns, in: Mendelssohn-Studien, 14/2005, S. 309–325

Bourel, Dominique: Moses Mendelssohn, Markus Herz und die Akademie der Wissenschaften zu Berlin, in: Mendelssohn-Studien, 4/1979, S. 223–234

Büchter-Römer, Ute: »Vergiß nicht deine Tante …« Aus den Briefen Rebecka Dirichlets an ihren Neffen Sebastian Hensel, in: Mendelssohn-Studien, 14/2005, S. 295–308

Cullen, Michael: Leipziger Straße Drei. Eine Baubiographie, in: Mendelssohn-Studien, 5/1982, S. 9–77

Dascher, Ottfried: Alfred Flechtheim (1878–1937), in: Rheinische Lebensbilder 18/2000, Köln 2000, S. 147–166

Dascher, Ottfried, Die Ausgrenzung und Ausplünderung von Juden. Der Fall der Kunsthandlung und des Kunsthändlers Alfred Flechtheim, in: Abelsheuser, Werner/Hesse, Jens-Otmar/Plumpe, Werner (Hrsg.): Wirtschaftsordnung, Staat und Unternehmen. Neuere Forschungen zur Wirtschaftsgeschichte des Nationalsozialismus. Festschrift für Dietmar Petzina zum 65. Geburtstag, Essen 2003, S. 125–138

Dinglinger, Wolfgang: »Acta betreffend: Die Berufung des Componisten Dr. Felix Mendelssohn Bartholdi nach Berlin«. Briefe von und an Felix Mendelssohn Bartholdy, in: Mendelssohn-Studien, 14/2005, S. 189–219

Dinglinger, Wolfgang: Felix Mendelssohn Bartholdys Berliner Intermezzo. Juni 1832 bis April 1833, in: Mendelssohn-Studien, 13/2003, S. 101–123

Dinglinger, Wolfgang: Sonntagsmusiken bei Abraham und Lea Mendelssohn Bartholdy, in: Die Musikveranstaltungen bei den Mendelssohns, hrsg. von Hans-Günther Klein, Leipzig 2006, S. 35–47

Dorn, Roland: Vincent, portraitiste: Bemerkungen zu ein paar heißen Eisen, in: Gloor, Lukas (Hrsg.): van Gogh echt falsch. Zwei Selbstbildnisse der Sammlung Emil Bührle, Zürich 2005, S. 7–21

Dorrmann, Michael: Das Bismarck-Nationaldenkmal am Rhein. Ein Beitrag zur Geschichtskultur des Deutschen Reiches, In: ZfG, 12/1996, S. 1061–1087

Feilchenfeldt, Konrad: Karl August Varnhagen von Ense: Sieben Briefe an Rebecka Dirichlet, in: Mendelssohn-Studien, 3/1979, S. 51–79

Feilchenfeldt, Walter: Zur Rezeptionsgeschichte Cézannes in Deutschland, in: Adriani, Götz: Cézanne-Gemälde, Köln 1993, S. 293–312

Fetscher, Caroline: Wo Einstein bis drei zählen lernte, in: Der Tagespiegel, 7. Juli 2002

Fetscher, Justus: Hiob in Gath. Deutsch-jüdische Lektüren von Lessings »Nathan der Weise«, in: ZRGG, 57 (2005) 3, S. 209–231

Freudenthal, Max: Die Mutter Moses Mendelssohns, in: Zeitschrift für die Geschichte der Juden in Deutschland, (1929) 3, S. 192–200

Gantzel-Kress, Gisela: Das Institut für Auswärtige Politik im Übergang von der Weimarer Republik zum Nationalsozialismus (1933–1937), in: Hochschulalltag im »Dritten Reich«. Die Hamburger Universität 1933–1945, Teil 2: Philosophische Falkultät, Rechts- und Staatswissenschaftliche Fakultät, Berlin 1991, S. 913–918

Gantzel-Kress, Gisela: Zur Geschichte des Instituts für Auswärtige Politik. Von der Gründung bis zur nationalsozialistischen Machtübernahme, in: Klaus-Jürgen Gantzel (Hrsg.): Kolonialrechtswissenschaft, Kriegsursachenforschung, Internationale Angelegenheiten (=Veröffentlichungen aus dem Institut für Internationale Angelegenheiten, Bd. 12), Baden-Baden 1983, S. 23–88

Gantzel-Kress, Gisela: Albrecht Mendelssohn Bartholdy. Ein Bürgerhumanist und Versöhnungsdiplomat im Aufbruch der Demokratie in Deutschland, in: Zeitschrift des Vereins Hamburgische Geschichte 71/1985, S. 127–143

Gantzel-Kress, Gisela: Karl Mendelssohn Bartholdy 1838–1897, in: Mendelssohn-Studien, 8/1993, S. 197–225

Gay, Peter: Begegnung mit der Moderne – Deutsche Juden in der deutschen Kultur, in: Juden im Wilhelminischen Deutschland. Ein Sammelband, hrsg. von Werner E. Mosse unter Mitwirkung von Arnold Paucker, Tübingen 1976, S. 143–240

Gilbert, Felix: Georg Benjamin Mendelssohn und Karl Mendelssohn Bartholdy. Zwei Professoren aus dem Neunzehnten Jahrhundert, in: Mendelssohn-Studien, 2, 1975, S. 183–202

Graul, Johannes: Jüdisches Erbe und christliche Religiosität. Die Familiengeschichte als prägendes Moment in der Biographie des Religionswissenschaftlers Joachim Wach (1898–1955) In: Wendehorst, Stephan (Hrsg.): Bausteine einer jüdischen Geschichte der Universität Leipzig, (= Leipziger Beiträge zur jüdischen Geschichte und Kultur, Bd. 4), Leipzig 2006, S. 287–304

Gutsche, Willibald: Illusionen des Exkaisers, Dokumente aus dem letzten Lebensjahr Kaiser Wilhelm II. 1940/41, In: Zeitschrift für Geschichtswissenschaft 39 (1991) 10, S. 1021–1037

Hartinger, Anselm: »… lauter Vocal- und Instrumentalcompositionen dieses unsterblichen Meisters«. Felix Mendelssohn Bartholdy und das Konzert zur Enthüllung des Leipziger Bach-Denkmals am 23. April 1843, in: Mendelssohn-Studien, 14/2005, S. 221–257

Hertz-Eichenrode, Dieter: »Eure Majestät wolle geruhen, mir den erblichen Adel zu verleihen«. Zur Nobilitierung Ernst Mendelssohn Bartholdys (1895/96), in: Mendelssohn-Studien, 13/2003, S. 227–257

Herzog, Günter: Thannhauser. Händler, Sammler, Stifter, in: Thannhauser. Händler, Sammler, Stifter (= Sediment. Mitteilungen zur Geschichte des Kunsthandels, 11/2006), Nürnberg 2006, S. 23 ff

Hinkelmann, Edeltraud: Vom Gasteer zu schillernden Farben. Zur Geschichte eines chemischen Unternehmens, in: Berlinische Monatsschrift, 7/1999, S. 26–33

Holtz, Wolfgang und Matußek, Klaus: Moses Mendelssohns Weg von Dessau nach Berlin. Eine Spurensuche, in: Jüdisches Brandenburg. Geschichte und Gegenwart, hrsg. von Irene A. Diekmann (= Beiträge zur Geschichte und Kultur der Juden in Brandenburg, Mecklenburg-Vorpommern, Sachsen-Anhalt, Sachsen und Thüringen, Bd. 5), Berlin 2008, S. 387–408

Holzboog, Günther: Zur Geschichte der Jubiläumsausgabe von Moses Mendelssohns Gesammelten Schriften, in: Mendelssohn-Studien, 4/1979, S. 277–292

Honigmann, Peter: Alexander von Humboldts Verhältnis zu Juden, in: Bulletin des Leo Baeck Instituts, 76/(1987), S. 3–34

Hufenreuter, Georg: Der »Semi-Gotha« (1912–1919). Entstehung und Geschichte eines antisemitischen Adelshandbuchs, in: Herold-Jahrbuch (2004) 9, S. 71–88

Jacob-Friesen, Holger: Moses Mendelssohn im Bilde. Einige bisher wenig beachtete Darstellungen, in: Mendelssohn-Studien, 13/2003, S. 8–34

Jacobson, Jacob: Von Mendelssohn zu Mendelssohn-Bartholdy, in: Year Book/Leo Baeck Institute, Bd. 5/1960, S. 251–261

Jacobson, Jacob: Mendelssohn Bartholdy, in: Year Book/Leo Baeck Institute, 7/1962, S. 279–282

Jones, Peter Ward: Felix Mendelssohn Bartholdys Tod: Der Bericht seiner Frau, in: Mendelssohn-Studien, 12/2001, S. 205–225

Kahn, Lothar: Ludwig Robert, Rahel's Brother, in: Year Book/Leo Baeck Institute, 18/1973, S. 185–199

Kirchhof, Paul: Albert Hensel. Ein Forscher der rechtsstaatlichen Steuerlehre, in: Mendelssohn-Studien, 5/1982, S. 171–180

Klein, Hans Günther: »… dieses allerliebste Buch«. Fanny Hensels Noten-Album, in: Mendelssohn-Studien, 8/1993, S. 141–158

Klein, Hans-Günther: Die »Societäts-Contracte« der Mendelssohn-Bank 1806–1876. Zum 200. Geburtstag des Bankhauses, in: Mendelssohn-Studien, 9/1995, S. 89–118

Klein, Hans-Günther: »Wir erleben einige Freude an diesem jungen Mann«. Die Briefe von Abraham Mendelssohn Bartholdy vom Niederrheinischen Musikfest 1833 nach Berlin, in: Mendelssohn-Studien, 11/1999, S. 49–75

Klein, Hans-Günther: Miszellen zu Ernst und Paul von Mendelssohn Bartholdy, in: Mendelssohn-Studien, 11/1999, S. 207–215

Klein, Hans-Günther: »… die glücklichsten Momente meines Lebens«. Der 22jährige Abraham Mendelssohn schreibt an Karl Friedrich Zelter, in: Bunte Blätter. Klaus Mecklenburg zum 23. Februar 2000, Basel 2000, S. 124–138

Klein, Hans-Günther: Henriette Maria Mendelssohn in Paris. Briefe an Lea Mendelssohn Bartholdy, in: Mendelssohn-Studien, 14/2005, S. 101–187

Klein, Hans-Günther: Abraham Mendelssohn Bartholdy in England: Die Briefe aus London im Sommer 1833 nach Berlin, in: Mendelssohn-Studien, 12/2001, S. 67–127

Klein, Hans-Günther: Fanny Hensels öffentliche Auftritte als Pianistin, in: Mendelssohn-Studien, 14/2005, S. 285–293

Klein, Hans-Günther: Fanny und Wilhelm Hensel und die Maler Elsasser, in: Mendelssohn-Studien, 13/2003, S. 125–167

Kliem, Manfred: Die Berliner Mendelssohn-Adresse Neue Promenade 7. Zeitliche Zuordnung und soziales Umfeld als Forschungsanliegen, in: Mendelssohn-Studien, 7/1990, S. 123–140

Klitzing, Isabel von: Die Spur der Kunst, in: KUR. Journal für Kunstrecht, Urheberrecht und Kulturpolitik, 4/2006, S. 96–98

Köhler, Jan Thomas und Maruhn, Jahn: »… da Herr von Mendelssohn-Bartholdy im Felde steht«, in: Berliner Lebenswelten der zwanziger Jahre. Bilder einer untergegangenen Kultur. Fotografiert von Martha Huth, hrsg. vom Bauhaus-Archiv Berlin und der Landesbildstelle Berlin, Berlin 1996, S. 9–19

Krause, Detlef: Jüdische Traditionslinien in der Commerzbank von ihrer Gründung im Jahr 1870 bis zur Mitte der Weimarer Republik, in: Ludolf Herbst und Thomas Weihe (Hrsg.). Die Commerzbank und die Juden 1933–1945, München 2004, S. 20–42

Kube, Michael: Paul Hindemith als Schüler Arnold Mendelssohns, in: Mendelssohn-Studien, 11/1999, S. 157–175

Kühn, Helga-Maria: »In diesem ruhigen Kleinleben geht so schrecklich viel vor«. Rebecka Lejeune Dirichlet, geb. Mendelssohn Bartholdy in Göttingen 1855–1858, in: Mendelssohn-Studien, 11/1999, S. 145–156

Lässig, Simone: Juden und Mäzenatentum in Deutschland. Religiöses Ethos, kompensierendes Minderheitsverhalten oder genuine Bürgerlichkeit? In: Zeitschrift für Geschichtswissenschaft 46 (1998) 3, S. 211–236

Liebermann, Max: Die Phantasie in der Malerei, Schriften und Reden, Frankfurt am Main 1978, S. 9–102

Löwenberg, Julius: Ein fast vergessner Sohn Moses Mendelssohns, in: Vossische Zeitung 1883, Sonntagsbeilage, Nr. 40, 7. Oktober 1883 [ohne Seitenzählung]

Lowenthal, Ernst G.: Vor fünfzig Jahren. Das erste Mendelssohn-Gedenken. Versuch eines Rückblicks, in: Mendelssohn-Studien, 4/1979, S. 235–275

Lowenthal-Hensel, Cécile: Berlin in der Satteltasche. Briefe an Paul Mendelssohn Bartholdy 1870, in: Mendelssohn-Studien, 1/1972, S. 107–157

Lowenthal-Hensel, Cécile: Franz von Mendelssohn. Zum 50. Todestag am 13. Juni 1985, in: Mendelssohn-Studien, 6/1986, S. 251–265

Lowenthal-Hensel, Cécile: Neues zur Leipziger Straße Drei, in: Mendelssohn-Studien, 7/1990, S. 141–151

Lowenthal Hensel, Cécile: F in Dur und F in Moll. Fanny und Felix Mendelssohn in Berlin, in: Berlin in Dur und Moll. Die Musiklandschaft der Stadt. Ein Buch der Streiflichter, hrsg. von Felix Henseleit, Berlin 1970, S. 30–32

Malkewitz, Gustav: Wie Moses Mendelssohn berühmt wurde, in: Vossische Zeitung, 23. 4. 1882, Nr. 17, S. 9–11

Mehring, Reinhard: Reflektierte Trennung. Vom Scheitern der »deutsch-jüdischen Symbiose« bei Carl Schmitt und Ludwig Feuchtwanger – nach ihrem Briefwechsel, in: ZRGG, 60 (2008) 2, S. 152–167

Mendelssohn Bartholdy, Albrecht: Felix Mendelssohn und Richard Wagner, in: Programmbuch des 1. Fränkischen Musikfestes zu Würzburg, Februar 1914, Würzburg 1914, S. 39–48

Mendelssohn Bartholdy, Karl: Eulogius Schneider und die Revolution im Elsaß, in: Preußische Jahrbücher, 28/1871, S. 50–71

[Mendelssohn Bartholdy, Fanny] Lambour, Christian (Hrsg.): Quellen zur Biographie von Fanny Hensel, geb. Mendelssohn Bartholdy, in: Mendelssohn-Studien, 6/1986, S. 49–105

Mosse, Werner E.: Wilhelm II. and the Kaiserjuden. A problematical encounter, in: The Jewish Response to German Culture. From the Enlightenment to the Second World War, hrsg. von Jehuda Reinharz und Walter Schatzberg, Hannover und London 1985, S. 164–194

Nieding, Elke von: Die unbekannte Tochter, in: Mendelssohn-Studien, 13/2003, S. 221–225

Noakes, Jeremy: Wohin gehören Judenmischlinge? Die Entstehung der ersten Durchführungsverordnungen zu den Nürnberger Gesetzen, in: Büttner, Ursula (Hrsg.): Das Unrechtsregime. Internationale Forschung über den Nationalsozialismus, Bd. 2: Verfolgung – Exil – Belasteter Neubeginn, Hamburg 1986, S. 69–121

Nowack, Natalie: »Martens Mühle soll leben«, in: Mendelssohn-Studien, 10/1997, S. 247–249

Panwitz, Sebastian: Das Testament von Wilhelm und Fanny Hensel, in: Mendelssohn-Studien, 13/2003, S. 169–175

Panwitz, Sebastian: Zur Besitzgeschichte der Mendelssohn-Häuser in der Jägerstraße 49–53, in: Mendelssohn-Studien, 13/2003, S. 299–303

Panwitz, Sebastian: Joseph und Abraham Mendelssohn unter Arrest. Eine Akte aus den Jahren 1811/12, in: Mendelssohn-Studien, 14/2005, S. 77–100

Panwitz, Sebastian: Die Wappen der Mendelssohns, in: Mendelssohn-Studien, 14/2005, S. 343–356

Paul, Barbara: Drei Sammlungen französischer impressionistischer Kunst im kaiserlichen Berlin – Bernstein, Liebermann, Arnhold, in: Zeitschrift des deutschen Vereins für Kunstwissenschaft 42 (1988) 3, S. 11–30

Petsch, Martin: Börnicke. »Schloß Börnicke« und sein Park. Brandenburgisch-preußische Herrenhaus-Architektur um 1910 von Bruno Paul, in: Brandenburgische Denkmalpflege, 11 (2002) 2, S. 5–15

Rabien, Ilse: Nathan Mendelssohn als preußischer Offizier im Befreiungskrieg 1813, in: Mendelssohn-Studien, 8/1993, S. 59–84

Rabien, Ilse: Die Mendelssohns in Bad Reinerz. Zur Familie Nathan Mendelssohns, in: Mendelssohn-Studien, 7/1990, S. 153–170

Rabien, Ilse: Arnold und Wilhelm Mendelssohn. Zur Biographie zweier bemerkenswerter Brüder, in: Mendelssohn-Studien, 7/1990, S. 295–328

Rabien, Ilse: Dr. med. Arnold Mendelssohn und seine »Levantinischen Briefe«, in: Mendelssohn-Studien, 13/2003, S. 177–219

Ramler, Karl Wilhelm: Sulamith und Eusebia. Eine Trauerkantate auf den Tod Mendelssohns, in: Berliner Monatsschrift, Bd. 1, Juni 1786, S. 481–488

Rasch, Manfred: Die Bedeutung des Bankhauses Mendelssohn & Co für die Industrialisierung Estlands. Die Estnische Steinöl AG, Tallin, und der Heizölliefervertrag mit der deutschen Kriegsmarine von 1935, in: Mendelssohn-Studien, 6/1986, S. 183–227

Reich, Ines: In Stein und Bronze – Zur Geschichte des Leipziger Mendelssohn-Denkmals 1868–1936, in: Felix Mendelssohn – Mitwelt und Nachwelt. Bericht zum 1. Leipziger Mendelssohn-Kolloquium am 8. und 9. Juni 1993, hrsg. vom Gewandhaus zu Leipzig, Wiesbaden 1996, S. 31–53

Reissner, Hanns G.: Alexander von Humboldt im Verkehr mit der Familie Josef Mendelssohn, in: Mendelssohn-Studien, 2/1975, S. 141–182

Rosenstrauch, Hazel: Von der Peripherie zum Zentrum der Peripherie. Dorothea Schlegel und Henriette Mendelssohn, in: Katharina Raabe (Hrsg.): Deutsche Schwestern. Vierzehn biographische Portraits, Reinbek bei Hamburg 1998, S. 89–127

Sambursky, Miriam: Ludwig Roberts Lebensgang, in: Bulletin des Leo Baeck Instituts 15 (1976) 52, S. 1–22

Schinköth, Thomas: »Es soll hier keine Diskussion über den Wert der Kompositionen angeschnitten werden«. Felix Mendelssohn Bartholdy im NS-Staat, in: Mendelssohn-Studien, 11/1999, S. 177–205

Schoeps, Julius H.: Christlicher Staat und jüdische Gleichberechtigung. Der Antisemitismus im Reaktionsjahrzehnt in Preußen (1850–1858), in: Deutsch-jüdische Symbiose oder Die mißglückte Emanzipation, Berlin u. a. 1996, S. 183–202

Schoeps, Julius H.: Dieses Bild gehörte uns. Picassos »Garçon à la pipe« für eine Rekordsumme versteigert, in: Cicero. Magazin für politische Kultur, März 2005, S. 110–112

Schuster, Peter-Klaus: Paris – Berlin – New York. Die Welt des Sammelns um 1900, in: Schneider, Angela und Daemgen, Anke und Tinterow, Gary (Hrsg.):

Französische Meisterwerke des 19. Jahrhunderts. Aus dem Metropolitan Museum of Art, New York, Berlin 2007, S. 25–33

Siebel, Ernst: Das ehemalige Stadtpalais von Ernst von Mendelssohn-Bartholdy in der Jägerstraße 53. Eine Annäherung an ein zerstörtes Gebäude, in: Mendelssohn-Studien, 13/2003, S. 305–343

Steinle, Christa: Die Rückkehr des Religiösen. Nazarenismus zwischen Romantik und Rationalismus, in: Hollein, Max und Steinle, Christa (Hrsg.): Religion, Macht, Kunst. Die Nazarener, Köln 2005, S. 15–35

Surall, Frank: Vom Sieg der Vernunft über das Vorurteil. Gotthold Ephraim Lessings Frühwerk »Die Juden«, in: ZRGG 4/2008, S. 310–229

Tafel, Verena: Paul Cassirer als Vermittler Deutscher Impressionistischer Malerei in Berlin. Zum Stand der Forschung: In: Zeitschrift des Deutschen Vereins für Kunstwissenschaft 42 (1988) 3, S. 31–46

Thamer, Hans-Ulrich: Nationalsozialistischer Bildersturm in Leipzig. Oberbürgermeister Dr. Goerdeler und die nationalsozialistische Judenpolitik, in: Felix Mendelssohn – Mitwelt und Nachwelt. Bericht zum 1. Leipziger Mendelssohn-Kolloquium am 8. und 9. Juni 1993, hrsg. vom Gewandhaus zu Leipzig, Wiesbaden 1996, 54–59

Tilitzki, Christian: Die Beurlaubung des Staatsrechtslehrers Albert Hensel im Jahre 1933. Ein Beitrag zur Geschichte der Königsberger Universität, in: Mendelssohn-Studien, 12/2001, S. 243–261

Tillard, Françoise: Felix und Fanny Mendelssohn Bartholdy. Verkörperung bürgerlicher Perfektion, in: Fanny Hensel geb. Mendelssohn Bartholdy. Komponieren zwischen Geselligkeitsideal und romantischer Musikästhetik, hrsg. von Beatrix Borchard und Monika Schwarz-Danuser, Stuttgart/Weimar 1999, S. 237–247

Tomek, Ines: Das Gutshaus Ernst von Mendelssohn-Bartholdys in Börnicke bei Bernau. Eine Baubeschreibung, in: Mendelssohn-Studien, 9/1995, S. 123–133

Treue, Wilhelm: Das Bankhaus Mendelssohn als Beispiel einer Privatbank im 19. und 20. Jahrhundert, in: Mendelssohn-Studien, 1/1972, S. 29–80

Trott zu Solz, Jost von: Warum heute noch Kunstrestitution? Eine Antwort anhand der Sammlung Steinthal, in: Max Steinthal. Ein Bankier und seine Bilder, hrsg. vom proprietas-Verlag, Berlin 2004, S. 42–45

Ujma, Christina: Religion, Nazarener und »Avantgarde«. Dorothea Schlegels Briefe aus Rom, in: Marburger Forum. Beiträge zur geistigen Situation der Gegenwart, 6 (2005) [E-Journal]

Wachs, Philipp-Christian: Preußische Junker oder ausländische Juden. Die Bankiersfamilie Mendelssohn-Bartholdy und ihr Gut Börnicke im Jahre 1945, in: Schoeps, Julius H. (Hrsg.): Enteignet durch die Bundesrepublik Deutschland. Der Fall Mendelssohn-Bartholdy, Bodenheim bei Mainz 1997, S. 23–47

Wallé, Peter: Palais Mendelssohn-Bartholdy, in: Der Bär. Illustrirte Berliner Wochenschrift, eine Chronik fürs Haus, hrsg. von Emil Dominik und Peter Wallé, 11/1885, S. 594–595

Welsh-Ocharov, Bogomila: The ownership of Vincent van Gogh's »Sunflowers«, in: The Burlington Magazine, 140/1998, S. 184–191

Wiener, Alfred: Zur Würdigung der geschichtlichen Bedeutung Moses Mendelssohns, in: Der Morgen, 2/1926 5, S. 514–522

Wille, Hans: »Die Trauernden Juden im Exil« von Eduard Bendemann, in: Wallraf-Richartz-Jahrbuch, Bd. LVI/1995, S. 307–316

Zondek, Theodor: Dorothea Schlegel und Simon Veit, in: Bulletin des Leo Baeck Instituts, 5/1962, S. 302–305

Personenregister

Abbt, Thomas 42, 75
Abs, Hermann Josef 379 f., 382, 383 f., 386 f., 388, 432
Achenbach, Oswald 265
Adelson, Juliette von *s.* Hensel, Juliette (gen. Julie, geb. Adelson)
Albert, Anna von 236
Albert, engl. Prinzgemahl 164
Alexander, Mary 90, 160
Alexander I., russ. Zar 111
Althoff, Friedrich Theodor 271, 272
Annunzio, Gabriele d' 275, 340
Argens, Jean Baptiste de Boyer Marquis d' 36, 47 f., 57
Arnhold, Eduard 281, 283, 284, 286, 296, 328
Arnim, Achim von 135
Arnstein, Fanny von 111
Arnstein-Pereira, Henriette 93
Aschrott, Sigmund 254
Asher, Julius Ludwig 168
Asquith, Herbert 294
Assing, Ludmilla 154, 243
Atterborn, Per Daniel A. 114
Auden, Wystan Hugh 336
Auerbach, Berthold 55 f.
Bach, Carl Philipp Emanuel 139
Bach, Johann Sebastian 125, 126, 127, 128, 138 f., 164 f., 260, 270
Bacher, Moses Selig 38
Baeck, Leo 333, 358
Bahr, Hermann 340
Baillot, François 125
Bálasz, Béla 340
Ballin, Albert 232, 255
Bamberger, Fritz 334, 335
Barenboim, Daniel 17
Bartholdy, Jakob Ludwig Salomon 112 f., 115, 148, 183
Báthory, Stefan 28
Beatty, Alfred 300
Beatty, Edith 300
Becker, Carl Heinrich 333
Becker, Sophie 84 f.
Beer, Ephraim 95
Beer, Heinrich 14
Beer, Rebecka (Betty, geb. Meyer) 14
Beethoven, Ludwig van 125, 131, 141, 159, 174, 270
Begas, Karl 192
Beit, Alfred 281
Beit von Speyer, Eduard 227
Below, Georg von 274

ben Israel, Menasse 67 f.
Benda, Ernst 17
Bendemann, Eduard 149 f., 158, 164, 171 f.
Bendix, Aron Hirsch 150
Benecke, Marie (geb. Mendelssohn Bartholdy) 163, 193
Benecke, Viktor 163
Benn, Gottfried 336
Berger, Ludwig 125
Berliner, Cora 358
Bernhard, Abraham 38 f.
Bernhard, Isaak (Bermann Zültz) 37 f., 47
Bernhard, Moses 38 f.
Bernhard, Rösele 38 f.
Bernstein, Aaron 90
Bernstein, Carl 279 f.
Bernstein, Felicie 279 f.
Bernoulli, Christoph 306 f., 310, 311, 366
Bethmann-Hollweg, Moritz August von 209, 211
Bethmann Hollweg, Theobald von 209, 256, 257
Beyer, Walther 384, 385
Bezzenberger, Adalbert 274
Biarnez, Enole *s.* Mendelssohn, Enole (geb. Biarnez)
Biedenkopf, Kurt 17
Bismarck, Otto von 191, 213, 219, 220, 228–230, 256
Blank, Bruno 366
Blechen, Karl 192
Bleichröder, Georg von 281
Bleichröder, Gerson (von) 34, 191, 198, 220, 229, 232
Bloch, August Friedrich 183
Blubacher, Thomas 337
Blume, Heinrich 128
Blunck, Hans Friedrich 354
Bode, Wilhelm 258, 276 f., 279, 297
Boedeker, Enole (geb. Witt) 432
Böhler, Julius 305
Bohnke, Robert-Alexander 260
Bois-Reymond, Alard du 248
Boisserée, Melchior und Sulpiz 83
Bonnet, Charles 64 f.
Borianski, Haim (Bar-Dayan) 335
Bosch, Carl 328
Bosch, Robert 328
Böttger, Adolf 167 f.
Bousquet, Georges 153
Bovy, Antoine 132
Brandis, Christian August 209
Braque, Georges 298, 368 f., 371, 374, 430
Braune, Heinz 285
Brecht, Bertolt 335
Breker, Arno 293
Brentano, Clemens 107, 110, 135
Brinckmann, Gustav von 79
Brinkmann, Rudolf 352
Brodnitz, Julius 332
Bruns, Bertha 146
Brütt, Ferdinand 273
Bubis, Ignatz 17
Bührle, Emil G. 308 f.
Bülow, Bernhard Fürst von 222, 230 f., 256, 266
Bunsen, Christian Carl Josias von 147
Bunsen, Robert 239
Busch, Charlotte 19, 350
Busch, Dorothee *s.* Schramm, Dorothee (geb. Busch)
Busch, Felix 234, 235, 334, 350, 360
Busch, Marie (geb. Mendelssohn-Bartholdy) 234, 280, 350 f., 360

Carl Eduard, Herzog von Sachsen-Coburg und Gotha 331
Casals, Pablo 338
Cassirer, Paul 279, 298 f.
Castiglioni, Camillo 319
Castro, David de 55
Cézanne, Paul 20, 258, 279, 283, 305, 430
Chamisso, Adelbert von 135
Cherubini, Luigi 129
Childe, James Warren 141
Choiseul-Praslin, Charles-Laure-Hugues-Theobald Duc de 120–122
Chopin, Frédéric 160
Churchill, Winston 300
Cima, Aldo 312
Clément, Charles August 93
Constant, Benjamin 118
Constantin, Abraham 152
Corinth, Lovis 335
Cramer, Johann Andreas 51
Cromwell, Oliver 67
Cullen, Michael S. 92
Cuno, Wilhelm 328
Curtius, Ernst Robert 279
Czichon, Eberhard 382

Daniel, Isaak 84
Dante Alighieri 80
Daubigny, Charles 283
David, Ferdinand 165
Decker, Pauline 147
Degas, Edgar 279, 430
Dehmel, Ida 297
Dehmel, Richard 295, 297
Delacroix, Eugène 192, 284
Delbrück, Adelbert 246
Delbrück, Hans 274
Delbrück, Ludwig 327
Deluzy-Desportes, Henriette 121
Dernburg, Friedrich 255
Dessoir, Max 256
Dettmann, Ludwig 273
Devrient, Eduard 94, 129, 138, 139, 140, 141, 158, 167
Devrient, Ludwig 167
Devrient, Therese 94, 141
Diderot, Denis 41
Dietel, Gerhard 238
Dietrich, Hermann Robert 318
Dirichlet, Peter Gustav Lejeune 124, 155, 159
Dirichlet, Rebecka Lejeune (geb. Mendelssohn) 88, 91, 92, 94, 124 f., 128, 135, 137, 142, 152, 154–156, 158, 159, 161 f., 170, 172, 243
Dirksen, Willi von 254
Dohm, Christian Wilhelm 67 f., 176
Dohnányi, Hans von 345
Dönhoff, August Graf von 94 f., 245
Dönhoff, Marion Gräfin 245
Dreyse, Fritz 379
Droysen, Johann Gustav 124, 127, 128, 154, 167
Dubno, Salomon 61, 62
Duncan, Isadora 259
Dugasseau, Charles 153, 155
Duisberg, Carl 322, 328
Dumont, Louise 337
Durand-Ruel, Paul 280
Dürrenmatt, Friedrich 308
Duse, Eleonore 252, 340

Ebert, Friedrich 324
Eichendorff, Joseph von 96, 110
Einstein, Albert 257, 259, 260, 334, 338
Eisner, Bruno 338, 358
El Greco 295, 305
Elbe, Joachim von 192
Elbe, Käthe von 236

Elbogen, Ismar 58, 332 f.
Elsasser, Friedrich August 151, 153
Elsasser, Julius 153, 155
Elvers, Rudolf 270
Engel, Erich 339, 340
Engel, Hans 238
Engelhard, Charles W. 320
Ephraim, Veitel Heine 55
Ephrussi, Charles 279
Ernst, Friedrich 379
Ernst II., Herzog von Sachsen-Coburg-Gotha 218 f.
Eskeles, Bernhard 117
Euchel, Isaac Abraham 29
Euler, Johann Albrecht 40
Eunicke, Johanna 128
Everding, Otto 274

Feilchenfeldt, Walther 430
Ferdinandi, Carlo 43
Fichte, Johann Gottlieb 107
Fischel, Arthur 255
Fischer, Brigitte 259
Fischer, Edwin 259, 337
Fischer, Samuel 259, 297, 339, 342
Flechtheim, Alfred 298, 301 f., 367 f., 368, 374
Fleischlen, Cäsar 297
Flick, Friedrich 317
Fontane, Theodor 90, 137, 278
Forckenberg, Max von 263
Forster, Rudolf 337
Frege, Woldemar 166
Fränckel, Joseph Maximilian 177, 187
Fränkel, David 29–31, 33, 35, 48 f.
Franz I., österr. Kaiser 111
Friedlaender, Salomo (gen. Mynona) 336
Friedländer, David 73, 103, 234, 350
Friedländer, Max J. 297 f.
Friedländer, Moses 84
Friedrich II., preuß. König 31, 47 f., 49–51, 53, 57, 72
Friedrich III., dt. Kaiser 211, 219, 222, 250 f.
Friedrich Wilhelm I., preuß. König 32
Friedrich Wilhelm III., preuß. König 135, 181, 200
Friedrich Wilhelm IV., preuß. König 157 f., 166, 186, 220
Frisch, Johann Christoph 135
Fry, Varian 358 f.
Fuchsius, Joseph von 157
Fürstenberg, Carl 198, 217, 232, 233 f.
Fürstenberg, Hans 296
Furtwängler, Wilhelm 238, 335, 339

Gans, Eduard 154, 155
Gantzel-Kress, Gisela 214
Gauß, Carl Friedrich 243
Geibel, Emanuel 171
Geiger, Ludwig 104
Gentz, Friedrich von 111
Gérard, Judith 309
Gerardi, Ferdinando 273
Gervinus, Georg Gottfried 213
Gierke, Otto von 274
Gilbert, Felix 214, 250, 259, 304 f.
Girardet, Cella-Margarethe 276
Goethe, Johann Wolfgang von 85 f., 104, 106, 108, 130–133, 149, 150, 159, 168, 272 f.
Goeze, Johann Melchior 45
Gogh, Vincent van 20, 258, 259, 283, 296, 298 f., 300, 305, 309, 371, 430
Goldschmidt-Rothschild, Max von 227
Gordigiani, Giulietta *s.* Mendelssohn, Giulietta von (geb. Gordigiani)
Göring, Hermann 247, 357
Gounod, Charles 152

Grillparzer, Franz 115, 168
Gropius, Walter 334
Grosz, George 339, 367 f.
Grün, Karl 100
Gründgens, Gustaf 340
Gugenheim, Abraham 53 f., 58
Gugenheim, Blümchen 38
Gugenheim, Fromet *s.* Mendelssohn, Fromet (geb. Gugenheim)
Gumpert, Martin 359
Gumpertz, Aaron Salomon 35 f., 40, 55
Gumpertz, Elias 35
Gurlitt, Fritz 280
Gwinner, Arthur von 217 f.

Haber, Fritz 328, 329, 330
Haberstock, Karl 312
Haimberger, Eleonora von 432
Haimberger, Franz von 432
Haimberger, Johann von 432
Hallin, Charlotte (geb. Mendelssohn-Bartholdy) 234, 355, 360
Hallin, Eric 234, 235, 360
Hamann, Johann Georg 41
Händel, Georg Friedrich 156, 163
Harden, Maximilian 259
Hardenberg, Karl August Freiherr von 112, 178
Harnack, Adolf von 257, 270, 274, 328, 334
Haseloff, Arthur 274
Hatzfeldt, Edmund Graf von 99 f.
Hatzfeldt, Sophie Gräfin von 99 f., 102
Haubach, Theodor 345
Haucke, Caesar Mange de 372
Hauptmann, Moritz 165
Hauser, Franz 169
Häuser, Werner 274
Haydn, Joseph 270
Heck, Bruno 334
Hedemann, August von 185
Hegel, Georg Wilhelm Friedrich 16, 83
Heims-Reinhardt, Else 355
Heine, Albertine *s.* Mendelssohn-Bartholdy, Albertine (geb. Heine)
Heine, Heinrich 63, 100, 127 f., 148 f., 154, 155, 204
Heine, Salomon 183
Heine, Thomas Theodor 278
Heldring, Ernst 321
Helmholtz, Anna von 266
Helmholtz, Hermann von 266
Henckel von Donnersmarck, Guido Graf 283
Hennings, August von 60 f., 62
Hensel, Albert 346–348
Hensel, Cécile 251
Hensel, Fanny (geb. Mendelssohn Bartholdy) 14, 22, 87, 88, 89, 91, 92, 94, 120, 123–129, 131, 133–138, 143–148, 150–153, 154, 155 f., 159, 161 f., 166, 169, 170 f., 170, 172, 242 f., 243 f., 346
Hensel, Juliette (gen. Julie, geb. Adelson) 243, 244 f., 245
Hensel, Kurt 245, 251, 334
Hensel, Lili 245, 248, 251
Hensel, Luise 134
Hensel, Paul 243, 245, 249 f., 251, 334
Hensel, Sebastian 14, 24, 92, 93, 94 f., 120, 124, 129, 136, 144, 148, 151, 172, 192, 193, 195, 196, 197, 242–252
Hensel, Wilhelm 14, 90 f., 93, 94, 134–138, 143, 146, 148, 151–153, 159, 242, 243, 346
Herder, Johann Gottfried 43
Herriot, Eduard 320
Herrmann, Paul 235, 274
Herse, Hermann 302
Hertz-Eichrode, Dieter 223

Herz, Henriette 103 f., 105, 107, 114, 117
Herz, Marcus 103
Hesse, Fritz 333
Heydemann, Albert 127
Heydemann, Ludwig 127
Heymann, Bela Rachel Sara 27, 75
Heymann, Carl 82
Heymann, Mendel (Menachem) 27–29, 35
Heyse, Karl Wilhelm Ludwig 88, 96, 124
Heyse, Paul 88
Hildebrandt, Adolph von 253
Hildebrandt, Theodor 158
Hilferding, Rudolf 329
Hiller, Ferdinand 125, 160, 163, 174 f.
Hindemith, Paul 237, 339
Hirsch (Lehrer Moses Mendelssohns) 29
Hirsch, Aron 29
Hirschen, Leopold Freiherr von 66 f.
Hirschfeld, Israel 198
Hitler, Adolf 247, 293, 312 f., 325, 329, 335, 343, 350, 351, 356, 365
Hitzig, Julius Eduard 89, 97
Hoch, Friedrich 215
Hoensbroech, Wilhelm Graf von 257
Hoffmann, August Wilhelm 239
Hoffmann, E.T.A. 97
Hoffmann, Ludwig 291
Hoffmann, Richard 344
Hofmannsthal, Hugo von 340
Homberg, Herz 50, 62, 76, 78
Horowitz, Vladimir 340
Höst, Olaf 420
Hübner, Julius 149, 158
Huc, Arthur 302
Hugo, Victor 201
Huldschinsky, Oskar 281
Humboldt, Alexander von 16, 79 f., 82 f., 95, 100, 183, 184–186
Humboldt, Karoline von 81, 114, 184
Humboldt, Wilhelm von 79, 81, 183, 184
Hummel, Johann Nepomuk 126
Humperdinck, Engelbert 237, 268, 273
Huth, Martha 292

Idelsohn, Abraham Zwi 334
Iffland, August Wilhelm 104
Ihne, Ernst von 258, 273
Immermann, Karl 156 f., 158
Ingres, Jean-Auguste-Dominique 152
Isherwood, Christopher 258, 336
Israel, Wilfried 338
Isserles, Moses 28
Itzig, Benjamin 84
Itzig, Daniel 86
Itzig, Elia Daniel 97
Itzig, Henriette *s.* Mendelssohn, Henriette (geb. Itzig)
Itzig, Isaak Daniel 38

Jacobs, Heinrich Eduard 18
Jacoby, Johann 245
James, Harold 383
Jaroslaw (Friedenthal), Aron Secharja 62
Jeanrenaud, Cécile Charlotte Sophie *s.* Mendelssohn Bartholdy, Cécile Charlotte Sophie (geb. Jeanrenaud)
Jessner, Leopold 341
Jeszenszky, Emmerich von (Imre) 310, 337
Joachim, Joseph 165 f., 169, 252, 253, 260
Joachim, Heinrich 252
Jolles, Leo 199, 255
Jones, Peter Ward 162

Joseph II., dt. Kaiser 68
Junkers, Hugo 334
Justi, Johann Heinrich Gottlob von 51
Justi, Ludwig 273, 274, 282, 284, 420

Kalisch, Ludwig 210 f.
Kant, Immanuel 70
Kapodistrias, Graf Ioannis 212, 219
Kareski, Georg 334
Karsch, Anna Louisa 59 f.
Kaselowsky, August 151, 153, 155
Katajew, Valentin 340
Kehr, Paul Fridolin 273, 274
Kempff, Wilhelm 268
Kempner, Paul 317, 323, 376, 380, 381, 431
Kerner, Justinus 110
Kerr, Alfred 340, 341
Kesselstatt, Maximilian Graf von 308, 366
Kestenberg, Leo 200
Keudell, Robert von 147
Kimmich, Karl 387
Kinkel, Johanna 125, 193
Kirchhoff, Gustav Robert 239
Kirdorf, Emil 256, 328
Kisch, Abraham 34
Kisch, Egon Erwin 339
Klee, Alfred 332
Klein, Augustine 114
Klemperer, Otto 335
Klempner, Paul 380
Klessmann, Eckhard 20
Klimsch, Fritz 269, 326
Klingemann, Karl 128, 140, 149, 167, 170, 193
Klingenberg, Georg 328
Kluge, Erich 380, 384 f.
Kmety Georg (Kiamal Pascha) 102
Knackfuß, Hermann 277 f.
Knauer, Gustav 368
Knauer, Hermann 164
Knobloch, Charlotte 17
Knoedler, Michael 373
Koebner, Richard 358
Koellreutter, Otto 346
Köhler, Christian 432
Kollek, Teddy 17
Kopper, Christopher 383
Kopper, Hjalmar 325
Körber, Hilde 340
Körner, Theodor 110
Kortner, Fritz 337
Kosleck, Martin 337
Kostolany, André 320
Kotzebue, August von 104
Krauss, Werner 354
Kremer, Ferdinand 381 f., 388
Krenek, Ernst 335
Kretzschmar, Hermann 273
Kreuger, Ivar 319
Kreutzberg, Harald 340
Kroner, Richard 358
Krupp von Bohlen und Halbach, Gustav 327, 329
Kruse, Max 274
Kuh, Ephraim 29
Kulenkampff, Georg 358
Kummer, Eduard 98 f., 344
Kummer, Margarete 344
Kupferberg, Herbert 20, 107
Kurzmeyer, Alfred 380, 386 f.

Lackmann, Thomas 20, 84
Lahnstein, Manfred 17
Lancelotti, Aldobrandini 271
Landauer, Gustav 260 f.
Landsberger, Franz 356
Landshoff, Ruth 338 f.
Landshut, Siegfried 345

Large, David Clay 335
Lasker-Schüler, Else 339
Lassalle, Ferdinand 98 f., 100, 102
Lavater, Johann Caspar 45, 58 f., 63–66, 71
Lavergne-Peguilhen, Edelgard von 351, 365
Lavergne-Peguilhen, Elsa von *s.* Mendelssohn-Bartholdy, Elsa von (geb. Lavergne-Peguilhen)
Leibniz, Gottfried Wilhelm 35, 39, 64
Leistikow, Walter 279
Lenya, Lotte 340
Leo, August 204
Lessing, Gotthold Ephraim 29, 36, 37, 38, 39, 43–47, 48, 53, 58 f., 70, 104, 195, 265
Lessing, Otto 265
Lessing, Theodor 45
Levin, Rahel *s.* Varnhagen von Ense, Rahel (geb. Levin)
Levy, Carl 281
Lewin, Hirschel 61
Leyden, Ernst von 266
Leyden, Marie von 266
Lichtwark, Alfred 256
Liebermann, Max 24, 275, 279, 281, 283, 294 f., 334, 335, 336, 356, 366, 430
Liebig, Justus von 239
Lind, Jenny 167–169
Lindemann, Gustav 337
Lingen, Theo 340
List, Friedrich 200
Liszt, Franz 166, 168
Locke, John 35, 64
Loeb, Rudolf 255, 316, 317, 323, 334, 376, 379 f., 381, 382 f., 428, 431, 432, 433
Loen, Leopold Freiherr von 185
Loewe, Isidor 283
Lorre, Peter 340
Lowenthal-Hensel, Cécile 17, 145, 248, 327
Louis-Philippe, franz. König 121
Lucanus, Hermann (von) 223
Lustiger, Arno 17
Luther, Hans 324 f.
Luther, Martin 63, 109

Magnus, Eduard 151, 153, 161, 193, 287, 363
Magnus, Friedrich Martin 179
Maimonides 30, 34, 41
Manet, Édouard 258, 279, 280, 281 f., 283, 309, 430
Mann, Klaus 340
Mannheimer, Fritz 317–321, 334, 376, 380, 431
Mantius, Eduard 147
Manzel, Ludwig 269
Marcuse, Herbert 334
Martin, Rudolf 227
Martius, Alexander 239–241
Maupertuis, Pierre Louis 36
Mauthner, Friedrich 260
Meinecke, Friedrich 274
Meister, Leila von 259
Meister, Wilhelm von 259
Melchior, Carl 428
Mendelssohn, Adolph 187, 207, 218
Mendelssohn, Alexander 14, 80, 87, 135, 170, 179, 181, 185, 186, 187–191, 196, 197, 198, 207, 216, 218, 329, 343
Mendelssohn, Arnold (* 1817) 97–102
Mendelssohn, Arnold (* 1855) 98, 236–239
Mendelssohn, Brendel (Dorothea) *s.* Schlegel, Dorothea (geb. Mendelssohn)

Mendelssohn, Eleonora von 25, 252, 309, 310, 311 f., 313, 336 f., 341, 344
Mendelssohn, Enole (geb. Biarnez) 218, 251
Mendelssohn, Ernst 343
Mendelssohn, Francesco von 25, 252, 310, 336, 338–341, 344, 366
Mendelssohn, Franz (von) (* 1829) 14, 186, 207, 216, 217, 218–221, 222, 225, 226, 235, 251, 253, 267, 282 f., 285 f.
Mendelssohn, Franz von (* 1865) 18, 73, 218, 251, 252, 253, 255–258, 260, 261, 268, 276, 277, 280, 295, 300, 308, 309, 314 f., 316, 322–331, 333, 334, 356, 357 f., 366, 369, 376, 377, 428, 431
Mendelssohn, Franz (Viktor) 343
Mendelssohn, Fromet (geb. Gugenheim) 28, 38, 53–59, 60, 75, 76, 85, 87, 119
Mendelssohn, Georg Benjamin (Benni) 81, 87, 123, 190, 207, 208–211, 214, 218, 219
Mendelssohn, Giulietta von (geb. Gordigiani) 252, 259, 260 f., 310–312, 313, 336, 366, 376, 381, 431, 432
Mendelssohn, Henriette (geb. Itzig) 96
Mendelssohn, Henriette (Hinni, geb. Meyer) 14, 38, 81, 83, 87, 133
Mendelssohn, Henriette (Yente, später auch Maria, gen. Jette) 75, 76, 77, 86, 117–122, 126 f.
Mendelssohn, Hermann 207
Mendelssohn, Joseph 13 f., 20, 22, 23, 38, 75, 76, 77–84, 85, 86, 87, 88, 96, 97, 123, 158, 176–183, 184, 185, 187, 188, 189, 196, 203 f., 207, 208, 211, 221, 263, 343, 376
Mendelssohn, Joseph (Schriftsteller) 80
Mendelssohn, Margarethe 251
Mendelssohn, Marianne (geb. Seligmann) 14, 135, 187, 189, 267
Mendelssohn, Marie *s.* Warschauer, Marie (geb. Mendelssohn)
Mendelssohn, Marie von (geb. Westphal) 376, 377, 380 f.
Mendelssohn, Moses 13 f., 16, 17, 20, 22, 23, 24, 27–78, 81, 82, 83, 84 f., 86, 89, 90, 91, 103, 105, 106, 117, 123, 176, 195, 196, 208, 219, 222, 224, 244, 263, 331–335, 358
Mendelssohn, Nathan 22, 23, 75, 76, 77, 95–97, 101, 118, 123, 236, 344
Mendelssohn, Ottilie 97
Mendelssohn, Recha *s.* Meyer, Recha (geb. Mendelssohn)
Mendelssohn, Robert von (* 1857) 181, 218, 235, 252–255, 257, 258, 259, 260, 268, 269 f., 276, 277, 281, 282 f., 284, 285 f., 296, 301, 308, 309, 310, 313, 314, 327, 334, 366, 376, 431
Mendelssohn, Robert von (* 1902) 376, 377, 380, 381, 382, 383, 388, 431, 432, 433
Mendelssohn, Rosamunde 218
Mendelssohn, Wilhelm 97, 98, 99, 100, 101, 207 f.
Mendelssohn-Bartholdy, Albertine (geb. Heine) 159, 186, 191, 193, 196, 287
Mendelssohn-Bartholdy, Alexander von 234, 235
Mendelssohn-Bartholdy, Charlotte *s.* Hallin, Charlotte (geb. Mendelssohn-Bartholdy)
Mendelssohn-Bartholdy, Charlotte von (geb. Reichenheim) 234, 292, 296–307, 308 f., 363

Mendelssohn-Bartholdy, Elsa von (geb. Lavergne-Peguilhen) 234, 303 f., 308 f., 351, 353, 354, 359, 360 f., 362 f., 364–366, 370, 371 f., 374, 376, 377 f.
Mendelssohn-Bartholdy, Enole von *s.* Schwerin, Enole von (geb. Mendelssohn-Bartholdy)
Mendelssohn-Bartholdy, Ernst (von) 14, 15, 193, 220, 221–236, 254, 257, 263 f., 266–273, 275, 280 f., 282, 286, 295, 326, 349, 350
Mendelssohn-Bartholdy, Fanny *s.* Richthofen, Fanny Freifrau von (geb. Mendelssohn-Bartholdy)
Mendelssohn-Bartholdy, Gotthold 193
Mendelssohn-Bartholdy, Katharine (gen. Käthe) 193
Mendelssohn-Bartholdy, Marie von *s.* Busch, Marie (geb. Mendelssohn-Bartholdy)
Mendelssohn-Bartholdy, Marie (von) (geb. Warschauer) 14, 226, 234 f., 265, 269, 272, 275, 286
Mendelssohn-Bartholdy, Paul (*1812) 23, 94, 96, 98, 124, 142 f., 159, 161, 163, 170, 171, 172, 186, 187, 188, 191–198, 206, 207, 216, 245, 266, 270, 280
Mendelssohn-Bartholdy, Paul von (* 1875) 14 f., 18 f., 20, 23 f., 181, 234, 235, 236, 286, 289, 291, 292, 294–304, 306, 308 f., 310, 311, 314, 326, 327, 334, 342, 351–355, 356, 358–366, 370, 371, 372, 373–376, 377, 378, 420, 428, 431
Mendelssohn Bartholdy, Abraham 14, 20, 22, 23, 75, 76, 77, 84–94, 96, 98, 103, 113, 117, 121, 123 f., 126, 128 f., 129, 131, 135 f., 137, 139, 141 f., 144, 156, 159, 176–179, 183, 191, 192, 196, 208, 236, 348, 376
Mendelssohn Bartholdy, Albrecht 195, 224, 334, 345 f.
Mendelssohn Bartholdy, Cécile 240
Mendelssohn Bartholdy, Cécile Charlotte Sophie (geb. Jeanrenaud) 161 f., 167, 168, 170, 171, 193, 219, 225
Mendelssohn Bartholdy, Elisabeth *s.* Wach, Elisabeth (gen. Lili, geb. Mendelssohn Bartholdy)
Mendelssohn Bartholdy, Elisabeth (gen. Else, geb. Oppenheim) 240
Mendelssohn Bartholdy, Enole (geb. Oppenheim) 240
Mendelssohn Bartholdy, Fanny *s.* Hensel, Fanny (geb. Mendelssohn)
Mendelssohn Bartholdy, Felix 14, 16, 18, 21, 23, 27, 81, 83, 87, 88, 90, 91, 93, 94, 96, 98, 123–133, 134, 135, 137, 138–150, 153, 154, 156–175, 187, 193–195, 196, 207, 208, 211, 219, 222, 224, 225, 238, 239, 252, 258, 268, 270, 287, 338, 349, 357
Mendelssohn Bartholdy, Hugo von 17, 349
Mendelssohn Bartholdy, Karl (Carl) 163, 193, 194, 207, 208, 211–214, 219, 228, 345
Mendelssohn Bartholdy, Lea (geb. Salomon) 14, 86, 87–89, 90, 91, 92–94, 117, 120, 121, 123 f., 126, 128, 135 f., 156, 161, 196
Mendelssohn Bartholdy, Lilli 240
Mendelssohn Bartholdy, Ludwig 240
Mendelssohn Bartholdy, Marie *s.* Benecke, Marie (geb. Mendelssohn Bartholdy)

Mendelssohn Bartholdy, Otto (von) 181, 224, 240, 334, 349
Mendelssohn Bartholdy, Paul (* 1841) 88, 163, 193, 207, 239–242
Mendelssohn Bartholdy, Paul (* 1879) 240
Mendelssohn Bartholdy, Rebecka (Henriette) *s.* Dirichlet, Rebecka Lejeune (geb. Mendelssohn)
Menuhin, Sir Yehudi 259
Menzel, Adolph 280
Merton, Wilhelm 327
Metternich, Klemens Wenzel Lothar Fürst von 114
Meyendorf, Sophie Freifrau von 99
Meyer, Henriette (Hinni) *s.* Mendelssohn, Henriette (Hinni, geb. Meyer)
Meyer, Joseph (Schmalkalden) 76
Meyer, Mendel 38, 77, 85, 87
Meyer, Nathan 38, 77, 85, 87
Meyer, Recha (geb. Mendelssohn) 38, 75, 76, 77, 85, 87
Meyerbeer, Giacomo 14, 265
Michaelis, Johann David 44, 106
Mies van der Rohe, Ludwig 286
Milder-Hauptmann, Anna 128
Millet, Jean-François 283
Minghetti, Laura 266
Minnelli, Liza 336
Mommsen, Theodor 249, 266, 279
Monet, Claude 280, 430
Monzie, Anatole de 320
Moritz, Karl Philipp 71, 103
Morogues, Marie Bigot de 125
Moscheles, Ignaz 126, 127, 164, 165
Mosessohn, Aron 49
Mosse, Rudolf 82, 277
Mozart, Wolfgang Amadeus 130 f., 270
Müller, Hermann 324 f.
Murnau, Friedrich Wilhelm 339
Mussolini, Benito 275
Muthesius, Hermann 256

Nachama, Andreas 14
Nathan, Peter 310
Navarro, Roman 339
Neurath, Konstantin Freiherr von 275
Nicolai, Friedrich 29, 40, 59, 66, 71, 72, 104
Niebuhr, Barthold Georg 113, 209
Nietzsche, Friedrich 173
Nikolaus I., Zar 186
Noack, Friedrich 274
Noether, Ernst 274
Normand, Charles 152
Novalis 106, 112

Orobio de Castro, Balthazar 41
Oppenheim, Abraham 198
Oppenheim, Elisabeth *s.* Mendelssohn Bartholdy, Elisabeth (gen. Else, geb. Oppenheim)
Oppenheim, Enole *s.* Mendelssohn Bartholdy, Enole (geb. Oppenheim)
Oppenheim, Felix Alexander 99 f.
Oppenheim, Franz 241, 304 f.
Oppenheim, Hugo 190, 235, 281
Oppenheim, Margarete 283, 298, 304 f., 306
Oppenheim, Moritz 58 f.
Oppenheim, Otto 240
Oppenheim, Otto Georg 190
Orlik, Emil 297
Osborn, Max 333
Overbeck, Johann Friedrich 112, 113
Overbeck, Otto 274
Overhof, Otto 274

Paley, William S. 372 f.
Passini, Johann 192

Paul, Bruno 286 f., 288, 289, 291, 292, 296
Perl, Hugo 309
Pernice, Lothar Anton Alfred 279
Perugino, Pietro 113
Petsch, Martin 287, 288
Piatti, Alfredo 252 f.
Picasso, Pablo 20, 292, 298, 300 f., 302 f., 306 f., 368 f., 370–376, 430
Pils, Isidor 152
Pirandello, Luigi 340
Piscator, Erwin 335
Pissarro, Camille 279, 280, 283
Pistor, Betty 160
Planck, Max 257, 259, 328 f., 331, 358, 359
Platon 41 f.
Pohl, Oswald 387
Polgar, Alfred 339
Polko, Elise 161
Pollet, Victor 152
Pope, Alexander 59
Popitz, Johannes 350
Popp, Joseph 287, 289, 290
Posse, Hans 312
Pourtalès, Julius Heinrich Carl Friedrich Graf von 94
Präger, Joseph 55, 55
Proudhon, Pierre-Joseph 100
Pückler-Muskau, Hermann Ludwig Heinrich von 183
Puhl, Emil 381

Radowitz, Joseph Maria von 211
Ramler, Karl Wilhelm 74
Ranke, Leopold von 83
Raphael, Günter 237
Rath, Ari 17
Rath, Ernst von 381
Rathenau, Walther 232, 256 f., 318
Rauch, Christian Daniel 16
Reden, Franz von 94
Redslob, Edwin 334
Reichenheim, Charlotte *s.* Mendelssohn-Bartholdy, Charlotte von (geb. Reichenheim)
Reichenheim, Georg 304
Reichmann, Eva G. 17
Reimarus, Johann Albert Heinrich 60
Reinhardt, Max 335, 337, 339, 341, 354 f.
Reinhardt, Siegfried 355
Reis, Marie Antoinette 320
Rellstab, Ludwig 130 f.
Rembrandt van Rijn 259, 311–313
Renoir, Pierre-Auguste 279, 308 f., 430
Renta, Anne France de la (geb. Mannheimer) 320
Renta, Oscar de la 320
Reusch, Paul 322, 328
Richter, Gustav 265
Richthofen, Fanny Freifrau von (geb. Mendelssohn-Bartholdy) 193, 235 f., 280
Riemann, Hugo 173
Ries, Model 13
Riess, Frieda 302
Rietz, Julius 164
Rilke, Rainer Maria 340
Ritter, Karl 83, 209
Robert, Friederike 127, 155
Robert, Ludwig 127, 155
Roda Roda 339
Rodd, Rennell 250 f.
Rosenberg, Jenny 355
Rosenberg, Paul 306
Rosenzweig, Franz 331 f.
Rossetti, Gabrielle 80
Rossini, Giacchino 160
Rother, Christian 178, 180, 182, 183

Rothschild, Mathilde von 227
Rousseau, Henri 20, 284, 300, 301, 304, 306 f., 308
Rousseau, Jean-Jacques 54, 60
Rühmann, Heinz 340
Rungenhagen, Carl Friedrich 139
Rust, Bernhard 330, 347

Salomon, Bella 92
Salomon, Jakob 88
Salomon, Lea *s.* Mendelssohn Bartholdy, Lea (geb. Salomon)
Samoscz, Israel 34
Savine, Albert 122
Schacht, Hjalmar 319, 323, 324 f.
Schadow, Wilhelm von 149, 156, 157
Schäffer, Hans 428
Schauroth, Delphine von 160
Scheffler, Karl 339
Schelling, Friedrich Wilhelm 106
Schiemann, Theodor 273
Schiller, Charlotte 108
Schiller, Friedrich 85, 132
Schinkel, Karl Friedrich 135
Schirach, Baldur von 312
Schirmer, Johann Wilhelm 158
Schlegel, August Wilhelm 105, 106, 107, 109
Schlegel, Caroline 106, 109
Schlegel, Dorothea (geb. Mendelssohn) 22, 75, 76, 77, 79, 85, 87, 103–112, 114–117, 119, 148, 161
Schlegel, Friedrich 104–112, 114–116, 117, 119
Schleiermacher, Friedrich 106, 107, 109
Schlözer, Kurd von 204
Schmalhausen, Otto 368
Schmidt, Georg 307
Schmidt-Ott, Friedrich 328, 334
Schmieden, Heino 263
Schmitt, Carl 346, 348
Schmitz, André 14
Schmoller, Gustav von 257
Schnabel, Arthur 260
Schneider, Eulogius 212
Schoeps, Hans-Joachim 24, 47
Schopenhauer, Arthur 184
Schramm, Dorothee (geb. Busch) 350, 394
Schröder, Rudolf Alexander 98, 297
Schulte, Alfred E. 367
Schulz-Dornburg, Hans 334
Schumann, Clara (geb. Wieck) 16, 168 f., 183, 186
Schumann, Robert 165, 172
Schuster-Woldan, Raffael 273
Schütz, Heinrich 237
Schwabach, Josel 55
Schwabach, Paul von 220, 229, 255, 257
Schwarz, Alfred 270
Schwarz, Boris 358
Schwarz, Josef 358
Schwerin, Albert von 234, 235
Schwerin, Enole von (geb. Mendelssohn-Bartholdy) 234, 360, 365
Schwerin, Hans-Bone von 360
Schwerin, Jürgen von 343
Scott, Walter 132
Sébastiani, Fanny 120–122
Sébastiani, Horace-François 119–121
Seeböck, Ferdinand 272 f., 274
Seeligmann, Marianne *s.* Mendelssohn, Marianne (geb. Seeligmann)
Seeligmann, Rebecka 87
Segantini, Bianca 340
Segantini, Giovanni 340
Seidler, Louise 114, 115
Seliger, Max 274
Seligmann, Marianne *s.* Mendelssohn, Marianne (geb. Seligmann)

Seligsohn, Julius L. 358
Serkin, Rudolf 259, 338
Severing, Carl 333
Severn, Joseph 152
Shaw, George Bernard 340
Siebel, Ernst 265
Sieber, Jenny 125
Siemens, Carl Friedrich von 327
Siemens, Georg (von) 222
Siemens, Wilhelm von 327
Siemerling, Paula 236
Simon, Eduard 281
Simon, James 232, 256, 276, 277, 281, 326, 327
Simson, August von 235
Simson, Eduard (von) 329
Simson, Ernst von 329
Simson, Martha von (geb. Oppenheim) 329
Sisley, Alfred 279, 280
Skira, Albert 372 f.
Slevogt, Max 335, 339
Sobernheim, Moritz 332
Sohn, Karl 149
Sohn-Rethel, Otto 274
Sokrates 41 f., 71 f., 73
Sola, Antonio 152
Solms-Baruth, Friedrich Fürst zu 256
Sondergaard, Jens 420
Sonnemann, Emmy 247
Sombart, Nicolaus 259
Sombart, Werner 259
Souchay, Henriette 163
Speer, Albert 293, 365
Speer, Rudolf 263 f.
Speyer, Sir Edgar 217 f.
Speyer, Franziska 227
Spiess, Johann Jacob 30
Spinoza, Baruch de 39, 41
Spitta, Friedrich 237
Spitta, Heinrich 237
Spitzemberg, Hildegard von 266
Spontini, Gaspare 118
Spranger, Eduard 334
Stein, Lorenz von 98
Steinheim, Salomon Ludwig 175
Steinthal, Erich 361
Steinthal, Fanny 361 f.
Steinthal, Max 281
Stenzel, Gustav Harald 124
Stern, Carola 104
Stern, Julius 281
Sterne, Laurence 49
Sternheim, Carl 299
Stieglitz, Alexander 198
Stinnes, Hugo 328
Stoecker, Adolf 248, 250
Stralem, Donald 373
Stralem, Jean 373
Strauss, Richard 354
Stresemann, Gustav 323
Stürmer, Heinrich 128
Sultan, Grete 358
Sybel, Heinrich von 156

Taessert, Jean Pieter Antoine 72 f., 333
Taylor, William H. 373
Teller, Wilhelm Abraham 71
Thaer, Albrecht 288
Thannhauser, Heinrich 299
Thannhauser, Justin 368, 369–374
Thimig, Helene 337
Thomas, Kurt 237
Thygeson, Charlotte 153
Tieck, Ludwig 106, 108, 109, 135
Tietz, Oscar 82, 256
Toscanini, Arturo 337, 340
Toscanini, Wanda 340
Toulouse-Lautrec, Henri de 20, 310

Trapp, Max 268
Treitschke, Heinrich von 212, 250
Treue, Wilhelm 21, 206, 216, 382
Tschudi, Hugo von 279, 281, 282, 284 f., 296
Tuaillon, Louis 279
Tucholsky, Kurt 336

Uchard, Toussain 152
Uhde, Wilhelm 301
Uhden, Johann Christian 33, 51 f.
Ulrich, Franz Heinrich 386

Vagts, Alfred 345
Valentin, Curt 367
Varnhagen von Ense, Karl August 80, 104 f., 118 f., 135, 154, 155, 243
Varnhagen von Ense, Rahel (geb. Levin) 85, 103–105, 117, 119, 127, 135, 154, 155
Villain, Nicolas 152
Veit, Baruch 103
Veit, Brendel *s.* Schlegel, Dorothea (geb. Mendelssohn)
Veit, David 85
Veit, Johannes (Jonas) 103, 105, 112, 113, 148
Veit, Moritz 82
Veit, Philipp (Feibisch) 103, 105, 111, 112 f., 115, 116, 148, 161
Veit, Simon 77, 87, 103, 105, 109, 111 f.
Veit-Simon, Heinrich 332
Victoria, engl. Königin 164
Viertel, Berthold 340, 341
Vögler, Albert 328
Vollmann, Eva 361
Vollmann, Richard 362
Vömel, Alex 368
Voß, Richard 271
Wach, Adolf 163, 194 f.
Wach, Dora 195
Wach, Elisabeth (gen. Lili, geb. Mendelssohn Bartholdy) 163, 167, 193, 194 f.
Wach, Felix 234, 235, 334, 348, 349 f., 360
Wach, Joachim 334, 348
Wach, Käthe (geb. Mendelssohn-Bartholdy) 348, 349 f., 360
Wach, Susanne 349
Wackerle, Joseph 289
Wagner, Richard 18, 173 f., 237, 250
Wagner, Siegfried 237
Wahl, Saul 28
Walter, Bruno 335
Walter, Isidor 334
Warburg, Max M. 231, 232, 320, 325, 328, 428
Warschauer, Anna 192
Warschauer, Marie *s.* Mendelssohn-Bartholdy, Marie (von) (geb. Warschauer)
Warschauer, Marie (geb. Mendelssohn) 226
Warschauer, Robert 198, 226, 235, 281
Wassermann, Oscar 325, 332
Webber, Andrew Lloyd 373
Weber, Carl Maria von 141
Weber, Max 257
Wegelin, Jakob 41
Weidler, Charlotte 367 f.
Weil, Berthe 302
Weil, Bruno 332
Weill, Kurt 268
Weltzien, Viktor von 263
Weiss, Emil Rudolf 290
Weissweiler, Eva 169
Wendland, Hans 372
Werner, Anton von 277

Werner, Eric 145
Wesdehlen, Georg von 304
Wessely, Hartwig 62
Wessely, Moses 55
Westheim, Paul 367
Westphal, Carl 225
Westphal, Ernst 235
Whitney, Betsy 303
Whitney, John Hay 303
Wette, Hermann 236
Wieck, Clara *s.* Schumann, Clara (geb. Wieck)
Wiener, Alfred 70
Wilhelm I., dt. Kaiser 247
Wilhelm II., dt. Kaiser 222 f., 230 f., 232 f., 269–273, 275, 276, 277 f., 279, 282, 283, 284
Williams, Arthur 338
Windischmann, Karl Joseph 116
Witt, Carl 246, 250
Witt, Peter 432
Witte, Sergej Graf 240
Witthof, Philipp Lorenz 59
Wolff, Christian 35, 64
Wolff, Theodor 257
Wowereit, Klaus 13
Wulff, Elia 30
Wulff, Isaak Benjamin 38

Young, Edward 59

Zadikow, Arnold 73
Zelter, Carl Friedrich 85, 86, 128 f., 133, 138, 144, 183
Zeuthen, Ernst 420
Zivier, Georg 339
Zültz, Bermann 37
Zülz, Moshe 55
Zweig, Arnold 334
Zweigert, Erich 333

Reiner Stach

Kafka

Die Jahre der Erkenntnis

736 Seiten. Gebunden.

»Erstaunlich: Es gibt keine deutsche Kafka-Biographie. Erstaunlicher: Hier ist sie. Am erstaunlichsten: Sie ist großartig«, schrieb »Die Zeit« bei Erscheinen des ersten Bandes von Reiner Stachs monumentalem Werk zum Leben von Franz Kafka. Der 2002 publizierte Band »Kafka. Die Jahre der Entscheidungen« übte auf zahlreiche Leser eine sogartige Wirkung aus, nicht zuletzt durch den Wechsel zwischen essayistischen und literarischen Passagen und die szenische Vergegenwärtigung, die bisweilen an die Erzählformen des Films erinnert.

Zum Kafka-Jubiläum 2008 – am 3. Juli jährte sich sein Geburtstag zum 125. Male – erschien der Fortsetzungsband »Kafka. Die Jahre der Erkenntnis«, der die Jahre von 1916 bis zu Kafkas Tod 1924 behandelt – eine Zeit, in der Kafkas vertraute Welt unterging, politisch ebenso wie physisch. Er war nun deutscher Jude mit tschechischem Pass, und er litt an einer Krankheit, welche die seit Jahren erträumte literarische Existenz unmöglich machte. Beides steigerte seine Hellsicht: Für Kafka wurden es die Jahre der Erkenntnis.

»… keiner hat bisher so suggestiv und verständnisvoll, in einer so schönen und klaren Sprache über Kafka geschrieben wie Reiner Stach.«

Ulrich Greiner, Die Zeit